房地产策划技术与案例分析

(第2版)

汤 鸿 纪昌品 编著

东南大学出版社
·南京·

内 容 简 介

房地产策划是房地产行业的灵魂。本书从技术要点与案例分析两方面对房地产策划作了全面介绍。本书分为10章,分别为房地产策划概述、房地产主题策划、房地产市场策划、房地产投资策划、房地产设计策划、房地产销售策划、房地产形象策划、房地产广告策划、房地产风水策划以及物业管理策划等。

本书参考了最新的房地产策划相关教材、网站和文献等资料,具有全面性、系统性和专业性等特点,可供普通高校房地产及其相关专业作为教材,也可作为房地产专业人士业务开展的参考书。

图书在版编目(CIP)数据

房地产策划技术与案例分析/汤鸿,纪昌品编著.
—2版.—南京:东南大学出版社,2017.8(2021.1重印)
 ISBN 978-7-5641-7299-2

Ⅰ. 房… Ⅱ. ①汤…②纪… Ⅲ. 房地产—策划
Ⅳ. F293.35

中国版本图书馆 CIP 数据核字(2017)第 170278 号

房地产策划技术与案例分析(第2版)

出版发行:东南大学出版社
社　　址:南京市四牌楼2号　邮编:210096
出 版 人:江建中
责任编辑:戴坚敏
网　　址:http://www.seupress.com
电子邮件:press@seupress.com
经　　销:全国各地新华书店
印　　刷:南京工大印务有限公司
开　　本:787mm×1092mm　1/16
印　　张:26.25
字　　数:678千字
版　　次:2017年8月第2版
印　　次:2021年1月第3次印刷
书　　号:ISBN 978-7-5641-7299-2
印　　数:3501—4500册
定　　价:63.00元

本社图书若有印装质量问题,请直接与营销部联系。电话(传真):025-83792328

前 言

近年来我国的房地产策划行业已取得了长足的进展,并且已经形成了一个产业,直接和间接从业人员数以百万计,其中从事项目策划的各级管理人员约10万人,其执业范围涵盖了房地产开发、项目咨询、产品设计、建设规划、广告策划、房产销售、物业管理等众多领域。

随着房地产业的不断发展,房地产策划作为一个相对独立的专业化服务体系应运而生。但由于目前房地产策划在我国还处于较为年轻的专业服务阶段,房地产企业普遍面临着人才短缺的困境。从近几年对各行业职业需求的分析来看,房地产行业的职业需求数量始终列居前十位,其中策划管理类职业属于最紧缺的人才。但由于缺乏人才储备,专业人才的供应显然不能满足市场的需要。在这种情况下,国内很多高等院校都开设了房地产、建筑类专业,并根据市场需要设置了各种细分专业课程。

纵观全球的房地产行业,中国的房地产业是发展最快也是发展规模最大的。根据世界银行预计,在未来二十年中,中国的房地产开发总量将接近全世界开发总量的50%。中国的房地产业即将进入一个充满机遇的时代。房地产策划是房地产行业的灵魂,中国房地产业的高速发展,也为房地产策划人才带来前程似锦的开发商机。

作为一名专业的房地产策划人才应该具有以下素质:第一,丰富而又专业的策划知识。这是一个策划人必须具备的基本功,其他各种能力都是建立在广博的知识和丰富的经验、阅历之上的,否则就算具有下面的几种能力依然不可能成为一个真正的策划人。第二,良好的观察和分析判断能力,对问题敏锐、深刻的综合和透析能力。对企业和项目的准确诊断也是策划人的基本功之一,只有这样,策划人在面对各行各业复杂纷繁的各种矛盾和问题时,才能够透过现象看本质,迅速找到问题的症结。第三,思维能力和文字表达能力。策划人一定要有创造性思维,有超乎常人的独到见解;同时还要能把自己的想法用文字清晰、流畅地表达出来,否则别人可能永远也无法理解和接受你的策划。第四,要有快速学习的能力。策划人一定要掌握有效的学习方法和科学的思维方式。既要有广博的知识又要能在较短的时间内领会所涉及新领域、新学科的要点和实质。第五,策划人还应具备较强的沟通和整合能力。一方面是与客户、与企业家沟通,另一方面是与各行各业的专家沟通,所以策划人必须具有亲和力、感召力和激励能力,要能把各种资源要素整合在一起,协调各方的力量形成合力,达到策划目的。第六,策划人不仅要勤于思还要敏于行。策划人的实际操作能力非常重要。策划不只是拿出策划方案,还要设计出切实可行的操作流程和方式。必要时要指挥或监理甚至具体操作执行,光说不练是做不好策划人的。

本书较为系统地介绍了房地产策划各个环节的技术要点,并选择了针对性的案例进行分析,突破了以往注重房地产某个环节策划的局限性。全书分为十章,涉及房地产主题、市场、投资、设计、销售、形象、广告、风水以及物业管理等各环节的策划。本书主要根据授课需要,花了大量的时间进行精心编写,并参考了大量房地产策划相关的教材、网站和各种文献资料,具有全面性、系统性、专业性和可操作性等特点,是房地产专业人士的业务参考书,更适合于普通高校相关专业作为教材。

  本书在编写过程中参考了大量来自房地产策划相关网站上的许多资料和案例,由于作者和具体时间不太明确,没有一一标明,在这里表示深深的歉意和诚挚的谢意。同时由于时间和水平的限制,书中难免有缺欠之处,敬请读者批评指正。本书由三江学院汤鸿对书稿拟订提纲并统稿。

  本书根据教材内容制作了完整的课程PPT,更好地供使用者参考。

编　者

2017年6月于南京

目 录

第一章 房地产策划概述 ... 1
第一节 房地产策划的概念与作用 ... 1
第二节 房地产策划的内容 ... 3
第三节 房地产策划的基本原则 ... 5
第四节 当前流行的房地产策划四十法则 ... 8
第五节 房地产策划的模式 ... 16
第六节 房地产策划的回顾与展望 ... 21

第二章 房地产主题策划 ... 25
第一节 房地产主题策划技术要点 ... 25
一、项目策划主题与主题策划 ... 25
二、项目策划主题的作用 ... 25
三、主题策划的基本要求 ... 26
四、房地产策划的主题系统 ... 27
五、主题策划的具体运作 ... 28
第二节 房地产主题策划案例分析 ... 29
案例一 中山万科项目(第一组团)推广主题方向构想 ... 29
案例二 "22世纪城"特大型旅游主题公园项目创意策划案例 ... 31

第三章 房地产市场策划 ... 45
第一节 房地产市场策划技术要点 ... 45
一、房地产市场策划的内容 ... 45
二、房地产项目的市场调查策划 ... 45
三、房地产项目的市场分析策划 ... 51
四、房地产项目的市场细分策划 ... 63
五、房地产项目的市场定位策划 ... 69
第二节 房地产市场策划案例分析 ... 73
案例一 ××××房地产市场研究问卷分析 ... 73
案例二 四川省成都市A区房地产项目市场策划初步建议书 ... 81

第四章 房地产投资策划 ... 91
第一节 房地产投资策划技术要点 ... 91

一、房地产投资策划的内容 …………………………………………………… 91
　　二、项目投资环境分析与评价 ………………………………………………… 91
　　三、项目投资时机分析和选择 ………………………………………………… 96
　　四、项目投资区位分析和选择 ………………………………………………… 101
　　五、项目投资内容的分析和选择 ……………………………………………… 105
　　六、项目投资模式与开发模式的选择 ………………………………………… 108
　　七、项目投资的经济分析与评价 ……………………………………………… 112
　第二节　房地产投资策划案例分析 ……………………………………………… 130
　　案例一　××市租售房地产项目投资策划案例 …………………………… 130
　　案例二　金麒麟花园住宅投资策划案例 …………………………………… 143

第五章　房地产设计策划 ……………………………………………………… 152

　第一节　房地产设计策划技术要点 ……………………………………………… 152
　　一、房地产设计策划的内容 …………………………………………………… 152
　　二、房地产项目的概念设计 …………………………………………………… 152
　　三、项目设计内容与规模策划 ………………………………………………… 155
　　四、项目的景观设计 …………………………………………………………… 156
　　五、项目设计的功能与空间策划 ……………………………………………… 159
　　六、项目设计的户型策划 ……………………………………………………… 163
　第二节　房地产设计策划案例分析 ……………………………………………… 169
　　案例一　广州黄花岗项目户型设计策划案例 ……………………………… 169
　　案例二　北京×××项目全程策划报告(节选) …………………………… 179

第六章　房地产销售策划 ……………………………………………………… 201

　第一节　房地产销售策划技术要点 ……………………………………………… 201
　　一、房地产销售策划的性质、目标与主要任务 ……………………………… 201
　　二、房地产销售策划的原则 …………………………………………………… 202
　　三、房地产销售策划的内容 …………………………………………………… 202
　　四、房地产销售计划与周期 …………………………………………………… 203
　　五、房地产楼盘销售主题与入市策略 ………………………………………… 206
　　六、目标客户群分析与定位 …………………………………………………… 209
　　七、房地产定价策划 …………………………………………………………… 209
　　八、房地产推广策划 …………………………………………………………… 218
　　九、房地产公关活动策划 ……………………………………………………… 225
　第二节　房地产销售策划案例分析 ……………………………………………… 233
　　案例一　烟台华联新村销售策划案例 ……………………………………… 233
　　案例二　南京浙江商品城营销推广方案 …………………………………… 242

第七章　房地产形象策划 ……………………………………………………… 257

　第一节　房地产形象策划技术要点 ……………………………………………… 257

一、房地产形象策划的内容 …………………………………………………… 257
　　二、房地产文化定位 …………………………………………………………… 257
　　三、房地产项目形象定位 ……………………………………………………… 262
　　四、楼盘命名策划 ……………………………………………………………… 267
　　五、楼盘形象设计 ……………………………………………………………… 276
　　六、楼盘形象包装 ……………………………………………………………… 279
　第二节　房地产形象策划案例分析 ………………………………………………… 295
　　案例一　黄石路项目形象定位策划案例 ……………………………………… 295
　　案例二　惠州风华世家形象包装策划案例 …………………………………… 299

第八章　房地产广告策划 …………………………………………………………… 304
　第一节　房地产广告策划技术要点 ………………………………………………… 304
　　一、房地产广告类型和策划原则 ……………………………………………… 304
　　二、房地产广告策划的内容 …………………………………………………… 305
　　三、房地产广告策划流程 ……………………………………………………… 305
　　四、房地产广告目标确定 ……………………………………………………… 308
　　五、房地产广告主题与表现 …………………………………………………… 309
　　六、房地产广告媒体选择与应用 ……………………………………………… 314
　　七、房地产广告设计与创意 …………………………………………………… 317
　　八、房地产广告费用预算 ……………………………………………………… 327
　　九、房地产广告质量与效果评价 ……………………………………………… 329
　第二节　房地产广告策划案例分析 ………………………………………………… 333
　　案例一　莱恩田园区广告策划案例 …………………………………………… 333
　　案例二　棕华欣城广告策划案例 ……………………………………………… 338

第九章　房地产风水策划 …………………………………………………………… 346
　第一节　房地产风水策划技术要点 ………………………………………………… 346
　　一、风水及房地产风水概述 …………………………………………………… 346
　　二、房地产风水策划的必要性 ………………………………………………… 351
　　三、房地产风水策划的原则 …………………………………………………… 352
　　四、房地产风水策划的依据 …………………………………………………… 353
　　五、房地产建筑风水策划的程序 ……………………………………………… 353
　　六、房地产风水策划的内容 …………………………………………………… 354
　　七、各类物业的风水策划要点 ………………………………………………… 357
　第二节　房地产风水策划案例分析 ………………………………………………… 361
　　一、商铺选址风水要旨 ………………………………………………………… 361
　　二、卧室风水讲究 ……………………………………………………………… 367
　　三、买房犯忌风水的非典型案例 ……………………………………………… 370

第十章 物业管理策划 …… 372

第一节 物业管理策划技术要点 …… 372
一、物业管理策划概述 …… 372
二、物业管理总体策划 …… 374
三、物业管理的招标与投标策划 …… 389
四、物业管理服务方案策划 …… 398

第二节 物业管理策划案例分析 …… 399
案例一 某项目物业管理策划案例 …… 399
案例二 万科城市花园物业管理策划案例 …… 403

参考文献 …… 412

第一章 房地产策划概述

第一节 房地产策划的概念与作用

一、房地产策划的概念

有人说策划就是作秀,有人说策划就是出点子、走捷径,还有人把策划人比喻成游医,甚至有人竟然说策划就是骗。有人蔑视策划人,但更多的人对策划人非常崇拜。到底什么才是策划,策划人是不是具有超人的本领?为什么一个毫无特色的楼盘,经过策划人策划后就会变成名盘?

有关策划的定义有许多种版本,其中不乏调侃式的定义,似乎每种定义都有某方面的道理,但这很容易误导读者。

简单地说,策划就是策动和谋划。房地产策划的过程就是通过资源的整合、嫁接、复制、创造等一系列的活动来达到让楼盘升值的最终目的的过程。

策划更多的是从认识上去找差异,找出常人认识上的盲点,然后通过加工、整合等手段形成楼盘的一种全新优势,认识的差异就是效益。策划人习惯逆向思维、反弹琵琶,因为只有这样才能打破常规,也只有打破了常规才能创新。

因此,房地产策划是指在房地产项目投资、开发营销中运用科学规范的策划行为,根据房地产开发项目的具体目标,以客观的市场调研和市场定位为基础,以独特的概念设计为核心,综合应用各种策划手段,按一定的程序对房地产项目进行创造性地规划,并以具有可操作性的房地产策划文本作为结果的活动。

二、房地产策划的本质特征

1. 地域性

一是要考虑房地产开发项目的区域经济情况;二是要考虑房地产开发项目周围的市场情况;三是要考虑房地产项目的区位情况。

2. 系统性

房地产策划是一个庞大的系统工程,各个策划子系统组成一个大系统,缺一不可,密切联系,有机统一。

3. 前瞻性

房地产策划的理念、创意、手段应着重表现为超前性和预见性。在市场调研阶段,要预见到几年后房地产项目开发的市场情况;在投资分析阶段,要预知未来开发的成本、售价、资金流量的走向;在规划设计阶段,要在小区规划、户型设计、建筑立面等方面预测未来的发展趋势;在营销推广阶段,要弄清当时的市场状况,并在销售价格、推广时间、楼盘包装、广告发布等方面要有超前的眼光。

4. 市场性

房地产策划要适应市场的需求,吻合市场的需要。一是房地产策划自始至终要以市场为主导;二是房地产策划要随市场的变化而变化;三是房地产策划要造就市场、创造市场。

5. 创新性

房地产策划创新,首先表现为概念新、主题新;其次表现为方法新、手段新。

6. 操作性

一是在实际市场环境中有可操作的条件;二是在具体的实施上有可操作的方法;三是策划方案要易于操作、容易实施。

7. 多样性

房地产策划要比较和选择多种方案。房地产策划方案不是一成不变的,应在保持一定稳定性的同时,根据房地产市场环境的变化,不断对策划方案进行调整和变动,以保证策划方案对现实的最佳适应状态。

三、房地产策划的作用

有一位搞房地产开发的女老板对其策划人说:我开发的楼盘是本地第一个写字楼,地理位置最优越,裙楼商场面积在本地最大,功能和设施在本地属于一流的,楼高也是本地第一高楼。我的楼盘占了这么多的第一,你说还需要策划吗?是啊,这么一个"天生丽质"的楼盘,还需要策划吗?不仅仅是这位女老板有这种想法,应该说,中国大多数的开发商都有类似的想法。如果开发商的楼盘先天条件优越,他们就不会想到要请策划人来策划。从这一现象就可以看出,开发商只把策划人当成救急的医生。之所以出现这种现象,就是因为开发商对策划的认识不够。

因此,必须对房地产策划的作用认真把握。房地产策划的作用表现在以下几个方面:

1. 利润最大化

一个好的楼盘,也许在销售上比较容易操作,但是如果不策划,利润率就可能无法最大化。比如策划前,如果能卖到每平方米 3 000 元,那么经过策划人策划,就能卖到每平方米 3 800 元、4 800 元,甚至更高。广州市就有两个紧邻的楼盘,一个请了策划人策划,售价是每平方米 7 000 元,一个没有请策划人策划,售价是每平方米 3 000 元,并且前者成为广州的明星楼盘,后者一度出现经济危机,经过资产重组后才焕发生机。

2. 快速塑造著名品牌

不经过策划的楼盘也能塑造品牌,但是塑造品牌的时间、物力、人力和资金较大,付出的代价很高,而经过系统策划的楼盘,可以在短时间内塑造出当地、全省乃至全国的著名品牌。

3. 有效防范和转嫁危机

危机是随时随地都存在的,像上面提到的"天生丽质"的楼盘是不是就没有危机了?一样有危机,并且危机更加可怕。因为真正的危机并不是看得见"危机"的时候,而是出现在看不见"危机"的时候。如开车,当车行至车辆、行人稀少的公路上时,司机会认为这时没有危机,因为道路很宽阔,又没有行人,这时司机往往就会高速行驶,可危机就从他高速行驶的时候出现了,只不过司机没有察觉而已,一不小心就会酿造惨剧。策划人在策划的时候,会对危机进行系统研究,有危机会将危机转嫁、排除,没有危机能有效防范危机。

四、房地产策划的地位

20世纪90年代中期前,许多开发商曾经提出这样的看法:房地产开发中最重要的环节是设计,最重要的部门是工程部。到了后来,有人提出了另一种新的观点,认为房地产开发中最重要的是策划和营销。时至今日,仍然有不少人认为设计和工程部是最重要的。很多开发商总是先找建筑设计、环境规划方面的专家,等把这些方案全部定下来了再去找策划人策划,习惯性地将策划排在设计、规划和建筑之后。不仅开发商这么认为,就连建筑设计师和环境规划师也是这么认为。设计与策划究竟哪个重要,这不是一个简单的问题,而是关系到楼盘开发成功与否的问题。有些楼盘地段、环境都不错,可投放市场后却遭到冷遇,原因之一就是开发商将设计、规划和策划地位给颠倒了。

房地产开发中最重要的环节是策划,一切都是以策划为龙头、为策划服务的,包括建筑设计和园林规划。因为房地产开发必须要有一个贯穿全局的主题,而这个主题是通过策划而不是设计和规划来完成的,如果没有策划,设计和规划就会偏离方向。没有策划做指导,设计、规划得再好也是没有价值的。设计也好,规划也罢,一定要以市场为导向,因为开发楼盘的最终目的是要投放到市场上去的,而市场是由策划人来做的,所以在房地产开发中策划是最重要的。

第二节 房地产策划的内容

房地产策划的内容,在不同的项目中可能略有差异。但一般来说,一个完整的房地产策划,其内容包括主题策划、市场策划、投资策划、设计策划、销售策划、形象策划、广告策划、风水策划、物业管理策划等。

一、房地产主题策划

房地产策划主题是项目集中表达的特殊优势和独特思想,是开发商倡导的某种生活方式。策划主体包括宏观主题和微观主题。宏观主题是指贯穿于整个项目的中心主题,它是房地产项目开发思路、市场定位、规划设计、营销推广、物业服务等各个方面的综合体现。微观主题是指在中心主题统率下各个环节体现出来的具体主题,如市场主题、设计主题、营销主题、广告主题等,它们是房地产项目在各个方面的具体体现。宏观主题从项目的整体上统领着微观主题,微观主题在项目的具体环境上支撑着宏观主题。

二、房地产市场策划

房地产市场策划是指房地产策划师根据项目发展的总体要求,从房地产市场的角度出发,对房地产项目进行内外部经济环境调研,进行房地产市场分析与研究,找出项目的市场空白点,最后进行房地产项目定位的创造性过程。房地产市场策划是房地产项目策划的基础性工作。

通过市场调查、地块自然条件的分析,确定项目的市场定位,即项目主要销售给谁。此间,策划人员还要根据消费者的心理与行为,考虑导入什么样的概念,适应目标买家的爱好与习惯。

三、房地产投资策划

房地产投资策划是指房地产项目在房地产市场调研和预测基础上，以投资效益为中心，从机会选择、项目构思到正式立项等一系列的策划工作，是以获取具体的投资方案为目的的创造性活动。

四、房地产设计策划

房地产设计策划是指房地产策划师、设计师、建筑师按照城市规划的总体要求，从建筑角度出发，在房地产市场策划的前提下，对房地产项目的设计进行设想和构思，为建筑设计师进行项目设计时提供指导性意见，以便进行项目规划设计和建筑设计的创造性过程。

五、房地产销售策划

房地产销售策划是指房地产策划师为了实现项目或楼盘的销售目标，对楼盘的销售计划、价格、推广、促销等一系列工作进行有意识地整合，使楼盘按照规范的操作手段进行运作，从而实现项目或楼盘的总体目标的一种创意活动。

在具体的销售过程中，开发商要考虑项目是自行销售还是委托代理，项目推向市场时是以什么样的形象展现给消费者。其次，售楼处怎样布置，楼书怎样制作；楼盘正式开卖前，要不要搞一个内部认购，试探一下市场的反应；楼盘销售中，如何营造卖场氛围，给人以火爆的场面。如果要自行销售，开发商要考虑销售人员的培训问题。由于项目的销售要经历较长时间，制订出一个完整的销售计划是必不可少的。销售过程中，还有一些具体的问题，需要开发商以及策划人员考虑。例如：销售进度的控制与节奏的安排，尾盘如何销售？用什么样的促销方式来吸引广大的购房者？房地产项目销售中，如何处理好与社会和大众的关系？

六、房地产形象策划

房地产形象策划是指对楼盘的形象、命名、视觉、理念、行为等各子系统的规范与整合的过程，具体可以通过项目识别系统（CIS）来实施。

七、房地产广告策划

房地产广告策划是指在广泛的调查研究基础上，对房地产市场和个案进行分析，以决定广告活动的策略和广告实施计划，力求广告进程的合理化和广告效果的最大化。

如今，酒香也怕巷子深，策划人员为吸引大众的眼球，必须精心策划、认真实施有效的广告策略。这其中包括广告目标、广告费用预算、广告媒体选择、广告节奏、广告设计技巧以及广告效果评价等等。

八、房地产风水策划

房地产风水策划是指从根源上把握建筑风水布局的关口，从而为众多的百姓营造事业顺遂、财源广进、家庭和美、身体健康的吉祥场所，同时也给开发商带来有形与无形回报的一种活动。

房地产面临的风险越来越大，如何成功地规避风险，保持企业的持续健康发展已成为房地产商们关注的首要问题。在这种情况下，在房地产开发中引入风水全程策划将不失为一种一针见血、立竿见影的好方法。

九、物业管理策划

物业管理是由专业化的企业组织，运用现代管理手段和先进的维修养护技术，为物业售前售后的整个使用过程提供对房屋及其设备、基础设施与周围环境的专业化管理。

物业管理策划，是指以满足客户需求为导向，把握从房地产投资论证、规划设计、工程施工到营销销售、物业入伙管理、日常管理的房地产开发全过程各个环节的客户需求，根据对项目环境与客户需求的调查分析，通过对物业管理目标、策略、技术、运作的规划设计，实现物业管理的目标。

策划人员应本着以人为本的思想，为购房者制定好完善的物业管理措施，提供"量身定造"的服务。

第三节　房地产策划的基本原则

一、独创原则

房地产项目定位、建筑设计理念、策划方案创意、营销推广策略如果没有创意、毫无新意，那么要想在市场竞争中赢得主动地位是不可能的。独创就是独到、创新、差异化、有个性。独创具有超越一般的功能，它应贯穿于房地产策划项目的各个环节，使房地产项目在众多的竞争项目中脱颖而出。房地产策划要达到独创、永不雷同，必须满足以下几个要求：

1. *房地产策划观念要独创*

策划观念是否独创、新颖，关系到策划人的基本素质。有的人策划观念经常有新的创意，有的人只能"克隆"或照搬别人的概念，这些都影响到策划人策划项目的成败。在众多房地产项目中，能在强敌中站稳脚跟并销售成功的，策划观念一定是创新出奇的。广州某大型住宅区，开盘时以高素质、高价位出现，其独创性的策划观念使很多顾客下定金购房。

2. *房地产策划主题要独创*

主题是房地产开发项目的总体主导思想，是开发商赋予项目的灵魂。策划主题是否独创、新颖，立意是否创新，关系到房地产项目的差异化和个性化，并直接影响到项目能否在竞争中取胜。大到贯穿整个项目主题，小到报纸广告主题，无不是这样。策划主题独创，与市场发展潮流有很大的关系。当人们都沉醉于在市中心建住宅的时候，一些有远见的开发商却发起一场"郊区化运动"，建起一栋栋低容积率、高绿化率的住宅小区，迎合市民返归大自然的心理状态；在人们欣赏小区内花草成片的时候，一些有创见的策划人却举起了山景、江景、海景的大旗，使居民们的窗外视线无比开阔，风景宜人。

3. *房地产策划手段要独创*

房地产策划手段就是房地产策划的具体方法、手段。方法、手段不同，策划的效果也就不一样。最著名的例子是广州奥林匹克花园，在人们还在用单一手段策划楼盘的时候，奥林匹克花园的开发商却用复合手段策划楼盘，地产业和体育业的复合引领了房地产策划领域的新里程。策划手段独到，往往会达到意想不到的效果。广州远洋明珠大厦，在建好的楼宇中推出 10 套主题样板间,以不同人的个性及生活方式进行延伸、发挥、变形,使人们看了以后大开眼界:我们居住的空间原来可以如此艺术、舒适和优美。策划手段独到,能增强人们的购买欲。

二、整合原则

在房地产开发项目中,有各种不同的客观资源,大致可分为两大类:一是从是否明显看出来分,有显性资源、隐性资源;二是从具体形式来分,有主题资源(或称概念资源)、社会资源、人文资源、物力资源、人力资源等。这些资源在没有策划整合之前是松散的、凌乱的、没有中心的,但经过整合以后就会融合在一起,为整个项目的发展服务。

为了有效地整合好房地产开发项目的客观资源,必须做到以下几点:

(1) 要把握好整合资源的技巧。在整理、分类、组合中要有的放矢,抓住重点,使客观资源合力加强,达到 1+1>2 的效果。

(2) 整合好的各个客观资源要围绕项目开发的主题中心,远离主题中心的资源往往很难达到目的。

(3) 要善于挖掘、发现隐性资源,创新、独到的主题资源大都是隐藏起来的,不易被人发现,需要策划人去提炼、去创造。

三、客观原则

客观原则是指在房地产策划运作过程中,策划人通过各种努力,使自己的主观意志自觉能动地符合策划对象的客观实际。要遵循客观原则做好房地产策划,必须注意以下几点:

(1) 实事求是地进行策划,不讲大话、空话。

(2) 做好客观市场的调研、分析、预测,提高策划的准确性。

(3) 在客观实际的基础上谨慎行动,避免引起故意"炒作"之嫌。

(4) 策划的观念、理念既符合实际,又有所超前。

四、定位原则

所谓"定位",就是给房地产策划的基本内容确定具体位置和方向,找准明确的目标。房地产开发项目的具体定位很重要,关系到项目的发展方向。一个目标定位错了,会影响其他目标定位的准确性。在房地产策划中灵活运用好定位原则的具体要求是:

1. 要从"大"、"小"两方面入手

大的方面是房地产项目的总体定位,包括开发项目的目标、宗旨,项目的指导思想,项目的总体规模,项目的功能身份,项目的发展方向等。小的方面是房地产项目的具体定位,包括主题定位、市场定位、目标客户定位、建筑设计定位、广告宣传定位、营销推广定位等。房地产项目的总体定位确定了项目的总体位置和方向,对项目的具体定位有指导、约束作用;房地产项目的具体定位是在总体定位下进行的,具体定位是对总体方向的分解,各个具体定位要符合总体定位的方向。

2. 把握各项定位内容的功能作用

要做到这一点,策划人首先要全面掌握定位内容的内涵,深入其中,确定其定位的难易点,有的放矢地找准目标。其次,每项定位内容的具体功用是一样的,要把它们整合好、利用好,为整个项目的总体定位服务。

3. 要熟练地运用项目定位的具体方法和技巧

在项目定位过程中,方法和技巧运用得好,往往会达到事半功倍的效果。如对建筑设计定位,建筑设计的最新理念不能不了解,设计市场的流行趋势不可不知道。在此前提下,是追逐潮流还是着意创新?是停留现状还是适度超前?这都要根据开发项目的总体定位而有所取舍,确定方向。

五、可行原则

可行原则是指房地产策划运行的方案是否达到并符合切实可行的策划目标和效果。可行原则就是要求房地产策划行为应时时刻刻地为项目的科学性、可行性着想,避免出现不必要的差错。贯彻房地产策划的可行原则可从以下几个方面着手:

1. 策划方案是否可行

在房地产策划过程中,确定方案的可行性是贯彻可行原则的第一步。从房地产策划的本质特征可以看出,在多种策划方案中选择最优秀、最可行的方案是项目成功的基础。有了可行的方案以后,还要对方案实施的可行性进行分析,使方案符合市场变化的具体要求,这是贯彻可行原则的第二步。

2. 方案经济性是否可行

策划方案的经济性是指以最小的经济投入达到最好的策划目标。这也是方案是否可行的基本要求。此外,投资方案的可行性分析也是一个不可忽视的重要因素。投资方案通过量的论证和分析,可以确定策划方案是否可行,为项目的顺利运作保驾护航。

3. 方案有效性是否可行

房地产策划方案的有效性是指房地产策划方案实施过程中能合理有效地利用人力、物力、财力和时间,实施效果能达到甚至超过方案设计的具体要求。策划方案要达到有效、可行,一是要用最小的消耗和代价争取最大的利益;二是所冒的风险最小,失败的可能性最小,经过努力基本上有成功的把握;三是要能圆满地实现策划的预定目标。

六、全局原则

全局原则从整体、大局的角度来衡量房地产策划的兴衰成败,为策划人提供了有益的指导原则。从房地产策划的整个过程来讲,它分为开局、析局、创局、选局、布局、运局、馈局和结局八大过程,每个过程都与全局有密切的联系,每个局部的运作好坏都会对全局造成影响。房地产策划全局原则的主要要求是:

(1) 房地产策划要从整体性出发,注意全局的目标、效益和效果。在整体规划的前提下,部分服从整体,局部服从全局。在市场调研阶段,如果图省事,不深入了解当时的市场状况、竞争态势、对手强弱以及宏观政策等问题,盲目上马项目,结果会造成惨重的失败。

(2) 房地产策划要从长期性出发,处理好项目眼前利益和长远利益的关系。

(3) 房地产策划要从层次性出发,总揽全局。房地产策划是个大系统,任何一个系统都可以看成是一个全局。而系统是有层次性的,大系统下有子系统,子系统下有孙系统,层次分明。因此,考虑下一个层次的策划时,应该同上一层次的战略要求相符合。

(4) 房地产策划要从动态性出发,注意全局的动态发展。房地产市场是变化莫测的,变化发展有时会影响全局。这时,策划人要善于抓住市场的动态规律,掌握全局,避免市场变化触动全局的根基。

七、人文原则

人文原则是强调在房地产策划中要认真把握社会人文精神,并把它贯穿到策划的每一个环节中去。人文精神包括人口及文化的意识。人口意识是指人口的数量和质量水平、人口布局、年龄结构、家庭婚姻等表现出的社会思想;文化意识包括人们在特定社会中形成的特定习惯、观念、风俗及宗教信仰等表现出的社会思想。在房地产策划中要把握好人文原则,必须注意以下几点:

(1) 对我国人文精神的精髓要深入领会。在房地产策划中把握人文精神的精髓,并在人文精神的具体形式中深入贯彻,将起到意想不到的效果。

(2) 运用社会学原理,把握好人口的各个要素。在策划中把握好人口各个要素的内容、形式以及它们的功用,分析它们对市场影响的大小、轻重,找出它们运行的具体规律,开发出的房地产项目就会与众不同,赢得人们的信赖。

(3) 把文化因素渗透到策划项目的各个方面。房地产策划必须把文化因素渗透到开发项目中去,才能迅速占领市场,建立自己的项目个性。以顺德碧桂园为例,它开发的理念和模式首先是中国传统文化的代表——儒家思想的建大功、立大业及望子成龙的思想,在家庭伦理上倡导中国传统文化的天伦之乐、合家欢乐和刻意追求中国传统家庭的温馨。

(4) 通过民族文化的积累,促进产品及企业品牌的形成。

八、应变原则

所谓应变就是随机应变,它要求房地产策划要在动态变化的复杂环境中,及时准确地把握发展变化的目标、信息,预测事物可能发展变化的方向、轨迹,并以此为依据来调整策划目标和修改策划方案。房地产策划的应变原则是完善策划方案的重要保证,它的具体要求是:

(1) 增强动态意识和随机应变观念。

(2) 时刻掌握策划对象的变化信息。策划对象信息是策划的基础材料和客观依据,这个基础和依据变化了,策划也应该随之变化,否则,其策划就失去了准确性、科学性和有效性。必须不停地广泛了解、全面搜集和及时分析并加工处理这些信息,为策划提供具有真实性、时效性、系统性和可靠性的信息资料。

(3) 预测对象的变化趋势,掌握随机应变的主动性。

(4) 及时调整策划目标,修正策划方案。当客观情况发生变化影响到策划目标的基本方面或主要方面时,要对策划目标进行必要的调整,自然也就要对策划方案进行修正,以保证策划方案与调整后的策划目标相一致。

第四节 当前流行的房地产策划四十法则

房地产策划说起来容易做起来难,平时大家都在谈策划,现在市场上有许多号称策划师的人到处鼓吹策划,并且也承接楼盘策划,可是策划后和策划前压根儿就没有什么区别。虽然策划无处不在,每个人干任何事情都需要策划,但是如果策划方法不到位,效果就会大幅下降,这就涉及策划方法的问题,真正掌握了策划的方法,策划就是高效的。下面简单介绍一下当前流行的房地产策划四十法则。

一、转变思维法则

策划是一门复合性、交叉性、边缘性学科,其本质是思维的科学,它的精妙之处在于不同思维方式的运用。策划是将单线思维转变成复合思维,将封闭性思维转变成发散性思维,将孤立、静止的思维转变为辩证的、动态的思维,将传统的量入为出的思维转变为量出为入的思维。在感到困惑的时候,换一种思维方式考虑问题,往往豁然开朗,海阔天空。

二、创新法则

克隆的价值是有限的,策划贵在创新,只有创新才能保持竞争优势。这是一个创新的时代,永远不变的只有变化本身。但创新不能凭空想象,想当然地"创新"。太超前了不被市场接受,落后了要被淘汰,怎样适度超前,需要有对企业特性和中国国情非常深刻的把握,以及对社会及行业趋势的把握,在掌握规律的基础上创新。创新有不同种类和层次——产品创新、服务创新、技术创新、营销创新、管理创新、制度创新、品牌创新、理念创新,由表及里,由浅入深。理念创新是其他层面创新的灵魂和统帅。

理念创新是指打破规定动作的框框,创造自选动作。依据创新理念开发出的不是工业化、标准化的"工业品",而是量身定做的原创性的"工艺品"。理念创新贵在原创性。

可以毫不夸张地说,理念创新乃是一切创新之源、一切创新之本,它决定着其他种种创新活动的开展和成败,它既是其他创新活动的基石,也是其他创新活动的罗盘和指南针。如果说其他创新都还只是战术层面创新的话,那么理念创新就是战略层面的创新。战略定位决定着战术动作的展开。因此,理念创新具有更大的难度,是一种更高级别的创新挑战。

三、自选动作法则

自选动作的天地最宽,因为可以任意发挥;自选动作的难度很大,因为没有成规可以借鉴。但自选动作依旧应是人们的追求目标,因为谁创造了自选动作,谁就创造了一个新的规矩,就成了游戏规则的制定者和解释者,就拥有了话语权。自选动作的本质是创新。

四、三性法则

三性是指唯一性、权威性、排他性,这是项目和产品策划必须考虑的。具有这三性的项目或产品,可以在一个时期内处于无竞争状态。

唯一性是差异化竞争策略的结果。权威性、排他性与策略思路、资源整合对象以及科学创新密切相关。三者的统一与完整,可以保证竞争壁垒的固若金汤,可以有效抗拒克隆技术的魔力,可以赢得市场的追捧。

五、适度超前法则

策划要讲究审时度势,太超前不被市场接受,效益不大;太滞后坐失良机,没有效益;与市场同步,利润摊平且很容易被人模仿,效益短暂。如何适度超前地引导市场、创造市场大有学问。适度超前产生的先发效应,可保持相对时间的无竞争状态,从而获取超额利润。

六、梳理分析法则

策划首先要考虑 3 个问题：

第一，老板判断。企业的掌门人怎样，是决定策划成败的关键。因为企业家是企业的人格化，企业是企业家的物化。任何一个好的思路、好的策划方案只有在老板领会、吃透、充分赞同和肯定并创造性地实施和操作的基础上才能变为现实。

第二，企业诊断。企业从哪里来，今天处于什么状态，明天向哪里去。存在决定意识，出身决定风格，对企业"来龙"的掌控，是对"去脉"设计的前提。

第三，资源盘存。企业有哪些资源，除了有形资产，更注意它有什么无形资产和隐形资源。比如公共关系、优惠政策、上级扶持等特殊优势。

七、辨证施治法则

西医的哲学是把人当成机器，分解成各个零部件来考虑问题，难免头痛医头脚痛医脚。中医则是把人当作一个整体，考虑其阴阳是否平衡，血脉经络是否通畅。根据丰富的临床经验，望、闻、问、切，把握根本，辨证施治。策划更接近中医，从整体的角度把握和解决问题。

八、系统化运作法则

策划不是一两个点子而是一个系统工程，包括调查研究、企业或项目诊断、企业或项目战略定位、理念创新、策略设计、资源整合、操作实施、顾问监理、动态调整、总结提升等诸多环节。

九、"垫脚石"法则

任何策划目标的实现，要想一步到位是不现实的。这一过程可分解成若干可以控制的步骤，每一步都有阶段性成果。就像过河，要想不湿鞋，每跨一步都要有块垫脚石，使企业或项目通过这些中间的支点，顺利达成最后目标。如此不仅可大大降低失败的风险，而且每一次小的收获都为最终的成功奠定基础，最后的成功成为必然。大处着眼，小处着手，是企业发展永恒的基础法则。

十、核心优势法则

策划不管是对区域、企业还是个人，最主要的是准确的自我定位，即找出自己的核心优势，最大限度地开发和利用这种优势，并量身度造设计一套切实可行的发展策略，才能以最小的投入取得最大的收获。

十一、量身度造法则

寸有所长，尺有所短。如何扬长避短，是企业战略的精髓。策划应该因时、因地、因人制宜，把策划对象放在这个坐标里面，对它进行准确定位，它对拥有的资源要素进行梳理和整合，以期达到最佳效果，也就是度身定造。

因时，即审时度势，把对象放在时代的背景下，搞清楚它的昨天、今天、明天，从宏观上把握社会和行业发展的趋势和脉络。

因地，挖掘对象所在地区的资源和文化底蕴，充分利用人文地理各种环境优势，从而聚人气、地气、财气。

因人，针对企业自身和企业老板的特性，设计不同的战略和策略。策划师相当于服装设计师而不是裁缝。服装设计师要根据每一个人的体形和气质，扬长避短，再参考社会的时尚和潮流，进行独家创作。

十二、战略至上法则

策划最讲究的是战略，在战略方向没有确定之前，任何战术都无所谓好坏。正如一句英格兰名言："对于一艘盲目航行的船来说，任何方向的风都是逆风。"

十三、系统定位法则

准确的市场定位是成功策划的关键。对社会大趋势的精妙把握是能否定位准确的前提。策划时首先要用全新的思维方式，帮助企业确定自己的位置。这种定位要将企业放入地区、行业、企业发展状况的三维坐标系中来考量，从而确定企业在行业中的位置、产品在市场中的位置、品牌在社会中的位置。

十四、预留管线法则

策划不要仅局限于眼前，而要有长远的考虑，宽打窄用。要为未来的发展预留充分的空间，埋下可以发挥的伏笔，为未来的产业嫁接事先留下对接口，为未来的利润增长点培育胚胎。形象的说法就是预留"管线"。

预留管线需要策划人具有超前长远的战略远见，故非一般以眼前利益为中心者可以为之。

预留管线法则要求既要保证当前项目的成功，还要预见项目在未来的发展态势，并尽量使现在的成功策略与未来的成功接轨。故此法则实际上使现在的成功策略成为一个开放的而不是封闭的系统，这个系统的开放性面向未来。故预留管线法则要求策划人策划的不仅是项目的现在，更是项目的未来。

十五、换芯片法则

企业家是企业的头脑。他不仅是权利的源泉，也是企业智慧的主要来源。

策划一个企业，在很大程度上就是策划一个企业家，帮助他实现知识和智慧的充实以及升级换代。

策划活动在某种意义上主要表现为策划人与企业家之间头脑的磨合与相互影响。策划人如果不能成功地影响企业家并使其思维方式朝正确方向转变，那么成功的策划活动就无从说起。

所以策划人要坚持与老总的直接交流，也要坚持帮助企业家实现方法论以及知识智慧上的升级换代。用时髦的数字化生存时代的语言来说，就是为老总"换芯片"。

十六、消化老总法则

欲策划老总，必先吃透老总。

能成为老总,其阅历和智慧定有过人之处,或者说,他本身就具备策划人的素质,就像一个好的导演同时也常常是一个好的编剧一样。企业家之所以能不断地从一个成功走向另一个成功,肯定是把握住了现实中的某种规律。但他们为什么需要策划人呢?这是分工协作所使然,亦是信息爆炸、机会风险频生的知识经济所使然。作为企业分外看重的外脑机构,策划人之所以能为企业家所倚重,一个重要的因素是我们获得了站在巨人肩膀上的特权。策划人同企业家合作的第一课就是消化企业家。由于策划人这个特殊的职业,常常能够在两三个小时里吸纳和消化企业家用数十年打拼出来的精华,再转化为我们的能量。消化企业家,再造企业家,也许是策划人在跟市场经济对接时一个鲜明的特点。所以,策划实际上是一个教学相长的过程。

十七、大势把握法则

"条条大路通罗马,策划就是寻找最近的那条路。""最近"是指顺应大势,吻合规律,尽可能不走弯路。趋势的潜流就在现实平静的海面之下,策划就是要找到它的流向,通过创新让企业之船适度超前地顺应它的流向,借势、借力,被潮流推着走,才能像冲浪者那样立于潮头之上,成为规则的制定者。面对时代的快速变革,一个企业能否持续发展,能否打造百年老店,不在于它一时的技术领先或市场的占有率,关键在于它能否审时度势,在一个又一个时代的转折点上及时调整企业的航向。

十八、文化底蕴法则

名牌的背后是文化。策划最有神韵之处,往往体现在对每一个地方文化底蕴的把握、发挥、利用和体现上。在尊重传统市场调查方法和结论的基础上,更注重社会学式的感悟式调查,通过交流取样。注意捕捉特定的历史文化浸淫下形成的区域文化个性与社会经济结构及消费心理偏好。重在把握社会运行的脉搏,将区域文化底蕴注入项目的理念(概念)开发及市场推广策略之中,常可获厚积薄发、石破天惊之效。如:顺德碧桂园借用"可怕的顺德人";昆明世博会推出"万绿之宗,彩云之南"的云南新形象;武夷山申报世界自然和文化遗产年,浓缩为"千载儒释道,万古山水茶"。

十九、地域解码法则

中国有句古话"一方水土养一方人",这深刻地揭示了一个朴素的真理:每一地域有这个地域特有的文化,每一个城市有这个城市特有的性格。从事房地产开发,除了必备的专业知识以外,如何做到"近水知鱼性,隔山识鸟音",准确地为地域文化解码是关乎地产商生死存亡的大事。

二十、20度直觉法则

市场调查80%凭数据,20%凭直觉。尤其是在知识经济时代,市场瞬息万变,统计得来的数据很难准确反映处于动态中的市场变化。特别是中国这个市场是一个不成熟的市场,不像西方市场那样有据可查。所以,市场调查就像烧水一样,可以烧到80度,最后的20度得凭直觉、经验来把握。

二十一、顺瓜摸藤法则

市场调研的作用，应如任何情报工作一样，一在于摸清未知之情况，二在于印证已有之判断或假设。大势把握的结果，自当有一个基本的结论，顺此结论去探索市场需求之来龙去脉，知其然而知其所以然，谓之顺瓜摸藤。其思路有异于一般的市场调研，往往能达到事半功倍的效果。

二十二、嘴尝市场法则

饮食文化是地域文化的重要组成部分。而吃饭是到哪儿都必不可少的基本需要，透过吃来品尝、感受与体验当地的文化特色与底蕴，称为嘴尝市场法则。带有地方特色的饮食文化与一个地区的风土民情、消费习惯和喜好、生活水准与格调等策划需要了解的方方面面有密切的关系。所以，用嘴"吃"出当地的文化与市场感觉，就成了一种颇为有效的调研方法。食不必贵，但必须代表地方特点与神韵。

二十三、做市场法则

市场是做出来的。企业的市场经营有3种境界：等市场、找市场和做市场。

所谓"等市场"，是计划经济时期及市场经济萌芽时期的做法，重生产与内部管理，轻市场营销，坐等市场找上门来。

所谓"找市场"，是目前最惯常的做法，从短缺到过剩的过程中，企业被迫开始关注外部环境，研究市场，进行目标市场定位与细分，开始讲究营销策略，但一般还是按惯常的思维方式跟风，一哄而上，同构竞争异常激烈，不时引发"价格大战"、"广告大战"等恶性竞争常常是两败俱伤。

所谓"做市场"，则是指跳出同构竞争，进行战略创新，改变行业游戏规则，超常规、反传统，创造全新的需求，进入一个相对无竞争的境界。"做市场"不同于各种市场营销策略与市场管理技术（如4C、4P、UPS、整合营销等），不是针对企业经营的某一局部环节，而是强调企业整体经营战略的创新，其精髓是改变游戏规则，提高竞争门槛，确立具有唯一性、权威性、排他性的竞争优势地位。

二十四、要素整合法则

策划是通过全新的理念和思路，对生产力的各种要素、资源重新整合，使之产生1+1＞2，甚至原子裂变式的市场和经济效益。这些要素包括经济的、政治的、社会的及其他各种相关的显形或隐形的要素。策划人是整合大师，是把文化和商业、知识和利润有机结合起来的人。

二十五、突破与引爆法则

在项目策划过程中，在把握总体战略和通盘考虑的前提下，尤其强调寻找和设计项目市场突破点或引爆点的重要性，以保证使客户能够得到短期、中期、长期的回报。

二十六、复合嫁接法则

复合嫁接方法是整合思维的结果。尤其适合于房地产这个横跨第二和第三产业、涉及面极广、产业拉动力巨大而惊人的特殊行业。

从策略角度而言,复合嫁接能创造全新的产品、经营模式和市场,塑造全新的企业、项目形象,增强项目和产品的吸引力,体现企业卓尔不凡的竞争力,从而达到一个全新的境界。

在创新制胜时代,复合嫁接是房地产创新的重要方法,是使开发商在白热化竞争中脱颖而出和参与"巨鳄游戏"必备的利器。

二十七、新木桶法则

传统的木桶理论认为补短板是解决问题的关键。新木桶理论则认为,市场经济是一种分工合作、资源整合的经济,如果能把原有的长板做得更长,做到极致,使其成为绝对的优势,并且依此长度到市场上去寻找短缺的其他长板,通过优势组合,组成一个新木桶,既可解除短板的困扰,又可最大限度地发挥长板的作用,同样可以取得好的效益。

因为就企业或项目而言,有的短板是永远无法弥补的,而要加长其长板却易如反掌,在此态势下,新木桶理论就很有效果了。

二十八、多兵种协同作战法则

策划不能哪一家包打天下,要解决复杂纷呈的问题,在整体战略和策略方案确定之后,需要整合利用各方面的相关资源,多兵种协同作战是策划成功的保证。

二十九、动态监理法则

策划不是简单地制定一个方案、提交一份报告,而是要对整个项目运作过程加以动态的把握,对出现的各种问题做出准确和快速的反应,捕捉稍纵即逝的机会。顾问监理就是在动态过程中发现问题、解决问题,修正调整策划方案,整合资源的过程。

三十、车头车厢法则

这是关于竞争策略选择的比喻。所谓做车头,就是做行业竞争者中的领头羊,做市场的领跑者、市场领袖。从某种意义上说,并不是任何企业都可以选择做车头的。这不仅取决于企业规模、市场占有率等硬性指标,更取决于企业战略和企业领导者的眼光与能力等软性指标。缺乏战略远见的企业是没法做好领跑者的。

所谓做车厢,就是做追随者,跟在领跑者后面拣便宜,领跑者筚路蓝缕,开创出一条通道,追随者就在这条道上毫不费力地快速前进。这是做车厢的好处,可以节省许多研发成本以及市场开拓费用。但它永远只能跟在别人后面。

策略取决于资源与能力,做车头还是做车厢,只有综合分析盘存企业资源与能力之后才能决定。

三十一、头啖汤法则

喝头啖汤是善于煲汤的广东饮食文化的特殊讲究,指喝汤要喝老火煲就的、原汁原味的第一道浓汤,才能保证其纯美与营养都先为我所得。其后二道、三道掺了水的汤,不仅味道全无、营养大减,食者还不免有所谓"拾人牙慧"或"残羹剩水"的嫌疑。因此,只有抢占先机才能获得最大效益,故英雄多敢为天下先。

三十二、鲍鱼法则（众星捧月法则）

所谓鲍鱼法则的灵感也来自于粤菜。鲍鱼者，主菜也。需要精心打理，精心炮制。只要做好了这一主菜，那么其他都属于配菜，略上一些，衬托一下场面，热闹热闹即可。待客的级别与好坏，主要就从主菜体现出来。所以，鲍鱼作为主菜实在是不能不重视的。

策划一个项目好似做一桌宴席，首先必须要帮助客户精心炮制好这道"鲍鱼"，只要市场认可，你就大功告成了。一盘散沙的概念堆砌是没用的，必须突出一个主题，也就是这里所谓的鲍鱼。这鲍鱼实际就是月亮，其他的搭配就是星星了。更高的策略境界是，在众多的竞争者中将自己做成鲍鱼，以他人为配菜。由此，众星捧月，不仅逃离同质竞争的窘境，而且获得烘云托月之妙。所以鲍鱼法则也可以说是众星捧月法则。

三十三、层层剥笋法则

笋子在成为竹子之前是有多层外皮包裹的，剥笋时总得一层层地剥开才能剥到所需的笋心。所谓造化天工，为我们提示了一种有益的策划方法。

这就是在策划的时候，可以把项目策略设计得环环相扣而天衣无缝，使之逐层展开时令人有大开眼界、览之不尽、层出不穷的纵深感，也使得策略设计可以相互支撑得巧妙而长久，而不是一览无余，了无伸展余地。

从另一方面说，层层剥笋也可以是对项目或企业资源的一种利用方式。即从某个立足点出发，把藏在深处的核心资源挖掘出来，而其周围资源也因此而得到更合理的利用与整合。

三十四、一虾三吃法则

高明的厨师可以把一种菜做出多种味道与吃法，高明的食客更善于把一道菜做多种享受。"三吃"只是中国数字里习惯的虚指而已，指对同一事物，分解开来，换一种思路和做法，可能会得到额外的收获。策划实践中对于一个特定的项目或项目资源，显然要努力做到价值最大化，利润最大化，成本最小化。这就需要对项目和资源做最佳的安排和利用。一是如何把资源用到最合适的地方；二是如何把资源做最佳的多层次使用。

三十五、拔萝卜法则

拔出萝卜带出泥，这是生活中的常例。它说明，在你致力于获取所需目标的时候，会不经意地带出许多隐藏的、关联的、具有深层次意义的东西。如何有意识地挖掘这些背后的奥秘，有效利用这些顺带的成果，则显示出不同的境界。这也正是策划人有别于他人的一种功力吧。

三十六、剥牛皮法则

俗话说一头牛身上剥5张皮，比喻尽最大可能挖掘潜力，可以争取多元和超值效益。对于任何项目而言，在策略设计之初就应考虑如何能最大限度地获取多重效益，这种对资源和成果的多层次利用法则，正是策划人一贯追求的重要原则之一。

三十七、搂柴打兔子法则

这是农业文明社会里生活的哲理：上山收集柴草，惊出了草中的兔子，顺便打一只，反而成了主要收获。

策划人员奔波于全国各地，为各种项目出谋划策的同时，接触了大量第一手的社会经济信息和各种不同的地域文化，以及各种类型的企业和企业家，这本身就是一种难得的机会。策划人应逐渐形成这样的习惯：不要放弃看似与眼前项目无关的东西，策划成果之外的顺带收获也许能派上大用场。策划的功夫在策划外。

三十八、老火靓汤法则

老火靓汤，慢工出细活。这是形容煲汤的火候与品质的关系。同样，一个项目的成功引爆不是一日之功；一个好的策划绝非急功近利、一招一式所能成就；一个品牌更需精心打磨，方成大器。老火靓汤其深层次的意义在于老火靓汤所表现出的"汤"的状态——你再也区分不出汤里的营养或味道究竟是哪种配料的贡献，这已经是所有的汤料一体化了的综合结果。这是所谓炉火纯青、臻于化境的状态，是无招胜有招的状态。

三十九、政企双赢法则

一般说来，政府是经济法律、市场规范、企业行为准则等的制定者、评判者、监督者，而不是商业行为的参与者。正如体育比赛，政府是裁判员，而不是运动员。政府本身不应该参与经营活动，而只是履行法律赋予的规范和裁决市场的职能。但是中国处于社会经济转型时期，在由政府高度集权的计划经济转向地方分权、企业拥有更多的自主权的多元化市场经济体制时期，政府是不可忽视的市场要素。市场策划必须充分考虑政府行为，有效调动和发挥政府的积极性，达到企业和政府的双赢。

策划从某种角度来说是一门"政治经济学"。这就是在算经济账的时候也一定要考虑政治账，这是中国的国情。项目的成功不仅要有经济效益，还要有社会效益。政治、经济可以相互转换，转换得好，各得其所；把握不好，要栽跟头。所以杰出的策划应该努力达成经济、政治和社会效益的复合共生。

四十、五出法则

策划的作用不仅体现在项目的成功和获得经济效益上，而是从策划的开始就考虑如何让企业达到"五出"的效果：出成果，使企业获得实实在在的效益和项目的成功；出机制，促使企业逐步形成更高效率的管理和运作机制；出品牌，建立或者提升企业的品牌形象；出人才，在合作的过程中锻炼出一批高素质的策划人才；出网络，使企业建立属于自己的资源和营销网络。

第五节　房地产策划的模式

所谓策划模式，就是使策划人可以照着去做的具体策划样式。在房地产策划发展过程中，经过策划人不断的实践和总结，策划模式开始逐渐形成，体现了房地产策划的一些基本规律。根据房地产项目的具体情况灵活运用这些策划模式,可以创造出项目典范和营销经典,提高房地产策划的科学性和规范性。

一、房地产战略策划模式

战略策划模式是王志刚先生及其工作室倡导并在房地产策划实践中证明可行的策划模式。经过多年的研究和探索,王志刚工作室战略策划理论逐渐形成,具有独特的策划风格。战略策划模式的最大特征是强调宏观大势的把握与分析。战略策划是为企业发展或项目开发设计总谱,并帮助企业从全局需要出发,有效整合这些专业性操作公司,使其在统一的平台上协调一致地实现总体目标。

1. 房地产战略策划模式的内容

(1) 大势把握——出思路

在宏观大势把握的前提下,根据每个企业的不同特点找到适合其发展的思路。大势把握包括中国经济大势、区域经济大势、区域市场需求大势、区域行业竞争大势和区域板块文化底蕴等。

(2) 理念创新——出定位

思路确定后,选择摆脱同质化竞争的迷局,确定差异化发展的突破点,总结、提取出一个能体现并统帅企业或产品发展的灵魂和主旋律。理念创新包括概念创新、预见创新和整合创新。

(3) 策略设计——出方案

量身定造,针对企业特点设计一套科学、独创、有前瞻性且具有可操作性的对策方案。策略设计包括项目总体定位、项目理念设计、项目功能规划、项目运作模式、项目经营思路和项目推广策略等。

(4) 资源整合——出平台

帮助企业整合内外资源,包括整合各种专业化公司的力量,创造一个统一的操作平台,让各种力量发挥应有的作用。资源整合包括企业内部资源整合、企业外部资源整合、行业内部资源整合、行业外部资源整合等。

(5) 动态顾问——出监理

操作过程主要由企业家完成,策划人作为顾问起参谋作用。顾问监理包括项目重大事件、项目重要环节、项目节奏把握、项目市场引爆和项目品牌提升等。

2. 房地产战略策划模式的适用性

房地产战略策划模式从宏观战略的高度来策划项目,因而成功率较高,它具有明显的特长:① 对宏观大势的把握能使项目定位准确,找到项目最合适的发展思路;② 能有效地协调各专业公司围绕项目的总目标进行操作,并从全局出发实现项目的具体目标;③ 由于是从宏观战略的高度来把握和分析项目的,因而最适宜操作大盘项目。

战略策划模式对策划人的综合素质要求很高,具有哲理型、思想型、创新型素质的策划人才能胜任。

二、房地产全程策划模式

房地产全程策划模式由深圳国际企业服务公司冯佳先生倡导并付诸实践而逐渐形成。

由于全程策划的策划理念和内涵既实用又丰富,而且创造了不少经典项目,深受众多房地产开发企业及策划咨询公司的推崇,流行全国。

房地产全程策划,简单地说就是对房地产项目进行全过程的策划,即从项目前期的市场调研开始到项目后期的物业服务等各个方面都进行全方位策划。全程策划强调为投资者提供标本兼治的全过程策划服务,每个环节都以提升项目的价值为重点,围绕提升项目的价值来运用各种手段,使项目以最佳状态走向市场。

1. 房地产全程策划的内容

(1) 市场研究。对项目所处的经济环境、项目当前房地产市场状况、项目所在区域同类楼盘进行调研分析。

(2) 土地研制。挖掘土地的潜在价值,对土地的优势、劣势、机会和威胁进行分析研究。

(3) 项目分析。通过对项目自身条件及市场竞争情况分析,确定项目定位策略,决定目标客户及楼盘形象,决定项目市场定位、功能定位和形象定位。

(4) 项目规划。提出建议性项目经济指标、市场要求、规划设计、建筑风格、户型设计及综合设施配套等。

(5) 概念设计。做好规划概念设计、建筑概念设计、环境概念设计、艺术概念设计。

(6) 形象设计。开发商与项目的形象整合,项目形象、概念及品牌前期推广。

(7) 营销策略。分析项目环境状况,突现其价值。找准项目市场营销机会点及障碍点,整合项目外在资源,挖掘并向公众告知楼盘自身所具有的特色卖点。

(8) 物业服务。与项目定位相适应的物业管理概念提示,将服务意识传播给员工,构建以服务为圆心的组织架构。

(9) 品牌培植。抓住企业和项目培养品牌,延伸产品的价值。

2. 全程策划模式的适用性

房地产全程策划模式的特点是全过程策划服务,因而策划的思路、理念贯穿于整个项目。全程策划在运用中逐渐形成3种不同的策划方向:

(1) 在项目接手后,从市场调研、规划设计、建筑方案、概念设计、形象设计、营销策划、广告推广、销售代理以及售后服务等一系列环节都参与进去,并在各个专业上具体操作,直到项目成功推出市场。这种策划方向要求策划人员素质好、水平高、技术全面,从策划总监、策划主管、策划操作的各层面人员都要相互协调、相互合作。而且,要求最低层面的技术人员如建筑设计、广告平面、销售代理等人员都对策划规律全面熟悉。这种全程策划方向难度相当大,目前还较少有策划咨询公司能承担这样的全程策划。

(2) 项目的一系列环节都参与进去,但不涉及具体专业操作层面。市场调查、建筑设计、形象设计、广告发布、销售代理等由各专业公司操作,全程策划公司只是做总策划及统筹,把各种不同的专业公司整合起来,按照总策划的方向行事。此策划方向人员不多,但都是策划精英,能主持各方面的专业工作,把专业公司协调、统筹好。该策划方向被运用到众多的策划咨询公司。

(3) 由于策划咨询公司的专业特长不同,在全过程策划服务的前提下,有的在规划设计、建筑设计及环境设计方面参与比较多;有的擅长于市场调研、投资分析方面;有的在广告策划方面有突出的表现;还有的在策划销售方面最有能力。他们运用自己的专业特长有所侧重,但不丢掉全程策划的宗旨,也取得了较好的策划效果。这种策划方向在策划咨询公司中也不少。

全程策划模式比较适用于中小型项目操作运行,这样各个环节较容易策划到位。大的项目如几千亩的大盘就会感到力不从心,这时,就应该采用其他策划模式与之交叉进行,取长补短。

三、房地产品牌策划模式

在实践中总结出来的房地产品牌策划模式,曾宪斌先生是首要倡导者。他有意识地引入品牌的概念来策划项目,又把品牌策划的理念推广、运用到全国各地,逐渐形成了特色鲜明的品牌策划模式。

品牌就是差异,就是个性。品牌标志着商品的特殊身份,将自身与其他类型商品区别开来。房地产品牌就是房地产项目具有区别于其他项目的个性,有独特的目标市场和共同认知的目标客户群,有较高的知名度、美誉度和忠诚度。房地产品牌策划是对房地产品牌的内涵进行挖掘、发现和推广,使房地产项目赢得人们的信赖。

1. 房地产品牌策划的内容

(1) 品牌策划以建立项目品牌为中心。

(2) 品牌策划就是建立一流的品质和一流的推广。品质是品牌的基础,品牌策划要从品质入手,创建一流的品质。品牌的推广要推广一流的附加值,要有一流的战略战术,要建立一流的物业管理队伍。

(3) 品牌策划中的附加值推广要有侧重点。一是要融入自然的和谐环境;二是社区服务的社会化;三是家居生活的信息化。

(4) 品牌策划推广有4个阶段。一是"人工造雨"阶段;二是"筑池蓄水"阶段;三是"开闸泄流"阶段;四是"持续蓄水"阶段。

(5) 品牌策划推广的5种方法。一是"筑巢引凤"法;二是"盆景示范"法;三是"借花献佛"法;四是"马良神笔"法;五是"巨量广告"法。

(6) 品牌策划的5个工程。一是软性推广工程;二是公关活动工程;三是卖场包装工程;四是口碑工程;五是公关危机工程。

2. 品牌策划模式的适用性

房地产品牌策划模式的最大特点是除了抓住品牌内在品质和外在品质外,着重强调项目品牌的推广。通过工地包装、现场销售包装、电视报纸广告造势、样板房推动、软性新闻宣传、公关活动介入等,把不知名的楼盘短时间内变得家喻户晓,吸引客户购买,从而达到品牌策划的目的。

品牌策划模式对一些内外品质稍差的项目来说效果是很好的,通过快速推广,使项目赢得人们的认同。但是,如果在推广时片面追求造势、炒作,忽视产品品质,虽取得首次开盘成功,但后几期就不一定卖得动了。因此,在快速推广的同时也不能忘了品牌的品质,因为最终得到客户信赖的还是项目真正的内在品质。

四、房地产产品策划模式

近几年来,开发商都在不同的项目中贯彻产品策划的理念,注重项目产品的细节和细部的完美和舒适,创造了许多著名的楼盘。一些对产品策划有实践经验的策划专业人士也不惜余力地倡导产品策划模式，如广州的周勇先生、深圳的茅巍先生、北京的童渊先生等，用自己的实践证明产品策划的作用。

房地产产品策划，就是对房地产及住宅产品进行谋划和运筹，以满足人们对房地产产品的特定要求。产品策划的重点是"顾客就是上帝"，一切围绕客户的需求来策划产品，注重产品的舒适性和艺术性，使人们对产品的喜爱而促进人们的心身健康。产品策划的另一个重点是产品定位和产品设计，产品定位先于产品设计。

1. 房地产产品策划的内容

（1）产品调研。产品的前期策划中最重要的是调研，目的是了解需求和供应状况，为产品定位做好准备。

（2）产品定位。在产品调研的前提下，对产品进行恰如其分的确定具体位置。包括目标客户定位，这是最重要的，因为产品竣工后是卖给他们的。此外，还有产品品质定位、产品功能定位、产品地段定位、产品规模定位、产品形象定位等。

（3）产品设计。这是策划的重心，根据目标客户的特性分析，产品就为其量身定做。包括规划设计、建筑设计、环境设计、户型设计等。

（4）产品工艺。采用先进的生产工艺，保证产品质量。

（5）产品营销。针对量身定做的目标客户推出产品的半成品或成品，包括产品的包装、产品的推广等。

（6）产品服务。这里主要是售后服务，目的是把产品的价值提升和延长。

2. 产品策划模式的适用性

房地产产品策划模式注重的是产品的精雕细镂，以吻合顾客的要求，适用较广泛。只要做好产品调研、产品市场准确、产品设计到位、产品营销手段新颖，加上策划人有强烈的创新专业精神和较高的专业素质，基本上都会运用得当，获得成功。不过，如果只强调产品的品质方面，对大势的把握、全程的参与、品牌的推广等策划理念忽视或不重视，那么，策划出来的楼盘也不一定畅销。

五、房地产开发商策划模式

开发商策划模式可以说是房地产另类策划模式，也有人称它为非策划模式。倡导这种策划模式的首推万科企业的王石先生。他在不同的场合说过：我不相信策划，我的企业没有策划人。但是，他属下的房地产项目开发没有一个不成功的。另一个推崇此模式的是北京"现代城"的开发商潘石屹先生。他开发的项目也不需要策划人帮忙，自己亲自操作，从项目的市场分析、策划主题确定、设计思想挖掘、目标客户寻找等，无不一手包揽。

开发商策划模式之所以存在和产生，有以下几个原因：① 开发商本人有着很高的房地产开发水平，思想理念超前，对房地产开发的各个环节了如指掌，能从容地驾驭房地产市场的风云变幻。具备这样的高超水平的开发商，实际就是高水平的策划人。② 开发商企业经过多年的房地产开发实践，运作机制完善，开发经验丰富。③ 开发商企业内各部门人才济济，经验丰富，技术娴熟，观念超前，每个人都是实际上的策划能手，自然会对开发商的开发思想和宗旨理解深刻，贯彻到位。

1. 开发商策划模式的要求

（1）有过人胆略、经验丰富、思想敏锐、理念超前的开发商做总策划的领航人，还有技娴熟、观念灵活的专业人员相互配合,为共同的项目开发目标进取。

(2) 有本企业的团队精神和有特色的企业文化,造就一种公认的企业品牌效应。

(3) 开发商自己有鲜明的气质和独特的个人风格,能在不同的场合感染人,形成"明星"效应,塑造出良好的开发商形象。

(4) 重视开发商、物业管理在规划设计方面的作用。

(5) 开发商有永远的创新精神,对目标市场的变化相当灵敏,能准确地找到项目的目标客户群,并善于发现目标客户的正确"密码"。

2. 开发商策划模式的适用性

开发商策划作为一种另类策划模式,策划的效果是相当明显的。这里最重要的因素是开发商本人的开发运作水平。从目前情况看,开发商策划模式的运用有越来越广泛的趋向,这是因为现在开发商的知识水平、操作水平比以前更高、更娴熟了。另一方面,此模式可使开发商统率项目全局,避免出现难以与策划人或策划机构沟通、协调之苦。另外,运用开发商策划模式也不是不需要策划人的介入,开发商下属各部门还是有专业策划人协助的,只不过这些策划人所起的作用没有开发商本人那么大而已。

运用开发商策划模式可以看出开发商本人真正高超的策划开发水平,如果达不到那么高的水平,借用"外脑",聘请策划人或策划公司来协助也未尝不可。因为一个人不管水平多高、能力多强,处理事情都有一定的局限性,何况是高智力的策划思维活动。

第六节 房地产策划的回顾与展望

一、我国房地产策划的发展历程

中国的房地产策划是随着中国房地产业的发展而发展的,从萌芽、起步直至发展到现在已走过了十几年的历程,目前正处于快速成长阶段。任何新生事物都有一个发展演进的过程,目前,中国房地产策划还不够成熟,行业本身也不够规范,许多代理公司、顾问公司的策划方案缺乏专业水准,导致了开发商对房地产策划"想说爱你不容易"的尴尬局面。其实房地产策划的逐步成熟不仅有赖于从业人员的专业技能、经验和敬业精神,同时它与房地产行业的本身发展有很大的联动关系,策划是跟随市场一起成长的,所以顺着房地产市场的发展脉络很容易摸索到房地产策划的发展轨迹。

1. 产品观念时代:策划寻找"感觉"

房地产刚刚走向市场化,开发商手里有资金,有土地,开发什么项目呢?这时的策划往往依赖于企业领导或同几个专家在一起讨论,市场调研没有受到丝毫重视,主观臆断色彩十分浓郁,每个人都凭着自己的感觉,感觉找对了,项目也能获得成功;感觉找不对,就难讲了。我国的商品房空置率一直那么高,恐怕就和"感觉"型策划有很大关系。

2. 推销观念时代:策划寻找"卖点"

在很长一段时间里,策划的含义仅仅是广告策划而已。广告公司即为房地产策划专家,在项目的投资决策过程中,不重视科学的市场分析,倾向于凭直觉和经验来确定投资方向;策划人都会选择楼盘的一个或一个以上的显著特征(如区域文化人文理念、社区安全、智能化、绿化率等)向消费者加以强调和宣传,引导消费者在众多楼盘的比较选择过程中倾向于自己的楼盘;策划工作的具体内容是寻求卖点、创造卖点、推广卖点,整个策划活动围绕着这些卖点的推广进行。卖点策划模式解决了消费者识别选择的问题,还能够促进市场竞争,使房地产商迅速成熟起来。但它缺乏对小区的综合部署,导致小区整体配置不够合理,难以形成一个有机整体。这会造成一部分资源可能闲置浪费,而另一些配套设施可能就无法满足日常生活要求。

3. 准营销观念时代:策划寻找"概念"

随着注意力经济时代的来临,产品的同质性引发了房地产市场的"概念"之战,以附加意义上的概念炒作来增加项目的标新立异成为一时之尚。同时消费者的潜在需求也引起了较大的关注,市场的空白点成为策划关注的焦点。一时间环保住宅、绿色住宅、智能住宅,种种概念铺天盖地。应该说这是一种进步,策划不再是卖点的杂烩,而是统一概念下的多个层次。概念策划赋予楼盘以生命和灵魂,适应了消费者购房观念的转变,满足了消费者对住宅个性化的追求。但概念策划模式缺乏对企业长远目标的考虑。万科城市花园的辉煌树立了万科这个品牌,为万科培养了大量的潜在顾客;而 sohu 只使我们记住了潘石屹和他的现代城。在市场竞争更激烈的情况下,仅仅依靠概念策划模式来对抗竞争对手的冲击并赢得企业的长期发展是不可能的。

4. 营销观念时代:策划寻找"需求"

竞争的压力,积压楼盘的现实,使开发商不再只关注产品本身,还要看消费者的脸色,消费者关心什么、注重什么,项目就倾向于什么。消费者远比开发商和经销商们想象的要成熟得多,他们不再会为了某种概念的暗示而追求一种时尚,因为房屋毕竟不是皮鞋或口红。于是开发商们开始"生产你所能够出售的东西,而不是出售你能够生产的东西"。"发现欲望,并满足它们",而发现"欲望"的责任就落在了策划身上。在一些策划人还将卖点、概念、造势奉若法宝的时候,另有一些策划人在研究市场,分析消费者的真正需求。于是市场便出现了这样的现象:一方面,有些楼盘叫好不叫座;另一方面,一些名气并不响亮的楼盘却卖得红红火火。

5. 市场的社会营销观念时代:策划寻找"平衡"

最近几年,有人提出这样的问题:一个在了解、服务和满足个体消费者需要方面干得很出色的企业,是否必定也能满足广大消费者在社会上的长期利益呢?市场的营销观念回避了消费者需要、消费者利益和长期社会福利之间隐含的冲突。对此,有人提出了社会营销观念。社会营销观念要求营销者在制定营销政策时能权衡三方面的利益,即公司利润、消费者需要的满足和社会利益。房地产作为特殊的产品,它的社会性尤其突出。当有一天,政府发现开发商已经变得如此优秀了,不但小区建得如此漂亮,而且周围环境也改造得如此优美,那说明市场已到了社会营销阶段。这时的策划就不只是研究目标市场了,而是要纵观全局,在个体消费者和社会消费者之间、在楼盘与城市建设之间、在人与自然之间寻找一种平衡。

二、房地产策划的现状

1. 人们对房地产策划价值的看法在思想上比较混乱

房地产策划是伴随着人们的争议成长、发展起来的。多年来,虽然人们普遍认可了房地产策划的经济价值和社会价值,但是,还有不少人否认房地产策划存在的价值,对房地产策划的地位作用存有怀疑。目前主要有两种观点:一种认为房地产策划在房地产开发项目中没有作用,开发项目主要是管理与操作问题,对房地产策划的价值不屑一顾;另一种观点认为房地产策划很神秘,过分夸大策划的作用。上述两种观点都是对房地产策划认识的两种极端看法,如果大家都以平常心来对待发展之中的房地产策划咨询业,就不会出现这种过分苛刻和盲目崇拜的心理。

2. 房地产策划从沿海发达城市向内地城市推进,克隆现象比较普遍

房地产策划的兴起,应当是由广州、上海、深圳等沿海发达城市开始的。多年的房地产策划实践,使第一线的策划人积累了丰富的策划案例经验和极有价值的策划理论。近几年来,内地城市也开始注重房地产项目策划。这些城市引入策划行为的途径有:一是派专业人员到沿海城市学习、取经,参加各类策划培训班;二是邀请知名策划人前往内地房地产开发项目担任总策划或顾问;三是举办各种房地产策划演讲会,并邀请知名策划人参加交流,从中获得沿海地区房地产策划的最新理念。通过这几种方式,沿海城市先进的房地产策划理念和优秀的经典案例就在内地城市开花结果。同时,内地策划人在策划理念和手段上不可避免地出现了克隆现象,这已经引起同行的关注。其实,策划者应该注意的是:创新,才是房地产策划可持续发展的本质所在。

3. 房地产策划模式呈现多元化,以适应不同类型房地产开发项目的需要

自从王志纲先生提出"泛地产"理念以来,房地产策划模式可谓多姿多彩。"泛地产"的开发策划,可以说是真正"跳出地产做地产",追求人与自然的和谐,在更大的空间尺度上体现对人的呵护,顺应了人类消费需求层次及多元化的大趋势。以广州为例,有复合地产模式、品牌连锁模式、生态住区模式、社区文化模式以及康居家园模式等。这些模式最大限度地满足了房地产开发项目适应市场的需求,赢得了顾客的信赖。

4. 策划人通过各种活动推介自己在实践探索中形成的房地产策划思想和理论

经过多年的实践和摸索,部分优秀策划人积累了丰富的房地产策划理念、思想,并以各种方式进行推介、传播。据了解,每年都有一些知名策划人在全国各地巡回演讲、传授。他们还举办各种房地产策划培训班,总结自己的策划经验作为培训教材,如近期在深圳举办的房地产"全程策划"专训班等。还有以互联网站来探索、研究房地产策划理念。那些基于大势分析、源于实战的策划方法,让浏览者获益匪浅。

5. 房地产策划组织以知名策划人领衔主演,其他有关人员跟着跑龙套的形式出现

前几年,一些"自由策划人"经过艰辛的努力和不断探索,创造出许多项目典范和营销经典,赢得了房地产开发企业的认同。于是,他们纷纷成立各类房地产策划咨询公司,为房地产策划发展的专业化、规范化而不懈努力。并且,这种以知名策划人领衔主演的形式一直保持至今,为房地产策划咨询业的一大风景。

三、房地产策划的未来走向

1. 房地产的策划观念从产品品牌观念向企业品牌观念转变;从追求社会效益和经济效益观念向生态效益和可持续发展观念转变

目前,一些房地产开发项目策划已初步表现出以上观念的转变,如广州"中海名都"项目的策划已在观念转变中大做文章。该楼盘在名称上着重体现企业品牌的声誉,在观念上着重表达"都市生态园"的主题概念,追求生态住区可持续发展的至高境界。实现这一理念不是策划人的刻意做作,而是人们对住区观念要求变化、创新的必然结果。

2. 房地产的策划组织从自由策划人走向群体组织；从群体组织走向专业分工、相互协作的轨道

由于房地产策划最早是由自由策划人实践、探索而逐渐发展起来的，至今还有不少自由策划人。随着房地产策划业的深入发展，策划人必然走向规范的组织化道路。这是因为房地产业的发展，项目开发涉及人文、经济、管理、建筑、IT业、生态与环境等多个方面，各方面需要互相协作。再有，策划人要使策划的项目成功，必须充分利用与策划有关的信息，但策划者个人无法收集、分析、整理、归纳大量的动态信息，进而做出正确的判断和决策。

3. 房地产的策划方法从侧重项目概念转到项目概念与项目细节并重的方法上

项目策划概念是当前房地产策划方法上的主要特征，它强调某个概念的创意而使楼盘热销。随着消费者消费出发点的改变，消费者买房不只是买"概念房"，还要买"精品房"。因而，购买者更加重视楼盘细节、细部完美和舒适。未来的房地产策划，将从侧重项目的概念转到项目的概念与项目的细节、细部并重的方法上。

4. 房地产的策划理论由单薄、零散的思想、理念逐步形成全面、科学的理论体系

近年来，房地产策划经过优秀策划人的辛勤努力，策划思想不断丰富，策划理论研究日益深入，这些实践积累起来的真知灼见是房地产策划理论不可多得的财富。经过策划人不懈的实践、积累和探索，全面、科学的房地产策划理论必然会呈现在人们面前。

5. 房地产的策划信息从人脑搜集转移到人机结合；在信息的分析上，从定性分析转移到定性定量相结合

现代计算机业、互联网的发展，使人们利用计算机和互联网进行房地产信息的搜集、分析、加工、整理乃至运用成为可能。现代信息工具可以帮助人们收集、分析大量信息，通过综合归纳并运用各种技术手段可模拟策划结果和实战状况，为策划达到的预期效果提供参考。目前，房地产策划的信息分析大都只处于定性分析面上，使得策划过程中的科学性不够，往往出现一些无法讲清楚的问题。从发展观点看，处理信息时定性与定量相结合，互为补充、互为促进，才能使信息处理达到科学化，才能准确地反映市场动态情况。这样，房地产策划水平就会有新的提高、新的飞跃。

第二章 房地产主题策划

第一节 房地产主题策划技术要点

策划就像创作文章,需要有鲜明、独特的主题和统一的"中心思想"。主题是一个成功策划的灵魂,它统率着整个房地产项目策划的创意、构想、方案、形象等各要素,像一根红线贯穿于整个项目策划之中,使策划的各个要素有机地组合成一个完整的策划作品。房地产策划没主题,或有多个零散主题,或主题激发不了顾客的购买意愿,那么,策划的项目必然逃脱不了失败的命运。

一、项目策划主题与主题策划

1. 项目策划主题

房地产策划主题是项目集中表达的特殊优势和独特思想,是开发商倡导的某种生活方式。特殊优势是客观具备的有利条件,其中有些是一目了然的,无需过分强调,本身就有吸引力,如区位、地段、交通、环境等;有些则是潜在的,要通过反复调研、考察、分析,才逐步明了;而发展、昭示并且淋漓尽致地渲染和表达这些潜在优势,往往会使项目独具特色。独特思想是主观创造的特殊概念个性,通过主动营造某种主题氛围,激发人们对特定生活意向的联想,使居住的物质环境变得人性化、亲情化。项目策划主题包括宏观主题和微观主题。

2. 项目主题策划

主题策划亦称概念设计或理念设计,是房地产策划的一项相当重要的内容,它是策划人通过房地产策划实践总结出来的一种有效方法。主题策划是房地产策划的核心,通过主题策划的贯穿和支持,可以推动房地产项目开发的全面创新。主题策划有狭义与广义之分。狭义的主题策划是指为规划设计或建筑设计所赋予的一种创意概念;广义的主题策划是指为项目开发所赋予的总体指导思想,是贯穿项目发展始终的灵魂。

二、项目策划主题的作用

策划主题是项目开发理念的抽象概括,它是房地产项目开发思想、市场定位、规划设计、营销推广、物业服务等各方面的综合体现。一个成功的策划主题,它对整个房地产开发项目具有以下作用:

1. 能统率、贯穿项目的各个环节,使项目的各个要素围绕着中心思想展开

房地产项目从开发到完成要经过很多环节,各个环节要在主题概念的统率下才能不偏离项目开发的中心和方向。除了策划主题能起这样的作用,其他因素是无法完成的。开发商的土地选择、规划设计、建筑工程、营销推广、物业管理、社区文化建设等等行为均要围绕这一中心完成。

2. 能体现项目产品的综合设计创意,使产品在文化内涵上满足人们的精神需求,在品

质功能上满足人们的物质需求

房地产产品与其他商品相比,具有物质功能复杂、精神内涵丰富的特征,特别是住宅产品更是如此。优秀的主题概念,在文化内涵上给予人们精神上的愉悦和满足,在品质功能上给予人们舒适和满足,这是因为策划主题能体现项目产品的文化内涵、科技内涵和服务内涵。

3. 策划主题能使项目具有区别于其他项目而展现出来的特有个性

这种项目特有个性,无论在内容、气质上还是在形式、手段上均独具一格,别人难以模仿。

4. 策划主题能使项目在推广时易于体现项目优势,赢得买家的广泛认同

每个项目都应有自己的项目优势,每个项目优势来源是多方面的,包括建筑风格、规划设计、地理位置、生态环境、配套设施等方面的优势。这些项目优势如果不在策划主题上体现出来,是很难引起买家注意的。

5. 策划主题能提升房地产产品的价值

策划主题作为概念资源,如果没有具体的内容来支撑是无价值可言的。如果它由具体的内容支撑着,就有一定的价值,这个价值就是人们所说的附加值之一。主题概念能提升房地产产品的价值,实际上就是使产品的附加值增大了。新颖、独创的主题概念,能使项目的价值比同类项目的价值高得多,但仍然很快销售出去。这就是策划主题在起作用。

三、主题策划的基本要求

1. 运用创新或独到的思想理念

主题策划要取得较好的策划效果,与在创新的策划思想理念指导下是分不开的。房地产项目开发理念日新月异,各种新思想、新观念、新理念层出不穷,策划人要深刻领会这些理念的精髓,把握它们的实质,灵活地运用到策划实践中去。在运用这些新理念的同时,还要进行筛选,把带有独到的思想理念运用好,引导主题策划的新潮流。

2. 要领先引导消费者的需求

主题策划不但要满足消费者的需求,而且还要引领消费者的需求。这是因为主题策划总是走在市场的最前面,发现市场的潜在需求,为项目开发成功做好思想准备。当前,在激烈竞争的市场环境下,部分开发商已不再被动地迎合消费者的口味,而是努力引导市场,创造超越现有的生活需求,将自身对居住文化的理解和独特的审美品位融入房地产项目中,形成风格独特、个性鲜明的"明星楼盘",有些甚至因其过于前卫的风格而被归入"异类"。像用"音乐"概念作为项目的主题,真是有点不可想象。在引领消费者需求的同时,还要注重体现项目独特的功能需求,增加量身定做的空间和相应的设施,在开发理念和设计细节等各方面更深层次地体现"以人为本"的思想。

3. 要善于挖掘项目的文化科技内涵

在房地产策划中,人们往往运用家居、社区、社会等概念,把房地产经营提升为一个系统的文化工程,贴近生活的文化内涵。广州"翠湖山庄",其万象翠园包罗万象,从苏州园林到美洲酒吧,从古烽火台到古罗马廊柱,一幅幅融会中西、贯通古今的时空画卷展现在人们面前。江南园林式的"翠居"用亭台、园门、小桥流水、竹篱柴扉勾画一幅江南风情画;会所前的龙马广场,古朴的天然石块凝集了中国传统文化的精髓;利用地下应急通道出口而建的烽火

台,沧桑味十足,是孩子们发挥时空想象的乐园;流水与瀑布相映的灵泉飞瀑、秋千椅和攀爬架组成的拾趣园以及十二生肖广场等,都显现人与自然亲近的中国园林文化的妙处。

随着科技的发展,运用各种科技概念来策划项目的也为数不少,使项目呈现出更加个性化的特色。在生态住宅、因特网、智能化、新科技、新材料的使用等方面,较之以往有更深层次的内涵挖掘。策划人要善于挖掘项目的文化科技内涵,使项目的民族文化精髓和科技文化理念融为一体,比翼双飞。

4. 要十分注重建筑设计的理念创新

建筑设计理念的策划创新,不仅仅是开发商塑造产品个性特征、营造独特生活氛围的有利手段,同时也具有繁荣建筑创作、促进建筑文化、改善城市景观的良好社会效益。建筑设计是产品定型的主要阶段,这个阶段的建筑造型、建筑风格、建筑规划、平面布局以及立面效果等,很大方面影响项目的个性化和差异化。如果在这个阶段没有把握好,在施工建设的时候再修改是相当困难的,即使不计较金钱,那也很费时费力。因此,在建筑设计阶段就要考虑好建筑设计理念和策划创新问题,使产品跟上时代的要求。

5. 要把握好主题概念的整合和推广

有了独特、富于个性的策划主题后,怎样把它整合推广好也是一个不可忽视的问题。主题概念就像一条主线,把项目分区分期推出的产品"珍珠"串成一条"项链";主题概念就是一个中心,项目开发的各个环节均围绕这一中心完成;主题概念还是一种说法,整个项目的构成、功能、风格、形象等均通过它得到合理的深入人心的阐述。因此,整合和推广好策划主题就显得格外重要。

四、房地产策划的主题系统

在策划实践中,主题概念丰富多彩,主题类型多种多样,要想把主题系统理出个头绪来很难。这里根据项目策划的具体情况,把主题系统分为宏观主题和微观主题两大类。

1. 宏观主题系统

宏观主题是贯穿于整个项目的中心思想,它是房地产项目开发思路、市场定位、规划设计、营销推广、物业服务等各方面的综合体现。依照房地产策划的实际情况,宏观主题系统可以从不同的类型、不同的角度来分。

2. 微观主题系统

微观主题是在宏观主题统率下,在项目开发进行中各个环节表现出来的次中心思想。从房地产项目开发的过程看,微观主题系统包括项目前期策划和后期策划两大部分。微观主题因为深度不同,在微观主题下还会有更小的主题构成。

3. 宏观主题和微观主题的关系

宏观主题和微观主题的关系是从属、依赖、支撑的关系。宏观主题统率和串连着微观主题,使微观主题在项目的各个环节中不走样;微观主题围绕着宏观主题来进行分解、阐述,从各种不同角度的主题概念来支撑着宏观主题。宏观主题和微观主题的相互统一和相互依赖,使项目的策划主题更丰满、更有说服力。

4. 单主题与多主题的策划

在具体策划实践中,一般用单主题就已经取得了很好的效果。但是,策划人为了使项目主题更加丰富和饱满,运用了两个及两个以上的宏观主题来策划项目,同样取得了项目的成功。

多主题的策划一般有两种形式：

(1) 一个主题为主，几个次副主题烘托

项目中为主的中心主题起到主导地位，而若干个副主题主要是起烘托作用。这样策划的宏观主题不单调，起到了加强、丰富的作用。如在"体育运动"的中心主题下，又用"生态"副主题来强调、烘托，达到的效果就比单主题要好，而且它们联系得很紧密，中心主题、副主题都与人的健康有关，很能吻合购买者的心理需求。

(2) 多个主题齐头并进，互相补充，互相映衬

有的项目宏观主题不是以一个为主，而是若干个主题交汇一起，共同从不同的角度、方面来互相补充、互相映衬，达到"双赢"或"多赢"的目的。顺德碧桂园的主题就是一个多主题策划的项目，物业服务主题（星级管理）、教育主题（国际学校）和配套主题（豪华会所）3个主题糅合在一起，与项目目标客户的需求相当吻合。这些先富起来的乡镇老板们考虑得最多的就是这3个方面：在外面忙于事业经常不在家需要完善的物业服务；小孩要继承父辈的产业需要高水平的教育；钱多了要有像样体面的地方来消费。这3个需求刚好与三大主题相一致，顺德碧桂园的"起死回生"就不言而喻了。

多主题的项目策划难度比较大，但做得好就会取得不同凡响的效果。从目前情况看，运用多主题的项目已经越来越多。运用多主题策划要注意几个问题：一是要注意互补性和融合性，达到1+1＞2的效果；二是要避免主题过多、分散的倾向，善于抓住中心主题；三是要根据项目的实际情况来确定主题的多寡，做到有的放矢。

五、主题策划的具体运作

1. 策划主题的来源与获取

要进行主题策划，就要寻找主题概念的源头，即主题概念来源于哪里。这实际上是概念的创意过程。策划主题可从以下几个方面来获取：一是从该项目区域的文化内涵中抽象出来；二是从竞争性项目对比中挖掘出来；三是从项目自身内在素质中分析出来；四是从顾客需求中选择出来；五是从社会经济发展趋势中演绎出来；六是从房地产发展的最新理念中提取出来。

广州光大花园在楼盘策划之初，通过两大方面来进行分析：一是问卷调查，内容是市民在目前的生活环境下最重视的是什么？反馈回来的是"身体健康"。二是找出项目现状最有价值的方面。经过深入的了解和分析，项目地块最有价值、可以大做文章的是几十棵50多年树龄的大榕树。策划人通过思想碰撞，认为身体健康与生态环境有关。于是，广州光大花园的项目主题——"大榕树下，健康人家"就应运而生。榕树风景成为光大花园发挥的绝佳题材。

2. 策划主题的提炼与确定

主题概念的素材有了以后，就要进行提炼与确定，实际上是概念创意的论证过程。在提炼与确定主题概念的时候，应着重考虑几个问题：一是主题概念是否富于个性，与众不同。这是取舍主题概念的主要标准。如果达不到这个要求，宁可舍弃，也不勉强使用。二是主题概念是否内涵丰富，易于展开，充分展现项目的优势和卖点。有些主题概念内涵狭小，展开时支持点不够，不利于主题概念的体现与贯彻。三是主题概念是否符合自身情况，是否与本

项目的要求相吻合,那些脱离项目实际情况的主题概念是不可取的。四是主题概念是否迎合市场买家及目标顾客的需求,这是判断主题概念的关键所在。那些不能激起买家购买欲的主题概念,最终会断送项目的前途。广州光大花园策划主题的提炼与确定很有诗情画意,通过寥寥数语,大榕树下的一幅健康人家的风景画就呈现在人们面前,视觉冲击力相当强。

3. 策划主题的支撑与体现

主题概念经提炼与确定后,就要在项目具体要素中支撑与体现出来,营造一个实现这一主题概念的支持体系,使项目主题站稳脚,不至于是空乏说教的概念。支持体系有项目选址、规划设计、营销推广和物业服务等部分。在这几部分中,重点是规划设计部分,它是主题概念支撑与体现的中心。规划设计体现了主题概念的内涵,其他方面就迎刃而解了。规划设计有环境设计、住宅设计、建筑造型设计、社区服务设计等多个方面,设计中可根据重点有所侧重,统一布局,使主题概念得到全面的贯彻与体现。

4. 策划主题的检验与反馈

当一个项目开始推向市场的时候,主题策划是否达到预期效果,获得成功,这就要靠市场来检验与反馈了。检验与反馈的结果好坏,为项目的发展进行调整和为新的项目开发提供有益的借鉴和参考。

第二节 房地产主题策划案例分析

房地产主题策划是在实践中产生、在实践中总结、在实践中完善的。在房地产策划实践中,有的项目比较明显,一看就能看出来,而有的项目比较隐晦,不能立即看出来,需要分析才能弄清楚它的策划主题内容。在这里结合两个案例,进一步剖析主题策划的基本规律。

案例一 中山万科项目(第一组团)推广主题方向构想

一、主题概念要素分析

(一) 中山文化背景分析

(1) 属粤语文化圈,岭南文化占统治地位。

(2) 孙中山的影响无处不在(体现在路名、学校、公园、纪念馆、政令、民风等)。

(3) 南洋风格骑楼、传统民居遍布,以孙文西路步行街为代表。

(4) 著名侨乡,有海外侨胞80多万人。

(二) 中山消费群体分析

(1) 务实。

(2) 重商,讲究契约精神。

(3) 淳朴、友善、正义。

(4) 好东西就接受。

(5) 极强的包容精神。

(6) 重视教育。

(7) 中山市人民政府在20世纪80年代拟定"团结、爱国、求实、创新"为中山人精神。

（三）岭南建筑对生活方式的营造
（1）讲究社区居住文化，重视邻里关系和交往空间。
（2）重视居住区的大融合，具有高尚感又不失亲和性。
（3）注重所谓"天人合一"的环境，讲究建筑、人与自然的和谐。
（4）注重私密性空间与公共庭院空间融合，注重园林景观。

（四）产品分析
从第一组团的产品来看，基本可以分为多层洋房、情景洋房、围合式建筑3种类型。

1. 多层洋房

多层洋房是中山房地产市场最常见的产品，中山市民的接受程度较高，销售压力较小，可以自然消化，不用进行针对性推广。

2. 情景洋房

情景洋房是万科的拳头产品，其产品主要特点是空间开阔，通风、采光状况较好，同时户外与户内的景观易于充分结合，可以营造良好的景观效果。

3. 围合式建筑

围合式建筑属于新创产品，注重空间层次的变化以及邻里关系的维系，便于创造和谐的邻里关系，在这一角度上也符合前述中山人注重邻里关系的特性。但由于产品毕竟是围合式建筑，且空间距离较窄，并不完全符合中山人现有的居住关系，同时在内部不适宜制造景观带，在一定程度上会使居住空间比较压抑。

二、概念方向构想

（一）主题概念方向构想
建议以城市风景作为主题进行推广，各期以单独不同的主题进行支撑。
建议第一期组团为"郁金香社区"。
以郁金香作为整个第一组团的形象包装载体，同时通过郁金香深层的文化剖析以及内蕴挖掘，将其提升为一种社区文化。
具体操作手法可将其英文拆解为各个要素的相关联英文单词进行演绎。

（二）主题概念方向阐述

1. 与主题联系

项目整个推广主题为城市风景，因此郁金香以一道风景的形式出现。以后各期开发可以根据产品以另外的景物命名，从而构筑一个完整的风景体系。

2. 典故

郁金香是荷兰的国花，郁金香给人的第一感觉也能马上让人联想到荷兰。
城市风景名称来源于加拿大渥太华的一个社区名——CITY VIEW，直译就是城市风景。而渥太华又称为"郁金香城"，每年5月的最后两周都会举办郁金香花节。节日期间，渥太华市民要选出一位美丽的郁金香皇后，然后由"皇后"花车率领，以乐队为前导，举行各式各样的彩车游行。

3. 文化内涵表现

郁金香带给人的感觉是时尚、浪漫，可以代表本项目的城市感觉以及注重生活品质的文化，与万科一直所倡导的文化不谋而合；高贵但易接近，可以表现出中山人重视居住区的大融合,具有高尚感又不失亲和性的特性;淳朴但美丽,表现中山人本身的特性淳朴、善良但又追求良好的生活品质;透明、晶莹,表现出项目营造的邻里健康、坦荡相处的和谐关系;异域风情,郁金香的第一感觉很容易让人联想到异域风情,在一定程度上可以将其文化内涵推广与地中海建筑风格或新美洲风格进行联合,形成一种新的居住文化解释,淡化围合式建筑产品本身的缺陷。

4. 推广方面

(1) 认知度

郁金香是大多数人都知道的花,具有较高的知名度,且具有较为高档的感觉,因此在整体推广上能迅速在市场中形成较高的认知,并且易于传播。

(2) 演绎能力

郁金香给人的感觉层次较为丰满,能进行多个不同文化的演绎。同时从郁金香出产区域来说,可以选择荷兰所在的地中海建筑风情进行表现,也可以选择加拿大的新美洲风情进行演绎。

(3) 市场影响力

郁金香的概念与中山房地产市场的传统概念以及包装形象相比,能够脱颖而出,而且包装简单,易于操作(如在指定区域专门种植郁金香欣赏区,看楼送郁金香花等),且能形成炒作效应。

案例二 "22世纪城"特大型旅游主题公园项目创意策划案例

一、总体主题定位

1. 战略性主题

世界文化城,前卫游乐城,完美生态城,22世纪城。

2. 战术性副主题

22世纪城,旅游先导城。

3. 战略目标

打造世界最高档次、最有吸引力、最具垄断性的旅游主题公园。

4. 广告用语

想得到最广阔的视觉享受吗?

想领略最前卫的科技文化吗?

想欣赏最多彩的民间艺术吗?

想体验最激情的欢乐之旅吗?

想感受最丰富的生活时光吗?

想观赏最完美的都市景象吗?

……

请到22世纪城来,圆一个理想的梦!

二、"22世纪城"特大型旅游主题公园项目创意策划方案概要

"22世纪城"以"世界文化城、前卫游乐城、完美生态城、22世纪城"为主题,是集旅游、展

览、广告、教育、科技与文化交流和房地产开发为一体的,世界首创的特大型旅游主题公园。

1. 创意依据

根据某省旅游业战略发展思路和综合情况调查,以完善某省旅游产业结构和增强核心竞争能力为目的,以满足21世纪几代人,即新人类群体需求为宗旨,在综合分析国内外大型主题公园所形成的新的创意、新的市场、新的吸引力以及充分预测未来百年的社会发展趋势和经济形态与旅游市场变化的前提下,为了适应新人类群体"享乐、前卫、个性化强"的消费特征,抓住"超级消费市场"的机会,经过大量的创新研究工作,形成了"22世纪城"的创意方案。

2. 总体构思

为了适应新人类群体的消费特征,拟建设世界第一个模拟22世纪的旅游城,并涵盖了21世纪人类的所有梦幻。那么,22世纪的旅游城是什么样式呢?根据研究和推测,应该是世界文化的博览城、前卫科技的游乐城、和谐完美的生态城,这就是"22世纪城"的文化主题。为了突出这个文化主题,展现非凡的特点,着重从3个方面入手:一是在传统文化上,采取民族传统文化和地域文化相结合的方法,有世界遗产博览园、世界民间艺术博览园和民族特色酒店等项目,形成世界异质文化精华的大聚会,犹如世界民族传统文化的"大集市",打造世界文化的博览城;二是在现代文化和未来文化上,有世界前卫科技园,以及采用现代高新技术和现代文化表现手段的各种游乐园与部分附属项目,打造前卫科技的游乐城;三是在生态文化上,运用异地或历史生态系统模拟再造技术,并用世界文化与自然遗产项目点缀整个城区,林木、绿地覆盖率达到65%以上,每座建筑都是艺术品,处处都是文化与自然奇观,打造和谐完美的生态城。三位一体,整体勾画出22世纪都市多文化多民族的社会形态,以及人类的生存环境、文化氛围、游乐方式和生活特点;实现世界异质文化精华的大聚会,以及世界传统文化、现代文化、生态文化和未来文化的大整合,形成最有特色的文化主题;通过各主题园区产品功能的最佳组合,营造核心竞争能力,形成极强的识别力、感召力和吸引力,打造未来旅游的先导城。既能观赏、休闲、娱乐和度假,又能参与教育、学习、展览和科技与文化交流等活动;满足旅游者求新、求知、求真、求奇、求美和求趣等个性化的需求,特别是新人类群体的需求;使旅游者能超前体验22世纪都市人类丰富多彩的生活时光,并成为一种人生最值得珍惜的经历和体验,给人们留下"未到'22世纪城'将终身遗憾"的印象。拟打造世界最高档次、最有吸引力和最具垄断性的特大型旅游主题公园,导引大型主题公园发展与未来城市建设的新潮流。同时,为22世纪人类留下一份"大作品"和"重要财富",使他们能够验证21世纪人类文明,以及预测能力。

3. 规划设想

"22世纪城"以标志性的"22世纪广场"为中心,分成12个不同特色的主题园区。① 世界前卫科技园展示当代科技的新发明、新探索、新见解、新进展,以及模拟未来的科技成果,形成世界前卫科技的创新基地和交流中心,使游客能够领略最前卫的科技与文化。② 世界遗产博览园采取两种展示形式,一种是以博览馆的形式展出全球700多个世界文化与自然遗产项目(大沙盘或大盆景),另一种是选择一些便于施工的文化与自然遗产项目,点缀整个城区,使"22世纪城"处处都是文化与自然奇观,形成和谐的生态环境和完美的都市景象,使旅游者能够得到最广阔的视觉享受,同时也丰富了知识,增强了保护意识。③ 世界民间艺术博览园有世界多民族特点的民间艺术品手工作坊、世界民族服饰博览馆、世界民间艺术表演中心、世界民间工艺品交易市场和民间美食街等项目,使游客能欣赏最多彩的民间艺术,购买最称心的民间工艺品和品尝最丰盛的民间美食。④ 世界财富博览园展示国内外著名企业与企业家的发展过程与经历,以及取得的辉煌成就,使中青年游客从中获得启发与激励。⑤ 太空乐园展现人类向宇宙挑战及追求未知的可能性的明日世界。⑥ 数字艺术园用当代最新的数字艺术,营造从未有过的景象。⑦ 探险乐园以我国雅鲁藏布江大峡谷为背景,营造一个充满了刺激性、冒险性和挑战性的乐园。⑧ 梦幻乐园用当代最新的影视技术,汇集多种以影视为主题的项目。另外,还有水上乐园、海洋世界、冰雪世界和体育竞技园。后8个主题园区各具特色,参与性强,使游客能体验最激情的欢乐之旅。附属项目有太空酒店、水晶宫酒店、民族特色酒店等数十个主题饭店,以及文化中心、购物商店、夜总会、俱乐部、停车场等,整体构建功能齐全的新城区。在开发建设上,采取分阶段和分期建设的方法,第一阶段5~6年后即可开门纳客,再用2~3年时间完成前8个项目的开发建设,用2~3年时间完成第二阶段4个项目的开发建设(也可采取同步建设的方法,建设周期可缩短),第三个阶段根据市场需求开发新项目,不受时间限制。

4. 前景预测

"22世纪城"的创意方案能突破固有的思维定式,所提出的理念具有原创性、垄断性和前瞻性,具有创意新、立意高、规模大、文化厚等特点;同时,具有极强的识别力、感召力和吸引力,以及较强的可操作性;前景看好,可持续发展性强,将收到巨大的经济效益和社会效益。在可操作性方面,"22世纪城"的创意,是打造未来旅游的先导城,同时也是为了给22世纪人类留下一份"大作品"和"重要财富",具有国际社会效益,可以打破常规,采取操作创新的方法,通过整合与利用世界相关资源和高超的资本运作手段来建设全人类关注的项目。在经济效益方面,"22世纪城"项目,预计年接待人数,开业5年后1 000万人次,10年后2 000万人次,15年后3 000万人次;预计门票收入,开业5年后20亿元,10年后50亿元,15年后90亿元;旅游综合收入,按照国外一流主题公园游客消费比例,其他消费一般是门票的2~3倍,以此推算,预计开业5年后50亿元,10年后120亿元,15年后260亿元。在社会效益方面,"22世纪城"将成为某省乃至全国旅游业的拳头产品,进一步完善某省旅游产业结构,增强核心竞争能力,拉动全省旅游经济实现跨越式发展,将某省建设成为有特色、高品位、国际化、大客流、高创汇的中国旅游强省。同时,将提升全省的形象。"22世纪城"的建设与发展本身就是一个大型的形象宣传工程,一方面展现了某省人的远见卓识和非凡胆略以及把握和驾驭大项目的能力;另一方面展现了某省人为国际社会做贡献的高尚品质,有望成为世界关注的焦点,进一步扩大了国际影响力。另外,通过人才流动、信息流动、资金流动,推动全省经济快速发展。

综上所述,"22世纪城"项目,是能抓住巨大商机的项目,是利国利民的项目,是备受国际社会关注的项目,是功在当代利在千秋的项目,是某省再创辉煌、实现跨越式发展的项目。

三、"22世纪城"特大型旅游主题公园创意方案说明书

根据"22世纪城"创意方案概要,为了使有关领导与专家能够比较全面地了解创意方案,特作如下说明:

(一) 关于总体构思问题

"22世纪城"的总体构思,是根据现代旅游消费群体的基本动向,进行目标客源定位;是

以适应新人类群体的旅游需求,选择文化主题;是通过各园区功能整合效应,形成核心竞争能力。

1. 目标客源定位

目标客源定位是否准确,是保证旅游主题公园能否成功的关键因素之一。因此,必须认真分析现代旅游消费群体的基本动向,进行科学的目标客源定位。

(1) 旅游消费群体的基本动向

2000年2月4日,《中国旅游报》第7版以《中国进入阶层消费时代》为题报道了新生代检测机构的调查结果。调查显示:消费群体的多样化和购买力差距的扩大,宣告一致性大众消费终结,而个人偏好成为诉求的重点。在今后5年或10年,消费趋势将出现明显的层面分化,形成8种消费群,即田园生活与环境主义、节约成为流行、自我意识与自我实现、时间匮乏迫使消费快餐化、消费不盲从的怀疑主义、对营养与运动的重视、家庭主义、戒绝特定产品和服务的无嗜好主义。2000年第一期的《黄金时代》以《新人类——中国强大后的主流社会》为题分析了"新人类"的基本特点:从收入特点看,他们有着全球资源的背景,采用高智力、知识、技术、情趣等复杂手段从事工作,因此他们收入较丰;从消费特点看,由于他们的消费水平较高,所以他们比较注意消费质量和情趣;从情感和他们的态度来讲,由于他们的劳动性质和受教育的程度比较高,所以他们对人比较温和、宽容;在情感上,他们受商业化和技术化的双重影响,有明显的消费主义特征,即享乐、前卫和具有个人性。这个"新人类"群体主要由白领阶层、网络商业、卡通一代、独立工作者、前卫艺术家组成。他们正在以独特的生存方式和生存情趣改造人类旧的生存观念、价值态度和相互关系,使富有而人性自娱的人生目的能够实现。"新人类"群体的生存和发展,携带着诸多十分优势的文化、政治、经济、艺术、休闲等因素。对于国家而言,它是一种文化、一种新的价值观;对于个人而言,它是一种生存现象,代表了最新的经济关系变化;作为一个群体,它是一个超级消费市场,谁最先意识到它,有意识地利用它,谁就能最先获得商业机会和商业利益。

(2) 目标客源定位

上述两则新闻媒体报道,给我们透露了一个信息:现代旅游者的消费心理和消费行为随着时代的进步发生了微妙的变化,面对这种变化,旅游主题公园要善于把握市场机会,在主动适应的基础上积极引导变化的趋势。不管怎么说,旅游者的旅游选择和消费行为总体上还是遵循价值理论的,主要受个人因素、心理因素和文化因素决定的价值、规范、习惯、身份和情感等影响。因此,"22世纪城"以新人类群体为主要目标客源,抓住了这个超级消费市场就能最先获得商业机会和商业利益。

2. 文化主题选择

文化是主题公园之魂,也是一个主题公园有别于其他主题公园乃至其他旅游吸引物的根本。"22世纪城"的主要目标客源是新人类群体,其文化主题就必须适应新人类群体"享乐、前卫、个性化强"的消费特征,并且具有极强的识别力、感召力和吸引力,同时,还具有原创性和垄断性,只有这样才能抓住"超级消费市场"的机会。"22世纪城"的战略性主题是:世界文化城、前卫游乐城、完美生态城、22世纪城,打造世界第一个模拟22世纪的旅游城。选择这个文化主题的理由主要有6个方面:

(1) 为了适应市场可弹性的需求

随着社会的进步与发展,人们的生活理想都在发生日新月异的变化。因此,"22世城"的文化主题,充分考虑未来百年的社会发展趋势和市场变化,紧扣新人类群体的生活理想和旅游需求的主题,形成了培植"22世纪城"形象链和感召力的核心发展动力,体现了主题内容的兼容性、主题形式的创新性和主题形象的延伸性,做到言之有物、点到为止、回味无穷。

(2) 为了适应旅游者追求差异文化的特点

现代旅游行为学认为,旅游者的动机表现为一种回归自然意义上的对原有文化内容和环境的走出与超越。这说明旅游本质上是一种旅游者寻找与感悟文化差异的行为和过程,旅游主题公园应当是构成这种文化差异的内容表现和环境氛围。因此,"22世纪城"的创意,主要从世界传统文化、现代文化、生态文化和未来文化的整合效应着手。一是在传统文化上,注重民族传统文化和地域文化相结合,有世界遗产博览园、世界民间艺术博览园和民族特色酒店等项目,形成世界异质文化精华的大聚会,整个就是世界民族传统文化的大集市,打造世界文化的博览城;二是在现代文化与未来文化上,有世界前卫科技园,以及采用当代高新技术与现代文化表现手段的各种游乐园和附属项目等,打造前卫科技的游乐城;三是在生态文化上,运用生态文化理念进行规划,以世界文化与自然遗产项目点缀整个城区,林木、绿地的覆盖率在65%以上,处处都是奇山、异水以及文化景观,每座建筑都是艺术品,形成和谐的生态环境和完美的都市景象,打造和谐完美的生态城。三位一体,构建世界第一个模拟22世纪旅游城,超越现代都市的文化氛围和生存环境,使旅游者提前感受22世纪都市人类丰富多彩的生活时光,打造未来旅游的先导城。

(3) 为了适应品牌塑造的要求

目前,我国主题公园普遍存在着主题雷同和克隆形象,仅叫×××乐园的就有一百多个,严重干扰了旅游者休闲娱乐的选择和对主题公园的辨认。因此,"22世纪城"选择的文化主题与众不同,具有独特性。虽然采取"未来式"的主题,但却有准确的时间概念,对于21世纪而言只超前了一步,看得见、摸得着。同时,品牌名称更是叫绝,它直观易认,对主题形象、功能、特征等描述贴切,展现的内容更丰富、更全面、更前卫,使人们能够产生丰富的联想,具有极强的识别力、感召力和吸引力,能适应目标市场和未来市场的发展潜力,既有利于项目融资,又有利于产品定位和营销。

(4) 为了适应主题体系的构建

"22世纪城"的文化主题,一方面具有规模意义,是一种规模概念的旅游形态;另一方面又具有系统意义,是一个逻辑概念的旅游标识。"22世纪城"主题公园群所架构的主题是一个战略性主题,还有战术性副主题,以及以功能分区的形式表现分主题。战略性主题有世界文化城、前卫游乐城、完美生态城、22世纪城,这个主题主要体现了"源远流长、博大浩阔的人类文化,是'22世纪城'的文化源泉;传统文化、现代文化、生态文化、未来文化的最佳组合,是'22世纪城'的文化取向;文化创新、文化发展、走向未来,是'22世纪城'的文化基点"。为了使这个主题更加具有品牌化和感召力,"22世纪城"还有一个战术性副主题:22世纪城、旅游先导城。对于"22世纪城"而言,"旅游先导城"具有3个方面的重要内涵:一是建设和发展世界最具代表性的概念化主题公园;二是配套和完善旅游基础设施和辅助设备;三是营造和体现旅游意义的特色环境与浓郁氛围,这3个方面都有主题或理念。

(5) 为了适应经济与社会转型的需要

① 适应经济转型的需要。随着社会的进步与发展,经济形态也在不断地变化,从产品

经济、商品经济和服务经济发展到正在兴起的体验经济。这种新经济与众不同之处,在于企业的经济提供物不再仅仅是提供商品与服务,而是最终的体验,充满了感性的力量,给顾客留下难忘的愉快的记忆。因此,"22世纪城"的创意,就是让人们以个性化的方式来度过一段时间,并从中获或呈现一系列可记忆的事件,达到情绪、体力、智力甚至精神的某一特定水平,在意识中产生美好的感觉。

② 适应社会转型的需要。随着科技进步与发展,地球仿佛越来越小,而人类的流动量越来越大,各民族之间的文化交流越来越多,将形成新的社会形态,即多文化多民族社会。因此,"22世纪城"的创意,就是构建多文化、多民族的城区,使人们提前感受社会转型后的各种氛围。

(6) 为了抓住整合世界资源的先机

既存的旅游资源开发固然重要,但要区分轻重缓急。既存旅游资源是大自然或祖先留下的宝贵财富,其他地区是搬不走的。当务之急是先抓住能为地区所用的外部资源,否则被其他地区抢先整合与利用,就很难再开发利用。如昆明市抓住了"世界园艺博览会"的机会,主要利用外部资源建成了"世博园",形成昆明旅游业的拳头产品,赚了个盆满钵满。反思南方很多城市的自然环境与气候状况,都具备建设"世博园"的条件,但由于错过整合与利用世界资源的机会,只能眼睁睁地看着肥水流入他人田。因此,"22世纪城"的创意,就是通过独特的文化主题,搭建整合资源的平台,抢先整合能为项目所用的各种资源,进行项目开发与建设,占领制高点,形成垄断性的旅游产品。

3. 园区功能整合

园区功能整合,主要体现在产品功能整合、营销功能整合和创新功能整合,形成核心竞争能力,促进可持续发展。

(1) 产品功能整合

为了使旅游者在"22世纪城"的休闲娱乐活动中成为一种人生最值得珍惜的经历和体验,满足不同游客的需求,在规划上,以观赏、教育、展览和科技与文化交流的主题园区有4个,占1/3内容;以游乐为主的主题园区有8个,占2/3内容;通过各主题园区产品功能的优化组合,形成整合效应。在各主题园区的构思上,希望人们在这里找到快乐和知识,这里是父母、子女享受天伦之乐的好场所,是科学与文化的创新基地和交流中心,是教师施教、学生求学的最佳途径。老人可以在这里焕发青春,年轻人可以在这里展望未来,儿童可以在这里尽情玩耍。以"家庭"、"人情味"、"前卫"为主题的核心理念,为"22世纪城"形成一个人文主义的终极目标。因此,"22世纪城"以美和奇观为特征的博物馆,将集市、博览会、游乐场所和社区中心融为一体,这个世界的成就、喜乐和希望充分地显现在这里,在这里变成现实。通过产品功能多样化,满足旅游者求新、求奇、求知、求真、求美和求趣等个性化需求,形成规模经济。

(2) 营销功能整合

一个主题公园要快速提高认知度和美誉度需要投入大量的广告宣传费用,这对于规模小、功能单一的主题公园是难以承受的。"22世纪城"可以通过整合营销的方式,形成竞争优势。一是利用统一品牌进行宣传促销,既节省了宣传费用,又提高了宣传效益;二是利用产品功能多样化和亮点多的优势,形成品牌冲击力,在这里能得到最广阔的视觉享受,领略最前卫的科技文化,欣赏最多彩的民间艺术,购买最称心的民间工艺品,体验最激情的欢乐之旅,感受最丰富的生活时光,品尝最丰盛的民间美食和观赏最完美的都市景象,形成极强的感召力和吸引力,能快速提高认知度和美誉度;三是利用丰厚的文化资源优势,举办系列科技、文化、教育、展览等互动性活动,既增强旅游者的参与性,又扩大了品牌的影响力。

(3) 创新功能整合

"22世纪城"的功能之一就是形成科技与文化的创新基地和交流中心,创新是发展战略的主旋律。即:采取科技创新的方法,不断采用最新的科技成果和最新的科技手段来充实和丰富其内容;采取文化创新的方法,不断通过其文化内涵的丰富和文化表现的创新来促进发展;采取市场创新的方法,不但适应市场需求,而且挖掘市场的潜在需求,培养一批数量不断增长的消费者,使吸引效应达到一种良好的局面,始终保持旺盛的生命力,将"22世纪城"发展成为"百年老店"。

总之,"22世纪城"创意构思的最终目的是打造世界最高档次、最具垄断性和最有吸引力的特大型旅游主题公园,导引大型主题公园发展与未来城市建设新潮流。"22世纪城"——人类文明的结晶,留给人类未来的财富。假如有一天外星人来访,只要到了"22世纪城",整个地球人类文明的精华将一览无遗。

(二) 关于规划设想问题

"22世纪城"项目,拟按照一个小城市的规模和旅游城市的功能进行规划,主要规划设想如下:

1. 总体规划设想

"22世纪城"项目,拟规划占地面积20 km^2,其中主园区8 km^2,附属项目4 km^2,后续开发项目8 km^2。拟分成四大功能区:一是主园功能区,包括12个主题园区;二是附属项目区,主要包括文化中心、酒店、购物商店、夜总会、俱乐部、停车场等;三是商务旅游区,主要包括大型国际会议中心和大型国际会展中心;四是员工社区,主要包括医院、中小学校、商业中心和居民小区等。工程建设分3个阶段进行,即近期开发阶段、中期开发阶段和远期开发阶段。

2. 主园区规划设想

"22世纪城"主园区由12个不同特色的主题园区组成:① 世界前卫科技园;② 世界遗产博览园;③ 世界民间艺术博览园;④ 世界财富博览园;⑤ 太空乐园;⑥ 数字艺术园;⑦ 探险乐园;⑧ 梦幻乐园;⑨ 水上乐园;⑩ 海洋世界;⑪ 冰雪世界;⑫ 体育竞技园。各个园区都有各自的主题,前4个主题园区主要以观赏、教育、展览和科技与文化交流等为主,后8个主题园区主要以娱乐为主。各个主题园区的规划设想详见下文所述。

3. 附属项目规划设想

作为旅游城,附属项目必须功能齐全。附属项目主要包括太空酒店、水晶宫酒店、民族特色酒店等数十家主题饭店,各种购物商店数十个,文化中心(广场)5个,俱乐部8个,夜总会2个,大型停车场4个,旅游学院1个,以及其他必要的配套项目,构建一个功能齐全的旅游城区。

4. 商务旅游区规划设想

商务旅游是旅游产业的一个重要组成部分。商务旅游区拟作为"22世纪城"远期开发项目,在时机成熟时建设大型国际会议中心和大型国际会展中心,进一步提高旅游综合效益。

5. 开发建设规划设想

"22世纪城"项目分为近期开发、中期开发和远期开发3个阶段进行开发建设,并按期开门纳客。

第一阶段为近期开发阶段,主要建设前8个主题园区项目,建设周期5～6年。第一个阶段分为3期工程,一期工程建设周期为4年,二期工程建设周期为2～3年,三期工程建设周期为2～3年,分期开门纳客;同时,完成部分附属项目工程建设(可以同步建设,缩短建设周期)。

第二阶段为中期开发阶段,主要建设后4个主题园区,建设周期为2～3年;同时,完成部分附属项目(可以同步建设,缩短建设周期)。

第三阶段为远期开发阶段,根据情况开发新项目,不受时间限制。重点开发新人类群体个性化需求和反映世界民族传统文化精华的项目,以及商务旅游区项目和必要的附属项目。

(三) 关于项目特点问题

"22世纪城"的创意方案能突破固有的思维定式,所提出的理念具有原创性、垄断性和前瞻性;同时,具有创意新、立意高、规模大、文化厚和前景好等特点。

1. 创意新

"22世纪城"是创新的,这种创新不仅意味着有别于其他主题公园所形成的新的创意、新的市场和新的吸引力,同时也意味着适应发展的需要,特别是适应下一代消费者的需求,即新人类群体的需求,通过独特的文化主题和产品功能整合效应,形成垄断性的核心竞争能力,能抓住新人类群体这个"超级消费市场"的机会,获得巨大的商业利益。

2. 立意高

"22世纪城"项目,演绎了22世纪都市人类的生存环境、文化氛围、游乐方式和生活特点,是一种特殊的现代与未来的生活方式,超越一般的日常生活和一般的主题公园项目,创造前所未有的景象,体现了"非常的舞台化世界"的美学特征,引导人们向欢乐、健康、审美的角度发展,满足旅游者求新、求奇、求知、求真、求美和求趣等个性化需求,提前感受22世纪都市人丰富多彩的生活时光。

3. 规模大

"22世纪城"是特大型旅游主题公园,包含更多的文化内容,实现了文化创新和文化超越,形成了更突出的文化主题,体现了大创意;充分考虑未来百年的社会发展变化和旅游市场需求,体现了大思路;采取整合资源的方法和高超的资本运作手段,体现了大投入;抓住了"超级消费市场"的机会,体现了大市场。

4. 文化厚

"22世纪城"的文化底蕴深厚,集民族传统文化、地域文化、生态文化、现代文化和未来文化为一体,形成世界异质文化精华的大聚会和世界"四维"文化的大整合,构建世界文化精华的博览城,这种独特的文化主题和垄断性的文化资源既有利于文化创新又有利于文化经营,使竞争对手在21世纪难以超越。

5. 前景好

根据"22世纪城"的各种优势,将获得巨大的经济效益和社会效益。

(四) 关于项目意义问题

"22世纪城"的建设与发展,不仅对某省地区的经济与社会发展具有重大意义,同时对国家乃至国际社会都具有较大的影响力。

1. 对地区的意义

(1) 形成完善的旅游产业结构。"22世纪城"的建设与发展,一方面满足了市场内在的需求,另一方面也能拉动地区其他既有旅游资源的开发和建设,从而形成了非常完善的旅游产业结构。同时,自身也形成了一套比较完整的产业系列。即以"22世纪城"为中心,周围饭店和各类服务设施的产业系列,对社区经济发展乃至地区经济发展都起到重大作用。

(2) 形成旅游业的拳头产品。"22世纪城"以大投入为基础,形成大规模和大流量。据预测,开业10年后,旅游综合收入可达120亿元人民币,15年后可达260亿元,形成某省旅游业的拳头产品。

(3) 形成地区的标志。"22世纪城"的建设与发展,将成为某省的重要标志,这种标志性的意义,不仅具有经济意义,而且具有社会意义,同时也具有文化意义,对地区形象的塑造和对地区的长远发展,作用也同样是多方面的。

(4) 形成文化创新的基地。"22世纪城"文化主题的生命力极强,不仅本身所具有文化主题的高度凝聚,形成新一类主题文化中心,同时也是现代文化和未来文化的凝聚,进一步形成不断的文化创新。

2. 对全国的意义

目前,我国的主题公园发展滞后,没有世界一流水平的主题公园,尤其没有以自己知识产权为核心的超大型主题公园,直接影响旅游业的国际竞争能力。"22世纪城"的建设与发展,有望成为全国旅游业的拳头产品,将对全国旅游业的发展起到积极的推动作用。

3. 对世界的意义

"22世纪城"的建设与发展,对世界的科技进步与社会发展和强化,对世界遗产的保护意识以及对世界民间艺术的保护、创新与发展将起到积极的推动作用;同时,调动世界相关资源,汇集21世纪人类的智慧,建设模拟22世纪的旅游城,为22世纪人类留下一份"大作品"和"重要财富"。

(五) 关于可操作性问题

"22世纪城"的创意构思,是拟打造世界最高档次、最具垄断性和最有吸引力的特大型旅游主题公园,也许有人认为这是可望而不可及的事,简直就是异想天开。其实不然,只要认真分析"22世纪城"的经济效益特征、社会效益特征和操作模式特征,就不难发现它具有较强的可操作性。

1. 经济效益特征

"22世纪城"项目是以新人类群体为主要目标客源,是以适应新人类群体的消费特征而选择的文化主题,是通过12个不同特色主题园区功能的最佳组合而形成核心竞争能力,是以技术、文化和市场创新的方法来促进可持续性发展,是建设世界第一个模拟22世纪的旅游城,是打造世界文化的博览城、前卫科技的游乐城、和谐完美的生态城,是构建未来旅游的先导城,是能抓住"超级消费市场"机会和获得巨大经济效益的旅游项目。这种经济效益特征必将引起各级政府的重视和国内外投资商的关注。

2. 社会效益特征

"22世纪城"项目最突出的特点是社会效益巨大,除了与其他大型旅游主题公园相同的特点之外,还有非常鲜明的独有的特点,就是留给人类未来的财富。40多年前《科学家谈21

世纪》一书曾经轰动一时,现在看来,科学家所谈到的21世纪的内容,有些在20世纪末就实现了,而且远远超过科学家的设想。那么,我们建设世界第一个模拟22世纪的旅游城,就是汇集21世纪人类的智慧,制作一个"大作品",同样也能轰动世界。一方面将世界民族传统文化精华高度地凝聚在一起,有利于保护或促进其创新与发展,给子孙后代留下宝贵的财富;另一方面形成世界前卫科技的创新基地与交流中心,有利于推动世界的科技进步与社会发展;同时,为22世纪人类提供一个"大作品",使他们能够验证21世纪人类的文明。这种社会效益不仅超出了省界,而且也超出了国界,形成国际社会效益。换句话说,"22世纪城"项目不仅经济效益巨大,而且社会效益远远大于经济效益。

3. 操作模式特征

"22世纪城"项目的开发与建设不仅是一个巨大的系统工程,也是一个挑战性非常强的项目。根据"22世纪城"经济效益与社会效益的特征,说明它具有整合与利用世界相关资源的条件。主要理由有4个方面:一是对于各类专家与商家而言,他们有一个共同特点,即有利的做(正当利益),有名的做,有意义的公益活动也做。"22世纪城"项目,既能得到利又能得到名,同时也是为子孙后代造福,何乐而不为呢?二是对于省与国家而言,"22世纪城"项目能收到巨大的经济效益和社会效益,既利国又利民,能不受到各级政府的重视吗?三是对于联合国教科文组织而言,"22世纪城"项目能带来巨大的国际社会效益,他们能不给予有力的支持吗?四是对于其他国家(地区)和相关企业而言,"22世纪城"犹如一个宣传平台,他们有什么理由不利用这个机会进行宣传呢?……能否操作好这个项目,关键在于是否有胆识、是否有信心和是否敢于面对挑战。"22世纪城"项目按照以往大项目的操作模式,难度是非常大的,必须打破常规,通过采取创新的项目包装、项目宣传、项目融资、项目开发等操作方法,以及整合与利用世界相关资源和高超的资本运作手段,来完成项目的开发与建设。因此,说明"22世纪城"项目,采取的是一种创新的操作模式。

(六) 关于操作创新问题

根据前文可操作性分析,拟采取打破常规和操作创新的方法,通过精心策划和严密组织,来解决规划设计、新技术采用、巨额资金投入、项目建设与管理等难点问题。

1. 新闻造势,扩大影响

在进行充分的可行性研究论证的前提下,通过创新的项目包装之后,拟采取新闻造势的方法,重点宣传建设"22世纪城"的目的与意义,引起国际社会各界的关注。同时,以建设世界第一座模拟22世纪的旅游城,第一个世界前卫科技创新基地与交流中心,第一个世界遗产博览园,第一个世界民间艺术博览园,以及为22世纪人类留下一份"大作品"和"重要财富"等为由头,策划和实施系列公关活动,争取获得国家乃至联合国教科文组织的重视与支持,有望成为国家级乃至世界级的项目,确定"22世纪城"的重要地位,成为全人类关注的项目,为整合与利用世界相关资源奠定基础。

2. 打破常规,整合资源

整合资源是项目开发与建设最重要的环节。"22世纪城"项目从某种意义上讲,就是整合资源的大平台,不仅是整合资金的平台,也是整合政治、经济、文化和技术等资源的平台。一句话,凡是为项目所用资源都要去整合,同时也要挖掘潜在的资源。下面简要介绍几种整合资源的方法:

(1) 整合专家资源。通过新闻造势和系列公关活动,将引起国内外各类顶尖专家的关注，他们将以参与跨世纪项目的规划设计而自豪，可以流芳百世。因此，可以面向国内外征集规划设计方案，优中选优，凡是选中的规划与设计方案，除了按照国际惯例付费以外，还要为专家树碑立传，保证"22世纪城"的规划设计是世界一流的。

（2）整合技术资源。通过新闻造势和系列公关活动，将引起国内外拥有高新技术商家的关注，他们以参与跨世纪项目的建设而感到光荣，既有现实的经济效益，又有无形的广告宣传效益。因此，可以通过竞标的方式，选择符合规划要求的高新技术，有利于采用国内外最新、最尖端的技术。同时，也能吸引大批能工巧匠参与工程建设。

（3）整合其他国家（地区）与相关企业的资源。世界遗产博览园展示了各国与各地区列入世界遗产名录的文化与自然遗产，本身就是对各国与各地区旅游产品的宣传，馆内展区可以采取由各国与各地区布展的形式；世界前卫科技园、世界财富博览园、世界民间艺术博览园等也可以采取类似做法，既缩短了开发建设的时间，又节省了大量的人力、物力和财力。

（4）整合资本。根据项目优势，采取高超的资本运作手段来吸引大量的资金（详见"调动资本、高效融资"）。

3. 调动资本，高效融资

先由项目发起单位进行项目可行性研究、项目评估、项目包装和项目初步规划；然后再组建股份制开发公司，融入资本金。据估算，启动资金10~15亿元人民币，其他资金采取融资项目融资法、招商项目融资法、经营许可权拍卖融资法、产权式酒店（商铺）销售融资法、贷款融资法和上市融资法等数十种资本运作手段，快速完成融资计划，按期完成工程建设和开门纳客。

（七）关于前景预测问题

根据前文所述，"22世纪城"将产生巨大的经济效益和社会效益。

1. 经济效益预测

"22世纪城"的经济效益与所依托的城市有直接的关系，现在只能做一个初步预测。

（1）接待人数

开业初期，预计年接待500万人次；开业5年后预计年接待1000万人次；开业10年后预计年接待2000万人次；开业15年后预计年接待3000万人次。

（2）门票收入

人均门票200元，开业5年后预计年收入20亿元人民币；人均门票260元，开业10年后预计年收入52亿元；人均门票300元，开业15年后预计年收入90亿元。

（3）旅游综合收入

按照国外一流主题公园游客消费比例，其他消费一般是门票收入的2~3倍。以此推算，开业5年后预计年收入50亿元人民币；开业10年后预计年收入120亿元人民币；开业15年后预计年收入260亿元人民币。

2. 社会效益预测

"22世纪城"项目的建设与发展所带来的社会效益是多方面的，主要有以下几点：

（1）增强某省旅游业的核心竞争能力

"22世纪城"项目，有望成为某省乃至全国旅游业的拳头产品，进一步完善某省旅游产业结构，增强核心竞争能力，拉动全省旅游经济实现跨越式发展，将某省建设成为有特点、高品位、国际化、大客流和高创汇的中国旅游强省。

(2) 提升某省的整体形象

"22世纪城"项目的开发与建设本身就是一个大型的形象宣传工程,一方面展现了某省人的远见卓识和非凡胆略,以及把握商机和驾驭大项目的能力;另一方面也展现了某省人为国际社会做贡献的高尚品质,某省有望成为世界关注的焦点,将进一步提高在国际上的影响力。另外,通过人才流动、信息流动和资金流动,拉动全省经济快速发展。

(八) 关于主题园区构思问题

"22世纪城"由12个不同特色的主题园区组成,每个分园区都有各自的主题。

1. 世界前卫科技园

世界前卫科技园以"前瞻科技走向,展望明天世纪"为主题,打造世界前卫科技的创新基地和交流中心,是集展览、教育和科技与文化交流为一体的主题园区,能使游客领略最前卫的科技与文化。

(1) 基本构思

目前,社会已经进入技术化时代,而且这种技术化时代是以加速度发展的,这种加速度发展态势远远超出人们的想象力。现在青少年一代想象力非常丰富,对未来充满了幻想,特别关注当代科技发展动向。世界前卫科技园向青少年传达当代最新的科技信息,展示当代科技的新发明、新探索、新见解、新进展,以及预测22世纪的科技成果和科技发展走向,因而使展出的内容具有科学知识的先进性、新鲜性和预测性,呈现出鲜明的时代感。一方面适应青少年渴求知识的强烈愿望,向青少年普及新的科技知识,吸引他们更加热爱科学、学习科学和为科学献身,实施科教兴国战略;另一方面为世界科研工作者提供一个前卫科技成果的展示与交流平台,也为各大商家提供一个展示新产品的平台,打造前卫科技的创新基地与交流中心,推动世界科技进步与社会发展。同时,通过策划以青少年参与为主的,预测未来科技走向与模拟未来科技成果的系列大奖赛,并展示获奖作品,既调动了广大青少年学科学、爱科学的积极性,又通过互动性原理,提高"22世纪城"整体的知名度和吸引力。

(2) 规划设想

世界前卫科技园,拟规划占地面积20万 m^2,以标志性建筑飞碟造型的大型展馆为中心,展馆前面是一个"诺贝尔广场",广场中央有巨型"诺贝尔"雕像,广场周围有抽象的现代化雕塑。展馆内分5个功能区:① 科技发展史区,主要展示世界古代、近代、现代的重大发明与科技成果,以及著名的科技人物;② 新科学展区,主要展示当代科技的新发明、新探索、新见解和新进展等;③ 未来科学展区,主要展示模拟22世纪的科技成果与科技设想等;④ 新科技产品展区,主要展示各大商家新开发的产品,以及未来产品的设想;⑤ 科技游乐区,配置多种科普游乐设施,使青少年在愉快观看中增长知识,在参与科技活动中开阔思路,在领略前卫科技文化中展望未来。

2. 世界遗产博览园

世界遗产博览园,以"人类文明的结晶、自然环境的精粹、留给人类未来的财富"为主题,是展示世界文化遗产、自然遗产、文化与自然双重遗产和文化景观的主题园区,使游客能得到最广阔的视觉享受。

(1) 基本构思

为了契合旅游者对自身环境的关注和了解外部世界的渴望,世界遗产博览园展示了全球700多个世界遗产项目。一是为旅游者带来最广阔的视觉享受的同时又丰富了知识。二是强化全人类的保护意识。世界遗产是从过去继承下来的地球和人类的宝贵财富,是当今人类所具有的并要珍惜和郑重传给下一代的东西。可是,随着现代工业的急剧扩张,以及其他人为和自然灾害的侵蚀,大部分世界遗产项目目前都面临着前所未有的困境,亟须保护。文明荒芜了,杂草就会枝蔓丛生,森林消失了,沙尘就会遮蔽天空,坐视麻木,我们还怎么向子孙后代交付一个有希望的未来呢?通过世界遗产项目的展示,强化人类对自然环境和文化遗产的保护意识。三是提高"22世纪城"的整体吸引力,一方面通过世界文化遗产这个各国民族传统文化精华的集中展示,形成世界异质文化大聚会,突出了世界文化博览城的主题;另一方面将世界遗产项目与各个主题园区巧妙地融为一体,处处都是奇山异水,处处都是文化景观,真是"山重水复疑无路,柳暗花明又一春",犹如处在世外桃源,给人们美不胜收的意境,形成和谐的生态环境和完美的都市景象。

(2) 规划设想

世界遗产博览园,拟规划占地面积100万 m^2(其中主园占地面积20万 m^2),以标志性建筑巨型雕塑广场为中心,广场周围有6座博览馆,其中1座集世界各大洲建筑风格为一体的博览馆,5座分别为欧洲、美洲、非洲、大洋洲、亚洲建筑风格的博览馆。综合馆主要以图片或影视的形式展示世界遗产项目经过风风雨雨和历史变迁而带来的变化情况。其他5座博览馆分别为欧洲馆、美洲馆、非洲馆、大洋洲馆和亚洲馆,分别将全球700多个世界遗产项目以大沙盘(或大盆景)的形式进行展示。另外,还选择若干个便于施工、能与其他主题园区项目融为一体的世界遗产项目,采取缩小比例的方法分布在各个主题园区以及附属项目区。通过观赏世界遗产,带给旅游者一份认知、一份震撼和一份责任。

3. 世界民间艺术博览园

世界民间艺术博览园,以"民间艺术、魅力无穷"为主题,是集表演、展示、交易以及民间美食为一体的主题园区,使游客能领略世界民间艺术的魅力。

(1) 基本构思

民间艺术是民族传统文化的基础之一,按照行为学理论,待到物质极端丰富,人们有更多的时间和精力,便希图自己动手来充实和丰富自己的生活,民间艺术的魅力,正是在于乡土之情。世界民间艺术博览园有世界民间手工艺作坊,云集数百个民族的民间艺人,他们精湛的技艺令人眼花缭乱;有世界民间工艺品交易市场,汇集了世界民间工艺品,精品荟萃,琳琅满目,令人爱不释手;有世界民族服饰博览馆,展示世界两千多个民族的一万多种服饰,令人目不暇接;有世界民间艺术表演中心,表演多姿多彩的民间歌舞和乐曲,令人如痴如醉;有民间美食街,聚集数千种世界各民族的民间风味佳肴,令人垂涎欲滴。世界民间艺术博览园,一是可以满足旅游者的需求,在这里走一走、看一看、动一动、尝一尝,既能感受民间艺术的魅力,了解多民族的传统文化,又能自己动手制作简单的工艺品,乐在其中;同时,还可以买到称心如意的各式各样的民间工艺品;另外,还可以品尝丰盛的民间美食。二是有利于保护和促进民间艺术的创新与发展。民间艺术的传承性很强,地域性也很明显,并且在形态上带有程式的特点。其变化是有的,但是不像现代艺术存在个人风格的明显差异,它是在历史长河中缓慢流动而渐变的。如果在现代化的过程中得不到保护,不能由自发的发展转化为自觉的发展,一旦中断,便可能断流截源,造成未来文化上的损失。以世界民间艺术博览园的形式将世界各类民间艺人和民间手工艺作坊汇集在一起,转向旅游纪念品和新的创意制作,有利于刺激民间的创造,形成良性循环,促进民间艺术发展。三是提高了"22世纪城"的整体吸引力,一方面通过世界民间艺术的展示和表演,形成了世界异质文化的大聚会,突出了世界文化博览城的主题;另一方面也满足了游客的内在需求。四是提高了旅游综合效益。购物是旅游六要素之一,从市场调查情况看,民间工艺品非常受旅游者尤其是国外游客的欢迎。世界民间艺术博览园,形成一个世界民间工艺品的集散地,产供销一条龙,可以大幅度提高旅游综合收入,同时,也可以带动当地民间工艺品的创新与发展,形成新的产业链。

(2) 规划设想

世界民间艺术博览园,拟规划占地面积 80 万 m^2,以"民间艺术、魅力无穷"为主题,以标志性建筑"世界民间艺术广场"为中心,分成 12 个不同特色的子项目:① 世界民间工艺品交易市场;② 世界民族服饰博览馆;③ 世界民间艺术表演中心;④ 陶瓷工艺园;⑤ 织造工艺园;⑥ 染绣工艺园;⑦ 雕刻工艺园;⑧ 金属工艺园;⑨ 编织工艺园;⑩ 绘画工艺园;⑪ 其他类工艺园;⑫ 民间美食街。在规划设计上,拟将各种工艺园与其他主题园区巧妙地融为一体,特别是以游乐为主的主题园区,形成现代文化与传统文化之间相互调节的氛围,使旅游者始终处在适度的和健康的兴奋状态,达到增强旅游者兴趣的目的。

4. 世界财富博览园

世界财富博览园,以"纵观财富风云,激发奋斗热情"为主题,是以展览为主的主题园区。

(1) 基本构思

追求财富是人类的重要目标之一,世界财富博览园展示了国内外著名企业与企业家的发展过程与创业经历以及企业产品更新换代情况和企业家所取得的辉煌成就,一方面使旅游者在观看中了解国内外著名企业发展情况以及各大行业的发展过程,并能从中受到启发和激励;另一方面也满足了著名企业与企业家张扬成就感的需求,既扩大了企业的知名度,提升形象感召力,又为子孙后代留下一份精神财富,使他们为前辈所取得的辉煌成就而感到自豪,同时也为以后举办系列的财富论坛活动埋下了伏笔。另外,世界财富博览园还是一个融资项目,通过这个项目可以融到巨额资金,用于"22 世纪城"的整体建设。

(2) 规划设想

世界财富博览园,拟规划占地面积 20 万 m^2,以"纵观财富风云,激发奋斗热情"为主题,以"世界财富广场"为中心,围绕广场有 3 座博览馆:① 世界财富博览馆,设展位 500 个;② 华商财富博览馆,设展位 1 000 个;③ 著名民营企业财富博览馆,设展位 500 个。主要展示国内外著名企业与企业家的发展过程与创业经历及其所取得的辉煌成就。

5. 其他主题园区

其他主题园区,主要满足旅游者求新、求奇和求趣的需求,使他们能体验最激情的欢乐之旅。

第三章 房地产市场策划

房地产市场策划是指房地产策划师根据项目发展的总体要求,从房地产市场的角度出发,对房地产项目进行内外部经济环境调研及房地产市场分析与研究,找出项目的市场空白点,最后进行房地产项目定位的创造性过程。房地产市场策划是房地产项目策划的基础性工作,为进一步的房地产投资策划和房地产设计策划从市场的角度提供专业性意见,使项目的发展符合市场的要求。

第一节 房地产市场策划技术要点

一、房地产市场策划的内容

房地产市场策划的主要内容包括以下几个方面:
(1) 房地产项目的市场调查策划。
(2) 房地产项目的市场分析策划。
(3) 房地产项目的市场细分策划。
(4) 房地产项目的市场定位策划。

二、房地产项目的市场调查策划

房地产市场调查是房地产企业为实现企业特定的经营目标,运用科学的理论和方法,以现代化的调查技术手段,通过各种途径收集、整理、分析有关房地产市场的资料信息,正确判断和把握市场的现状以及发展趋势,并为企业科学决策提供正确依据的一种活动。

(一) 房地产市场调查的内容与途径

房地产市场调查的内容概括起来包括3个方面内容,即宏观环境调查、中观环境调查与微观环境调查。3项内容分属于不同层次的地域范围,从大范围到小范围,研究内容上从概括到具体详细。

1. 宏观环境调查

宏观环境调查,主要指一个国家政治、经济的形势分析。主要调查内容:一是政治法律环境,包括国家法律法规的健全和完善程度,新制定的法律、法规,国家政局的稳定程度;二是经济科技环境,主要掌握国家经济发展趋势,科学技术对房地产项目的影响程度。

除非是到另外一个国家投资,否则不必详细研究政治法律环境对房地产项目的影响,但要研究一定时期内国家的产业政策,并顺应政策的潮流。例如,近几年,国家把住宅业当成我国经济的增长点,在此情况下,开发商一般应重点进行住宅项目的开发。

国家经济发展趋势的调查分析,在某一特定时期,对房地产项目影响很大,如1998~1999年的亚洲金融危机使香港楼市缩水3成,至今人们仍记忆犹新,房地产项目策划也会受到消极影响。此外,科学技术方面的数字时代、网络时代、智能化等对房地产项目也有影响。

当然，上述调查内容一般不是房地产项目市场调查重要与详细的内容，开发商平时只要关注新闻报道与分析，有时听一下名人讲座或和有关专家探讨一下有关问题即可。

2. 中观环境调查

中观环境调查，主要调查房地产项目所在城市的城市建设与规划，房地产的总供应量与总需求量等情况。

（1）城市发展规划主要调查城市发展的方向。这是项目选址着重考虑的问题，它直接关系到物业的潜质和增值的可能性。这方面情况的获得可以通过到规划部门查询一个城市的总体规划文本或请规划专家分析情况来取得有关资料。

（2）城市房地产企业情况。主要包括城市房地产企业的数量、类型以及企业资质与实力等概略资料。商场如战场，知己知彼方能百战不殆。上述有关内容可以通过房地产企业管理部门及业内人士的介绍获得。

（3）城市房地产的供需状况。主要包括某年度房地产供应量、需求量、销售价格水平、平均开发成本等资料。可以推测，从现在至今后相当长时间内商品供大于求的状况不会改变，过去那种研究某个地区房地产市场供大于求或供小于求的做法已失去意义。但通过某一特定时期供求差距对比和分析，开发商可以从项目策划一开始就明确新项目进入市场的风险程度以及以往商品房积压的原因。

那么如何进行城市房地产供需状况调查呢？城市商品房的供应量可以到政府房地产管理部门查询商品房预售许可登记和竣工面积统计。城市商品房的需求量，也可到房地产管理部门的产权产籍管理处查询产权登记有关情况，因为买房是需要办理产权证的。当然，由于办证往往落后于买房，因此实际的房地产需求一般要大于房地产产权产籍部门的统计数据。

（4）专业机构与中介商情况调查。主要调查工程咨询公司、物业管理公司、房地产销售代理公司等的信誉、资质和业绩情况、金融市场（如银行抵押贷款的利率、贷款年数、成数）情况，为日后项目委托与有关业务打下基础，了解有关此方面的情况主要参考业内人士的口碑。

3. 微观环境调查

微观环境调查，房地产项目附近区域竞争楼盘及消费者需求趋向分析。这是在项目位置基本确定之后重点而又详细的调查工作。主要调查内容有：

（1）消费者情况调查。包括住房的位置、户型、风格、单价、总价、配套、交通等。

（2）竞争对手的情况调查。主要调查项目附近楼盘房型、价格、推出时间、销售渠道、促销策略以及开发商实力等。

销售者情况调查一般可以通过问卷调查的形式取得有关资料，但应注意被调查人应是潜在购买者。例如，市场定位于白领阶层的楼盘，应选择公司中高层职员而不应是下岗职工；又如对于大中城市的开发商，若在城南开发的商品房，你所调查的客户群一般应工作、生活在城南或城中部，而不能在城北，因为要考虑到人们的活动半径。当然，高级别墅例外。

对于超大规模的住宅小区，也可以先建多种标准和多种户型的单位试着推向市场，看一看哪些单位市场接受程度好、销售得快，以便在以后的项目开发中集中建造这类单位。显然，这种市场调查的方式成本及风险很大，只适合于超大规模的居住小区。

至于竞争对手的调查，开发商可以派人装扮成客户到附近楼宇"踩盘"以获取有关信息。

(二) 房地产市场调查的方法

房地产市场调查常采用以下3种方法：

1. 访问法

访问法的基本原理是由调查者根据调查目的，拟定调查提纲或设计调查问卷，然后向被调查者以提问或问卷的方式请他们回答，在被调查者的回答中收集所需资料。访问法的优点在于速度较快且成本不是太高；缺点在于因为所收集到的信息资料缺乏客观情况而无法达到调查的目的。访问法主要有面谈调查、电话调查和通讯调查3种形式。

2. 观察法

观察法是指调查人员通过被调查者的行为或者是收集调查者的行为痕迹来收集信息资料，有些房地产企业负责人在决策营销方案时会到售楼现场体验一下，采用的就是这种方式。这种调查方式使得调查者表现自然，可以获得那些被调查者不愿意言及与无法提供的信息，并能客观地获得准确率较高的第一手资料。缺点在于调查对象的面比较窄，花费的时间较长。同时，观察法也仅能观察一些表象，对被调查者的感情、态度、行为动机等信息仍无法得到，因此观察法还需要与其他方法结合起来使用才更为有效。

3. 实验法

实验法是将调查缩小到一个比较小的规模上，进行实验后得出一定的结果，再对整个市场进行推测。实验的目的，首先主要是了解物业的环境、功能、定位是否受欢迎；其次是了解物业价格能否为市场所接受。例如，可以通过房产展销会来了解消费者的需求情况，或者是借此研究各种因素对销售的影响程度，以便在实施营销策略时对这些因素进行适时的调整和控制。又如超大规模的住宅小区，先建好含有多种户型的房产，再全面推向市场。

房地产市场调查方法根据调查对象总体范围的不同还可以划分为普查、重点普查、随机抽样调查和非随机抽样调查。

1. 普查

普查是指对调查总体所包含的全部个体都进行调查。对于一般房地产企业而言，不可能也无力采取普查这种形式，因此往往通过设法获取行政主管部门普查得到的信息资料来弥补。

2. 重点调查

重点调查是以总体中有代表性的个体作为调查对象进而推断出一般结论。例如在对高档别墅的市场需求进行调查时，可以选择一些具有很强的购买力的企业财团或成功人士作为调查对象，这些被调查者可能只占整个市场总体的10%，但这些人对高档别墅的需求量可能占到整个市场需求量的90%以上，可以说他们决定着整个高档别墅市场及其走势。

3. 随机抽样调查

随机抽样调查是在总体中随机任意抽取个体作为样本进行调查，根据样本推断出一定概率下总体的情况。

4. 非随机抽样调查

非随机抽样调查是指调查人员在进行调查前事先确定标准，对所抽取的样本进行有意识地选择。如某个房地产开发企业准备将已经竣工楼盘的销售对象定位在青年白领阶层，但对市场接受程度心中没有把握，他们就有选择地在这类对象相对集中的地区和企业进行抽样调查，并以此为依据制定了相应的广告策略和付款方式，从而获得良好的效果。

(三) 市场调查的步骤

房地产市场调查一般包括3个步骤:

1. 市场调查的准备阶段

在市场调查的准备阶段,大体要进行以下3项工作:

(1) 确定市场调查的内容和目的。

(2) 拟订市场调查计划。在调查前必须拟订详细、周密的调查计划,调查计划的内容应包括调查对象的确定即向哪些人进行调查,调查方法的确定,调查日期和调查作业进度的安排。

(3) 调查人员的挑选。调查人员的素质直接关系到调查结果的质量,因此必须挑选合适的调查人员。调查人员应有相应的素质要求和必备的专业知识,必要时,应根据调查作业的要求,对有关人员进行必要和适当的培训。

2. 市场调查的实施阶段

(1) 收集相关的信息资料。房地产市场调查活动需要收集许多与调查目的相关的各种现有的信息资料,其中有些资料需要经常不断收集,有些需要定期收集。一般所需收集的资料包括房地产市场信息资料、竞争对手的信息资料、经济形势信息资料、政策与法律方向相关的资料。在调查中,善于收集有用的信息资料是搞好调查的关键。在收集资料的过程中要做到及时、可靠、灵活。

(2) 设计调查问卷。调查问卷是整个调查工作的一项重要工作,其设计的质量高低直接影响到调查的效果。要根据房地产市场调查的目的和要求设计合适的问卷。设计既要具有科学性,又要具有艺术性。

(3) 进行现场实地调查。即组织调查人员采用选定的调查方法,根据所设计的调查问卷对被调查者进行调查,获取第一手的原始资料。在调查过程中,要注意掌握和控制调查的进度,保证调查质量。

3. 资料处理阶段

这一阶段的工作是对房地产市场调查获得的各项资料及时进行整理,总结出相应的调查结论。这一阶段主要包括以下两个方面的工作:

(1) 编辑整理信息资料。这一步主要是对所获得的原始信息资料进行加工编辑。在加工前要首先对获得的资料进行评定,剔除误差因素,保证信息资料的真实性和可靠性。如果发现不足或存在问题,则应及时拟订再调查提纲,进行补充调查,以保证最后调查得出结论的完整性和准确性。

(2) 撰写市场调查报告。市场调查人员根据整理归纳后的调查资料进行分析论证,得出调查结论,然后撰写市场调查报告,并在调查报告中提出若干建议方案,供领导在决策时作为参考依据。一份完整的调查报告应包括调查的目的和内容、调查所采用的方法、调查的结果、提出的建议以及必要的附件。

(四) 调查问卷的设计技巧

1. 设计问卷时应注意的几个问题

对问卷设计总的要求是:问卷中的问句表达要简明、生动,注意概念的正确性。具体应注意以下几点:

(1) 避免专业术语和缩略语。专业术语和缩略语容易造成理解上的困难。例如,"您认为市中心楼盘的绿地率应达到何种水平?"部分被访者可能从来没有听说过绿地率,所以无从回答,这样就会给实际调查工作带来不良影响。如果无法避免使用术语和缩略语,那么,对术语和缩略语应给予简单的解释以方便读者理解问题的含义。

(2) 避免含意不清的字眼。"很久"、"经常"、"一些"应避免或少用。例如,"您最近有否去看楼盘?"被访者不知最近是指1周、1个月还是1年,可以改为:"您最近一个月是否去看过楼盘?"

(3) 避免提断定性的问题。例如,"您打算什么时候买房?"这种问题即为断定性问题,被访者如果根本不打算买房就无法回答。正确的处理办法是在此问题前加一条"过滤"性问题,即"您有买房的打算吗?"如果被访者回答"有",可继续提问,否则终止提问。

(4) 避免一问多答。一问多答的问题要求被访者用一个答案来回答多个相关的问题,常常会使被访者无从答起,也会给统计处理带来困难。因此一个问句最好只问一个要点。例如,"您家人是否使用公共交通工具外出?"这就使那些家里只有一部分成员使用公共交通工具的人无法回答"是"或"否"。

(5) 避免带有导向性的问题。导向性问题不是"持中"的,其中暗示出调查者的观点和见解。例如,"大部分人认为建筑设计上的欧陆风已经过时,您对此有何看法?"这种提问导致被访者跟随调查者的倾向回答问题,是调查的大忌,常常会引出与事实不符的结论,影响调查结果。

(6) 避免使用双重否定的问题。虽然我们知道双重否定等于肯定,但是,我们的思维方式还是比较习惯于直接的肯定,而不是双重的否定。双重否定的问题可能会导致被访者选取他原来所不同意的答案。例如,"在物业管理费中不必包括电梯维护费,您同意吗?"如果改为"在物业管理费中有必要包括电梯维护费吗?"就简单明了得多。

(7) 避免敏感性问题。对于敏感性问题,被访者往往出于本能的自卫心理,容易产生种种顾虑,不愿意回答或不予真实回答,而且还会引起被访者的反感,因此问卷中应尽量避免。如果有些问题非问不可,也不能只顾调查的需要穷追不舍,应考虑回答者的自尊心,尽量注意提问的方式、方法和措辞。例如,"据您推测,您的朋友月收入是多少?"物以类聚,人以群分,被访者朋友的收入可能代表被访者的收入。

(8) 问句要考虑时间性。时间过久的问题易使人遗忘。例如,"您去年家庭生活费支出是多少?"这种问题相信绝大多数人一下子难以报出一个比较确切的数字。一般应该问,"您家上月生活费支出是多少?"显然,缩小时间范围可使问题回忆起来比较容易,回答也比较准确。

(9) 拟订问句要有明确的界限。对于年龄、家庭人口、经济收入等调查项目,通常会产生歧义的理解,如年龄有虚岁、周岁,收入是仅指工资还是包括奖金、补贴、其他收入在内,如果调查者对此没有明确的界定,调查结果也就很难达到预期要求。

(10) 注意提问的顺序。在设计问卷时,要讲究问题的排列顺序。最初的问题应当是被访者容易回答且为其关心的问题;提问的内容应从简单逐步向复杂深化;对相关联的内容应进行系统的整理,使被访者不断增加兴趣;作为调查核心的重要问题应放在前面提问;专业性强的具体细致问题应尽量放在后面;敏感性问题应放在后面;封闭性问题放在前面,开放性问题放在后面。

2. 问句答案设计技巧

问句的答案设计是问卷设计的重要组成部分,特别是在封闭式问题中,其答案的设计必须经过多方面周密细致的考虑。

(1) 答案设计的基本方法

特别是在封闭式问题中,在设计答案时,可以根据具体情况采用不同的设计形式。

① 二项选择法。二项选择法也称真伪法或二分法,是指提出的问题仅有两种答案可以选择,如"是"或"否","有"或"无"等。这两种答案是对立的、排斥的,被访者的回答非此即彼,不能有更多的选择。二项选择法的优点是易于理解和可迅速得到明确的答案,便于统计处理,分析也比较容易。但回答没有进一步阐明理由的机会,难以反映被访者意见在程度上的差别,了解的情况也不够深入。这种方法,适用于互相排斥的两项择一式问题及询问较为简单的事实性问题。

② 多项选择法。多项选择法是指对所提出的问题事先预备好两个以上的答案,被访者可任选其中的一项或几项。例如,"您认为住宅最重要的条件是什么?① 质量;② 宽敞;③ 舒适;④ 方便;⑤ 安静;⑥ 美观;⑦ 气派;⑧ 其他"。由于所设答案不一定能表达出被访者所有的看法,所以在问题的最后可设"其他"项,以便使被访者表达自己的看法。多项选择法的优点是比二项选择法的强制选择有所缓和,答案有一定的范围,也比较便于统计处理。但采用这种方法时,设计者要考虑以下两种情况:一是要考虑到全部可能出现的结果,以及答案可能出现的重复和遗漏;二是要注意选择答案的排列顺序,有些被访者常常喜欢选择第一个答案,从而使调查结果发生偏差。此外,答案较多,会使被访者无从选择或产生厌烦。一般这种多项选择答案应控制在 8 个以内。当样本量有限时,多项选择易使结果分散,缺乏说服力。

③ 顺位法。顺位法是列出若干项目,由被访者按重要性决定先后顺序。顺位方法主要有两种:一种是对全部答案排序,另一种是只对其中的某些答案排序。究竟采用哪种方法,应由调查者来决定。具体排列顺序,则由回答者根据自己所喜欢的事物和认识事物的程度等进行排序。例如,"请对下面列出的 5 类房地产广告排序:① 电视广告;② 报纸广告;③ 广播广告;④ 路牌广告;⑤ 杂志广告。按您接触的频率,由高至低排序;按您的印象,由浅至深排序;按您信任的程度,由大到小排序。"顺位法便于被调查者对其意见、动机、感觉等进行衡量和比较,也便于对调查结果加以统计。但调查项目不宜过多,过多则容易分散,很难顺位,同时所询问的排列顺序也可能对被调查者产生某种暗示作用。这种方法适用于对要求答案有先后顺序的问题。

④ 回忆法。回忆法是指通过回忆,了解被调查者对不同商品的质量、品牌等方面印象的强弱。例如,"请您举出最近一个月在电视广告中出现过哪些楼盘的广告。"调查时可根据被调查者所回忆品牌的先后和快慢以及各种品牌被回忆出的频率进行分析研究。

⑤ 比较法。比较法是把若干可比较的事物整理成两两对比的形式,要求被调查者进行比较并做出肯定回答的方法。例如,"就房子本身而言,您认为下列每一对因素中哪一点比较重要?① 外观设计,室内设计;② 朝向,通风;③ 景观,采光;④ 工程质量,配套设施。"比较法适用于对质量和效用等问题作出评价。应用比较法要考虑被调查者对所要回答的问题中的商品品牌等项目是否相当熟悉,否则将会导致空项发生。

(2) 答案设计时应注意的事项

第一，答案要穷尽，即要将问题的所有答案尽可能列出，才能使每个被调查者都有答案可选，不至于因被调查者找不到合适的可选答案而放弃回答。例如，"下列哪种原因，是您购买住宅的主要理由？① 想有套自己的房子；② 现有住宅太小；③ 现有住宅地点不好；④ 现有住宅功能不全；⑤ 现有住宅已破旧；⑥ 想住更舒服的房子；⑦ 想住更气派的房子；⑧ 想要有一幢度假用的别墅；⑨ 想投资房地产；⑩ 其他原因。"这几项答案可能并不完全包括被调查者想购买某品牌商品房的原因，容易造成填写困难。为了防止出现列举不全的现象，可在问题答案设计的最后列出一项"其他（请注明）"。这样，被调查者就可将问卷中未穷尽的项目填写在所留的空格内。但需注意，如果一项问题选择"其他"类答案作为回答的人过多，说明答案的列举是不恰当的。

第二，答案须互斥。从逻辑上讲，互斥是指两个概念之间不能出现交叉和包容的现象。在设计答案时，一项问题所列出的不同答案必须互不相容、互不重叠，否则被调查者可能会作出有重复内容的双重选择，对资料的整理分析不利，影响调查效果。例如，"您平均每月支出中花费最多的是哪项？① 食品；② 服装；③ 书籍；④ 报纸杂志；⑤ 日用品；⑥ 娱乐；⑦ 交际；⑧ 饮料；⑨ 其他。"答案中食品和饮料、书籍和报纸杂志等都是包容关系。所以在答案设计时，一定要用同一标准在同一层次上分类，避免答案之间有交叉或包容的现象。

(3) 注释和填答标记应恰当

对于封闭式问题，每一项答案都应有明显的填答标记或在每项答案的前或后做选择记号，因为在各项答案之间距离较近时，可能使研究者不容易辨认被调查者到底选择了哪个答案。一般在调查中使用数字作为各项答案标记的较多，这样还可以起到问卷编码的作用。大规模的调查时，问卷设计时最好给出如何在答案上做记号的范例。

(4) 避免问题与答案不一致，即所提问题与所设答案应做到一致

例如，"您打算购买多大的房子？① 40 m² 以下；② 50～70 m²；③ 80～100 m²；④ 100 m² 以上；⑤ 一房一厅；⑥ 两房一厅；⑦ 三房一厅。"对于房屋大小的提问和对于户型的了解，一般不能在同一个问题的答案中出现，两者宜分别进行。此例中提问的是房屋大小，就只能在面积中加以选择，而不能加上户型内容，否则会出现多余或矛盾的选择。

三、房地产项目的市场分析策划

房地产市场分析所涉及的内容非常复杂，从每个角度出发都可能研究发展出一些有用的市场信息。然而，由于受到预算的限制和时间的约束，特别是资料的缺乏，使任何一个房地产市场分析都不可能是无懈可击的。在目前市场分析的文章以及策划、顾问公司的项目报告中，都在一定程度上存在着思路不严密的问题，这使市场分析预测的可信程度大受影响。

(一) 房地产项目市场分析中常见的问题

目前大部分的市场分析报告是一种跟进式的思路，即大环境看好，项目的小环境就一定也不错；别人做什么卖得好，我们做也会卖得好；以前什么好卖，现在就做什么。具体来说，当前的市场分析主要存在以下几个问题：

1. 对需求的分析明显不足

长期以来，中国经济是在计划体制下运行，人们习惯于计划经济的思维模式，对于供给的研究比较得心应手，而对于需求的研究则缺乏经验，资料不足。最突出的表现是缺乏人口

资料,对于人口的描述,如收入、年龄、婚姻、家庭规模等都停留在全国或全市的总体人口水平上。而对于房地产业来说,重要的是要掌握地区、县乃至街区的人口状况。

2. 对未来市场的预测明显不足

房地产开发投资大,周期长,作为房地产开发的投资顾问必须要对项目未来5年或10年的市场状况进行预测。由于中国尚无定期的空置率统计,对未来的土地供给量、房屋供给量还不能做到心中有数,所以人们在进行市场预测时只能对空置率进行假设,对宏观经济条件的分析用一些统计数据和模糊而笼统的推断来代替。

3. 定量分析方法的运用不当

由于宏观资料比地区资料容易获得,而且有较好的连续性,所以使得房地产市场分析中有一种学院式的研究倾向,即运用数学模型进行宏观预测。其实这并不是房地产策划的优势,任何数学模型都不能涵盖宏观经济环境中数不清的影响因素。往往会出现这样的结果,即精致的模型和精确的数据得出的结论还不如经验来得准确。

4. 分析层次不清

没有分析不动产的特性,即不动性所造成的影响。模仿式、跟进式的思路在开发房地产时最不适用,因为房地产不能被移动,所以不能逃脱国家的、地区的和地点的限制。任何细节都可能成为影响地块价格的因素,外围的影响是共同性的,地点的差异才是项目的个性所在,所以用宏观资料论证项目是层次不清的。

5. 市场研究的方向不明确

开发商和投资顾问之间的交流不够,需求不明确。例如常遇到一些开发商要求投资顾问的市场分析研究要"深到底"、"宽到边"、"远到头",使研究无边无际。

6. 过于宽泛的市场定位

现在的开发商常宣称是为某类人量身订做产品,实际上大多数研究报告中的市场定位都比较宽泛,基本不进行市场细分。特别是现在开发的规模越来越大,很多小区达到上百万平方米。小区规模大,容纳的人口多,可以成为宽泛市场定位的理由,实际上,策划等研究者也怕定位窄了,一旦失误给开发商带来风险,自己也有无法推卸的责任。

7. 不进行供求对比

市场分析报告中常会做供给的预测,有时也有需求的预测,但是出于资料的限制,很少认真地进行供给与需求的对比。这在逻辑上显然有些说不通。不分析市场供求缺口,无法计算市场份额,又如何计算预期的收入和利润?如何判断可行还是不可行?

8. 对市场份额的估计过高

很多研究报告并不分析可能的市场份额,即使分析,也往往估计得过高。实际上在一个地区内,竞争性楼盘的存在使所研究项目的市场份额不可能很大,市场分析人员往往寄希望于营销和设计的新招术,从而能从竞争对手那里争夺客户,这种分析显然是不负责任的。

9. 市场研究没有给出多种可能的方案

有的研究报告在分析预测租金或售价时,没有给出多种可能的方案。好的市场策划应该给开发商几个不同的方案,让他知道不同的方案可能面临的风险。这一点不仅对开发商,对贷款银行也是很重要的。

10. 过高地估价了土地的价值

很多开发商和策划人长期思考项目地块的开发和规划,所以很容易偏爱自己的项目,很容易过高地估计地块的价值,过分透支开发概念,把规划中的地块当作现实中的地块,自己被策划打动了,于是预测地块价格会以一定的速度增值。但是谨慎的客户一般不会被空想所打动,所以这时的乐观可能会误导开发商的融资计划和价格策略。

11. 过于偏重二手资料的应用,缺少对消费者的跟踪调查

有些市场研究过于偏重二手资料的应用。二手资料往往不是针对手头在做项目的资料,在使用时不能完全依靠二手资料,还必须进行实际的消费者调查,这样才能真正了解消费者的口味和偏好。

总之,研究报告质量的好坏在很大程度上影响项目的生存和发展。这些常见的问题,不是文章写得好坏的问题,它关系到项目的成败,甚至关系到整个房地产业是否能健康发展。由此可断言,研究一个完整、严谨的房地产市场分析的思路,克服市场研究中的各种问题,提高研究报告质量,对于开发商、贷款银行及政府都是极其重要的。

(二)房地产项目的市场分析思路

由于资料的限制,市场分析研究往往要看资料的条件进行,所以不可能有完全统一和周密的思路,但是构建这样的思路是必要的。具体可以从基本信息和流程两个方面进行。表3-1是房地产市场分析所需的基本信息。

表3-1 房地产市场分析所需的基本信息

影响因素	地区市场						专业物业市场						项目物业市场					
	供给			需求			供给			需求			供给			需求		
	过去	现在	未来	过去	现在	未来	过去	现在	未来	过去	现在	未来	过去	现在	未来	过去	现在	未来
经济																		
人口																		
区位																		
地点																		
心理																		

表3-1中的市场信息包括3个层次(地区市场、专业物业市场和项目物业市场)、2个方面(供给和需求)、3个时段(过去、现在和未来)和5个基本影响因素(经济、人口、区位、地点和心理),共90个单元,具体说明如下:

1. 3个层次

地区市场是影响所有类型房地产市场行情的市场环境,它包括所有类型的物业,因而也叫做地区房地产市场。如果把地区房地产市场作为研究对象的话,那么影响因素就不只限于房地产业的范围,还包括一个地区的总体经济发展速度及产业结构,如地区经济发展速度、人口增长、收入增长及就业等方面的影响。

专业物业市场是指按照物业的基本类型分类的市场,如写字楼市场、住宅物业市场、商业物业市场等。那些只对某种类型的房地产市场行情有影响的条件和因素,就构成专业物业市场环境。如房改政策可能直接影响住宅的供给与需求;城市的功能规划也可能使城市某个地段的写字楼成片地开发。

项目物业市场是指委托人委托策划人进行研究的物业市场，它多数情况下是开发商正准备开发的项目，或准备投资的一块土地等。个案项目是市场分析的最终的目标层，它要以上述分析作为依据，再加上对项目个案有直接影响的因素的分析，如项目所在地的自然环境和自然条件等。

2. 2个方面

市场分析的主要任务就是分析供给与需求，分层次地分析各种影响因素，实质上就是要分析供求的变化。所以每个层次的分析都应包括两个方面。任何影响因素都会直接和间接的影响房地产的供给和需求。例如在地区市场上，第三产业的增长，外资企业的增加，显然会有利于写字楼市场上需求的增长；再如，在项目的所在区域，有无重要的道路建设规划也会直接影响项目的吸引力范围和客流数量。

3. 3个时段

对一个项目的市场分析，看起来是对市场的某个时点的状况进行判断，但它必须是在对市场进行长期跟踪的基础上进行判断。所以在进行市场分析时，一定要有历史的概念。了解市场发展变化的来龙去脉，才能正确判断每一变动的影响力。

4. 5个基本影响因素

严格地说，对房地产市场造成影响的因素可能来自各个方面，但主要来自于经济、人口、区位环境条件、地点的自然条件及法律的、人文心理方面的因素。各个方面的因素，构成项目物业所在的市场环境。因此，要认识项目物业所在的市场环境，就要考察这5个方面的变动及其影响。

图3-1是房地产市场分析的流程。

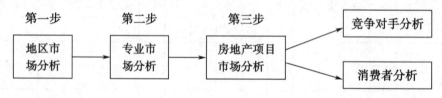

图3-1 房地产市场分析的基本思路

第一步，地区市场分析。确定项目物业所在的地区和专业市场，把它们放在整个地区经济中，考察它们的地位和状况，找到影响这个市场变化的主要因素，并通过直接或间接的资料分析对地区经济发展进行预测，从而发现它对专业物业及子市场的影响，例如通过人口、就业、收入等资料推算对专业物业的需求增量。

第二步，专业市场分析。在专业市场的层次上，首先要进行市场细分，再将各子市场物业的供给量和需求量进行对比预测，从而发现各子市场的需求潜力及分布状况。

第三步，房地产项目市场分析。在房地产项目市场的层次上，根据以前对市场潜力的估计进行竞争对手的分析，估计目标物业的市场占有率。同时，进行消费者的研究，以确定本项目的竞争特点。

通过以上分析步骤，就可以完成一个全面的市场分析。完善的市场分析不仅要在时间上跨越过去、现在、未来，在空间上覆盖整个地区市场（国内市场、国际市场）和项目所在地点，而且分析的每一个环节都应是相互联系的，上一个步骤得出的结论应作为下一个步骤开始时必需的已知输入变量。这些输入变量加上下一个步骤中新的限定条件，又可以得到一个新的输出变量,也就是这一步骤的结论。这样的思路才可谓是全面而周到的。

例如,通过对地区市场的分析,可以得到地区经济增长、人均收入提高、购买力提高的结论。通过对以往人均收入与购买力的研究,对需要的零售业增长速度及水平进行预计,零售物业的需求增量将作为一个输入变量,在下一步分析中成为一个基础数据;在专业市场分析中,通过对零售物业市场的细分,同时通过对各子市场的发展速度及历史上的出售率、出租率及租金、售价进行总结、预测,就可以估计总的零售物业市场潜力及需求增量。通过每个子市场的需求增量和供给预测的对比,就可得到子市场的供求缺口。供求缺口是这一步骤的结论,又是下一步项目物业市场分析的基础数据。在项目所在子市场供求缺口已知时,各竞争物业的分析就可以将未被满足的需求按照各竞争对手的市场占有率进行分配,从而估计到项目的市场占有率及可能的收入。同时通过对比,也可以估计其租金和售价。估计的租金和售价又成为可行性研究的基础数据。

(三) 房地产项目市场分析的内容

一般来说,要进行一个全面的房地产项目市场分析,需要进行以下方面的研究:

1. 估价

估价就是对房地产市场价值进行评估,这也往往要对项目房地产进行详细的分析和研究。如果是对一个已经确定用途的项目进行估价,就无需进行土地最佳用途和最佳利用的研究;如果是一块空地则必须进行最佳用途和最佳利用的研究,进行最佳用途和最佳利用方案比较,选择最理想的投资,于是估价便引出一系列延伸的市场研究。对于不同的项目,估价所涉及的市场分析的内容不同。

2. 成本—收益分析

成本—收益分析一般是针对公建项目进行的,政府常常是这类项目的委托人,例如论证一座路桥的成本和收益,不仅要考虑直接收益,还要估量其间接影响。这种分析不需要营销分析或回报率估计等方面的研究,一般说来要进行需求预测。成本—收益分析构成相对独立的一类市场研究,它的研究方法也比较独立。

3. 可行性研究

可行性研究是确定项目是否可以得到所期望的回报率的一种研究,它所涉及的也是一个特定的项目物业。可行性研究要求对项目的造价和售价进行预测,得出投资回报率的预测。要想对项目的造价、租金和售价进行预测,就离不开项目的营销分析。

4. 营销分析

营销分析是运用市场细分技术把房地产市场分组,从中选取需求空间较大的对象群,根据它们的作用为开发商提供建议的一种研究。营销分析也包括对竞争对手的分析,因为同一个需求空间往往会吸引若干的同类开发项目。认识竞争对手的竞争特点,才能确定项目的竞争特点,并预计项目的市场份额及吸纳量。营销分析的结果是量化的,例如准确地估计市场份额、售价和租金,为下一步进行可行性分析做准备。换句话说,营销分析的结果也可以停留在提供策划建议的层次上。可能获得较好销售业绩的楼盘,不一定都是经济上可行的。

5. 专业市场供求分析

营销分析对目标市场的定位与选择是以对项目所需的某种类型物业市场的细分,以及对细分后各子市场需求空间的比较为基础的。某种类型物业及其子市场的供给与需求分析就构成市场供求分析的主要内容,通过对某种类型物业及其子市场供求对比,可以发现各子市场的供求缺口,从而发现未被满足的需求空间。市场供求分析不仅确定市场供求的过去和现状,关键是要对供求进行预测。也就是说除了要解决市场容量问题,还要解决进入市场时机的选择问题。

6. **土地最佳用途和最佳利用分析**

严格地说,为一块土地选择用途是一项非常复杂的工作(一般说来,为一个用途选地点的情况比较简单,因为某一用途自身对于地点和区位的要求是比较明确的。例如,麦当劳连锁店就有其独特的选址技术,并且选一处旺一处),往往要对项目地块所在区域与类似区域进行比较,发现市场空当。在有两个或两个以上的可选用途时,就要对每一种可能的用途进行进一步的分析比较。

7. **地区经济分析及预测**

任何物业的价格起伏及供求变化,其基础的影响因素是来自物业所在地区的经济环境。对地区经济环境的基本判断是对各类物业市场研究的基础。地区经济分析的内容分为两个部分:一是地区经济的基本趋势;二是地区房地产业的发展趋势。地区经济的发展速度方向以及房地产业的发展方向、增长速度,对整个地区的所有房地产业的发展都有重要的影响。

当然,由于项目不同,委托人的要求不同,不是所有的市场研究都包括所有类型的市场分析内容的。策划人必须根据委托人的要求进行必要的研究。

(四) 外部关键影响因素的分析

房地产项目市场分析中有两个关键的外部影响因素,即房地产政策和城市规划。它们对区域房地产市场总体价格、供需总量和供需结构、细分市场的发展等起着重要的影响作用。

1. **房地产政策影响分析**

房地产市场受政策的影响十分明显,所以,所有的房地产商和策划人都明白房地产政策分析的重要性。房地产政策的影响是普遍的,对于所辖区域内的所有地块、所有种类的物业和所有的楼盘都有影响,它不仅会影响价格,甚至会影响施工进度和产品形式。

由于房地产市场与政府的特殊关系,政府对房地产界的干预是必然的,因此政府以土地收益的保有和增长为政策的核心,开发商、消费者、投资人只有在这个基础上发展自己的利益。还应看到市场失灵是政府干预的起点和根据,但并不等于政府干预就一定比市场的作用好。由此可以推论,房地产的价值并不一定随着土地政策、房地产政策的发展而增值。

政府制定房地产政策,不是每时每刻代表大多数人的利益,特别是不可能总是代表低收入人群的利益。因此,带着市场经济自由主义的态度,或者抱着政府弥补市场失灵的美好期望,或者把公平的期望和责任寄托给政府的想法显然是不恰当的,以这样的观点去理解、评价、分析政策是会引出错误的结论的。

房地产市场供求关系的变化影响市场的行情,供求双方是内在的影响因素。除了这些内在因素外,对房地产市场的影响还来自政策法规及社会等方面。这就使影响市场的主体不仅有开发商和消费者,还会有政府及社会各个部门、机构、组织等。由于房地产开发是一个综合产业,它既涉及第一产业,如土地资源、耕地、地下水、油、汽等,也涉及第二产业,如建筑业、制造业等。房地产业本身是服务业,它为购房者提供的利益表现为产权及未来的收益。所以它不仅面临制造商之间的竞争,厂商与消费者、消费者与消费者之间的竞争,还会受到政府管理部门,如农业部门、土地部门、产权产籍管理部门、财政税收部门、法律部门、民政部门、环保部门、文物保护部门以及交通、治安等部门的制约。也就是说,影响房地产市场格局、行情是价值观及利益目标不同有时甚至是相互冲突和矛盾的多元主体。这些主体有各自政策目标,不仅方向各异,而且有些目标含混而模糊。这就使分析政策影响房地产市场监测和跟踪变得十分困难,使最终结果难以预测,为获得各方面的信息付出的代价也是很大的。

即使有足够的政策信息,分析这些信息本身也不是一件容易的事。即使政策目标很清晰,也要看政策目标的表述形式是否与主体原本的真实目标相符,还要考虑实施的结果如何,是否能够达到目标,是否有保证政策目标的适当手段,是否有执行这种政策的强有力的执行者。

仅仅进行政策影响的分析不是最难的事情,因为这毕竟是一种事后的在特定条件下进行影响的判断,真正困难的是对可能的政策进行预测。这种工作的复杂性在于不仅要理解政策本身的作用原理及其实施过程,而且要把握制定政策的程序和将由什么人来制定政策;不仅要估测出可能结果,还要估测出政策影响可能发生作用的时间。

所以可以说,政策影响的分析与预测工作几乎是一个无底洞。它不是一个学究式的推理过程,而是一个实际运作中对时局操控的一种艺术。真正进行政策研究的人不在少数,但能够运用政策信息进行预测和决策的却极其有限,所以大多数的市场研究人员所做的工作是收集、整理、筛选信息的工作。

房地产政策影响分析是为房地产市场分析服务的,它包括以下几个步骤:

(1)进行政策信息的收集。房地产市场的相关政策很多是来自本部门的主管单位,也有很多是来自本部门以外的,所以关注和收集各种渠道的政策信息就非常困难,但这一步是非常重要的。

(2)正确理解政策信息的真正含义。这就要理解这一政策的来龙去脉,分析它产生的背景及其政策目标,当然也包括潜在的政策目标。

(3)对政策的影响进行分析,包括政策影响的当事人、部位,判断政策影响程度等。

(4)对委托人提出相应的建议。

房地产政策的影响已构成房地产市场环境的主要内容,要理解房地产市场的发展和变化就必须连续经常地跟踪房地产市场政策的动态,理解其中的信息内容,判断其影响和作用的部位、程度,并根据政策要求采取措施,调整行为,以获取最大限度的市场收益,并避免损失。市场分析人员要进行房地产政策影响分析,需要做到以下几点:

(1)跟踪市场政策动向信息,了解最新政策动态及其背景。

(2)要认真领会政策信息的内容和含义,并把相关政策联系起来分析,比较其中的差异或进行前后对比,发现其中的变化和联系脉络,由此判断政策目标和意图。

(3)判断政策影响的确切部位以及对各主体的影响程度。

(4)要尽可能地对政策影响进行定量分析,当然在数据不全或不可靠的情况下不应勉强运用数量分析,特别是运用计算机模型,这种做法更适用于学术研究。

(5)分析说明政策的后果,特别是对供求关系的影响,进行必要的预测。这一点在分析房地产价格走势的时候经常用到。

(6) 尽可能地进行政策评论,如评论它的缺失之处,这样可以预测政策的未来趋势。

总之,对政策影响分析的期望不可过高,在目前的信息条件和市场条件下,政策影响分析是不可能做到完美的,它只能帮助决策者将问题确定下来,把大方向确定下来,尽可能地使决策建立在理性的基础上。

2. 城市规划影响分析

一般来说,城市规划的好坏影响城市房地产投资的回报,影响厂商和居民的定址决策。规划设计对房地产市场的影响不是直接的,它要通过人的行为来实现。人类的行为往往是利己的、短视的,受市场力量的影响大于受规划设计的影响,所以城市形态的变化受到人们行为的影响更大。

规划者一般是通过政府在公共基础设施投资行为对城市形态起到实质性的影响,只有通过基础设施投资和政策法律的制定等政府行为才能改变城市和地区的实际状况。所以研究规划对房地产市场的影响,必须结合政府基础设施投资来分析,规划的影响实际上也就是基础设施投资对房地产的影响。

规划实施与规划理念、规划设计不同,它是具体的、改变空间实体形态的。对于一个城市来说,规划理念和规划设计是成体系的、全面的,而规划实施则表现为一种渐进的过程,因此规划实施的每一步对于城市的影响是局部的、渐进的、分时段的。如果说政策、法规、规划设计是市场环境中起普遍作用的影响因素,那么规划实施即基础设施投资的影响就是个别的,因地点不同而不同,基础设施投资改变项目所在地的硬件环境。在城市发展战略、方针、城市功能确定的情况下,改变具体的房地产项目周边环境的力量是城市基础设施的投资,所以房地产开发商或策划人无不十分注意这一重要因素的影响。只有了解基础设施投资动向,才能准确把握时机选择增值潜力大的地点和区域。

一般来讲,城市规划对房地产市场的影响主要从以下方面来认识:

(1) 城市规划重心和方向。

(2) 公路、铁路、桥梁、轨道交通。

(3) 公共绿化建设。

(4) 河流治理状况。

(5) 功能区域规划。

(五) 供需分析

1. 供给分析

对任何市场的供给分析都包括供给量和供给结构两大内容。

(1) 供给量分析

供给量分析分为现有供给量分析和潜在供给量分析。

现有供给量分析可以根据在售物业数据来统计。随着行业信息的公开化、透明化进程的发展,市场现有供给量的获取难度将越来越小。

潜在供给量分析可以根据政府部门审批开发项目过程形成的各种数据进行统计获得,即通过以房地产开发程序为基础的管道分析方法。

(2) 供给结构分析

供给量的分析只能提供一个总量的概念,要对供给进行深入分析必须对其供给结构进行分析,包括区块供给量结构分析、细分工业供给量结构分析等。

区块划分中,一般根据实际情况可以区分为行政区块、板块区块、别墅集中区、传统商业区、写字楼分布密集区、工业园区等。

物业类型的大类划分一般按物业的用途划分为普通住宅、别墅、商业、写字楼、工业物业等。但每种类型细化的分类方法又有差异。如普通住宅物业可根据价位档次分为高档、中档和低档住宅;根据层数可分为洋房、多层、高层和超高层住宅等。商业可以分为商业街、购物中心、小区商铺等。别墅分为独栋别墅、叠加别墅、双拼别墅、联排别墅等。

对区域市场供给量结构分析时,一般是按照区块和物业类型两维指标来划分,即在供给量分析基础上收集某一区块某一类型物业的资料,然后对该区域的该类产品按户型、面积、价位进行分类,分别计算其供给量。这样就可以得到同一区块不同物业类型结构和同一物业类型的不同区域供给结构。

2. 需求分析

房地产市场需求分析包括成交需求分析和未来需求分析两部分。

(1) 成交需求分析

成交需求是对已经成交的需求进行分析归纳。已成交需求的数据一直以来都是房地产策划咨询结构需要却难以获得的数据。因此,这一分析行为必须由行业主管机构来进行。因为对行业部门而言,区域的每一笔成交数据都需要在房地产管理部门的数据库中进行登记。为了能够实现供需的对比分析,需求分析也应该分区块进行统计。

对成交需求的分析取决于交易登记数据,成交需求的分析基本上能够涵盖以下要点:区域分布、建筑类型、户型面积、单价结构、总价结构、交付标准、付款方式等等。

(2) 未来需求分析

未来需求是指未来的需求潜力和需求偏好。未来需求潜力分析的重点是住宅,主要运用人口资料或收入资料进行分析。

人口资料包括区域人口增长状况、年龄结构分布、家庭结构、人口地区来源状况、就业状况等。根据人口增长状况这些资料可以统计和预测出未来的人均住宅需求量、市场总体需求量;根据人口来源及就业情况可以分析消费群体的差异化消费特征及消费能力。

未来需求潜力与人口有关,更与居民的收入状况有关。城镇居民的工资收入、家庭年收入、人均可支配收入、城镇居民储蓄等收入资料直接反映了区域居民的购房和租房需求潜力。而商业、写字楼、厂房的未来需求潜力则与城市商贸业、服务业、工业的发展水平直接相关。

未来需求偏好的分析依据主要是对市场需求的直接调研采访。为了能够及时把握市场的需求动向,房地产咨询策划机构可以联合调研公司进行定期的未来需求偏好调研。调查资料的统计和分析也需要根据该项调研分析的特征建立独立的数据库系统。未来需求偏好的调研应按物业类别分别进行。

(六) 消费者分析

消费者购买行为的分析是市场策划的重点。房地产策划的目的是为了满足消费者的需要和欲望。具体来说,对于消费者的研究,包括以下几个方面:

1. 消费者的购买行为

消费者的购买行为是指消费者为获取、使用、处置消费物品或服务所采取的各种行动,包括决定这些行动的过程。对房地产消费者行为的描述,可以简单概括为几个问题:

(1) 谁来买房地产。即从房地产商品特性的本身出发,要将房地产卖给什么样的消费对象,解决一个消费者层次定位的问题。由于消费者所受教育、文化修养、处事方式存在差异,即使确定了主要消费对象,这些消费对象的各个个体之间也存在着很大的差异,因此必须对消费者进行分类。一般来说,房地产商品的消费者大致可以分为以下类型:从容不迫型、优柔寡断型、自我吹嘘型、豪爽干脆型、喋喋不休型、沉默寡言型、吹毛求疵型、虚情假意型、冷淡孤傲型、情绪冲动型、心怀怨恨型、圆滑难缠型等。

(2) 谁参与买家的购买行为。由于房地产商品具有价值高的特点,在购买过程中还存在许多参与者,如购买决策者不是最终的使用者,因此在研究主要消费对象的同时,还要对谁参与了购买的决策行为进行研究和分析。

(3) 为什么要买房地产。这事实上涉及购买动机问题。消费者的购买动机有理性的动机和带感情色彩的动机。理性的购买动机是指个体在购房时所关注的内容,主要是价格、质量、售后服务等特征。商品在这些方面能够让消费者满意,就会促进消费者购买行为的实现。带感情色彩的购买动机,通常追求新颖、构思巧妙的商品,往往能极大地激发消费者的兴趣,使其忽略实用性、价格等因素,不惜代价地要求拥有。这一般在年轻人身上表现得更为突出。策划人员可以利用人们的好奇心来吸引他们对楼盘的注意和兴趣。

(4) 在什么地方买房地产。什么地点、什么样的场所和气氛更有利于消费者作出购买决定。通过对这些问题的分析和研究,可以为项目策划人员在制定渠道策略和促销策略时提供参考依据。在多数情况下,消费者会最终倾向于到现场进行实地了解、察看。因此施工现场的环境、售楼处的布置、样板房的设计、现场分发的广告宣传资料都会对消费者的购买决策产生影响。

(5) 在什么时候买房地产。研究消费者在什么时候购买或者在什么时候更愿意表示购买的愿望,有助于策划人员选择最合适的时机将楼盘推向市场。

(6) 买什么样的房地产。由于消费者所处的社会环境、经济条件的不同以及心理因素的作用,因此消费者所需要购买的房地产也是多样的。

(7) 如何购买房地产。消费者购买房地产的方式不仅会影响市场营销活动的状态,还会影响房地产产品的设计以及营销计划的制定。

2. 消费者的购买力水平

消费者的购买力水平是影响住房消费最重要的因素,它直接决定了消费者的购房承受能力。消费者购买力水平的主要指标是家庭年收入。

3. 消费者的购买倾向

消费者的购买倾向主要包括物业类别、品牌、户型、面积偏好、位置偏好、预期价格、物业管理、环境景观等。影响顾客购买倾向的因素主要有两类:一类来自顾客自身;另一类来自可供选择的商品。

顾客自身的影响因素主要是顾客的偏好。导致顾客形成特定偏好的影响因素有很多,如性别、年龄、性格、社会阶层、收入水平、居住区域等。

来自产品的影响因素主要是各可供选择产品间被顾客感知的差异。从信息传播的角度分析,这种差异主要来自3个方面:一是指产品信息的接受方,即顾客,其自身对产品信息的感知和识别能力或倾向的不同而造成的偏差;二是指产品信息在传播过程中由于渠道的不同和传播强度的不同形成的信息失真;三是信息源的不同而形成的实际差异,这里主要是产品的实质性差异以及发布的产品信息的差异。

除了以上两类主要的影响因素外,还有其他一些因素也会对顾客的决策产生影响,如顾客的人际环境和社会经济整体环境等。

4. 消费者的共同特征

消费者的共同特征主要包括消费者年龄、文化程度、家庭结构、职业、原居住地等。

一般来说,在未确定目标消费者之前,可通过二手资料的收集对房地产市场的消费者做一个普遍、粗略的了解;在确定目标消费者之后,则主要通过问卷调查的形式针对想要了解的问题对目标调查对象进行访问。目标消费者的确定可以参考同类物业已成交客户进行划分。

(七) 竞争对手及竞争楼盘研究分析

1. 竞争对手研究

竞争对手的研究主要包括以下内容:

(1) 专业化程度。竞争对手将力量集中于某一产品、目标客户群或所服务的区域的程度。

(2) 品牌知名度。竞争对手主要依靠知名度而不是价格或其他措施进行竞争的程度。

(3) 推动度或拉动度。竞争对手在销售楼盘时,是寻求直接在最终用户中建立品牌知名度来拉动销售,还是支持分销渠道来推动销售的程度。

(4) 开发经营方式。竞争对手对所开发的楼盘是出售出租还是自行经营,如果出售,是自己销售还是通过代理商销售等。

(5) 楼盘质量。竞争对手所开发的楼盘质量,包括设计、户型、材料、耐用性、安全性等各项内外质量标准。

(6) 纵向整合度。竞争对手采取贴近消费者或贴近供应商进行整合所能产生的增值效果的程度。包括企业是否控制了分销渠道,是否对建筑承包商、材料供应商施加影响,是否有自己的物业管理部门等。

(7) 成本状况。竞争对手的成本结构是否合理,企业开发的楼盘是否具有成本优势。

(8) 价格策略。竞争对手的商品房在市场中的相对价格状况。价格因素与其他变量关系密切,如财务、成本、质量、品牌等。

(9) 开发情况。竞争对手历年来的项目开发情况。

(10) 未来发展状况。竞争对手的土地储备情况以及未来的开发方向和开发动态。

2. 竞争楼盘研究

竞争性楼盘分为两种类型:一类是与所在项目处于同一区域的楼盘;另一类是不同区域但定位类似的楼盘。

(1) 楼盘区位。主要包括地点位置、交通条件、区域调整、发展规划、周边环境等。

(2) 产品特征。主要包括建筑参数、面积户型、装修标准、配套设施、绿化率。

(3) 销售价格。价格是房地产项目最基本、最便于调控的,在实际调研中也是最难取得真实信息的。一般是从单价、总价和付款方式来描述一个楼盘的结构情况。

(4) 销售情况。销售情况是判断一个楼盘最终的指标,但它也是最难获得准确信息的,主要包括销售率、销售顺序和客户群分析。

(八) 项目自身研究

项目自身研究一般采用 SWOT 分析法进行。所谓 SWOT(态势)分析,就是将与研究对象密切相关的各种主要内部优势因素(Strengths)、弱点因素(Weaknesses)、机会因素(Opportunities)和威胁因素(Threats)通过调查罗列出来,并依照一定的次序按矩阵形式排列起来,然后运用系统分析的思想,把各种因素相互匹配起来加以分析,从中得出一系列相应的结论(如对策等)。

这种研究方法,最早是由美国旧金山大学的管理学教授在 20 世纪 80 年代初提出来的。在此之前,早在 60 年代,就有人提出过 SWOT 分析中涉及的内部优势、弱点、外部机会、威胁这些变化因素,但只是孤立地对它们加以分析,而 SWOT 法用系统的思想将这些似乎独立的因素相互匹配起来进行综合分析。运用这个方法,有利于人们对组织所处情景进行全面、系统、准确地研究,有助于人们制定发展战略和计划,以及与之相应的发展计划或对策。

SWOT 分析法一般包括以下几个步骤:

1. 分析环境因素

运用各种调查研究方法,分析出公司所处的各种环境因素,即外部环境因素和内部环境因素。外部环境因素包括机会因素和威胁因素,它们是外部环境对公司的发展直接有影响的有利和不利因素,属于客观因素,一般归属为经济的、政治的、社会的、人口的、产品和服务的、技术的、市场的、竞争的等不同范畴;内部环境因素包括优势因素和弱点因素,它们是公司在其发展中自身存在的积极和消极因素,属主动因素,一般归类为管理的、组织的、经营的、财务的、销售的等不同范畴。在调查分析这些因素时,不仅要考虑公司的历史与现状,更要考虑公司的未来和发展。

2. 构造 SWOT 矩阵

将调查得出的各种因素根据轻重缓急或影响程度等排序方式,构造 SWOT 矩阵。在此过程中,将那些对公司发展有直接、重要、大量、迫切、久远的影响因素优先排列出来,而将那些间接、次要、少许、不急、短暂的影响因素排列在后面。

3. 制定行动计划

在完成环境因素分析和 SWOT 矩阵的构造后,便可以制定出相应的行动计划。制定计划的基本思路是:发挥优势因素,克服弱点因素,利用机会因素,化解威胁因素;考虑过去,立足当前,着眼未来。运用系统分析的综合分析方法,将排列与考虑的各种环境因素相互匹配起来加以组合,得出一系列公司未来发展的可选择对策。这些对策包括:

最小与最小对策(WT 对策),即考虑弱点因素和威胁因素,目的是努力使这些因素都趋于最小。

最小与最大对策(WO 对策),即着重考虑弱点因素和机会因素,目的是努力使弱点趋于最小,使机会趋于最大。

最小与最大对策(ST 对策),即着重考虑优势因素和威胁因素,目的是努力使优势因素趋于最大,使威胁因素趋于最小。

最大与最大对策(SO 对策),即着重考虑优势因素和机会因素,目的在于努力使这两种因素都趋于最大。

可见,WT 对策是一种最为悲观的对策,是处在最困难的情况下不得不采取的对策;WO 对策和 ST 对策是一种苦乐参半的对策,是处在一般情况下采取的对策;SO 对策是一种最理想的对策,是处在最为顺畅的情况下十分乐于采取的对策。

SWOT分析的结果视不同的研究对象和研究目的有不同的称谓。在战略研究中称作战略计划;在发展研究中称作发展对策;在市场研究中称作市场对策;在管理咨询中称作管理对策等。

在一个项目没有开始之前,策划师一般都要对项目的地理环境因素、人文环境要素、政治环境要素、竞争环境要素、经济环境要素等各方面进行SWOT分析。各种因素在同一个项目中可能表现为优势,也可能表现为劣势;可能会成为机遇,也可能成为威胁。但在策划师进行分析并拿出方案后,劣势可以转化为优势,威胁可以转化为机遇。如当房地产开发商们都集中在CBD地区开发一些高容积率、低绿化率的项目时,有些开发商却针对有车一族转而到郊区开发低容积率、高绿化率的项目。尽管地理位置并不处于CBD地区,处于劣势,但谁又能证明有钱人不想远离CBD的喧嚣而回归大自然呢?

四、房地产项目的市场细分策划

决定在某一市场拓展业务的任何经济组织,在通常情况下,都不可能为这一市场的全体服务对象提供服务。客户的分散,需求的不同,竞争的存在,使得市场细分极为重要,因为市场细分的目的最能体现经营个体的特性。

市场细分是一种企业市场营销的观念,最初提出这个观念的是美国市场学家温德尔·斯密。市场细分的含义是指销售者(企业)按照"细分变数",把社会上某类产品的市场总体,细分为需要不同的产品和市场营销组合的分市场或子市场的过程。

1. 房地产市场细分的概念

所谓房地产市场细分,是指人们在"目标市场营销"观念的指导下,依据一定的细分变数,将房地产市场总体细分为若干具有相似需求和欲望的房地产消费者或购买者群(即房地产买方分市场或子市场)的过程。

上述房地产市场细分概念包含3层基本意思:

(1) 房地产市场细分与目标市场营销观念是一脉相承的。事实上,市场细分是房地产开发经营企业实行目标市场营销策略的基础环节和必备前提。

(2) 房地产市场细分的依据是反映房地产消费者或购买者现实需求、欲望的一系列"细分变数",如地段环境、面积大小、规格式样、价格高低、室内装修等方面的需求标准。

(3) 通过房地产市场细分,最终是要把房地产市场中的买方总体划分为一个个需求欲望相似的消费者或购买者群。

2. 房地产市场细分的作用

房地产市场细分是直接为房地产业各类开发经营企业市场营销服务的一项有效战略。细分市场并据以选择有利的目标市场,对于推进房地产企业营销活动,至少有以下几方面的作用:

(1) 有利于发现新的市场机会

房地产市场是一个容量大、品种多、配套服务性强、需求标准多样的市场。与其他市场相比,它客观上存在着更多的市场机会。抓住一个新的市场机会,对房地产企业来说,就意味着开拓了一个新的经营业务领域,占据了更多的市场份额。从这个意义上说,只有不断发现和抓住新的市场机会,房地产企业才能在市场营销中左右逢源,显示勃勃生机。

市场细分是企业不断发现新的市场机会的有效手段。企业在对房地产市场营销进行周密调查的基础上,根据当前市场竞争状况,分析了解各个不同的房地产消费者群需求的满足程度,从而发现未被满足或未被充分满足的需要。这些未被满足或未被充分满足的分市场或子市场,往往存在着极好的市场机会。房地产开发经营企业应抓住这些市场机会,制订最佳的市场营销战略,以提高自己在整个房地产市场中的占有率。如不少地方商品房售后管理服务方面一直存在着严重的脱节现象,这就是一个未被满足的物业管理细分市场。在当前房地产开发经营竞争日趋激烈的情况下,对于那些势单力薄、在竞争中处于不利地位的企业来说,采取避实就虚的战术抢先进入物业管理细分市场,组建物业管理公司,或独立经营,或与开发公司联手经营物业管理业务,这很可能就是一种成功的目标市场选择方案。

(2) 有利于小企业开发市场

房地产小企业一般在人力、物力、财力和信息方面的资源能力有限,在房地产整体市场或较大的分市场上缺乏竞争能力。如果这类小企业善于发现一部分房地产消费者未被满足的需要,细分出一个与本企业的实力和优势相适应的小市场,推出相应的产品或服务,往往能获得较大的经济效益。

(3) 有利于企业集中使用资源,避免分散力量,从而取得最大的经济效益

规模再大、实力再雄厚的房地产企业,其人力、物力和财力也总是有一定限度的。面对商品种类繁多的房地产市场,在同一时期中,它不可能面面俱到都去开发、经营、管理。而通过市场细分,企业就能找到最适合自己的一项或几项经营业务,从而把自己的人、财、物资源在一个时期中相对集中投入到这些业务中去,以取得最大经济效益。

(4) 有利于调整企业市场营销策略

如果房地产企业仅为整体市场提供单一规格或式样的产品和服务,制定统一的市场营销策略,虽然这样做起来比较容易,成本也比较低,但是信心反馈比较迟钝,对市场情况变化的反应也比较慢。而在细分房地产市场的情况下,由于企业的产品定位以及市场营销策略都是依据不同的房地产消费者群的特殊需求爱好设计的,所以企业比较容易觉察和估计消费者的反应,一旦市场情况发生变化,企业就能比较灵活地采取应变措施。

3. 房地产细分的依据(细分变数)

市场细分是一个分析诸多变量的过程,因为消费者需求的差异使市场细分成为必要,同时消费者需求的差异性的诸多变量又成为市场细分的依据。具体分为人口细分、心理细分、行为细分、地理空间细分与利益细分等细分类型。

(1) 人口细分

人口细分有其独特的优越性,即人口统计资料一般比较完整,而且比较容易获得,人口统计变量是区分消费者群体最常用的,消费者的欲望、偏好与使用率与其有着密不可分的因果关系。人口统计变量中较重要的变量有3个:家庭人口组成,家庭收入,文化因素。

① 家庭人口组成。不同的家庭结构,对住宅的需求种类不同。根据中国现阶段城市家庭人口组成的实际情况,通常有以下两个基本类型:一是由2~3人组成的"夫妻型"或"二代型"家庭;二是由4~5人组成的"三代型"家庭。对于2~3人的家庭,住宅需求一般在一室半到二室一厅的水平上;而"三代型"家庭的住宅需求一般在二室一厅到三室一厅的水平上。对于"夫妻型"家庭来说,似乎只需住上一室户就可以了,但这是一种"短期平衡"的暂时现象,很快就会被新生小孩的哭闹声所打破,于是"另择新居"以及随之而来的许许多多麻烦

事又产生了。因此"夫妻型"家庭最经济适用的住宅需求不是一室户,至少应该是一室半或二室户,一室户只适宜于单身者家庭用。这里还有一种值得推荐的"三代型"家庭住宅设计方案,即一套住宅分设两个相对独立的小单元,老人与小辈各住其中一个单元;它们分别有自己外出的门道,两个单元之间装有一扇可以随意关启的房门。这种住宅设计,既能满足老人与小辈相互照顾的需要,又可防止两者矛盾的产生与激化,较好地体现了在家居关系上的东方价值观念。

② 家庭收入。住宅作为一种高价值生活消费品,它的需求数量和质量主要取决于家庭收入水平的高低。家庭收入多少对住宅需求的影响,主要体现在商品住宅市场上。而对福利性住宅来说,人们对住宅需求的满足,主要取决于政府的住宅分配政策和职工所在单位的经济实力。人们的收入水平对福利住宅需求的影响,则有很多体现在住宅的内部装潢及附属设施的添置项目上。

③ 文化因素。文化概念是指社会意识形态,是由知识、信仰、艺术、法律、伦理道德、风俗习惯等方面组成的一个复杂的整体。每一个文化群体均含有较小的构成体,即次文化群体。在每一个次文化群体中,其成员显示出更具体的认同和更具体的社会化。文化因素对消费者的行为产生广泛而深远的影响,而次文化群体对个人行为影响比主文化更大。一般来说,某住宅产品在某一次文化群体中有很大市场时,也许在另外一个文化群体中会遭到冷落。因此在进行市场细分时,必须重视文化因素对消费者购买行为的影响。

(2) 心理细分

在心理细分中,是以人们购买住宅的动机、生活方式以及个性等心理变数作为划分住宅消费者群的基础。就某一个具体的住宅需求主体——家庭而言,尽管其组成人员对住宅需求的心理状态展现各不相同,但是它们会相互作用而融合成一个以家庭面貌显现的住宅需求心理倾向。

① 动机。人们到市场上去购买住宅,并不全是为了满足自己的居住需要。除此之外,人们或许是为了保值增值、显示厚实的经济实力或满足动迁用房的需要而加入购房行列的。总之,人们的购房动机是各种各样的。自购自用住宅主要着眼于住宅的使用价值;投资增值住宅的着眼点是住宅的获利性;用以炫耀购买者经济实力的住宅是高档豪华的;而用作福利性解困安置的住宅需求一般是平面系数较高的普通住宅。

② 生活方式。生活方式是指人们对消费、工作和娱乐的特定习惯和倾向性的方式。人们的家庭生活方式影响了他们对各种住宅需求的兴趣,而他们所消费的住宅状况也在一定程度上反映出他们的生活方式。例如有人喜欢经常邀请朋友来家聚谈、娱乐,他们就需要客厅大一些的住宅;有些人厌倦了都市生活的嘈杂而倾心寻找一块临近自然的"绿洲",他们对居住空间的第一选择无疑是一幢绿阴环抱、空气清新的城郊小别墅。因此,住宅开发经营企业必须深入调查和把握人们生活方式的现状,科学地预测其发展变化,才能在住宅市场上处于"领先一步"的地位。

③ 家庭个性。每个家庭在住宅需求上都会有自己的个性特征。人们常说,世界上不存在两幢完全相同的住房,其实对住宅需求的家庭个性来说也是如此。住宅需求的家庭个性主要表现在他们对住宅的式样、装修、色彩、室内平面布局、邻里关系等方面的心理偏好。

(3) 行为细分

消费者行为变量是消费者对住宅产品的使用态度或反映,依据其对房地产产品的住宅消费数量、了解程度、使用情况、购买或使用的时机等行为变量为基础划分消费者群,成为住宅市场的行为细分。如依据消费者数量规模细分市场的"数量细分",依据消费者进入房地产市场的程度区分为再次购买使用者、初次购买使用者和潜在购买使用者,依据消费者的"品牌偏好"细分市场,依据"消费时机"细分市场等。

(4) 地理空间细分

房地产具有地理空间上固定性的特点,同时房地产市场也是一个区域性的市场。所以,人们对住宅在地理空间方面的需求偏好主要体现在楼面层次、房间朝向和室外环境配套等方面。

① 楼面层次。一幢住宅楼有各个层面,人们最不喜欢的一般是顶层和底层;对于住宅开发经营者来说,最不好出手且价格最低的也是这两个层次的住宅。顶层住宅的问题主要是漏雨和冷热阻隔性差,另外还有一种"上无通道"的心理压抑感。而底层住宅的弊端似乎更多,如潮湿、楼上散落杂物的污染、视野不开阔、室内光线较差等。针对这些问题,有些开发公司通过设计和施工上的改良,以及新材料的研制使用,成功地消除了传统顶层和底层住宅在使用性能上的不足,从而推出了没有"顶层"和"底层"的整幢都是优质层次的新型住宅。

② 房间朝向。住宅的房间朝向,一是与光照及冷热有关;二是与居住环境的安静性有关。一般而言,卧室以南向为佳,东向次之,西向再次之,北向最差。人们对房间朝向选择的偏好,一般与地区所处的纬度高低有直接的关系。越往北,人们越注重房间朝向的选择;而在南方地区,由于日照比较长,人们对房间朝向的选择就没有那么讲究了。另外,房间的朝向还与居住的安静环境有关。有些人喜欢挑选直接临街面道路的住宅,但这会使他的家居总是处在噪音的包围之中,而牺牲了家居生活氛围中那份必要的安宁。一套具有良好朝向的居室,不仅应透进充足的阳光,而且要达到闹中取静的标准。

③ 室外环境配套。住宅作为一项不动产,它的品质优劣必须与其室外环境联系起来衡量判断。住宅的室外环境所包含的内容很多,主要有道路交通、生活娱乐设施、教育卫生设施以及社区管理服务系统等。室外环境细分,对成片开发的新住宅尤其显得重要。

(5) 利益细分

利益细分是根据购买者对住宅产品所追求的不同利益所形成的另一种有效的细分方式。例如,同样是购买住宅,有的追求购物方便的临街闹市地段,有的注重视野开阔、赏心悦目的周围环境,有的对客厅和厨房的大小很在意,有的特别倾心于选择一套具有良好物业管理服务系统的住房。因此,住宅开发经营企业,欲以追求利益来细分住宅市场,就必须使自己的住宅突出某些最吸引人的特性,并分别确定各自的型号,以最大限度地吸引某个或若干个住宅消费者群。

4. 房地产市场细分的程序

市场细分是房地产企业决定目标市场和设计市场营销组合的重要前提。具体程序如下:

(1) 依据需要选定产品市场范围

每一个房地产项目都有自己的任务和目标追求,作为制定发展战略的依据。它一旦进入开发,接着便要考虑选定可能的产品市场范围。

房地产产品市场范围应以市场的需求而不是产品特性来定。比如一家住宅租赁公司打算建筑一幢简朴的小公寓,从产品特性如房间大小、简朴程度等出发,公司就可能认为这幢小公寓是以低收入家庭为对象的;但是从市场需求的角度分析,便可看到许多并非低收入的家庭也是潜在顾客。如有的家庭收入并不低,在市区已有宽敞舒适的房子,但又希望在宁静的郊区再有一处房作为周末生活或度假的去处。这就是说,公司不应把这种普通小公寓看成只是提供给低收入家庭居住的房子,而要在这种小公寓的市场范围内加入非低收入家庭的那部分需求。

(2) 列举潜在顾客的基本需求

选定产品市场范围后,策划人就可以通过"头脑风暴法",从地理变量、行为和心理变量等方面大致估算一下潜在的顾客有哪些方面的需求。通过这一步所掌握的情况有可能不太全面和准确,但这样做能为以后的深入分析提供基本资料。

例如,这间住宅租赁公司可能发现,人们希望这类小公寓满足的基本需求包括遮风避雨,停放车辆,安全,经济,设计良好,方便工作、学习与生活,不受外来干扰,足够的起居空间,满意的内部装饰,公寓管理和维护等。

(3) 分析潜在顾客的不同需求

接下来,该住宅租赁公司再依据人口变量进行抽样调查,向不同的潜在顾客征询上述需求哪些方面对他们更为重要。比如,在校外租房住宿的大学生,可能认为最重要的需求是遮蔽风雨、停放车辆、经济、方便上课和学习等;新婚夫妇的希望是遮蔽风雨、停放车辆、不受外来干扰、满意的公寓管理等;较大的家庭则要求遮蔽风雨、停放车辆、经济、足够的儿童活动空间等。这一步至少应进行到有 3 个分市场出现。

(4) 舍去潜在顾客的共同需求

现在需要移去各分市场或公寓各消费群的共同需求。这些共同需求固然很重要,但只能作为设计市场营销组合的参考。如遮蔽风雨、停放车辆和安全等项,几乎是每一个潜在顾客都希望的。对此,策划人可以把它作为产品决策的重要依据,但在细分市场时则要舍去。

(5) 各个分市场暂时取名

策划人对各个市场剩下的需求要做进一步的分析,并结合各分市场的顾客特点暂时安排一个名称。如:

好动者——年轻未婚,活泼爱玩。

老成者——年龄稍长,更成熟,收入与教育程度更高,希望追求舒适与有个性。

新婚者——暂住,将来希望另找房子。夫妻都有工作,所以房租负担不重。

工作为主者——单身,希望住所离工作地点近,经济实惠。

度假者——市区有住房,希望节假日过一点郊外的生活。

向往城市者——乡间有住房,但希望能靠近城市生活。

(6) 进一步认识各分市场的特点

现在,策划人还要对每一个分市场的顾客需求及其行为特征做更深入的考察,看看对各分市场的特点掌握了哪些,还需要了解什么。这样做的目的是为了进一步明确现有的分市场有无必要再作细分或重新合并。比如经过这一步骤发现,新婚者与老成者的需求差异很大,应当分为两个分市场。同样的公寓设计,也许能同时迎合这两类顾客,但对他们所作的广告宣传和人员构成的方式都可能不同。策划人要善于发现这些差异,如果他们原来归属于同一个分市场,现在就要把他们区分开来。

(7) 测量各分市场的规模大小

通过前 6 个步骤，基本确定了各分市场的类型。接下来，策划人应把每个分市场同人口变量结合起来分析，以测量各分市场潜在顾客的数量。这是因为企业进行市场细分是为了在适当的市场范围中寻找最多的获利机会，而这取决于各分市场中由顾客多少决定的销售潜力。所以，在这里如果不引入分市场的人口变量是危险的。有时可以发现，某些分市场中的顾客很少，以至于误入这个分市场的公司开发营销成本增加、产品积压，做亏本的买卖。

5. **房地产目标市场的选择**

(1) 房地产目标市场选择的一般程序

房地产目标市场选择的基本步骤要求企业按照购买者所需要的个别产品或营销组合将一个市场分为若干个购买群的行为，评价每个细分市场的吸引力；根据判断和选择方面之变化进入的分市场的行为；最终为自己的产品和具体的营销组合确定一个富有竞争性的产品定位行为。

对目标市场选择的一般程序归结为以下几个步骤：

① 分析总体市场状况。总体市场分析是企业目标选择的条件分析，只有在对全局了解的基础上才能根据公司自身的优劣决定其目标市场营销战略。例如，开发某中心城市的住宅市场，就必须首先分析该中心城市目前的住宅市场总况及总体市场消费结构关系，从而进行企业市场及开发产品的市场定位。房地产总体市场分析的方法一般采用顾客及房地产类别二维细分变数进行。

② 分市场分析。总体分析所建立的概念框架，仅是当前市场一般状况描述的结果，分市场分析则是在这一结果的基础上，对各分市场的需求、优劣、竞争状况和企业经营能力的进一步细化分析，它是确立自己目标市场的关键所在。

③ 市场营销组合与企业成本效益分析。目标市场的选择应与目标市场营销计划相联系，设计出相应的营销方案。

(2) 确定房地产项目目标市场选择战略的要素

目标市场选择战略的确定，必须以一定的要素为前提。因此，在房地产项目目标市场选择战略时应考虑以下几点：

① 公司的资源。不同的资源能力所采用的营销战略不同，其对应效应也存在差异，目标战略一经确立，必须充分重视这一制约要素的影响。

② 商品的同质性。房地产产品在基本功能上具有一定的同质性，因此，在目标战略选择中就必须考虑这一要素。同类同质适用于无差异营销，而不同类设计则应采用差异营销。

③ 商品所处经济周期。产品导入市场，与市场环境以及同类产品的寿命周期阶段影响紧密相关，在营销战略选择时，对不同寿命周期阶段上的入市，其目标营销计划差异较大。

④ 市场自身的同质性。此要素在房地产目标市场选择战略中占有一定的地位，如果市场对某类结构房地产具有共同的偏好，则在营销战略上毫无疑问会选择无差异营销的战略目标。

⑤ 竞争者的对策。市场竞争是市场策划中极为重要的一个环节，应有针对性的对待竞争对手的营销策略。

五、房地产项目的市场定位策划

在房地产市场上,由于房地产是大件商品,投资大、周期长,又是不动产,因此其定位是生死攸关的一个内容。房地产定位并不是简单的住宅、写字楼、别墅的划分。随着经济水平的提高和对生活质量的追求,人们对住房的需求越来越多,并且差异化程度也日益明显,因此房地产市场需要有效细分。做房地产并不仅仅是出售房子,它要给这个地球村留下一些美的标志,是产业又是艺术。它还在销售一种生活方式,销售一种无形资产,分享一种文化,去圆消费者的一个个梦想。所以说"田园雅居"圆的是人们休闲野趣的梦,而"都会华庭"则圆的是人们前卫之梦。因此房地产定位的关键就是要抓住消费者所关心的利益点,究竟消费者要的是交通便利呢还是生态环境抑或是智能化小区……只有清楚这一点才能对症下药,开发出适销对路的房子,而这也就是卖点所在,找准了卖点,其后的价格、营销、广告、收款等就会心中有数,有章可循了。

1. **项目市场定位要达到的目的**

(1) 经济技术指标的可行性。通过开发成本各项指标的精细测算、市场预期售价的仔细研究与资金投入的利润率的期望值相平衡,确定项目赢利预期的可能性和风险性,明确项目经济利益实施的可行性。

(2) 时间操作的可行性。由于市场的不断变化和发展,而相对于房地产生产周期长的特点,项目产品定位必须考虑时间操作的可行性,避免出现产品跟风、自身项目推出速度慢,从而造成销售不畅的现象。根据项目规模不同、地块特性不同、产品推出时间不同等因素,分析入市的时机,准确把握项目的操作时间是项目成功的重要因素。由于项目时间控制不好造成操作出现问题的项目很多。因时间变化,影响项目开发的主要因素有地块周边市场的成熟度、基础设施建设的情况、政策调控等。

(3) 长久发展的可行性。项目定位的难题在于项目长久可持续发展的问题,尤其是规模超大的房地产项目,对于项目分期开发中各期自身产品定位的细分和合理性尤其重要。项目自身供应量过大,产品单一与项目的客户群需求多样的矛盾,直接影响资金回笼和开发进度的计划与实施。造成项目开发进度缓慢,利润空间下降,项目无法长久发展,公司品牌受到影响。

(4) 比公司其他项目更可行。由于资金的限制,同一开发商有不同项目待开发时,对其具体项目而言,将该项目的可行性、利润空间及开发速度与其他项目的可行性相比较后,才能够确定该项目先行开发的可行性。

2. **房地产开发项目市场定位的基本原则**

(1) 与企业发展战略相一致的原则。这里的企业发展战略包括品牌战略、经营战略和管理战略等。在企业发展战略的框架下进行项目的市场定位,体现企业的竞争优势,发挥企业的核心竞争力,构建企业品牌和产品品牌,使得企业的产品具有延续性和创新性,实现企业的发展目标。

(2) 经济性原则。市场定位的经济性原则首先是指产品定位应具有较高的性价比,在满足必要的建筑功能的前提下,租售价格合理;其次,从企业角度出发,在成本控制的基础上,做到效益最大化;最后,在成本和费用测算、效益测算基础上计算的各项经济评价指标达到社会平均水平,确定项目赢利预期的可能性和风险性,明确项目经济利益实施的可行性。

(3) 适应性原则。市场定位的适应性原则包含以下几层含义：一要与当地或区域的社会经济发展水平和消费者收入水平相适应；二要与所在区域房地产市场的物业档次、标准、品质相适应；三要和经市场调查分析确定的目标客户群的消费特点和消费能力相匹配；四要与企业的技术和管理水平相适应。

(4) 可行性原则。市场定位的可行性原则包括项目实施的可行性和经济评价的可行性两方面。由于房地产市场的不断变化和发展，市场定位必须考虑项目实施的可行性，避免出现"无个性、难租售"的现象，要根据项目规模、地块特性和本项目的优势来分析入市的时机，准确设计项目的实施进度。同时，要运用微观效益分析与宏观效益分析相结合、定量分析与定性分析相结合、动态分析与静态分析相结合的方法，对项目进行经济评价，分析各经济评价指标是否可行。项目规模、开发模式和项目进度受到经济实力、融资能力和企业管理能力等因素的限制，它们容易定性但难以定量。在市场定位时如何"量力而行"，这个问题在市场定位时就应该得到解决。

3. 市场定位的主要内容

房地产开发项目市场定位的内容主要包括以下几个方面：

(1) 确立开发理念。基于企业的价值观，为体现企业文化，发挥企业的竞争优势，确定开发的指导思想和经营模式，使得项目定位有利于企业的长久发展，有利于品牌建设。

(2) 明确用途功能。在市场定位时应根据城市规划限制条件，按照最佳最优利用原则确定开发类型，对土地资源进行综合利用，充分挖掘土地潜能。

(3) 筛选目标客户。在市场调查的基础上，以有效需求为导向，初步确定项目的目标客户，分析其消费能力，为产品定位和价格定位做好基础工作。

(4) 进行项目初步设计。在市场资料的基础上，根据土地和目标客户的具体情况，编制初步设计任务书，委托规划设计部门进行项目的初步设计，进一步确定建筑风格、结构形式、房型、面积和建筑标准等内容。

(5) 测算租售价格。参照类似房地产的市场价格，运用适当的方法，综合考虑房地产价格的影响因素，确定本项目的租售价格。

(6) 确定入市时机。根据企业经济实力和项目投资流量，分析和选择适当的入市时机，充分考虑到风险和利益的辩证关系，提出可行的营销策划方案，保证项目的顺利进行。

4. 项目市场定位涉及的主要环节

项目市场定位通常在可行性研究阶段进行，一般客户群需求调查采用问卷结合座谈的形式，主要根据以下几方面来判断：

(1) 现金流测算与把握。开发企业根据自身现金流的测算和把握，确定项目定位追求方向。例如，就具体地块而言，开发大众化普通住宅与开发联排别墅同样可行，后者可能利润空间更大，但风险也更大。作为资金相对薄弱的企业，无疑应该考虑资金的快速回笼，而不是最大的利润空间。

(2) 土地条件。土地自身条件是项目定位的基础，地块自然条件的综合利用是项目物业增值的前提。错误定位，优势变劣势的现象在房地产开发过程中普遍存在。例如，在某地有一个项目，地块中间有一个较大的天然湖泊。为了增加开发面积，开发商进行了大规模整治填湖工作，造成自然景观条件的下降，增加面积的同时造成项目产品品质下降。在众多开发商人工造湖的今天，该地块的湖泊应该是不可多得的优势，因项目定位的问题而成为劣势。地块的自然优势在项目定位中未予考虑,当作劣势进行了处理,使项目开发受到巨大影响,不能顺利进行。

(3) 销售速度。销售速度也是项目定位的重要因素,尤其是在价格定位与营销推广定位方面需要注意。销售速度与销售周期直接影响到项目的回款速度和开发周期,对于开发企业项目间的整体资金运作有直接影响。

(4) 客户群体。客户群体需求特征是项目定位的决定性因素,在房地产开发竞争日益激烈的今天,对客户群体的准确把握是项目开发成功的前提条件。

(5) 房屋的单价/总价构成。现在市场上有不少项目单位售价很低,但由于产品户型较大,总价高,因此严重滞销。在确定了自身项目目标客户群的基础上,客户群对户型的需求及单套总价格的考虑是项目进行产品定位特别需要注意的问题。

(6) 公司擅长的开发类型。在项目的硬性、软性各项指标都很明确的情况下,开发企业自身优势的充分考虑是必不可少的,尤其是高端产品的开发,更需要开发企业综合考虑自身的条件。

(7) 公司要求的利润和品牌。项目市场定位过程中,除了市场和地块特征因素外,开发企业自身对项目的利润要求是决定项目定位的主观因素,也是最影响项目定位准确性的因素。

5. 项目市场定位的具体关注焦点

房地产项目市场定位要经过多方面的考虑与关注。

(1) 政策因子。房地产历来是政治风云、国家政策的测量器,政策波动、政治动荡、国际关系都会在房地产上有所反映。

(2) 国民经济总因子。房地产是国民经济的晴雨表,大萧条时期,欧美资本主义国家的房地产近于崩溃,二战后经济复苏香港房地产亦迅速发展。在一般的经济高涨、通货膨胀时期房地产往往会猛烈上升,房地产市场更有贵时卖出或卖涨不买涨的规则。

(3) 市场供求因子。房地产作为一种特殊的商品有其自身的供求规律和市场平衡点。我们不能违背这种规律,但可以利用这种规律,如找出市场空隙点进行市场切入。否则,即使造出了最好的房子也无人问津。

(4) 消费者群体错位症。不管房子好坏,关键要确定由哪一类消费者来购买,这类消费者又有什么样的需求。现在市场已需要进一步细分,只有针对某一类消费者开发其需求的产品才有可能有你一块"蛋糕"。

豪华型房屋是针对高收入阶层设计的,它要求建筑外观高贵典雅、与众不同,配套设施要相当完备,地理位置也以市中心为宜。为显示购房者的高贵身份,户型应宽大。

普通型房屋是针对收入水平较高或储蓄较多的消费者。这部分消费者多为白领阶层,因此讲究的是房屋的品位,而这种品位主要是通过室内装饰和家具摆设体现出来的,因此建筑外观的要求不高,房型、单位面积则需根据居住的人口数而定,地理位置则市区也可郊区也可,有一个好的环境就行。市区方便,郊区有车也无妨,但邻居则要求是素质较高的人群。

经济适用房屋是针对普通工薪阶层而建的,由于售价较低,因而利润也较少,但对打响知名度却有很大帮助。这些消费者一般比较关注房屋价格,对建筑外观要求不高,而每套的使用面积则应较小,地理位置在市区边缘或公交车辆线较多的郊区。

(5) 位置错位症。位置的重要性不言自明,有时同一街道朝南朝北不一样,就差几米房价也大不一样。当然,位置已不仅仅是位置,还有更重要的地段、区位、商圈、社区等等。一旦位置错位了,房地产价位就将大打折扣。

(6) 时机错位症。也许除了股市以外,就数楼市最讲究时间的把握了。别看简简单单的造房子,如何入局、开局、创局、选局、布局、出局、结局,何时买入,何时出售,都有一个"最佳时间"定位问题,战机稍纵即逝。

(7) 环境定位。区位很重要,有了区位再有一个好的环境就会锦上添花。环境包括交通环境、生态环境、商业购物、医疗、景观、繁荣程度、风向、龙脉、地脉、文脉以及区内环境、建筑物大体布局等等。

(8) 功能定位。房地产不等于土地加瓦片,功能可能是人们购买房子的第一利益所在。根据功能不同,房地产可划分为商业用房地产、住宅区、工业区等等。商业房地产与工业用房地产等要求也会明显不同。此外,还可以把"功能定位"进一步细分,如分为中央商务区、高级别墅区、文化居住区、涉外公寓区等等,不同的功能社区对房子的设计、施工、管理等的要求显著不同。例如中央商务区对房子的地段、施工、装饰以及物业管理的要求特别高。而文化居住区则突出文化环境的渲染与铺陈。回龙观地处京昌高速公路边,本是属于城县两不管地带,但是开发商利用教育为依托,打出教育大旗,开发出回龙观高教小区,不仅把城里人吸引到市郊,同时为全国树立了样板,成为重点示范小区。这就是功能定位的妙用。

(9) 户型定位。任何产品都有核心层、紧密层、外围层、无形辐射层之分。消费者买房最主要的是买核心层——户型与面积。尽管现在的商品房早已告别了"火柴盒"时代,但是究竟是大开间还是小开间,狭长形还是蝴蝶形,多少个采风采光口,多少根罗马柱石膏门,单身贵族还是丁克家族,是否设置家庭舞池及吧台或"互联网家居"点击控制器……这一切都必须在开工前就设计完毕,筹划在胸。

(10) 材质定位。不同的功能、风格、户型显然需要不同的材质。仓储式大商场可能需要大钢架结构,既省时又省料;欧式豪宅可能除非自来水无法进口外都需德国制造;某个艺术家可能只要在哪一个角落搞一座怪怪的木头草房,既省钱又美观。材质定位定得准,对开发商而言有可能大大节省成本,对客户则物为所喜所用就行,做到客我双赢。

(11) 主题概念定位。现在的社区、花园、楼盘,如果要想做成"区花"、"园花"、"盘花"而不仅仅是"楼花",非得有主题概念不可。主题概念也被称之为房地产的灵魂、核心。像中关村由于电子高科技而价位疯涨,亚运村由于体育概念而寸土寸金,国贸商圈号称"东方的曼哈顿"而昂居京城之首等等。主题概念大体可划分十几种模式,如SOHO现代城定准了靓遍京城。当然,主题概念并不是随便可以臆造克隆的,它必须符合具体环境,因地制宜,因境制宜,一旦错位了亦有可能差之毫厘失之千里。

(12) 特色定位。俗话说人可以没有优点,但不能没有特点。房地产特色定位,就是根据房地产企业开发、企业文化、小区环境、楼盘风格、文化概念等集约整合、升华出一个最具吸引力的一点作为诉求点,以此去吸引相应的目标。很可惜现在楼盘"概念"满天飞,真正有特色的楼盘实在不多。

(13) 科技定位。国外房地产增长的主要杠杆之一是高科技,而拉动国内房地产的主要是政策因素与金融杠杆,高科技因子占一层不到。但随着知识经济时代、互联网时代的来临,新材料、新工艺的不断应用,房地产的科技含量肯定会进一步提高。真正的智能社区,e

生活在国内可能还远未到来。

（14）文化定位。人不能整天吃高科技住高科技，高科技需要有多样化的文化配套才能转化成生产力。因此，房地产主题、特色、科技、风格……一切只有围绕"以人为本"、"人性化"这个文化定位去展开才有意义。

（15）生态定位。对于整天奔波于城市物欲中的人们，回归自然是他们最热烈的渴求，所以绿地、森林、阳光、水、空气成了诸多楼盘的重要卖点。这也是武夷花园、丽江花园、公园里的家、八仙花园等等走红的原因。

此外，还有利润目标定位、社会因子定位、创新定位、配套设施定位、管理服务定位、价格定位、融资定位、形象定位、将来时定位（孕育新需求）、营销方式定位、广告策划定位、品牌定位等。

第二节　房地产市场策划案例分析

案例一　××××房地产市场研究问卷分析

一、报纸公开征集用的市场调查部分

1. 您知道××开发区吗？
   A. 了解　　B. 较了解　　C. 一般　　D. 较不了解　　E. 不了解
2. 提及"德州开发区"，您第一感觉是（限选3项）
   A. 发展潜力　B. 亲和　　C. 朝气蓬勃　D. 创新　　E. 希望
   F. 承续文化　G. 精明　　H. 权威　　I. 值得信赖　J. 未来新市区
3. 提及"小康住宅"，您第一感觉是（限选3项）
   A. 高尚体面的物业　　　B. 舒适的住宅　　　　C. 社区生态景观
   D. 文化、物业服务　　　E. 智能化信息化　　　F. 新都市情结
   G. 物有所值　　　　　　H. 其他
4. 您常在哪些媒介中收看房产信息及广告？（限选2项）
   A.《××日报》　　　　B.《××晚报》　　　　C.《××广播电视报》
   D.《××电视台》　　　E.《××广播电台》　　F. 其他
5. 您打算在什么区域购房？
   A. 城中　　B. 城东　　C. 城西　　D. 城南　　E. 城北
   F. 开发区　G. 郊县　　H. 其他
6. 将以下您购房时优先考虑的因素排序
   A. 区位　　　B. 价格　　C. 户型　　　D. 交通　　　E. 楼型
   F. 建筑质量　G. 品牌　　H. 区内配套　I. 区外配套
   J. 区内景观　K. 区外人文及自然环境　　L. 物业管理
7. 您购房的总预算是
   A. 10～20万元　B. 20～30万元　C. 30～40万元　D. 40～50万元　E. 50～60万元
   F. 60～70万元　G. 70万元以上

8. 您能够承担的月供金额是
   A. 500~1 000 元　　　　B. 1 000~1 500 元　　　　C. 1 500~2 000 元
   D. 2 000~2 500 元　　　　E. 2 500 元以上
9. 您期望的楼型是
   A. 高层　　　B. 小高层　　　C. 多层　　　D. 别墅
10. 您期望的居住总面积是
    A. 60~80 m^2　　　　B. 80~100 m^2　　　　C. 100~120 m^2
    D. 120~140 m^2　　　E. 140~150 m^2　　　F. 150~180 m^2
    G. 180 m^2 以上
11. 您希望的户型结构是(说明：打"√"选择适合的数量,面积自行填写)

名称＼数量	2 间	3 间	4 间	您期望每间的面积(m^2)是多少？
卧室				
厅				
卫生间				

12. 您希望区内公共设施是(限选 3 项)
    A. 中心花园　　　　　　B. 会所　　　　　　C. 体育健康设施(游泳池、网球场)
    D. 文化娱乐设施　　　　E. 医疗保健设施　　　F. 商业购物场所
    G. 金融邮政设施　　　　H. 餐饮　　　　　　I. 农贸市场
    J. 幼儿园　　　　　　　K. 车库　　　　　　L. 公交站点
13. 您希望物业管理提供的服务是

基本服务内容	请打"√"选择 3 项	特殊服务内容	请打"√"选择 3 项	其他要求
A. 清洁卫生		A. 衣服洗熨		
B. 家政服务		B. 提供学童专车		
C. 治安消防		C. 代管儿童伙食		
D. 公用设施维修保养		D. 照看宠物、洗汽车		
E. 家电维修		E. 临时看护老弱病残		
		F. 代聘家教、保姆、钟点工		

14. 您对以下景观配置比较感兴趣的是(限选 5 项)
    A. 活动器械　B. 城市雕塑　C. 装饰街灯　D. 喷泉　　E. 瀑布
    F. 水池　　　G. 花坛　　　H. 坐椅　　　I. 地面铺装　J. 凉亭
    K. 草地　　　L. 大树　　　M. 特色路灯　N. 背景音乐　O. 儿童乐园
    P. 其他
15. 您期望的房屋交付标准是
    A. 毛坯房　　B. 厨卫装修　　C. 全装修
16. 在未来 3 年内,您认为××市房产价格将会怎样？
    A. 上涨　　　B. 保持现状　　C. 下跌

17. 您认为以下最有升值潜力的区域是
    A. 城中　　　B. 城东　　　C. 城西　　　D. 城南　　　E. 城北
    F. 开发区　　G. 郊县　　　H. 其他

18.

您对现有居住状况最满意的地方是什么?	最不满意的地方是什么?

19. 背景资料(以下为甄别部分,完全保密,不作任何商业用途)
    您的姓名_____性别_____年龄_____身份证号码_____
    联系电话_____电子邮件_____
    住址:_____市_____区　　邮编_____
    教育程度: A. 大专以下　　B. 大专　　　C. 本科　　　D. 研究生
    从事行业: A. 金融证券　　B. 文卫事业单位　　C. 商贸企业
              D. IT通讯　　　E. 建筑及房地产　　F. 政府公务员
              G. 制造工业　　H. 中介服务业　　　I. 医药化工业
              J. 轻工业　　　K. 科研机构　　　　L. 媒介宣传
              M. 自由职业者　N. 其他
    从事职位: A. 工人　　　　B. 农民　　　C. 职员　　　D. 高级职员
              E. 中层管理者　F. 高级管理者
    家庭结构: A. 单身　　　　B. 两口之家　C. 两代同堂　D. 三代同堂
              E. 三代以上
    家庭人口总数: A. 1~2人　　B. 3人　　　C. 4人　　　D. 5人
                  E. 5人以上
    家庭年收入: A. 3万元以下　B. 3~5万元　C. 5~8万元　D. 8~10万元
                E. 10万元以上
    日常交通工具: A. 私车　　　B. 单位配车　C. 出租车　　D. 公交车
                  E. 其他
    日常休闲活动: A. 在家休息　B. 运动健身　C. 逛街购物　D. 文化娱乐
                  E. 朋友聚会　F. 其他

二、主体问卷部分

(一) 商品房购买意向

1. 您家之所以在3年之内考虑购房是因为(最主要的原因)
   A. 本地拆迁　　　B. 改善居住条件　　C. 投资升值　　D. 结婚用房
   E. 地位身份的象征　　　　　　　　　F. 其他(请注明)_____

2. 您上面提到的这次买房是属于
   A. 第一次买房　　B. 二次买房　　C. 多次买房

3. 您家最可能购房的地区为
   A. 市中心　　B. 城东　　　C. 城西　　　D. 城南　　　E. 城北
   F. 开发区　　G. 郊县　　　H. 其他(请注明)_____

4. 您最可能购买的房价范围为_____元/m²。高于_____元/m² 您肯定不会购买；低于_____元/m² 您认为质量得不到保证,您也不会购买。

5. 您家在购房上花费的最可能的总费用为_____元/m²。高于_____元/m² 您肯定不会购买；低于_____元/m² 您认为质量得不到保证,您也不会购买。

6. 您家购房的总面积大约为
   A. 80 m² 以下   B. 80～100 m²   C. 100～120 m²   D. 120～140 m²
   E. 140～160 m²   F. 160～180 m²   G. 180 m² 以上

7. 您家最可能购房的面积大约为_____m²,高于_____m² 您肯定不会购买,低于_____m² 您也不会购买。

8. 您期望的楼型是
   A. 高层   B. 小高层   C. 多层   D. 别墅
   E. 其他（请注明）_____

9. 您期望的户型是
   A. 平层   B. 错层   C. 跃层(复式)   D. 其他(请注明)_____

10. 您期望的户型结构是什么？每一间房的面积分别是多少？

名称\数量	第1间	第2间	第3间	第4间	第5间
卧室					
厅					
卫生间					
阳台					

注：面积为每1间的面积,单位为平方米。

11. 以下区内公共设施,您最希望有的是(不超过3项)
    A. 中心花园   B. 会所   C. 体育健身设施   D. 文化娱乐设施
    E. 医疗保健设施   F. 购物场所   G. 金融邮政设施
    H. 餐饮   I. 农贸市场   J. 幼儿园   K. 车库
    L. 公交站点   M. 小学

12. 您对以下景观设计最感兴趣的是(限选3项)
    A. 活动器械   B. 城市雕塑   C. 装饰街灯   D. 喷泉   E. 瀑布
    F. 水池   G. 花坛   H. 坐椅   I. 地面铺装   J. 凉亭
    K. 草地   L. 大树   M. 特色路灯   N. 背景音乐
    O. 儿童乐园   P. 其他(请注明)_____

13. 您期望的房屋交付标准是
    A. 毛坯房   B. 厨卫装修   C. 全装修   D. 其他（请注明）_____

14. 您购房时希望采取的付款方式是
    A. 一次性   B. 分期付款   C. 按揭   D. 其他（请注明）_____

15. 您期望购房时首付的额度是
    A. 5万元以下   B. 5～8万元   C. 8～10万元   D. 10～15万元
    E. 15～20万元   F. 20～25万元   G. 25～30万元   H. 30万元以上

16. 您愿意承担的月供金额是
    A. 500～1 000 元　　　　　　　B. 1 000～1 500 元
    C. 1 500～2 000 元　　　　　　D. 2 000～2 500 元
    E. 2 500 元以上

17. 以下是人们购房时通常考虑的因素,您认为这些因素的重要性如何,请您用 5 分制打分(5 分表示最重要,1 分表示最不重要,您可以用 1～5 分中的任何一个数字)(选项略)

18. 在未来 3 年内,您认为××市房产价格将会
    A. 上涨　　　B. 保持现状　　　C. 下跌　　　D. 不清楚

19. 如果您购买房产用于投资,您会购买的区域是
    A. 市中心　　B. 城东　　　C. 城西　　　D. 城南
    E. 城北　　　F. 开发区　　G. 郊县　　　H. 其他(请注明)_____

20. 您对目前住房最为满意的是(开放题,追问)
    A. 物业管理　B. 交通状况　C. 购物环境　D. 内部装修　E. 户型
    F. 小区环境　G. 居住地点　H. 通风采光　I. 居住面积　J. 教育
    K. 其他

21. 您对目前住房不满意的是(开放题,追问)
    A. 物业管理　B. 交通状况　C. 购物环境　D. 内部装修
    E. 户型　　　F. 小区环境　G. 居住地点　H. 通风采光
    I. 居住面积　J. 教育　　　K. 其他

(二) 企业形象

22. 您知道××开发区吗?
    A. 了解　　　B. 较了解　　C. 一般　　　D. 不太了解
    E. 不了解

23. 提及"××开发区",您的第一感觉是(限选 3 项)
    A. 发展潜力　B. 亲和　　　C. 朝气蓬勃　D. 创新　　　E. 希望
    F. 承续文化　G. 精明　　　H. 权威　　　I. 值得信赖
    J. 未来新市区

24. 提及"小康住宅",您第一感觉是(限选 3 项)
    A. 高尚体面的物业　　　　　　B. 舒适的住宅
    C. 社区生态景观　　　　　　　D. 人文化物业服务
    E. 智能化、信息化　　　　　　F. 新都市情结
    G. 物有所值

(三) 休闲活动和生活形态

媒体接触

25. 您主要通过哪些渠道了解房产信息及广告?(限选 2 项)
    A. 报纸广告　B. 电视广告　C. 户外广告　D. 相关网站
    E. 电台广告　F. 中介机构　G. 房展会　　H. 他人介绍
    I. 其他(请注明)_____

26. 您常在哪些媒介中收看房产信息及广告？（限选2项）
   A.《××日报》 B.《××晚报》 C.《××广播电视报》
   D. ××电视台   E. ××广播电台 F. 其他（请注明）_____

餐饮消费

27. 过去的4个星期内，您有没有去过快餐店买东西或买外卖？
   A. 有   B. 没有

28. 请问过去的4个星期里有没有到过餐馆等地方吃饭？
   A. 有   B. 没有

信用消费

29. 请问您购买了以下哪种保险？（多选）
   A. 没有购买   B. 汽车保险   C. 人寿保险   D. 医疗保险
   E. 养老保险   F. 房屋保险   G. 其他保险（请列出）_____

30. 你在以下哪些银行有银行账户？（多选）
   A. 中国银行   B. 交通银行   C. 中国工商银行 D. 中国农业银行
   E. 中国建设银行 F. 招商银行   G. 其他（请列出）_____

31. 您是否拥有信用卡？（单选）
   A. 有   B. 没有（如果回答为B，请跳问至第34题）

32. 如果有，你的信用卡属于以下哪一种？（多选）
   A. 金穗卡   B. 龙卡   C. 长城卡   D. 牡丹卡
   E. VISACARD   F. 太平洋卡   G. 招行一卡通 H. 其他（请列出）_____

33. 您通常多久会使用一次信用卡用卡购物或其他服务？（单选）
   A. 每周1次或以下   B. 每月2～3次   C. 每月1次
   D. 每年2～3次   E. 很少   F. 没有

投资活动

34. 在今后一两年内，你是否投资？
   A. 股票   B. 债券   C. 外币   D. 房地产   E. 彩票

体育活动

35. 请问您通常会参加或喜欢观看以下哪些运动/活动？（多选）
   A. 游泳   B. 骑自行车   C. 健身/健美操 D. 跳舞   E. 溜冰
   F. 篮球   G. 羽毛球   H. 足球   I. 网球   J. 乒乓球
   K. 高尔夫球 L. 台球   M. 钓鱼   N. 跑步   O. 登山
   P. 保龄球   Q. 其他（请列出）_____

36. 通常情况下您会参加以下哪些休闲活动？（多选）
   A. 电子游戏 B. 打麻将   C. 下棋   D. 打扑克
   E. 游乐场   F. 去公园   G. 逛街/购物   H. 看电影
   I. 看歌舞剧/戏剧/话剧   J. 看电视/录像/影碟
   K. 卡拉OK   L. 听音乐   M. 玩乐器   N. 去咖啡厅/酒吧
   O. 走访朋友 P. 饲养宠物 Q. 种植花草   R. 阅读
   S. 集邮/集币/收藏   T. 其他（请列出）_____

旅行活动

37. 最近一两年,您有没有外出旅游?(至少在外住宿一晚,包括探亲和出差)
    A. 有　　　　B. 没有(如果回答为 B,请跳问至第 40 题)

38. 您最近一次外出是到哪里?(单选)
    A. 省内　　　B. 省外　　　C. 香港/澳门/台湾　　D. 亚洲的其他地方
    E. 美国　　　F. 欧洲　　　G. 其他国家(请列出)_____

39. 这次您外出旅游的原因是什么?(单选)
    A. 探亲/探朋友　B. 公差/公干　　C. 度假　　　　D. 专门旅游　　E. 学习

生活形态

40. 以下各个选项是测试您对生活的态度和行为,对于左边的描述,您有不同的同意程度:"很同意"、"有点同意"、"不同意也不反对"、"有点不同意"、"很不同意"5 个级别,你对每个描述都要回答。(每项单选。A 表示很不同意,B 表示有点不同意,C 表示不同意也不反对,D 表示有点同意,E 表示很同意)

(1) 我对我现在所从事的工作比较满意……………………………………(　　)
(2) 我的个人爱好很多…………………………………………………………(　　)
(3) 我经常参加各种社会公益活动……………………………………………(　　)
(4) 我经常外出旅游、度假……………………………………………………(　　)
(5) 我经常参加各种文娱活动…………………………………………………(　　)
(6) 我总是同很多朋友保持联系………………………………………………(　　)
(7) 我经常结识新朋友,与朋友聊天…………………………………………(　　)
(8) 我常去逛商店、购物………………………………………………………(　　)
(9) 我经常进行体育锻炼………………………………………………………(　　)
(10) 我对家庭生活很看重………………………………………………………(　　)
(11) 我喜欢住的房间舒适一些…………………………………………………(　　)
(12) 我喜欢繁忙而充实的生活…………………………………………………(　　)
(13) 我喜欢买一些新产品来试试………………………………………………(　　)
(14) 我喜欢做家务………………………………………………………………(　　)
(15) 我喜欢看电视、听广播或读书读报………………………………………(　　)
(16) 事业上的成就感对我很重要………………………………………………(　　)
(17) 我认为自己的能力比多数人强……………………………………………(　　)
(18) 我比较关注政治形势和社会舆论热点……………………………………(　　)
(19) 我认为参加社会公益活动很有必要………………………………………(　　)
(20) 我喜欢钻研业务,提高自身素质…………………………………………(　　)
(21) 我认为发展经济是最重要的………………………………………………(　　)
(22) 我认为应该更加注重教育…………………………………………………(　　)
(23) 我希望有不断推陈出新的产品设计………………………………………(　　)
(24) 我对未来满怀信心…………………………………………………………(　　)
(25) 我欣赏富有文化性、艺术性的东西………………………………………(　　)
(26) 我试用过认为好的牌子,我会经常使用它………………………………(　　)

(27) 我宁愿买国产产品 …………………………………………………… ( )
(28) 使用名牌可以显示我的身份 ………………………………………… ( )
(29) 购物时,我不太注重品牌 …………………………………………… ( )
(30) 我喜欢尝试新品牌 …………………………………………………… ( )
(31) 进口品牌令我买得放心 ……………………………………………… ( )
(32) 我极少注意报纸/杂志上的广告 …………………………………… ( )
(33) 电视上的广告及节目我同样喜欢 …………………………………… ( )
(34) 我喜欢收听广播电台 ………………………………………………… ( )
(35) 电视广告的可信程度较高 …………………………………………… ( )
(36) 我会尝试购买曾经在广告上见过的品牌 …………………………… ( )
(37) 我喜欢参加各种媒介(电视、报纸和电台等)主办的游戏及抽奖节目
    ……………………………………………………………………………… ( )
(38) 购物时,我通常比较几家商店同类产品的价格 …………………… ( )
(39) 我不能抗拒昂贵的化妆品 …………………………………………… ( )
(40) 对于质量好的产品,稍贵一点也值得 ……………………………… ( )
(41) 我认为合资产品的质量不及原装进口的好 ………………………… ( )
(42) 每次遇到喜欢的商品,我会因为价格问题而犹豫不决 …………… ( )
(43) 我赞同便宜无好货的观点 …………………………………………… ( )
(44) 商店的大减价对我非常有吸引力 …………………………………… ( )
(45) 我对电视中有关国外生活的节目很感兴趣 ………………………… ( )
(46) 我不介意花钱购买能使生活更方便的东西 ………………………… ( )

41. 背景资料(以下为甄别部分,完全保密,不作任何商业用途)
    您的姓名_____性别_____年龄_____身份证号码_____
    联系电话_____电子邮件_____
    住址:_____市_____区   邮编_____
    教育程度:A. 大专以下   B. 大专   C. 本科   D. 研究生
    从事行业:A. 金融证券   B. 文卫事业单位   C. 商贸企业
             D. IT 通讯   E. 建筑及房地产   F. 政府公务员
             G. 制造工业   H. 中介服务业   I. 医药化工业
             J. 轻工业   K. 科研机构   L. 媒介宣传
             M. 自由职业者 N. 其他
    从事职位:A. 工人   B. 农民   C. 职员   D. 高级职员
             E. 中层管理者 F. 高级管理者
    家庭结构:A. 单身   B. 两口之家   C. 两代同堂   D. 三代同堂
             E. 三代以上
    家庭人口总数:A. 1~2人   B. 3人   C. 4人   D. 5人
                 E. 5人以上
    家庭年收入:A. 3万元以下 B. 3~5万元   C. 5~8万元
               D. 8~10万元   E. 10万元以上

日常交通工具：A. 私车　　B. 单位配车　C. 出租车　　D. 公交车
　　　　　　　E. 其他
日常休闲活动：A. 在家休息　B. 运动健身　C. 逛街购物　D. 文化娱乐
　　　　　　　E. 朋友聚会　F. 其他

案例二　四川省成都市A区房地产项目市场策划初步建议书

一、市场背景调研分析

调查目的：针对项目发展背景（宏观市场及微观市场背景）进行分析，了解在现时房地产市场条件下，本项目应采取的最佳市场应对策略，为项目发展定位（价格档次定位、产品定位、目标客户定位）提供充分的市场依据。

调查思路：从宏观到微观，从整体到局部。

（一）成都市社会经济及城市发展战略

1. 社会经济发展概况

成都——四川省会——西南重镇、山中平原、川人所住
　　　　西南中心——西南科技、商贸、金融中心
　　　　文化名城——2 300多年的历史文化名城
　　　　风光民俗——独具魅力的旅游胜地
开放之都——西部大开发的战略支撑点、迈向国际化的大城市
经济发展综述（略）
开发区发展情况（略）
经济指标分析（略）
外商投资及旅游业发展概述（略）
房地产投资情况（略）

本部分小结：成都近年来社会经济发展较为迅速，大力发展房地产业的市场环境已经形成；开发区的发展带来大量的私营、合资及外资企业进入成都发展，使得成都渐渐有了城市中产阶级阶层，这一阶层随着经济的发展，年龄、收入的增加，对住房的需求表现旺盛，且这一需求随着企业人员增加、变动具有持续性特征，值得关注；另外，项目所在区域为成都市著名的生态旅游区，在项目发展中应该注意与区域大环境的协调，在相互影响中得到提升，达到双赢。

2. 城市远期发展战略

成都市"十五"目标（略）
成都城市向东向南发展战略（略）

本部分小结：本项目处在成都市城市发展战略的核心区域，交通和自然条件较好，有很好的发展前景；同时，由于城南沿外环线到项目位置仅需时20分钟车程，城南规划为城市的行政副中心区和高新产业开发区也将给项目带来较好的发展机会。

（二）成都市居民收入及个性特征分析

1. 城市居民收入及消费情况

2000年成都市职工平均年工资为8 925元，比上年增长10.4%，全年城市居民人均可支

配收入为 7 649 元,比上年增长 7.8%。从以上数据可以看出成都市的经济快速发展切实带来了城市居民收入的提高,居民的消费支付能力大为增强。

2. 消费者个性特征分析

老式小茶馆,精致盖碗茶,泡老了悠悠岁月,恍惚了百年人生。真可谓"成都大茶馆,茶馆小成都",茶馆无疑是这座两千年古城最传神的人文风景。一般嗜茶成瘾的成都人,早上起来头件事,不是吃饭,而是喝茶。

寻常人家,总爱把饭桌摆到那街沿上,细斟慢饮几杯薄酒,谈天说地边吃边摆龙门阵,一副旁若无人自得其乐津津有味的闲适气派。成都人就这样,喜欢把一切都当门敞户摆在天光底下来享受。

成都人崇尚的是自在实在的居家过日子。而居家过日子并不在乎外表的富丽堂皇,要的只是衣食住行的方便惬意。

成都人无论是干什么行当的都不愿意为几个小钱放弃自己的闲适潇洒,也不想为挣大钱成富豪而拼掉老命。

成都人就生活在龙门阵中,犹如他们大半辈子都浸泡在浓茶中一样。

如果说爱扎堆儿看热闹是相当一部分中国人的毛病,那么成都人在这方面表现得更是"出类拔萃",表演得淋漓尽致,有声有色。

成都的花会有一个最大特色,不仅赏花,更是借花献佛,借赏花之名大家聚会游乐;成都人喜欢城市的热闹,也留恋乡野的清新,花会恰恰将这相悖的两方面融成了一片。

成都人、成都文人,对杜甫草堂确实有很深沉的感情的。在成都人心目中,这绝不只是一座供人玩乐休憩的园林,更是能给人以人格参照和文化滋养的圣地。

成都人喜欢的就是大众文化、热闹场景,才不稀罕什么高雅清静。

成都人喝酒,要的就是这似醉非醉、半醉半醒的境界。

"人活脸,树活皮",这就是成都人心目中做人的一个基本标准;成都人是把面子看得很重,但一般来讲并无害人之心。

出城去,便成了当今成都人的新的追求,时尚潮流,人山人海里伸长了脖子,想在那里寻找一方自在天地,畅畅快快透一口气。

成都本来就是一个农耕文化积淀深厚的城市,甚至很多当代成都人的父辈祖辈都是从四边乡村渐次迁徙进城的,他们的血脉里保留着农人的因子,对乡村田园有一种天生的亲近感、亲和力。

本部分小结:成都人在近年来收入有较快的提高,消费支付能力增强;项目发展中应该注意与成都文化、成都人个性需要的协调,先迎合,再引导,增强项目的市场适应性和盈利能力;在项目发展中尤其重视成都人亲近自然、乡村田园风光和崇尚闲适、惬意的生活的特征,加强生态环保和休闲度假游乐的宣传,突出项目景观优势及个性特征,提高市场的认知度;以"大社区、小组团"的发展形式增强社区的配套建设。

(三) 成都市房地产市场状况

1. 整体市场发展情况

区域定位特征明显:

城西——贵人区,保护良田,限制发展,房地产业的发展空间相对较小。

城南——富人区,未来城市副中心区,高新技术开发区,发展潜力大。

城东——穷人区,产业转型、企业搬迁,新兴经济开发及旅游度假区。

城北——凶人区,有少量的工业,人文环境较差,房地产发展空间不大。

成都市城西为城市的上风上水区域,作为区域性的中心城市,解放后成都工业得到大力发展,重工业污染性企业主要分布于城市的下风下水位置即城东;改革开放以后,国有工业企业的经营状况普遍不好,导致成都东部成为下岗工人的聚居区即穷人区;城西则成为贵人区,成都人认为城西处在上风上水位置,是出贵人的地方。

房地产开发也同市场需求相适应,使得成都分为4个个性化的房地产开发区域,"城南富人区,城西贵人区,城北凶人区,城东穷人区"。20世纪80年代,房地产热在沿海城市掀起,房地产的飓风刮向成都。这时期在成都开发的经典社区"棕南"、"棕北",是这一历史时期的真实见证。随后全国房地产降温,但成都房地产业发展的脚步却没有停止,所不同的是由原来的经典社区、高档化逐步转向平民化、实用化。

开发主题名目繁多:

(1) 成都市目前的开发主题分类

目前成都市场上的开发主题定位方向大致可分为传统型、非传统型、混合型及个性型,见下表所示。

分 类	表 现	案 例	诉 求
传统型	由外(建筑形式)到内(生活方式)强调蜀式风格	芙蓉古城等	传统精神的归属
非传统型	由外到内以现代简约风格或非中式(欧式、美式、英式、新加坡式等)风格为主	凯莱帝景、新加坡花园、中海名城、圣安卓花园等	物质表现、实用、现代精神的归属
混合型	非传统的建造,传统的名称或宣传手法	西蜀皓月、凤凰栖等	传统精神的归属、实用
个性型	不刻意强调风格的归属,以独特优势或卖点为开发主题	府河音乐花园、爱舍尔花园	实用、个性精神的归属

目前市场上存在的最多的应该说是非传统型,这与成都市商品住宅开发阶段及面对的主力消费群特征有关(参照深圳的住宅开发)。随着商品住宅主力消费群体向中产阶层转化,讲究实用及在文化基础上的精神归属将成为住宅的主题。

(2) 成都市知名开发商(大项目)的开发主题情况

成都市的外来开发商目前开发项目(代表:成都花园、万科城市花园、中海名城)比较回避成都市本土文化的表现,而更多地延续这些开发商的一贯开发手法,开发主题也基本流于两类——以舶来品为主题(如中海名城的欧洲小镇)和以开发商的个性宣传为主题(如万科的城市花园系列)。

成都市的本地知名开发商(以置信为例)相对来说比较大胆,对欧式(丽都花园)、现代式(逸都花园)乃至纯传统式(芙蓉古城)均有尝试,开发主题也因不同项目而不同。

消费者接受能力强。由于近几年商品住宅发展速度较快,加上成都人比较开放、易于接受新事物的个性,一般市民对不同的开发主题均表现出浓厚兴趣,消费者开放的姿态也培养了多种风格、多种楼盘形象并存的现象。无论哪种风格,成都人温饱之余的精神追求是不可忽视的,新开发楼盘应注重这种需要。

本部分小结:成都房地产市场区域定位特征非常明显,在项目开发中加强优势宣传,努力消除城东在人们心目中的形象较为重要。另外,成都房地产市场处在快速发展期,消费者的接受能力较强,各种欧风、民族等的建筑风格社区比比皆是,因此,在项目风格定位上要注意回避与本地开发商在民族风格方面的竞争。

2. 片区市场特征分析

(1) 发展潜力比较

① 城东与城南发展潜力比较

• 城市发展战略中的定位。城东:城市战略方向之一,以带状形式发展,未来将建成城市东部副中心(近市区部分,以居住和旅游休闲功能为主),远市区部分将为机械工业带、经济技术开发区。城南:城市战略方向之一,以组团形式发展,未来将建成城市南部副中心,总体上建设集高新技术产业、居住、服务等功能于一体的综合性城市组团。

• 近期规划实施的受益程度。城东:三环路、成龙路、成渝路、成洛路直接作用于城东的发展,近期将开始的沙河整治也对城东项目的发展有一定促进作用。城南:三环路、人南路沿线及人南路跨火车南站立交桥的建成对城南三环以外部分直接起作用。

• 商品住宅开发现状。城东:属于成都市开发较慢的区域,价位较低。随着城市基础设施的修建、万科城市花园等项目近一两年的出现和带动,未来有逐渐加快的势头。城南:整体开发水平较高,价位偏高。集中了成都较高档的住宅项目,在成都市的商品住宅开发中起领跑和带动作用。

• 成都市民印象。城东:成都市较偏的"穷人区",集中了老的大厂,交通、配套均不行,但城东旅游区市场影响较大。城南:总体印象是"富人区"、高新区所在,代表着新居住的较高层次。

• 自然条件。城东:自然水资源有府河、沙河、东风渠以及风景旅游区,目前沙河处于整治阶段,人文方面主要有四川师范大学等。城南:自然水资源有肖家河、府河等,人文方面主要是与高新区相关的高科技、现代化等定位和风格。

• 未来发展空间。城东是城市的发展战略方向之一,未来城市副中心所在,前景良好。

• 代表楼盘。城东:万科城市花园。城南:中海名城、锦官新城。

• 城东的优势所在(本项目可资宣传、利用的方面)。商品住宅整体开发水平不高、价格较低,市场发展空间较大;居住休闲功能的定位形象更好;旅游度假对于区域房地产发展有较大的促进作用。

• 城东的对比劣势(本项目应予注意的方面)。下风向,机械工业走廊的定位对片区发展不好;高速公路收费给人们带来置业的心理障碍;住宅普遍售价水平偏低。

• 总结。城东快速见效的基础设施进展以及较低价位对城南房地产构成较大威胁,城东住宅未来将会走向更高价位,但起点和速度均较城南低,所以本项目应鲜明地把握城东的发展优势及走势,从各方面将项目冠以城东楼盘的新形象,彻底改变城东楼盘在人们心目中的印象。

② 城东楼盘开发量小,人口密度低,发展空间较大

从 2001 秋交会楼盘速查手册统计可以得出成都市楼盘供应区域分布如下:

城南:武侯区、华阳。

城东：成华区、锦江区、A区。
城西：青羊区。
城北：金牛区。
A区人口密度最低，见下表所示。

地 区	人口（万人）	土地面积（km²）	人口密度（人/km²）
高新区	12.91	—	—
锦江区	38.10	60	6 351
青羊区	45.67	66	6 921
金牛区	56.50	107	5 280
武侯区	40.79	124	4 331
成华区	53.38	109	4 897
A区	48.48	559	867
青白江区	40.02	393	1 018

（2）片区及地块现状分析

① 地块区位关系。地块位于A区同安镇阳光大道边的龙泉花果山风景区内，与成都市仅20分钟车程，与新规划的城市行政副中心区也仅20分钟的车程。

② 宏观区位特征。地块处于成都市向东发展的战略重心的核心区域，离成都市区仅20分钟的车程，而且是成都市家喻户晓的生态旅游基地，也是驰名中外的"中国水果之乡"；地块自然环境优越，地块处在山门寺水库，无污染；地块处于阳光大道沿线，目前，阳光大道北接洛带，南接华阳，是成都市重要的城市外围主干线。

③ 地块周边环境。南侧主要为群山，有部分分布较散的旧村落；西侧有同安镇西部阳光城的公路口岸大厦、明星花园生活小区、规划中的中国西部阳光教育城；东面为群山；北面为规划中的山门寺风景旅游区。景观主要为阳光大道沿线东侧景观。

④ 地块内部环境。地块呈狭长的U形，地块内部现状为自然山水，基本无建筑物或构筑物，但地面条件不平整。

⑤ 项目地块周边交通状况。项目西临阳光大道，有城市外环线、成洛路、成渝高速公路、老成渝路和成龙路可以直达本项目，另外，有村级公交路线通过区域，所处区位交通方便。但项目地块对外的交通组织并不便利，因地块分为两块，有公路横贯其中靠近阳光大道的一块，这给地块的交通组织带来很大的问题。

⑥ 项目地块周边配套。可为项目提供服务的配套设施罗列如下：
生活配套：缺乏中档商业、银行及邮局等生活配套。
教育配套：阳光中学、阳光小学、成都经济管理学校、信息工程学院等。
文化娱乐：桃花沟等旅游景点，商业性文化及娱乐配套相对较少。
商务配套：四星级酒店1家、普通酒店3家。

⑦ 地块开发条件
有利之处见下表：

宏观区位	交通方便,离市中心及城南、城北20分钟;自然景观优势明显;项目所在区域发展不成熟,市场空白点较多,发展空间较大
地块周边环境	旅游景点较多;无重工业,空气质量及居住环境好
地块周边配套	为旅游季节配置的酒店较多
交通环境	地块所处区位交通非常便利

弊处见下表:

地块内部开发条件	地块呈带状U形分布,过长;靠近阳光大道的地块内有村级公交路线
交通环境	地块周边交通成渝高速公路和龙洛路都有收费站

⑧ 本部分小结。项目地块所处区域交通便利,生态旅游的环境优势明显;由于目前周边缺乏必要的生活和商业配套,在规划中注意克服;收费站对本项目发展有一定的不利影响,应以客户专车或年票制赠送的形式予以克服;地块出口单一、地形较长(1 km以上),规划中以桥的形式克服;两个地块规划中尽量形成一体,进行封闭管理。

3. 可比性及竞争性楼盘

(1) 可比性楼盘

广州番禺板块:片区开发商集体炒作,低开高走的片区楼盘开发策略。

南海香格里拉:环境及位置相似,规划及配套等值得本项目参考。

广州白云堡豪苑:景观设计和社区管理值得本项目参考。

上海世纪公园:对水体的处理和环境的营造值得本项目参考。

深圳银湖国际度假村:国际会议中心的布局设计及经营方式值得参考。

深圳蛇口龟山别墅:发展历程及客户层面的发展值得本项目发展参考。

中山星辰花园:威尼斯梦幻水城的设计及经营形式可供参考。

中山凯茵豪苑:靠近水库,发展景观设计和对水库的利用值得参考。

杭州玫瑰山庄:别墅的设计及布局与整个景观系统的协调值得参考。

深圳万科四季花城:大社区小组团的开发及商业配套值得参考。

广州星河湾:水边木栈道的设计及宝墨园水循环系统的利用。

重庆海兰云天:游艇会的设计及产权酒店、会议中心的经营方略。

(2) 竞争性楼盘

青城高尔夫山庄:与这片绿色一起生活!

青城白鹭洲:完美别墅人生由此开始!

芙蓉古城:很成都,很中国;给世界一个声音!千年文明在这里恒远承传!

阳光假日:阳光假日,大型小别墅社区!

玉泉山庄:美式庄园,生命绿卡!

黄金海岸:海岸生活,完美体现!

(四) 市场调查分析结论

(1) 成都近年来社会经济发展迅速,大力发展房地产业的市场环境已经形成。

(2) 开发区的发展带来大量的私营、合资及外资企业进入成都发展,使得成都渐渐有了城市中产阶级阶层,这一阶层随着经济的发展,年龄、收入的增加,对住房的需求表现旺盛,且这一需求随着企业人员增加、变动具有持续性特征,值得关注。

（3）项目所在区域为成都市有名的生态旅游区,在项目发展中应该注意与区域大环境的协调,在相互影响中得到提升,达到双赢。

（4）项目地处成都市城市发展战略的核心区域,交通和自然条件较好,有很好的发展前景。

（5）由于城南沿外环线开车到项目位置需时仅20分钟,城南规划为城市的行政副中心区和高新产业开发区也将给项目带来较好的发展机会。

（6）项目发展中应该注意与成都文化、成都人个性需要的协调,先迎合、再引导,增强项目的市场适应性和盈利能力；在项目发展中尤其重视成都人亲近自然、乡村田园风光和崇尚闲适、惬意的生活的特征,加强生态环保和休闲度假游乐的宣传,突出项目景观优势及个性特征,提高市场的认知度。

（7）以"大社区、小组团"的发展形式满足成都人方便生活的需要,增强社区的配套建设。

（8）成都房地产市场区域定位特征非常明显,在项目发展中加强优势宣传,努力消除城东在人们心目中的形象较为重要。

（9）成都房地产市场处在快速发展期,消费者的接受能力较强,各种欧风、民族风格等的建筑风格社区比比皆是,因此,在项目风格定位上要注意回避与本地开发商在民族风格方面的竞争。

（10）项目地块所处区域交通便利,生态旅游的环境优势明显。但由于目前周边缺乏必要的生活和商业配套,在规划中注意克服。

（11）收费站对本项目发展有一定的不利影响,应以客户专车或年票制赠送的形式予以克服。

（12）地块出口单一、地形较长(1 km以上),规划中应注意克服；两个地块规划中尽量形成一体,进行封闭式管理。

二、物业发展建议

(一) 成都市房地产发展大势

1. 城东、城南的崛起

政府宏观调控,决定城市向南、向东方向发展。南部将形成城市副中心,而东部也将在原有工业、旅游混合发展的基础上得以改善。南部因为有高新技术开发区的作用,城市副中心易于形成,富人区的属性将更加明显；而东部必将利用自然环境优势,塑造区域生态居住形象。

西部贵人区和南部富人区的地位形成已久,东部区域虽然有政府宏观调控支持,但在很长一段时间内仍然很难挑战西部和南部地区。因此,本项目一方面必须寻求与东部、南部区域房地产的差异化,另一方面仍需利用价格竞争优势吸引全市范围内客户。

2. 别墅热潮

2002年成都房地产市场兴起别墅热,除北部区域外,东、南、西面别墅全面开花。"草堂之春"更是在"五一"前夕的中国别墅样板项目推荐活动中出尽风头,最终获得申报别墅样板项目的资格。高档住宅的大量出现,创新、差异化成为此类项目必须把握的竞争手段,否则,同质化的最终结果只能导致价格战和项目的全面失败。

3. 外来大牌的足音

深圳万科、中国海外房产、深圳长城地产、深圳招商地产等大牌地产公司的进入,进一步激化了成都市房地产市场的竞争。万科城市花园系列的延展深入、中海名城的精致,无一不是高品质楼盘的写照,而其价格并不高于成都市原有市场价。大牌的加入,必将带来地产的恐慌,以往低层次的竞争已经很难适应市场。唯有经过准确定位、细心规划、精心打造的项目才能从市场中突围。

4. 城东的发展

城东的房地产在政府宏观利好因素的促进下蓄势待发。多个大型项目已经启动,但城东穷人区的影响还在这些项目的开发上留下烙印。突破区域形象,利用良好的自然条件,走生态居家概念,将成为本区域房产与全市房产竞争的法宝。

(二) 定位的思考

本项目定位需要考虑以下一些主要因素:

(1) 区位条件。项目距离成都市仅20分钟车程,但收费站的设立在一定程度上阻碍项目的发展。如同重庆的北部新城、深圳的盐田、广州的番禺。

(2) 地块条件。地块内自然条件十分优越,山水俱备,价值值得深入挖掘。

(3) 市场条件。龙泉驿区项目正在大规模动工,区域居住形象将在这些项目的宣传下得以提升;同时,这些在建项目品质普遍不高,本项目应避免与这类项目的同质化竞争。另外,城南城市行政副中心、高新技术产业开发区、城东经济技术开发区的发展将直接为本项目带来大量潜在客户。

(4) 投资回报。各个不同的方案,投资回报率将不同,风险也不一样。

(5) 区域形象。作为国家级的旅游区、成都市家喻户晓的休闲度假胜地,每年的3~5月,本区域都会接待大量的旅游度假和开会的游客。但同时,重工业区、穷人区的形象将对本项目推广造成不利影响。

在最终确定项目定位时应综合考虑上述几个方面的内容,平衡各个因素选择最佳方案。

(三) 项目总体运作思路

城市发展战略的转移,不可否认会给区域房地产市场带来了良好的发展机会。同时,多个大型房地产项目已经全面启动,竞争压力较大。另外,尚有一些待开发项目随时准备伺机出击,这不得不让人联想起华南板块的硝烟。正如王志纲先生所言,激烈的竞争使创新成为欲望,使超越成为本能,使个性成为必需。本项目在区域乃至全市范围内拥有其他项目无法比拟的综合优势(自然环境与市区的近距离区位条件的结合),这一点在成都市可以说是独一无二的。创新、超越、个性将成为本项目开发的主旋律。本项目初步确定将发展为一个以生态住宅为主,集生态观光旅游、度假会议于一体的复合型房地产项目。同时,项目前期开发应充分利用项目价格优势,与全市范围内高品质房地产项目竞争,实现低开高走战略。

项目一期将以部分娱乐观光项目和少量别墅先行,产生热销的效果,以此聚集人气,提高项目影响力,带动后期销售。一期目标客户将主要从高新技术产业开发区、经济技术开发区等企业密集的临近区域挖掘。这些区域不仅拥有本项目所需的大量目标客户,而且与本项目相隔不远,与本项目之间的交通联系也可绕过城东穷人区、重工业区的不良形象影响。二期以大量居住物业出现,通过前期热销所形成的人气、品牌、实景展现带动二期物业。最后通过已有良好的自然及人工环境、完善的配套设施，顺势而为，推出会议中心，进一步提升项目形象。

项目的代理、广告、规划设计、物业管理均以国内或国际一流企业为首选，以实现项目的强强联合，塑造项目高品位、高品质的精品社区形象。以项目品牌带动企业品牌建设。

（四）定位总体描述

以生态住宅为主，生态观光旅游、会议休闲度假为辅的复合型高尚湖滨地产物业。支撑理由是：已有生态环境有利于度假会议、观光旅游价值的挖掘；离市区距离不远，居家价值可以利用；城市规划重心的转移使增值前景看好；成都市良好的经济环境保证了本项目的市场基础，尤其是项目附近拥有高新技术产业开发区、经济技术开发区等企业密集型区域；开发商希望尽快收回投资的意图，居住物业成为主要的选择；别墅、多层建筑成本低，开发商所需资金占用少；观光旅游与区域功能定位相协调，实现互动，直接带旺项目人气，进而促进项目推广销售和品牌建设。

项目购置理由综合描述：一流的生态及人工环境、高档完善的配套支撑、与市区的近距离及便利的交通联系、与市区相比的价格优势。

（五）定位分解

1. 功能定位

本项目根据区位条件、地块条件，主要有居家休闲物业、会议度假物业、旅游物业3个发展方向。

居家休闲物业：地块距离成都市中心较近，且拥有非常好的自然环境条件，具备开发中高档居住物业的条件。从成都市五桂桥一带到项目仅需20分钟的车程，在市区三环范围从西至东也将花上30~40分钟。所以，如果本项目再配上购房直通车，同时完善社区各项配套、满足成都人惬意方便的生活需求，那么客户层面将有望大幅度扩大。

会议度假物业：优美的景观资源、区位条件有利于建设此类物业；该类物业不仅有利于建立高档形象，也有利于社区及公司品牌建设。但规模太大，全部做此类物业的市场容量令人担忧。该方案投资回收期长，如要在短期内收回投资，需与经营方合作建设。能够与本项目会议中心形成竞争的物业主要分布在都江堰、青城山一带。本项目与这些物业相比的优势在于距离市区近、消费相对低廉；不足之处在于人文景观的相对缺乏。

旅游物业：本项目具备较好的开发旅游的自身条件和周边旅游环境条件，同时该类物业有利于聚集人气，扩大项目影响。但旅游属长期投资型项目，不利于短期内收回投资。本项目建设旅游物业主要考虑为带动项目人气，扩大项目知名度，为项目带来更多人流，促进销售。

（注：多个功能区的混杂，要求社区必须在下一步规划及日后的管理上确保各功能区的相互独立，互不干扰——主要是旅游、会议等对居家的干扰。）

发展战略：以观光旅游区带动人气，以居家休闲物业为主，尽快实现项目投资回报；以会议度假物业提升项目形象，打造项目品牌，总体实现低开高走的开发策略。

2. 客户定位

第一圈层客户：也是项目第一期开发主推的客户，这类客户以经济技术开发区、高新技术开发区企业的中高层管理者（相关收入、居住情况、消费特征等有待进一步调研）。因为地缘优势（近距离，同时可以有效规避城东穷人区的影响）的关系，这类客户将成为本项目挖掘的第一批客户。当然,除了地缘优势外,尚需通过需求调研有的放矢,以实实在在的品位品质打动客户。因为他们需要的不是简单住所,而是高品位、高品质的物业。

第二圈层客户:指第二阶段扩展客户,包括成都市私人企业主、成都市公务员、周边县市富有阶层。通过对第一圈层客户的挖掘,实现短期内热销,形成一定品牌及人气,加上项目本身的高品质建设,给予这类客户充分的信心,从而吸引其到本项目置业,实现目标市场的有效放大。

第三圈层客户:即第三阶段扩展客户,主要包括在外经商成功的成都人因恋巢回住及其他中意成都市居家环境的四川籍客户。通过上述两个阶段的营销,项目开发已经到达一定程度,各种实在的规划设计、配套设施、物业管理清晰可见,同时项目品牌价值已经得到充分塑造,吸引第三圈层(挑剔)客户便顺理成章。

会议中心客户:经济效益好的外资、合资、民营、国有企业及政府部门。这些企业、团体开会及培训机会多,希望为员工谋福利。开会的同时也是度假、放松的时机。针对成都人的生活态度,市场潜力较大。

客户消费特征见下表。

客 户	消 费 特 征
第一圈层	求方便——与本项目距离不远;追求高品位——项目优美的自然环境;青睐性价比——项目与市区内物业相比的价格优势
第二圈层	求生活的便利——配套、交通;求环境——自然与人工;求舒适——社区营造的舒适感觉;求品位——社区文化营造
第三圈层	追求高品质;追求高品牌价值;讲究身份体验

3. 价格定位

总体上低开高走,初期保持项目同城区普通住宅的竞争力;实现项目"金子的品质,银子的价格",后期通过项目品牌价值逐步抬升售价,增加项目利润空间。

(六) 规划初步提示

1. 入口处的处理

小区 141 亩地入口,不仅是本项目地块的一个构成部分,更是项目的形象、脸面所在,需要配合社区总体规划认真处理,体现社区品位及功能。在开发节奏的把握上,根据成都人爱"绷面子"的个性,可以先期打造形象景观,后期再根据实际情况进行改造开发。

2. 对水体的利用

本项目拥有得天独厚的大面积水体,是项目的特色所在,同时也将是项目的品质塑造点所在。在规划设计中需要对包括各类亲水设施、水上活动等重点处理。

3. 项目自身配套条件的完善

高档完善的配套,不仅可以提升项目档次、标榜客户身份,同时也是满足客户的基本需要,如购物中心、名牌中小学、高档会所等的建设。

第四章 房地产投资策划

第一节 房地产投资策划技术要点

房地产投资策划是指房地产项目在房地产市场调研和预测基础上,以投资效益为中心,从机会选择、项目构思到正式立项等一系列的策划工作,是以获取具体的投资方案为目的的创造性活动。由于房地产项目投资期长,资金占用大,涉及面广,技术复杂,风险大,投资策划必须按照系统的方法,有计划、有步骤地进行。

一、房地产投资策划的内容

房地产投资策划的内容主要包括以下几个方面:
(1) 项目投资环境的分析与评价。
(2) 项目投资时机的分析与选择。
(3) 项目投资区位的分析与选择。
(4) 项目投资内容的分析与选择。
(5) 项目投资模式与开发模式的选择。
(6) 项目投资的经济分析与评价。

二、项目投资环境分析与评价

(一) 项目投资环境的分析

要对房地产投资环境进行分析,就必须先将投资环境的构成要素加以分解,弄清其全部结构和内容。构成投资环境的要素众多,一般可概括为八大要素,即社会、政治、法律、经济、文化、自然地理、基础设施和社会服务等。

1. 社会环境

社会环境是拟投资地域的社会秩序、社会信誉和社会服务条件。这些环境条件对于投资安全保障是十分重要的。

(1) 社会制度

社会制度是拟投资地域的政治制度与社会管理制度。包括经济决策的民主和科学程度、行政管理的透明程度、政府对经济事务的干预程度、行政事务的效率及政府官员的廉洁性等等。

(2) 社会秩序

社会秩序是拟投资地区的社会政治秩序和经济生活秩序。包括当地社会的稳定性、安全性,当地居民对本地经济发展的参与度,对外来经济势力的认同感等。

(3) 社会信誉

社会信誉是由公共道德水准和法律双向支撑的,是维系社会发展之基石。社会信誉既包括合同履约的信誉,也包括社会承诺的信誉。作为投资者,最关心的往往是企业政策连续性所表现出来的当地政府在经济政策上的信誉。

2. 政治环境

政治环境研究的是一国的政治制度、政局的稳定性和政策的连续性。

(1) 政治体制和政权问题

政治体制是国家政权的组织形式及其有关的管理制度。政权是指国家的权力。作为一种投资环境,投资者关注的是目标投资国的政治体制变革及政权更迭过程中所体现的平和性。

(2) 政治局势

政治局势是社会稳定性的重要标志,包括国内局势与对外局势两种。国内政局的动荡一般是由政治斗争或国内重大的社会经济问题等引发的;对外政治局势的动荡则是由外交问题、边界问题而引发的。显然,动荡不安的政治局势必然带来社会的不稳定,从而影响投资。

(3) 政策

政策即一国政府为实现一定时期一定目标等而制定的行动准则。作为政治环境要素的政策,投资者最关注的还是其经济政策和产业政策,包括国民经济发展的政策、引进外资的政策、对外开放的政策及各种税收政策等等。

3. 法律环境

法律环境主要包括3个方面:法律完整性、法制稳定性和执法的公正性。法律完整性主要研究投资项目所依赖的法律条文的覆盖面,主要的法律法规是否齐全;法制的稳定性主要研究法规是否变动频繁,是否有效;执法的公正性是指法律纠纷、争议仲裁过程中的客观性和公正性。

4. 经济环境

经济环境是影响投资决策最重要、最直接的基本因素。经济环境要素包括的内容很多,主要有宏观经济环境、市场环境、财务环境、资源环境等。

(1) 宏观经济环境

宏观经济环境是一国或地区的总体经济环境。如该地的国民生产总值、国民收入、国民经济增长率等反映国民经济状况的指标;当地的消费总额、消费结构、居民收入、存款余额、物价指数等描述社会消费水平和消费能力的指标;当地的经济政策、财政政策、消费政策、金融政策等。

(2) 市场环境

市场环境是指投资项目面临的市场状况,包括市场现状及未来趋势。如市场吸纳量的现状及未来估计、市场供应量的现状及未来估计、市场购买力的分布状况、同类楼盘的分布及其现状、竞争对手的状况、市场价格水平及其走势等等。

(3) 财务环境

财务环境是投资项目面临的资金、成本、利润、税收等环境条件。主要包括金融环境,如资金来源的渠道、项目融资的可能性以及融资成本;经营环境,如投资费用、经营成本、税费负担、优惠条件、同类项目的社会平均收益水平及盈利水平。

(4) 资源环境

资源环境是指从人力资源、土地资源、原材料资源及能源角度出发研究的投资环境。

5. 文化环境

狭义的文化是指社会的意识形态,如风俗习惯、语言文字、宗教信仰、价值观念、文化传统、教育水准等。文化环境直接决定消费需求的形式和内容,直接影响投资项目开发和经营过程,从而制约着投资方案和投资决策。

6. 自然地理环境

自然地理环境是指投资项目所在地域的自然和风景地理特征。由于自然地理环境是一种投资者无法轻易改变的客观物质环境,具有相对不变和长久稳定的特点,而房地产投资项目又具有地理位置的固定性和不可逆的特点,因而房地产投资十分重视自然地理环境的研究。

自然地理环境包括地理位置、地质地貌、自然风光及气温气候等。地理位置对房地产投资影响最大的因素有交通,与商业中心的距离,与医院、娱乐场所、学校的距离,直接关系到未来住户生活方便的程度,从而影响楼宇的销售或出租。至于项目与给排水管网、通讯电缆等的距离,直接影响项目开发成本,从而影响投资效益。地质地貌与自然风光和气候等不仅关系到楼宇的基础设计,而且直接影响其景观,进而影响其变现。一个好的房地产项目规划,必然十分重视项目所在地的地貌特点、自然风光、气候风向等自然地理环境条件,充分利用其有利的一面,想方设法通过景观设计弥补其不足的一面,使项目无论是外观造型、结构布局,还是使用性质、使用功能,均与外在的自然环境协调起来。

7. 基础设施环境

基础设施环境是房地产投资项目的硬环境,主要包括投资地域的交通、能源、通讯、给排水、排污等。属于交通环境条件的内容有:距机场、码头、车站的距离,主要交通干线的分布,重要的公共交通工具及数量,交通方便程度等。属于能源条件的主要内容有:电力供应状况、最近的变电站距离,煤气供应站的距离、煤气主干线管道的距离,其他能源,如煤、天然气等的供应状况等。通讯环境条件是指最近的通讯电缆的位置、可设电话门数等。给排水及排污环境条件包括当地的自来水管网分布、距主要自来水管道的距离、排水排污设施状况、管道分布情况等。

8. 社会服务环境

社会服务是指拟投资地区所提供的服务设施及服务效益条件,既包括某些硬件环境条件,也包括某些软件环境条件。构成社会服务硬件环境条件的有金融服务、生活服务、通讯服务、交通服务、信息服务等服务内容的设备状况;构成社会服务的软件环境条件除了上述各项服务的服务效率与服务态度之外,还有行政服务、法律服务、咨询服务等。

(二) 项目投资环境的评价

对投资环境评价方法的研究始于 20 世纪 60 年代末,到目前已经形成了多种广为采用的评价方法。主要有冷热因素法、等级尺度法、道氏评估法、多因素和关键因素评估法、相似度法、综合评价法等。这些方法基本上都是因外资投资环境分析需要而探索出来的,但是其基本原理有较广的适应性,对其中某些因素加以修正,应用于房地产投资环境分析上。这里主要介绍在房地产投资评价中最常用的两种方法。

1. 多因素分析法和关键因素评估法

多因素和关键因素法是前后关联的两个分析方法,是由香港中文大学闵建蜀教授提出的。

(1) 多因素分析法

多因素分析法,有的学者称之为体制评价方法。这种方法是从政治体制、法律体制和经济体制对外国投资风险的影响出发,将影响投资环境的因素分为 13 类,再按 5 级分别计算。具体见表 4-1。

表 4-1 多因素分析法

影响因素	子 因 素	权重
政治环境	政治稳定性、国有化可能性、当地政府的外资政策	0.15
经济环境	经济增长、物价水平	0.10
财务环境	资本与利润外调、对外汇价、集资与借款的可能性	0.15
市场环境	市场规模、分销网点、营销的辅助机构、地理位置	0.10
基础设施	国际通讯设备、交通与运输、外部经济	0.15
技术条件	科技水平、适合工资的劳动生产力、专业人才的供应	0.05
辅助工业	辅助工业的发展水平、辅助工业的配套情况等	0.10
法律制度与执行	商法、劳工法、专利法等各项法律是否健全,法律是否得到很好的执行	0.10
行政机构效率	机构的设置、办事程度、工作人员的素质等	0.05
文化环境	当地社会是否接纳外贸公司及对其的信任与合作程度、外资公司是否适应当地社会风俗等	0.05
竞争环境	当地竞争对手的强弱、同类产品进口额在当地市场所占份额	0.05

运用这种方法时,先对各类因素的子因素作出综合评价,然后据此对该类因素作出优、良、中、可、差的判断,最后按下列公式计算:

$$\text{投资环境总分} = \sum_{i=1}^{11} W_i (5a_i + 4b_i + 3c_i + 2d_i + e_i)$$

式中:i——第 i 类环境要素;

W_i——第 i 类因素权重;

a_i, b_i, c_i, d_i, e_i——分别是第 i 类因素评价为优、良、中、可、差的百分比(且 $a_i + b_i + c_i + d_i + e_i = 1, i = 1, \cdots, 11$)。

投资环境总分在 1~5 之间,越接近 5,说明投资环境越好。

(2) 关键因素评估法

多因素法只是对某一地区的投资环境进行一般性评价,尚未涉及各类不同投资动机对环境的具体要求。因而闵建蜀教授又提出了针对具体投资项目,充分考虑投资动机的关键因素评估法,即从具体投资项目的动机出发,从影响投资环境的一般因素中找出影响投资动机实现的关键因素,然后根据这些挑选出来的关键因素,仍采用多因素分析的方法进行评估。见表 4-2。

表 4-2 影响投资环境的关键因素分解

投资动机	影响投资环境的关键因素
降低成本	适合当地工资水平的劳动生产率、土地费用、原料及元件价格、运输成本
发展当地市场	市场规模、营销辅助机构、文化环境、地理位置、运输条件、通信条件
获得元件和原料的供应	资源、当地货币汇率的变化、当地的通货膨胀率、运输条件
风险分散	政治稳定性、国有化可能性、倾向汇率、通货膨胀率
追随竞争者	市场规模、地理位置、营销的辅助机构、法律制度等
获得当地的生产技术和管理技术	科技发展水平、劳动生产率

对于房地产投资项目而言,投资动机没有那么复杂,但是需要考虑的因素远远不止表中所列的几种。不妨按照房地产项目的使用性质进行分类,各类房地产投资需重点考核的环境因素再按权重分为3类。例如对我国开发建设的普通住宅投资项目,其环境评价的关键因素可进行如下分类:

① 重点因素,权重系数 $W_i=0.6$

市场环境中的购买力水平、市场容量、供应量、同类楼盘的分布及其现状等;财务环境中的项目融资可能性、融资成本、税费负担、同类项目盈利水平等;自然环境中的地理位置、风景地貌、自然景观;基础设施条件中的电力、通讯、给排水、交通及其他生活设施条件等。

② 一般因素,权重系数 $W_i=0.3$

经济环境中的消费结构、居民收入、物价指数等;资源环境中的劳动力资源条件、原材料供应等;法制环境中的争议仲裁公正性等。

③ 次要因素,权重系数 $W_i=0.1$

社会环境中的社会秩序、社会信誉等;文化环境中的文化传统教育水准等。

其他类型的房地产投资项目,应视具体情况作适当调整:如果对境外尤其是其他国家开发的房地产项目,要把政治环境中的政治稳定性、政治局势、经济政策以及文化环境中的价值观念、文化传统等因素作为重点因素。对于高档住宅,尤其是高级别墅之类的房地产投资项目,要把拟开发地块的自然环境因素调到"重点因素"中。对于工业厂房、仓库等项目,应以交通通讯、基础设施条件等为重点因素。

环境因素的类型及权重确定后,便可按照前述多因素分析法的计算公式,计算该投资项目的投资环境总分,进行评价。

2. 综合评价指标体系法

综合评价指标体系法以若干特定的指标为同一尺度,运用模糊综合评判原理确定评价标准值,得出被评价地区在诸指标上与标准值的相似度,据此评判地区的投资环境质量。这种方法是国内郭文卿等人提出来的,经过广泛的详细考察不同种类的投资与不同层次的投资环境因素之间的关系后,提出了评价投资环境的10个指标。

(1) 投资获利率(H)。指一定时期内所获得的利润额与投资额之间的比率。对盈利性投资而言,这是评价投资环境优劣程度的主要指标。把等量的投资用于不同地区,获利越多的地区其投资环境越好。

(2) 投资乘数(C)。指盈利增量与投资增量之间的比率。这一指标主要反映在现有投资之外追加投资所带来的经济效益。投资乘数越大,投资环境就越好。

(3) 边际消耗倾向(B)。指耗费增加额与获利增加额之间的比率。如获利从 40 万元上升到 50 万元,而耗费额则从 30 万元上升到 35 万元,表明获利 10 万元需要耗费 5 万元,即边际消费倾向为 0.5。

(4) 投资饱和度(D)。指在一定条件下,某一投资领域已投入资金额与该领域投资容量的比值。当该比值等于或大于 1 时,称为投资饱和,投资应中止。当该值小于 1 时,可考虑继续投资。这一指标主要从市场容量方面反映投资环境状况。

(5) 基础设施适应度(J)。指某地区的交通运输、能源、水源、通信等基础设施对拟投资项目的适应程度。

(6) 投资风险度(F)。指人们对投资活动可能遇到的风险大小的评估。这个指标随机性很强而且摄取难度很大,一般应根据投资内容与投资环境之间的关系选用合适的评价方法。

(7) 有效需求率(Y)。指社会平均利润或利息与产品销售收入减去要素成本再减去使用者成本的比值。要素成本主要是投资者支付在土地、劳动力、固定资产等生产要素上的费用;使用者成本是其支付在原料等流动资金占用上的费用。从产品销售收入中扣除这两种成本后的剩余部分就是利润。

(8) 国民消费水平(G)。指一定区域内居民储蓄总额与当地国民收入总额的比值。该指标用来反映区域内居民生活消费水平,其结果对不同类型的投资具有不同的意义。

(9) 资源增值率(Z)。指某种资源加工后产品价值总额与该资源开发的最初价值总额之间的比率。该指标用来反映开发一定地区的某种资源能带来的盈利大小。资源增值率高,表明当地生产技术与经营管理水平高或交通运输等基础设施条件良好,有利于资源深加工,从一个侧面反映出投资环境状况的良好。

(10) 优化商品率(S)。是指一定地区的名优商品总数与全部商品总数的比率。该指标可以初步反映地区生产力水平、科技力量的强弱和产品竞争能力的大小,也可直接反映投资环境的适应性。在优化商品率高的环境里投资,只有生产出新颖、价廉、质优的产品,才能与当地名牌产品抗衡,取得良好的经济效益。

以上 10 个指标基本可以较全面地反映一个地区投资环境状况,但由于这 10 个指标在同一个地区的适宜度并不相同,因而对 10 个指标要进行综合评价。在评价时,先计算出各指标的数值,然后选择世界上公认投资环境好的地区的同类指标来进行综合评价,两者越相似表示投资环境越好,反之则越差。

三、项目投资时机分析和选择

房地产开发项目,无论是一栋楼宇、一个组团还是一个小区、一个居住区,开发成功与否,投资时机的分析和选择是最重要的因素之一。所谓投资时机,也就是投资的时间和机会。时间确定了投资的时点,机会确定了投资的方向,两者相辅相成,构成了投资的两个方面。在房地产开发中,谁抓住了时机,谁就主动。

(一) 房地产投资时机分析

房地产作为国民经济的一个新型产业,在经济转型阶段,其发展态势与国家产业政策、金融政策以及国民经济总体状况密切相关。

1. 产业政策与房地产投资时机

产业政策是国家总体经济政策的组成部分,它关系到国民经济的发展方向目标、各产业之间合理的发展比例、一定时期重点产业发展的途径和支持政策。因此房地产投资时机应主动与国家尤其是区域的产业结构调整政策对接。

房地产投资应注意将企业的微观需求和国家的宏观要求相结合,符合国家和地区的产业发展方向规划,权衡利弊,科学决策。

2. 金融政策与房地产投资时机

投入大、周期长是房地产投资的特征。没有大量的资金供应,房地产投资是难以为继的。而国家正是通过金融政策,即运用货币供应量、利率、税率及汇率等经济杠杆对房地产业进行宏观调控,引导房地产经济运转,使之与国民经济发展相互协调,实现房地产经济社会总供需的动态平衡。

3. 房地产周期波动与房地产投资时机

房地产的周期波动,是指房地产在发展过程中的扩展和收缩的交替循环现象。这种交替循环,既与国民经济总的发展态势密切相关,又与房地产业国民经济的协调有关。房地产的周期波动主要表现在投资额的增减、产业增长率、价格涨跌、交易旺衰等经济指标变化上。房地产投资应该充分利用国家产业政策及金融政策所给予的有利条件,选择适当的投资时机,以最小的风险获取最大的效益。总体来说,房地产业周期发展可以分为逐步增长、繁荣、危机、萧条4个阶段,各阶段有自己的特征,对投资时机产生很大的影响。

4. 房地产寿命周期与房地产投资时机

房地产寿命周期是指从房地产项目筹建开始,到房地产项目拆除为止经过的时间。由于房地产的使用期限长,一般为40~50年,高者上百年,所以从房地产投资角度将房地产寿命周期划分为以下8个阶段:

(1) 论证设计阶段。指从房地产开发商着手买地到决定开发房地产具体内容的阶段。此阶段,房地产开发商首先得到开发土地并作出一个粗包装(项目建议书)。认可后,紧接着作出一个精包装(项目可行性研究报告)。认可后,委托设计人员作出项目设计方案。

(2) 筹措资金阶段。指从房地产开发项目的设计方案完成到项目开工为止的阶段。此阶段,房地产开发商千方百计地说服投资者对项目进行投资,从而落实项目建设所需资金。

(3) 项目建设阶段。指从房地产开发项目破土动工到竣工验收为止的阶段。此阶段,房地产开发商选定承包公司,签订工程承包合同,督促完成项目建设任务。

(4) 项目试运营阶段。指从房地产开发项目投放运营到运营正常为止的阶段。此阶段,房地产开发项目各部分逐渐投入运营并步入正轨,收支基本稳定下来。此阶段时间较短,一般1年左右。

(5) 项目正常运营阶段。指从房地产开发项目试运营结束到设备需要更新为止阶段。此阶段,房地产开发项目提供服务并获取利润,且收支变化幅度较小。

(6) 项目设备维护阶段。指从房地产开发项目的设备更新到项目需修复改造为止阶段。此阶段,需追加投资用于更新设备、改善服务、提高利润水平。

(7) 项目修复改造阶段。指从房地产开发项目修复改造到项目准备拆除为止阶段。此阶段,需投入大量资金修复改造原有建筑,使房地产开发项目的服务水平和获利能力得到提高。

(8) 项目拆除阶段。指从房地产开发项目准备拆除到项目拆除完成为止阶段。此阶段，重新规划利用土地，拆除原有建筑。

房地产寿命周期说明了房地产投资机会的丰富多彩，可以根据自己的情况选择合适的阶段进行投资。

(1) 房地产寿命周期的每一阶段都需要资金的支持，都需要吸收资金，从而给投资者以投资机会。房地产项目的开发经营需要大量充足的资金支持，然而房地产投资商投放的资金是有限的，不论这种有限投资是故意还是无奈，房地产投资商都往往投入一定资金开发经营出阶段性成果后再行转手或融资。而这种房地产寿命周期内的阶段性转手或融资就给其他投资商提供了许多种可供选择的机会。

(2) 处在房地产寿命周期每一阶段的房地产开发项目都可以在市场上交易，都可以买进卖出，从而为房地产投资机会的增多提供了保证。房地产项目的开发经营既可以按整个寿命周期进行，也可以在每一阶段暂时停止。每一阶段性成果都可以在市场上进行买卖，而房地产项目的阶段性买卖为房地产投资提供了相当多的投资机会。如果只能进行整个寿命周期或者半个寿命周期的买卖的话，那么投资机会将少之又少。所以说，房地产项目的阶段性买卖是房地产投资机会增多的保证。

(3) 处在房地产寿命周期不同阶段的房地产项目，其所处市场供求状况不同，由于对市场预测和房地产价值判断的差别，使得房地产交易必然频繁，从而给投资者带来丰富的投资机会。

(4) 随着城市人口的增加和社会的发展，对房地产项目的需求不断出现，从而使得房地产投资机会大大增加。

除了对原有房地产项目进行改建、扩建之外，还需要进行房地产项目的开发建设，这就给房地产以投资对象和投资机会。总之，房地产投资机会丰富多彩、层出不穷，这与房地产项目的寿命周期息息相关。房地产开发项目的寿命周期有长有短，寿命周期内的每个阶段也长短不一，所以每一个房地产开发项目的寿命周期各不相同。虽然每一个房地产开发项目的寿命周期不同，但基本上都经过上述8个阶段。

(二) 房地产投资时机选择

房地产投资时机的选择应结合国家和区域的宏观经济状况、房地产周期、房地产市场需求以及房地产价格等因素进行综合考虑。

1. 经济萧条、危机时期与房地产投资时机选择

一般来说，任何国家的经济运行都存在着萧条、复苏、高涨和衰退4个阶段组成的周期。在经济由萧条走向高涨的时期，房地产价格猛涨。而在相反的情况下，对于大多数国家则表现为价格稍有下跌或停滞、市场清淡的状况。

经济萧条是一种系统风险，涉及全社会。经济萧条使人们的购买力普遍下降，从而减少对房地产的需求，这样房地产价格必然下降。但当经济复苏后，随着人们购买力的上升，房地产价格也随之上升。因此，在经济萧条时期投资房地产是最佳时机。

对于投资期为1~2年的多层住宅，最好是在经济复苏和高涨的时期内，房地产看涨时投资和收获；而对于投资期为3~5年甚至更长的商厦、写字楼等大型物业，最好在经济萧条时投资，以便经济高涨时收获。

由于大型房地产开发企业资金雄厚，抗风险能力强，因此可以从投资开发过程中任何一

个阶段进入或退出,只不过选择最有利可图的阶段罢了。而中小型房地产开发企业,应尽量避免过高风险的投资,把获取高回报的投资留待经济能够承受、规模扩张之后。

一般来说,处于经济高涨和房地产价格猛涨的时期,应尽可能多地向银行等金融机构贷款或发行股票债券融资,以扩张的方式负债经营,达到扩张规模的目的,大型房地产企业以此实现全力谋求收益的目的。

2. 通货膨胀来临之前与房地产投资时机

通货膨胀实际上是一种泡沫经济,是一种虚假的经济繁荣,常常引起货币贬值。凡遇有通货膨胀尤其是严重的通货膨胀时期,人们为了避免损失,达到最佳增值目的,会将手中的资金投入房地产业,加之通货膨胀本身带来的不动产价格上升的自然力的作用,房地产价格会上升到比较高的水平。但通货膨胀不会持续很久。国家为了稳定经济、政治局势,必然通过提高利率等经济杠杆来抑制通货膨胀。因此房地产价格上涨也是暂时的,涨到一定程度会随着通货膨胀受到抑制而停止甚至下跌。房地产投资者如能对经济形势有个比较全面的了解,在通货膨胀之前投资房地产,就会避免因通货膨胀引起房地产涨价带来的损失。

3. 房地产周期在低谷时与房地产投资时机

由于房地产开发通常需要的时间较长,一般应采取"反周期"和"逆向思维"运作。从反周期来看,除了房地产投资炒作和"短平快"的项目外,如果在房地产低潮时进入,可供选择的项目多,竞争对手少,取得开发场地的成本低,但开发完成后往往迎接的是高潮;而在房地产高潮时进入则刚好相反,可供选择的项目少,竞争对手少,取得开发成本高,开发完成后往往迎接的是低潮。因此在房地产市场高潮时反而要持相当谨慎的态度。

所谓逆向思维运作,是说大家想做的项目最好不要去做,避免一哄而起;相反,大家都不想去做的项目此时如果去做,将会有意想不到的收获。

4. 房地产寿命周期与房地产投资时机

(1) 房地产开发策划阶段

房地产开发策划阶段的主要目的是决定投资开发的对象。为了实现此目的,房地产投资者通过房地产市场研究,寻找投资开发机会通过项目建议书初步论证开发项目的可行性;通过可行性研究来最终做出是否投资开发的决策;通过房地产开发经营流程设计来对开发项目的实施做出初步安排。正是由于此阶段工作结果的不确定性,因而投资的风险性最大,但是一旦投资成功,所获利润也最高。

在房地产开发策划阶段投资的主要风险是:寻找不到合适的投资机会或投资项目;设想项目从一开始就误入歧途;设想项目得不到有关部门批准;项目的可行性研究通不过审查;项目的开发经营流程严重脱离实际等。

由于对策划阶段的风险没有切实有效的防范措施,所以此阶段投资风险最大。

在房地产开发策划阶段投资的主要好处是:可以按自己的愿望和条件进行设想,投资工作干起来会得心应手;需要创造性思维多,但需要的资金少,是少投入多产出的最好时期;便于自己占据最佳投资地位;成功的策划项目,可以很快吸收资金,很快取得投资收益,而且收益往往非常可观;便于及早抓住有利的投资项目。

由于房地产开发策划阶段投资的好处非常诱人,所以许多投资者跃跃欲试,准备施展才能。在房地产开发策划阶段投资,投资者应具备以下条件:对房地产开发投资富有经验;人员素质高,具备专业齐全配套的有丰富经验的经济技术管理人员;社会信誉好,资质等级高;

资金雄厚；有良好的社会背景。

(2) 房地产开发前期工作阶段

房地产开发前期工作阶段的主要目的是为开工建设做好准备，通过征地拆迁落实建设场地问题，通过工程勘察、规划、设计，得到一个满足城市总体规划要求的项目实施蓝图，通过开工准备工作为开发建设创造必要条件，通过房地产的预租、预售来早日落实客户，及早收取租金或销售收入。

在房地产开发前期工作阶段投资的主要风险是：征地工作困难重重；融资工作进展缓慢，资金缺口较大；地质条件不好，规划条件限制过严，施工图纸出现问题；开工条件难以具备，比如满意的施工队伍未找到，施工用水用电等不落实，临时占道不允许等；预期的预租、预售工作开展不起来，给资金造成缺口；设备材料价格上涨太高，人工费用涨幅过大等。

由于前期工作阶段的风险可采取一些措施在一定程度上加以防范，所以虽然风险仍很大，但要比策划阶段小。在房地产开发前期工作阶段投资的主要好处是：有对场地、规划、设计的影响力，从而对保证投资收益有好处；投入资金虽多，但能很快见到阶段性成果，便于及时转手；在参与前期工作时，可得到一些潜在收益；此时投资的回报承诺高，投资收益大；便于及早抓住有利的投资项目。

由于房地产开发前期工作阶段投资的好处很多，也很诱人，所以许多投资者也都积极争取在此阶段投资。在房地产开发前期工作阶段投资，投资者应具备以下条件：房地产开发前期工作富有经验；有配套的高素质专业人员，起码有经验丰富的勘察、规划设计人员，征地拆迁人员，招标投标人员，市场营销人员等；对设想项目的前景看好；有一定的融资能力；社会信誉好，资质等级高，资金雄厚；熟悉建设地点的各种关系；对房地产预租预售前景看好，有客户来源。

(3) 房地产开发建设阶段投资分析

房地产开发建设阶段的主要目的是保证按期、按质、按量、节约、安全地完成房地产开发项目的建设。通过落实监理单位实现工程建设的专人管理和分担风险；通过工程控制使得开发项目的工期短、投资省、质量好，通过施工验收全面检验工程建设成果并结清与有关单位的权利义务关系；像前期工作一样，通过预租预售早日落实客户并收取资金。

正是由于房地产开发建设阶段的上述工作内容，在此阶段投资风险较大，但是一旦投资成功，所获利润也较高。在房地产开发建设阶段投资的主要风险是：由于材料、设备、人工费的价格上涨；由于设计或施工问题，致使发生重大质量事故；由于社会动荡或气候影响，使工期严重延长；竣工验收时交不了工；发生自然灾害或意外事故，造成工程损失；商品房预售落空；新的竞争性项目出现；筹措资金不到位。

由于开发建设阶段的风险多数可采取措施加以防范，所以投资风险要比前期低，但仍有较多不可防范的风险存在。在房地产开发建设阶段投资的主要好处是：对施工过程的开展有影响力，便于主动发挥作用；投入资金虽多，但能很快见到最终性成果，心里比较踏实；投资回收期较短；便于选择比较好的楼层或位置，为经营房地产创造好的条件；对所经营的房地产重点对待，节约二次装修费；便于介绍自己熟悉的施工队伍承揽施工任务；便于及时抓住盈利高的房地产项目。

由于房地产开发建设阶段的好处很多很直接，所以有许多房地产投资者在此阶段投资。在房地产开发建设阶段投资，投资者应具备以下条件：对房地产开发建设阶段的管理有丰富的经验;有工程建设管理方面的高素质人才;对房地产项目的市场前景看好;对房地产项目中的某些有利楼层或位置兴趣极大;自己拥有施工队伍,或与施工队伍有密切关系;资金雄厚,各种社会关系熟悉。

(4) 房地产开发销售阶段投资分析

房地产开发销售阶段的主要目的是找到用户,实现房地产开发项目的价值。通过经营方式的选择确定是出售还是出租或部分出租部分出售,通过评估促销工具确定采用哪些推销方法,通过确定出租或出售价格来做到租售时的心中有数,通过开展切合实际、丰富多彩的租售活动来实现房地产开发项目的价值,即租出或售出房地产以获得租金或销售收入。

正是由于房地产开发销售阶段工作如上所述,因此在此阶段投资风险仍较大,但是一旦投资成功,所获利润仍较高。在房地产开发销售阶段投资的主要风险有:市场行情跌落;竞争性项目出现;促销费用上升;定价不适当;分期付款时,后期款项无着落。

由于开发项目的销售期较短,不定因素及新的投资风险已减小很多,但仍存在一些不良因素,因此投资风险仍较大。在房地产开发销售阶段投资的好处是:投资回收期短;赚取批发和零售的差价;获得物业升值的利润。

由于房地产开发销售阶段的好处不少并且容易看到,所以有许多房地产投资者在此阶段投资。在房地产开发销售阶段投资,投资者应具备以下条件:对市场行情看得准;对市场销售有丰富经验;有客户来源;资金雄厚;市场关系熟悉。

四、项目投资区位分析和选择

由于房地产具有不可移动性,它在哪里生产就得在哪里消费,所以在西方,关于房地产投资有所谓三大要诀:第一是区位,第二是区位,第三还是区位。虽然现实中影响房地产投资成败的因素并不只是区位,但是它说明了区位的分析与选择是极其重要的。因此,进行房地产投资应特别关注地区性市场,这也是房地产投资与其他领域的投资的最大不同之处。

房地产开发项目区位的分析与选择,分为地域的分析与选择和具体地点的分析与选择两大层次。地域的分析与选择是战略性的选择,是对项目宏观区位条件的分析与选择,主要考虑项目所在地区的政治、法律、经济、自然条件等因素。具体地点的分析与选择是对项目坐落地点和周围环境、基础设施条件的分析与选择,主要考虑项目所在地点的交通、城市规划、土地取得的代价、拆迁安置难度、基础设施完备程度以及地质、水文、噪声、空气污染、地下障碍物,如文物、电缆等因素。

(一) 区位与房地产项目投资价值

1. 区位的重要性

区位是指特定地块所处的空间位置及其相邻地块间的相互关系。区位,从大的方面来说,指的是项目所在区域;从小的方面来说,指的是项目开发场地。

2. 对位置的两种理解

狭义的位置指的是某一具体投资项目的场地在城市中的地理位置。

对位置的广义理解,除了其地理位置外,往往还包括该位置所处的社会、经济、自然环境或背景。对位置的广义理解,还应包括在该位置进行房地产开发投资所需支付的成本高低和所面临的竞争关系。

3. 区位与城市功能分区

现代城市土地利用在过去自发利用的基础上,通过土地利用规划自觉地进行区位选择,形成了明显的功能分区,一般分为商业区、居住区、工业区等若干功能区。

商业区按其功能从高到低可分为中央商业区、城区商业区和街区商业区。

根据各种工业的特点(如污染状况、占地面积等),可以将工业分成内圈工业区、外圈工业区和远郊工业区。

居住区是人们生活、休息的场所。一般位于中央商业区与内圈工业区之间,或内圈工业区与外圈工业区之间。

4. 区位与房地产投资价值的关系

房地产的区位优势可以给投资者带来区位利润,区位利润越高房地产投资价值就越大。

要想让区位带来较高的房地产投资价值,在选择区位时应该重视以下问题:一是注意区位升值潜力的分析;二是选择区位要有超前意识,特别要注意交通、服务网点等公共设施的深层次分析。

(二) 房地产投资项目的区位因素分析

1. 地域因素的分析

地域因素的分析是战略性选择,是对项目宏观区位条件的分析,主要考虑项目所在地区的政治、法律、经济、文化教育、自然条件等因素。

2. 具体地点的分析

它是对房地产项目坐落地点和周围环境、基础设施条件的分析,主要考虑项目所在地点的临街状况、建设用地的大小、利用现状、交通、城市规划、土地取得代价、拆迁安置难度、基础设施完备程度以及地质、水文、噪声、空气污染等因素。

3. 开发潜力的分析

房地产开发应追求最高最佳利用,也就是说在技术可行、规划许可且财力允许的前提下达到最有效利用。

4. 土地使用权获取方式分析

从目前国内获取土地使用权的途径和方式来看,有通过政府土地出让和从当前土地使用者手中转让两种途径。

5. 区位选择的具体影响因素

(1) 城市规划方面的因素。包括场地的合法用途,规划设计条件如建筑密度、高度、容积率和建筑物平面及立面布置的闲置,相邻地块的土地用途等。

(2) 自然特性。包括场地面积大小、形状及四至范围,基地的水文地质特征等。

(3) 市政基础设施条件。包括雨水、污水排放管道,供水管道,电力、煤气、热力、通信条件等。

(4) 交通通达度。包括场地的可及性、出入口的位置、容易识别的程度等。

(5) 停车条件。在需要地面停车的情况下,停车场用地会对建筑用地形成竞争关系。

(6) 环境条件。包括空气、水和噪声污染水平,公园、开放空间和绿地的数量与质量等。

(7) 公共配套服务设施完备情况。包括治安和消防服务,中小学校、卫生保健设施和邮电通信,垃圾回收与处理,政府提供配套条件所收取的配套税费等。

(8) 当前土地使用者的态度。主要看当前土地使用者对场地开发的态度,如果反对,那么反对的力量有多大？如果支持，那么他们能否对项目的实施有所贡献？还要分析项目的社会成本，当地社区能从项目中得到的益处以及项目开发是否符合公众利益。

(9) 土地价格。主要看包括出让金、市政设施配套费和拆迁安置补偿费等在内的土地成本的高低。

(10) 供求关系。主要看某一区位某一物业的市场供给与需求状况。

(三) 房地产投资项目的区位选择

可见，选择最佳区位(地理位置)对房地产业至关重要，特别是在中国这个自然条件和社会经济差异十分悬殊的大国，更应重视区位选择，因为房地产增值很大程度是区位增值。预测最佳投资区位或者说预测具有增值潜力的区位，对房地产业至关重要。房地产业是投资最大、周期长、产品不能移动的特殊行业，投资决策必须十分慎重。特别应考虑到房地产业从立项、签订意向书、签订合同到规划、设计、施工建成、投入运营，一般需要三四年甚至四五年时间，预测三五年后投资环境的变化是投资决策的必要环节。

1. 从宏观上选择区位

宏观区位是指某个国家、某个地区、某个城市。区位选择首先应从宏观上考察分析。宏观区位的分析方法是全面考察地区的自然、社会经济条件，特别是交通运输条件。预测城市未来发展前景也应根据其地理位置和地区自然、社会经济条件来判断。这些条件是随历史发展而不断变化的。而一个城市的房地产业发展如何受两个条件制约：一是内因，即城市的经济开发和发展程度，可以说是房地产业发展的基础，房地产业与国民经济各部门息息相关，它的供给与需求决定于整个城市经济；二是外因，这就是直接与房地产业有关的一些具体因素，包括房地产市场发展程度、房地产业政策等等。沿海地区、经济发达地区城市除了经济发达、开发程度高、市场需求旺盛外，房地产市场也较为发育、完善，房地产业政策较为优惠，房地产投资办事效率较高，因而备受房地产商青睐。

2. 从微观角度选择区位

微观区位是指城市中某个街区、某个地点。预测城市内部的最佳区位，对房地产投资项目的确定更有现实操作意义。城市内部区位选择有两个基本规律与一项重要内容。

两个基本规律：一是距离衰减规律；二是区域分离规律。

一项重要内容：即如何预测新的中心区位或门户区位。中心区位即市中心是城市交通线汇集、商业繁荣的地区；门户区位则是城市对外联系的枢纽，由于城市流动人口是购物的重要成分，如火车站、港口、机场路口也是商业繁华区，房地产业抢占中心或门户区位是普通常识。问题的关键是如何预测近期将形成的新市中心或新的门户区位，预测城市中心或门户区位的移动主要根据是市场平面变化的方向，城市主要向何处扩展。城市扩展主要是受所处地区地形、水系、交通线的影响，并受外部经济区域或重要城市的吸引。

3. 投资区位的具体选择方法

(1) 根据城市总体规划来进行区位的选择

城市规划是政府干预和调控房地产区位的重要手段，它规定了房地产开发者的行动空间，约束了开发商的区位选择。所以，房地产开发项目选址首先要遵从城市总体规划的要求。

(2) 针对不同收入水平灵活布局

房地产开发商要针对不同消费阶层的消费需求，以其为导向进行需求定位。以住宅为例,从居民支出能力分析,中低收入家庭成为住宅消费的主体,因此住宅消费的热点应以中低价位的商品住宅为主,该价位的消费者多,潜力大,因支出能力有限,可以在城郊结合部、地价较低处开发,以起到缓解中心城区人口过密的作用。

(3) 按照房地产商的实力进行区位选择

房地产项目开发成本包括地价、规划配套费、建筑成本费、各种税费及销售税金等,由于级差地租的原因,地价有较大的浮动。近郊区土地出让金相对于中心城区要低得多,批租规模上受限制较小,有利于住宅规模化开发,从而建房成本降低,住宅成本的总体水平要比市区低30%~50%,所以对于经济实力不太雄厚的开发商可以选择从近郊入手。而对于中心城区来说,地理位置优势明显,生活、购物和娱乐设施完善,许多高级白领乐意居住。但对开发商而言,旧城改造开发成本高,风险大,资金回收时间长,只有实力雄厚的开发商能够承担。因此,开发商应根据自身的经济实力来选择,对能使自己获得最大经济效益的区位进行开发。

(4) 要针对热点区域来选择区位

在选择区位时,要重点针对热点投资区域来选择区位,这样获利的可能性较大。既要判断近期热点投资区位,也要考虑中长期热点投资区位。为达到此目的,首先要用全局的观点来考虑问题;其次要认真的调查研究,充分掌握第一手资料;最后要透过现象看本质,通过材料分析找出关键所在。

(5) 要考虑区位的升值潜力

选择房地产投资区位时,要考虑区位的升值潜力,不仅要注意预见其升值的潜力,选择那些升值潜力相对较大的地区,同时还要注意避开那些因各种原因可能降值的地段,城市规划和地区性质的变化往往是导致某些地段降值的重要原因。不同的地块升值潜力有大小,房地产投资区位分析的目的就是把升值潜力大的区位找出来进行投资。这主要通过比较未开发、已开发和开发中的地块建房屋的情况进行确定。

(6) 要预测到未来区位的发展变化趋势

为实现获得最大利润这一目标,房地产投资不仅要重视现在的地段位置,更要重视预测未来地段位置的变化趋向,如果能预测出某一地段位置将随着经济、社会、文化的发展处于更加优越的地位,就应该毫不犹豫地选择这一地段投资。

(四) 不同类型物业对投资区位的要求

由于区域差异性以及不同物业的特征,因而不同类型的物业对投资区位也有不同的特殊要求。

1. 居住项目

居住用地的区位选择,一般应考虑以下主要因素:

(1) 市政公用和公建配套设施完备程度。

(2) 公共交通便捷程度。

(3) 环境因素。

(4) 居民人口与收入。

同时,在居住项目中,不同类型的住宅对投资区位的要求也不一样。如对中高档公寓投资,起主导作用的区位因素是决定区位通达性的就业区、商业区及城市公共设施的位置、交通运输条件和地价;对以经济适用房为代表的普通住宅投资来说,影响区位选择的主导因素是地价和城市规划;对花园别墅的投资,起主导作用的区位因素莫过于自然条件。

2. 写字楼项目

影响写字楼项目位置选择的特殊因素包括:

(1) 与其他商业设施的接近程度。

(2) 周围土地利用情况和环境。

(3) 易接近性。

3. 零售商业项目

商业项目的区位选择,应该有利于实现其最大利润。所以它的选择原则有以下几条:

(1) 最短时间原则。

(2) 区位易达性原则。

(3) 接近购买力原则。

(4) 满足消费心理原则。

(5) 接近 CBD 原则。

4. 工业项目

工业项目场地的选择必须考虑的特殊因素包括:当地提供主要原材料的可能性,交通运输是否足够方便以有效地连接原材料供应基地和产品销售市场,技术人才和劳动力供给的可能性,水、电等资源供给的充足程度,控制环境污染的政策等。

五、项目投资内容的分析和选择

(一) 项目投资内容选择的原则

房地产投资项目内容的分析和选择,应在符合城市规划(或有可能得到城市规划主管部门的允许)的前提下,按照最高最佳使用原则选择最佳的用途和最合适的开发规模。另外,还包括档次、平面布置、建筑的内外设计、装修、配备等的分析与选择。

所谓最高最佳使用,是指法律上允许、技术上可能、经济上可行,经过充分合理的论证,能够带来最高收益的使用。选择和判断最高最佳使用,首先应尽可能地考虑各种潜在的使用方式,然后从下列 4 个方面依序筛选:

(1) 法律上的许可性。对于每一种潜在的使用方式,首先检查在法律上是否允许。法律不允许的应予淘汰。

(2) 技术上的可能性。对于法律允许的使用方式,检查在技术上是否能够实现,包括建筑材料性能、施工技术手段等能否满足需求。若是技术上达不到要求的应予淘汰。

(3) 经济上的可行性。凡是法律上允许、技术上可能的使用方式,还要进行经济可行性检验。经济可行性检验的一般做法是:首先需要将估计的投资成本进行比较,必须是经济可行性,否则应予淘汰。

(4) 能否带来最高收益的才是最高最佳使用。

(二) 项目投资内容的具体选择

在开发投资内容的分析与选择中要有细分市场的观念,在此基础上有两种极端的方式可供选择:一种是寻找市场空白点;另一种是开发同类项目。从理论上讲,最好是寻找到合适的市场空白点,此时可选择开发市场上已有的大量项目,进行面对面的竞争。但是这样做时特别要发掘出在某些方面优于他人之处,制定相应的产品定位策略,如低价定位、优质定位、优质服务定位等,以使将来消费者在其他同类项目的比较中选择本项目。

在开发规模方面要注意的是,并不是建筑容积率越高,在同等土地面积上建筑规模越大就越好,尤其是住宅,随着生活水平的提高,人们对环境、绿化的要求会越来越高,所以低密度符合未来发展趋势;而通常所讲的住宅小区规模则是大一些为好,因为它便于物业管理,便于公共配套,有利于营造良好的居住环境。

目前可供选择的用途从大的方面来讲,有商场、写字楼、高档公寓、普通住宅、别墅、酒店、娱乐场所、标准工业厂房、会展中心等或者是它们的某种组合,此外,还可考虑仅将生地或毛地开发成为可直接进行房屋建设的熟地后租售的情况。

1. 土地房地产

土地房地产投资的特点表现为:是最基本的投资形式;易受政府政策的制约;土地投资简单灵活,投资获利最为明显。作为房地产投资对象的土地有两类:一类是旧城区;另一类是新区开发。

旧城区投资的土地属房地产的二次开发,是由于原有城区因使用性质改变或城市老化,房屋陈旧、破损或基础设施改造而进行的投资建设。旧城区开发的主要经济活动有拆迁安置和改造建设两个方面。拆迁是指对原有建筑物、构筑物的拆除与搬迁,安置是对原住户、用户及单位(包括机关、学校、医院、工厂、商场等)的安置;改造建设主要是对旧城区原有基础设施及部分公共服务设施的改造及新建筑物的建设。旧城开发不仅因旧城区地价高,要付出更多的投资,而且因原有住户或用户的安置、原有基础设施的改造,将会大大增加开发成本。开发公司在城市土地出让市场,通过竞投获取土地使用权以后,便可进行该地块的拆迁安置及改造建设,使其具备房屋建设的基础条件,然后可直接进行房屋建设,或通过土地二级市场有偿转让该地的使用权,收回投资及收益。旧城区改建投资的成败在于该地块是否升值,而地块升值除了自身基础设施条件改善外,更重要的还在于该地块周围环境条件的改善和该地块的区位。因此,从事旧城区土地投资开发,若对城市规划的发展、城市经济的成长预测和分析得不够的话,将会承担极大的风险。

新区开发指的是城市郊区新征土地的投资开发,其主要经济活动是征用农村集体所有的土地,并进行土地改造和基础设施建设。新区开发的土地需拆迁安置的负担并不高,地价也相对便宜得多,因而新区开发的投资成本相对较低。不过,新区开发将受到农地保护的限制,尤其是1999年国家国土资源部出台的《基本农田保护条例》及《土地管理法》(修改后)的实施,表明了我国政府对农田实行了世界上最严格的保护制度的决心。征用农地受限较大,而且,由于基础设施条件较差,缺乏配套设施,往往需要投入较多的建设资金或限制其使用,影响其销售。新区开发成败的关键在于使用性质是否把握准确,配套设施、基础设施、公共服务设施的建设是否完备。

2. 住宅

住宅房地产的投资特点是:住宅需求量最大;住宅投资在于居住、保值或升值;住宅投资风险较小;住宅的样式丰富多彩;住宅是房地产开发的主流。

随着城市化及城镇化的进展及居民对改进居住条件的强烈愿望,在今后相当长一段时期内,住宅将始终保持房地产投资的首选对象。住宅投资可分两类,即出租性住宅和销售性住宅。出租性住宅是指那些由开发商经营,将住宅的使用权分期出租给住户的住宅;销售性住宅是指那些通过一次性付款或分期付款将住宅产权让渡给住户的住宅。住宅还可分为普通住宅、高级住宅及别墅等,区分的主要因素有装修的档次、设备、面积、功能、材料和设计标准等。住宅投资成败的关键是市场定位是否准确、配套设施是否完善、价格定位是否合理、营销力度是否到位等。

住宅目前正朝着人居环境生态化、住宅布局分散化、住区规模大型化、建筑结构高层化、造型风格多样化、功能布置合理化、住宅设施现代化、家庭景观园艺化、社区氛围亲情化等趋势发展,进行住宅房地产投资时必须注意到这一情况。

3. 写字楼

广义的写字楼是指国家机关、企事业单位用于办理行政事务或从事业务活动的建筑物,但投资性物业中的写字楼则是指公司或企业从事各种业务经营活动的建筑物及其附属设施和相关场地。写字楼的投资特点表现为:投资要防范贬值风险;要尽量选择增值的区域;要尽量投资甲级写字楼,即使造价昂贵。

随着城市经济的发展,尤其是那些新兴城市,将会吸引大量新的企业来开设办事处或分公司,将需要大量的办公场所,这就是写字楼成为一些城市房地产投资热点的关键。然而,写字楼投资风险较大,主要是因为它一般是租赁性经营,租赁效益的高低不仅取决于楼宇自身的环境条件及结构、装修条件,还取决于物业管理水平和楼宇的使用率的高低。另外,写字楼市场与宏观经济环境及区域经济环境关系最为密切,受经济景气循环状况影响较大。

4. 商场、酒楼、旅店

商场、酒楼、旅店等属于商业房地产,投资特点表现为:开发模式专业化;开发金融产品化;需要顾问机构专业参与;招商先于规划设计。

商场、酒楼和旅店的投资回报较高,通常是房地产投资的热点。但由于这类物业无明确的租约保障、无固定的消费对象(尽管可以通过市场细分明确市场定位),竞争往往激烈,投资风险很大。这类投资对象经营收益的高低不仅取决于自身的环境条件、经营策略,还取决于区域经济发展状况,商业、旅游及经济情况的波动将直接影响消费需求水平,进而影响收益。

5. 工业类房地产

工业类房地产是指工业类土地使用性质的所有毛地、属地,以及该类土地上的建筑物和附属物。在沿海城市,工业地产正成为许多开发商竞争的对象。工业类房地产投资的主要特点是:有稳定的投资收益率;以工业园区引进企业;目标侧重微型工业。

首先对此类物业用地的特征加以分析。其用地之决定因素可分为成本因素和非成本因素两大类,对不同因素之偏重,不同的产业间有着极为显著的不同。就成本因素而言,有3种成本必须考虑:一是取得生产原料的成本,包括直接成本和间接成本。直接成本是指原料成本及运费。间接成本是指与采购有关的成本,如订购、验收、储藏等。其中直接成本中的运费项目和工业用地区位选择有极大的关系。如果产业属于使用笨重原料者,工业用地选择会较接近原料供应位置。二是转换成本,包括人工成本及各种所需服务成本,如光、热、动力等能源成本。因此,工业用地必须考虑能源供应充分与稳定,此外还须考虑地区的人工成本及劳动生产制造的产品运输到市场所需的成本。就非成本因素而言,主要有劳动力的质量及其供给状况、气象、社区对该项工业的态度以及该工业生产对环境的影响等。仓储性物业要考虑的因素比上述少,更为简略,大致类似于工业用地。

需要强调的是,工业厂房和仓储性物业的投资风险是相当高的。一是工业厂房和仓储性物业的需求受经济状况的影响很大,特别是区域经济因素;二是工业厂房和仓储性物业可以分为两类,一为多用途的,一为单一用途的,尤其是为某特定制造业设计的,后者风险非常高。尤其是我国,目前处于产业结构调整之际,不确定性很大,风险很高。这类物业的投资者,在我国当前状况下,大多同时又是这类物业的使用者,以出售或出租为目的还较少。

6. 休闲性房地产

休闲性房地产是指那些具有娱乐、休闲性的房地产项目,如健身中心、游乐场、剧院、电影院、养老院、保健医院以及各种俱乐部性质的网球场、高尔夫球场等等。随着经济的发展,人类居住和生活环境的改善,休闲时间和可支配收入不断增加,人们从事职业活动以外,追求个性发展、身心健康的愿望正在逐步实现,并将成为社会的基本需求。休闲性房地产投资的特点表现为:投资和消费的双重性;功能上的娱乐性与休闲性;消费档次较高;消费的可存储性和期权消费。

由于休闲类房地产种类繁多,因此投资特性差异很大。不过仍有些基本特性是一致的,可以加以分析:

(1) 由于休闲娱乐的需求并非人类的基本需求,因此当收入恶化而必须削减支出时,休闲娱乐性支出总是第一个被考虑的。因此休闲娱乐性房地产的需求并不稳定,而且与经济景气状况息息相关。当经济不景气时,休闲性房地产的需求就会受到影响而减少,以至于休闲性房地产的投资者遭受损失。

(2) 休闲性房地产的需求与人口统计变数的关系密切。人口统计变数包括年龄层、收入水平、性别及教育水平等,不同年龄层、不同收入水平甚至不同性别或教育水平的人口对休闲性房地产的需求有较大的差异。因此在进行休闲性房地产投资开发时,须先做好市场研究工作,通过市场细分,做好市场定位,估测出市场需求等等,以确定未来的预期投资报酬率是否符合要求。

(3) 休闲性房地产投资须注意区位因素。既然休闲性房地产是提供民众休闲娱乐的服务,因此此种服务性的可及性就显得很重要。所以,应考虑所提供服务的地点及交通状况等因素。

7. 综合房地产

综合房地产是指将城市中分散的商业、办公、居住、旅店、展览、餐饮、会议、文娱、交通等不同性质、不同用途的社会生活空间的3项以上的功能集中起来组合,并在各个部分之间建立一种相互依存、相互助益的能动关系,形成一个完整的街区,或一座巨型的综合楼,或一组紧凑建筑群体的一种房地产类型。

综合房地产具有整体协同性、功能复合性、使用均衡性、空间连续性、交通平衡性、环境艺术性等特点。因此作为一种投资大但收益高的综合房地产投资,必须从独特的风格设计、广泛的社会支持、科学的综合管理、良好的功能互补等方面合理把握。

六、项目投资模式与开发模式的选择

投资模式是指投资收益的模式,主要是从投资的过程来说的,即从投入资金开始,进入开发建设到变成产品,形成新的价值的具体过程。在房地产项目投资中,企业会根据对经济形势的判断、自身的经济实力、市场的前景、企业的投资特长以及投资区位的具体特征等来最终决定具体的投资模式。

开发模式是指投资开发的具体方式,是在确定具体投资模式的基础上灵活的选择各种开发方式,使房地产投资更加科学、规范地进行。

对具体的房地产项目而言,选定适合投资目标和内容的创新模式是房地产投资策划的一个重要方面。

(一) 项目投资模式

项目投资模式有多种,有些是传统的,有些是创新的,有些是比较特殊的。

1. "投资—转让(出售)"模式

"投资—转让(出售)"模式的特点是企业投资购买土地或物业后,不经过开发建设环节,经测算项目出手后达到了企业的预期收益时及时转让或出售,从而实现了企业的投资收益。这是最传统的一种投资模式。

"投资—转让(出售)"模式主要运用于土地的投资以及一些成品物业的投资。一些开发商在看中某块地购买以后,自己不开发,而是搁置静候土地升值。由于城市建设不断深化,尤其是随着各地政府不断投入大量资金对各地市政环境进行配套建设,从而使土地升值,开发商据此赚取土地升值后溢价出手而获得额外收益。这种投资盈利模式是最传统的也是最为消极的。

土地的投资有生地和熟地之分,生地是没有经过开发、整理、拆迁的,地价一般比较便宜;熟地就不同,是已经拆迁、平整的,或是我们所说的已经三通一平的土地,地价比较贵,如果投资购买七通一平的净地那地价就更贵了。生地有拆迁整理的困难,需要花上一定的时间,特别是拆迁的问题,有时还会拖了开发建设的后腿,但由于地价便宜,也可弥补因拆迁整理而带来的一定的损失。熟地价格高,但也免去了拆迁整理带来的麻烦。投资商要根据企业的具体情况来进行选择,不可一概而论。

有时,投资者看中了一些物业的市场前景,如住宅、商铺等,这些物业不需要开发建设,等待升值后伺机出售,赚取买卖差价,这也属于"投资—转让(出售)"模式。对成品物业的投资,无论是企业还是个人,在实际操作中都很普遍。

2. "投资—开发—出售"模式

"投资—开发—出售"模式的特点是完成了房地产投资开发的整个流程,即投资土地后,经过了开发建设,最后把建好的物业出售,实现了投资资金的增值。这种模式是典型的房地产投资开发模式。

"投资—开发—出售"模式主要运用于住宅项目的投资开发。在土地上开发建设物业,犹如将原材料加工成为产品后出售。这种模式既可以稳收土地增值带来的收益,还可以获得产品销售带来的收益,因此一般都能获得合理的投资回报。这种房地产投资模式目前在很多发展中国家风行,我国更是如此。

3. "投资—开发—出租"模式

"投资—开发—出租"模式的特点也是完成了房地产投资开发的整个流程,即投资土地后,经过了开发建设,最后把建好的物业出租,通过一定的时间来回收投资收益。与"投资—开发—出售"模式不同的是,"投资—开发—出租"模式不是一次性收回投资,而是分期、分年回收投资,从而达到企业的投资目标。该模式是典型的商业物业投资开发模式。

"投资—开发—出租"模式主要运用于商业项目的投资开发,如大型商业中心、写字楼、专业市场等。由于商业项目特别是大型商业项目投资大、价值高、业态丰富、客户流动性强,整栋出售给客户的可能性较小,一般都是把商业按功能分层、分块出租给小业主经营,开发商以出租来回收投资。鉴于该类商业房地产是以出租为根本经营模式,那么就意味着开发商必须先通过金融措施筹措到足够的资金,将该类商业房地产建设完成并投入运营,再依靠租金收入回收投资、赚取利润。如果开发商不能解决项目开发完成、投入运营初期所需要的资金,那么项目是缺乏可行性的。

4. "投资—开发—出售、出租"模式

"投资—开发—出售、出租"模式实际上是"投资—开发—出售"、"投资—开发—出租"模式的变化,在最后一个环节又租又售。对于商业地产来说,企业在开发完成以后会对物业出租出售的策略进行统筹安排,以便实现企业开发项目的增值。

"投资—开发—出售、出租"模式在商业房地产如大型购物中心、甲级写字楼及一些上规模的专业市场广泛应用,只不过租售比例不同而已。一般来说,一、二层商业用房用来出租,赚取较高的租金收入,使企业长时间有较好的资金流;其他商业层则可以出售,回收建设资金。对于租售的比例和具体租售的范围、层数没有一个标准的做法,企业可以依据自身情况、开发目标以及市场前景进行合理分配。

5. "投资—开发—自营"模式

"投资—开发—自营"模式的特点是在最后一个环节不是出售、出租或租售并举,而是把开发的物业拿来自己经营和管理,以牟取更长时间的稳定的经营收益。此模式对一些大的开发企业集团来说用得较多,而对一些中小型企业则一般不会运用。这是因为自营环节不仅需要雄厚的财力物力,而且还需要高超的管理水平和高素质的管理人才。该模式多用于商业地产,如高级酒店、大型购物中心等。一些跨国房地产巨头更多的采用这一模式。

6. "投资—开发"模式

"投资—开发"模式缺少了最后一个环节——租售,那么它是怎样实现收益的呢?实际上,这种模式只是投资建设,土地和租售都不管,在供地单位把投资款及利润给投资商后就完成了。这种模式具有中国特色,是我国一些企事业单位为解决职工住房的一种非市场化的投资模式。

该模式主要适用于企事业单位集资建房、政府建设的经济适用房等。由于投资商不用考虑土地和销售问题,大大减少了精力,主要重视施工环节就可以了。运用这种模式首先要考虑的是项目与众不同的特性(是否有关系拿到地),如果没有这种能力就不可能运用这种模式。其次,这种模式所赚的利润较低,一般在3%之内,如政府规定的经济适用房的开发利润是3%,想赚大钱最好不要考虑这种模式。再有,由于利润低,风险也低,如果拿到上规模的地块,还是值得投资。

7. "收购—包装—租、售、营"模式

"收购—包装—租、售、营"模式主要是对所谓的"烂尾楼"来说的。其主要特点是收购因各种原因不能运作的现成物业,通过包装或改造,以崭新的物业出现,进而完成物业的出租、销售和经营。这种模式在实际中运用较多,而且投资收益也不错。

此模式对任何地产项目都可运用,如土地、住宅地产、商业地产、工业地产以及旅游地产等。在房地产项目开发中,有很多因为资金原因、经营原因使物业无法运转下去而不得不抛售。在这种情况下,如果开发企业得到了这方面的线索,不妨与之商洽,以地价投资收购,可以得到意想不到的收益。

8. "思路—选定城市—融资—拿地—开发—租售"创新模式

在实际的房地产投资开发中,一些房地产企业根据以上投资模式发展成"思路—选定城市—融资—拿地—开发—租售"创新模式。虽然这种投资模式并非放之四海而皆准,但对于中国房地产企业走强者之路具有一定的可行性。

(1)思路。这里提到的思路是指投资思路。思路在企业拿地之前,并非为了后期开发而圈地,是在房地产开发企业管理层的超前投资开发理念下诞生的,也就是说企业管理层首先根据目前的市场状况来预测房地产走势,然后对当时的房地产开发市场进行分析和对主流产品进行评价,最后才确定合理的投资思路。

(2)选定城市。在投资思路的指导下,企业根据这种思路来选择最佳实施对象,也就是选择最符合设想开发方式的城市,而且在产品上市后能够引起市场轰动。所选择的对象应该具备投资思路的所有条件,而且跟其他城市相比具有绝对优势。

(3)融资。在选定城市后,开发项目往往需要大量的资金,多数企业往往需要通过融资渠道来解决资金问题。这种资金筹集方式的特点在于运作灵活多变,而且后期管理便捷。

(4)拿地。在融资成功后,合资公司通过各种渠道在定点城市中选定最佳地块。由于这个过程持续的时间往往比较长,而且政府每年都有相应的土地供应计划,所以不少企业会在这个程序中停滞不前。其实如果企业投资思路具有绝对的可行性,那么企业完全可以通过跟当地政府面对面的交涉来解决土地问题。

(5)开发。在前面几项工作顺利完成后,企业就可以正式进入房地产开发轨道了。在这个程序中,企业必须严格按照预先的投资思路进行设计与建造。

(6)租售。通过租售来回收投资的租金。在租售过程中,项目的营销推广必须仅仅围绕企业的创新方式,以高位和与众不同的姿态入市,在最短的时间里达到市场轰动效应。

该模式的优点是:对公司性质没有严格要求;有助于企业介入市场空白点;有助于规避盲目的市场竞争;有助于提高企业的市场快速反应能力;有助于提高企业的品牌影响力。

但同时该模式对企业有较高的要求:企业管理层具备创新意识;企业具备一定的实力;企业具备快速的市场反应能力;企业要具有一定的专业人士。

(二)项目开发模式

房地产开发商实际上扮演着双重角色:一是商人;二是城市建设者。第一种角色要求开发商不可避免地追求开发利润的最大化,第二种角色要求开发商追求开发的社会效应。目前,房地产开发存在以下集中开发模式:

1. 短平快的合作开发模式

"联合开发"和"项目公司"是我国房地产开发中的一大特色,造成这种局面的直接原因是早期为数不少的建设项目用地是以协议出让方式取得,某些取得项目的开发企业或个人因种种原因不能在短时间内启动项目,致使开发周期大大延长,甚至使土地长期闲置。而随着房地产市场的持续升温,房地产业对资本的吸引也与日俱增,一些拥有资金或技术管理优势的企业迫切希望获取土地资源,于是合作开发这种形势应运而生。

合作开发是一些搁置已久的项目进入开发流程,大大加快了项目开发进度,在一定程度上缓解了一段时间相对供应不足的矛盾,一些企业也在项目开发的过程中积累了经验和资金,得以迅速发展。

但是这种模式的先天缺陷也是显而易见的。合作开发的项目公司存续期与项目开发周期几乎相同,项目完工,公司的寿命也结束了。因此,项目公司通常追求的是开发利润的最大化和快速实现,不可避免地会采取一些短平快的手法。再者,在市场销售形势持续向好的情况下,企业追求的是产品的快速消化和成本控制,对产品创新和品质的提升不会花费太多精力,也不可能去完成售后服务,走的是合作、建设、销售、结算的路子。

2. 小而全的多项目开发模式

一些有相当开发经验的企业或是因为取得项目的条件限制,或是主动希望完善企业自身的产品层次,开始注重后续发展的取向,并希望多点出击,全面开花,扩大企业在不同客户层面的影响力,这就出现了小而全的多项目开发模式。

这种开发模式可以在一段时间内增加企业的曝光率和知名度,以不同的产品形成系列。但是除非该企业有足够的人力资源、管理制度以及对不同类型产品的深入研究,否则很难要求它在从普通住宅、高档住宅到别墅等不同类型产品上都取得市场认可,稍有闪失,则会造成对企业整体印象的损害,而且产品交叉会使开发商不自觉地将不同产品混用,造成产品个性的方向性偏差。

3. 精耕细作的成片开发模式

相对于前两种模式,成片开发无疑更具活力,也更加符合城市经济发展和扩张对房地产开发和建设的客观要求。

成片开发的原则是总体规划、适度调整,即小区总体布局、建筑风格、景观规划通盘考虑。对产品而言,成片开发可以有足够的空间和规模实现产品品质的最优化设计;对开发商来说,可以体现更完整的开发理念,使企业获得持久的发展动力和持续的品牌建设,更加具有责任感;对消费者来说,一个大规模的规划成型的小区,不确定因素较少,不会因为日后周围环境变化等造成现有居住环境质量的改变或下降;从整个行业发展来说,成片开发客观上促进了精品住宅的形成。像广州的华南板块,一批大盘出现,使精品楼盘成为市场的标兵,规模化、集约化效应可以实现成本优化,提高产品的性价比。

成片开发使城市容易形成多个各具特色、定位不同、环境景观各异而又在城市整体交通网络的连接下的有机统一体,使城市真正呈现无限生机。同时,这样的模式有利于政府部门规范房地产业,更重要的是能够集中利用有限而宝贵的土地资源,并根据可持续发展的原则科学地制定城市建设布局,使城市充分发挥自身的作用。

七、项目投资的经济分析与评价

项目投资的经济分析与评价是指在房地产投资策划阶段,投资者运用自己投资分析人员的知识与能力,全面地调查投资项目的各个制约因素,对所有可能的投资方案进行比较论证,从中选择最佳方案并保持投资有较高水平的分析活动。

(一) 房地产开发项目总投资与总成本费用的估算

1. 房地产开发项目投资与成本费用的相关概念

(1) 房地产开发项目投资与一般建设项目投资的不同

对一般建设项目而言,其总投资是固定资产投资、建设期借款利息和流动资金之和。

对于开发后租售模式下的房地产开发项目而言,开发商本身所形成的固定资产大多数情况下很少甚至是零,房地产项目总投资基本就等于房地产项目的总成本费用。

(2) 房地产开发项目总投资

开发项目总投资包括开发建设投资和经营资金(见表4-3)。

表4-3 项目总投资估算表　　　　　　　　　　　　单位:万元

序号	项目	总投资	估算说明
1	开发建设投资		
1.1	土地费用		
1.2	前期工程费		
1.3	基础设施建设费		
1.4	建筑安装工程费		
1.5	公共配套设施建设费		
1.6	开发间接费		
1.7	管理费用		
1.8	财务费用		
1.9	销售费用		
1.10	开发期税费		
1.11	其他费用		
1.12	不可预见费		
2	经营资金		
3	项目总投资		(1)+(2)
3.1	开发产品成本		
3.2	固定资产投资		
3.3	经营资金		

开发建设投资是指在开发期内完成房地产产品开发建设所需投入的各项成本费用,主要包括土地费用、前期工程费用、基础设施建设费用、建筑安装工程费用、公共配套设施建设费用、开发间接费用、管理费用、财务费用、销售费用、开发期税费、其他费用以及不可预见费用等(见表4-4)。经营资金是指房地产开发企业用于日常经营的周转资金。

表4-4 开发建设投资估算表　　　　　　　　　　　　单位:万元

序号	项目	开发产品成本	固定资产投资	合计
1	土地费用			
2	前期工程费用			
3	基础设施建设费			
4	建筑安装工程费			
5	公共配套设施建设费			
6	开发间接费			
7	管理费用			
8	财务费用			
9	销售费用			
10	开发期税费			
11	其他费用			
12	不可预见费			
	合计			

(3) 开发产品成本

开发产品成本是指房地产开发企业在开发过程中所发生的各项费用,也就是当开发项目产品建成时,按照国家有关会计制度和财务制度规定转入的房地产产品的开发建设投资。

从财务的角度讲,这些成本可按其用途分为土地开发成本、房屋开发成本、配套设施开发成本。而在核算上又将其划分为开发直接费(包括土地费用、前期工程费用、基础设施建设费、建筑安装工程费用、公共配套设施建设费)和开发间接费(包括管理费用、财务费用、销售费用、其他费用、开发期税费、不可预见费等)。

2. 房地产开发项目总成本费用的具体估算

(1) 土地费用估算

土地费用是指为取得房地产项目用地使用权而发生的费用。对土地费用的估算要依实际情况而定。

① 土地征用拆迁费。土地征用拆迁费分为农村土地征用拆迁费和城镇土地拆迁费。

② 土地出让地价款。土地出让地价款是指国家以土地所有者的身份将土地使用权在一定年限内让予土地使用者,并由土地使用者向国家支付的土地使用权出让金及其他款项。主要包括向政府缴付的土地使用权出让金和根据土地原有状况需要支付的拆迁补偿费、安置费、城市基础设施建设费或征地费等。

③ 土地转让费。土地转让费是指土地受让方向土地转让方支付土地使用权的转让费。

④ 土地租用费。土地租用费是指土地租用方向土地出租方支付的费用。

⑤ 土地投资折价。房地产项目土地使用权可以来自房地产项目的一个或多个投资者的直接投资。在这种情况下,不需要筹集现金用于支付土地使用权的获取费用,但一般需要对土地使用权评估作价。

(2) 前期工程费用

房地产项目前期工程费主要包括开发项目前期规划、设计、可行性研究,水文、地质勘测以及"三通一平"等阶段的费用支出。

(3) 基础设施建设费

基础设施建设费是指建筑物 2 m 以外和项目用地规划红线以内的各种管线和道路等工程的费用。主要包括供水、供电、供气、排污、绿化、道路、路灯、环卫设施的建设费用,以及各项设施与市政设施干线、干管、干道的接口费用。一般按实际工程量估算。

(4) 建筑安装工程费

建筑安装工程费是指建造房屋建筑物所发生的建筑工程费用、设备采购费用、安装工程费用和室内装饰家具费等。

建筑安装工程费用估算可以采用单元估算法、单位指标估算法、工程量近似匡算法、概算指标估算法、概预算定额法,也可以根据类似工程经验进行估算。

(5) 公共配套设施建设费

公共配套设施建设费是指居住小区内为居民服务配套建设的各种非营利性的公共配套设施(又称公建设施)的建设费用。主要包括居委会、派出所、托儿所、幼儿园、锅炉房、变电站、公共厕所、停车场等。一般按规划指标和实际工程量估算。

(6) 开发间接费

开发间接费是指房地产开发企业所属独立核算单位在开发现场组织管理所发生的各项

费用。主要包括工资、福利费、折旧费、修理费、办公费、水电费、劳动保护费、周转房摊销和其他费用等。

(7) 管理费用

管理费用是指房地产开发企业的管理部门为组织和管理房地产项目的开发经营活动而发生的各项费用。

管理费可按项目投资或前述1~5项直接费用的一个百分比计算,这个百分数一般为3%左右。

(8) 财务费用

财务费用是指房地产开发企业为筹集资金而发生的各项费用。主要包括借款和债券的利息、金融机构手续费、融资代理费、外汇汇兑净损失以及企业筹资发生的其他财务费用。

(9) 销售费用

销售费用是指房地产开发企业在销售房地产产品过程中发生的各项费用,以及专设销售机构或委托销售代理的各项费用。主要包括销售人员工资、奖金、福利费、差旅费、销售机构的折旧费、修理费、物料消耗、广告费、宣传费、代销手续费、销售服务费及预售许可证申领费等。综合起来为:广告宣传及市场推广费,一般约为销售收入的2%~3%;销售代理费,一般约为销售收入的1.5%~2%;其他销售费用,一般约为销售收入的0.5%~1%。以上各项合计,销售费用约占到销售收入的4%~6%。

(10) 其他费用

其他费用主要包括临时用地费和临时建设费、工程造价咨询费、总承包管理费、合同公证费、施工执照费、工程质量监督费、工程监理费、竣工图编制费、工程保险费等。这些费用按当地有关部门规定的费率估算,一般约占投资额的2%~3%。

(11) 开发期间税费

开发期间税费是指项目所负担的与房地产投资有关的各种税金和地方政府或有关部门征收的费用。具体如固定资产投资方向调节税、土地使用税、市政支管线分摊费、供电贴费、用电权费、分散建设市政公用设施建设费、绿化建设费、电话初装费等。各项税费应根据当地有关法规标准估算。

(12) 不可预见费

房地产项目投资估算应考虑适当的不可预见费用。不可预见费根据项目的复杂程度和前述各项费用估算的准确程度,以上述各项费用之和的3%~7%估算。

(二) 房地产投资项目的收入、税金估算与资金筹措

1. 经营收入估算

(1) 租售方案的确定

租售方案一般应包括以下几个方面的内容:

① 项目出售、出租还是租售并举,出售面积和出租面积的比例是多少,以及整个项目中哪些出售、哪些出租、哪些自营。

② 可出售面积、可出租面积、自营面积和可分摊建筑面积及各自在建筑物中的位置。

③ 出售和出租的时间进度安排和各时间段内租售面积数量的确定,并要考虑租售期内房地产市场可能发生的变化对租售数量的影响。

④ 售价和租金水平的确定。

⑤ 收款方式与收款计划的确定。

这一过程在实际工作中可参照表4-5～表4-8进行。

表4-5 房地产开发项目销售计划及收款计划表　　　单位：m²，元

销售期间		第1期		第2期		…	第N期		合计
销售计划	面 积								
	百分比								100%
收款计划	期 间	百分比	销售收入	百分比	销售收入		百分比	销售收入	
	第1期								
	第2期								
	第3期								
	…								
	第N期								
总计									

表4-6 房地产开发项目出租计划及出租收入计划表　　　单位：m²，元

序号	项目名称	建 设 期			经 营 期				
		第1期	第2期	第3期	…	…	…	第N-1期	第N期
1	可出租建筑面积								
2	单位租金								
3	可能毛租金收入								
4	出租率(%)								
5	有效毛租金收入								
6	转售收入								
7	转售成本及税费								
8	净转售收入								

表4-7 房地产项目销售收入汇总表(全部出售方案)　　　单位：万元

项 目	建筑面积(m²)	售价(元/m²)	2005年		2006年		2007年		合计
			上半年	下半年	上半年	下半年	上半年	下半年	
地上商业部分									
公寓楼部分									
地下商业部分									
地下车库部分									
总 计									

表4-8 房地产项目出租收入计划表(全部出租方案)　　　单位:万元

物业类型	初始租金(元/m²)	年期	3	4	5	…	14	15	合计
		入住率							
地上商业部分		收入(万元)							
公寓楼部分									
地下商业部分									
地下车库部分									
其他面积									
总　　计									

(2)租售价格的确定

《房地产开发项目经济评价方法》中规定:租售价格应根据房地产项目的特点确定,一般应选择在位置、规模、功能和档次等方面可比的交易实例,通过对其成交价格的分析与修正,最终得到房地产项目的租售价格。这个定价过程就是市场比较定价法的运用。

(3)经营收入估算

经营收入是指向社会出售、出租房地产商品或自营时的货币收入。房地产投资项目的经营收入主要包括房地产产品的销售收入、租金收入、土地转让收入、配套设施销售收入(统称租售收入)和自营收入。

2.税金估算

目前,我国房地产开发投资企业纳税的主要税种如下:

(1)经营税金及附加

经营税金及附加是指在房地产销售、出租与自营过程中发生的税费,主要包括营业税、城市建设维护税、教育费附加(通常也叫两税一费)。目前营业税的税率是5%,城市维护建设税的税率为7%,教育费附加的税率一般为3%。

(2)土地使用税

土地使用税是房地产开发投资企业在开发经营过程中占用国有土地应缴纳的一种税。

(3)房产税

房产税是投资者拥有房地产时应缴纳的一种财产税。对于出租的房产,以房产租金收入为计税依据。对于非出租的房产,以房产原值一次减除10%～30%后的余额为计税依据计算缴纳。

(4)企业所得税

企业所得税是对企业生产经营所得和其他所得征收的一种税。

(5)土地增值税

土地增值税是对转让国有土地使用权、地上建筑物及其附着物并取得收入的单位和个人,就其转让房地产所取得的增值额为征税对象征收的一种税。

土地增值税实行四级超额累进税率,从30%～60%。增值额未超过扣除项目金额50%(包括本比例数,下同)的部分,税率为30%;增值额超过扣除项目金额50%,但未超过扣除项目金额100%的部分,税率为40%;增值额超过扣除项目金额100%,但未超过扣除项目金额200%的部分,税率为50%;增值额超过扣除项目金额200%的部分,税率为60%。

综上所述,土地增值税的计算见表4-9。

表4-9 土地增值税计算表

序号	项目	计算基础
1	转让房地产总收入	详见销售收入表
2	扣除项目金额	2.1+2.2+2.3+2.4+2.5
2.1	取得土地使用权支付的金额	地价款与相关手续费
2.2	开发成本	土地征用及拆迁费、前期工程费、建筑安装工程费、基础设施费、公共配套设施费、开发间接费等
2.3	开发费用	管理费用、销售费用、财务费用
2.4	与转让房地产有关的税金	营业税、城市建设维护税、教育费附加、印花税
2.5	财政部规定的其他扣除项目	(土地使用权金额+开发成本)×20%
3	增值额	(1)−(2)
4	增值率	(3)/(2)
5	适用增值税率	增值额50%以下部分为30%,增值额超过50%~100%部分为40%,增值额超过100%~200%部分为50%,增值额超过200%部分为60%
6	增值税	应纳税额=土地增值额×适用税率

3. 销售收入、出租收入、自营收入与经营税金及附加报表

(1) 收入与税金估算

在进行房地产投资项目的财务分析时,应按期编制销售收入与经营税金及附加估算表、租金收入与经营税金及附加估算表、自营收入与经营税金及附加估算表。见表4-10~表4-12。

表4-10 销售收入与经营税金及附加估算表　　　　　　　单位:万元

序号	项目	合计	1	2	3	…	N
1	销售收入						
1.1	可销售面积(m²)						
1.2	单位售价(元/m²)						
1.3	销售比例(%)						
2	经营税金及附加						
2.1	营业税						
2.2	城市维护建设税						
2.3	教育费附加						
…							

表 4-11 出租收入与经营税金及附加估算表 单位：万元

序号	项目	合计	1	2	3	…	N
1	租金收入						
1.1	可出租面积(m²)						
1.2	单位租金(元/m²)						
1.3	出租率(%)						
2	经营税金及附加						
2.1	营业税						
2.2	城市维护建设税						
2.3	教育费附加						
…							
3	净转售收入						
3.1	转售价格						
3.2	转售成本						
3.3	转售税金						

表 4-12 自营收入与经营税金及附加估算表 单位：万元

序号	项目	合计	1	2	3	…	N
1	自营收入						
1.1	商业						
1.2	服务业						
1.3	其他						
2	经营税金及附加						
2.1	营业税						
2.2	城市维护建设税						
2.3	教育费附加						
…							

(2) 资金筹措计划

资金筹措计划是根据房地产项目对资金的需求以及投资、成本与费用使用计划来安排资金来源和相应数量的过程。面对不同的市场环境和竞争条件，房地产投资项目融资结构和筹资计划设计合理与否也是开发商能否成功的关键。

在制定资金筹措计划时应当注意：严格按照资金的需要量确定筹资额；认真选择筹资来源渠道；准确把握自有资金与外部筹资的比例，并符合国家的有关规定；避免利率风险对项目的不利影响。

(3) 资金使用计划

房地产投资项目的资金使用计划应根据可能的项目施工进度与资金来源渠道进行编制。编制时应注意：根据建筑安装工程进度表，按照不同年度的工作量安排相应的资金供给量；根据设备到货计划安排设备购置费支出；项目的前期费用应尽早落实；在安排投资计划时应先安排自有资金，后安排外部资金。

(4) 投资计划与资金筹措表

房地产投资项目应根据投资估算数据、可能的建设进度、将会发生的实际付款时间和金额以及资金筹措情况按期编制投资计划与资金筹措表。其表格形式见表 4-13。

表 4-13 投资计划与资金筹措表　　　　　　　　　　　　单位：万元

序号	项目	合计	1	2	3	…	N
1	项目总投资						
1.1	开发建设投资						
1.2	经营资金						
2	资金筹措						
2.1	资本金						
2.2	借贷资金						
2.3	预售收入						
2.4	预租收入						
2.5	其他收入						

(三) 项目投资财务分析

1. 财务分析的含义及基本程序

财务分析也叫财务评价，是指投资分析人员在房地产市场调查与预测，项目策划，投资、成本与费用估算，收入估算与资金筹措等基本资料和数据的基础上，通过编制基本财务报表，计算财务评价指标，对房地产项目的盈利能力、清偿能力和资金平衡情况所进行的分析，据此评价和判断投资项目在财务上的可行性。

财务分析的基本程序是：收集、整理和计算有关基础财务数据资料；编制基本财务报表；财务分析指标的计算与评价；进行不确定性分析；由上述确定性分析和不确定性分析的结果作出投资项目财务上可行与否的最终结论。

2. 房地产投资项目财务分析基本报表

(1) 现金流量表

现金流量表是指反映项目在计算期内各年的现金流入、现金流出和净现金流量的计算表格。按照投资计算基础的不同，现金流量表一般分为以下几类：

① 全部投资现金流量表

全部投资现金流量表是不分投资资金来源，以全部投资作为计算基础（即假定全部投资均为自有资金），用以计算全部投资所得税前及所得税后财务内部收益率、财务净现值及投资回收期等评价指标的计算表格。其目的是考察项目全部投资的盈利能力，为各个方案进行比较建立共同基础。其表格形式见表 4-14。

表 4-14 全部投资现金流量表　　　　　　　　　　　　单位：万元

序号	项目	合计	1	2	3	…	N
1	现金流入						
1.1	销售收入						
1.2	出租收入						

续表 4-14

序号	项 目	合计	1	2	3	…	N
1.3	自营收入						
1.4	净转售收入						
1.5	其他收入						
1.6	回收固定资产余值						
1.7	回收经营资金						
2	现金流出						
2.1	开发建设投资						
2.2	经营资金						
2.3	运营费用						
2.4	修理费用						
2.5	经营税金及附加						
2.6	土地增值税						
2.7	所得税						
3	净现金流量						
4	累计净现金流量						

计算指标：(1) 财务内部收益率(%)：
(2) 财务净现值：
(3) 投资回收期(年)：
(4) 基准收益率(%)：

② 资本金现金流量表

资本金是项目投资者自己拥有的资金。该表从投资者整体角度出发，以投资者的出资额作为计算基础，把借款本金偿还和利息支付作为现金流出，用以计算资本金财务内部收益率、财务净现值等评价指标，考察项目资本金的盈利能力。其表格形式见表 4-15。

表 4-15　资本金现金流量表　　　　　　　　单位：万元

序号	项 目	合计	1	2	3	…	N
1	现金流入						
1.1	销售收入						
1.2	出租收入						
1.3	自营收入						
1.4	净转售收入						
1.5	其他收入						
1.6	回收固定资产余值						
1.7	回收经营资金						
2	现金流出						
2.1	资本金						
2.2	经营资金						
2.3	运营费用						
2.4	修理费用						
2.5	经营税金及附加						
2.6	土地增值税						

续表 4-15

序号	项 目	合计	1	2	3	...	N
2.7	所得税						
2.8	借款本金偿还						
2.9	借款利息支付						
3	净现金流量						
4	累计净现金流量						
计算指标：(1) 资本金财务内部收益率(%) (2) 财务净现值							

③ 投资者各方现金流量表

该表以投资者各方的出资额作为计算基础，用以计算投资者各方财务内部收益率、财务净现值等评价指标，反映投资者各方投入资本的盈利能力。当一个房地产项目有几个投资者进行投资时，就应编制投资者各方现金流量表。其表格形式见表 4-16。

表 4-16　投资各方现金流量表　　　　　　　　　单位：万元

序号	项 目	合计	1	2	3	...	N
1	现金流入						
1.1	应得利润						
1.2	资产清理分配						
1.2.1	回收固定资产余值						
1.2.2	回收经营资金						
1.2.3	净转售收入						
1.2.4	其他收入						
2	现金流出						
2.1	开发建设投资出资额						
2.2	经营资金出资额						
3	净现金流量						
4	累计净现金流量						

(2) 资金来源与运用表

资金来源与运用表是反映房地产投资项目在计算期内各年的资金盈余或短缺情况以及项目的资金筹措方案和贷款偿还计划的财务报表，它为项目资产负债表的编制及资金平衡分析提供了重要的财务信息。其表格形式见表 4-17。

表 4-17　现金来源与运用表　　　　　　　　　单位：万元

序号	项 目	合计	1	2	3	...	N
1	资金来源						
1.1	销售收入						
1.2	出租收入						
1.3	自营收入						
1.4	资本金						

续表 4-17

序号	项 目	合计	1	2	3	…	N
1.5	长期借款						
1.6	短期借款						
1.7	回收固定资产余值						
1.8	回收经营资金						
1.9	净转售收入						
2	资金运用						
2.1	开发建设投资						
2.2	经营资金						
2.3	运营费用						
2.4	修理费用						
2.5	经营税金及附加						
2.6	土地增值税						
2.7	所得税						
2.8	应付利润						
2.9	借款本金偿还						
2.10	借款利息支付						
3	盈余资金(1)—(2)						
4	累计盈余资金						

该表给出的盈余资金表示当年资金来源(现金流入)多于资金运用(现金流出)的数额。当盈余资金为负值时,表示该年的资金短缺数。作为资金的平衡,并不要求每年的盈余资金不出现负值,而要求从投资开始至各年累计的盈余资金大于或等于零。

作为项目投资实施的必要条件,每期的盈余资金应不小于零。因而,房地产投资项目资金平衡分析关注的重点是资金来源与运用表的累计盈余栏目。

(3) 损益表

损益表是反映房地产投资项目计算期内各年的利润总额、所得税及各年税后利润的分配等情况的财务报表。通过该表提供的投资项目经济效益静态分析的信息资料,可以计算投资利润率、投资利税率、资本金利润率、资本金净利润率等指标。其表格形式见表 4-18。

表 4-18 损益表　　　　　　单位: 万元

序号	项 目	合计	1	2	3	…	N
1	经营收入						
1.1	销售收入						
1.2	出租收入						
1.3	自营收入						
2	经营成本						
2.1	商品房经营成本						
2.2	出租房经营成本						
3	运营费用						
4	修理费用						
5	经营税金及附加						

续表 4-18

序号	项 目	合计	1	2	3	…	N
6	土地增值税						
7	利润总额						
8	所得税						
9	税后利润						
9.1	盈余公积金						
9.2	应付利润						
9.3	未分配利润						
计算指标：(1) 投资利润率(%) (2) 投资利税率(%) (3) 资本金利润率(%) (4) 资本金净利润率(%)							

(4) 资产负债表

资产负债表是反映房地产投资项目在计算期内各年末资产、负债与所有者权益变化及对应关系的报表。该表主要用于考察项目资产、负债、所有者权益的结构，进行项目清偿能力分析。各期资产应等于负债和所有者权益之和。资产负债表由资产、负债和所有者权益三大部分组成。具体见表 4-19。

表 4-19 资产负债表　　　　　　　　单位：万元

序号	项 目	合计	1	2	3	…	N
1	资　产						
1.1	流动资产总额						
1.1.1	应收账款						
1.1.2	存货						
1.1.3	现金						
1.1.4	累计盈余资金						
1.2	在建工程						
1.3	固定资产净值						
1.4	无形及递延资产净值						
2	负　债						
2.1	流动资产负债						
2.1.1	应付账款						
2.1.2	短期账款						
2.2	长期借款						
2.2.1	经营资金借款						
2.2.2	固定资产投资借款						
2.2.3	开发产品投资借款						
3	所有者权益						
3.1	资本金						
3.2	资本公积金						
3.3	盈余公积金						
3.4	累计未分配利润						

3. 财务盈利能力分析

项目财务盈利能力分析主要考察房地产项目的财务盈利能力水平。根据房地产项目研究阶段、研究深度以及项目类型的不同,主要选择以下指标进行分析:

(1) 投资利润率

投资利润率,是指房地产投资项目开发建设完成后正常年度的年利润总额(或预计回收期内的年平均利润总额)与项目总投资额的比率,主要用来评价开发投资项目的获利水平。计算公式为:

$$投资利润率 = \frac{利润总额或年平均利润总额}{总投资额} \times 100\%$$

式中,总投资额=投资+贷款利息。

实际工作中可以将投资利润率分为税前投资利润率和税后投资利润率两种。计算出来的投资利润率要与规定的行业标准投资利润率或行业的平均投资利润率进行比较,如果预期的投资利润率(或收益率)高于或等于基准投资利润率(或收益率),说明该项目投资经济效益高于或相当于本行业的平均水平,可考虑接受;反之,一般不予接受。

(2) 投资利税率

投资利税率是项目利税额与总投资额的比值。计算公式为:

$$投资利税率 = \frac{利税额}{总投资额} \times 100\%$$

式中,利税额等于利润总额与销售税金及附加之和。

计算出的投资利税率同样也要与规定的行业标准投资利税率或行业平均投资利税率进行比较,若前者大于后者,则认为项目是可以考虑接受的。

(3) 资本金利润率

资本金利润率是项目的利润总额(或年平均利润总额)与项目资本金(即自有资金或权益投资)之比。计算公式为:

$$资本金利润率 = \frac{利润总额或年平均利润总额}{资本金} \times 100\%$$

计算出的资本金利润率要与行业的平均资本金利润率或投资者的目标资本金利润率进行比较,若前者大于或等于后者,则认为项目是可以考虑接受的。

(4) 资本金净利润率

资本金净利润率是项目所得税后利润与项目资本金之比。计算公式为:

$$资本金净利润率 = \frac{税后利润}{资本金} \times 100\%$$

应该说,资本金净利润率是投资者最关心的一个指标,因为它反映了投资者自己出资所带来的净利润。

(5) 静态投资回收期

静态投资回收期是指以房地产投资项目的净收益来抵偿全部投资所需的时间。静态投资回收期的计算具体有两种方法:

① 当项目投入经营后,每年的收益额大致持平、比较均匀时:

投资回收期＝项目总投资/项目年平均收益额

② 当项目投入经营后,每年的收益额不太均衡、相差较大时:

投资回收期＝(累计净现金流量开始出现正值期数－1)＋
(上期累计现金流量的绝对值/本期净现金流量)

其中净现金流量和累计净现金流量可直接利用财务现金流量表(全部投资)中的计算求得。当累计净现金流量等于零或出现正值的年份,即为项目静态投资回收期的最终年份。该指标比较适用于对出租和自营的房地产项目投资回收的粗略评价。

(6) 财务净现值($FNPV$)

现值是指未来预期收益的现在价值。净现值是指按照投资者最低可接受的收益率或设定的基准收益率 i_c(合适的贴现率),将房地产投资项目在计算期内的各年净现金流量折现到投资期初的现值之和。

$$FNPV = \sum_{t=0}^{n}(CI-CO)_t(1+i_c)^{-t}$$

式中：CI_t——第 t 年的现金流入量；

CO_t——第 t 年的现金流出量；

i_c——行业或部门基准收益率或设定的目标收益率；

t——项目计算期。

$FNPV \geqslant 0$ 说明项目的获利能力达到或超过了基准收益率的要求,在财务上是可行的。

基准贴现率就是项目净现金流量贴现时所采用的利率,它反映了资金的时间价值。在我国,一般由行业或部门制定基准收益率作为基准贴现率。如果没有规定的基准贴现率,可以根据银行中长期贷款的实际利率确定,也可以根据投资者要求的目标收益率或最低回报率来确定。项目分析评价人员在确定财务基准收益率时,一般综合考虑以下因素：当前整个国家的经济发展状况；银行贷款利率；其他行业的投资收益率水平；投资者对项目收益增长能力的预期；项目风险的大小；项目的寿命期长短等。

对开发项目而言,计算期是指从建设开始到全部售出的时间,有时也叫开发期；对开发后出租项目或置业后出租项目而言,是指从建设或购买开始,不断地获取收益直到项目转售或项目的经济寿命结束的时间,有时也叫持有期或经营期。

(7) 财务内部收益率($FIRR$)

在项目投资有效期内,各年净现金流量现值累计等于零时的折现率。

$$\sum_{t=0}^{n}(CI-CO)_t(1+FIRR)^{-t} = 0$$

式中：$(CI-CO)_t$——第 t 期的净现金流量；

$FIRR$——财务内部收益率；

其他同前。

对房地产开发项目而言,投资有效期是指从购买土地使用权开始到项目全部售出为止的时间。$FIRR$ 可以通过逐步测试法(内插法)求得,即先用目标收益率或基准收益率求得项目净现值,若为正,则用更高的折现率使净现值为零的正值和负值各一个,然后通过内查计算 FIRR。

$$FIRR = i_1 + \frac{|NPV_1|}{|NPV_1|+|NPV_2|}(i_2 - i_1)$$

式中：FIRR——内部收益率；

NPV_1——采用低折现率时净现值的正值；

NPV_2——采用高折现率时净现值的负值；

i_1——净现值为接近于零时的正值的折现率；

i_2——净现值为接近于零时的负值的折现率。

FIRR 可以反映项目投资所能支付的最高贷款利率，也可以与部门或行业的基准收益率或目标收益率 i_c 进行比较，当 $FIRR \geqslant i_c$ 时则认为项目财务上可行。

(8) 动态投资回收期（DPP）

动态投资回收期是指在基准收益率（或基准折现率）的条件下，项目从投资开始到以净收益补偿投资额为止所经历的时间。基本表达式为：

$$\sum_{t=0}^{DPP}(CI-CO)_t(1+i_c)^{-t} = 0$$

式中：DPP——动态投资回收期；

其他同前。

其详细计算公式为：

动态投资回收期＝（累计净现金流量的折现值开始出现正值期数－1）＋
（上期累计现金流量折现值的绝对值/本期净现金流量折现值）

4. 项目投资的不确定性分析

由于环境、条件及有关因素的变动和主观预测能力的局限，所确定的基础数据、基本指标和项目的经济效益结论有时不符合评价者和决策者所作的某种确定的预测和估计，这种现象就称为不确定性。

租售价格、土地费用、开发周期、建安工程费、融资成本、出租率、建筑面积和投资收益率等因素是主要的不确定性因素。投资分析有必要对上述因素或参数的变化对财务评价结果产生的影响进行深入研究，从而为房地产投资决策提供科学依据。

(1) 临界点分析

临界点，是房地产开发项目盈利与亏损的分界点，在这一点上，项目的收入与支出持平，净收入等于零。它是开发企业的销售收入扣除销售税金后与成本相等的经营状态，即边际利润等于固定成本时企业所处的既不盈利又不亏损的状态。

临界点分析是对房地产投资项目中的各变量进行综合分析的一种技术经济分析方法，临界点分析的目的是确定投资活动的盈亏临界点，以及有关因素变动对盈亏临界点的影响等问题。通过临界点分析，投资者可以判断投资项目对市场需求变化的适应能力、盈利能力和抗风险能力。它特别适用于先开发后出售的投资项目的经济评价。

房地产投资项目的临界点分析，主要是根据房地产开发经营成本、产（销）量（建筑面积）、售价和利润之间的函数关系进行预测、分析房地产开发项目盈利能力和考察项目承受风险能力的一种技术方法。但应用这一方法，只能对项目风险作定性分析，而无法定量测度其风险的大小，即对项目的风险只能进行程度上的描述，这是临界点分析在技术上的局限性。

(2) 敏感性分析

敏感性分析是研究和预测项目的主要变量发生变化时,导致项目投资效益的主要经济评价指标发生变动的敏感程度的一种分析方法。在房地产投资分析中,其主要经济指标是净现值、内部收益率、开发商利润等;而主要变量是指前面介绍的 8 项因素。

敏感性分析的目的:一是通过敏感性分析,寻找敏感性因素,观察其变动范围,了解项目可能出现的风险程度,以便集中注意力重点研究敏感因素产生的可能性,并制定出应变对策,最终使投资风险减少,提高决策的可靠性;二是通过敏感性分析,计算出允许这些敏感性因素变化的最大幅度(或极限值),或者说预测出项目经济效益变化的最乐观和最悲观的临界条件或临界数值,以此判断项目是否可行;三是通过敏感性分析,可以对不同的投资项目(或某一项目的不同方案)进行选择,一般应选择敏感程度小、承受风险能力强、可靠性大的项目或方案。

其主要步骤是:① 选择经济评价指标;② 选择需要分析的不确定性因素;③ 确定变量的变化范围并计算其变动幅度;④ 确定项目对风险因素的敏感程度。

(3) 概率分析

概率分析是根据不确定性因素在一定范围内的随机变动,分析确定这种变动的概率分布和它们的期望值以及标准差,进而为投资者决策提供可靠依据。

在项目概率分析中,一般是计算项目净现值的期望值(数学期望)及净现值大于或等于零时的累计概率,也可以通过模拟测算项目评价指标(如内部收益率)的概率分布,为项目决策提供依据。只是这些不确定性因素的概率分布函数一般很难用数学方法导出,模拟方法求分布函数也是很复杂的事,所以人们都是根据历史资料和经验主观地将概率分布确定下来,但这本身也有风险。

概率分析法的主要步骤是:① 列出需要进行概率分析的不确定性因素;② 选择概率分析使用的经济评价指标;③ 分析不确定性因素发生的概率;④ 计算在给定的概率条件下经济评价指标的累计概率,并确定临界点发生的概率。

5. 项目投资方案的比选

房地产投资项目的方案比选,即投资方案的比较与选择,是寻求合理的房地产开发方案的必要手段。它是对房地产投资项目面临的各种可供选择的开发经营方案进行计算和分析,从中筛选出满足最低收益率要求的可供比较方案,并对这些方案作出最后选择的过程。

(1) 投资方案的类型

① 互斥方案。互斥方案是在若干个方案中,选择其中任何一个方案则其他方案就必须被排斥的一组方案。

② 独立方案。独立方案是指一组相互独立、互不排斥的方案。在独立方案中,选择某一方案并不排斥选择另一方案。

③ 混合方案。混合方案是指兼有互斥方案和独立方案两种关系的混合情况。

(2) 比选采用的指标

具体可以采用静态指标与动态指标。静态指标一般有差额投资收益率、差额投资回收期等指标;动态指标主要有净现值、净现值率、差额投资内部收益率、等额年值、费用现值、等额年费用等指标。

① 差额投资收益率

差额投资收益率是单位追加投资所带来的成本节约额,有时也叫追加投资收益率。表达式为:

$$\Delta R = \frac{C_1 - C_2}{I_1 - I_2}$$

式中:ΔR —— 差额投资回收期;

I_1, I_2 —— 两个比较方案的总投资;

C_1, C_2 —— 两个比较方案的年成本。

② 差额投资回收期

差额投资回收期是指通过成本节约收回追加投资所需的时间,有时也叫追加投资回收期。表达式为:

$$\Delta P = \frac{I_1 - I_2}{C_1 - C_2}$$

式中:ΔP —— 差额投资回收期;

I_1, I_2 —— 两个比较方案的总投资;

C_1, C_2 —— 两个比较方案的年成本。

③ 净现值(NPV)

净现值是投资项目净现金流量的现值累计之和。用净现值进行方案比选的方法叫净现值法,有时也叫现值法。表达式为:

$$NPV = \sum_{t=0}^{n}(CI - CO)_t (1 + i_c)^{-t}$$

如果判断项目的可行性,则 $NPV \geqslant 0$ 的拟建方案是可以考虑接受的;如果进行方案比选,则以净现值大的方案为优选方案。

④ 净现值率

净现值率是投资方案的净现值与投资现值的比率,它表明单位投资的盈利能力和资金的使用效率。

$$NPVR = \frac{NPV}{I_P}$$

式中:$NPVR$ —— 净现值率;

NPV —— 净现值;

I_P —— 投资现值。

在进行方案比选时,净现值率大的方案为优选方案。

⑤ 差额投资内部收益率(ΔIRR)

差额投资内部收益率是两个方案各期净现金流量差额的现值之和等于零时的折现率。表达式为:

$$\sum_{t=0}^{n}[(CI - CO)'_t - (CI - CO)''_t](1 + \Delta IRR)^{-t} = 0$$

式中:ΔIRR —— 差额投资内部收益率;

$(CI - CO)'_t$ —— 投资大的方案第 t 期净现金流量;

$(CI - CO)''_t$ —— 投资小的方案第 t 期净现金流量;

n——开发经营期。

⑥ 等额年值（AW）

将项目的净现值换算为项目计算期内各年的等额年金就是等额年值。用等额年值来进行多方案比选的方法称为等额年值法。

$$AW = NPV \frac{i_c(1+i_c)^n}{(1+i_c)^n - 1}$$

从其表达式可以看出，AW 实际上是 NPV 的等价指标。也可以说，在进行方案比选时，等额年值大的方案应为优选方案。

⑦ 费用现值（PC）

把项目计算期内的各年投入（费用）按基准收益率折现成的现值为费用现值。用费用现值进行方案比选的方法为费用现值法。

$$PC = \sum_{t=0}^{n}(C-B)_t(1+i_c)^{-t}$$

式中：C——第 t 期投入总额；
  B——期末余值回收；
  n——项目的开发经营期。

在进行方案比选时，以费用现值小的方案为优选方案。

⑧ 等额年费用（AC）

将项目计算期内所有的费用现值按事先选定的基准收益率折算为每年等额的费用，称为等额年费用。以此进行方案比选的方法为等额年费用比较法。表达式为：

$$AC = PC \frac{i_c(1+i_c)^n}{(1+i_c)^n - 1}$$

在进行方案比选时，以等额年费用小的方案为优选方案。

(3) 比选中应注意的问题

大多数情况下独立项目的财务分析中，用净现值和内部收益率指标来判断项目的可行性，所得出的结论是一致的。因此，可选择任一指标作为项目财务分析指标。但是在某些情况下（如多个方案进行比较和选择时），相互矛盾的信号出现了，这两种方法可能会对现有的备选方案作出不同的排序。一般来说，在这样的方案比选中，通常不直接采用内部收益率指标比较，而采用净现值和差额投资内部收益率指标作为比较指标。

净现值和净现值率两个指标在方案比较和项目排队时，有时也会得出相反的结论。因此，在进行方案比选时，若无资金限制条件，此时可采用净现值作为比选指标。相反，当事先明确了资金限定范围时，应进一步用净现值率来衡量，这就使用了净现值率排序法。

第二节　房地产投资策划案例分析

案例一　××市租售房地产项目投资策划案例

一、市场分析和需求预测

××市地处华北平原，是中南某省重要的工业城市之一，市区人口约 60 万人，面积

187 km^2。

××市1949年市区面积仅3.4 km²,人口约3.6万人。各类房屋总建筑面积72万 m²,常住市区的4 800户贫苦市民,人均居住面积不足2.5 m²,房屋年久失修,破烂不堪,其中住草灰棚房的就有9 700多人,除此之外无房可住的不计其数。××市人民在解放前百余年间尝尽了洪水、战祸之苦。新中国成立后在党和政府的领导下,城市建设规模得到了前所未有的发展,1998年人口达到了529万人,其中非农业人口达到105万人,各类房屋建筑面积增加了14倍。党的十一届三中全会以来,城区住宅大幅度增长,十多年来,住宅建设投资平均每年以18%的速度增长,人均居住面积有了明显的增加,一大批破旧、低矮棚户房得到了改造,广大城镇居民的居住条件和居住环境得到了明显的改善。然而由于经济条件、住房体制、人口增长等多方面因素制约,加上住宅建设历史欠账太多,××市的住房供求矛盾依然十分突出,现有住房中还有不少危房、漏房亟须改造。

根据《××市统计年鉴》(1998)显示,缺房户数8 000户,其中人均居住面积在4 m²以下的住房困难户3 000户,随着城市人口的增长,今后每年还将新增一定数量的住房困难户,距党中央提出的到2000年城镇居民每户拥有一套经济实用住房,从而使城镇居民达到小康居住水平的要求还有很大差距。

从全市商品房市场看,1998年全市商品房竣工面积19.24万 m²,实际销售14.66万 m²,预售1.89万 m²,空置2.69万 m²,实际销售金额达到9 831万元,总体情况比较理想。随着国家扩大内需、鼓励消费、减免和降低房地产开发各项收费等各项配套政策的逐步出台与完善,经济形势将得到回升,人们消费预期也将得到提升,因此,商品房和商业办公用房销售前景良好。

据1997年调查资料显示,项目附近的事业单位和企业缺房户约有千余户,虽然有些企业先后集资建了一些住房,但远远满足不了职工家庭的需求。随着该市住房制度改革的深入,房改政策已深入人心,各企事业单位房改力度的加强以及全省城镇停止住房实物分配的实施,必将带动房地产市场的兴旺。

二、建设指导思想

根据建设部有关城市建设的法规及××市总体规划,小区规划设计旨在创造一个舒适、方便、安全、优美的居住环境,并按照"统一规划、分期实施、配套建设、充分利用土地"的原则,综合提高经济效益和社会效益。

三、建设内容和规模

××小区占地8.78 hm²,总建设面积15.7万 m²,其中,一期工程建设面积3.4万 m²已经竣工发售。××北小区项目属二期工程,建筑面积12.3万 m²,拟建6层条式楼多栋,建筑面积3.1万 m²,占地5 683 m²;少量营业用房,建筑面积1 320 m²,占地726 m²;楼群中部布置3栋26层点式楼,建筑面积9.1万 m²,占地3 850 m²。

四、规划选址

××小区位于××市区东北部,南临东风路,西面与乡政府和乡医院相邻,北靠建设路,中部偏东有学院路自南向北纵向穿越,将小区分为两部分。区内临建设路处现有建设路小学、水文队、银行等单位,其余均为菜田。该地块南北长 300 m,东西宽约 180 m,呈矩形,自然地势南高北低,平均海拔高程 71.50 m 左右,最大高差约 0.3 m,地势较为平坦。

五、规划与住宅布局

由于本地块的地形现状和特点,规划设计将小区中心设置在地块的几何中心部位,以中心绿地和居委会、文化活动站等设施组成,并采用空间划分和限定的手法,组织好由公共空间、半公共空间到私密空间的相互联系和组合。其他建筑布置紧紧围绕小区中心,以点式和条式住宅相互结合、协调搭配、错落有致的方法,丰富居住小区的环境和平面布局,使小区面貌更显得新颖别致、灵活多样。小区公共建筑设施沿周边布置,既丰富了城市道路和沿街景观,又给小区的建设开发创造了有利条件。

小区住宅以 6 层条式为主,适当点缀点式住宅。条式住宅布局采用周边式布置,两三栋为一组,组合成若干个半公共空间,既塑造了建筑的立面效果,又方便了小区的管理。依据小区道路的分隔与围合,小区分为 4 个组团,即南部的两个居住组团,北部的公建组团和学院路东的组团。以南部两个居住组团形成小区的基本居住单元。小区的主要入口有 3 个,分别面向建设路、东风路和学院路。在学院路的主要入口处设置新置新村标志,增强小区的识别性。同时,小区的平面布局综合考虑了日照、通风、防灾、消防等要求,日照间距为 1∶1.2。

六、小区绿化

为了创造一个接近自然、环境优美的居住环境,小区绿地按照集中、分散结合布置。除小区中心绿地外,在零星地块见缝插绿地进行建设,利用道路与景观调节小区气候,方便居民,美化环境,使人们步入小区后有一种步移景异、赏心悦目的美好心情。植物栽培以常绿植物为主,配以四季花卉、水池、亭子、花架、坐凳等园林小品,形成景色宜人、生机盎然的园林景观。

七、方案设想

××北小区住宅方案设计主要考虑了功能、舒适、美观、采光、通风及结构上的安全经济等因素,在经济适用方面下工夫,以满足不同家庭户型结构的需要。方案设计的原则是:坚持"住得好、分得开、放得下、买得起"的设计原则;坚持节地、节能、节材的设计原则,尽量采取小面宽、大进深等有效手法;在节能方面主要在墙体厚度和材料、门窗尺寸选型、屋顶保温等方面采取一些行之有效的措施。

八、实施进度计划及计算期

计划 2000 年 10 月开始施工,建设工期为 3 年。项目计算期为 6 年。

九、用款计划

用款计划见下表。

用 款 计 划 表

项　　目	金额(万元)	1	2	3
土地费用	420	100%		
前期工程费	28	100%		
基础设施建设费	10	100%		
建筑安装工程费	9 917	10%		
公共配套设施建设费	96	63%		
开发间接费				
管理费用	99	33%		
销售费用	99	17%		
开发期税费	367	41%		
其他费用	183	55%		
不可预见费	449	33%		

十、投资估算

本项目总投资为 12 391 万元,其中土地费用 420 万元,前期工程费 28 万元,基础设施建设费 10 万元,建筑安装工程费 9 917 万元,公共配套设施建设费 96 万元,管理费用和销售费用各 99 万元(按建筑工程工程费的 1% 计),开发期税费 367 万元,其他费用 183 万元,不可预见费 449 万元及财务费用 722 万元。详见下表所示。

项目总投资估算表　　　　　　　　　　单位:万元

序　号	项　　目	总　投　资	估算说明
1	开发建设总投资	12 391	
1.1	土地费用	420	
1.2	前期工程费	28	
1.3	基础设施建设费	10	
1.4	建筑安装工程费	9 917	
1.5	公共配套设施建设费	96	
1.6	开发间接费		
1.7	管理费用	99	
1.8	销售费用	99	
1.9	开发期税费	367	
1.1	其他费用	183	
1.11	不可预见费	449	
1.12	财务费用	722	
2	经营资金		
3	项目总投资	12 391	
3.1	开发产品成本	12 391	
3.2	固定资产投资		
3.3	经营资金		

十一、资金筹措

项目总投资 12 391 万元。其中项目资本金 3 000 万元,分两年等额投入;商业银行贷款 3 891 万元,3 年的贷款比例分别为 12.4%、35.6% 和 52%;不足部分拟由预售房款解决。详见下表。

投资使用计划与资金筹措表　　　　　　　　单位:万元

序号	项目	合计	1	2	3	4	5	6
1	总投资	12 391	1 983	3 824	6 119	233	155	78
1.1	自营资产投资							
1.2	自营资产投资借款建设期利息							
1.3	自营资产投资方向调节税							
1.4	经营资金							
1.5	开发产品投资	12 391	1 983	3 824	6 119	233	155	78
	其中:不含财务费用	11 669	1 968	3 754	5 947			
	财务费用	722	14	70	172	233	155	78
2	资金筹措	12 391	1 983	3 824	6 119	233	155	78
2.1	资本金	3 000	1 500	1 500				
2.2	预售收入	5 501		941	4 094	233	155	78
2.3	预租收入							
2.4	其他收入							
2.5	其他							
2.6	借款	3 891	483	1 383	2 025			
2.6.1	固定资产投资长期借款	3 891	483	1 383	2 025			
	自营资产投资人民币借款							
	自营资产投资外币借款		483	1 383	2 025			
	房地产投资人民币借款	3 891						
2.6.2	自营资产投资建设期利息借款							
2.6.3	经营资金人民币借款							

十二、贷款条件

年利率 5.85%,按单利计息,宽限期 3 年,3 年等额还本。

十三、税费率

税费率见下表所示。

税费率表　　　　　　　　单位:%

税费项目	税费率	税费项目	税费率
营业税	5	公益金	5
城市维护建设税	7	法定盈余公积金	10
教育费附加	3	任意盈余公积金	0
企业所得税	33	不可预见费	4
房产税(按租金)	12	土地增值税	30、40、50 超额累进

十四、销售与出租计划

××小区项目高层、多层住宅和部分营业用房计划在4年内全部出售。住宅楼从项目开工第2年开始预售,分期付款,按20%、70%和10%分3年付清。出租房第4年开始出租,出租率第4年为80%,以后各年均为100%。各类房屋销售计划见下表。

房屋销售计划表 单位:%

类型＼年份	2	3	4	5
高层住宅	40	40	20	—
多层住宅	30	30	30	10
营业用房	30	30	40	—

根据××市近期相同房地产项目的售(租)价和居民购买力预测,计划××小区高层住宅售价1 800元/m²,多层住宅售价1 250元/m²,营业用房一半出售,售价3 500元/m²。售房加权平均价为1 670元/m²。营业用房另一半出租,每年每平方米租价1 000元,建设期出租房不预租。

十五、财务分析

1. 分析依据

建设部发布的《房地产开发项目经济评价方法》,中国计划出版社2000年出版。

2. 盈利能力分析

项目在计算期内经营收入20 671万元,可获利润4 954万元,扣除所得税、公益金、公积金后还有2 821万元可分配利润。项目缴纳的经营税金为1 137万元,所得税为1 635万元,土地增值税为2 202万元,合计缴纳税金4 973万元。和项目业主投入的资本金3 000万元相比,在6年内项目盈利和缴纳税金的绝对额是相当高的,表明项目的盈利能力是比较强的。详见表中所示。

售房收入与经营税金及附加估算表 单位:万元

序号	项目	合计	1	2	3	4	5	6
1	售房收入	20 486		1 557	7 005	7 133	4 028	763
1.1	可销售面积(m²)	122 660		45 898	45 898	27 764	3 100	
1.2	平均售价(元/m²)	1 696		1 696	1 632	1 250		
1.3	销售比例(%)	100		37	37	23	3	
2	经营税金及附加	1 127		86	385	392	222	42
2.1	营业税	1 024		78	350	357	201	38
2.2	城市维护建设税	72		5	25	25	14	3
2.3	教育费附加	31		2	11	11	6	1
3	土地增值税	2 202		163	732	754	454	99
4	商品房销售净收入	17 158		1 308	5 888	5 987	3 352	622

租房收入与经营税金及附加估算表
单位：万元

序号	项目	合计	1	2	3	4	5	6
1	租房收入	185				53	66	66
1.1	可出租面积(m^2)					528	660	660
1.2	单位租金(元/m^2)					1 000	1 000	1 000
1.3	出租率(%)					80	100	100
2	经营税金及附加	10				3	3	4
2.1	营业税	9				3	3	3
2.2	城市维护建设税	1						1
2.3	教育费附加							
3	租金净收入	175				50	62	62
4	净转售收入	44						44

损益表
单位：万元

序号	项目	合计	1	2	3	4	5	6
1	经营收入	20 671		1 557	7 005	7 186	4 094	829
1.1	商品房销售收入	20 286		1 557	7 005	7 133	4 028	763
1.2	房地产租金收入	185				53	66	66
1.3	自营收入							
2	经营成本	12 348		948	4 266	4 328	2 384	423
2.1	商品房经营成本	12 341		948	4 266	4 326	2 381	420
2.2	出租房经营成本(摊销)	7				2	3	3
3	出租房经营费用	31				9	11	11
4	自营部分经营费用							
5	自营部分折旧、摊销							
6	自营部分财务费用							
7	经营税金及附加	1 137		86	385	395	225	46
8	土地增值税	2 202		163	732	754	454	99
9	利润总额	4 954		360	1 622	1 700	1 020	251
10	弥补以前年度亏损							
11	应纳税所得额	4 954		360	1 622	1 700	1 020	251
12	所得税	1 635		119	535	561	337	83
13	税后利润	3 319		242	1 087	1 139	683	168

续表

序号	项 目	合计	1	2	3	4	5	6
14	公益金 法定盈余公积金 任意盈余公积金	166 332		12 24	54 109	57 114	34 68	8 17
15	加：年初未分配利润				205	1 129		
16	可供投资者分配的利润			205	1 129	2 098	581	143
17	应付利润	2 821				2 098	581	143
	A方	2 821				2 098	581	143
	B方							
	C方							
18	年末未分配利润			205	1 129			

项目全部投资内部收益率（所得税前）为28.8%，在预期可接受内部收益率为20%时，项目净现值为781万元，项目投资回收期为3.8年。资本金内部收益率为39.2%，项目净现值为909万元。详见表中所示。

商品房投资利润率＝利润总额/总投资×100%＝4 954/12 391×100%＝40%

商品房资本金净利润率＝税后利润/资本金×100%＝3 319/3 000×100%＝110%

财务现金流量表（全部投资） 单位：万元

序号	项 目	合计	1	2	3	4	5	6
1	现金流入	20 714	1 557	7 005	7 186	4 094	873	
1.1	售房收入			1 557	7 005	7 133	4 028	763
1.2	租房收入	20 486				53	66	66
1.3	自营收入	185						
1.4	其他收入							
1.5	回收固定资产余值							
1.6	回收经营资金	44						
1.7	净转售收入							44
2	现金流出	17 395	1 983	4 192	7 772	1 952	1 182	316
2.1	固定资产投资							
2.2	开发产品投资	12 391	1 983	3 824	6 119	233	155	78
2.3	经营资金							
2.4	自营部分经营费用							
2.5	出租房经营费用	31				9	11	11
2.6	经营税金及附加	1 137		86	385	395	225	46
2.7	土地增值税	2 202		163	732	754	454	99
2.8	所得税	1 635		119	535	561	337	83
3	净现金流量	3 319	−1 983	−2 635	−767	5 234	2 912	557
	累计净现金流量		−1 983	−4 618	−5 384	−150	2 762	3 319

续表

序号	项目	合计	1	2	3	4	5	6
4	所得税前净现金流量	4 954	−1 983	−2 516	−231	5 795	3 248	640
	累计所得税前净现金流量		−1 983	−4 499	−4 730	1 066	4 314	4 954

计算指标	所得税前	所得税后
内部收益率(FIRR)	28.77%	19.5%
财务净现值(NPV)	781	−45
投资回收期(年)	3.82	4.05
基准收益率(i_c)	20%	20%

财务现金流量表(资本金)　　　　　　　　　　单位：万元

序号	项目	合计	1	2	3	4	5	6
1	现金流入	20 714		1 557	7 005	7 186	4 094	873
1.1	售房收入	20 486		1 557	7 005	7 133	4 028	763
1.2	租房收入	185				53	66	66
1.3	自营收入							
1.4	回收固定资产余值							
1.5	回收经营资金	44						44
1.6	净转售收入							
2	现金流出	17 395	1 500	2 808	5 747	3 249	2 478	1 613
2.1	资本金	3 000	1 500	1 500	4 094	233	155	78
2.2	预售(租)收入用于开发产品投资	5 501		941	385			
2.3	自营部分经营费用							
2.4	出租房经营费用	31				9	11	11
2.5	经营税金及附加	1 137		86	732	395	225	46
2.6	土地增值税	2 202		163	535	754	454	99
2.7	所得税	1 635		119		561	337	83
2.8	长期借款本金偿还	3 891				1 297	1 297	1 297
2.9	流动资金借款偿还							
2.10	短期借款本金偿还							
2.11	借款利息支付							
2.12	偿还其他应付款							
3	净现金流量	3 319	−1 500	−1 252	1 258	3 937	1 615	−740
4	累计净现金流量		−1 500	−2 752	−1 493	2 444	4 059	3 319

计算指标	
内部收益率(FIRR)	39.16%
财务净现值(NPV)	909
基准收益率(i_c)	20%

3. 清偿能力分析

按照项目的借款条件和还款计划,项目建设期不还本金,从第4年开始分3年等额偿还本金,每年还1 297万元;借款利息每年照付,总计付利息722万元。详见下表。

长期借款还本付息估算表　　　　　　　　　　单位:万元

序号	项 目	合计	1	2	3	4	5	6
1	长期借款偿还							
1.1	年初借款本息累计			483	1 866	3 891	2 594	1 297
	本金			483	1 866	3 891	2 594	1 297
	建设期利息							
1.2	本年借款	3 891	483	1 383	2 205			
1.3	本年应计利息	722	14	70	172	233	155	78
1.4	本年还本付息		14	70	172	1 530	1 452	1 374
	还本	3 891				1 297	1 297	1 297
	付息	722	14	70	172	233	155	78
1.5	年末借款本息累计		483	1 866	3 891	2 594	1 297	
2	房地产投资人民币借款							
2.1	年初借款本息累计			483	1 866	3 891	2 594	1 297
	本金			483	1 866	3 891	2 594	1 297
	建设期利息							
2.2	本年借款	3 891	483	1 383	2 205			
2.3	本年应计利息	722	14	70	172	233	155	78
2.4	本年按约定还本付息		14	70	172	1 530	1 452	1 374
2.5	还本	3 891				1 297	1 452	1 374
	付息	722	14	70	172	233	155	78
	年末借款本息累计		483	1 866	3 891	2 594	1 297	
3	还本资金来源			7	178	4 273	5 205	4 253
3.1	上年余额				7	178	2 976	3 908
3.2	摊销							
3.3	折旧							
3.4	利润							
3.5	可利用售房收入			7	171	4 095	2 229	345
3.6	其他							
4	偿还等额还款本金					1 297	1 297	1 297
5	偿还长期贷款—本金能力			7	178	2 976	3 908	2 956
6	长期借款偿还期(年)		6					

注:有效年利率为5.98%。

4. 资金平衡分析和资产负债分析

在项目计算期内,各期资金的来源与运用是平衡有余的。资产负债率是比较低的,资产负债率最高时(第3年)仅47%。因此从总体上看,项目的清偿能力是比较强的。资金平衡分析和资产负债分析详见表中所示。

资金来源与运用表　　　　　　　　　　　　　　　　　单位：万元

序号	项 目	合计	1	2	3	4	5	6
1	资金来源	27 605	1 983	4 440	9 030	7 186	4 094	873
1.1	商品房销售收入	20 486		1 557	7 005	7 133	4 028	763
1.2	房地产租金收入	185				53	66	66
1.3	自营收入							
1.4	自营资产长期借款							
1.5	自营资产经营资金借款							
1.6	房地产投资借款	3 891	483	1 383	2 205			
1.7	短期借款							
1.8	资本金	3 000	1 500	1 500				
1.9	其他							
1.10	回收固定资产余值							
1.11	回收经营资金							
1.12	净转售收入	44						44
2	资金运用	24 107	1 983	4 192	7 772	5 346	3 059	1 755
2.1	自营资产固定资产投资							
2.2	自营资产固定资产建设期利息							
2.3	房地产投资（含利息）	12 391	1 983	3 824	6 119	233	155	78
2.4	经营资金							
2.5	自营部分经营费用							
2.6	自营部分财务费用							
2.7	出租房经营费用	31				9	11	11
2.8	经营税金及附加	1 137		86	385	395	225	46
2.9	土地增值税	2 202		163	732	754	454	99
2.10	所得税	1 635		119	535	561	337	83
2.11	应付利润	2 821				2 098	581	143
2.12	自营资产长期借款本金偿还							
2.13	自营资产经营资金借款偿还							
2.14	房地产长期借款本金偿还	3 891				1 297	1 297	1 297
2.15	偿还其他应付款							
2.16	短期借款本金偿还							
3	盈余资金	3 498		248	1 258	1 840	1 034	−883
4	累计盈余资金			248	1 507	3 346	4 381	3 498

资产负债表　　　　　　　　　　　　　　　　　　　　单位：万元

序号	项 目	1	2	3	4	5	6
1	资产	1 983	5 107	8 219	5 964	4 770	3 498
1.1	流动资产总额	1 983	5 107	8 219	5 964	4 770	3 498
1.1.1	应收账款						
1.1.2	存货	1 983	4 859	6 713	2 618	389	44

续表

序号	项 目	1	2	3	4	5	6
1.1.3	现金						
1.1.4	累计盈余资金		248	1 507	3 346	4 381	3 454
1.2	在建工程						
1.3	固定资产净值						
1.4	无形及递延资产净值						
2	负债及所有者权益	1 983	5 107	8 219	5 964	4 770	3 498
2.1	流动负债总额						
2.1.1	应付账款						
2.1.2	短期借款						
2.2	借款	483	1 866	3 891	2 594	1 297	
2.2.1	经营资金借款						
2.2.2	固定资产投资借款						
2.2.3	开发产品投资借款	483	1 866	3 891	2 594	1 297	
	负债小计	483	1 866	3 891	2 594	1 297	
2.3	所有者权益	1 500	3 242	4 328	3 370	3 473	3 498
2.3.1	资本金	1 500	3 000	3 000	3 000	3 000	3 000
2.3.2	资本公积金						
2.3.3	累计盈余公积金		36	199	370	473	498
2.3.4	累计未分配利润		205	1 129			
	比率指标						
	资产负债率(%)	24	37	47	43	27	
	流动比率(%)						
	速动比率(%)						

5. 敏感性分析

将开发产品投资、售房价格、租房价格和预售款回笼进度等因素作为不确定性因素进行敏感性分析,分析结果表明开发产品投资和售房价格两个因素对项目的效益最为敏感。如果开发产品投资和售房价格分别向不利方向变动10%,则全部投资内部收益率将分别下降至20.1%和17.7%,净现值分别下降至12万元和−206万元,投资回收期则增加到4.0年和4.2年。预售款回笼进度相对较不敏感。最不敏感的因素是租房价格,这是因为计算期只有6年,而且是从第4年才开始出租,租房收益占整个项目收益的比重较小。详见下表。

敏感性分析表

序号	项 目	变动幅度(%)	全部投资(所得税前)		
			内部收益率(%)	净现值投资(万元)	回收期(年)
0	基本方案		28.8	781	3.8
1	开发产品投资	+10	20.1	12	4.0
		−10	39.2	1 550	3.6

续表

序号	项 目	变动幅度(%)	全部投资(所得税前)		
			内部收益率(%)	净现值投资(万元)	回收期(年)
2	售房价格	+10	39.7	1 769	3.6
		−10	17.7	−206	4.2
3	预售款回笼进度	+10	31.4	942	3.7
		−10	24.1	398	4.1
4	租房价格	+10	28.8	787	3.8
		−10	28.7	775	3.8

6. 临界点分析

临界点分析是项目评价的另一重要方面,它反映在预期可接受的投资内部收益率下投资方能承受的各种重要因素向不利方向变动的极限值。根据敏感性分析,假定投资者期望的内部收益率为20%,在这种情况下,开发产品投资的临界点为13 651万元,下降12 60万元;平均售房价格的临界点为每平方米1 538元,下降132元;土地费用的临界点为1 580万元,增加1 160万元;售房面积的临界点为108 377 m^2,减少14 253 m^2。详见下表。

临界点分析表

敏感因素	基本方案结果	临界点计算	
内部收益率(%)	28.8	期望值	20
开发产品投资(万元)	12 391	最高值	13 651
售房价格(元/m^2)	1 670	最低值	1 538
土地费用(万元)	420	最高值	1 580
售房面积(m^2)	122 660	最低值	108 377

十六、评估结论

该项目符合国家产业政策和发展方向,小区房屋销售价格适中,预计工程完工后,销售前景会令人满意。项目的实施将对××市的建设及改善居民居住条件和居住环境起到积极作用。项目内部收益率达28.8%,6年内上缴各类税金总计达4 973万元。具有良好的社会效益和经济效益,且具有较强的抗风险能力。项目选址适宜,总平面布置和方案设计合理,从技术方面看项目亦可行。项目主要经济技术指标见下表所示。

主要经济技术指标表

序号	名 称	单 位	数 据	备 注
I	项目设计规模			
1	房地产开发产品总建筑面积	m^2	123 320	
1.1	商品房销售	m^2	122 660	
	高层住宅楼	m^2	91 000	

续表

序号	名 称	单 位	数 据	备 注
	多层住宅楼	m²	31 000	
1.2	营业房	m²	660	
	出租房			
	营业房	m²	660	
Ⅱ	项目经济数据			
1	开发产品投资	万元	12 391	
	其中：财务费用	万元	722	
2	资金筹措	万元	12 391	
	其中：资本金	万元	3 000	
	借款	万元	3 891	
	预售房款	万元	5 500	
3	经营收入	万元	4 134	年平均
4	经营税金及附加	万元	227	年平均
5	总成本费用	万元	2 476	年平均
6	利润总额	万元	991	
7	所得税	万元	327	年平均
8	税后利润	万元	664	年平均
9	土地增值税	万元	440	年平均
Ⅲ	财务评价指标			
1	商品房投资利润率	%	40	
2	商品房投资利税率	%	67.1	
3	商品房资本金净利润率	%	110.6	
4	全部投资内部收益率(所得税前)	%	28.8	
5	全部投资内部收益率(所得税后)	%	19.5	
6	全部投资投资回收期(所得税前)	年	3.8	
7	全部投资投资回收期(所得税后)	年	4	
8	资本金内部收益率	%	39.2	
9	长期借款偿还期	年	6	建设期起

案例二 金麒麟花园住宅投资策划案例

一、项目概况分析

（知己知彼和自知之明是一个赢家不可缺少的品质。俗话说追鹿者不见山。房地产经营者要既能钻进去，又能跳出来。更何况，最难认清的面孔往往就是自己的。）

1. 地理位置

地处南山区深南大道以北，金麒麟路立交桥交叉口的西北侧。

2. 主要经济指标

用地面积：23 689 m²

占地面积：4 605 m²

绿地覆盖率：19.5%
地上总建筑面积：58 960 m²
地下总建筑面积：4 617 m²
  其中：住宅：58 160 m²
    紫蝶苑：16 695 m²
    金麟阁：21 605 m²
    玉蟾楼：19 860 m²
    配套商业：800 m²
    防空地下室：1 200 m²
    架空层：3 470 m²
容积率：2.49
绿化率：33%
建筑密度：
总户数：565 户
车位数：221 个
  其中：地上车位：41 个
    架空层及地下车位：180 个
自行车位：1 120 辆
车位占总户数比例：39.1%

3. 项目规划

(1) 小区整体风格

金麒麟花园的总体规划在于创建一个回归自然、高尚、新颖、别致而充满文化情趣的社区。在具体的小区规划上，本着21世纪居住建筑人性化的原则，在整体规划上突出了以下特点：在总体布局上，采取了"一三三"的布局格式，即一组林阴步行道南北贯穿全区，延伸至公共绿地。以3个建筑组团为核心，1区的"玉蟾楼"由4栋13层住宅围合而成；2区"金麟阁"由3栋T字形住宅联体而成；3区"紫蝶苑"由3栋住宅以欧式柱廊作弧形拼接而成。对应3个组团是3个主题各异的环艺广场。

(2) 建筑风格

顺应消费者对人性化住宅的心理需求，金麒麟花园采用了新古典欧陆风格的建筑形式。

在立面造型上，采用三段式设计，充分运用丰富的古典建筑符号和线脚；凸窗设计，丰富室内空间；绿色玻璃配合白色铝合金窗，加上外墙的高级涂料，使3个组团色彩协调统一。

小区轮廓设计上，12~18层住宅错落有致，摆布有序，3个组团造型丰富，整个小区轮廓线丰富优美。

(3) 小区配套（略）

(4) 小区环境

小区充分发挥了建筑环境概念设计，大胆地通过人造景观丰富小区景观层次，以环艺的质量提升小区品位和档次。

整个小区以一组林阴步行道贯穿，以3个主题广场配合3个建筑组团，整体内外空间交错穿插，一气呵成。广场、步行道、绿地、小品等前后呼应，浑然一体。

4. 户型指标

金麒麟花园户型设计经典实用,灵活多变。单体采用经典平面,大厅小卧室,明厕明厨;户内可自由分割,户与户之间可自由调整。具体户型以 75~105 m² 的两房、三房为主,并引入大户型复式房作为配合。户型比例如下:

(1) 按户型分

户型:	一室一厅	两室两厅	三室两厅	复式
套数:	89	228	213	35
比例:	15.8%	40%	37.7%	6.5%

(2) 按形式分(略)

(3) 按面积分(略)

二、区域市场走势分析

(房地产项目没有试探可言,只有看准了再下手,不像打麻将,这把和不了推倒了,下把接着玩。)

(一) 深圳市房地产市场总体回顾与展望

(1) 1997 年回顾(略)

(2) 1998 年展望(略)

(3) 结论

1997 年深圳市房地产市场明显升温,开始进入新的一轮发展周期。

1998 年受宏观经济和政府住宅政策倾斜的影响,深圳市房地产市场将继续保持稳定的发展,某些刺激政策可能出台。

(二) 深圳市住宅市场走势分析

(1) 市场供求关系(略)

(2) 价格走势(略)

(3) 结论

1997 年深圳市商品住宅市场有效需求显著增长,空置率下降,供求压力减轻,整个发展趋势看好。

商品住宅市场中,多层住宅仍然是主流。反映在市场价格上,多层住宅价格有较大幅度的增长,而高层住宅价格增长幅度较小,部分区域甚至有所回落。

(三) 南山区住宅市场走势分析

(1) 回顾与展望(略)

(2) 市场特点:内部区域市场发展的不平衡性

南山区商品住宅楼市场具有显著的地域不平衡性特征,可以将其划分为以下 5 个子区域市场。

区域一:北环大道以北区域,主要为大型政府微利房和福利房。该区域位置较偏僻,市场地价低,同时商品楼价格也较低。由于具微利房的特征,将来基本的市政设施会有配套。

区域二:北环大道以内,深南大道以北,侨城西路以东区域。主要为华侨城和沙河一带。该区域是深圳市第一人文景观概念区域,其市场地价较高,商品楼档次和价格也相应较高。但市政设施配套不是很方便。

区域三：北环大道以南，深南大道以北，侨城西路以西区域。主要为南山旧城区和工业园区。该区域的主要住宅是南山旧城区的民房，商品住宅较少，其他是工业厂房。该区市场地价较低，周边环境总体较杂乱，市政配套较远。金麒麟花园项目正位于该区域。

区域四：深南大道以南，内环路以北区域。该区域为南山区商业文化中心，市场地价中等，同时商品楼价格也适中。随着南山区市政规划的实施，该区域作为南山区中心的地位将进一步得到强化，在市政设施方面也将越来越齐全方便。

区域五：内环路以南区域，主要指蛇口、赤湾。该区域拥有丰富的海景和山景等自然景观，是南山区高档豪宅的集中区域。但由于目前位置离深圳中心较远，普通商品住宅楼的价位相对较低。

（3）结论

在深圳市房地产发展的早中期，南山区由于区位因素，发展较罗湖区、福田区滞后，目前商品房住宅价格要比前者低 0～40％。

深圳市中心区的西移，南山区西部建设的加速，为南山区区位功能进一步转换提供了催化剂，同时为南山区房地产尤其是商品住宅市场提供了契机。

南山区商品住宅市场存在显著的区域不平衡性，这种不平衡性在短期内仍将存在，但随着南山区西部建设的加快以及开发商的努力，这种不平衡性将日益缩小。

（四）金麒麟项目邻近地段住宅市场分析

（1）区位特点：如前所述。

（2）楼盘素质

金麒麟花园项目所在区域商品住宅不是很多，以下是金麒麟花园项目邻近地段主要楼盘的资料。

佳鹏大厦位于深南大道边，在该地块的西南方向，为高层集合型大厦，5层以上是住宅，5层以下为商业用途，起价5 000元/m^2（第5层价），每上升一层加80元/m^2。

其他（略）。

（3）结论

金麒麟花园处于南山区由东向西走向的一个连接地带，是旧城区和工业区共存的一个住宅商品化程度不高的区域，因此在周边环境和市政配套方面暂时仍有不足。邻近商品住宅较少，且缺乏高素质可比楼盘，楼价普遍较低。

三、项目土地价值判断及地块优劣势分析

（"第一是地段，第二是地段，第三还是地段。"这是房地产界的名言，于是便有人拘泥于地段的好坏。其实好坏只是相对的，关键是要弄明白这个项目究竟处于哪个层次。好与坏是个说法，要紧的是能否赚钱。）

（一）土地价值

一个项目的土地价值是其多种因素综合作用的结果，项目的地理位置、环境与污染情况、交通条件、市政配套、周边景观以及邻近楼盘的素质等共同决定了该项目的土地价值。金麒麟花园的土地价值各要素如下：

1. **土地性质综述**

项目面积约23 689 m^2，地形整体条件较完备，部分用地上原有厂房建筑，实际上满足

"七通"(即上水通、下水通、路通、电通、通讯通、煤气通、热力通)条件；除规划中二期工程部分有两个大坑之外，土地绝大部分平整。总之，地块属较理想的建筑用地。

2. 地块周围景观

(1) 自然景观

① 前方景观(东方)

该方向上，因有一高压输电线路沿麒麟路架设，使得该方向上无论近看或远望的视线都被干扰。因此，该方向远景虽有景观，但视线不佳；近景虽林中有水，但其景却被杂乱的棚户、散落的废物削弱。

② 后方景观(西方)

后方景观，虽然因紧邻的几个小区开发未完成，近景尚为未知数；但远景视线极佳，远处青山轮廓清晰可见。中部为彩色的高层建筑，稍近处则为玉泉花圃；景色层次分明，就如青色的山景中嵌进彩色的建筑图像，如视点在 8 层以上，还可看到左后方(西北方)中山公园的山景。

③ 左方景观(北方)(略)。

④ 右方景观(南方)(略)。

(2) 人文、历史景观

① 人文、历史景观(略)。

② 历史古迹、人文景观(略)。

(3) 景观综述

从地块周围环邻的景观及远景视野开阔程度看，东、南、西、北 4 个方向景观中只有西方景观尚可，东方景观因视线被高压线阻隔而大打折扣，南方景观视线亦受阻挡，北方景观不佳(变电站、工厂)。总之，地块周围景观应属该地块的弱项。但因该地块形状南北方向较长，东西方向较窄，故将来可以设法通过环艺设计来弱化南北方向上的不佳景观，消除此弱项。

外部景观如青青世界、世界之窗、动物园等，直达交通极为方便，且临近古县衙、古城堡等一批历史古迹，以及宗教景观——天主教堂。这些外部景观及其交通的便利程度应属该地块的优势。

3. 环境、污染情况

(1) 水、空气、土地污染情况

地块周围因有工厂和一些无规划的杂乱棚户，工厂的废气、废水的排放，棚户区住户乱抛的废物，使周围的水、空气和土地都受到一定程度的污染。

(2) 噪音污染(略)

(3) 社会治安状况(略)

4. 地块周围的交通条件

环邻地块的公共交通极为便利，而且地块紧邻公交干道，不存在亚交通连接问题，更无交通瓶颈限制，因此该地块的交通条件极为优越，属于优势条件。

5. 配套设施

(1) 菜市场(略)

(2) 商店、购物中心(略)

(3) 小学(略)

(4) 中学(略)

(5) 医院(略)

(6) 体育娱乐场所(略)

(7) 银行、邮局、酒店(略)

6. 近邻的周边楼盘情况

见前述。

(二) 项目地块的优劣势分析

1. 地理条件分析

就此地块的客观地理位置及环境条件,按前面所列的诸项要素及简要分析结论,用 SWOT 分析法进行分析。

S(优势)——"七能"+交通

W(劣势)——景观+拆迁费

O(机会)——购物、娱乐+银行、邮局

T(威胁)——污染

地块环邻的几个主要条件如交通、购物、医疗都非弱势,地形地貌亦无特别的劣势,几个劣势因素(污染、景观)都可经过未来小区的合理规划和设计得到不同程度的改善。因此该地块无完全劣势。就金麒麟项目的开发、投资而言,未来开发营销工作只要注意威胁(T)因素,把握机会(O)因素,那么地块的地理条件就不会成为影响整个小区价值的劣势因素。

2. 环邻竞争楼盘对比

从环邻地块 7 个楼盘的地理位置和楼盘性质看,该地区的多层住宅(最高 8 层)价格均不超过 3 500 元/m^2,与地块直连的两楼盘售价最低仅为 2 200 元/m^2。

(三) 结论

从项目地块性质来看,金麒麟花园地块是较理想的住宅建筑用地。

根据 SWOT 分析,该地块在市政配套、环境污染及区位位置方面具有暂时的劣势,并考虑到地块直临麒麟立交桥和两大交通主干道,且与交通主干道(深南大道和麒麟道)之间没有足够的空间进行环艺设计以屏蔽交通的喧嚣,故在此块地上难以开发豪华住宅区。周边高素质可比楼盘较少,在建楼盘售价均偏低。

综合以上各项,比照地块周边的地产开发水平,金麒麟项目常规类比土地价值在 3 500 元/m^2 左右。若结合全程策划,在小区规划、建筑风格、营销推广等方面进行综合提升,则项目单位平均价值可上升至 5 000 元/m^2 以上。

四、可提升价值研判

(潜在价值兑现最大化方为成功。美食家评判厨师的水准常以家常菜为依据,珍禽野味不算数,真把世界上萝卜白菜"做出来了",才叫真功夫。这句话的潜台词是:从平凡中挖掘不平凡,最大限度地激活事物的潜能,才能形成真正的竞争力。房地产项目的可比性并不简单的在于价格和利润。如果听说哪个开发商将住宅楼卖出了每平方米 3 万元的天价,也不必急于对其钦佩得五体投地。若项目本身的潜在价值是每平方米 3.5 万元,那么该开发商就并非一个高手了。相反,假如某地段公认只能盖出每平方米 3 500 元的房子,而你却能做到每平方米4 500元而且卖得不错,才称得上真正的成功。那么,如何最大限度地提升项目的价值?如何进行可提升价值的研判?利润就像是海绵中的水,只要愿意挤总是会有的。要想深入挖掘房地产项目的潜在价值,必须"从头压挤每一个环节"。)

1. 类比土地价值

如前所述,从相邻地块性质、环境、配套、交通、景观等方面综合判断,金麒麟地块的单位建筑面积类比价值在3 500元左右。

2. 规划能力对土地价值的提升

现有规划思想的闪光之处:净化功能,将项目规划为纯住宅;人车分流;首层架空,增强视觉通透感;通过人造景观丰富小区景观层次;以环境质量提升小区品位和档次。

综合以上较为超前的规划要点可提升物业价值500~1 000元/m²。

3. 单体设计

金麒麟花园常规小户型的经典设计最大限度地满足了实用、舒适的功能需求,使每平方米均得到有效利用。复式大户型设计则领先于市场,注重主人空间的独立和舒展,尊重隐私权。其价值提升空间可在500~1 000元/m²。

4. 建筑形式

项目的建筑形式包括建筑风格、建筑符号和建筑色彩等,在日益成熟的商品住宅市场中是物业市场价值判断的重要标准之一。1997年深圳的热点住宅中百仕达花园、东海爱地花园、万科城市花园均在建筑风格和立面色彩上精雕细琢,取得了高于同类物业1 000~2 000元的单位价值。

金麒麟花园新古典欧陆风格的建筑形式设计迎合了消费者对人性化住宅的心理需求,在南山区该地段同类物业中较为突出,将提升500元以上的相对单位价值。

5. 市场细分及客户定位

从项目邻近楼盘的客户群情况看,没有任何一个能具有倾向性较强的职业层次单一的客户群。究其原因有以下几点:

(1) 由于此地的地理位置仍然处在深圳市区和蛇口工业区之间的"软肋"。

(2) 两头都靠不上,地价较低,房屋成本低,售价低。因此,这种低价位的住宅覆盖的潜在客户面就广,只要收入水平达到一定程度即有能力购置入住。这些价位覆盖的社会层次越宽,往往客户群的社会成分越复杂,也就越难以在职业上区分他们,而只能用其收入水平(中等收入,年收入5~8万元即有能力购房)来界定。

(3) 由南山区的人文地理条件决定。整个南山区大部分被规划为高科技工业园区,这就决定了该地区人员从业结构的特殊性,即科研人员、企业管理人员和普通工人、外资方的代表等。在这些企业中,除少数高级管理人员和外方代表以外,绝大部分的普通职工和中、低级的管理人员,其收入水平均不足以支持购买中、高档价位(5 000~8 000元/m²)的住宅。因此,中低档价位住宅更适合该地区的中高层企业人员和部分科研人员。这就必然导致在该区内同一收入水平上的各行各业的人都可能购置同样的住房,使这些小区的居民成分复杂化。同时,南山区内还有许多当地村民,这些村民因各种原因(如征地补偿、多种经营或股票投资等)有相当的收入和积蓄,他们完全有能力在该地区选择适当的住宅,这就使这些小区居民的成分更加复杂。

总之,由于各方面因素的制约,金麒麟花园附近的房价低,限制了该地区住宅开发的档次,住宅档次不高,又必然导致居民成分复杂。

综上所述,对金麒麟花园主力客户群的判断应基于以下几个基础:

(1) 中等收入的企业中高级管理人员和部分政府机关工作人员(集体购买),这些人更趋向于选择中、小户型(50~90 m^2)。

(2) 购房更注意经济实惠,较少关注"人以群分"而产生的明显的社会阶层界限(如万科城市花园被多数人认为是成功人士的选择)。

(3) 小户型面对的住户,是第一次购房的客户(从统计的几个邻近楼盘看,小户型占相当大的比例,占了近六成)。

6. 项目现场包装及平面设计

现场物业形象的好坏主要依赖视觉感官的冲击效果,最终体现于项目现场包装和平面设计上。

在本项目的操作中,引入项目VI(项目标识、工地围板、营销中心等)至少每平方米可以提升价值500元以上。

7. 项目营销策划

营销策划水平是决定项目价值实现程度的重要因素,金麒麟项目借助于国企的营销策划经验和操作能力,通过加强卖点的提示与推广,可以使物业单位价值提升500元以上。

8. 物业管理

引入先进的物业管理思想和管理体制,是建立名牌效应的有效途径。物业管理对物业价值的提升有着重要影响。如万科物业对项目的价值提升空间在1 000元以上。

9. 结论

以上各因素的兑现对于金麒麟项目价值提升起着直接的驱动作用,即使以上每一项只挤出20元的潜在利润,那么每平方米就可以多赚160元,如果在几个主要项目上做足功夫,则可使每平方米的价值上升至5 000元以上。

五、项目投资估算

序号	项目	总投资(万元)	单位成本(万元)	备注
1	土地征用及拆迁费	6 993.47	1 100	
2	前期工程费	330	52	
3	建安工程费	14 012.37	2 204	
4	前期费用	350	55	
5	公共配套设施费	330	51.9	含网球场、会所、环艺小品、保安监控等
6	不可预见费	6 490	177	按总成本的2%计
7	期间费用	2 161.62	340	
	管理费		80	
	财务费用		60	按2 000万元贷款,2年期限计
	销售费用		200	
8	土地增值税	327.42	51.5	按总收入的1%计提
9	合计	24 994.98	3 931.5	

六、财务评价

1. 利润预测

销售平均价格：4 660 元/m²（入市价格：4 300 元/m²）（全部销售实现价格：6 000元/m²）

单位成本：3 931.5 元/m²

可售面积：63 577 m²

销售收入：29 245.42 万元

税前利润：4 250.44 万元

税前利润率：4 250.44/24 994.98＝17％

2. 其他（略）

七、项目敏感性分析

1. 盈亏平衡点分析

盈亏平衡分析预测表

序号	项目	总投资（万元）
1	土地费用	6 993.47
2	管理费	508.62
3	配套费	330
	网球场	70
	绿化小品及环艺	100
	会所	100
	保安监控及围栏	60
4	固定成本合计	7 932.09
5	单位固定成本（元/m²）	1 231.91
6	总变动成本	17 062.89
7	单位变动成本	2 683.81

其中：

盈亏平衡点（保本销售量）＝固定成本/（销售单价－单位变动成本）

＝79 320 900/（4 600－2 683.81）

＝41 395.11 m²

保本销售额＝销售单价×盈亏平衡点＝19 041.75 万元

2. 成本变动对利润的影响

计划平均成本为 3 931.5 元/m²。在销售景观与销售量不变的情况下，单位成本每增加 100 元即比计划成本提高 2.54％，则利润将减少 635.77 万元，比计划利润降低 14.5％。即单位成本每增加 1％，将导致利润减少 5.71％。

3. 销售价格变动对利润的影响

计划平均售价为 4 600 元/m²，若平均售价降低 100 元/m²，即降低 2.17％，在成本不变的情况下，利润将减少 635.77 万元，比计划利润降低 14.5％。即平均售价每降低 1％，将导致利润减少 6.77％。

第五章 房地产设计策划

第一节 房地产设计策划技术要点

房地产设计策划是指房地产策划师、设计师、建筑师按照城市规划的总体要求,从建筑角度出发,在房地产市场策划的前提下,对房地产项目的设计进行设想和构思,为建筑设计师进行项目设计时提供指导性意见,以便进行项目规划设计和建筑设计的创造性过程。简而言之,通过设计策划寻找一条达到目标的最佳途径,使建筑设计和规划设计既能最好的满足业主的使用权又能满足社会和环境的要求,保证投资效益和今后运营的合理性,而提供科学、简介、易于理解的设计依据。房地产设计策划的主要目的是使项目设计的产品符合客户的需求,为项目顺利走向市场打下坚实的基础。

一、房地产设计策划的内容

(1) 房地产项目的概念设计。
(2) 项目设计的内容和规模策划。
(3) 项目设计的景观策划。
(4) 项目设计的功能和空间策划。
(5) 项目设计的户型策划。

二、房地产项目的概念设计

(一) 概念设计的含义与价值

在当前的房地产开发过程中,很多开发商都把自己的项目人为地加入一些非房地产的因素,例如顺德碧桂园在推销过程中极力展示其教育和五星级的家这一内容,而广州奥林匹克花园在发售过程中极力推崇奥林匹克的精神与品牌。这些都是开发项目概念设计的具体表现。

房地产开发项目的概念可以是开发商的理念,更准确地说是消费者的理念,或者说是一个项目的主题。需要明确的是,地产概念与楼盘卖点既有联系又有区别:一方面楼盘的许多卖点都是地产概念的具体体现,例如广州奥林匹克花园的体育设施与健康检查都是体育概念的具体演绎;但另一方面我们也看到,一些卖点又不属于地产概念,仍以广州奥林匹克花园为例,其地段位置、价格显然都不属于地产概念范畴。

需要注意到,房地产开发项目的概念设计和其他产品的概念设计在产生阶段上有着明显的不同。对一般商品而言,当其发展到相当成熟的阶段,所使用的技术、产品的质量及其价格都没有明显优势时,生产商才会考虑采用概念设计的方式显示产品个性,形成概念优势。例如,彩电行业有的厂商推出了所谓的健康电视,空调有了适合农村地区的变频王,冰箱有了智能王等类型,这些情况都是该方面的具体体现;而在房地产行业,1992年就产生了像顺德碧桂园那样的概念地产,而在当时房地产业在中国内地才刚刚兴起。

为什么房地产开发过程中那么急迫需要导入一些概念呢?概念在房地产开发中到底能起什么作用?其作用主要有三:一是为了适应消费者由买房到买生活方式的转变。房地产开发不等于钢筋加混凝土,人们倾其一生积蓄购置一套房子,当然希望获得更多的利益与实惠。二是因为导入概念可以赋予楼盘以生命及灵魂,冰冷的建筑物本无所谓生命及其活力,但添加了概念以后,楼盘有了文化、理念以及其他精神方面的内容,从而使楼盘充满了生命活力。三是地产导入概念满足了消费者对房地产个性化的追求,常言道物以类聚,人以群分,不同的人在衣食住行上有不同的追求,而地产概念恰恰就是为了满足人们在居住方面的个性追求。

(二) 概念设计的内容

1. 前阶段的概念设计

前阶段的概念设计是确定设计理念,构思设计思想,进行形象思维和抽象思维,是策划师形成创新思维、产生创新灵感的重要时期。

概念设计前阶段重点进行创新思维,决定项目的创新性;概念设计的后阶段重点进行收敛思维,决定项目的可行性。一前一后相得益彰,使概念设计达到完美。深思熟虑又突发奇想就是设计灵感。概念设计的前阶段工作看起来似虚实际是实,这需要策划设计人员具有广泛的知识,优良的素质,丰富的想象,深厚的经验,高尚的品德。

2. 后阶段的概念设计

概念设计的后阶段工作同样重要,它是具体实施方案,不少策划设计者称之为方案设计。但方案设计又不同于详细设计,方案设计是按系统的功能结构需要,采用实现功能的可能载体组成多种可行方案。在方案设计中只是用文字、符号、图形表示功能相互关系和功能载体的基本参数的实施方案。这种实施方案具体表达了设计理念和功能实现,具有简单明了、便于分析的特点。但是要真正实施此方案还有待进行详细设计。

总之,概念设计是方案全面创新的一个设计过程,它集中了策划师、设计师的智慧、灵感、先进方法的综合运用,设计资料和数据库的广泛采纳,相关的专业知识和经验的运用等等。

(三) 概念设计的主要概念

1. 生态概念

生态住宅是运用生态学原理和遵循生态平衡及可持续发展的原则,即综合系统效率最优的原则,设计、组织建筑内外空间中的各种物质因素,使物质、能源在建筑系统内有序地循环转换,获得一种高效、低能、无废、无污染和生态平衡的人居环境。

在房地产开发项目中,拥有生态资源的楼盘,不仅具有秀丽迷人的自然风光,而且还是花卉、水果的观赏之处,这样独具特色的休闲、居住文化,成了都市独具魅力的生态居住环境。一方面,人们可以在住所中最大限度地回归自然,进入一种原始自然状态中;另一方面,人们又可以在住宅内充分利用现代科技文化的成果,在住房旁的果林花园中一边快乐地品尝咖啡的美味,一边利用计算机进行广泛的网上切磋与交流。一些都市城郊的楼盘就是生态概念的杰作。

2. 绿色概念

绿色住宅绝不是绿化了的住宅,它的基本要求是:

（1）居住环境的绿色不但是种树种草,还应体现绿化的四季分明和绿化品种的层次性,尤其是要在春花、夏萌、秋果、冬绿上做文章。

（2）要利用楼盘中难得的天然或人工湖泊,为绿色住宅创造可贵的自然景观,要尽可能巧借自然水面,在依山傍水的区位布局高档住宅小区和别墅群落。

（3）利用自然资源,节约水资源,小区垃圾要分类处理。在充分利用自然净化能力的同时,特别要防止人的居住对环境的污染和破坏。

（4）利用产出率低的坡地和台地进行房地产开发,采用新型环保节能的建筑和装饰材料,尽可能就地取材。

（5）构建具有充分环保意识和人文关怀的物业公司的有效管理机制,让楼盘的绿色住宅具有独特的文化内涵。

3. 健康住宅概念

健康住宅,不仅仅强调居住环境的优化,而且主要强调居住活动本身有益于满足居住者的健康。具体体现在使居所满足居住者生理和心理的需求,使人们在健康、安全、舒适和环保的室内外居住环境中,杜绝因住宅和居住活动而引起的生理及心理疾病。

健康住宅理念的含义是：一种体现在住宅室内和社区的居住环境方式,它不仅可以包括与居住相关的物理值,诸如温度、湿度、通风换气效率、噪声、光和空气品质等,而且还应包括主观性心理因素,诸如平面空间布局、私密保护、视野景观、感观色彩、材料选择等等。也就是说,在人的居住过程中,要尽量回归自然,关注健康,制止因住宅内外环境和居住活动而引发的疾病。包括居住小区及其附近地区要有文体活动场所和人际交往空间,要有医疗保健服务设施等等。

4. 可持续发展概念

可持续发展概念意在寻求自然、建筑和人文三者之间和谐统一,即在"以人为本"的基础上,利用自然条件和人工手段来创造一个有利于人们舒适、健康的生活环境,同时又要保护和控制对于自然资源的使用,经济合理地利用土地和其他自然资源,以实现向自然的适度索取与最优回报之间的均衡。

在大力发展房地产业的今天,必须更好地演绎房地产开发中可持续发展的概念。要严格限制风景旅游区开发经营房地产,以防止较大程度的毁坏植被和森林。要尽可能地在都市市郊植被稀疏的坡地、台地、河滩上开发房地产,在这些区位上较大面积地植树种草,以对自然的生态环境进行人工的拾遗补缺。

5. 山水人居概念

"山水"泛指自然环境,"人居"泛指人工环境,山水人居是人工环境与自然环境协调发展的结晶,其最终目的在于建立人工环境与自然环境相融合的人类居住空间。因此,依山傍水自古以来就是人们所追求的理想的居住环境。城市化的进程在带给人们现代文明的同时,一度却使人们远离了山水。山水人居使消费者回归了崇尚现代文明和自然生态相结合的居住理念,是我们从传统文化观念的精髓切入来追求 21 世纪人居发展模式的一种抉择。创造山水人居是一项巨大的自然与人相结合、生态措施与工程措施相结合的系统工程,具有重要的美学与生态学意义。

6. 休闲人居概念

现代人在紧张的工作之余更加追求轻松与安逸,都市城郊的休闲人居便由此应运而生。

休闲人居可以通过多元化的形式来实现：

(1) "5+2"居住模式(5天在都市中心区上班,双休日回城郊休闲度假)。立足于都市城郊所具有的自然生态环境的先天优势,"5+2"居住模式可以为现代繁忙的都市人营造闲适的田园生活,彻底消除5天工作所致的疲惫。

(2) "白+黑"居住模式(白天在都市中心上班,晚上回城郊居住)。每天沿途的美好风景,让居住在都市城郊的白领们在上下班的途中感受到一种永远的快乐。对于崇尚走进城市又回归自然的都市人来说,在都市城郊居家无疑是追求时尚居住方式的一种满意选择。

(3) "1+1"居住模式(子女在都市中心区居住,父母住在都市城郊)。都市城郊特有的自然生态环境为老年人提供了安享晚年的美好空间;同时,都市城郊快捷的交通,非常方便子女随时探望,实现"常回家看看"的愿望。

7. 以人为本概念

房地产项目,特别是住宅项目与人们的生活密切相关,因此也是能够反映人的生理需求和精神需求的产物。现今的住宅消费市场越来越趋于理性,人们对住宅的认识也越来越专业。可以说,只有能够充分体现个性的楼盘,能够准确地抓住目标消费者群体的心理的楼盘才能备受青睐。应该设计什么样的产品？人们追求什么、需要什么？这些信息大都来自市场,因此只有充分了解市场,充分调查分析市场,才知道应该做什么。

上述几种设计概念,开发商或策划师可以具体根据楼盘的实用性、居住者感情需求、项目的优势资源、项目的功能类型、项目的高质量或项目的价值等来具体选择。

三、项目设计内容与规模策划

项目的规模、性质、目标客户的定位策划是解决建筑设计中的物业为谁建、建多大、建哪种类型的问题,是项目设计策划中必须最先解决的问题,也是后面一系列设计策划内容策划的依据。三者之间互相联系,也互为依据,但其策划中所考虑的内容又有所不同。对于性质和规模由于有总体规划的定位,在这里是验证、细化和修改的过程,目标客户必须通过调查分析才能确定。明确目标客户,项目的规模性质也就容易确定;相反,如果规模和性质是确定因素,其目标客户定位也能轻易解决。如总体规划中确定某用地为低层高档住宅区,其目标客户也就可以定位在收入较高的人群,然后可以依据调查结果进一步细化。但通常总体规划所给的是控制值,如控制高度、容积率等,因此策划师也必须对规划、性质和目标客户进行策划。

1. 目标客户定位

这是解决物业为谁建的问题,也是卖给谁或谁来买的问题。以住宅小区为例,拟定目标客户群就是要对其生活轨迹、生活需求、年龄及家庭结构有一个概念性分析,从而确定以下内容：配套设施的设置；户型比例；户型面积；房间面积分配；户型优势分析；住区环境艺术取向；停车及交通环境设想；单位楼价估算及销售进度估算。

结合市场调查,发现消费者买一种商品而不买另一种商品主要有两方面原因：一是产品与产品之间的差异性；二是市场的需求。实行产品的差异化是企业为了强调自己的产品与竞争对手的产品有不同的特点而采用的一种策略。实行产品的差异化可以用较少的花费争取到较大的市场占有率。市场需求状况可以通过市场营销信息的调查分析、相关专家咨询、甲方销售策划资料等综合研究确定。

2. 确定项目规模

在项目设计策划中,规模通常指项目的容积率、建筑密度和建筑高度等,这些在城镇总体规划中都有控制指标。但房地产项目首先是能够卖出去,同时获得最大的经济效益。对于容积率问题,越来越多的经验事实说明,容积率并非越大越好。一个项目的容积率、建筑密度、建筑高度的确定涉及两个方面的因素,即项目的经济性和市场接受度的问题。一块用地的开发在什么规模是最经济的,这种情况下市场能否接受,如果两个条件满足,则这种规模是可以认同的。如果只满足其简单的"账面"经济,市场接受度低,房子卖不出去,则无从谈其经济性。现在市场上仍然闲置着一些高密度的、连基本的居住环境都不满足的小区,这类小区市场的接受度极低,其规模也是不可取的。

3. 确定项目性质

在项目目标客户定位和规模确定的同时,项目的性质论证也在同时进行。

一个建设项目是多层和高层仅仅是最一般的项目性质论证,因为这种宽泛的性质论证不能说明住宅是公寓式还是错层式的空中别墅,常常导致设计师性质不明确而返工。通常确定项目性质时,是由开发商、建筑师、投资分析师、营销策划师一起确定,为的是使项目性质得到各专业特长人员的有效配合。

四、项目的景观设计

(一) 景观的价值

原万科北京地产公司总经理林少洲曾表示,商品住宅开发中设计费和景观绿化投资是边际利润很大的两个项目,其中景观绿化投资往往可以带来 5 倍左右的收益。如果你舍得为你的小区每平方米多花 50 元的景观绿化费,你的房屋售价每平方米往往可以多卖 250 元。林少洲还指出,随着个人购房率逐年攀升,环境设计水平将在未来的住宅市场竞争中扮演非常重要的角色。

既然景观设计有如此高的回报率,开发商自然会投以重金。以深圳、北京等地为代表,邀请国际名师已成为一股热潮。金地海景北国的环境就由香港怡景师设计,中海华庭由贝尔高林设计……据专业人士透露,这些专业设计公司仅设计费就高达数百万元。

请著名专业公司设计,不仅设计费高,而且由于设计标准高,所要求的材料大都十分昂贵。如用得最多的棕榈科乔木,已经成材的大树每棵都在数千元以上。因此,许多开发商用在环境上的费用,按环境面积计算,高达每平方米数百元。

优美的园林景观对消费者具有不可抗拒的吸引力,景观的促销作用显而易见。有景观的住宅比无景观的住宅容易销售,景观优美的住宅比景观平庸的住宅容易销售。如果开发商卖现楼,销售时建筑和园林景观都已完成,消费者自然能辨别孰优孰劣,作出最佳选择。开发商不需玩弄各种营销技巧,只要实实在在的做好楼盘和园林景观,就可以等着收钱了。

(二) 景观设计准则

住宅是住区的主体,环境是住区的基础。优秀的住宅小区必须是居住环境好、生态环境优、景观环境美的住宅,能够表现它的文化性、舒适性、陶冶性、祥和性,能够满足人的生理需求、心理需求、安全需求、健康需求。

住区环境既有物质方面的硬环境,也离不开精神方面的软环境,两者必须紧密结合。住区的"硬环境"主要包含能满足人的居住、生活需要的居住空间、交往空间、景观空间、公建设施、文化设施、教育设施、体育娱乐设施、交通设施、商业服务设施等。住区的软环境主要是指社区精神文明建设及多层次的社区文化活动。创造高尚的文化氛围,让居民及其子女得到良好的文化教育、高尚的道德陶冶、适宜的健身体育锻炼、丰富的艺术享受以及优美的景观欣赏。

1. 住区园林化应力求创新,各具特色

不少优秀小区都在山水园林景观上做文章,创造出各具特色的景观环境。广州二沙岛以绿、静、美为主题,点、线、面相结合,突出江景,展现亚热带气候特点和地方风情,房前屋后布置园艺,多层次主体绿化,形成无处不绿的居住空间。建筑错位布置,前低后高,增加观赏江景户数。丽江花园追求现代化人居与优美自然环境的和谐统一,营造以大型人工湖为中心的中轴景区,利用多个组团花园,形成优美的园林式住区。祈福新村以"环境新材"、"诗意人居"为目标营造居住空间和绿化景观。依山(自然山)傍湖(人造湖)布置住宅群和多个不同风格、不同特色的主题公园、花园和农庄,使住户拥有十分丰富的休闲、观赏、娱乐游玩空间和直接参与种养的场所(农庄)。奥林匹克花园围绕健康的主题,设置泳池、运动场所、健康中心、家门口运动器械,以及健康步径、养生步径、儿童欢乐步径、青年动感步径。翠湖山庄把中庭花园瀑布、楼间涌泉、架空首层绿化、屋旁绿地与园林景观连成一体,建成覆盖整个小区七八成面积(车道入地下)的"万象翠园"。深圳华侨城以尊重自然、保护生态为指导思想,把原有山坡和绿化资源建成多姿多彩的山景,把山塘、小溪整理成优美的水景,住宅建在青山碧水、林木葱茏、处处有景的环境里,显现回归自然、保护生态的特色。广州颐和山庄借用颐和园的意境,借助天然山水,建造山顶公园(占地8万 m^2)、观景颐天阁、昆明湖、故事四廊、万寿宫会所、湖滨亭台楼阁,再以小溪流水、假山瀑布、喷泉山石等点缀,建成一个具有天然特色的生态型、环境型住区。

有创新、有特色才有生命力。无论是住区的建筑造型还是景观空间布置都不能千篇一律、千人一面,不能克隆照搬,即使是同一开发商开发的小区也不宜个个雷同。

2. 住区山水园林景观和植物花草应有层次,丰富多彩

一是空间层次。从小的楼顶楼旁绿化、路边绿化,到组团绿化、小花园,到中心花园、各类主题花园都应做到层次分明,各有特色。除了特大型住区外,一般应少建大公园,多建小花园、组团花园,使居民就近享用绿化带来的好处。

二是植物品种层次。草地、花卉、灌木、乔木、喜阳植物、喜阴植物,不同季节的植物都应合理布局,切忌跟风而过多过大地营建大型草坪、大种棕榈科植物。应因地制宜,讲究科学。草坪的生态效益和造氧功能都比树木低很多,而其养护费却比树木高3~5倍,而且它的耗水量大,遮阳功能差,尤其在亚热带地区更不宜把大草坪作为主要的绿化途径。应选择适合本地生长的植物种类,多种园林当地树、乡土树。也可适当选用一些外来的、能在本地生长良好的树种来调剂。

3. 住区园林应与方便人际交往相结合

在住区环境建设中,应注重营造人际交往空间,除文化娱乐场所外,组团绿化空间是理想、方便的人际交往空间,应作为住区园林建设的重点,把它建成既有观赏景观又有交往设施(亭台、桌椅、器具等),便于居民就近享用的绿化空间。

城市人住在各自的单元住宅中,老死不相往来,楼上楼下互不相识。在住宅围合组团、

庭院中营造优美的环境空间必然会吸引大量居民尤其是老人、儿童到此休息、游玩，进而互相交往谈心，对克服城市病尤其是减少老人的孤独感可以起到重要作用，应该提倡。住宅楼首层架空也是增大人际交往和绿化空间的好办法，可在架空层设置居民休息、健身设施，老人、儿童活动设施，宜种植喜阴的矮科植物和花卉。

4. 利用、改造自然景观与人造山水景观相结合

未经开发改造的山岭、荒林、湖水、水塘，往往难以达到理想的要求，合理的做法应是有景用景，用景改景，无景造景，天然与人工结合。例如对水面较宽的水塘通过种植、造岛（必要时）、架桥、清污、净化水体等办法把它改造成景色宜人的优美平湖，使住区具有难得的水景。相似的办法也可以把原有的荒山、乱林改造成层次丰富优美的山景、林景。山坡地段可因地制宜地建设房屋，让楼外人看到层层琼楼，为住区增色不少；楼内居民由于楼房的高低差可更多地观赏楼外景观，比平地建楼更胜一筹。

人造景观在住区更有用武之地，湖面、泳池、小河、山溪、瀑布、涌泉、假山、亭台、拱桥、连廊等都可人造，但要求造得有水平，不落俗套。如有个住区本来无河无湖，但投入1 000多万元资金开挖了30多万平方米人工湖，并对湖滨、湖中小岛等进行绿化、美化，设置游乐、体育设施后，住区环境大为改观，湖滨住宅成了畅销房。

5. 发展立体绿化，营造空中景观

这是有效增大住区绿化面积，改善环境，美化住区的重要措施之一。立体绿化通常有阳台的花卉、盆景，墙面的攀悬植物，天台的花卉、藤类瓜果。还可以在高楼之间的连接桥和平台以及高楼中间的架空层营造空中花园。把住区一切可以利用的地方都绿化起来，其绿色效果必然更为显著。立体绿化的另一方面是植物的种植立体化，把乔木、灌木、花卉的种植形成有层次的立体景观。一些住区地处城郊大道旁，更应在住区边缘种植一层或几层乔木、灌木，阻隔噪音和尘土。

6. 住区绿化与体育活动场地结合

根据住区居民对体育活动的需求，除建硬地运动场外，还可兴建一些草地运动场，如微型高尔夫球场、草地滚球场。这种既增大绿化面积又增加居民体育活动场所的做法是一举两得的，值得积极提倡。

7. 住区园林应力求美、静、净、洁

住区各类景观布置和小品、雕塑等都应由专家设计，使之具有高品位构思和艺术水平。住区的景观要美，环境要静，噪音要小，水面要净，空间要洁。机动车辆的噪音、废气应减少到最低限度。不论大小水面都应常年洁净，防止变成污水塘、"龙须沟"。流水、瀑布、涌泉尽可能循环使用，并使其起到洗净尘埃、净化空气的作用。

8. 住宅绿化应合理控制成本，减轻居民负担

住区应对过大规模、过高档次、过大成本的绿化项目加以控制。要根据社会和居民的经济水平营造景观环境和服务环境。设计过宽的草坪，种植名贵的树种和百年老树，建造过大的会所及超豪华的装修，都会明显增加商品房成本和物业管理费用开支，应从减轻居民经济负担出发，合理设计景观和设施。

9. 居住环境的优化必须有丰富的社区文化的支撑

一是住区各种园林景观的设计，必须具有我国传统文化内涵，显现中国式的诗情画意。

二是住区应为居民组织形式多样的文化、教育、体育、娱乐活动，使他们不但能观赏、享

受优美的园林景观,而且能参与吟诗、作画、歌唱、健身、表演、娱乐等,得到高尚的精神享受。

三是住宅环境的优化必须有高水平的物业管理相配合,在住区管理、服务中,在社区组织的各类文化活动中,培养、提高居民及其子女的道德情操和文化艺术素质。

(三) 小区园林绿化要点

小区园林绿化宗旨是追求亲、静、美、闻、雅、秀的意境,把人工艺术与自然景象融为一体,这是规划小区高起点的期望。规划内容包括:

(1) 空间组织要有层次,相互渗透、开合得体、公私有别,疏密上下相宜。

(2) 园景配置要有韵律感、对比性,活泼逗人。

(3) 园中分区、分级、分段设置要分老少、动静,做到景中有景、园中有园。

(4) 山、水、花木、草地要统筹安排,便于居民就近随时进入消闲、运动、游戏、聚会;绿化要点、线、面连贯成整体,隔而不断,有序列的流动感。

(5) 园路、小品、园灯、亭、廊、台、喷池、花坛等设置要精、巧、趣,做到步移景异。

五、项目设计的功能与空间策划

随着房地产业的发展及人们需求的多样化,增强了对开发项目与城市环境相互协调发展的要求,与此同时,对建筑自身的品质也提到了更高的层次。因为房地产产品是一种特殊的商品,它的功能与空间设计不仅要满足客户要求,还要考虑对城市发展的影响。为了使开发项目既经济又适用、市场效果好、社会效益明显,必须做好对项目本身在建筑功能和空间上的精心打造,创造出适合市场的精品。

(一) 建筑功能策划

在房地产开发中,每一个开发项目不仅要满足自身的需要,更重要的是满足该地区城市及居民错综复杂的功能使用需要。功能策划是指对建筑的功能要求以及使用者使用方式的调查和研究,确定自身的功能内容和布局以及建筑与城市的功能关系,在满足自身需要的同时照顾整个城市的功能分配,最大限度地利用项目用地。

1. 土地的综合利用需要功能综合化

随着城市经济的发展,城市人口膨胀,市区面积日益扩大,功能的综合开发适应了当前的社会及市场的需要,是经济发展与城市用地紧张的必然产物。功能综合开发可以形成城市部分中心,把不同性质、不同用途的社会生活功能空间组织在一起,部分地满足城市的发展弹性和生长需要,使城市相对紧凑。功能综合开发对调整城市空间结构、减少交通负荷、提高工作效率、改善工作和生活空间具有积极作用。

在房地产开发活动中,要使项目体现功能的综合化,在形体组合上的策划主要有两种类型:一种是单体式,即一栋建筑;另一种是组群式,即多栋建筑。至于策划何种类型,要根据各种信息和条件诸如基地位置、基地面积大小、投资多少、包含功能多少来综合考虑。在多功能和相互关系策划方面有两种:一种是互补型,如住宅与公建,住宅中的居民为公建提供工作人员和顾客,公建为居民提供多种服务和就业机会;另一种是互益型,如不同的商业、金融、办公的综合,可以彼此增加许多潜在的客户。这种是商业性质的综合体,在综合效益上较为明显,易被开发商接受而作为开发内容。

策划不同功能组合关系时,要从功能的内在联系出发,以人们的行为模式和行为特点为基本点,并结合实际调查研究人们的日常生活,来确定能够产生积极的空间效果和经济效益的功能组织关系。确定关系时要考虑功能间能相互提供共同持续的支持,还要考虑使用不同功能空间及周期性活动时间的合理安排。

具体的功能组合策划上,因为不同的功能区域对公共性和私密性要求的程度也不同,因此,相互的关系可分为完全隔离关系、共容关系、有分隔也有共容的关系3种。

2. 市场需要灵活的功能策划

现代社会是高速发展不断变化的,社会各种因素的变化对建筑提出了动态要求,建筑的创作设计要具有弹性设计以满足不断变化的市场需求。

(1) 要善于掌握市场发展动向

一般而言,大型公建的寿命在70~100年,而社会需求的变化周期越来越短,那么如何才能协调两者关系呢?由于建筑寿命不会改变,因此关键在于开发出的建筑产品能否具有发展变化的性能,即建筑在使用功能上要有广泛的适应性,如适应那些更新很快的设备、社会活动项目、公共交通方式等。要使房地产开发项目具有广泛的适应性,必须在策划中认真搜集各种社会信息,掌握社会发展动向,确定开发项目各功能的发展趋势与态势,为进一步设计提出指导性建议。

(2) 要深入考虑功能转换的可能性

市场需求不断变化,房地产产品的商品化对房地产开发提出销得快、销得好的要求。但是市场风云变化,为使建筑产品不失去开发的经济价值,就要做到开发项目随着市场需求来改变内容,在策划过程中考虑功能转换的可能性。在房地产开发中,许多3~5层的建筑也多策划为框架结构,而不用砖混结构,其中一个重要原因就是考虑功能转换的可能。另外,为适应市场需求,可以策划二次设计、二次施工的做法,把室内设计、装修工程预留到发售后进行。在策划功能分区时,还可按层次划分和按栋划分,并考虑功能的相互转换。如在开发设计中,由于写字楼与公寓面积不能确定,开发商要求写字楼与公寓将来可能转换使用功能,故在策划中可考虑双塔方案,双塔外形相同,一为公寓,二为写字楼,上部相连,这样就可随业主和市场销售情况任意调整二者面积比例。

(二) 建筑空间策划

房地产开发项目的空间策划是指根据开发项目各个开发分项目的基本要求和特性进行草拟空间的规定,确定内部空间形式,对平面布局、分区朝向、自然通风、采光采暖进行构想策划,并对建筑内外部空间的文脉延续、空间成长、环境设计以及对城市空间再创造进行构思策划,从而寻找合理的内外部空间形式。

1. 建筑内部空间策划

建筑内部空间是人们为了某种目的而用一定的物质材料和技术手段从自然空间中围隔出来的,是建筑整体的有机组成部分,它和人的关系最为密切。建筑内部空间策划的目的是为了使空间丰富和完善,根据空间使用性质和所处的环境指导设计并运用物质技术及艺术手段创造出功能合理、舒适美观、符合人们生理要求的空间。

建筑内部空间环境有两层含义:一是指内部视觉环境、空气质量环境、声光热环境等物理环境和心理环境;二是指自然环境、美学环境、文脉环境等审美方面的内容。内部空间策划主要包括以下3个方面:

(1) 平面设计和空间组织策划

平面布局策划应根据人对空间的使用要求,按照人对空间的心理和行为,指导有关空间的分区朝向、空间的比例、尺度以及空间的流线组织设计。在进行策划时要熟悉各种空间对人心理的影响,例如高度和进深很大的空间容量容易形成肃穆的气氛,依据隔墙和绿化对空间进行适当的分隔易形成舒适的空间,既能满足不同功能要求,又能创造宜人的空间环境。建筑以人为本,在进行空间策划时要考虑按照人们行为习惯来策划组织空间。

(2) 室内设计策划

室内设计策划是指以创造特定的空间环境气氛为策划目的,综合分析诸多与室内空间有关的因素,创造出功能合理、舒适、美观,符合人的生理与心理需求的理想场所。它包括空间界面和室内装饰体的尺度、比例、材料肌理、色彩等相关因素,同时还要掌握不同色彩、不同材料、不同图案、不同物质对空间风格和人的心理产生的影响,以此来指导以后的室内设计。

(3) 内部物理环境设计策划

内部物理环境设计策划是指对室内气温、采暖、光照、通风、温度调节等方面因素加以测量和分析,为室内物理设计提供指导信息,使建筑内部空间满足生理生存需要。对于内部物理环境策划要敢于采用新技术、新方法,节约能源,保护环境,做到既经济又舒适耐用。

2. 建筑外部空间策划

传统的建筑是封闭式的,是一种筑高墙、围大院的建筑,它的外部空间是冷漠的,对建筑的外部空间没有足够重视。美国风景建筑师奥姆斯特德于1858年提出了"风景建筑学"的概念,使浪漫的英国风景园林与城市生活相结合,对建筑外部环境质量的提高作出了有益的贡献,把园林扩大到了城市环境。

随着社会经济的发展,建筑业空前繁荣,向人们提供优美的外部空间是历史的必然,它不同于历史上的私家园林,它是归还给人们属于自己的诗意空间和栖息之所。同时,作为建筑师与策划师,对于建筑外部空间的重视也应像对建筑内部空间一样,让人们能感受到内外一致的贴切关怀。

(1) 功能分区

建筑外部空间按功能分为人的领域以及除人之外包括交通工具的领域。而要获得舒适的人的逗留空间,就需要以限定空间的手法创造一定的封闭感。利用标高的变化及墙的运用均可以得到不同程度的封闭感。同时,外部空间不同于内部空间,它应该具有开敞、流动的特点。意念空间的设计也是限定区域的重要手段,如美国福特希乐学院的外部空间设计,建筑师采取了独特的空间布局,强调了不同的功能分区:

① 边界区,即与邻近土地相连的界区。

② 停车场道路系统区。

③ 步行区。

④ 建筑群中的开敞空间。

⑤ 小区庭院。

(2) 规模与尺度

建筑外部空间的规模与尺度受城市规划、日照及不同的生活习惯所影响。其尺度的不同给人以不同的感受。建筑师应该利用这种尺度的差异来创造不同的建筑外部空间形态,也可以弥补原有空间的先天不足。

(3) 外部空间分类

建筑外部空间按使用性质分,大致可分为以下几类:

① 活动型。这种类型的外部空间一般规模较大,能容纳多人活动,其形式以下沉式广场与抬起式台地居多。如合肥市的明珠广场为下沉式广场,而北京天坛的园丘却是抬起式的园台。不同的围合给人以不同的感受。

② 休憩型。这种类型的外部空间以小区内住宅群中的外部空间为多,一般规模较小,尺度也较小。

③ 穿越型。城市干道边的建筑及一些大型的观演建筑常有穿越型的外部空间,或者是城市里的步行通道或步行商业街。如合肥市的淮河路步行商业街和花园街,其间点缀绿化、小品等,既可穿越,也可休息,还可活动,可以说是多功能的外部空间了。

(4) 建筑外部空间设计手法的运用

为了获得宜人、丰富的外部空间,仅仅一种手法是不够的,需要多种手法综合运用。根据不同的建筑以及不同的环境需要综合运用不同的手法。

① 空间的延伸和渗透。内外空间及外部空间的相互延伸及渗透是空间的连续和相互作用造成的时空的连续。如古典园林中的借景与对景都是空间的延伸和渗透手法的运用。

② 层次与序列。要创造有序而丰富的外部空间,就要考虑空间的层次。而对于运用空间就要有空间导向,就要有序列,有高潮和过渡。外部空间的序列通常表现为"开门见山"和"曲径通幽"两种。

③ 建筑尺度的处理。建筑作为外部环境的主体其本身的尺度必须有适应人体尺度的过渡。建筑本身需要以一个较大的尺度去适应所处的大环境,又要以一个较小的尺度去满足本身的外部环境。建筑物应该具有多层次的尺度关系。

④ 其他。在建筑外部环境运用中,小品及雕塑的运用常常能起到画龙点睛的作用,如贝聿铭先生设计的美国国家美术馆东馆门前的雕塑。有时,雕塑或小品往往就是环境的主题,如合肥市和平广场上的主题雕塑等。

3. 空间品质及造型的策划

完成空间形体策划后,需要策划设计空间品质,包括围合界面的材料、色彩、西部构造、植物等,这些都会影响到此空间与相关室外空间的个性。

(1) 材料。策划时在空间品质中运用何种材料,要掌握3条原则:一是要恰当地使用新材料,以有利于空间环境个性;二是要尊重并挖掘传统材料在新时代的表现形式,根据经济、地理条件、科技水平选择适宜的材料;三是探索材料与空间形式的完美结合。玻璃幕墙、花岗石、钢结构等都是高科技下的新兴材料,它们的质感肌理对人们心理感受会产生不同的影响。传统材料与新型材料巧妙结合可以创造出强烈效果,为空间增添无限的趣味。对这些应该认真把握,并根据不同情况加以分析,以指导对这些材料合理地设计和运用。

(2) 色彩。在进行色彩策划时,要依据人的心理进行自然色彩的安排。地面色彩质感可模仿土、沙石及苔藓,室内屋顶的色彩应联想到开阔的天空,色彩范围可以从深蓝色到水绿色,从云雾色到柔和的灰色等。观察自然不难发现自然界物体从土地、山水、树木、天空等无不与自然的绿色形成和谐的对比,在建筑外部色彩策划时要模拟这些色彩安排,创造宜人的自然环境色。

(3) 细部结构。重视细部构造,丰富其内涵,对于创造一个富有变化的空间具有重要的作用。对于细部构造的重视,即使是体型完全相同的建筑也会在门窗、阳台、入口等处有所不同,经过精心雕琢,创造出丰富的变化。

(4) 植物。植物也是形成空间特性的又一要素。除了维持生态平衡、保护环境、为居民提供休息娱乐场所外,还为人们带来自然意识与盎然生机,是美化环境,创造丰富而又和谐优美景观的重要手段。

(5) 造型。造型是塑造空间实体的外部形式,对于不同的建筑,其造型策划内容不同,侧重点不同。但是,从造型的普遍意义来说,需要从恰当性、分寸性、同一性、整体性、深刻性、一致性、个性、韵律等方面加以体现,把握造型策划的方向,策划塑造出良好的造型,提高空间环境质量。

六、项目设计的户型策划

(一) 户型的经济分类

从经济发展的角度而言,住宅户型可分为安置型、实用型、舒适型和豪华型4种,它是依据人们生活水平的不同所确定的住宅面积、户室数、设备设施、装修标准等的等级。由于人们家庭收入水平不同,对投资住宅的比重不同,所以要求的居住条件也不同。

1. 安置型

安置型住宅是一种居住水平较低的住宅类型,居住对象是家庭收入少、经济困难,需要国家补助的安置性住宅,户型比较少,公共设施较简陋,造价比较低,居住面积在 50 m^2 以下。这种住宅随着人民生活水平的提高将会越来越少。

2. 实用型

实用型住宅属一种经济型住宅,住宅设计主要从功能出发,基本满足人们的生活实用要求,寻求有限度较合理的平面格局,住宅对象是经济收入中下水平的平民百姓,居住面积在 50~75 m^2 之间,一厅两房,相当于次小康型住宅,装修中档,具备良好的室内声、光、热居住环境,达到现代家庭生活配套和居住卫生方便的环境质量目标。此类住宅目前数量比例较大。随着经济的发展,实用型住宅将会逐步向舒适型住宅转变。

3. 舒适型

舒适型住宅是一种符合现代人家庭生活方式,具有舒畅适宜的居住环境,有家庭文明的气息,文化品位较高,装修个性较强,通常面积在 75~100 m^2 之间,二厅三房,或一厅三房,设施周全景观清幽,家居是一种享受。住宅对象是收入较高的白领阶层和较富裕和较有名望的人家。

4. 豪华型

豪华型住宅属高档豪宅,面积在 100~300 m^2 之间,面积大房间多,设备齐全。通常在室内有健身房、娱乐室、桑拿室、书房等,多为独院、复合式设计,室内动静结合,内外分区明确,装修豪华,用料高级,低层住宅有专门车房,多属富裕人家购住,满足高级生活享受需要,豪华舒适,赏心悦目,景致优美。这种住宅市场数量暂不会多,但随着国家经济的发展,外资高级人员的增加,将逐步增多。

以上 4 种住宅户型分类并没有很严格的界线,同时还是在变化中发展的。因为住宅是较永久性建筑,在设计中常用框架结构或大跨度结构来适应灵活多变的要求。设计墙体间隔时要考虑到改造的方便和改变装修的可能,有的还要考虑到两户合一家的应变方案。

(二) 户型设计难点剖析

1. 专家与用户之间的矛盾

专家比较重视使用系数,这本来是对的。但到了市场上,高档项目可能需要放大走廊、大堂、过道等公共空间,导致使用率降低。设计规范中要求卧室至少有一间朝南,四室的卧室至少两间朝南。但调查显示,大多数购房者认为厅是否朝南更重要。

从价格方面看,地价越便宜的地方越适宜做大户型;从消费方面看,越贵的地段消费者能承受的面积越大。现在的设计,通常安排餐厅与起居室结合,而不少白领却表示,餐厅最好单独设立,若不行,最好与厨房在一起合设,尽可能避免与起居室合设。

由以上可知,"好户型标准"之争从来没有停止过,而且必将继续下去。市场的变迁,开发商与购房者的"互动式教育"以及"共同成熟",都会令各项指标不断变化。户型的不断变化,一方面是对开发商的考验,另一方面将促进房地产市场的多样化。好户型未必是热卖户型,卖得最好的户型未必是好户型,在一个成熟的市场试图制定出标准是不现实的。对开发商和策划师而言,与其找到好的标准,不如找到打开标准的金钥匙。

2. 专家之间的矛盾

专家与专家之间,因为位置和角度的差异,对户型决策问题也是见仁见智,从以下专家讨论中可见一斑。

开发商 A:很多人认为越小的户型越好卖,事实上"SOHO 现代城"所有复式的户型来不及推出就卖掉了。建筑面积在 $250 \sim 300 \, m^2$ 的户型全都售光了,单价全都超过 1 万元人民币,这是一个比较好卖的品种。销售最好的达到"写条子"程度的,是 $188 \, m^2$ 的河畔型的房子。

代理商 B:我认为,总的来说小型化是一个发展趋势,因为购房者的能力是一个金字塔形。当高收入阶层的需求基本满足以后,中等收入、中高收入家庭进入市场,在目前二级市场不成熟的情况下,更青睐小户型的商品房。在某个项目里,一种户型卖得快有很多种原因,如景观、价格,如果抛开这些因素单说户型,我认为小型化是趋势,不仅是在住宅领域,也包括写字楼、商铺等物业。

如果说上述矛盾只是业内人士各自的意见,那么有相当多的开发商对"最好卖户型"的一些基本判断已经产生了一些偏差。

(三) 户型设计的基本流程

1. 进行市场调查

如果认为掌握了一两次的市场调查数据就掌握了市场需求,那就大错特错了。市场调查提供的只是一个可能性,一种未来可能的倾向,而不是一个单纯的结论。作为参考,市场调查有借鉴作用;但作为决策依据,仅有市场调查是不够的。市场调查有其局限性:

(1) 样本的选择及其代表性的局限。限于人力、物力,市场调查无法选取更大的样本,完全样本是不可能做到的;而所选择的样本是否有代表性,即是否属于可能会购买或有能力购买的目标客户群,无法判断,区域样本的选取存在疑问,各区的样本比例应如何确定无法得出结论。

(2) 样本的可靠性存在局限。被访者是不是有现实或近期购买的打算呢?抑或只是表达一种愿望、一种意愿,而他们本身并没有财力于近期购买或者不打算近期购买。如果他们所传达的只是一种将来的愿望,那么这种愿望随时都会发生变化。

(3) 调查结果只能对楼宇销售形成一定依据,但不能为销售提供策略。调查结果多数是告诉开发商及代理商不能这样做,而没有告诉他们应该怎样做。

因此,一定量的市场调查虽然是必要的,但却是远远不够的。掌握需求,需要在大量的数据分析、市场经验基础上,针对市场实情及可能出现的变化进行深入细致的研究及不断尝试。

2. 掌握户型需求

目前的户型需求多样化,市场并无绝对的主导户型,而且户型需求随时间、地域而异。户型需求的多样化源自市场消费层次的多样化。

比如作为移民城市的深圳,人口来自全国各地,多种地域文化形成撞击,不同地域、不同文化层次的消费者构成了不同的需求层次,消费心理难以一一把握,销售难度往往集中在如何将不同需求导向某个需求目标。

购买群年轻化,购房者年龄大都在 25~45 岁之间,年轻化使需求呈现复杂的个性化。潜在的购房者绝大部分为非常住人口、非户籍人口,有限的收入使其难以实现近期购房,置业计划必然是远期的并且是理性谨慎的,从而增加了购房的不确定性,他们的户型需求更难把握,也许会选择过渡性的小面积户型,也许会一步到位,选择较大面积的户型。

客户户型选择的决定因素如下:

(1) 价格因素。客户买房时,单价仅是心理价位,而非决定取舍的价位,最终购买时应该看的是总价。

(2) 客户自身需求人口多少,是丁克族,还是两代,甚至三代;是需要解决"有无"问题还是改善住宅;是自用还是投资(这两者很难分开,但在心理上会有所偏重)。

必须具备的市场条件是三级市场活跃程度,这决定了买房后再交易的难易程度。随着三级市场的成熟,市区住宅小型化的趋势是一定的。

3. 确定户型大小

房地产开发中最常见的问题是某个地块适合做大户型还是小户型,最普遍的说法是市中心的户型小的好,郊区户型可以做大。在北京有人还统计出以市区中心为原点,向外到二环、四环有一个放大系数。

第二种说法和区域发展有关,以北京为例,西面比东面可以大一点,这是考虑到北京市的布局是东面先发展,价格较高之故。另外东面高档房集中,出租业务繁华,投资客户多,他们不在乎房子在何区位,只要有市场,投资回报高就行。考虑到投资风险,希望买小户型。与此同时,南面住宅以前偏大,现在发展得很快,由于价格上升,户型逐渐偏小。另外,购房者对北边住宅是最认可的,因此区域特征偏弱,从目前设计来看以大户型为主,但不排除将来小户型异军突起的可能性。

那么,开发商如何确定自己的户型大小呢。

第一个办法是市场调查。比如说,中关村科技园区对西部地区乃至整个北京市房地产的格局都会有一个大的影响。IT 行业的兴起造就了一些年轻人一夜之间获得很多财富。这些人有很多是外来的,他们要扎根北京,共同的特点是要把父母接过来一起住。通过市场调查如果了解、验证到这些情况,开发商可以考虑做一些大户型,甚至双主卧的格局。再如IT 行业的企业朝着小型化、办公个性化发展,可考虑适当放大居室扩充功能,使之成为

SOHO(Small Office Home Office)。

第二种办法是弹性设计方案。一是户型内部中的弹性设计,留出一两室变成三四室的可能。销售时甚至可以是无隔墙的大空间,可以提高使用率,到交楼时提供3种选择,根据客户的需求决定如何分隔。二是户型与户型间的弹性设计。如某公寓将三室二厅改成两个一室一厅的方案,使客户有很大的挑选余地,极大地扩大了市场定位的范围,使大户型与小户型的矛盾不那么尖锐。

4. 进行功能分区

住宅的使用功能虽然简单,但却是不能随意混淆的。一般有如下几个分区:

(1) 公共活动区,供起居、交际用,如客厅、餐厅、门厅等。
(2) 秘密休息区,供处理私人事务、睡眠休息用,如卧室、书房、保姆房等。
(3) 辅助区,供以上两部分的辅助支持用,如厨房、卫生间、储藏间、阳台等。

这些分区各有明确的专门使用功能,有动、静的区别,有小环境的要求。在某次户型比赛的参赛房型中,绝大多数平面设计都注意到了正确处理这3个功能区的关系,使之使用合理而又不互相干扰。

5. 进行户型布局

北京购房者认为评价户型最重要的依次是布局、朝向、使用率,可见布局的重要性。在具体的户型布局上,客户认为次序为起居厅、主卧、餐厅、次卧。有的专家认为目前在130~140 m^2 总面积的户型里设计 30 m^2 的厅比较合适。从趋势上看,厅的面积下调,主卧室面积从 15~18 m^2 上调至 25 m^2。其中的原因可能是:客户年轻化,很少在家,回家时卧室是常用的空间,需要组合柜、电视、看书的位置,厅的一部分功能转移到卧室中。社区设置会所,会所改变了交友一定要在家的概念;整个社会文明程度提高,人的隐私权要求增加;在设计中通常安排餐厅与起居室结合,这多少是出于无奈。而北京一家公司在客户调查中发现:需求餐厅最好单独设立,实在不行,最好与厨房在一起合设的,占到42%;建议和起居室合设的仅占 16%。

高标准的住宅内,可以考虑餐厅和起居室分开设置。但如果分开后,餐厅的光线、通风以及视野等条件均没有得到改善,或餐厅分离后反而更像扩大的通道,还不如不分开。特别是中小型住宅,一个大起居厅的空间感、尺度感和生活氛围更优于两个厅的分离设计。

6. 确定户型构成

确定户型的构成比例复杂,没有一成不变的定例或规矩,视市场环境而定。如果楼盘所面对的购买群特征单一,那么确定主力户型及其比例较为容易;如果楼盘所处区域消费者需求层次复杂,难以定位,那么主力户型数量可适当增加。

户型的构成比例受到目标客户群、需求层次、需求变化、平面布局、规划设计等因素影响。市场需求虽然是其决定性的因素,但不是唯一的影响因素,有时户型的构成比例还受到规划设计、容积率等因素限制,以致不得不进行某些局部调整。

户型的构成比例确定以后并非固定不变,如果在早期设计时考虑日后结构的灵活间隔的话,可以依据市场变化进行变动。

7. 住宅的空间配置

当今世界将美国住宅誉为"成熟的高品质住宅",其中最主要的体现就是设计师着力于提高住宅空间的配置。他们充分考虑住宅的居住功能和室内空间的流动感,采取革新性的方式和装饰配件组合或分割空间,使之不仅符合人体工程学,满足人们日常生活流线的要求,而且具有很强的艺术感,营造生动活泼的室内氛围。

有人提出住宅每套从目前的 6 个空间格局(卧室、起居室、餐厅、厨房、卫生间、阳台)增至 8 个(即增加电脑房、储藏室)。而当今美国住宅,以功能分区为标准将空间细分为礼仪、交往、私密、功能、室外五大区,其空间格局不包括室外已经有 15 个左右,尤其着力于对礼仪空间、私密空间的设计。对入口、起居室、餐厅等礼仪空间的设计,一方面要充分体现主人的社会地位、财富、个人风格品位和艺术鉴赏力,另一方面又要起到讲究礼仪、尊重宾客的作用;而对主卧、次卧、卫生间、书房等私密区的设计则强调增强主人生活的私密性,尊重个人的生活感受。主卧室不仅仅要设计在开敞、舒适度好的位置,而且将其功能细分为睡区、坐区、卫生区和壁橱区(一般采用宽大的步入式储衣间,有时采取男女主人分设)。从以上可以看出,根据使用者的不同要求而产生的功能空间的细分和组合,应是创造住宅产品差别化优势的有效途径。

户型设计应该做细,每个部分都应做得很好。但一个好的户型并不等于一个好的住宅产品。住宅产品品质应该包括工程质量、功能、环境质量、服务 4 个方面,户型设计仅是其中一个方面。

(四)户型比例的确定方法

1. 户型不宜过杂,战线不宜拉长

不要以为户型较多就能兼容并满足各种需求,战线过长,往往无法集中力量满足某一种需求层次,而且也体现不出楼宇的档次和形象定位。

外销宜突出主力户型,且主力户型不宜多而杂,因为人的消费心理有群居性(即喜欢在多人社区居住)、排他性(不喜欢与不同层次、不同阶层的人杂处)的特点。

内销户型比例的确定一般以中户型(二房二厅、三房二厅、四房二厅 3 种为主)为主力户型,大户型、小户型的比例少一些,再配以少量复式住宅。

2. 主力户型如果差异性过大,定位亦不准确

例如某楼盘,将三房二厅、一房一厅作为主力户型,势必拉大购房者层次,给物业管理造成相当大的难度。

若在整体小区的统一格局下各分区独立布局,问题可以得到缓解。如果楼盘是围合式、半围合式格局的话,将难以划区管理。

3. 具体的户型构成比例,应以目标客户群细分来确定

每个楼盘必然有其预期的目标客户群,针对目标客户群的不同需求特点细分出各个特征群体,然后再根据各个群体的购买力、购买目的、购买心理等因素进行研究分析及调查摸底,确定对应的户型具体比例。

(五)户型设计新理念

如果把 1999 年作为一个分界点,比较 1999 年以前的户型设计和 1999 年以后的户型设计的特点,会发现两者之间的差异性在增大,从卖方市场向买方市场的过渡是形成这种差异化现象最根本的原因,开发商越来越重视产品与市场、与消费者的契合,而户型设计时也出现了一些新的变化:

1. 旧户型面积趋向实用化

(1)传统的一梯多户受到挑战,尤其是高层住宅的一梯多户井字形格局,由于使用效率低,功能质量差,越来越受到市场冷落。户数的减少,多边形的平面布局使得户型设计更趋合理。三角形、钻石形、六边形、斜十字形等新布局形式不断涌现,每一户的居住质量都得到相应的关注及重视。大厅大户型结构显得落后,中户型设计基本上以大厅小房为主,而大户型通过增加房间数量、强化功能空间的手段也达到类似效果。

(2) 户内实用率比以前高,公共走道、室内走道、楼宇边角等公共面积减少,户型设计较以前更讲究如何充分利用每一寸空间。

2. 功能配置更趋完善

(1) 主人房带卫生间已成为中大户型的必要设计。

(2) 工作阳台的设置,同以前功能重合的阳台设计(把家务操作、观景等功能集中于一个空间实现)相比变得合理、方便。

(3) 书房、儿童房、健身房、衣帽间等配套空间的设置使室内生活更为丰富多彩,居家更舒适。

(4) 玄关的设计,增加户内空间层次,亦与生活水平提高的社会现实相吻合,使入室更衣换鞋等新风尚变为可能,促进居家健康化、安逸化。

3. 功能分区更为明显

(1) 1999年以前的住宅没有什么功能分区概念,在居家使用上极不科学,大厅功能比较混乱,基本上不区分休息娱乐区(客厅)与进餐区,一些卧室门直接开向大厅,设计十分不合理。1999年以后的住宅开始注重使用空间的层次与分区的问题,三大分区理念——动态静态空间划分、工作空间与生活空间的划分、公共空间与秘密空间的划分思想在户型设计中得到有效贯彻。

(2) 平面户型设计打破平面厅室划分的旧传统,利用凸出的边角、台阶、隐形走道等设计进行空间划分,使空间层次感更强,空间变化更大。

4. 户型设计更为贴近人性

(1) 传统的厨房多采用Ⅰ形,现在则有Ⅰ形、L形、开放式、半开放式等多种厨房设计,在长度、宽度等方面还考虑到操作台、洗手台、厨具电器柜的设置及摆放位置、管线的安装、通风排气等条件。

(2) 落地窗、飘窗、角窗的普遍采用打破单纯以阳台作为居室外延空间的局面。

(3) 卧室门的朝向注意避免与其他房间门相对的现象。

(4) 低窗台设计,可坐可卧,既增加了使用空间,又开阔了视野。

(5) 有些中小户型采用自由式间隔设计,充分体现个性品位:其一,减少梁柱对空间的占用及制约;其二,室内空间多运用薄墙、虚墙(非砖石水泥结构),住户可重新进行间隔。

5. 设计观念的变革

(1) 朝向观念的变革

不再追求户户朝南的设计,景观与朝向同样重要,户型设计更关注景观的方向而不是南北朝向。消费者开始关注小区内部环境的营造,开发商近年花大气力来塑造小区景观,住宅小区采用围合式、半围合式布局较多,只要是朝向中心花园的户型,基本上都能得到消费者的认可。

(2) 需求观念的变革

随着目标市场逐渐细分化,购房群体日趋理性化与个性化,单一的户型需求逐渐演变为多极化、多样化的户型需求，从而使户型设计也呈现多样化特征。1999年以前的住宅户型，同一楼盘同一类户型面积相同，格局也相同。1999年以后的住宅户型，同一楼盘同一类户型细分为几种面积、结构有差别的户型，以满足相同收入阶层中不同的消费需求。就户型设计的重视程度来说，以前开发商对户型设计重视程度不够，设计单位多为奉旨行事；现在随着竞争的加剧，开发商认识到户型设计的重要性，加强了与设计单位的沟通。

6. 从人口构成确定居住空间

从家庭人口构成分析，7种套型即可适应1～6口家庭的各种构成情况。但套型设计还要满足家庭行为和生活模式的不同需要，反映不同地区的气候、环境、社会经济水平、建设标准、风俗习惯以及历史文脉的差异。因此，套型模式就会千变万化，多样化也就成为套型设计永无休止的追求目标。

7. 安全第一

现在有些楼盘引入错层设计，而且因为其观念新、动静分区明显而受到了很多年轻白领一族的欢迎，错层房大有扩大之势，个别楼盘还打出"一错再错"的口号。殊不知，因为错层对结构和抗震都不利，所以不应大力提倡。

第二节 房地产设计策划案例分析

案例一 广州黄花岗项目户型设计策划案例

一、广州贵价楼盘户型分布比例及成交情况分析

（一）说明

以广州房地产市场目前在售均价5 000元/m^2以上的楼盘作为统计对象，统计数量共120个。统计内容为各类户型分配比例及成交率。先按各价值档次楼盘进行统计分析，最后进行总体统计分析。

1. 户型注解

单房：单身公寓

一房：一房一厅

二房：二房二厅

二房套房：二房二厅（带主人房）

三房：三房二厅

三房：三房二厅（带主人房）

四房：四房二厅

四房套房：四房二厅（带主人房）

五房：五房二厅

五房套房：五房二厅（带主人房）

六房套房：六房二厅（带主人房）

2. 5 000～6 000 元/m² 楼盘户型分布

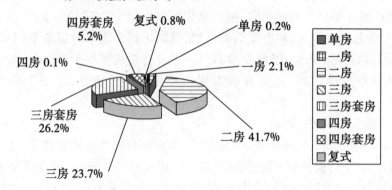

5 000～6 000 元/m² 楼盘户型分布图

上图显示,5 000～6 000 元/m² 楼盘户型分布中,二房、三房及三房套房所占比例为 92%,二房占四成,三房及三房套房占五成,四房套房占 5.2%,单房、一房、四房和复式较少,共占 3.1%。

3. 6 001～7 000 元/m² 楼盘户型分布

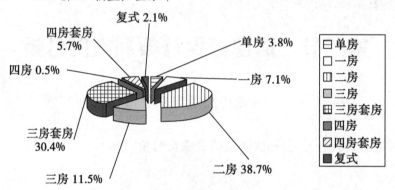

6 001～7 000 元/m² 楼盘户型分布图

二房、三房及三房套房所占比例为 80%;二房比例稍减,占 38%;三房比例已减半,占 12%;三房套房略有增加,占 30%;单房、一房和四房套房比例上升到 4%、7% 和 6%。

4. 7 001～8 000 元/m² 楼盘户型分布

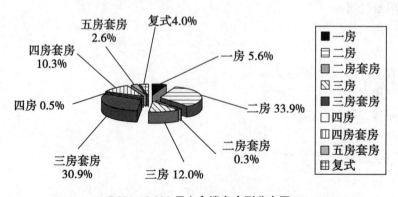

7 001～8 000 元/m² 楼盘户型分布图

二房、三房及三房套房所占比例为 77%，四房套房比例上升到 10%，成为主要户型。附设户型一房变化不大，占 6%，五房套房比例上升至 3%。

5. 8 001～9 000 元/m² 楼盘户型分布

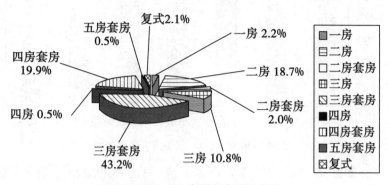

8 001～9 000 元/m² 楼盘户型分布图

二房、三房及三房套房所占比例为 73%，其中二房比例骤减，仅占 19%；三房套房比例增加了 12%，占 43%；四房套房比例上升一倍，占 20%。二房、三房套房和四房套房构成主力户型。

6. 9 000 元/m² 以上楼盘户型分布

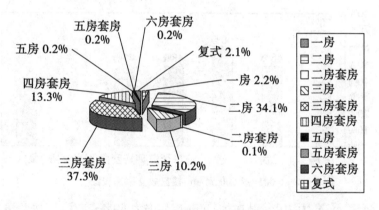

9 000 元/m² 以上楼盘户型分布图

二房、三房及三房套房所占比例约 81%。二房所占比例有所回升，占 34%，三房套房占 37%，这两种户型为主力户型。三房和四房套房各占 10% 和 13%，成为主要户型。附设户型有五房、五房套房、六房及复式，共占 3%，小户型一房占 2%。

（二）各价位档次楼盘成交率统计分析

由于四房及五房所占户型比例极低，数量较少，成交率带有个别性，不具备市场普遍性及代表性，所以在进行成交率统计分析时剔除四房、五房的分析。

1. 5 000~6 000 元/m² 楼盘成交率比较

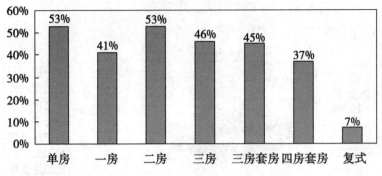

5 000~6 000 元/m² 楼盘成交率比较图

单房的成交率最高,为53%;主力户型二房、三房和三房套房成交率分别为53%、46%和45%;附设户型一房和四房套房成交率分别为41%和37%。由于售价相对较低,总房价不高,大户型亦令买家青睐,因此该价值楼盘的大、中、小户型成交率不相上下。而复式较难售出,成交率只有7%,主要原因是该层次消费者的经济承受能力有限,复式购买力不高。

2. 6 001~7 000 元/m² 楼盘成交率比较

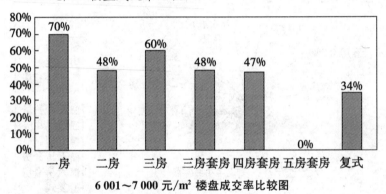

6 001~7 000 元/m² 楼盘成交率比较图

一房的成交率最高,为70%;其次为三房,成交率为60%;二房、三房套房及四房套房成交率较为接近;该价位楼盘消费者购买力有所提高,复式成交率大幅上升到34%;五房套房面积与复式面积相差无几,但缺乏复式的空间层次感,因此不被买家选择,成交率为0。

3. 7 001~8 000 元/m² 楼盘成交率比较

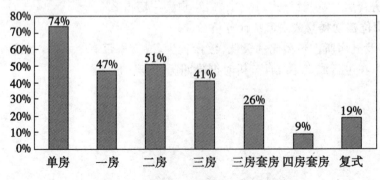

7 001~8 000 元/m² 楼盘成交率比较图

单房的成交率最高,为74%;其次为二房,成交率为51%;一房、三房成交率分别为47%、41%。该价位楼盘以中户型及小户型的销售较为理想,大户型如三房套房、四房套房和复式成交率偏低,分别为26%、9%和19%。

4. 8 001～9 000元/m² 楼盘成交率比较

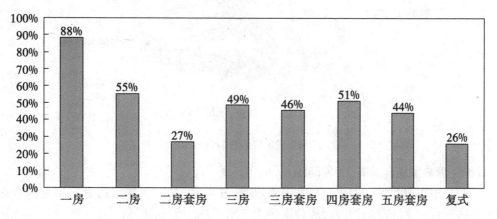

8 001～9 000元/m² 楼盘成交率比较图

一房的成交率最高,达88%;中户型二房、三房和三房套房成交率变化幅度不大,分别为55%、49%和46%;大户型四房套房、五房套房和复式成交率均有大幅提高,分别上升到51%、44%和26%。

5. 9 000元/m² 以上楼盘成交率比较

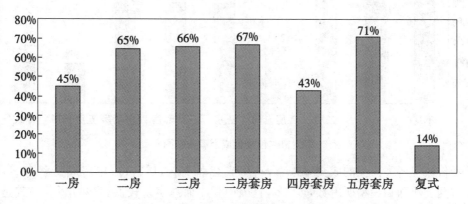

9 000元/m² 以上楼盘成交率比较图

五房套房仅占户型比例的0.3%,数量较少,而该层次消费者购买力强,往往这类户型的分布朝向具有好的景观,深受买家喜爱,所以成交率较高,为71%。二房、三房和三房套房的成交率分别为65%、66%和67%。

(三) 广州市贵价楼盘户型比例及成交率总体统计分析

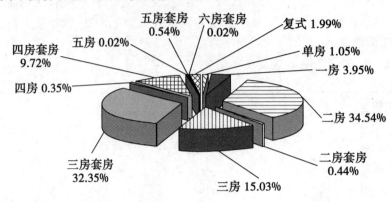

广州市贵价楼盘户型分布图

贵价楼盘户型组合共有12种间隔,从单房到复式应有尽有。

二房、三房、三房套房、四房套房为主要户型,占九成以上。其中二房及三房套房为主力户型,各占三成以上;三房、四房套房为次主力户型,各占15%、10%。

单房、一房、五房套房及复式作为附设户型所占比例较小,分别为1%、4%、1%、2%。

二房套房、四房、五房、六房套房由于数量极少,所占百分比小于1%。

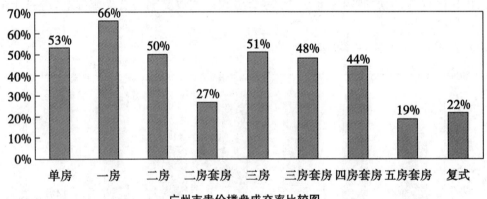

广州市贵价楼盘成交率比较图

从贵价楼盘各类户型的成交率来看,一房成交率66%,居首位;单房成交率53%,居第二位。这两类小面积户型所占数量不多,且因面积小而总房价较低,容易出货,尤其是一房的投资型买家众多,自住型小业主亦客源广阔,故成交率最高。

主要户型二房、三房、三房套房、四房套房的成交率相差不大,分别为50%、51%、48%、44%,四房套房的成交率稍逊。

二房套房虽然所占户型比例极低,数量较少,但仍难以售出,成交率只有27%。其不受市场欢迎的主要原因是未能把握二房买家讲求经济实惠的置业心理,二房套房比二房面积大,总房价亦比二房高,故二房套房的市场占有率较低。

复式的成交率为22%,销售速度较为缓慢,大部分成为货尾单位。五房套房的成交率最低,仅为19%,成为不受欢迎户型。

(四) 结论分析

1. 户型分布比例分析

(1) 销售均价在 5 000 元/m² 以上的贵价楼盘以二房、二房套房为主力户型，三房及四房套房为次主力户型，这 4 种户型构成贵价楼盘的主要户型。

(2) 销售均价在 5 000～9 000 元/m² 的楼盘之中，随着价位档次的提高，二房比例呈下降趋势，为 42%—38%—34%—21%；三房套房比例呈上升趋势，为 26%—30%—31%—43%；四房套房比例呈上升趋势，为 5%—6%—10%—20%；三房比例在 5 000～6 000 元/m² 楼盘中占有较大分量，为 24%，6 001～9 000 元/m² 楼盘只占 12% 左右。

(3) 附设户型为单房、一房、五房套房及复式，单房分布在 7 000/m² 以下楼盘中，尤其是 6 000～7 000 元/m² 楼盘中单房比例为 4%。一房主要分布在 6 000～7 000/m²、7 000～8 000/m² 两档次楼盘中，所占比例分别为 7%、6%。五房套房主要分布于 7 000～8 000 元/m² 楼盘，所占比例为 3%，其他价位楼盘的五房套房比例均不足 1%。复式分布于各价位楼盘，比例为 1%～4%。

(4) 其他户型如二房套房、四房、五房、六房套房数量极少，分布比例均不足 1%。

(5) 9 000 元/m² 以上的楼盘全为豪宅物业。二房比例有所回升，占 34.1%；三房套房比例稍有下降，为 37.3%。

2. 主要户型成交情况总结

销售均价在 5 000～9 000 元/m² 楼盘中，成交情况有以下 3 个特征：

(1) 普遍以单房、一房户型成交率最高，主要原因是这两类小面积户型所占数量不多，且因面积小而总房价较低，容易出货；尤其是一房的投资型买家众多，自住型小业主客源广阔，故成交率最高。

(2) 二房套房虽然所占户型比例极低，数量较少，但仍难以售出，成交率只有 27%。其不受市场欢迎的主要原因是未能把握二房买家讲求经济实惠的置业心理，二房套房比二房面积大，总房价亦比二房高，故二房套房的市场占有率较低。因此在户型设计中，应摒弃二房套房设计。

(3) 三房成交率比三房套房高，而且在各价位楼盘成交率比较图中都充分体现出三房比三房套房畅销；而在户型分布比例中，三房所占比例比三房套房低，尤其是 6 000 元/m² 以上的楼盘中，三房数量仅占三房套房的 1/3 左右。由此可以看出市场需求及供应之间的不合理分配，可调升畅销户型三房所占比例，以实现户型分布合理化，提高楼盘整体销售率。

9 000 元/m² 以上楼盘全为豪宅物业，五房套房比较受欢迎，成交率为 71%，其次为二房、三房、三房套房以 65%、66%、67% 平分秋色。四房套房成交情况稍逊，复式则因为总房价高，客户层面较窄，市场承接力弱，成交率只有 14%。

二、精选楼盘户型分析

(说明：选取本项目区域竞争楼盘及其他区域具有参考价值的楼盘作为分析对象)

(一) 精选楼盘户型比例及销售情况评析

附表略。

（二）精选楼盘户型分布图及成交率比较图

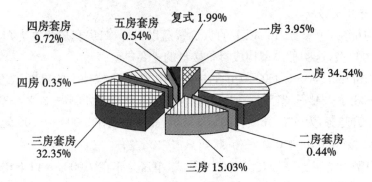

精选楼盘户型分布图

二房、三房及三房套房为主力户型，二房占35％，三房及三房套房共占47％，附设户型一房、四房套房分别为4％、10％，其他户型较少，比例为1％～2％。

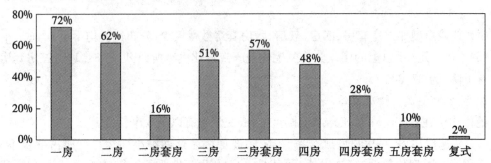

精选楼盘成交率比较图

一房的成交率最高，为72％；其次为二房，成交率为62％；三房套房以成交率57％居于三房之前，这是当中有不少豪宅概念楼盘的三房套房较为畅销而引起成交率上升的缘故。

（三）精选楼盘户型面积分布重点区间

户　　型	面积范围(m^2)	面积分布重点区间(m^2)
一　　房	58～72	58～64
二　　房	58～100	66～95 以68～78、80～93 两区间面积为重点
二房套房	102	—
三　　房	71～146	89～108 以94左右为重点面积
三房套房	83～147	102～125
四　　房	142～177	—
四房套房	123～180	以130、150左右为重点面积
五房套房	183～220	—
复　　式	180～300	—

（四）结论分析

精选楼盘的销售情况可总结为以下3点：

（1）中小面积户型普通畅销，即60～80 m^2 的二房二厅及100 m^2 以下的三房二厅，如嘉和苑、湘粤大厦、东风广场、逸雅居、广怡大厦等楼盘的销售率已充分体现市场需求。

(2) 市场定位明确的户型,如逸雅居可作商务公寓用途的大面积三房二厅,嘉福广场的四房二厅(主人套房)、锦城花园的三房单元以及翰林阁的三房二厅(主人套房),室内宽敞,具有大户人家风范,深受置业者喜爱。

(3) 面积大而不实用的二房单元及部分不符合楼盘定位的三房二厅(主人套房)与五房、复式单元滞销,如逸雅居100 m^2 的二房二厅和丽景台、广怡大厦的三房单元销售率远远不及其他户型。户型选择单一亦是楼盘销售失败的致命弊端,如东湖御苑清一色的二房二厅(主人套房)设计,令其失去另一部分市场份额。

三、本项目户型建议

(一) 本项目销售价格定位

广州市房地产发展成熟,物业交易市场活跃,因此运用市场比较法对本项目住宅物业销售价格进行评估测算。市场比较法是指在求取待估房地产价格时,把它和近期(一般为5年内)房地产市场上已成交的类似房地产进行比较、对照,通过对已成交的比较实例的已知价格加以适当和合理的修正,从而求出待估房地产价格的一种评估方法。修正因素有以下4个方面:

(1) 交易情况。指正常情况下的交易实例,即在公开竞争、信息流通,双方处于平等、自愿,没有什么个人利益和不受任何特殊关系影响的市场条件下的公开市场交易。

(2) 交易日期。主要指时间因素对房地产价格的影响。

(3) 区域因素。主要指房地产所在地区的自然条件与社会所产生的地区特性,如街道条件、繁华程度等等。

(4) 个别因素。指房地产本身所具有的各种特性对房地产价格的影响所引起的差异,如临街状态、实用率、物业档次等。

修正过程略,得到的本项目销售价格为7 192元/m^2。

(二) 本项目户型建议

1. 本项目户型比例建议

本项目住宅销售均价为7 192元/m^2,售价区间6 000～8 000元/m^2。本项目户型比例可参考6 001～7 000元/m^2、7 001～8 000元/m^2两价位档次楼盘分析,广州市贵价楼盘总体分析,精选楼盘分析等。根据市场客观状况,结合本项目特点,户型设计分配比例应以目标市场为主导。建议本项目以中户型为主,并附设小户型、大户型及复式户型较为合理,具体分配比例及面积建议如图所示。

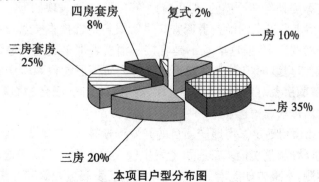

本项目户型分布图

2. 本项目户型面积建议

(1) 一房：40～55 m²，占10%。本项目区域为传统的写字楼区，租赁活跃。该户型适合投资者及白领一族购买。

(2) 二房：65～90 m²，占35%。适合投资者及各类型自住小家庭。市场需求量较大，购买力强。

(3) 三房、三房套房：85～120 m²，占45%。其中三房占20%，面积为85～95 m²，适合投资者及经济实惠型自住买家；三房套房占25%，面积为95～120 m²，适合追求生活享受、经济富裕型家庭及新生代的首席执行官一族等。中产阶层的购房消费才是市场的中坚力量。

(4) 四房：120～140 m²，占8%。适合作商务公寓用途买家及投资者，以及本区域商贾人士，或外地政府事业机构、外资机构等。

(5) 复式：160～250 m²，占2%。适合对本区域情有独钟的广州市商贾人士及外地政府事业机构、外资机构等。

四、方案分析

户型设计是建筑设计的一部分，是购房者最关心的问题之一。本报告通过对广州市120个贵价楼盘和16个精选楼盘户型的研究，结合项目销售价格定位，给出项目户型比例建议和各类户型面积建议，为楼盘规划设计提供了依据。

报告显示了对项目规划设计的科学严谨决策态度。很多操作手法不老到的开发商凭热情决策、"拍脑瓜"上马，直到楼盘滞销才后悔莫及。经验主义和投资风险是孪生兄弟，事实证明，畅销户型无不是经过科学规划、严谨设计才生产出来的，户型畅销之谜的背后是科学的市场调查和严谨的数据分析，是户型设计和消费需求的接轨。有人说购房人选户型就像谈恋爱，和谁脾气对味才能厮守终生、白头到老。而项目户型研究，就是要找准购房人的脾气，找到打开购房人感情之门的密码。

报告的研究方法主要是比例统计分析法。报告第一部分以广州房地产市场当时在售均价5 000元/m²以上的楼盘作为统计对象，统计数量共120个，样本选取可谓庞大。详细分析点评了各价位、各档次楼盘户型分布比例和成交率后，报告得出户型成交情况的特征。报告第二部分选取黄花岗项目区域竞争楼盘及其他区域具有参考价值的楼盘共16个作为分析对象，样本选取非常有代表性，其结论对个案具有极大的参考价值。报告第三部分先对本项目住宅价格进行测算，采用市场比较法得出均价为7 192元/m²，售价区间处于6 000～8 000元/m²，再结合前文分析得出户型研究结论。

本报告的研究态度是科学严谨的，但也有些许不足，主要表现如下：

(1) 缺少对户型市场需求的消费者调查。尽管报告所选择本楼盘户型成交情况在很大程度上代表了消费者的需求，但这毕竟不是直接从消费者那里通过问卷访问得来的第一手资料，不能代替消费者户型面积需求调查。消费者调研不但能得到购房者对面积户型的需求分布，还可以了解购房者对每套户型居室、厅、厨房、卫生间、阳台的面积需求分布，能更加客观全面地反映购房需求。

(2) 动态分析和预测不足。房地产项目的开发周期较长，少则1～2年，多则数年，在如此长的周期中，经济状况、消费需求都有可能发生较大的变化。所以房地产投资研究要重视动态分析和前景预测，本报告如能增加户型需求的动态发展过程研究和未来1～3年户型需求预测,结论就会更加精确和科学。

案例二　北京×××项目全程策划报告(节选)

一、宏观市场研究(略)

(1) 北京市宏观经济状况
(2) 2004 年北京国民经济发展状况
(3) 北京整体房地产市场分析

二、地段研究(略)

(1) 宏观地段分析
(2) 中观地段分析

三、项目区域微观房地产市场概况

(一) 微观用地条件分析

1. 微观产品介绍(附图略)

本项目位置:海淀区牡丹园北。

四至:东至花园东路,西至花园路,南距北土城西路 100 m,北距花园北路 200 m。

本地块形状呈 L 形,较为规整,没有死角,利用起来非常便利,有利于项目的整体规划和布局。但同时地块周边现有的建筑已经不可更改,以档次较低的商业、住宅和少数写字楼为主,同时南面的 6 层写字楼和西南侧的 22 层左右的住宅楼对项目的遮挡是建设和规划过程中一定要加以考虑的因素。但地块所处的区域氛围较好,对局部的不利条件起到缓解作用。

2. 地块价值评估

(1) 自然地理条件评估。本地块位于北京城区北部的海淀区,为北京城区西北郊的城乡结合部,全区面积 426 km^2,南北长约 30 km,东西最宽处 29 km,平原约占全区面积的3/4。海淀区是北京上风上水的地区,自然条件优越。加上大面积绿地和林带正在建设,并且已经形成了良好的绿化环境,沙河、清河和京密引水渠等河流以及沙河水库、上庄水库、十三陵水库等湖泊,自动调节着区域的小气候。区域内常年空气质量优于二级,优于北京市其他地区。

(2) 经济地理条件评估。地块所在北京市海淀区是北京的高新技术信息基地,同时区域内科研力量雄厚,全区拥有科学技术人员 10 万人,138 个科研院所,是北京极具创新能力的区域。全区共辖 11 个乡和 17 个街道办事处,常住人口 144.3 万人,其中拥有大学专科以上学历的人口近 36 万,约占人口总数的 25%。本区域是北京市一大人才聚集地,与区域的创新能力形成了良性循环。海淀区利用得天独厚的教育、科技资源发展经济,强化高新技术产业在全区经济发展中的先导和基础作用,取得了长足发展,一大批科技成果已转化为现实生产力。素有"中国硅谷"之称的"中关村电子一条街",在 1988 年已发展为占地 100 km^2 的"北京市新技术产业开发试验区",并拥有 2 km^2 的工业基地和 1.8 km^2 的信息产业基地。目前新技术开发试验区已拥有新技术企业 4 000 余家,新技术、新产品 5 000 余项,大型新技术企业的生产正逐步形成产业化、规模化,一批优质产品已进入国际市场。目前国际化水平还在不断扩大。同时,海淀区还拥有功能较为完善的人才市场、劳动力市场、科技市场和生产资料市场。这些都为海淀区经济的迅猛发展提供了坚实的基础和长足的发展空间。地块所处的海淀区无论是从自然地理条件还是经济地理条件的优势都是不容忽视的,这也意味着区域的发展潜力是不可限量的,因此本地块的区域价值较高。

(3) 周边设施评估。海淀区城市基础设施建设发展迅速,人们的生活环境、工作环境及内外商投资环境不断得到改善。三环路、四环路、五环路的贯通,大大提升了海淀区的交通状况。位于海淀南大门的铁路交通枢纽北京西客站加强了海淀区与其他省市的沟通,为海淀区的社会、经济发展带来了难得的机遇。海淀区采取有力措施,推进城区改造和房地产开发工作,新建筑群林立。同时,高度重视绿化、美化、净化等环境保护措施的落实,绿地覆盖率已占全区面积的42%。海淀区具有良好的通讯基础条件,有62家邮电局,25家宾馆、饭店,可办理多种通讯业务。此外,无线双向移动电话、数据通信、图像传输业务正在建设中。地块周边的配套设施齐全,医疗、超市、商场、邮局、银行、宾馆、餐饮、休闲等设施一应俱全,造就了区域舒适便利的居住环境。而相对于区域内的生活服务设施而言,区域内的休闲娱乐设施略显不足,电影院、KTV、酒吧等娱乐场所较少,因此区域内的生活氛围略显沉闷。

(4) 交通条件评估。地块周边的交通系统较为完善,目前形成了"3+1横3+1竖"的交通网络。"3+1横"包含了北三环路、知春路—北土城西路、北四环路加地铁10号线。"3+1竖"包含了学院路、北太平庄路、八达岭高速路加地铁13号线。"3+1横"路各自形成环线,与北二环路、北五环路一起环绕整个北京市区,连通了北京东、西、南、北4个方向。但由于上述3条地面交通干线为北京市的主要交通干道,因此在上下班的高峰期交通压力大,堵车现象严重。但10号地铁线却不受影响,对于出行者的时间保证非常有利。"3+1竖"路是北京纵向交通的主要干线,但所达区域各有区别。其中八达岭高速的北端延长线可达昌平、延庆直通外省市;北太平庄路北可达北五环,南可至南二环,主要贯通北京市区的南北方向;学院路北端可至北五环,南端衔接西二环、京开高速,可顺利通达大兴以及京开高速沿线的其他省市。就公共交通体系而言,除地铁10号、13号线外,区域内的公交线路也很发达,16、21、331、709、375、386、304、725、825等十几条公交线路均可到达本地块,因此出行十分便利,也大大增加了区域的交通价值。

(5) 商业氛围评估。地块所处的海淀区自改革开放以来就利用得天独厚的教育、科技资源发展经济,强化高新技术产业在全区经济发展中的先导和基础作用,取得了长足发展,一大批科技成果已转化为现实生产力。素有"中国硅谷"之称的"中关村电子一条街"更是成为北京乃至全国的"创新基地",并带动了整个海淀区高新产业的发展。至1994年,试验区技工贸总收入达142.8亿元,工业产值达60.2亿元,上交税金4.8亿元,出口创汇8 000万美元。同时,海淀区为了鼓励区域经济发展还制定了一系列鼓励外商投资的灵活、优惠政策,不断改善投资环境。截至1994年底,全区共批准外商投资企业达1 724家,投资总额达18亿美元,生产型企业占90%,投资者分别来自芬兰、德国、法国、西班牙、澳大利亚、日本、美国、加拿大、新加坡、意大利以及我国的香港、台湾、澳门等国家和地区。1994年度外商投资企业总产值达30亿元人民币,出口创汇达6 720万美元。海淀区将进一步敞开大门,坚定不移地执行对外开放政策和引进外资优惠措施,大力发展开放型经济。因此,区域内对于商务环境的建设发展前景广阔,可有效带动区域经济建设的稳步发展。而本地块的区域价值必将跟随整体区域环境的提升而有所增长。

(6) 景观环境评估。地块所在的海淀区景观资源丰富,除山形水势等自然地理条件十分优越外,金、元、明、清几代皇帝都在此大兴土木,名胜古迹多达 100 余处,是人类文明与大自然的秀丽风光有机融合的产物。地块所处位置距燕京八景之一的"蓟门烟树"近在咫尺,距元大都遗址也非常近。而作为居民日常生活休闲的场所——小月河更是咫尺之遥。小月河水系横跨海淀区、朝阳区和北土城东西路,南起明光村向北经元大都遗址、花园路、京昌路,最终流入清河。由于小月河地区的排水管线欠账较多,雨水、污水管线合流直接排入小月河,使小月河成为一条死水河、臭水河。通过 2001 年历时 5 个月的治理,现在小月河两岸景观优美,河水清澈,成为附近居民休闲娱乐的重要场所,同时,对于区域居住品质的提高起到了积极的改善作用。如此丰富的景观资源淡化了浓厚的商务氛围给区域居住环境带来的冷漠感,使整体环境柔化,增加了生活的舒适度,也提升了本地块居住产品的附加价值。

(7) 人文环境评估。地块所处的区域是北京市高等学府密集区,区内教育发达,境内有 290 所幼儿园,152 所小学,81 所中学,3 所特教学校和 50 所高等院校。其中,北京大学、清华大学、中国人民大学、北京师范大学等知名学府云集区内,使海淀区成为著名的"大学城"。区域内科研力量雄厚,全区拥有科学技术人员 10 万人,138 个科研院所,其中著名的中国科学院、中国农业科学院都坐落在本区。再加上中国专利局、国家科技情报所、北京图书馆亦处海淀区境内,使区内将科研力量、科学仪器设备、图书情报信息、科研成果等高度密集于一体,成为全国首屈一指的"智力库"。区内的人文环境优越,人群素质较高,利于区内居民对后代的教育和培养,区内住宅产品的热销也基于此。而本地块所处位置正好是各高等学府的中心地带,因此居住产品附加价值和升值潜力可见一斑。

3. 地块条件优劣势分析

(1) 优势分析

① 地块条件优势。地块形状整齐,没有不规则的区域,利于总体规划布局。同时,场地目前基本完成拆迁工作,土地较平整,给开工建设提供了良好的先决条件。地块周边没有过多的高大建筑,在总体规划和建设过程中最大限度地避免了与其他建筑物的遮挡。同时,地块的面积能够达到较高的利用率。

② 地块的区域优势。地块所处的大环境为北京市海淀区。海淀区是北京市著名的文化旅游区和新技术产业开发区。景观资源丰富,教育环境突出,商务氛围浓厚,区域内人员素质较高,消费能力强,这些都为本项目增加了相当多的附加价值。同时,浓厚的商务氛围以及今后区域商务氛围的发展潜力,为本地块的商务产品建设和销售提供了得天独厚的区域条件;而高素质的人文环境、丰富的景观资源、突出的教育设施又大大提升了居住产品的附加价值。本地块的区域发展潜力巨大,势必加大本地块附加价值的增长空间。

③ 地块交通优势。地块周边道路密集,四通八达。两条地铁线路途经地块周边,多条地面公交线路距离地块咫尺之遥,大大提高了项目出行的效率,成熟有序的交通网络成为区域发展的坚实基础。

(2) 劣势分析

① 地块条件劣势。本地块占地面积较小,不利于项目的整体开发,项目的本身配套设施建设将受到很大限制。项目东面临花园东路。北临街面为 125 m,但同时需要建设商务产品,在此无法设立小区的主出入口。项目西侧面临花园路,花园路道路狭窄,设置出入口会和道路上的车辆产生交叉,因此给项目的销售增加了难度。地块的南侧目前有一栋 5~6 层高的写字楼,该写字楼体量较大,因此在总体规划时还应适当考虑其对本项目的遮挡。此

外,地块的西南边界紧邻翠薇百货,势必对西南的住宅产品形成一定程度的噪音污染。

② 地块的区域劣势。本地块所在区域商务和商业环境还在发展过程中,在建和待建项目较多,同时目前简陋的商业建筑在一定时期后势必要拆除重建,区域的整体改造在一定时期内都会存在,因此随环境不断改善的同时,由于区域改造建设给生活带来的各种不便也会存在。

③ 地块交通劣势。本地块因地处海淀区,同时位于北太平庄路—花园东路沿线,而此条道路是连接北二环、北三环和北四环的主要交通干线,上下班时间拥堵严重。而周边的道路,如北土城西路、学院路、花园路等都是区域内的主要交通线路,也存在一定的拥堵状况。同时,本区域是由南向北通往北五环和昌平区的必经之路,随着清河—回龙观居住区规模的不断扩大,八达岭高速通勤压力的增加,本区域的交通压力逐步显现出来。

4. 优劣势小结

(1) 优势。地块规整,周边建筑遮挡较少;区域发展潜力巨大,有效增加地块的升值空间;交通网络初步形成,便于出行,成为区域发展的基石。

(2) 劣势。地块规模较小,不利于项目配套设施的建设,在一定程度上减少了项目本身的附加价值;地块目前的临街面较小,不利于项目商务和商业产品的销售;区域在未来若干年处于发展中,无法达到一个成熟区域的整体要求;区域内目前交通压力较大,还需进一步完善。

四、本项目竞争项目市场概况

(一) 区域住宅供应市场调研分析

1. 调查区域确定

根据项目所在区域具体情况,本次调查的住宅项目的范围为北至北五环路,南至北二环路,东至安定路,西至中关村大街。

2. 区域重点住宅项目调查

项 目	物业类型	建筑形式	总建筑面积 (m²)	规 模
枫蓝国际中心	住宅+写字楼+商业	塔楼	住宅总面积 3.5万	2栋21层塔楼
锦秋知春	住宅	板楼	18万	弧形板楼,共800户
花园公寓	住宅	塔楼	51 546	待定
康坊国际(好来屋)	综合体	塔楼	116 069	两栋16层塔楼,1栋写字楼,商业裙房
天和人家	住宅	板塔	10万	3栋楼,13~24层,共787户
澳林Park国际公寓	住宅	塔楼	7万	本项目为澳林春天的第5期,2栋24层塔楼,共530户
倚林佳园(二期)	住宅	板楼	16万	630户
懿品阁	住宅	板塔	4万	652户
远中悦莱国际酒店公寓	酒店式公寓	塔楼	6.1万	3栋17~19层塔楼,地上1~3层为商业
新中关	综合体	塔楼	12万	酒店式公寓名为"汇峰阁",共18层,224户

目前区域住宅市场总供应量不大,在售项目不多。住宅项目多以中小型项目为主,项目体量多集中在 10 万 m² 左右。

3. 物业类型分析

物业类型划分	住　宅	锦秋知春、花园公寓、天和人家、澳林 Park 国际公寓、倚林佳园、懿品阁、枫蓝国际中心、康坊国际(好来屋)
	酒店式公寓	远中悦莱国际酒店公寓、新中关—汇峰阁

区域内住宅项目类型以普通住宅为主,但随着住宅市场的发展与细分,酒店式公寓这一住宅高端产品也在本区域内出现。

4. 建筑形式

建筑形式	比例(%)	项　　目
塔楼	60	澳林 Park 国际公寓、远中悦莱国际酒店公寓、花园公寓、新中关、枫蓝国际中心、康坊国际(好来屋)
板楼	20	锦秋知春、倚林佳园
塔板结合	20	天和人家、懿品阁

目前区域项目塔楼比例较高,占到 60%,但随着购房者对居住品质要求的不断提高,板楼以其在通风、采光等方面的优势将受到越来越多购房者的青睐。

5. 户型分析

物业类型	项目名称	户型范围(m²)	平层户型面积(m²)					复式(m²)
			零居	一居	二居	三居	四居以上	
普通住宅	枫蓝国际中心	70～126	—	70	95/113	126	—	—
	锦秋知春	130～242	—	—	137	160/173	180	242
	花园公寓	42～138	未定	未定	未定	未定	未定	未定
	康坊国际(好来屋)	50～170	—	50～70	100	140	150～170	—
	天和人家	43～253	43/48	61/75/88	90/100/110/128	128/136/145/151	155/237/253	—
	澳林 Park 国际公寓	70～143	—	70	112/113/119	143	—	—
	倚林佳园(二期)	202～321	—	—	—	—	202/207/232	246/289/321
	懿品阁	34～83	34/37/45/49	63/66/69	82/83	—	—	—
平均户型面积			34～48	61～88	82～120	130～150	200～250	246～321

续表

物业类型	项目名称	户型范围(m²)	平层户型面积(m²)					复式(m²)
			零居	一居	二居	三居	四居以上	
酒店式公寓	远中悦莱国际酒店公寓	60~140	—	60/70/80/90	126	140	—	—
	新中关—汇峰阁	58~105	58/60/62	72	97	—	—	—
平均户型面积			60	70~90	100	140	—	—

从供应情况看,目前区域内住宅项目以中小户型为主,零居室及一居室的小户型供应量较大,如懿品阁、天和人家、花园公寓等。零居室及一居室 34~88 m²;二居室 90~120 m²;三居室 130~150 m²;四居室以上 200~250 m²;复式多为 250 m² 以上面积。

在所有被调查项目中,主力户型面积的设置与项目定位关系密切。例如远中悦莱国际酒店公寓、新中关定位为酒店式公寓,户型面积整体偏小。定位为 Cityhouse 低密度住宅的倚林佳园二期的户型面积均在 200 m² 以上。

6. 总价分析

通过分析可以看出区域内所调查的 10 个项目的户型总价主要集中在 25~244 万元。

物业类型	项目名称	均价(元/m²)	户型范围(m²)	总价范围(万元)
普通住宅	枫蓝国际中心	9 000	70~126	63~114
	锦秋知春	9 000	137~242	123~218
	花园公寓	8 500	42~138	36~118
	康坊国际(好来屋)	7 300	50~170	37~125
	天和人家	6 160	43~253	26~156
	澳林 Park 国际公寓	7 000	70~143	49~100
	倚林佳园(二期)	7 600	202~321	154~244
	懿品阁	7 200	34~83	25~60
酒店式公寓	远中悦莱国际酒店公寓	13 000	60~140	78~182
	新中关—汇峰阁	12 000	58~105	70~126

(1) "普通住宅"主力户型的总价多控制在 100 万元以内(除倚林佳园二期、锦秋知春),总价多集中于 40~80 万元。

(2) 总价突破百万元的项目为倚林佳园二期,其户型面积为 202~321 m²,总价均在 150 万元以上。

(3) 区域内中小户型供应较多,面积包括 34~48 m² 零居室、61~88 m² 一居室,100 m² 左右的二居室,总价较低。

由此可见,价位与户型面积大小及均价高低密不可分。可见为满足"居住"、"酒店式"等不同需要的物业,其户型结构及面积大小各具特点,从而在总价上存在较大差异。

7. 装修标准

物业类型	项目名称	交房标准	精装标准
普通住宅	枫蓝国际中心	精装修	600元/m² 标准（复合实木地板，墙面，厨卫精装，户门、户内门）
	锦秋知春	毛坯	—
	花园公寓	精装修	未定
	康坊国际（好来屋）	毛坯	—
	天和人家	毛坯	—
	澳林Park国际公寓	毛坯	—
	倚林佳园（二期）	毛坯	—
	懿品阁	精装修	高级复合木地板，墙面高级乳胶漆（立邦），卫生间高级瓷砖（诺贝尔），德国尚高洁具，厨房赠送意大利"科宝博洛尼"橱柜，赠送炉具、抽排油烟机、电热水器
酒店式公寓	远中悦莱国际酒店公寓	精装修	1 800元/m² 标准
	新中关—汇峰阁	精装修	1 000～1 200元/m² 标准

区域内普通住宅项目交房标准以毛坯房为主，部分项目采用精装修，如花园公寓、懿品阁、枫蓝国际中心和酒店式公寓项目。目的一是为了提升项目的品质，吸引客户；二是为了满足中小户型的目标客户（如年轻人、高端客户及投资客）的需要，节省了他们花费在装修上的时间和精力。

8. 配套设施

物业类型	名称	电梯	供暖	供水	通讯	安防
普通住宅	枫蓝国际中心	德国蒂森	小区锅炉	小区提供热水	宽带入户	可视对讲系统，监控探头
	锦秋知春	富士达	集中供暖	变频恒压供水	宽带入户，预留电话接口	红外线防盗系统，电视监控系统，窗磁报警，对讲门禁系统
	花园公寓	未定	未定	未定	未定	未定
	康坊国际（好来屋）	合资	集中供暖	变频供水，中水	双插孔，宽带入户	可视对讲，电子巡更
	天和人家	广州日立	集中供暖	市政供水，24小时热水，健康水入户	宽带入户，预留电话接口	可视对讲，电子寻更，周界报警系统
	澳林Park国际公寓	西门子和奥的斯合资	集中供暖，钢制散热器	市政供水，变频水泵，设中水管道	每户预留2条电话线，光缆到楼，接口入户	楼宇可视对讲系统，停车场、大门、主要路口设监控探头
	倚林佳园（二期）		集中供暖，森得散热器	24小时生活热水	宽带入户	楼宇可视对讲系统，停车场、大门、主要路口设监控探头
	懿品阁	东芝	市政供暖，分户计量	市政供水	宽带入户，预留电话接口	可视对讲，电子巡更，视屏监控，车库安防，火灾报警系统

续表

物业类型	名 称	电 梯	供 暖	供 水	通 讯	安 防
酒店式公寓	远中悦莱国际酒店公寓	国际品牌	中央空调	24小时生活热水	智能化系统,宽带入户,卫星电视	防盗报警,闭路电视监控,门禁系统,可视对讲,紧急报警
	新中关—汇峰阁	国际品牌,观光电梯	中央空调	24小时热水、直饮水	智能化系统,宽带入户,卫星电视	防盗报警,闭路电视监控,门禁系统,可视对讲,紧急报警

该区域比较成熟,配套设施齐全,均为市政或小区集中供暖,酒店式公寓为中央空调。绝大部分项目有24小时热水供应,通讯设施、安防系统先进。

9. 卖点分析

物业类型	名 称	主要诉求点
普通住宅	枫蓝国际中心	西直门商务核心区的明珠型建筑
	锦秋知春	独创考克斯曲线弧形条状板楼
	花园公寓	极具城市时尚、年轻活泼富有激情的格调品质,彰显不可替代的魅力
	康坊国际(好来屋)	邻近中国的"好莱坞",环境优越,适宜居住
	天和人家	中关村白领家园
	澳林Park国际公寓	金牌领地,无国界公园生活
	倚林佳园(二期)	高尚城市别墅——Cityhouse,紧邻1.3万亩国家森林公园
	懿品阁	"绿水烟楼里,坐卧中关村,一品天下事",亚奥商圈,精装小户型
酒店式公寓	远中悦莱国际酒店公寓	国际五星级酒店式公寓,引领中关村白领居住时代的到来。朗斯芳德——中关村唯一的精致生活沙龙广场
	新中关—汇峰阁	黄金地段、标志性建筑,12万m² 24小时综合社区

区域内项目多以地处亚奥商圈或中关村等地段优势为主要宣传卖点,同时强调生活的便利性,周边大面积绿化等。此外,重点突出国家即将投资2 800亿元在区域内建设奥运场馆和配套设施,描绘未来美好生活。

10. 供应量分析

从目前市场供应量分析,此区域目前住宅市场供应量非常有限,特别是近两年供应产品主要是商务项目和商业项目,住宅市场非常冷淡,但是伴随着商务市场逐渐淡出,住宅市场将有所增加,供应量短期内不会出现迅速增加,本区域内目前只有花园公寓、北影项目、德外项目、懿品阁等项目入市,供应量在25万m²左右,结合本项目实际盘量,此区域未来实际供应量在50万m²左右,其住宅市场从供应量分析前景看好,其他供应量主要是周边项目尾盘项目销售。

(二) 区域住宅市场发展趋势

基于前述对项目所在区域住宅市场进行的分析和研究,我们认为本项目所在区域未来发展具有如下趋势特点:

(1) 目前区域内住宅市场供应量有限,部分竞争项目已进入尾盘阶段,此时机正利于本项目的介入,填补市场空白。

(2) 随着区域环境的不断改善,配套设施的不断完善,本区域将成为居住及投资的热点地区。

(3) 精装修住宅的增多说明开发商已经认识到了提高项目品质的重要性。

(4) 区域内项目大都拥有会所及社区内部商业及娱乐设施,24小时热水、宽带、安防等配套设施的不断完善使项目进入了综合素质的竞争时期。

(5) 市场不断细化,一个项目将很难引领整个市场,房地产市场的竞争将以区域市场的争夺为基础。

(6) 客户购买行为更加成熟理智,使主流媒体广告对销售的支持力降低。以建立客户美誉度为基础的全方位营销推广模式将使用得更多。

(7) 现房、准现房销售项目的增多会带来推广方式的变化。

(三) 区域商务写字楼供应市场调研分析

2004年北京写字楼市场经历了宏观调控、"8·31"土地大限、央行加息、撤离CBD和回流中关村等重大事件,北京写字楼市场呈现出供需两旺的态势,租售价格一举走出连续3年的下跌趋势,双双上扬。一方面,从供需对比总体来看,2006年写字楼市场仍旧是供过于求的局面,区域差异依然存在;另一方面,亚奥商圈、BDA商圈、望京商圈、上地商圈、东二环商圈的兴起,标志着北京多中心商务格局的形成。

1. 区域重点写字楼项目调查

项目	位置	总建筑面积 (m²)	商务部分建筑面积 (m²)	均价 (元/m²)	开盘时间	入住时间
锦秋国际	知春路6号	180 000	74 800	12 800	2004.7	2005.2
学院国际	学知桥西北角	76 666	76 666	13 000	2003.4.11	2004.7.31
盈都大厦	知春路西格玛大厦南面	138 000	76 000	12 000	2002.9	2004.12.1
峻峰华亭	键翔桥300 m路南	73 000	73 000	11 600	2003.9	2004.9.30
世纪科贸大厦	海淀中关村	97 750	97 750	11 000	2004.5.1	2005.11.30
银谷大厦	北四环西路9号	70 000	70 000	13 600	2003.6.8	2004.6.30
新中关	海淀黄庄路口	116 511	35 000	15 000	2005.3	—
银网中心	知春路113号	53 000	53 000	15 000	2001.12.20	2003.4.1
1+1大厦	中关村西区18号	62 337	62 337	11 5000	—	2005.6.28

区域内商务项目(尤其是中关村核心区域)较多,供应量较大,且多以现房为主。项目均价为11 000~15 000元/m²。项目多集中在2004年下半年交付使用。

2. 建筑参数分析

项　　目	分割单位面积(m²)	建筑形式	建筑结构	层数(层)	层高(m)
锦秋国际	68～1 600	塔楼	框架	24	3.7
学院国际	34～3 100	塔楼	框架	22	3.5
盈都大厦	1 000	塔楼	框架	24	3.5
峻峰华亭	70～600	塔楼	剪力墙	25	3
世纪科贸大厦	80～1 100	塔楼	框架	22、24、25	3.2
银谷大厦	140～3 000	塔楼	框架	22	3.5
新中关	—	塔楼	框架	14、18、21	3.87/7.75
1+1大厦	95～2 300	塔楼	框架	13	3.84

区域写字楼项目均以小面积分割单位为主,由于建筑结构大部分为框架结构,可以自由组合,面积最大可至整层面积。

建筑参数所反映出的产品品质较高。除了峻峰华亭以住宅立项的项目以外,层高均在3.2 m以上。

3. 装修标准

项目	装修标准		
	大　堂	外立面	办公区
锦秋国际	9.6 m挑高	石材、玻璃幕墙配大截面铝板百叶	水泥地面、墙面
学院国际	高档石材地面及墙面,高级吊顶,5 m挑高	石材及玻璃幕墙,部分铝装配件	地面:水泥地面。墙面:腻子抹平。天花:不做吊顶,预留新风管接口,风机盘管水路系统接口
盈都大厦	花岗岩地面墙面,挑高5.8 m,高级吊顶	大面积玻璃幕墙与局部铝板结合立面	矿棉板吊顶,隔栅荧光节能灯,水泥地面,墙面乳胶漆
峻峰华亭	高档石材地面墙面,局部实木复合地板,高档乳胶漆天花	玻璃幕墙,部分采用高级涂料及面砖	精装修
世纪科贸大厦	大厦地面高级花岗岩,墙面大理石,铝板吊顶	3层以下高级花岗岩,3层以上带状玻璃幕墙	室内毛坯房,水泥地面、墙面及吊顶
银谷大厦	挑高45 m,高档花岗岩地面,大理石墙面	玻璃幕墙,LOW-E中空玻璃及高档石材	水泥地面,钢化玻璃或水泥墙面,吸音天花吊顶
新中关	—	玻璃幕墙配高档石材	
1+1大厦	三层挑高大堂,玻璃屋顶,高档石材地面墙面,配主题雕塑墙和水瀑布	玻璃幕墙配古铜色铝材	地面:水泥地面。墙面:腻子抹平。天花:不做吊顶

区域内商务项目注重体现建筑的品质感与现代感。外立面多采用商务感及现代感较强的玻璃幕墙结构；大堂多采用天然或人工石材加以装饰，以体现项目高档品质；办公区域内部除商务公寓峻峰华亭外均为初装修，以便业主根据自身爱好及企业特点进行个性化装修。

4. 配套分析

项 目	配 套 设 施			
	电 梯	空 调	网络及通信	商务配套
锦秋国际	14部日本三菱	美国江森楼宇自控系统为核心，日本三洋、斯频德，德国威乐，美国开利空调、新风及保湿系统	5 000门电话容量，高速宽带网络，无盲区移动通信	5 000 m² 金融营业厅，3 000 m² 会所等
学院国际	8部三菱电梯	地温式水源热泵中央空调系统及新风系统	千兆宽带入户，手机信号覆盖系统，视频音频会议系统	商务中心，餐饮，健身，娱乐
盈都大厦	4部美国进口OTIS电梯	瑞典Electrolux中央空调系统	每10 m² 1个语音点预留容量，移动通信信号增强系统，100 M宽带网	商务中心，沃尔玛购物广场
峻峰华亭	三洋电梯	中央空调	高速宽带网络入户	7 000 m² 商务会所
世纪科贸大厦	16部高速电梯	国际先进水环热泵中央空调技术	6 000门电话容量，千兆宽带网络系统，无线上网，无盲区移动通信，卫星电视接收	待定
银谷大厦	11部三菱电梯，4部德国蒂森自动扶梯	美国约克中央空调	电话容量6 000门，设无线通信防屏蔽系统，千兆以太网，公共区域无线上网	设银行、商务中心、会议中心、员工餐厅、健身俱乐部、咖啡厅等
新中关	39部高速电梯	—	—	会所，商业，空中花园，恒温游泳池，高尔夫球练习场
1+1大厦	9部瑞士原装迅达电梯	美国开利中央空调及新风系统	高速以太网，无限上网及无盲区移动通信	待定

区域内商务项目设备配套标准较高，电梯均采用高档进口或著名合资品牌且数量充足；采用了中央空调系统；数据网络和通信设备根据企业办公需求做到了配置多条电话线、宽带入户、设置多个信息点、无限上网等；商务配套服务设施较为齐全，商务中心、会议中心、多功能综合会所等均有配置，购物、餐饮、健身、休闲等配套一应俱全。

(四)区域商务市场研究分析

区域内商务市场供应量大,除少量以住宅立项的商务公寓项目外,绝大部分是中等体量的纯写字楼项目,均价在 11 000~15 000 元/m²。

区域内写字楼项目整体产品水平较高。以银网中心为代表的 2001 年项目,以盈都大厦、学院国际、银谷大厦为代表的 2002~2003 年项目,以锦秋国际和世纪科贸大厦为代表的 2004 年项目,以及以新中关为代表的 2005 年项目,从立面效果到产品结构、从层高到面宽、从大堂到配套设施等各方面均为写字楼的典范制作。

除部分较早开发入住的写字楼项目销售比率较高外,大部分在售的写字楼项目销售率均在 50% 左右,加之 2005 年竣工入住的写字楼项目较多,市场竞争尤为激烈。

(五)中高档住宅客户需求调查

我公司根据阳光上东、天和人家和汤泉逸墅 3 个项目各自客户需求的初步分析结论,结合长年一线销售人员的实战经验,拟订了客户需求调查表,委托专业调查公司于近期开展北部市场部分在售项目的外派直访调查工作。数据返回后,我公司经过数据综合分析、修正与研究,对本区域相应物业类型的客户需求得出了以下结论。

(1) 您计划在什么时候买房?

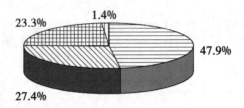

分析:有近 50% 的客户计划在一年之内购房,说明有效需求比较旺盛。但也有 27.4% 的客户在 2~3 年才有购房打算,这部分客户属于潜在需求。总体需求看好,也有相当部分的人出于价格方面的考虑持观望等待的态度。

(2) 您购房的最主要目的是什么?

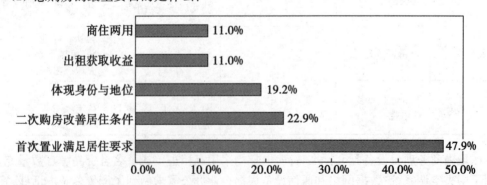

分析:二次以上置业的比例占到一定比例,但也有相当部分的客户希望借此体现身份与地位,说明这类客户对成就感比较重视。

(3) 您购房看中哪些区位?

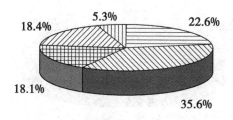

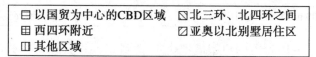

分析：在北部地区置业的人群比例较高，总和占到被调查人群的54%，其中选在北三环和北四环之间购房的占35.6%，可见这一区域受地理、人文环境的影响，受到购房者的青睐。

（4）您在选择购房地段上主要看中什么？

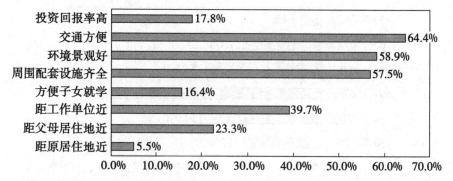

分析：购房地段的选择，依次关注的重点分别是：交通、环境、社区配套及距离工作单位近，显然以便捷的交通为首选。交通的重要性大于环境景观是现在低密度购房客户的需求趋势，这也意味着越来越多的客户倾向于把低密度住宅作为第一居所而非第二居所使用。

（5）选择具体项目时，您最看重的因素是

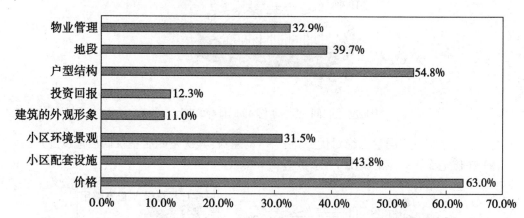

分析：选择具体项目时，最看重的因素依次分别是：价格、户型结构和社区配套。这意味着虽然低密度住宅客户的经济实力较强，但是对价格还是比较敏感。应该尽可能在产品和包装上提高客户的心理承受价位，然后用相对实惠的实际价位去消化这部分心理势能。

（6）对于平层住宅的选择，您希望这种住宅建筑面积为多大？

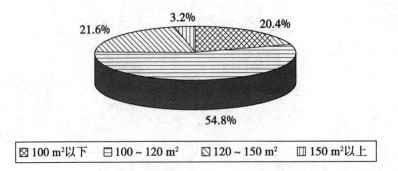

☒ 100 m² 以下　▥ 100～120 m²　▨ 120～150 m²　▮ 150 m²以上

分析：显然，100～120 m² 的户型最受欢迎，达到 55%；选择 120～150 m² 的偏大户型比率占到 22%；也有 20% 左右的客户希望面积在 100 m² 以下的经济型产品。户型选择表明客户需求的理性，也有经济方面的考虑，更多的客户偏向于低总价的换代产品。

(7) 对于中高档高层板式住宅选择，您认为可以接受的总价是

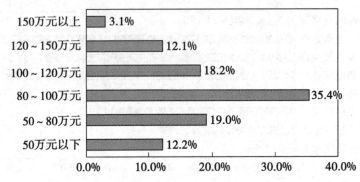

分析：调查者可以接受的总价区间按选择率依次为：80～100 万元、50～80 万元、100～120 万元。

(8) 您希望的住宅居室为几间？

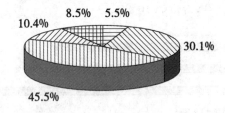

▤ 1间　▨ 2间　▥ 3间　▧ 4间　▦ 4间以上

分析：两居室及三居室占绝对优势，是需求的主流，其次是四居室及四居室以上户型。

(9) 在住宅面积一定的情况下，您希望

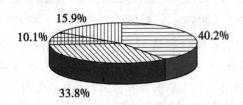

▢ 客厅尽量做大，卧室够用就行
▨ 卧室宽敞舒适，客厅够用就行
▥ 卫生间、厨房够用就行
▮ 卫生间、厨房要尽量大

分析：在住宅面积一定的情况下，近半数的客户认为客厅、餐厅要尽量大，卧室够用就行。也有相当数量的客户认为卧室应宽敞舒适，卫生间和厨房也要尽量大。

（10）您对住宅的朝向有没有要求？

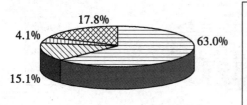

分析：根据中国人的传统生活方式，大部分人认为住宅绝对应南北通透。但如果有中心花园的话，朝向问题也可以不考虑，说明牺牲朝向的前提是必须有好的景观条件。

（11）您希望交房时的装修情况是

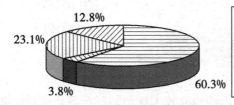

分析：对于交房时的室内装修情况，选择毛坯房的客户占大多数，表明这些客户有较强的个性化特征。同时，被访客户对精装修的需求也占有一定比例，说明精装修同样具有较大的市场空间。

（12）您认为以下配套设施是否必要

① 地热温泉。地热温泉对于过半的业主来说是无所谓的设施，但也有近半的业主认为非常需要。

② 卫星电视系统。有94.5％的客户认为卫星电视系统非常重要，属于必备设施。

③ 智能化系统（包括防盗）。有95.9％的客户认为智能化系统（包括防盗）非常重要，属于必需的配备。

④ 24小时热水。有78.2％的客户认为每户独立的燃气采暖热水系统非常重要，因而属于必备设施。

⑤ 纯净饮用水系统。纯净饮用水系统虽不被所有客户青睐，但也有相当一部分客户认为非常重要。

⑥ 家用独立中央空调。支持者占到69.9％，但对此设施表现出无所谓态度的客户也不在少数，占到30.1％。

（13）您对社区物业管理公司的希望是

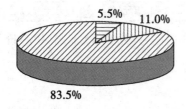

分析：就现今客户的消费意识和消费能力来说，只要收费合理、服务到位，是否具有知名度在大部分客户心目中并不重要。

（14）您能接受的社区物业管理费用是

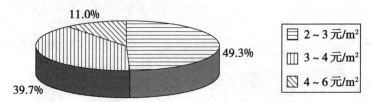

分析：物业管理费每月每平方米在2～4元以内是广大客户都能接受的价格。

（15）您的住宅是否需要停车位？

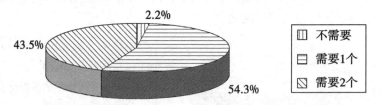

分析：大部分客户希望拥有1个车位，但也有较大比例的客户希望能提供2个，因此停车位必须考虑在1个以上。

（16）您对停车位的要求是

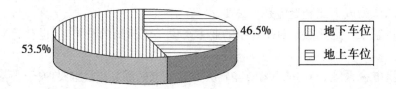

有53.5%的客户选择了地下车位，46.5%的客户选择了地上车位，表明车位在地上、地下并没有明显的特殊要求。

（17）您对车位出售价格的要求是什么？

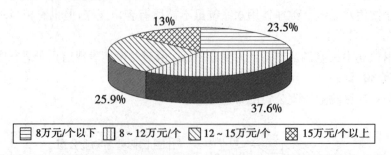

分析：大部分客户都希望车位的出售价格在15万元/个以下，其核心价位在8～12万元/个之间。

（18）您的付款方式是什么？

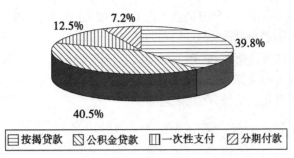

分析：大部分客户选择了按揭贷款和公积金贷款的方式购买住房，可见这两种付款方式普遍受到购房者青睐。

（19）您的首付款来源

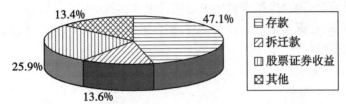

分析：首付款来源多种多样，但绝大多数被访者还是以存款作为房屋首付款，这也符合中国人买房置地的传统观念。

（20）您的贷款成数及贷款年限是多少？

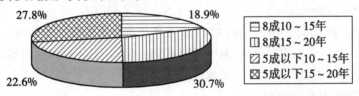

分析：客户选择贷款成数以及贷款年限比较灵活，这与家庭的收入水平以及对未来经济发展的预期有直接关系。

（21）您的装修费用预算是多少？

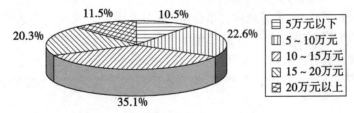

分析：绝大多数被访者的装修费用预算在15万元以下。

（22）需求终端市场探测小结

有近50%的客户计划在一年之内购房，说明有效需求比较旺盛。

二次以上（包括二次）置业的比例较大。

购房地段的选择，依次关注的重点是交通、环境、社区配套及距离工作单位近，显然以便捷的交通为首选。

选择具体项目时，最看重的因素依次是价格、户型结构和社区配套。这意味着虽然中高档住宅客户的经济实力较强，但是对价格还是比较敏感的。

选择房型时,选择两居室和三居室的业主占了大多数,这也符合市场上高层住宅的需求主流。从物业管理来说,更多业主看重物业公司的管理水平和服务质量,物业公司的品牌则在其次。

对于交房时的室内装修情况,选择毛坯房的客户占大多数,这表明这些客户都有较强的个性化特征。装修费用的预算,大多数客户不会超过15万元,从这一点看出客户更加崇尚简单、纯粹的生活,不喜欢接受繁复、冗杂的事物。

五、本项目产品定位方向

(一) 产品定位依据

本项目在物业产品发展方向上定位目前主要结合以下几种规律原则:区域房地产产品类型决定本项目未来发展定位;区域客户需求决定本项目未来发展定位;现有地块条件决定本项目未来发展定位;项目操作安全性决定项目未来发展定位。

结合以上原则,根据实际市场供应关系,结合未来市场需求关系,本项目将定位为"升级版"舒适型居住产品物业。

(二) 产品定位规划

1. 整体项目设计协调

本项目地块整齐,项目整体分割为3个主要功能组团,东部是商务功能区,北部是商业功能区,西部是居住功能区。

从目前现有规划分析:商务区非常集中;商业区主要是东西长向走廊,适宜商业街区氛围的营造;南部是围合居住区。

结合以上项目功能区的分割,在规划上充分考虑整个项目的综合体建筑的协调性(写字楼、商业、住宅);充分考虑本项目动、静等功能区划分问题;充分考虑项目整体外立面的协调性问题;充分考虑本项目各功能区交通流线问题。

2. 住宅部分设计协调部分

(1) 总体布局控制要点

本项目是一个综合型项目,在产品规划上要充分考虑到未来市场和功能作用的调整,特别是居住部分的规划调整,例如:

从总价、单价、面积、市场需求的关系分析:建议在满足各项规划要求的前提下,以地上建筑面积最大化为原则进行设计,平衡目前 8 500 元/m^2 的整体销售均价。

从小区园林发展方向分析:由于本项目居住部分小区园林在采光上受到很大的限制,在围合式住宅的通透性上存在很多弊端,建议本项目的建筑设计要考虑园林部分的采光及建筑的通透性。

从小区管理及安全分析:本项目主要由商业、写字楼、公寓三部分组成,同时此三部分彼此联系紧密,特别是公寓部分地上一层是商业规划,应将商业人流方向和居住人流分开,同时确保项目的安全性和私密性,建议公寓部分的单元入口朝向小区内侧设计,同时商业出入口向小区外部设计。

各住宅楼应充分考虑景观及采光效果分析:本项目公寓部分由于目前是封闭式围合规划,从小区的通透性和采光性分析有很多的规划弊端,同时也很难提升项目整体档次,会出现很多产品质量很差的户型产品。基于以上情况,建议将本项目规划进行分开、错位规划,突出小区居住部分的通透性,同时增强项目的视觉感官。

(2) 总体功能区设计要点

本项目总体规模为 25 万 m^2，涵盖写字楼、商业、公寓 3 种产品，在功能方面存在很大协调性和互补性。功能规划方面主要有以下几方面：

① 增加会所配套设置。本项目周边配套设施完善，但是主要集中在生活配套和周边学院配套，而且配套设施相对老化，需要进行更新，所以建议本项目设立独立经营会所和联盟会所。

② 停车问题功能设置。建议在整体项目规划时要充分考虑写字楼交通流线和停车问题的功能设置；建议在整体项目规划时要充分考虑到商业街区的交通流线和停车问题的功能设置；建议在整体项目规划时要充分考虑到公寓部分的交通流线、人车分流、停车问题等的功能设置。

(3) 户型设计要点

本项目公寓部分主要是板楼规划，但是产品进深很大，从产品设计上分析，很难进行小户型、舒适型产品设计，需要结合市场需求分析。

建议如下：确保项目户型面积控制及户型设计的合理性；确保项目户型在功能上的实用性和方便性，如考虑生活阳台的设计、避免户型产品对视以及居室内的功能运用等问题。

(4) 大堂设计要点

现代高档居住社区更加注重整体档次的提升以及公共空间的设立与运用，同时也是产品保值、增值的主要产品档次衡量标准之一。

建议本项目在公共部分设计中要充分考虑大堂设置问题：每个单元要考虑设置大堂，同时也要考虑使用率的问题，使项目的使用率能达到合理性标准；要充分考虑到单元大堂装修成本问题，以较合理的装修成本提升项目公共部分的整体档次。

(5) 外立面设计要点

现代社区建筑越来越注重项目整体外立面的设计，同时外立面的风格设计和建筑材料运用直接关系到项目的整体保值关系，良好的建筑外立面可以提高项目整体的档次和消费心理需求。

建议本项目在外立面设计方面重点考虑如下问题：外立面平面设计，尽量体现高层板楼的整体性，减少复杂的立面效果；外立面视觉设计尽量体现项目整体性的视觉效果，体现出项目高档的视觉效果；外立面颜色设计尽量体现项目现代、高档、稳重的效果；外立面设计要考虑新型建筑材料的使用和成本预算；外立面设计要评估使用年限问题，减轻未来业主的生活成本；公寓部分的外立面设计要充分考虑协调写字楼、商业部分的整体效果。

(6) 公共部分设备设施设计要点

尽量减少占用空间，同时确保使用的方便，提升项目使用率。

(7) 层高设计要点

目前本项目的标准层高是 2.7 m，结合本项目大进深的产品设计，在未来产品中会感到非常压抑，同时在 8 500 元/m^2 的中高档项目中也很少使用 2.7 m 的层高。

建议：将现有 2.7 m 的层高上调到 2.8 m，减轻现有产品存在的层高缺陷。

(8) 园林设计要点

根据目前项目功能分析，在园林规划上要重点考虑到彼此功能组团之间的联系与独立，重点突出组团内部园林和组团与组团之间的园林关系，强化园林的沟通性和私密性相结合；同时根据项目园林日照分析，提出项目园林发展方向性建议。

(9) 商业部分设计要点

目前本区域商业产品供应量很少，同时现有商业设施老化，本项目商业产品的入市可以进一步提升本区域商业整体档次。

从目前现有商业产品分析：2号楼商业部分进行小面积分割，同时提出商业招牌的位置，商业方向定位为外向型经营商业；4号楼商业部分定位为餐饮和娱乐产品定位，前期可以将本产品东西通过隔墙进行分割，再将项目进行南北分割成为小面积，彼此之间可以自由分割组合，便于商业销售，提升商业价值；建议3号楼一层规划成商业，这样就将本小区内的3~6号楼形成商业走廊，会进一步提高产品价值；3~6号楼形成的商业走廊，建议将3号楼一层商业和4号楼南端商业做成下沉式商业街区。

3. 设备设施建议

（1）智能安防系统

社区围墙红外监控系统（闭路电视监视系统）；社区车行主出入口闭路电视监控系统；社区内电子巡更系统（停车库磁卡门禁＋摄像监控系统）；楼内门禁对讲系统（彩色可视对讲系统）；地面1、2层窗磁防盗报警系统；电梯安全报警系统；社区中央安全系统；公共楼道包括地下车库烟感喷淋系统；户内紧急报警系统。

（2）科技配置系统

ADSL接入系统（社区宽带网接入系统）；每户至少2条IDD直拨电话接口（3~4条）；有线电视系统（卫星电视系统、HBO系统）；社区背景音乐系统；厨房背景音乐系统。

（3）生活配置系统

中央空调系统；24小时热水；直饮纯净水入户。

（4）社区包装性配置

社区主出入口大门精装修，设置门头；地面简易停车场采用植草砖铺装；道路减速杠；楼内电梯大堂精装修，地面大理石铺装，石膏吊顶，配高级吊灯；高级社区路灯系统（草坪灯系统）；社区内宠物清洁箱；大堂内公共擦鞋机；楼宇闭路电视系统。

（5）户内配置

高级三防门（进口高级三防门）；铝塑窗材，双层中空玻璃（双层中空外镀膜玻璃）；平开上旋窗。

六、公寓部分户型产品规划建议

（一）公寓部分产品概况

本项目二期产品主要是1号、2号、3号楼围合的居住组团，总建筑规模约12.5万 m^2，地处整体项目的西南部分区域，交通干线主要依靠项目西侧花园路。

（二）公寓部分户型产品定位思路

1. 产品整体环境概况

1号楼地处居住区最南端，南侧紧邻现存的老建筑工厂，8层以上视野景观开阔，可以眺望北土城路绿化带，高层部分有较高的视野景观价值，北侧是小区园林公园，有较高的小区环境价值。

2号楼西侧为花园路，东侧为小区园林，但是楼体为东西向布局，对于北京消费习惯（南北向布局）有一定的价值空间阻碍作用，自用价值略低，如果定位为中小户型产品则投资潜力很大。

3号楼地处居住区北侧，北面是商业配套和老式居住区，南侧是小区园林公园，有一定的产品景观价值。

2. 产品定位分布整体思路

3号楼南北向,主要以"升级版"舒适型公寓为主,置业用途主要是改善中高端客户的居住品质。

2号楼东西向,主要以中小户型公寓产品为主,置业用途主要是单身居住公寓和投资公寓。

注:根据目前本项目产品实际规划,将本项目规划中的产品根据市场实际需求进行产品定位,拓展客户层次和消费需求,减轻项目本身规划所带来的销售压力与风险。

3. 产品定位分布策略

本项目1、3号楼产品主要以二、三居和部分四居"升级版"公寓产品为主,顶层部分做较高的附加值产品(Penthouse),拓展价格空间,提升项目整体档次,满足区域内高档客户需求;本项目2号楼产品主要以零居、一居和二居的单身公寓为主,满足区域内年轻的高知客户群需求和房地产投资客。

(三) 公寓部分户型产品思路

1. 1号楼部分

(1) 1号楼东1单元

户型:四居室

面积:200 m² 以下(客厅4.5 m;主卧室3.9 m,次卧3.3 m)

套数:36套

图例:略

(2) 1号楼东向西2~6单元

户型:三居+三居

面积:160 m² 左右

套数:180套

图例:略

(3) 1号楼东向西7~9单元

户型:二居+二居+二居

面积:120 m² 左右

套数:54套

图例:略

(4) 1号楼最西边单元

户型:三居+二居

面积:三居(150 m² 左右);二居(120 m² 左右)

套数:三居(16套);二居(16套)(地上一、二层是商业部分)

图例:略

(5) 1号楼顶层部分

户型:退台户型,一梯一户

面积:待定

套数:9套

图例:略

注:如果本项目受到日照分析的影响,可以将目前18层做退台户型产品设计。

2. 3号楼产品部分

(1) 3号楼东三段

户型：三居＋二居

面积：三居(160 m^2)；二居(120 m^2)

套数：三居(13套)；二居(62套)

图例：略

(2) 3号楼东二段

户型：三居

面积：160 m^2 左右

套数：144 套

图例：略

(3) 3号楼东一段

户型：小三居

面积：140 m^2 以内

套数：22 套

图例：略

注：由于缩减进身，要损失 2 000 m^2 销售面积(2 号楼可以再增加楼层，通过 2 号楼进行面积补充)。

(4) 3号楼顶层部分

户型：退台户型，一梯一户

面积：待定

图例：略

3. 2号楼规划建议

最好解决方案：2号楼南北两端都有开口，但是会出现 1 号楼西端部分改变，没有小三居室。

次要解决方案：西南有开口，但是 1 号楼西端会发生变化，户型面积会有所调整，同时 3 号楼会损失 2 000 m^2 面积。

最次解决方案：两侧有交通洞，上面有过街楼。

产品物业方向不能是框架结构跃层，可以参考北京设计院东西向户型设计。

4. 总结

从目前项目规划状况分析，结合实际市场需求，本项目的户型产品划分空间主要集中在以下 3 个主力阶层。二居室：面积控制主要集中在 120 m^2 左右；三居室：面积控制主要集中在 160 m^2 左右；四居室：面积控制主要集中在 200 m^2 左右。

从以上户型面积比分析，3 种客户群划分得非常明显，客户定位有很大的差异性，其户型面积空间主要集中在 40 m^2 的面积差距，在售价上有 35 万元的价格空间，中间平衡户型有很大的市场断档。

七、本项目营销定位概况(略)

八、本项目销售费用预算(略)

九、本项目销售定位概况(略)

十、项目营销团队组织结构(略)

十一、营销节奏(略)

第六章 房地产销售策划

第一节 房地产销售策划技术要点

房地产销售策划是指房地产策划师为了实现项目或楼盘的销售目标,对楼盘的销售计划、价格、推广、促销等一系列工作进行有意识地整合,使楼盘按照规范的操作手段进行运作,从而实现项目或楼盘的总体目标的一种创意活动。

房地产销售策划是房地产营销策划中最重要的一项策划工作,后面两章的形象策划和广告策划也是销售策划的一部分,都是围绕销售策划进行的。因此,完善的销售策划,加上形象策划和广告策划的有力配合,房地产项目或楼盘的总体销售目标就会很容易实现。

一、房地产销售策划的性质、目标与主要任务

1. 房地产销售策划的性质

房地产销售策划是策划工作的一种,根据特殊与普遍的关系,它自然应当遵守策划行业和策划工作的一般规律,即系统性、科学性、新颖性等要求。房地产销售策划的前提是对项目基本情况有整体的、准确的认识和把握,并在此基础上结合市场的实际情况创造性地发挥。销售策划的创造性,集中体现在对项目策划和项目理念的准确认识和发挥。如果项目策划时已经没有新鲜的理念作为基础,那么销售策划的新颖性也是有局限的。基于这样的观点,好的销售策划应当以好的项目(产品)策划为基础,实际上是要求策划工作必须与项目有更深入、更全面的联系,而不是仅仅停留在销售层面上。

2. 房地产销售策划的目标与主要任务

房地产销售策划的目标和主要任务是对项目理念和项目概况(物质和意识形态的)的创造性传达。在对项目的物质和意识形态进行良好认识的基础上,同时本着对项目理念的准确理解和把握,房地产销售策划的目标就是将以上清楚准确的认识通过新颖的、为大众接受的方式,最大限度地传达给目标消费群。事实上,房地产项目(产品)策划已经对目标消费群有了比较清楚的界定,并且根据这一界定对房屋品质做了相应的规定。那么房地产销售策划的主要任务就是选择和整合一定的销售渠道和手段将以上信息传达给目标消费群并且实现销售目标,为企业的开发行为带来应有的收益。它必须以科学的合乎市场供求规律的项目策划和产品为基础,而且只能是实事求是地对项目策划意图和项目产品在市场范围内尽力发挥。项目策划中往往贯穿着开发商的开发理念,如果一个开发企业在项目动工之前没有明确的开发理念和项目理念作为基础,那么可以说这个项目是盲目的,它在市场中取得良好成绩的可能性也就相应是非常微小的。房地产销售策划不能脱离这样的限制,任何天马行空的销售策划都不可能取得最终的良好结果。在现实的开发市场中,由于多数开发企业并没有做好项目的开发理念这一基础性工作,因此销售策划从现实的角度来看,往往还必须扩展到项目策划的范畴,即根据业已成形的项目重新确定其理念基础和目标消费群,并在此

基础上整合销售策略。这从理论上来看是不合理的,随着房地产市场的日趋完善和成熟,相信这样的局面也一定会减少。

二、房地产销售策划的原则

1. 创新原则

随着时代的发展,传统的房地产销售理论越来越不适应市场的要求,更无法为当前许多房地产企业所做的种种创新探索指明方向。从目前房地产企业的大量营销实践来看,包括折让、有奖销售、先租后买、降低利率等各类措施,大多能产生更强烈、更快速的反应,能引起消费者对房产的注意,这为我们探讨买方市场条件下的营销创新理论提供了丰富多彩的素材和极具价值的思路。

2. 资源整合原则

整合营销是在营销环节高度专业化分工的基础上,通过市场渠道,围绕具体项目,有多个专业性营销机构形成多种专业人才互补型、互利型的共同组织,并由其对诸如资金、智能、品牌、社会关系等房地产营销相关要素进行整理、组合,形成合力,高效运作,从而形成从投资决策到物业销售全过程的系统控制,进而实现预定营销目标的一种新型的、市场化的房地产营销模式。整合营销克服了一般营销模式"中间强、两头弱"的缺陷,同时避免了策划商与销售代理商之间各自为政、互不协调的局面。整合营销围绕具体项目进行资源整合,提高房地产行业内部专业化分工与协作,其优势在于智能互补、利益共享、风险共担。

3. 系统原则

房地产营销策划是一个综合性、系统性的工程,需要在先进的营销理论指导下运用各种营销手段、营销工具来实现房地产价值的兑现,实质上是一个从了解市场、熟知市场到推广市场的过程,其中心是顾客。顾客的需求千差万别,注定房地产营销策划从单一化趋向于全面化,营销服务从注重表面趋向于追求内涵。它不仅体现物业特征,还要体现市场特征和消费习惯及发展要求,体现市场的要求。

房地产营销首先应从产品做起,从提高楼盘综合素质做起,从满足消费者的需求做起。区域细分、客户细分、功能细分愈趋深入,人本主义思想开始体现。重视绿化、增加智能化设施、集中供热和供饮用水、建设底层架空、错层、大采光凸出窗台、阳光客厅、可移动透光屋顶、自动报警系统、架设空中走廊、提供网络服务、营造知识家园等等,可谓名目繁多,层出不穷。这种暗合市场需求发展趋势的卖点一经发布,就能掀起新一轮的热销。创新大大丰富了营销策划的内涵,也进一步证实:在买方市场下,只有以人的需求为本,深入市场、把握市场,制定切实可行的营销方案,才有在激烈竞争中脱颖而出的希望。

4. 可操作性原则

销售策划不能脱离社会现实。策划时一定要考虑国情、民情和民风,充分考虑操作中可能会遇到的种种困难,制定好相应的应对措施。与政府部门或权威部门合作可以大大降低操作难度,提高策划成功率。

三、房地产销售策划的内容

(1) 房地产销售计划与周期。

(2) 房地产楼盘销售主题与入市策略。

(3) 目标客户群分析与定位。
(4) 房地产定价策划。
(5) 房地产推广策划。
(6) 房地产公共活动策划。

四、房地产销售计划与周期

(一) 楼盘销售计划

一般来说,房地产销售计划包括以下内容:

1. 计划概要

计划书开头便要对本计划的主要目标和建议作简明扼要的概述,计划概要可以让上级主管很快掌握计划的核心内容。目录可附在计划概要之后。

2. 现状分析

进行销售现状分析的具体内容包括:① 阐明影响房地产市场未来发展的重要宏观环境趋势,如人口、经济、技术、政治法律、社会文化等的趋向;② 提供关于目标市场的资料,说明市场规模与近年来的增长率,分析目标顾客群的特征和购买行为,并按一定因素进行市场细分;③ 分析过去几年各种商品房的销量、价格、差异额和利润;④ 分析主要竞争对手的规模、目标、市场占有率、商品房质量、销售策略等方面的情况,做到知己知彼。

3. 机会与威胁分析

机会是指销售环境中对企业有利的因素,威胁是指对企业销售环境不利的因素,对这些应分析轻重缓急,以便使其中较重要的因素受到特别关注。必须说明的是,环境机会能否成为企业机会,还要看它是否符合企业的战略目标,以及企业是否具备应有资源。除了对外部环境机会与威胁的分析外,计划书中还要对本企业的优势和劣势做出分析。与环境机会和威胁相比,优势和劣势是企业的内在因素,它反映了企业与竞争对手相比的长处和短处。

4. 制定销售目标

销售目标是销售计划的核心部分,它对企业的销售策略和行为起指导作用。销售计划目标分为财务目标和销售目标两类。财务目标主要由即期利润指标和长期投资收益率指标组成。财务目标必须转换成营销目标,如销售额、市场占有率、分销覆盖率、单价水平等。所有目标都应以定量的形式加以表达,并具有可行性和一致性。

5. 销售策略

在制定销售策略时往往会面对多种可能的选择,每一目标可用若干种方法实现。例如,增加15%的销售额目标,可以通过提高全部房屋平均售价来实现,也可以通过增加房屋销售量来实现。对这些目标进行深入探讨,便可找出房地产销售的主要策略。

6. 行动方案

有了销售策略,还要将其转变为具体的行动方案,即如何具体着手去做,何时开始,何时完成、由谁做、花费多少,这些问题都要按照时间顺序列成一个详细、可行的行动方案。

7. 预算开支

根据行动方案编制预算方案,收入方列出预计销售量及单价,支出方列出生产、广告、物业管理及其他销售费用,收支差额就是预计的利润。上级主管部门负责该预算的审查、批准和修改。预算一旦获得批准,即成为房屋设计、建筑、装修及销售费用支出的依据。

8. 控制

在销售计划中还要规定如何对计划执行过程进行控制。基本做法是将计划规定的目标和预算按季度、月份或更小的时间单位进行分解,以便主管部门能对计划执行情况进行监督检查。

(二)楼盘销售渠道

在市场经济环境下,大多数生产者不是将其产品直接出手给最终用户,而是利用一些介于生产者与最终用户之间执行不同功能的中间机构、中间商、开发商、经纪人来寻找用户、推销产品。这类中间结构就构成了市场营销渠道。在房地产开发过程中,市场营销渠道主要表现为楼盘是自行销售还是委托代理。

1. 自行销售与委托代理

楼盘在建设过程中,开发商及其策划人员就要考虑楼盘的销售问题。楼盘是自行销售还是委托代理是首要考虑的问题。

自行销售使房地产开发企业直接面对消费者,可以使开发商准确掌握消费者的购买动机和需求特点,把握市场的脉搏,这样开发企业就可根据市场动态随时作出应变的决策。而且企业能对销售费用进行控制,有利于降低销售费用。但是,直销也存在销售面窄、企业机构臃肿、运行效率不高等缺点。

房地产企业委托房地产中间商进行租售的属于间接营销渠道。代理商一般拥有广泛的客户网络、固定的租售点和训练有素的营销人员。当然,通过中间商代理租售,开发商将支付中介代理费用,不利于降低营销成本,而且中间商的素质对营销影响也较大。

广州、深圳许多成功的地产商赞成委托代理销售方式,因为开发商从本质上讲就是投资商,其自身优势在于资金融通与资源整合。由于房地产开发涉及规划、设计、市场调查、消费者心理与行为、营销、物业管理、资金融通、企业管理、工程可行性研究等许多专业知识,因此,一般的开发商不可能也没必要样样通。现在,社会上各类房地产咨询专业机构比比皆是,开发商完全可以充分利用市场资源。正像万科地产王石所说:"一个人为了喝牛奶,没有必要养一头奶牛。"

2. 开发商与代理商的双赢模式

不少开发商同意"有钱大家赚",不一定非要所有好处统统一网打尽不可,但在和代理商的具体合作中,开发商往往有许多困惑:社会上房地产代理机构那么多,可以说鱼龙混杂,到哪里去找货真价实的代理商?一旦找到一家可心的代理商,怎样签订一份双方都满意的代理合同?现在,代理业的行规是销售代理费按销售额的百分比提取。如果代理商完不成销售任务,例如一幢楼只卖出很少一部分,难道还按销售比例提取么?这种情况下怎样处罚代理商?在合同中应怎样约定?还有,开发商如何对代理商实施有效控制,而不被代理商一味地牵着鼻子走?举例来说,假定一个小区有3期工程,某代理商只负责第一期工程的销售,那么该代理商一般情况下不会考虑一期销售对二、二期销售的影响,不会为它们预留足够的空间。再如,针对一个楼盘的销售,少数无良的代理商故意不合理定价,好层、好单位定低价,差层、差单位也定低价,致使好层好单位快速卖出,代理商按销售额提取代理费后走人,给开发商留下一个烂摊子。因此,经常看到开发商向代理商发问,代理商如何与开发商共担风险?代理商如何与开发商实现共赢?

要实现代理商与开发商的共赢,开发商关键要做到3点:一是选好代理商。通过业内人士之间的交流和沟通,开发商可以了解到哪些代理机构业绩好、口碑好。二是慎重签订代理合同。代理佣金提取,包括代理公司的售楼人员工资、奖金、服装、电话、交通等费用,不包括楼盘广告费。为使代理商尽心尽力,开发商还可以提出一些额外条款,例如代理商未完成一定销售额不得提取代理佣金等。三是认真监督好代理商的工作。开发商对代理商既不要处处不放心,到处指手画脚,又不要放任自流。开发商虽不是专业售楼人员,但也应懂得销售,在重大问题上(如物业定价、媒体选择、成本预算)应起主导作用。

(三)楼盘销售周期

1. 销售周期划分

房地产项目销售周期从销售工作组织的角度来看,分为销售准备阶段、销售实施阶段和销售服务阶段。

从产品销售推广的角度看,分为认筹期(导入期)、解筹期(成长期、预热期)、开盘期(强销期、热销期)、持续热销期(成熟期)、扫尾清盘期(衰退期)。

认筹期是指项目未取得销售许可证前的对外宣传阶段,主要对项目卖点进行宣传,以提升楼盘形象,积聚客户,预热市场。

解筹期是指项目取得销售许可证后,试探市场反应,检验产品定位等营销策略的对外销售阶段,主要通过认筹期客户资料的收集,论证项目的定位。

开盘期是指项目热销阶段。主要是利用公开发盘,营造旺销的气氛,同时加强宣传力度,开发潜在客源。

持续热销期是总结前期销售状况,针对竞争楼盘设计有效的推广策略,针对第一批推出单位的阻力产品进行策略调整,吸引更多客户上门,同时更新宣传主题重新刺激市场。

扫尾清盘期是指项目销售达到90%以上的销售阶段。主要针对困难产品有重点地进行推广,实现重点突破,最终实现发展总体利润,达到整体销售的目的。

2. 各阶段销售策略

(1)入市期销售策略

房地产市场的发展越来越成熟,置业者在购房时都会反复比较和挑选,寻求性能价格比最高的物业,多注重眼见为实。比之于现房,置业者对楼花的信心相对不足。因此往往入市的动机一方面取决于当时市场的竞争状况,更重要的取决于入市时的工程形象和展示是否到位。

入市期形式大多采取认筹方式,即排号内部认购。内部认购是房地产营销的一支街头部队,是检验市场反应和调控市场的手法。内部认购除了在公共发售前笼络一批买家之外,最主要的目的在于营造氛围,只要有足够的人落实认购,开发商就可以宣称开盘之日销售数量,造成一片热销的大好形势。

(2)热销期销售策略

此阶段一般为项目正式进入市场销售,在此阶段策略体现为:项目会投入大量的广告、推广费用,开盘仪式及其他各种促销活动等紧密配合,相应此阶段的销售数量及能力要求也较高。

(3)持续销售期销售策略

理想的策划项目是,当项目通过大规模广告轰炸及促销攻击后,如果销售超过60%时,逐渐进入平稳的销售期,此阶段即为持续销售期。此阶段上门客户量逐渐趋于平稳,广告量也不如前期那么大,因此,此阶段销售策略要多根据项目特点和所剩房源挖掘个性进行销售。

持续销售期需要"二次启动"策略。所谓二次启动,简单地说一般在一个新楼盘销售了80%以后,该项目可以将它作为尾盘进行处理,但如果只卖了50%就搁浅了,那就只有重新启动市场,制造新一轮的销售高潮。二次启动实际是包含营销诊断、价值重塑、渠道再建、广告改良、促销执行等多个步骤,以全面策略重新调整为主线。

(4) 尾盘期销售策略

项目进入尾盘,销售速度明显减缓,随之项目的难点——房号销售、入住监控等问题尤其突出。尾盘期一是剩余房号可供客户选择范围减少,剩余户型集中在设计相对不合理或总价高于市场竞争力的户型;二是部分入住业主带来新的管理问题,如社区文化塑造。

进入尾盘期后,一般剩下的销售额即为开发商利润,因此解决此部分的销售对开发商特别关键。解决尾盘应注意,既要考虑售价,也要考虑时间,同时可多考虑现楼因素多做促销。

五、房地产楼盘销售主题与入市策略

(一) 销售主题的含义与作用

到了销售阶段,项目所导入的概念就要表达成销售语言。源自于楼盘概念的规划设计、物业管理等方面的情况,也只有通过销售语言才能表现与展示出来,也就是说楼盘的销售主题与项目建筑设计的主题一致。

主题,指的是"某一识别的内容、含义和预期形象"。因此,给楼盘确立主题,简而言之,就是赋予楼盘一个思想,使无生命的建筑物"活起来",并展现出动人的"个性魅力"。楼盘销售主题的作用有3个:

1. 有助于楼盘的品牌化

"品牌"在房地产市场的今天是一个十分重要的概念。在住房成为商品的今天,购房者会看品牌选楼盘。对于精明的买家来说,看楼不但要看楼盘的外表、户型、价格等(这些固然很重要),而且要看开发商小区发展的主题思想,因为买房是一辈子的事,长久住在小区,小区的氛围、环境、社区文化等都是买者追求的。许多受欢迎的楼盘在开发、销售、小区管理的过程中都会围绕主题进行。

2. 有助于加深买家对楼盘的印象

房地产市场的竞争日趋激烈,要给买家留下深刻的印象不是一件容易的事,买家口味常新、善变、善忘。因此开发商在开发项目的时候,会力求创新或不断地变换销售噱头,但是这样的话又难以令买家对楼盘留下深刻的印象。在策划房地产项目时就给项目定下一个主题,再在不同的发展时期围绕主题进行不同方面的策划,这样做不但可以给买家新鲜感而且又不会因没有中心主题而显得没有特色。现在许多好的大型楼盘都用这种策划方法。

3. 有助于楼盘保持发展方向

在定下一个主题后,房地产开发商可以有系统地发展项目。在发展不同类型的住宅时,可以围绕主题进行策划、建设、宣传、销售和管理。

(二) 确定销售主题的原则

1. 目的性

项目的主题是一个项目的灵魂,所立项目要充满生机、灵气而非只是一堆砖瓦石,必须给项目一个确切的中心或是一个确切的目的,使项目向这个方向发展。

2. 鲜明性

项目的主题文化、个性鲜明是项目成功的一个关键,项目的整体若能充分表现出鲜明的主题,将会带来强大的震撼。在每个项目都想突出个性却又大多陷于同质化时,为项目确立一个能引起目标客户认同感和归属感的主题,无疑是"突出个性"的一条出路。

3. 时代性

唯有紧跟时代的步伐,项目才经得起考验。在新的世纪,销售主题作为一个项目的灵魂其时代性更为突出。

4. 灵活多变

项目的主题要经得起考验,就要在不同的时期有不同的表现形式。主题是永久的,但社会文化丰富多彩、瞬间万变,主题必须有足够的灵活性以适应这种变化。

5. 实用性

销售的主题不可过于天马行空、不切实际,主题要易于被大众接受。

(三) 确定项目主题的步骤与方法

1. 确立一个核心思想

无可非议,主题要保持永不过时才是最有效的。但主题若因此常常变动就不能给观众留下深刻的印象,这样,主题的意义就凸现不出来了。所以,一定要给主题确立一个核心思想,让跟随时尚变动的主题始终围绕着核心思想。核心思想的来源如此广泛,可能会让有些开发商困惑:到底从哪里入手呢?要回答这个问题,难度相当大,因为每个项目的具体情况有非常大的区别。这就需要通过掌握创造楼盘主题的模型,全面分析企业、顾客、竞争对手3个领域的具体情况来确定主题的表达方式。

2. 围绕核心思想确定的一个或多个主题

"顾客是最健忘的"。所以,很多开发商都会持续不断地对目标客户进行"吹风宣传",生怕他们"忘"了自己。但开发商也别忘了,顾客也是很容易厌烦的,整天向他们灌输毫无变化的信息,一不小心就会激起他们的逆反心理。若是这样,开发商就亏大了:花了那么多广告费,却宣传出个负面影响来,这事发生在谁身上谁都不情愿。因此,在适当的时候,开发商得学会调整主题。这就涉及确定一个还是多个主题的问题。一般说来,宣传周期不太长的话,可只确定一个主题,这样容易给客户留下比较深刻的印象,也不会使之感到厌烦。但若宣传周期很长,有的开发商长年累月地大做广告,这就要确立多个主题,以防客户对宣传的内容"免疫",甚至反感。当然,这些主题要始终围绕核心思想才能给客户留下完整、稳定、深刻的印象。否则,容易给客户留下支离破碎的印象。

3. 使主题富于表现力和感染力

楼盘利用主题可制造精神支柱和基准点,这些基准可以令顾客在更大的范围内联想到该楼盘并辨别出它的地位。如果主题能够满足以下条件:被用来表达某一楼盘的核心价值或使命或者某一品牌特征,在较长的一段时期内得到重复和改善,被发展为整套相互关联的观点,那么主题就可以被鲜明地再表达出来。

(四) 入市策略

由于房地产行业的投入产出周期长,而市场又瞬息万变,因此房地产销售的时间性非常强。另一方面,购买者的数量在一定时段内呈现出相对稳定、静止的态势,且多为"一锤子买卖"（一辈子购买一次），而新楼盘推出的数量日益增多，所以，把握好销售时机对项目策划的成功与否至关重要。例如，一个房地产项目早一个月销售或晚一个月销售，业绩就会迥然不同。要把握好房地产的销售时机，一般从以下几个方面来综合分析和判断：

1. 项目的工程进度及交楼期限

一般而言，购买者对远期楼花缺乏足够的信心。因此，距交楼期限时间越短的时候推出销售计划业绩就越好。但是，是不是一定要到卖现楼时才能获得营销上的巨大成功呢？答案是否定的。因为，到现楼时再卖，一方面，开发商要承受巨大的资金压力；另一方面，项目已经成形，缺乏包装的空间，销售难度反而增大。

通常，对于多层住宅而言，项目在主体完工之后才可以开始销售，并要争取在交楼前基本销售完毕；对于高层豪宅而言，一般要在项目起到地面以上四五层框架时销售较为有利。当然，这也不是什么"金科玉律"，要具体情况具体分析。有时候凭着房地产开发商的信誉就可以提前卖楼，其销售业绩也可能很好。

2. 售楼手续的办理情况

正常情况下，项目必须在取得合法的销售手续后方可上市交易。但是，有时迫于时间或资金的压力，在手续即将办理完毕前提前以"内部登记、内部认购"的方式展开销售，从而争取了时间，这也不失为一个有效的办法。必须注意的是，采用以上手法的前提是销售手续即将办理完成，否则后果将十分严重。除了有政府部门的干预、查处之外，也很容易在市场上造成极坏的影响，使以后的销售变得十分困难。

3. 竞争对手的情况

同一地段竞争对手的动向对决定销售时机至关重要，这可从博弈论的角度加以解释。在一定的时段内，某一区域的购房人数是基本固定的，因此谁先销售，谁就可能先下手为强。后来者要想取得好的业绩，自然要付出加倍努力。

一个房地产项目欲投入销售，要做好大量的前期准备工作。事实上，只要我们讲究策略，不断地收集有关资料，我们就可以掌握竞争对手的动态。这样，就可以在知己知彼之后，制定如何应对的方案，从而做到百战不殆。

4. 同期市场上房地产项目推广总量的变化

房地产市场是一个长期的销售过程，其市场购买力在"蓄势—消耗—蓄势—消耗"中不断循环。一般来说，同期市场上房地产项目推广总量的变化对于大部分项目都会有两个方面的影响：一是买家在选择对象多了之后容易分流，而且，其购买决定的形成时间也将延长；二是每个项目都会投放一定数量的广告宣传以争取客户，项目总量的增加意味着广告争夺战的加剧，这将直接影响到单个项目广告投放的投入产出比。

5. 关心政策变化，把握入市机会

房地产投资必须视野开阔，关心时事和政策的变化。投资商一般应选择敏感时期投资，并且应具备较强的政治嗅觉。这就要求投资商注意研究和留意国家税收政策、土地政策、金融政策、住宅政策、都市及区域计划等政策的变化，抢占投资先机，先入为主。比如，当国家鼓励房地产业发展时，往往会制定若干优惠政策，尤以税收方面实行优惠多见；当国家税收政策对房地产业有利时，购买者的购买欲望很强，可考虑入市。所以，有时候选择特定的时机，在市场项目报出数量较少的时候，冷不防地开个项目展销会，很可能会收到特殊的绩效。

六、目标客户群分析与定位

(一)目标客户群的含义

所谓目标客户群,是指楼盘销售时所针对的那部分客户群体。也就是说,一个楼盘建成后是要卖出去的,那么谁来买呢?针对谁来建造呢?如果项目或楼盘把这两个问题弄清楚,目标客户群体也就确定了,楼盘销售就没有问题。因此,目标客户群是开发商寻找的客户对象。在房地产销售策划中,寻找客户群或者说给目标客户定位,是销售策划的重头戏,要对项目的各方面情况了如指掌才能轻松自如的掌握,才能真正地解决项目的享受对象问题,故马虎不得。

(二)目标客户群分类

目标客户的类型有很多,针对某个类型而言,不一定能反映楼盘销售的具体情况,一般可从年龄、收入、阶层、职业进行划分。对楼盘销售的目标客户而言,主要是从从事职业和收入水平来划分,这样比较容易反映房地产行业的具体情况。

从收入划分:高收入阶层、中等收入阶层和低收入阶层。

从职业划分:三资企业高级白领人士、个体私营企业主、国有企业高级管理人员、IT人士等高收入职业、其他中低收入职业。

从年龄划分:18~25岁收入较低,26~50岁收入最高,51岁以上收入中等。

从学历划分:高中以上收入较低,大学生收入居中,研究生以上收入较高。

从行业划分:电信、金融、科技、房地产、烟草等行业收入较高。

从以上可以看出,在5个方面的分类中,都有高收入阶层、中等收入阶层和低收入阶层,因此,在进行目标客户分析时应综合考虑这几个方面的因素,才能真正反映社会客户群体的具体特征。

(三)目标客户群体分析

目标客户类型定位是有很多原因的,对一个楼盘来说,不外乎为项目的市场、位置、特征、环境以及居住氛围等等,但是楼盘的价格起决定性因素。优越的位置、高尚的社区、恬静的环境以及潜在的升值能力必然是价格不菲的住宅,因而价格也就决定了适合哪些人购买。弄清楚目标客户定位的具体原因,也就使所定位的客户不会出错,防患于未然。

目标客户类型定位原因的分析一般从以下几个方面进行:目标客户类型组成分析;目标客户类型购买力分析;目标客户类型购买动机分析;目标客户类型背景分析;目标客户类型消费行为习惯分析;目标客户类型心理因素分析。

(四)目标客户群定位

目标客户的定位或者说是确定,对楼盘的销售推广至关重要,在没有弄清楚该楼盘目标客户具体内容的情况下贸然销售楼盘,最终还是要回过头来重新进行这项工作的。

七、房地产定价策划

(一)定价依据

真正对房地产价格能产生影响的因素就是房地产产品的定价依据,主要包括以下几个方面的内容:

1. 成本

这是定价最根本的依据,主要包括征地费、拆迁安置费、七通一平费、勘察设计费、市政基础设施配套费、建筑安装费、开发投资贷款利息、税金、管理费、利润、员工工资、清洁费用、照明费用、水电暖服务费用等。

2. 经济因素

这是从宏观上影响房地产价格的一个因素,主要有以下内容:

(1) 物价。物价上涨,房地产价格相应上涨。

(2) 利率。利率提高,储蓄意向增强,购房热情减少;利率降低,储蓄意向减弱,投资意向加强,购房踊跃,提价可获利。

(3) 经济增长率。经济增长速度加快,人民收入增加,可供买房的资金增加,则房地产价格上升;反之则降低。

(4) 土地价格。土地紧俏,价格上涨,则房屋价格也上涨;反之就下跌。

3. 社会因素

(1) 社会治安状况。治安情况好,对房屋的防盗要求低,房价自然低;反之则高。

(2) 人口状态。人口密集之地,房地产需求大,房价自然提高。同样规格的房屋,在北京与在成都就会差别很大。

(3) 家庭结构。小家庭多的地方,对房屋需求较大,几代同堂的大家庭则对房屋的需求相对较小。

(4) 社会福利。福利待遇高,买房有保障,自然需求就大;反之则需求较少。

(5) 居民素质。居民素质较高,使得管理更为方便有效,节省一笔费用,自然有降价的空间;反之则没有。

4. 物理因素

这是一些客观存在的自然环境方面的因素,由于具有不可再生的特点,因而是稀缺性资源,对房地产价格有着较大的影响。主要包括:

(1) 土地位置。地段好,交通便利,商业发达,生活方便,自然价格较高。

(2) 地质。地质好,开发建房较易,高层建筑也易兴建,可有效节约成本;反之则提高成本。

(3) 地势。地带平坦较适于建房;高低不平则需花钱整理,提高成本,使房价也受到影响。

(4) 面积。大块土地的面积,由于有整体规划,因而地价高;反之则地价低。相应地,房地产价格也呈现出高低之分。

(5) 建筑朝向。朝向好,人们住着舒适,反之则难受,自然对房价也就有不同的要求了。具体的朝向,在各城市有所区别,但大致以朝南为宜。

(6) 维修保养状况。这一般是针对旧房而言的,通常情况下,维修保养得好的价格高;反之则价格较低。

5. 政治因素

政府机构的变动、重大政策的出台、政局的稳定情况对房地产价格也有一些影响。

6. 环境因素

环境是家居生活质量中一个重要的衡量指标,因此环境状况好的房屋自然价格也相应高一些；反之则应低一些。

7. 供求状况

市场供求往往是决定产品价格的一个非常重要的因素。供不应求，价格上涨；供过于求，价格下跌。

8. 法律法规因素

主要是政府的一些法律条令、规章制度会对房地产价格形成较大的影响。如房地产方面的法规会限制很多非法活动，使市场价格更趋合理；房地产批准建设计划会直接影响土地供给，从而导致房地产价格作出相应的变化。

9. 心理因素

消费者的心理预期不同，会使得他们对同一房地产价格作出不同的反应。因此，这个因素也会直接影响定价策略的制订。

10. 国际因素

由于中国的对外开放程度日益提高，因此中国的房地产价格也会或多或少地受国际因素的影响。

（二）定价目标

房地产开发就是为了盈利，但除了这个最直接的目标外，还可以有以下诸多细分的子目标。

1. 利润目标

任何一个企业进行活动，最终目的都是为了盈利，为了赚取利润，但其中又有追逐最大利润、追求合理利润上的区别。追求最大利润是指在一段时期内达到资源最优配置时所应获得的利润。但这并不是说价格定得最高，而是综合成本、销量、供求、竞争等因素而得出一个最终能使利润最大的价格。追求合理利润，是为了考虑市场占有率。如因企业形象、竞争等方面的因素而将价格定在一个较低水平，从而只获取一些正常的利润，并不赚取超额利润。不过，从最终看来，还是定在追逐最大利润，只不过时间较长而已。

2. 市场目标

这个目标是追求一个较高的市场占有率，从而在竞争中占据一个优势地位，通过不断地扩大市场占有率而最终保证产品的销量，从而为企业的生存打下基础。

3. 稳定价格目标

这是指企业从市场整体着想，以一个价格水平来保持市场价格的稳定，不致引起市场价格的恶性竞争，从而争取一个相对稳定而宽松的经营环境。

4. 应付或避免竞争

在竞争中，以低价去冲击市场是非常有效的。同样，要预先避免这种价格竞争，掌握价格战的主动权，在制定价格时就应比市场主导者的价格略低一些，这样在进行价格战时也能主动而有效地出击。

（三）定价方法

1. 成本导向定价法

这种定价方法，是按产品的总成本来控制，主要有两种方法：

(1) 按平均成本定价，其公式为：

$$单位产品价格 = (总成本 + 利税) / 产品总产量$$

(2) 按目标成本定价,其公式为:

$$单位产品价格＝(目标成本＋目标利润＋税金)/产品总产量$$

2. 需求导向定价法

这种定价方法,是依据买方对产品价值的理解和需求情况来制定价格的方法,具体又有如下类型:

(1) 理解价值定价法。这是以消费者的价格现金来定价,其关键之处在于企业必须对顾客的心理要能有一个正确的估计。

(2) 需求差异定价法。这是对不同的需求和不同的顾客,对同一产品制订不同的价格。这对国家实施住房政策所采取的住宅差别价格非常适合。但其关键是要能把自己的产品同竞争者的产品相比较,找到比较准确的理解价值,以此来制定价格。

3. 竞争导向定价法

这是房地产企业根据竞争者的价格来制定价格的方法。主要是根据主要竞争者的行市价格来制订自己的价格,与他们处于同一个水平线的范围。当然,也可有别的做法,如若自信房地产项目不错,可采用投标定价法,由购买者竞标,从而使自己的房屋能卖出一个最好的价钱。当然,多数时候,是买方招标,卖方竞标,这就要求企业必须对自己的利润期望进行一番估计,具体的竞标最高递价为:

$$最高递价＝成本＋企业利润×可能的中标率$$

根据这个公式,当价格越来越低时,可能的中标率也就越来越小。若不到 0 时就已竞卖成功,自然最好,但若到 0 时还未成功则放弃此次竞卖,保证企业不致亏损。

4. 差别定价

这是房地产企业在销售房屋时,根据房屋的不同用途,对不同的购买者,在不同的区域内实行不同的价格策略。这在现代房屋的定价中是被经常采用的一种策略。如经常见到的对教师打折优惠,就是对不同购买者采取区别价格。此外,不同房屋的朝向、不同楼层也会有相异的价格,这是根据房屋的不同部位而施行的差别定价策略。

5. 满意定价

这是以消费者和生产者都满意的价格来施行的定价策略,这种价格可以令消费者感到很满意,从而引起对企业的好感,但这个满意的价格却很难找到,需要通过一系列的调查和周密的计算。

6. 超值定价

这是通过增加附加值(如良好的商誉,完善的售后服务和物业管理),从而在实际上以低价格赢取消费者的心。在房地产市场竞争日益激烈的情况下,这种策略往往更能赢得市场。

7. 心理定价

这是利用顾客在选购房屋时的心理,有意识地将价格调高或调低,以此来迎合消费者的心理,最终抢占市场。具体策略有如下类型:

(1) 尾数定价法。这是根据消费者对价格的"去尾"心理,从而以尾数为 9、8 等数字,给消费者一种便宜的感觉。如同样的房屋,定价 3 999 元/m² 就会显得比 4 000 元/m² 便宜,但实际上买 100 m² 才便宜 100 元钱,这对于几十万元的房价有多大区别呢?

(2) 整数定价法。这同样是利用消费者的"去尾"心理,而以尾数为 0、1 为结尾,从而让消费者觉得有档次。但这不同于尾数定价法,尾数定价法一般适用于中低档商品,满足消费者求廉的心理;而整数定价法则适用于高档商品,满足消费者自我显示的需求。

(3) 习惯定价法。这就是人们口头上常说的"这种房屋一般是每平方米×××元",这个价格就是人们心理上的习惯定价。当然,有的人喜欢吉祥数字,这种喜好也可称之为习惯。这种定价方法可以使顾客能正常地接受这个价格,并认为是品质相当、价格合理的房屋,因此其购买阻力也就会相应地减少许多。

8. 折扣定价

在制定出一个基本价格后,消费者的求廉心理也会使得他(她)希望能有一个更便宜的价格,因而可适时地予以折扣,迎合这种心理。当然,具体方式可以是付款期限上的折扣,如10天内付款折扣2%,也可以是数量上的折扣,如购10套以上折扣2%,从而以合理的折扣方式吸引消费者。

(四) 定价的基本策略

定价策略,是指企业为了在目标市场上实现自己的定价目标所规定的定价指导思想和定价原则。定价策略应根据商品房本身的情况、市场情况、成本状况、消费构成、消费心理等多方面因素来制定。不同的房地产在不同时间、不同地点可采用不同的定价策略。

由于个人购房将成为住宅消费市场的主流,消费者自己掏钱,首先考虑的是价格问题。价格是房地产市场运行的核心,是社会各方面利益的结合点。要使消费者能够承受,房地产商的投资又能得到较好的回报,合理、有效地确定和控制销售价是房地产销售面临的难点。

1. 总体定价策略

从房地产企业定价的主要目的来看,房地产企业总体的定价策略一般可分为低价策略、高价策略、中价策略3种。每种定价策略各有不同的定价依据。

(1) 低价策略

采用低价策略,一般以提高市场占有率为其主要目标,而营销利润往往为次要目标。其定价依据主要是:扩大市场容量,转换有效需求,让无法支付高价的新消费者成为实际购买者;企业的产品多为较低档次的商品房,其价格弹性较大,低价会促进销售,从而提高利润总额;企业的开发成本较低,期望的利润值也低;市场上同类楼盘相对过剩,市场竞争激烈;作为先发制人的竞争策略,有助于企业夺取市场占有率;与竞争者保持均势;低价可阻止实力不足的竞争者进入市场,使企业可在竞争压力最小的情况下获得大量顾客。

(2) 高价策略

采用高价策略的主要目的是在短时间内赚取暴利,而市场营销量与市场占有率可能无法相对提高。定价的主要依据是:

① 具有别的楼盘所没有的明显特点。楼盘的特点是楼盘的卖点之一,如有最先进、合理、经济的户型设计,有其他楼盘所没有的付款方式、产品配套等。这样的楼盘突破了市场的思维格局,代表了房地产的发展方向,容易给客户以最新的购买享受,即使定位较高,也会受到客户的欢迎。

② 产品的综合性能较佳。高单价大多对应高品质,当楼盘没有什么特别的优点时,只要地点、规划、户型、服务等产品的综合性能为客户所接受,它所提供的产品品质与客户所能接受的心理价位相符,甚至略高,也便于高价开盘。

③ 开发量适合,开发商信誉好。如果一个楼盘的价格在当地的主流价格范围之内,产

品的开发量适合,基本上在一年内就能销售一空,并且公司的品牌响亮,市场需求大,高价开盘完全有市场基础。

④ 在一定时期内,这一类型的楼盘供应缺乏,企业希望通过高价策略获得较多的利润。

(3) 中价策略

中价策略一般适用于房地产市场状况较为稳定的区域内的楼盘销售,房地产企业希望在现有的市场状况下保持其市场占有率。其依据是:市场消费容量较为稳定,成交量大;楼盘投入市场后比较成熟,消费者认同程度较高;区域或楼盘形式的发展进入了成熟阶段;价值对于开发商和消费者都比较容易接受;市场供求较为平稳;市场竞争较弱;企业的利润期望值一般。

2. 全营销过程定价策略

房地产全营销过程是指开发的楼盘或小区从预售开始到售完为止的全过程。在实际营销中,市场营销环境可能相当复杂,房地产企业往往需要在确定总体定价策略后,根据实际情况确定其全营销过程的营销策略。全营销过程定价策略一般有以下几种:

(1) 低开高走定价策略

① 含义

低开高走定价策略就是随施工建筑物的成形和不断接近竣工,根据销售进展情况,每到一个调价时点,按预先确定的幅度调高一次售价的策略,也就是价格有计划的定期提高的定价策略。这种策略是较常见的定价策略,尤其适合处于宏观经济周期恢复阶段或者人气较旺的待售楼盘或小区采用。

这种定价策略多用于期房销售。期房销售价与其施工进度关系密切。由于开发商投入的资金不同,因此,一个楼盘的市场价在不断变动之中。这种价格的动态特征与市场价格的合理变换相一致,物业在市场销售中所处的状态会截然不同。低开的目的是吸引市场视线,其路线是提升价格。

② 优点与缺点

低价开盘的有利点:

第一,便于快速成交,促进良性循环。价廉物美是每一个消费者的愿望,以低于行情的价格升盘,肯定能吸引相当一部分客户的注意。但客户在对产品进行了解、确认事实后,就很容易成交,这意味着企业创利的开始,而且还能促进士气,以良好的精神状态开展日后的工作。此外,大量的客户上门,即使没有成交,也会营造出现场热烈的气氛,创造楼盘良好的形象。

第二,每次调价能造成房地产增值的假象,给前期购房者以信心,从而能进一步形成人气,刺激有购房动机者的购买欲,促使其产生立即购房的想法。

第三,便于日后的价格控制。低价开盘,价格的主动权在开发商手里。当市场反应热烈时,可以逐步提高销售价格,形成热销的良好局面;当市场反应平平时,则可以维持低价优势,在保持一定成交量的情况下静观市场的反应。

第四,便于周转资金回笼。有成交便有资金流入,公司的运转才能形成良性循环。特别是在市场不景气之时,与其守着价位让银行利息吞噬,不如自己果断断臂寻求生机。

低价开盘的不利点:

第一,首期利润不高。低于市场行情的售价往往首期利润不高,有的甚至没有利润,开发商因此将主要利润的获取寄希望于后续调价。

第二,楼盘形象难以提升。高价位不一定代表高品质,高品质是需要高价位来支撑的。低价开盘,作为局部的促销活动问题不大,但若作为公司的一项永久策略,则必然会影响楼盘的档次定位和实际运作。

③ 调价技巧

在充分考虑市场行情及竞争激烈的基础上,以成本起价作为开盘价有以下好处:

第一,地产商虽无利却不会亏本,尤其是在市场不景气、竞争激烈的情况下,生存比利润更重要。

第二,成本价一般都低于市场价,有较大的市场占有率。

第三,有良好的开端,易产生无形效益。

低价开盘后,如果价格调控不力,如单价升幅过大或者升幅节奏过快,都可能对后续到来的客户形成一种阻挡,从而造成销售停滞的局面,不但让原先设定的利润期望落空,而且会抵消已经取得的销售业绩。因此,这种策略的运用关键是要掌握好调价频率和调价幅度。

价格调价幅度的关键是小幅递增。调价的要点是小幅递涨,一般每次涨幅在3%~5%,如每平方米5 000元左右的楼盘,每次调价幅度在150~250元之间较为合适。调价新近几天可配以适当折扣策略,作为价格局部过渡。有新生客源流时,再撤销折扣。

提价要精心策划、高度保密,才能收到出奇制胜的效果。但在提价后要加大对已经购买的业主的宣传,让其知晓所购物业已经升值,向亲戚朋友宣传,起到口头宣传的作用。

④ 低价开盘的两种模式

一种模式是开盘起价低,均价也低。随着项目工程进度的推进,项目起价、均价随之微调。多数项目采用这种定价策略。开盘时整体售价低,一是处于宣传目的,想让更多的人知道这个项目,比市场传播速度快,这种让利行为实际上相当于房地产商为自己做了一个广告;二是在尚未开工时购房的客户,比工程进度已到后期的客户承担的风险更大些,因为他买的纯粹是期房,工地可能连一根钢筋都没有,因此他理应享受更多的优惠。

另一种模式是开盘起价低,均价高。仅有几套房子走低价,随着楼层递增,售价快速提升。这种定价策略带有过强的宣传目的,但并没有真正让利给购房者,这样真正到实地寻价的购房者会有一种很强的失落感,觉得这个项目的定价没有遵循诚信原则。

⑤ 适用范围

若一个楼盘面对以下一种或多种情况时,低价面市将是一个比较明智的选择。

第一,产品的均好性不强,又没有什么特色。产品的开价虽然有许多外部因素,但自身的条件仍是最根本的。一定的价格在绝大部分情况下总是对应着一定的产品品质。如果一个楼盘的地点、规划、户型、服务等综合性能和其他产品相比,不但没有优势,而且还有或多或少的劣势,价格的定位不与之匹配,则其定价的基础就不稳固,降价的趋势是理所当然的。

第二,楼盘的开发量相对过大。房地产是一个区域性产品,而区域性客源不但是有限的,而且是喜新厌旧的。吸纳量的相对过少,造成销售时间拉长。若不经过精心策划,各种危机便会孕育而生。

第三,绝对单价过高,超出当地主流购房价格。如果一个产品的单价高于目前房地产市场的主流价格便偏离了主流市场,客户的需求相对就有限,在有效需求不足、产品没有特色的时候开盘面市,尤其应该谨慎。

第四,市场竞争激烈,类似产品过多。在1~2 km内,如果类似价格、类似产品有超过4个以上的市场环境,则产品定价应该以增强产品竞争力为主。否则大量的广告只是替他人做宣传,虽然吸引了不少客户,但客户在决定购买之前,必然会与周边楼盘做一比较,如果你的产品没有什么特色,价格也不吸引人,客户就会流失。

上述情况下的低价开盘,是一个好的策略但不是绝对的保证。正如任何决定都有利弊一样,低价开盘也不例外。

(2) 高开低走定价策略

① 含义

这种定价策略类似吸脂定价策略,正如将一锅牛奶中的油脂(精华)部分一下撤走的做法一样,其目的是开发商在新开发的楼盘上市初期,以高价开盘销售,迅速从市场上获取丰厚的营销利润,然后降价销售,力求尽快将投资全部收回。

② 优点与缺点

与低价开盘相对应,高价开盘的利弊正好相反,主要表现在:便于获取最大利润,但若价位偏离当地主流价值,则资金周转相对缓慢;便于树立楼盘品牌,创造企业无形资产;日后的价格直接调控余地少。

③ 适用范围

这种策略一般适用于以下两种情况:一是一些高档商品房,市场竞争趋于平缓,开发商在以高价开盘取得成功,基本完成了预期的营销目标后,希望通过降价将剩余部分迅速售出以回笼资金;二是楼盘或小区销售处于宏观经济周期的衰退阶段,或者由于竞争过度,高价开盘并未达到预期效果,开发商不得不调低售价,以推动市场吸纳物业,尽早收回投资。

(3) 稳定价格策略

稳定价格策略是指在整个营销期间,楼盘的售价始终保持相对稳定,既不大幅度提价,也不大幅度降价。这种策略一般适用于房地产市场状况稳定时期的楼盘销售,也就是房地产开发项目销售量小或项目销售期短时可采用。例如,利用稳定价格策略销售几个大客户购买物业后剩下的少量部分物业等。

3. 时点定价策略

时点定价策略,即以销售价格为基准,根据不同的销售情况给予适当调整各出售单位价格的策略。时点定价策略大致有以下几种:

(1) 折扣和折让定价策略

这种策略是在定价过程中,先根据建造好的商品房定出一个基本价格,然后再以各种折扣和折让来刺激中间商或客户,以促进销售。常用的折扣或折让主要有:

① 现金折扣。在赊销的情况下,卖方为了鼓励买方提前付款,按原价给予一定的折扣。例如"2/10,30"表示付款期为30天,如果客户在10天内付款,给予2%的折扣。这种折扣在西方很流行,它能加强卖方的收现能力,降低信用成本并阻止呆账的发生。在我国,一些房地产开发商也采用这种方法,如"以现金一次性付清购房款,92折优惠"等。

② 数量折扣。视购房者购买数量不同而给予不同价格优惠的策略,称为数量折扣策略,或称批量销售折扣策略。为刺激客户大量购买而给予一定折扣,购买量越大,给予的折扣率就越高。数量折扣以按每次购买量计算,也可按一定时间内的累计购买量计算。对于

房地产开发商来说,合算的数量折扣余额应小于零售费用与按零售延迟的平均出售时间计算的利息之和。由于房地产商品的价值量较大,个人批量购买的可能性较小,因此,这种折扣策略大多用于单位或团体购买。

③ 职能折扣。根据各类中间商在房地产营销中所担负的职能不同而给予不同的折扣,称为职能折扣,也称为贸易折扣。例如从事房地产销售的中间商,有的只负责收集信息、联系客户,有的不仅联系客户、出售房产,而且还负责办理有关产权登记等工作。因此,房地产开发商可根据不同的中间商采取不同的折扣,这样才能调动中间商的积极性,以促进本企业商品房的销售。

(2) 单一价格策略和差别定价策略

① 单一价格策略。所谓单一价格策略是指不分楼层朝向,无论购买多少,也不管购房对象是谁,所有销售单元都采用同一价格。其优点是顾客容易确认价格水平,增加顾客对卖主的信心,使不善砍价的顾客不易产生吃亏的感觉,对于提高楼盘知名度、树立企业品牌形象具有积极的促进作用,同时也可以节省交易时间,利于交易的顺利进行。但单一价格策略也有其自身的缺点。因为即使在同一楼盘中,不同单元也或多或少地存在着层次、房型、朝向、采光等方面的差别,如果对所有单元都采取"不二价"的价格策略,必然导致那些存在缺陷的"死角房"难以售出。因此,在现代市场营销中,开发商一般不愿意采用这种定价策略,取而代之的是差别定价策略。

② 差别定价策略。差别定价策略是指企业在销售商品时,根据商品的不同用途、不同交易对象等采用不同的价格的一种定价策略。差别定价策略一般有以下几种形式:

一是根据同一楼盘中不同单元的差异制定不同价格。在同一栋商品房中,虽然设计方案、施工质量、各种设备等都一样,但各单元之间存在着层次、朝向、房型、采光条件等方面的差异。开发商可根据上述情况综合评定各单元的优劣次序,从而确定从高到低的价格序列。由于各种经济或非经济因素的作用,消费者对于商品房需求的口味在不断发生变化,由此可能引起不同时间、不同房型的商品房市场需求量状况的变化。因此,开发商可以根据市场需求,对于不同房型的商品房制定不同的售价以促进销售。例如,在某一楼盘所面对的消费对象中,二室二厅或三室一厅比较受欢迎,或者说有"明厅"的单元较受青睐,那么开发商可以将这种类型的单元的售价定得略高一些,而将二室一厅和一室一厅或那些属于"过道厅"房型的单元的售价定得略低一些。

二是对不同的消费群体定不同的价格。某些楼盘所面对的消费群体的范围可能比较大,开发商可以针对消费群体的不同而制定不同的售价,对有些消费者给予优惠,即根据具体情况灵活掌握售价,差别对待。例如,对于普通消费者实现照价收款,而对于教师购房则给予9折优惠等。实现这种策略,可以体现房地产企业重视教育、重视知识分子的良好风尚,有助于在社会上树立企业形象,提高企业的知名度,从而提高企业的竞争力。

三是对不同用途的商品房定不同的价格。房地产开发商可根据购房者购房后的不同用途采用不同的定价。例如,有的购房者用来作为办公楼,有的用作职工宿舍,有的作为商业用房等等,对于不同的用途可制定不同的价格。

四是对不同的交易对象定不同的价格。在商品流通中,各流通环节都各有其职能作用,因此,在价格上必须采取差别价格,区别对待。在我国,现行制度规定的商品价格分为4个层次,即出厂价格、调拨价格、批发价格和零售价格。同样,在房地产销售过程中也存在着类似的成本价、福利价、国家定价、国家指导价、市场调节价等。

（3）用户心理定价策略

用户心理定价策略，是根据用户求廉、求吉等购房心理微调销售价格，以加速销售或取得更大效益的定价策略，常用的有尾数定价策略、证书定价策略、习惯心态定价策略、首尾定价策略、满意定价策略等。

八、房地产推广策划

（一）房地产销售推广概述

销售推广也称营业推广或销售推广，是指通过采用公关促销、广告促销、人员促销以外的那些促销活动，用以刺激目标顾客，使其对企业的销售活动产生有利促进或响应。

1. 销售推广的特征

营销专家认为，销售推广是西方营销宝库中使用得最为广泛的一把争夺市场的利剑。美国有关资料显示，在攻打市场的种种招式中，用于销售的推广费用已超过广告支出。销售推广在国外往往是比广告费用投入更多、运用更普遍的市场拓展工具。可以认为，在房地产营销中，销售推广策划是继广告策划之后在促销范围内极有潜力的营销策划专项。中国房地产营销业内人士不仅可以努力拼搏摘取世界广告大奖，也可以在销售推广领域中一展身手，获得世界销售推广大奖。销售推广（短程激励）特征可以归纳如下：

（1）时效性。销售推广活动的着眼点是立即引起顾客的反应，通过向促销对象提供短期的强烈诱惑，导致顾客迅速采取购买行动。因此，销售推广活动常在限定的时间和空间内追求立竿见影，在短期内能迅速改观销售状况。

（2）刺激性。销售推广最明显的特征，是在特定时间内为促销对象提供一种额外的好处，这种好处具有很强的刺激性，足以诱使促销对象购买某一特定商品。通常情况下，这种好处可以是金钱，可以是商品，也可以是一项附加服务，它是促使购买者实现购买行为的直接诱因，也是销售推广活动得以成功的必要条件。

（3）多样性。销售推广是由刺激和强化市场需求的花样繁多的各种促销工具组成的。当今的销售推广活动，不仅包括以往的样品派送、折扣、竞赛抽奖、现场演示、交易推广等促销方式，还增添了联合促销、服务促销、文化促销、满意促销等丰富多彩的促销手段。

（4）直接性。单纯从促进商品销售的角度讲，销售推广与促销组合中的其他工具相比，更具有直接性。广告或公共关系对于销售，或塑造产品品牌，或提高产品美誉度，或采取其他宣传手法，都是一种间接的促销手段。而销售推广采取利益诱导方式，刺激消费者迅速或大量购买某一特定商品。相比之下，销售推广在吸引顾客购买方面见效更迅速、更直接。

2. 房地产销售推广策划要点

房地产销售推广策划在涵盖上述销售推广特征的基础上，还需要根据企业的实际情况和楼盘销售的特性作深度发掘，提高短期刺激力度，诱使顾客短时间内决定购房，形成售楼短期激励的销售推广策划系统。房地产销售推广策划要点可以归纳如下：

（1）让利性。房地产销售推广策划的关键是房地产企业实质性让利，让顾客确实感到优惠和实惠，而不是一种花哨的促销噱头。例如，一些开发商或代理商总喜欢拿出一套最差的房屋做广告，将其价格压到成本以下，以此招徕顾客。实际结果适得其反，匆匆而来的顾客有被愚弄受骗之感，于是顾客口碑不好而影响销售业绩。房地产企业已从暴利时代走向社会平均利润时代,实质性让利既是企业的选择也是市场的决定。

(2) 补偿性。房地产企业让利有一定的限度,亏本的买卖很难维系。销售推广策划在实行让利特别是大幅度让利的情况下应考虑资金回报的补偿性。例如,某住宅小区推出"坐享四成"销售。该销售推广促售方案为:购房者出60%房款,40%即四成房款由购房者公积金贷款,期限为10年。公积金贷款由开发商代为归还,购房者坐享了四成房款,此方案实质上是一种转贷行为,将政府给予个人的低息长期贷款转移到企业之中。再如,某住宅小区推出"还款赠房"销售。顾客选择好房屋之后,以每平方米8 000~8 500元的价格到开发商开户银行存款,每套房屋存款100万元左右。五年半后,顾客到开发商处办理还款赠房手续,顾客再到原来存款的银行领取本金但不计息。该住宅小区房屋每平方米售价4 500~4 800元,对于手中有相当现款的顾客来说,"还款赠房"是一个不小的回报,对于开发商来说主要考虑资金的筹集运用。

(3) 多元性。房地产销售推广策划虽然着眼于实质性让利,给予顾客优惠和实惠,但应注意给予客户的利益可以是多元的,即不仅是价格的,也可以是其他方面的。例如,某房地产集团过去和将来已经建造和将要建造大批楼盘,购买该集团楼盘,保证在10年之内可以调换该集团开发的其他楼盘,手续简便,补价合理。这种销售推广策略不一定在价格上有很大的让利,但对顾客置业提供了很大的方便。

(4) 综合性。房地产销售推广策划需要考虑销售推广和广告及公共关系策划的综合效应。没有广告等支持,销售推广活动信息传播有限,承诺力度不够,顾客人气不足,会大大降低销售推广效果。有人说,销售推广是一把匕首,广告则是一支长矛,长短结合方能远交近攻,无往不胜。

3. 销售推广可能产生的负效应

销售推广在有效开拓市场的同时,也可能产生销售负效应和反作用。房地产销售推广策划必须把握销售推广这个特性,避免和减少负效应。

(1) 销售推广有可能伤害老顾客。楼盘销售推广实质性让利往往是销售过程中的直接降低或变相降价,原来在比较高的价位上购房的老顾客心里会产生不平衡,会到售楼处要求赔偿甚至退房。销售推广直接降价或变相降价前应认真考虑老顾客可能产生的反应,制订防范措施。

(2) 销售推广有可能损害楼盘形象。一般来说,顾客有买涨不买跌的心理。顾客会以为热销楼盘是不会降价的,只有滞销楼盘才会采取这种下策。如果一个楼盘长时间使用一种销售推广方式,更会使顾客认为楼盘降价或采取其他优惠措施仍然滞销。因此一种销售推广方案推出的时间不宜过长,而且需要选择适当的时机有一定的由头,说明是真诚让利,楼盘品质可以保证,同时销售推广应该寻找非降价的促销方式。

(3) 销售推广有可能被竞争者模仿。销售推广对市场有较大的冲击力和鼓动性,但销售推广本身又最易被竞争者模仿,各国法律还未见也很难操作对销售推广模仿的限定。新颖别致的销售推广方案一经推出,很有可能被竞争者相继模仿,而且追加优惠条件,造成购房者无所适从或比较观望。因此,销售推广方案特别是具有新意的销售推广方案推出以后应强化宣传,先声夺人,集中精力,兵贵神速,力求在短期内获得成功。

(4) 销售推广有可能得不偿失。促销工具的投入都有得不偿失的风险,如广告、公关费用的支出不能相抵销售增长的利润。销售推广可能形成的得不偿失主要是在直接降价和变相降价危及企业最低利润。一般说来,楼盘的降价应控制在企业最低利润水平之上。如果价格要跌破企业最低利润水平线,必须三思而行,谨慎操作。

(二) 各类楼盘的销售推广方式

1. 大众住宅销售推广方式

大众住宅指中低档和中档住宅,购买群体主要为中等收入者。大众住宅销售推广方式主要是在价格及付款方式上给予客户以更大的优惠和实惠,在促销形式上通俗形象,切合百姓人家的现实需要和心理特点,引起他们的购买欲望。大众住宅销售推广可采取以下方式:

(1) 买房送面积。买房可以不计阳台或厨房、卫生间面积,实际上是把这些面积赠送给顾客。

(2) 买房送花园。买房可以不计独家享用宅前花园面积,而且绿化花卉种植到位。

(3) 买房免公共分摊面积。通常买房面积计算的是单元使用面积(含墙体)+公共分摊面积。此促销方式使顾客买房得房率大为提高,而且免除顾客对公共分摊面积难以把握的担忧。

(4) 买房免(代)缴相关税收。开发商为顾客代缴买房相关税收,顾客减少一定的买房支出,免除买房各种税收不甚清楚的麻烦。

(5) 买房免若干年楼盘管理费。顾客在若干年不需缴付楼盘管理费,减少了买房后的一些支出。

(6) 竞价销售。由开发商设定成本价,在此基础上,参与竞价的购房者根据市场行情自己定价,3天内无其他竞价对手高于此价即可签约购房。

(7) 限时特卖。在很短的时间内,楼盘以低价出售,造成抢购热潮,吸引顾客前来。

(8) 一价制。楼盘不加层次朝向费,所有房屋一价出售,先购先挑。

(9) 定向让利。对特定对象如教师等购房者大幅度让利,既可加速资金回笼,又可控制让利范围。

(10) 贷款贴息。购房公积金或按揭贷款利息由开发商全部或部分承担,一般以一次性结算方式在房款中扣除。

(11) 置换购房。开发商收购顾客旧房,顾客再贴钱购买新房。

(12) 抽奖促销。购房即可参加抽奖,奖品有参加旅游、赠送高级家电等。比较受顾客欢迎的是现金奖项,或者用作冲抵房款的现金。

2. 酒店公寓销售推广方式

酒店公寓指具有星级酒店服务设施的高档公寓。酒店公寓销售推广策略有购房送会员卡、包租租金回报等。以下为颇有影响的某酒店公寓"零付款"销售推广方式。

"零付款"主要内容是:凡该酒店公寓的租房者,每月在向开发商支付租金的同时,还可获得开发商赠送的每月等额的酒店公寓消费卡,可以在会所十几个消费场所中任意消费;根据与租房者签订的合同,在租期满120个月(即10年)后,该楼盘将自动转至租房者名下。

"零付款"方案的出台,无疑给众多的房产购买者(白领阶层及相对富裕者)一个良好的选择空间和机会。主要表现为3点:

(1) 实惠的"零付款"。租房者在出了租费的同时,也得到了等额的反馈,租房者自己所出的租房款全部用于自己的消费,而租房可以说是没有出钱。

(2) 可以完全享受到星级宾馆的服务和环境。因为这里的会所包括了娱乐、休闲、购物、运动等设施,给人以全新的感受。

(3)"零付款"10年后就可以得到自己的产权。10年中1分钱租金未出(因为全部用于自己的消费)可得一套酒店公寓单元。

上述"零付款"方案的实行会所属开发商经营,租房者的消费使经营者有可观的利润,用于贴补房租。另外,租房者需按常规交纳管理费,其中一部分也可用来贴补房租。

3. 别墅销售推广方式

别墅作为一种高档花园住宅其销售推广方式和酒店公寓有相似之处,以下为引起热销的某别墅"666稳赚别墅计划"销售推广方式。

"666稳赚别墅计划"中所谓"666"是指:1套3层约135 m²的别墅,付6万元保证金可先行入住,其后每月付6 000元租金,6年后可拥有产权。

就"666稳赚别墅计划"来说,主要表现为两大特色:

一是"稳"。无投资风险,即前期投入少而且付款时间长达6年。置业者在资金周转上拥有极大的灵活性,可随时规避风险;租、买两便的投资方式,有6年时间考察楼盘的投资价值,不满意随时可退房,退还6万元保证金及相应贷款利息。

二是"赚"。资金周转自由,获益机会良多。"666"在租、售之间留出充分的选择机会,等于兼有租房的低投入、购房赚取楼盘升值、转租净赚产权等多重优势;独有的低额保证金及长线付款周期,省下的钱尽可投往他处生利;租金6年不变,到时拥有产权,没有按揭贷款利息的负担。此外,"666"能够得到广泛的了解与认同,名称上的包装亦功不可没。

"666"计划的操作规程经过精心设计:"6"是商家公认的吉祥数字,容易赢得好感;3个"6"字不仅讲清了具体付款金额及方式,更将利益重点归结其中,而且简单上口,易懂、易记,化解了新概念的陌生感和认知障碍,加速了传播。

4. 办公楼销售推广方式

办公楼市场近年不景气,一些开发商采用直接降价或变相降价销售推广方式低价抛售楼盘。不少开发商在市场不景气的情况下采取租赁形式,既不至于楼盘低价"割肉",又避免楼盘空置分文无收。办公楼销售推广有以下方式:

(1)以租代售,开发商贴息。某办公楼提出"用租房的钱买房,买比租更便宜"。一套160.82 m²的办公房,单价6 000元/m²,总价96.49万元,首付30%(28.95万元),余款70%(67.54万元),余款按8年不计息分期付款,每月仅付7 036元即每平方米1.46元一天。开发商没有提高房屋单价,而是实实在在的提供免息贷款,让利促销。上述销售推广策略还有多种变化,分别在首付和付款年限上做文章。

(2)租房免租,经营补租。一些开发商和政府有关部门联手,以"三年免租,五年半租"的优惠条件欢迎国内企业、三资企业、有一定规模的民营企业入驻。以某办公楼为例,一个企业注册该办公楼,只要年缴税额达到15~20万元就可以免费使用100 m²办公房3年,半价使用5年。政府有关部门对入驻企业工商注册、税务登记实行"一条龙"服务。

(3)延长免租期。办公楼租赁免租期通常在半个月以内,部分办公楼为了吸引租户,提出租房1年免租期1个月,租房2年免租期3个月,租房3年免租期5个月。

(4)租房积分奖励。办公楼租房满3年赠送相当于半年租金的礼品,视租房面积大小赠送礼品,最贵的可以是一部轿车。3年以上租房积分累计,奖品价位递增。

(5)超低价租金。部分办公楼不搞种种花式租赁,而是以最低价让利租户。

(三) 房地产销售推广策划

1. 销售推广策划步骤

在房地产营销实务中,销售推广是继广告策划之后在促销范围内极有潜力的营销策划专项。特别是在市场不景气的情况下,一般广告效应会降低,销售推广效应更加明显。销售推广策划有一定的步骤:

(1) 确定销售推广目标

销售推广首先应该目标准确清晰,否则会失之毫厘,差之千里。房地产销售推广目标通常情况如下:

① 开盘销售推广,聚集销售人气,形成热销势头。
② 楼盘滞销销售推广,摆脱滞销局面,售楼由滞到畅。
③ 销售淡季销售推广,克服销售淡季和炎热夏天顾客稀少的情况,销售业绩淡季不淡。
④ 回笼资金销售推广,加速回笼资金,减轻企业资金压力。
⑤ 余房销售推广,针对顾客拣剩的房型、不够理想的房型早日脱手。
⑥ 清盘销售推广,楼盘销售已近尾声,尽快结束销售工作。

(2) 选择销售推广方式

企业为了实现销售推广目标必须选择合适的销售推广方式。前述所列各种销售推广方式可供选择,还应根据楼盘的特点和各种具体情况采用更多更好的销售推广方式。

(3) 制定销售推广方案

在确定销售推广目标和方式之后,还要就销售推广实施制定具体方案。

① 销售推广让利的幅度。以直接让利或变相让利为主要手段的销售推广,作出让利幅度的规定,并进行财务分析。
② 销售推广楼盘的范围。销售推广楼盘的范围是整栋楼还是楼中某几个层面或某几类房型,通常是选择不够理想的层面或房型作为销售推广楼盘范围。
③ 销售推广的时间。企业在什么时候举行销售推广对促销效果有一定影响。如在传统节日或企业庆典推出销售推广会增添喜庆气氛;在楼盘工程某一阶段,如结构封顶、外立面完工等时机推出销售推广会加深顾客对楼盘的印象。
④ 销售推广的费用。销售推广费用主要包括宣传费用和人员费用。宣传费用主要为传媒广告、公共关系、售楼处 POP 费用。人员费用主要为专门投入此项销售推广人员的费用,如宣传资料派送人员的劳务费用。
⑤ 销售推广宣传计划。销售推广宣传计划包括媒体广告、印刷品、公共关系活动、售楼处 POP 宣传等的宗旨、创意、形式、规格、日程安排等。
⑥ 销售推广人员培训

销售推广目标最终通过人员操作来实现,其中包括广告策划人员、售楼人员等。必要的培训使有关人员了解销售推广的目标、方式、人员奖励、负面作用的防范等等。

(4) 销售推广事前检验

房地产销售推广活动影响面广,一旦出现失误会产生严重的不良后果。因此,销售推广活动正式实施前应做事前检测。

① 销售推广目标检测。销售推广目标是否与总体营销目标相一致?销售推广目标是否与阶段性营销策划相一致?

② 销售推广方式检测。销售推广方式是否最佳？销售推广方式诱因是否具有吸引力？销售推广是否违反法律和政策规定？

③ 销售推广方案检测。让利幅度是否符合企业经营方针？销售推广的楼盘范围是否合适？销售推广的费用是否经济？销售推广的时间是否恰当？宣传工作信息传递是否到位？人员操作准备情况如何？

销售推广事前检测的方法可以有综合分析、客户征询、模拟实验等方法。

(5) 销售推广效果评估

销售推广活动效果事后评估是销售推广活动的一项重要工作，从中可以总结经验，吸取教训，为下一阶段的销售推广活动奠定良好的基础。房地产销售推广活动效果评估方法主要有以下 3 种：

① 直接观察顾客对促销活动的反应。主要是观察记录促销活动推出后售楼处来电来人的次数，顾客对促销活动的态度，顾客对促销活动的评价；还要观察分析老顾客对促销活动的反应。

② 比较促销活动前后楼盘的销售情况。主要是比较促销活动推出之后楼盘销售量与促销活动推出之前楼盘销售量的变化幅度；同时还要比较促销活动结束后一个阶段楼盘销售量与促销活动进行时楼盘销售量的变化幅度。前者主要研究促销活动对楼盘销售量的情况，后者主要研究促销活动对下一阶段销售所产生的影响。

③ 促销活动实际效果。主要是分析促销活动是否达到预期的目标要求，促销活动楼盘价格让利和活动费用支出是否赢得楼盘销售利润的增长，促销活动是否带来负面作用。

2. 房地产销售推广拓展

房地产销售推广策划应强调其多元化特征，拓展非让利销售推广方式，发展广义销售推广。相对于让利性销售推广方式来说，非让利销售推广方式负面效应少，有利于楼盘品牌的树立，销售激励时间长。以长程激励为基础的广义销售推广是具有相当发展前途的促销方式，以下试述 8 种类型，其中后面 4 种类型促销方式推出后在当时当地产生过很大影响。

(1) 承诺型销售推广

对顾客售房作出有保证、讲信誉的承诺，会使顾客放心购房。某楼盘实行"三卡"承诺：

按时交房保证卡——1999 年 12 月 31 日为交楼日，晚一天，按银行双倍利息赔偿。

工程质量信誉卡——签订工程质量信誉合同，未达要求的可无条件退房并赔偿银行利息。

物业管理收费承诺卡——物业管理收费根据政府部门规定标准收取，若超标，住家可拒付。

拥有"三卡"，购房者免受迟交楼之苦，免遭劣质房之害，免遇乱收费之累。

(2) 健康型销售推广

健康是人生最大的财富，买房同时能得到一份健康的馈赠，这是顾客非常乐意的。某楼盘提出健康家园概念，住家的健康是整个小区规划设计的重点之一，户均健康设施面积高达 30 m^2，每年一次邀请资深医生为住家进行健康检查，小区进行住家健康管理。

(3) 会所型销售推广

会所原指对会员开放的社交娱乐休闲场所，设施精美，讲究品位。设在住宅小区和办公楼对内开放的会所是楼盘档次的重要标志。某办公楼结构刚封顶就在楼内建造高档商务会所,功能齐全、装潢豪华,开设专用通道和电梯邀请顾客参观,从会所感受楼盘品质,引发顾客购房兴趣。

(4) 评奖型销售推广

楼盘获得国家和有关权威机构奖项,能提高楼盘在顾客中的可信度而促进销售。如建设部主办的"1997全国跨世纪住宅小区方案竞赛"有17个小区获奖,获此奖的商品房小区销售看好。此外,各个地区有关权威机构都有关于楼盘的评奖活动,如上海市建设委员会举办的工程质量类的"白玉兰奖"和"优秀房型奖",很多开发商都上报自己楼盘资料参加评比,获奖后对销售有较大帮助。评奖型销售推广要注意没有必要参加那些层次不高以钱换奖的评奖活动,这些名目繁多的奖项对楼盘销售没有什么益处。

(5) 教育型销售推广

现代社会每个家庭最为关注的事情可谓孩子的成长。如果住宅小区配套能提供住家孩子优良的教育实施,会有力地吸引一批购房顾客。广东顺德碧桂园曾创造过"学校救市"的轰动效应。该楼盘在房地产市场低迷中严重滞销,公司决定以兴办学校为契机,促进楼盘销售。电视广告中,一名成功人士春风得意地回到自己家中,不料开门之后,所见的家中乱七八糟,妻子正在追打自己的爱子。孩子一张张不及格的试卷令一家人愁眉苦脸。突然画外音插入一名小孩清脆的声音:"为什么不去碧桂园学校?"随着碧桂园学校建造和招生成功,楼盘开始热销。

教育型销售推广并非都要花费巨资兴办学校才能进行。例如,可以聘请教育界资深人士组建住家子女教育咨询网络,为住家子女家教、升学提供切实的帮助;也可以投资教育基金帮助、奖励住家子女学业和学有所成。

(6) 环境型销售推广

有关专家认为,楼盘居住环境的景观绿化投资可以带来5倍左右的收益并产生热销。北京万科城市花园38套联排别墅无人问津曾被当时的销售部经理认为不可救药。公司新任总经理上任后将别墅周围已经做好的绿化全部换掉,聘请园林设计师重新设计重新施工,环境明显改观。闲置两年多的38套联排别墅销售一空,成交价格从年初最低时的每套105万元升到以后的150万元。据测算,重新绿化的全部费用为20余万元,相当于38套别墅全部售价的0.5%。

环境型销售推广对期房销售也适用,可以在现场售楼处旁先建造一片与楼盘环境总体设计相吻合的景观绿地,使顾客感受到建造好的楼盘良好的居住环境。

(7) 物管型销售推广

"物管"是物业管理的简称。市场研究证明,物业管理的水准是顾客考虑购房众多因素中排在前10位的因素。深圳万科地产推出的楼盘往往比同类物业每平方米价格高出1 000元,顾客仍然趋之若鹜,其中重要原因是楼盘优良的物业管理。深圳万科物业管理公司在全国同行业中较早获得ISO9000质量体系认证。据闻,最初深圳万科地产总经理带顾客去参观万科物业时,每到一处都会在游泳池边驻步停留,与顾客谈笑之间,拿一次性纸杯顺手舀起游泳池水一饮而尽。万科地产各个楼盘游泳池24小时循环过滤消毒,据市卫生防疫站化验,游泳池水每天清晨均达到饮用水标准。"一滴水可折射太阳的光芒",一杯泳池清水可反映万科地产物业管理水平,使顾客真正感到购买万科地产楼盘"居无忧"。

一些开发商聘请境外专业物业管理公司来管理楼盘并进行宣传,也是一种可行的方式。

(8) 投资型销售推广

从投资学的理论来说,投资活动有两个最为重要的因素,即收益与风险。投资收益是指投资者通过对经济投入实物资产或金融资产的持有和买卖得到收益。投资风险是指投资收益的不确定性。一般来讲,收益的不确定性(即风险)与收益的期望是成正比的,即投资风险越高,收益也越高。投资型销售推广如果能为投资者提供一个高回报低风险投资方式自然会赢得一批顾客。上海恒积大厦推出的"新赚钱时代"的大型促销活动就颇能打动人心。"新赚钱时代"核心是5年包租,每平方米每天9元还本,包租由徐汇区公证处公证。如果投资者以568 458元投资一套面积为86.97 m^2 的房子,2年就可以回本,得租金571 392元,以后3年保证净赚,5年后房子开发商收回,原投资者也可以优惠购买房子。

低投入投资是投资者尤为欢迎的。投资型销售推广在这方面大有文章可做。上海华源世界广场推出了"金金金"投资计划,喊出了"美金2万5,发迹上海滩"的口号。这个营销策略的特点是"鸡生蛋,蛋生鸡",即一套总价6万美元的房子,投资者只需40%的自备款即2万美元,剩下的60%房款由银行提供按揭。同时在5年内开发商包租返回房价的75%即4.5万美元。这样投资者在5年中只需花费2.85万美元(包括贷款利率、税款)就可拥有一套价值6万美元的外销房。

投资型销售推广和其他各种方式销售推广一样,需要造成一种声势,尽可能扩大顾客的队伍。恒积大厦"新赚钱时代"促销活动在这个方面做得有声有色、轰轰烈烈。"新赚钱时代"活动的前奏是在报纸上做广告,以10万元人民币征求100种投资方法,引起人们对投资的广泛注意,并收到来信5 248封。随后推出了大量版面的报纸广告和进行大批量的DM派送。报纸广告颇有创意,如一则整版广告标题是"给四角与找一元",促使人们产生投资回报250%的联想。DM信封的一段话也写得巧妙:"怎样赚得快,赚得稳,赚得轻松?拆封见喜!"信封拆开,图文并茂的DM很有鼓动力,手头有些钱的人也许会跃跃欲试,到售楼现场走一回。

九、房地产公关活动策划

公关活动策划与实施是企业策划部、公关公司、策划公司、广告公司在工作中常用的技术手段。成功的公关活动能持续提高品牌的知名度、认知度、美誉度、忠诚度、顾客满意度,提升组织品牌形象,改变公众对组织的看法,累积无形资产,并能从不同程度上促进销售。很多组织都运作过公关活动,但没有目标、没有重点、虎头蛇尾、不够严谨的公关活动屡见不鲜。有的公关活动由于策划欠周全或危机处理不力,导致活动失败、损失较大,甚至酿成事故,造成人员伤亡,受到法律制裁。

(一) 信息传播与双向沟通

房地产营销公关活动策划,实质上是策划企业所要销售的楼盘信息与公众的传播和双向沟通。信息传播可以分成信源,即信息的发布者,也就是传者;信宿,即接受并利用信息的人,也就是受者。房地产营销公关活动策划强调信息传受双方是在传递、反馈、交流等一系列过程中传播获得信息。因此,这不是一般意义上单向性信息传递,而是通过双向性的信息沟通,使双方利益在最大限度上取得理解,达成共识。

房地产公关活动策划主要有两种类型:一种是单独性的,即为了一个或几个单一的公关活动进行策划;另一种是综合性的,即是规模较大、时间较长、一连串的、为同一目标所进行的公关活动的组合。无论是单独性的还是综合性的公关活动策划,都必须符合信息传播的有关规则。

1. 信息传播是一个有计划的完整的过程

所谓"有计划",是指传播活动必须按公关活动的目的或目标有步骤地进行。完整,是指传播过程必须符合传播学的"5个W模式",即Who(谁),Say What(说什么),Through Which Channel(通过什么渠道),To Whom(对谁说的),With What Effect(产生什么效果)。

2. 信息传播的反馈机制

信息传播要达到双向沟通,必须重视反馈机制的建立。反馈,这里指受者对传者发出信息的反应。在传播过程中,这是一种信息的回流。传者可以根据反馈检验传播的效果,并据此调整、充实、改进下一步的行动。

3. 信息传播信道的选择组织

信道,指信息传播的途径、渠道,也就是媒介。房地产公关活动策划信道式媒介的形式有公关广告、房产展销会、顾客联谊会、自编楼盘通讯刊物、专题展示会、征文、研讨会等。房地产公关活动策划中信道的选择组织实际上也是楼盘公关推广的过程。

(二)房地产公关活动策划的基本特征

1. 以长远为方针

房地产营销中,企业与公众建立良好的关系,楼盘的信息有效地在公众中传播反馈,楼盘最终得到顾客认可决定购买,所有这一切,都不是一日之功所能达到的。房地产营销公关策划是一种持续不断的过程,它是一种战略性的长期工作。成功的获得并非一朝一夕的努力,也不是一暴十寒的推广。

2. 以真诚为信条

房地产公关活动策划需要奉行真诚的信条。企业传播楼盘的信息必须以真实为前提,企业与公众的沟通必须以诚恳为基础,任何虚假的信息传播、任何夸大的沟通方式都会损害企业和楼盘的形象。唯有真诚,才能取信于公众,赢得合作和认可。

3. 以互惠为原则

房地产公关活动策划,力求形成良好的公众关系,它不是靠血缘、地缘或空洞说教来维持,而是以一定的利益关系为纽带。企业在公关活动中既要实现自身的目标,又要让公众得益,包括精神和物质的利益。只有企业和公众互惠互利,与公众各方面的合作才能长久圆满。

4. 以美誉为目标

房地产营销所有的工作最终目标指向都是为了卖楼,但就某一部分工作来说又有自身特定的目标。公关策划信息传播和双向沟通的主要目标是树立企业所推出的楼盘的美誉度,不是直接卖楼。所谓楼盘美誉度指楼盘具有良好的营销形象而普遍受到公众的赞誉。楼盘美誉度的建立和楼盘的知名度、印象度是紧密联系的。所谓楼盘的知名度,指楼盘在公众中的知晓程度。楼盘的印象度指楼盘在公众中的印象,包括大致上的认识和感受。在楼盘知名度、印象度的基础上才有可能产生楼盘的美誉度。房地产营销公关策划对提高楼盘知名度、印象度,特别是提升楼盘美誉度有特殊的功效,楼盘"三度"也有利于促销。

(三) 房地产公共活动策划的步骤

1. 公共活动策划的准备期

(1) 分析企业形象现状

企业形象现状的分析工作,实际上就是要求公共关系人员在进行公共关系策划之前,对策划所依据的调查材料进行分析、审定,进而确认调查材料的真实性与可靠性。否则,再好的策划也不会取得成功。

(2) 确定目标要求

确定公共关系工作的具体目标是公共活动策划的前提,公共关系工作的具体目标是同调查分析中所确认的问题密切相关的。

一般来说,所要解决的问题也就是公共关系工作的具体目标。公共关系工作的具体目标是公共活动策划的依据,它既不同于公共活动总目标和企业的总目标,又要与这些总目标保持一致,并受到总目标的制约。

公共活动策划所依据的目标要明确、具体,并且应具有可行性与可控性。明确是指目标的含义必须十分清楚、单一,不能使人产生多种理解;具体是指目标是可直接操作的,具有明确的内容和任务要求,而不是泛泛的、抽象的口号;可行性是指确定的目标要现实,既不能太高,也不能太低,经过一定努力可以达到;可控性是指确定的目标要有一定的弹性,要留有充分的余地,以备条件变化时能灵活应变。

2. 公共关系策划的实质性工作

(1) 设计主题

公共关系活动的主题是对活动内容的高度概括,对整个公共关系活动起着指导作用。公共关系活动主题的表现方式是多种多样的,它可以是一个口号,也可以是一句陈述或表白。公共关系活动的主题看上去很简单,但设计起来并不容易。设计一个好的活动主题,包括公共关系目标、信息个性、消费者心理和审美情趣等因素。具体需注意:一是公共关系活动的主题必须与公共关系目标相一致,能充分表现目标,一句话点出活动目的;二是表述公共关系活动主题的信息要独特新颖,有鲜明的个性,既要区别于其他企业的活动,又要突出本次活动的特色与以往有所不同;三是公共关系活动主题的设计要适应消费者的心理需求,既要富有激情又要贴切朴素,既反映企业的追求又不脱离消费者,使人觉得可亲可信;四是公共关系活动的主题设计要注意审美情趣,词句要形象、生动、优美、感人,同时要注意简明扼要,便于记忆、朗朗上口,不能使人产生歧义与厌烦情绪。

(2) 分析消费者

任何一个企业都有其特定的消费者,公共关系工作是以不同的方式针对不同的消费者展开的,而不是像新闻那样通过传播媒介把各种信息传播给大众。

确定与企业有关的消费者是公共关系策划的基本任务,舍此不能有效地开展公共关系工作。确定了消费者,就可以选定需要哪些公共关系人员来实施方案,以什么样的规格来对待消费者,可以确定如何使用有限的经费与资源,确定工作的重点与程序,科学地分配力量,能更好地选择传播媒介和工作技巧。确定消费者一般分为两个步骤:一是鉴别消费者的权利要求;二是对消费者对象的各种权利进行概括和分析,找出哪些是消费者的共性要求,哪些是消费者的特殊要求,哪些与企业的信念和发展目标相符,哪些相悖,以便分出轻重缓急,区别对待,谋求企业与消费者利益的共同发展。

(3) 选择媒介

各种媒介各有所长,各有所短,只有选择恰当才能事半功倍,取得良好的传播效果。选择传播媒介,使其特定的功能适合于为公共关系的某一目标服务。不同的对象适用于不同的传播媒介,既要综合考虑各种传播媒介的优缺点,又要根据经济条件来选择传播媒介。成功的公共关系策划应选择恰当的媒介与方式,以最少的开支换得最好的效果。

(4) 预算经费

公共关系活动经费包括:

① 行政开支。包括劳动力成本、管理费用、设施材料费等。这些费用属于基本固定的日常开支。

② 项目开支。指实施各种公共关系活动项目所需的费用,特别是那些大型专项活动,所需经费较多,是日常固定开支难以支付的。比如,大型活动的举办、赞助、专项调研、突发事件的处理等,这类费用的预算要有较大的弹性。

(5) 编写策划书

公共关系计划经过论证后,必须形成策划书。职业化的公共活动策划必须建立自己完整的文书档案系统,每一项具体的公共关系活动必须见诸文字,以备查找。

对于策划书的写作,应扼要地说明背景,细致地描绘策划主题,详细地描述整体形象,严谨科学地说明预算。如果可能,应尽量用各种图表给读者以直观、形象的印象。策划书应包括以下内容:

① 封面。封面应注明策划的形式与名称、策划的主体(策划者及所在公司或部门)、策划日期、文件编号。此外,还可考虑在封面上附加含有说明的内文简介。

② 序文。序文是指把策划书所讲的要点加以提炼概括,内容应简明扼要,使人一目了然,一般在400字左右即可。

③ 目录。目录要提纲挈领,务求让人读过之后能够了解策划的全貌,目录与内文标题应统一。

④ 宗旨。这是策划的大纲。应该将策划的重要性、公共关系目标、社会意义、操作实施的可能性等问题具体说明,展示策略的合理性、重要性。

⑤ 内容。这是策划书的主体和最重要的部分。内容因策划种类不同而有所变化,但必须以让第三者能一目了然为原则,层次分明,逻辑性强,切忌过分详尽冗长。

⑥ 预算。即按照策划确定的目标(包括总目标与分目标)每项列出细目,计算出所需经费。在预算经费时,最好绘出表格,列出总目和分目的支出内容,这样既方便核算,又便于以后查对。

⑦ 策划进度表。把策划活动的全部过程拟成时间表,何月何日要做什么,指示清楚,作为策划进程的指导。进度表最好在一张纸上拟出,以作一览表之用。

⑧ 有关人员目标责任分配表。根据目标管理原则,对各项目标、各项任务由何人负责,所有有关人员的责、权、利应该明确,避免责任不清、权力交叉造成的混乱。

⑨ 策划所需的物品和活动场地安排。活动中需要的各种物品、设施、场地的布置规模、停车场地等也要细致安排。

⑩ 与策划相关的资料。一般指有关的背景材料、前期调查结果、类似项目及竞争对手的情况等,给策划的参与者和审查者提供决策参考。但是,资料不能太多,应择其要点附上,

避免喧宾夺主。

（四）房地产营销和媒介公共关系

媒介公共关系简称媒介关系，指社会组织与新闻传媒单位和新闻记者编辑的关系。房地产营销公共关系中，媒介关系有着不可替代的特性，它传递信息迅速，影响面广，威望度高，可以左右社会舆论和影响政府机构。在欧美，新闻传媒被看作是继立法、司法、行政之后的"第四权力"。房地产营销务必要重视媒介关系，因为和房地产企业其他职能部门工作相比，它是直接面向社会各界的，所以特别需要媒介关系助一臂之力。

1. 如何建立良好的媒介关系

首先，将新闻单位和新闻界人士列为必须厚待的公众。房地产企业可以有计划地邀请新闻界人士参观楼盘，通报情况，但切忌以纯功利主义的态度对待媒介关系。可以在平时适当时机与新闻界人士举办各种联谊活动，争取理解和增进友谊，为相互之间的合作奠定较好的基础。

其次，必须掌握新闻媒介的工作特性。新闻界重视的是新闻，即新近发生的有报道价值的事与人。对于报道价值高的新闻，各新闻单位就会有兴趣去了解、采访和报道，甚至连续追踪报道。不要勉强要求记者刊发一些纯粹是楼盘软广告的文章。事实证明，楼盘的新闻价值越高，记者就越乐于报道，读者会用心阅读，楼盘促销效果也就明显。

再次，应当熟悉各种媒介的特点和新闻体裁的形式。要有针对性的向记者提供新闻稿件或请记者采访。房地产企业营销部门应善于抓住时机，从不同角度和层次发掘售楼过程中有价值的新闻。提供新闻稿件做到切题规范，回答记者提问应该言之有物。楼盘和营销新闻在可能的情况下力争在传媒上早报道、在显著位置上报道和连续报道。

2. 要善于制造新闻

制造新闻又称新闻事件或媒介事件，是指在真实发生事件的基础上，经过推动挖掘，运用正当手段主动安排筹划具有新闻价值的事件或活动，吸引记者采访报道。在公关史上，美国联合碳化钙公司总部大楼竣工的"鸽子事件"便是制造新闻事件的一个著名例子，可以作为借鉴。

该大楼竣工之际，一群鸽子飞进其中一间房间。公关人员关了门窗，请动物保护委员会采取保护措施。公关人员通过大楼不速之客来临和保护动物举动为新闻由头，吸引新闻界报道。结果，从用网兜捕捉第一只鸽子到3天后最后一只鸽子落网为止，各种报道频繁地出现在报纸、广播、电视上，联合碳化钙公司总部大楼竣工的消息不胫而走，名声大振。

（五）如何对待赞助活动

房地产企业常常会遇到一些单位前来联系赞助事宜，希望企业能对某些活动进行经济上的支持，企业和楼盘因此而得到相应的宣传。房地产企业如何对待赞助活动呢？

赞助是房地产营销公共关系的重要组成部分，有计划、有目的的赞助一些社会活动是企业和社会公众沟通的有效手段，既能回报社会又能扩大企业影响，传播楼盘信息。赞助要达到一定的公关效应关键是如何操作。

企业在提供赞助时，多遵循如下原则：赞助的单位是非赢利性组织；赞助的社会活动要有利于本企业的生存和发展；视企业的经营状况量力而行确定赞助的额度。

房地产企业按照国际惯例对一些社会活动提供赞助时，特别要注意以下几个问题：

1. 选择好赞助对象

在众多的赞助要求中，准确遴选最佳的赞助对象，是保证赞助达到预定目标的前提。通常的赞助对象从类型上分有文化、艺术、教育、体育、公益、慈善事业等等。企业所赞助的对象，应该是社会公众最感兴趣的活动，或者是社会公众最乐于支持的事业而且是最需要支持的事业。否则，赞助对象被认为有误。选择好赞助对象还要尽量注意企业、楼盘与赞助对象的有机联系。

2. 详细了解赞助活动的具体情况

企业所赞助的活动的展开涉及方方面面，比做常规广告复杂得多。一些企业进行赞助往往没有取得相应的效果，通常是赞助活动展开的某些方面出现偏差。例如，有的被赞助单位把赞助款的一部分私自挪用或大肆挥霍，有些赞助活动邀请的明星不到场或不自重。有一家房地产企业曾投入相当资金赞助一项大型艺术活动，根据主办单位赞助条例规定被冠以"独家赞助"的身份。但是，当此项大型活动所有工作准备就绪即将揭幕的时候，一些协办单位提出一连串问题，主要是他们也出了钱进行赞助，所以不存在"独家赞助"。于是印有"独家赞助"的海报不能张贴，宣传册不能发放，入场券不能使用，这家房地产企业赞助这项大型艺术活动的策划大打折扣。

3. 搞好赞助活动的宣传

企业出资赞助某项活动应该理所当然的有被宣传的权利。国际商界把赞助和捐赠区分开来，前者有明显的商业目的，寻求社会和企业的共同利益。搞好赞助活动的宣传要注意使用新闻大众传媒扩大传播企业信息量。国外企业赞助某些活动用于新闻媒介的传播费用一般都高于直接用于活动的经费，并从媒介覆盖面、公众视听率等方面进行测算。搞好赞助活动的宣传还要注意不要搞直接的促销宣传。房地产企业赞助活动的宣传主要是扩展信息渠道，显示企业的社会责任感，扩大企业和楼盘知名度、印象度、美誉度，密切客户和潜在客户的联系，争取软性长远的宣传效果。

（六）如何对待公关危机

房地产营销会出现公关危机，主要是由于顾客投诉、媒介曝光等突发事件，面临强大的公众舆论压力和危机接连而起的营销环境，导致楼盘销售无法正常进行。出现这样的公关危机引发点，往往是顾客认为销售承诺明显失信或具有欺骗性，例如在楼盘配套、入伙日期、建材标准等问题上大打折扣。造成这样的局面有多方面的原因。外在原因是楼盘存在的问题确实有着不可抗拒的客观因素。内在原因是房地产企业疏忽、失误甚至是违规操作的主观因素。此外，也有可能是顾客对销售承诺的误解，某些同行不恰当的说法所致。

对待房地产营销中的公关危机应遵循以下原则：

1. 预测的原则

房地产营销人员应该把预测营销中的公关危机作为营销工作的一部分，特别要清楚地了解楼盘潜在的问题，正确对待顾客反映的意见，沟通、融洽方方面面的关系。公关危机的引爆虽具有突发性，但任何事物都有一个从量变到质变的过程，要尽可能地把各种危机事件的苗子消灭在萌芽状态中。对公关危机的征兆主动查处，认真防范，大多数危机事件是可以避免的。

2. 及时处理的原则

公关危机一旦出现，极易出现急速扩展的状况。应迅速掌握所需的信息资料，制定实施处理危机的计划。这方面的计划一般包括以下内容：
(1) 分析产生危机的背景和症结。
(2) 顾客和其他公众卷入危机的状况和发展趋势。
(3) 危机传播的主要内容和渠道。
(4) 解决危机的条件和方法。
(5) 与各类公众沟通对话的形式和途径。
(6) 当事人纠葛的解决。

3. 真实真诚的原则

房地产企业在处理公关危机时，无论是对当事人、新闻媒介、上级领导还是内部职工，首先要以事实为依据，尽可能公布危机事件真相。尤其是内在主观因素引起的危机事件，必须真诚的承认错误，勇于改正错误，设身处地地为当事人和公众着想，绝不能敷衍了事。

4. 缓和矛盾的原则

房地产企业在处理公关危机的过程中，由于矛盾双方利益、立场、角度的不同，危机事件常常不会立即轻易了结。对当事人应避免冲撞，努力缓和对立情绪。对新闻媒介的正确批评报道应持欢迎态度；即使出现失实的报道，也应该运用适当的方式进行弥补，没有必要抓住新闻报道的某些枝节问题纠缠不放，更没有必要站在新闻媒介的对立面。

5. 形象修复原则

公关危机处理得当可以坏事变好事，使公众在舆论关注的情况下看到了企业的责任感，应抓住企业在危机事件中知名度大增的契机平息风波，挽回影响，使企业形象及早修复，促进销售。

(七) 公关活动策划与实施的具体技巧

公关活动策划与实施需要经验的积累，公关活动要重策划，更要重实施。

1. 目标一定要量化

公关活动特别是大型公关活动往往耗费很多人力、物力、财力资源。一个新产品在中心城市的上市传播费用一般都在百万元以上。为什么要进行这样大的公关投入？为了企业的传播需要，为了建立品牌的知名度、认知度、美誉度，为了更多的目标消费者去购买其产品，这就是新产品上市公关活动的目标。没有目标而耗费巨资做活动是不可取的，目标不明确是不值得的。笔者遇到一些保健品企业，看到同行做节日公关活动，他也要做，而且要求活动规模更大、规格更高、发稿更多，但说不清楚为什么要做，要传播什么样的卖点、概念，没有设立目标。有的企业做公关活动，设定了不少目标，如提高知名度、美誉度、促进销售等，但是没有量化（提高知名度、美誉度的百分比，促进销售的货币额度），方向模糊，错把目的当目标。目标一定要量化，它不是希冀式的观测，而是指日可待。只有量化目标，公关活动策划与实施才能够明确方向，才会少走弯路。

2. 集中传播一个卖点

公关活动是展示企业品牌形象的平台，不是一般的促销活动，要确定活动卖点（主题），并以卖点作为策划的依据和主线。很多公关活动花了不少钱却不知是什么活动，给人印象不深。只有提炼一个鲜明的卖点，创造公关活动的"眼"并传播，才能把有关资源整合起来，从而完成活动目标。这里的卖点是公关活动环节设计中最精彩、最传神的地方，活动事隔多年，情节大多被人淡忘，但仍能让人记起的一个情节。公关活动策划需要创造这样一个非常精彩的高潮,要把这个高潮环节设计得更有唯一性、相关性、易于传播性。当然,集中传播一个卖点并不是只传播一条信息,而是把活动目标和目标公众两项因素结合起来,重点突出一个卖点,提高活动的有效性。

3. 公关活动本身就是一个媒体

随着公关新工具、新技术的不断涌现,同新闻媒体、广告媒体一样,公关媒体也在发生着革命,网络等新兴媒体被应用于公关活动。殊不知,公关活动本身就是一个传播媒体,它具备大众媒体的很多特点,其作用和大众传媒相比,只是公关活动实施前不发生传播作用,但一旦活动开展起来就能产生良好的传播效应。公关活动因其组织利益与公众利益并重的特点,具有广泛的社会传播性,本身就能吸引公众与媒体的参与,以活动为平台通过公众和大众传媒传播。在策划与实施公关活动时,配备好相应的会刊、通讯录、内刊、宣传资料等,实现传播资源整合,能提升公关活动的价值与效果。

4. 没有调查就没有发言权

国内不少公关公司做公关活动,因缺乏公众研究意识或公众研究水平有限、代理费少、时间紧等原因,省略公众调查这一重要工作环节已是司空见惯的事情。想一个好的点子,找一个适当的日子就可以搞公关活动,这是某些所谓"大师"的通病。但没有调查就没有发言权,知己知彼,百战不殆。只有摸清自己的优劣势,洞悉公众心理与需求,掌握竞争对手的市场动态,进行综合分析与预测,才能扬长避短,调整自身公关策略,赢得公关活动的成功。公关实践表明,公关活动的可行性、经费预算、公众分布、场地交通情况、相关政策法规等都应进行详细调查,然后进行比较,形成分析报告,最后作出客观决策。

5. 策划要周全,操作要严密

公关活动策划有哪些技巧呢?重点是一点——周全。这是因为公关活动带来成功或失败的机会只有一次。公关活动不是拍电影、电视,不能重来,每一次都是"现场直播",一旦出现失误就无法弥补,绝不能掉以轻心。

6. 化危机为机遇

大型公关活动有一定的不可确定性,为了杜绝意外事件发生,公关人员在策划与实施的过程中要抱有强烈的危机意识,充分预测到有可能发生的各种风险,并制定出相应的对策。只有排除了所有风险,制订出的策划方案才有实现的保障。发生紧急事件时,要随机应变,不要手忙脚乱,不要抱怨,应保持头脑清醒,要冷静,迅速查明原因并确认事实真相。已造成负面影响的,一种方法是及时向公众谢罪,防止再发生,不同媒体建立对立关系,避免负面报道,策略性地处理媒介与公众关系,否则修复较难;另一种方法是化危机为机遇,借助突发事件扩大传播范围,借助舆论传播诚意,争取公众的支持,反被动为主动。

7. 全方位评估

在对公关活动进行评估时,往往是只评估实施效果,评估不够全面。如能在评估时,除实施效果外再评估活动目标是否正确、卖点是否鲜明、经费投入是否合理、投入与产出是否成正比、公众资料搜集是否全面、媒体组合是否科学、公众与媒体关系是否更加巩固、社会资源是否增加、各方满意度是否量化等,则公关活动的整体效果才能体现出来。这种全方位评估有利于活动绩效考核、责任到人,更能增加经验,为下一次公关活动的策划与实施打好基础。

8. 用公关手段解决公关问题

社会上对公关活动的认识不同时期存在不同误区,加之部分媒体的错误引导,更加深了这种错误认知的蔓延。近年来,对公关的认识又有了新的误区,把公关活动等同于促销活动。实际上两者的目的、重心、手段不同。公关活动的目标是提高美誉度,提升亲和力;促销活动的目标是提高销售额和市场占有率。公关活动的重心是公众、媒体、政府;促销活动的重心是消费者。企业同时需要营销、公关两种职能,两种职能不能通用。公关是社会行为,营销是经济行为,公关活动关注公众,促销活动关注消费者,公关与市场区别较大,营销的手段不适用于解决公关问题。公关活动的公众非常多,消费者只是公众的一种。不同的公众,使用的公关手段也不一样。所以,要走出"公关活动就是促销"的误区,用公关手段解决公关问题。

第二节 房地产销售策划案例分析

案例一 烟台华联新村销售策划案例

烟台华联发展集团是烟台市首家公开向社会发行股票的股份制企业,也是烟台市的第一家上市公司。上市之初,烟台华联商厦作为整个集团的龙头企业决定了该上市公司较为狭窄的企业性质。1996年始,国内各大型商场的经营状况开始举步维艰,零售业的日子越来越不好过。同样的,以零售业为企业赢利基础的烟台华联也未能摆脱大气候的影响,最直接的反应是股市收益不被看好。至此,调整产业结构对于华联集团来讲势在必行。经过一段艰辛的努力,集团公司在收购和兼并了数个制药企业的基础上毅然决定进军房地产业,并由原烟台华联改名为烟台发展,以期获得一次从商业板块转向多元化综合板块的质的飞跃。

华联新村是烟台发展集团企业改制后所开发的第一个房地产项目,故此项目开发和建设的成败对烟台发展集团意义深远,集团的上上下下也都对这个项目寄予了厚望。然而,华联新村的开发和建设正值烟台市的商品房尤其是高档住宅普遍疲软日渐滑坡的低潮时期。调查显示,1999年烟台市高档住宅小区的空置率高达80%,可以说华联新村此时的问世颇有一点"生不逢时"。在严峻的市场形势之下,华联集团断然决定聘用高水平的"外脑"来参与项目的营销策划及推广,借以从市场的窘迫中杀出一条血路来。通过对最后企划公司以往项目操作的细致考察,也鉴于对最后企划策划能力的肯定,华联集团经董事会一致通过将华联新村的整盘营销策划委托给最后企划全权负责。最后企划通过细致的市场调查,敏锐地发现了项目的问题点,策划了切实可行的行销策划方案,并根据预测情况进行了售前练兵。该案例从策划到实施各个环节精巧严谨,对于敏感价位的把握、对于目标消费群准确的心理研究都非常值得商家借鉴。

一、5个问题点

项目接手后,最后企划迅速对烟台的房地产市场进行摸底。经过大量的分析研究之后,发现华联新村的销售面临着大量问题,主要集中反映在以下几个方面:

(一)价位问题

根据市场调研,烟台房产主力价位一直徘徊在每平方米2 200~2 600元左右,一般消费者心理价位极限在每平方米 2 800 元左右。

虽然烟台也有几个高档楼盘,如闻涛山庄、福来花苑、进德小区等竭力想突破每平方米 3 000 元的价格极限,并进行过大量的广告轰炸,但销售业绩均不理想,其中个别项目竣工已 4 年有余,但空置率竟在 80% 以上,基本上已成了"死楼盘"。通过分析认为,华联新村以平均价每平方米 3 600 元,最高每平方米近 4 200 元的价位,想创造楼盘热销的奇迹,简直是不可思议!

(二) 期房问题

华联新村出售的是期房。期房本身尚未形成实物,在说服消费者的过程中难度自然很大,加之烟台二三级房地产市场尚未形成,以炒楼为主要概念的消费者还没有形成主体,销售起来自然是难上加难。另外,就在华联新村正式开盘之前,烟台房地产市场正好出现了期房纠纷问题,某楼盘开发商在出售期房之后,由于挪用资金而导致楼盘无法竣工,引起业主围攻。这一事件的影响面很大,大部分市民对期房的疑虑和担心已增至最高点,这无疑对华联新村本已艰难的销售工作起到了雪上加霜的负面影响。

(三) 地段问题

房地产界有个流行的观点,认为房产销售的关键因素首先是地段,因此便有了"第一是地段!第二是地段!第三还是地段!"的说法。华联新村就地段而言并没有优势。烟台的优势地段主要集中在东部区域和北部部分区域。像南部华联新村这样的地段非常一般,与其不到 100 m 之隔的奇山和塔山小区,房产最低价位每平方米不到 2 000 元。显而易见,以华联新村每平方米 3 600~4 000 元的定价,在地段优势上缺乏依据和市场价格参照。

(四) 户型问题

华联新村户型结构是整个楼盘的亮点,但也并非具有绝对优势,因为烟台房地产界喜好抄袭及跟进,而且反应速度奇快,以户型为主力卖点,首先要考虑其他开发商的跟进速度,否则,还没等销售进入高潮,只怕烟台住宅市场上类似户型的新楼盘已到处都是。这并非耸人听闻,像这种恶劣的竞争态势在烟台市场上形成的负面教材可以说是比比皆是。另外,华联新村项目多户型结构虽然能够满足不同消费群体的购买需求,但同时也带来了多文化的需求群体。这种多结构、多文化、多水准需求组合,势必带来实际销售中的沟通困难、诉求定位困难等。

(五) 物业管理

根据华联新村的前期规划,其社区环境及物业管理可能是烟台一流的。但由于前期烟台市销售的房产,交付使用后开发商往往都没有兑现其在物业管理方面的承诺,致使市民普遍认为所谓的物业管理只是开发商为销售房产而玩的一种手段,不能当真。同时,目前烟台市已入住的住宅小区物业管理及社区环境缺乏可参照标准,致使消费者对开发商的物业管理承诺和物业管理收取费用存在偏见,这种偏见及不信任,很有可能造成烟台市民对华联新村物业管理的承诺产生定向推论,造成沟通障碍。因而,以物业作为华联新村的主力卖点,在烟台市这一特定的市场上很难实现。

二、价格是不能变的

在最后企划向华联提交了市场调研报告之后,集团高层领导对其进行了认真的研究,并按照调研报告所指出的部分问题迅速进行了项目调整和改造。但对定价问题,出于集团整体战略的考虑而无法进行调整。并且明确表态：对项目的操作难度,集团非常明了,这也正是聘用专业"外脑"的原因所在,并认为最后企划在胶东房产销售的过程中曾有过完成"不可能完成的任务",并创下房产最高价纪录的经验(指南大街购物城商铺销售个案),所以,集团对销售前景有信心。

为了给最后企划的工作创造便利,集团高层领导将其房地产部门的大部分行政管理权下放给最后企划,甚至包括决策权、人事权等等,使最后企划从单纯的策划角色转变为代理决策者。

对项目操作的需求,集团房产部确定了本次策划的销售目标：一季度销售率30%,二季度销售率60%,四季度末达到房产总量的85%。

三、调查和练兵

虽然集团领导的信任给了最后企划极大的支持,但客观上的困难毕竟还是存在的。为了完成这次"不可能完成的任务",最后企划在目标消费群体锁定的基础上按消费群体可能的资产状况进行了细分,并以20万元以上、50万元以上、80万元以上、100万元以上的资产总额,结合烟台本土特点,对消费者的行为进行了详细的调查,调查内容涉及消费心态、消费方式甚至于其经常出入的场所、家庭组成成分等等。在调查的基础上,企划人员对其住宅消费的方式、行为以及可能在销售现场提出的问题、消费决策的周期进行了详细的研究,最后归纳总结出10万余字的"目标消费群体分析报告"。

报告内容非常详细,其中首次利用认知科学中的虚拟化方式模拟了每一类消费群体的行为模式及心理模式。按照研究结果,几乎可以准确地虚拟出某一类群体每天24小时的活动范围及活动内容。再加上对其本土文化的详细研究,能让人更清楚地了解到每一类消费群体在购房过程中信息来源的方式、对信息反应的方式以及可能采取的行动。

比如,以细分后的市场为单位,模拟了每一类消费群体在销售现场可能提出的问题及对售楼人员的解说可能产生的反应,并在此基础上对售楼人员进行了系统的培训。尽管所有的售楼人员均无楼房销售的经历,培训期也只有短短2周,但后来在售楼现场的成交率却高达30%。其中的原因非常简单,虽然前来现场的消费者心态各异,但最终提出的问题和反应几乎都没有逃脱虚拟的问题,而且售楼人员根据调查中对消费者所提问题与其类型的对应虚拟,亦能很快判断出消费者的心态和行为模式,做出准确的反应,快速促成其成交。这次调查结果的精确性及实用性由此可见一斑。

然而,令最后企划苦恼的是：不知道究竟用什么卖点才能将消费者吸引到销售现场来。正如前面所述,前期的市场调研表明,户型可能是华联新村的唯一卖点。其实,华联集团在前期的运筹过程中亦将房产运作的重点放在了楼盘设计上,为此,他们不惜重金聘请国内外著名的建筑设计师参与设计,在设计过程中更是数易其稿,但最终拿出的精品设计在烟台这个独特的市场中竟是不堪一击,同行的仿效和跟风会迅速将其心血付之东流。

价位问题如同一面无法逾越的铁障,是另一个头痛的问题。根据"目标消费群体分析报告",烟台消费者在接受房产咨询时,第一个提出的问题就是价位。一般情况下,消费者一旦听到楼盘价位在每平方米3 000元以上,会迅速终止咨询,就连继续了解的欲望都没有。因而,即使以户型作为华联新村的卖点,受价位问题所限,只怕消费者也没有了解的愿望,华联的户型再好,最终恐怕也只是从未出过闺房的漂亮女儿,无人知晓。

此外，烟台较富裕的市民在住宅上不愿显富（其他方面恰恰相反，正所谓烟台特色），更导致他们对高价位住宅的心理排斥。难怪香港某著名影星在烟台大规模投资开发别墅时，会吃惊于烟台有众多的富裕阶层，但与她达成销售意向的人却寥寥无几，最终只能背上一大堆债务，留下一片空置数年的别墅区，匆匆回到香港。

四、两套方案

经过反复探讨，最后企划决定制定两套方案：一是险中求胜，以快打慢，用最短的时间完成销售计划；二是万全之策，退而求生存，以防第一套方案失败之后迅速转嫁危机。

所谓险中求胜，以快打慢，就是在无可奈何的情况下，仍以户型为卖点，为规避其潜在的风险，必须考虑缩短销售周期，在其他开发商尚未跟风之前完成销售任务。

为此，最后企划搜集了烟台以往所有的媒体资料，专门研究烟台商业界卖点的抄袭及跟风速度。最后发现：烟台房地产界彼此抄袭及跟风速度最快大概在1个月左右，周期大于其他行业，原因与房地产项目自身特点有关。这表明，必须在1个月内完成原定1年才能完成的任务。否则，在其他楼盘同时炒作户型卖点时，如果其采用低价位的策略，会直接给予华联新村最致命的打击，不仅以后的市场推广很麻烦，而且已有的成果只怕也保不住。

另外，房地产的开盘对于整个项目来说至关重要，一个好的开盘是项目成功的根本；相反，如果开盘不利，则会陷入二次启动的被动局面。众所周知，房地产的二次启动难度极大。因此，"险中求胜，以快打慢"的第一套策略，决不能一开始就以正式开盘的面孔出现，否则价位问题一旦形成销售屏障，再启用第二套方案就等于二次启动。

还有就是价位问题。最后企划认为，价位问题首先表现在会阻碍消费者对华联新村户型的了解欲望，以至于难以形成广为传播的良好口碑。而且"目标消费群体分析报告"表明，主力消费群体工作较忙，很少接触宣传媒体，促使他们获得房产信息的主要渠道在于口碑。因此，如何规避价格问题，令接受咨询的消费者全力关注华联户型，借以在市内迅速形成口碑传播也是至关重要的一步。

为了让参与策划的所有同仁明白其中的道理，策划总监举了一个生动的例子：如果你为某人说亲，问他是否愿意娶世间最丑的女人，只怕他会撒腿就跑，听不进你其他的话。如果你为某人介绍皇帝的女儿，他当然高兴，并且欢欢喜喜进入皇宫做了东床快婿。成亲那天，他突然发现皇帝的女儿实际上就是世间最丑的女人，这时他会想，毕竟是皇帝的女儿，丑也无所谓了。想做一个成功的媒人，关键在于先传达哪一个信息。户型与价位的关系正是如此。

五、"三一"策略

考虑到以上种种问题，最后企划为第一套策略制定了详实的计划，并将复杂的策划流程概括为"三一"策略，即一个信息，一个活动，一个意图明确的销售现场。

一个信息，即华联的户型。之所以提信息，而不说卖点，关键是在传播华联户型优势的时候，要求所有广告策划人员无论利用任何媒体操作，概念上绝对不能让消费者误认为是华联的正式开盘。在具体的操作过程中，必须隐藏商业面孔，让所有的客户只当成一种信息的发布，但同时又要求这种既是广告又不是广告的宣传必须有新意，能吸引客户前往销售现场，甚至达成销售意向。更难的是，企划人员明确要求华联户型的相关信息是唯一的诉求信息,价位信息绝对不能提及,以防造成沟通障碍。

一个活动,即在利用广告传播户型信息的基础上举办一次活动,吸引大批市民前往销售现场,以期利用现场的有效包装扩大华联户型优势的传播范围,快速促成良好的口碑率。

一个意图明确的销售现场,即销售现场全力突出华联的户型优势。为此,最后企划的执行人员花费数万元对早已成形的销售现场进行了彻底改造,并设计制作了20余套户型模型。为了让消费者能快速理解每种户型的设计理念,还根据每种户型的特点设置了诸如"阳光庭院"、"小康之家"、"两人世界"等别名,以期增强户型的亲和力,并专门对每一种户型单独制作了宣传单页,详细注明了户型结构、适住群体,并备有大量的资料供人索取。甚至在户型模型摆放及灯光设置上执行人员也花费了大量精力。所有的一切,只为全力突出华联的户型优势。

经过反复的论证讨论之后,"三一"策略的市场目标随即也确定下来:利用广告媒体散播华联户型信息,促使客户主动前往销售现场接受咨询,借以滚动形成新的信息源,扩大华联户型口碑传播。售楼人员应回避价格问题,以详实宣传和展示华联户型优势为主,并按照最后企划对客户行为模式的研究为基础,在让客户充分理解华联户型优势的基础上找到有可能成交的客户,并交给房产销售部经理处理,根据具体情况进行幕后报价。

同时,以15天为期,市场调研人员跟踪市场。如果15天之内华联户型口碑的传播率达到某种广度,便以户型为卖点正式开盘,在"一个信息"变为"一个卖点"的基础上,加大广告投入的频度和密度,争取在1个月内完成整体楼盘60%的销售率。

如果15天之内华联户型口碑的传播率未达到理想的广度,则在正式开盘时采用第二套方案,准备打一场持久战。"三一"策略说起来似乎很简单,但其中包含了很多微妙的因素。为防止参战人员理解有误而导致行动失败,再次进行虚拟实战,以便增强参战人员的理解程度。模拟结果概略如下:

第一,每一位前来咨询的客户,都要发自内心地认为华联的户型的确很好,并自发地在自己接触的范围内当成一个话题进行传播。因此华联户型信息的传播必须对比客户现有的住宅,让客户看了华联新村的户型以后产生一种感叹:"我现在住的房子实在太差了!"但又不能让前来咨询的客户感到自卑,自卑会导致客户不再送递华联户型信息,因此在咨询过程中要充分尊重每一位客户,让客户感觉并非置身于销售现场,而更像是置身于一个非商业的展览会中,使其不至于因囊中羞涩而耻于开口,愿意主动地获知更多的信息。

第二,利用任何手段,短期内在烟台的购房族内创造一个"华联户型是烟台最好的"的信息氛围,促使他们对现有的住宅进行反思。千万不能强销,而是要老老实实地传播信息。无论买得起还是买不起的参观者,均予以同样的态度对待,因为购房者之间的交流速度非常快。争取做到:让买得起的行动,让买不起的羡慕。

为保证"三一"策略的完整实施,最后企划再次对销售人员进行了岗位培训。考虑到广告信息发布之后电话咨询人数可能较多,特意选择了固定的电话咨询人员并进行了单独培训,旨在告诉他们如何回避客户价格的咨询而全力宣传户型优势。

六、绝版户型概念

根据企划部的总体策略,广告人员在经过数十余次的比稿之后,将华联户型信息的诉求点放在了"绝版户型"上,并冠以副标题"绝对让您爱不释手的绝版户型"。

所谓"绝版户型",除了说明华联户型的绝对优势之外,更期望能通过"绝版"的概念暗示消费者:华联新村是烟台发展集团首次进军房地产业的第一个项目,当然会倾其全力,创造一个"前无古人,后无来者"的最完美的"绝版模板"。

为了说明这一点,广告人员甚至创造了一个口号:"1998 年以前看民生;1999 年以后看华联"。所谓"民生",即烟台的民生小区,它是全国房改首家试点单位,被评为全国的住房典范,因其由当时的建设部部长俞振声主持运作,20 世纪 90 年代曾在国内名噪一时,现今已成为烟台高档社区的典范。华联此次出击,就是要与"民生"一争短长。

另外,"绝版"还意味着机会只此一次,过期不候。为说明"绝版户型"价位高的理由,广告人员索性将华联新村建筑的整体成本及未来提供的物业服务列出了一份价格清单,以备客户需要时索取。

"绝版户型"的诉求定位得到了所有人的一致通过。但对于最后企划所提争取 1 个月之内完成整体楼盘 60％的销售率,集团保留意见,因为烟台近 3 年内住宅销售一直处于萧条状态。他们认为,最后企划的目标明显高估,1 个月之内 60％的销售率甚至会对整个烟台的房地产市场产生剧烈影响,想拉动一个行业市场谈何容易。

对于第二套方案,由于后来并未实施,在此不再赘述。但第一套方案与第二套方案的连接问题值得一提,后来的实战证明:以 15 天的时间作为两套方案的转换周期,确实证明了市场调研的准确性。企业营运的胜算将在这 15 天的时间内被决定。

七、媒体选择连环计

在"绝版户型"这一诉求点的基础上,广告策划人员开始制定整套广告连环计划。

在媒体选择上,策划人员以便于监控信息的准确性为第一原则。考虑到预期的目标消费群体接触的媒体有限,过多的媒体组合又容易造成信息过滥而使信息的准确性难以得到监控,决定集中选择《烟台晚报》和烟台 5 个传呼台为广告媒体。因为《烟台晚报》在烟台市尽管不是发行量最大的报纸,但其覆盖面对于所需的市场而言已经足够了。并且,《烟台晚报》一向以信息准确、风格严谨著称于烟台报界,是烟台几个报刊中权威性最高的。利用它来散布华联"绝版户型"的信息,可凭借其权威的形象来提升信息的客观性和公正性,比较容易获得市民的承认。

另外,根据目标消费群体分析,潜在的客户几乎都配有传呼机,利用烟台 5 个传呼台传播信息,到位率较高。但由于传呼传递的信息较为单调,因而传播的内容务必有新意才能引起客户注意。

对于电视台和广播电台,因考虑到其具有特定的特点,一旦操作可能会涉及价位问题,很可能让消费者误以为华联新村已经开盘,所以暂避不谈。

为了强化媒体的宣传效果,最后企划又派人在烟台几个证券交易所及几个营业额较大的银行门前专门发放华联的楼书和宣传品。

在发布时间上,广告策划人员决定循序渐进,借势造势。鉴于传呼广告力度较弱,决定在《烟台晚报》广告发布之前 5 天先行启动,这样可在《烟台晚报》广告出现之前积蓄客户的注意力,强化晚报的宣传效果。《烟台晚报》广告发布定在传呼广告出现的第六天。

在确定具体日期的时候,发现烟台房地产的二级市场已开始活跃,尽管消费者购买热情不高,但几个房地产项目的广告已频频出现。经过详细的了解、判断,再过 1 个月,消费者对房地产的兴趣将达到高潮,因此决定:耐心等待其他开发商继续拉动烟台市场,等房地产市场的氛围达到最高点时再借势造势、突然出击,以期取得快速堵截客源、坐收渔翁之利的效果。在经过详细的市场分析之后,决定将广告日期定在3月2日。

八、热闹的演出开始了

3月2日,预期中的房地产市场趋热氛围已进入高潮。华联新村的传呼广告也陆续发布,10余条信息是几经修改完成的,其中包括:华联新村即将销售,令您大开眼界的"绝版户型",绝对让您爱不释手!华联新村的"绝版户型"到底怎么"绝"?您的确应该去看看!

看看华联的房子,再看看您的房子!不知您会怎么想?华联新村"绝版户型",您可以不买,但不能不看!20余种户型,均是您前所未见的!华联"绝版户型",就是"绝"!

绝!绝!绝!绝!绝!绝对"绝版户型"!华联"绝版户型",就是绝!

在部分信息的后面,特别注明华联新村开盘日期未定,3月7日请关注《烟台晚报》,届时将正式组织市民前往现场参观。

在信息的内容中,特别回避了价位、开盘等敏感的问题,并一再说明3月7日只是公开欢迎市民前来"参观"。

尽管没有提及销售现场的地址及电话,可到了3月2日之后,还是有大批市民自己找上门来,电话也是此起彼伏。为了保证整体策划的实施效果,销售人员以资料尚未备齐等种种借口婉言谢绝了客户先睹为快的要求,并礼貌地邀请他们3月7日再来销售现场,届时,这里不仅会有大量的户型模型及其他展示物可供参观,更有大批资料奉送。

至3月6日,市场跟踪人员带回令人振奋的消息:对华联新村神秘的"绝版户型"社会上已议论纷纷了!看来,市民的兴趣已被传呼信息调动起来,单靠传呼信息就能产生这样的效果实在难得,这说明当初对市场的判断是准确的。

九、计划泄漏和"请稍候"广告

但是,天有不测风云。3月6日下午发生了一件令人气恼的事件:烟台某楼盘推出了跟华联计划几乎一样的活动。不知是巧合,还是有其他原因。

企划人员与广告策划人员当晚紧急开会,经过对该楼盘广告的分析,最后一致认为:该楼盘的活动在组织上非常仓促,缺乏其他相应策略的辅助,活动内容也不严谨,应该不会对华联新村的宣传造成影响。但由于对方已先行下手举办活动,华联新村的活动已不宜继续举行。因此,精心策划数十天的活动只能宣告"流产"了。

"三一"策略只剩下两个"一",晚报广告就显得至关重要了。为了保证效果,连夜对原来的广告进行了调整,并决定第二天的广告以"堵截"房地产市场的客源为主题,以提示的口吻提醒购买者:"买房者注意:如果您想拥有一个更好的家,如果您在购房时想拥有更多的选择,那么,请稍候!"并郑重提醒买房者华联新村好房即将登场:"如果您不想到时后悔,不妨等10天后再说!"

为了突出广告的视觉冲击力,设计人员有意将"请稍候"三个字放大,占了版面的1/6,为"绝版户型"单独设计了标版。

在阐述华联新村户型优势方面,广告人员特意创作了3段设问的话:"拥有20余种户型,每种都是烟台绝无仅有的,像这样的房子,您见过吗?""富于变化的空间设计,令每个户型都充满阳光,像这样的住宅,您想过吗?""像这样的概念,您知道吗?"3个疑问进行了并列放大处理,强化这几句疑问的震撼力,以便消费者能从中感受到华联户型的确"绝版"的信息,并体会到华联对自身户型的自信。

"请稍候"广告既强有力地传播了华联户型信息,明确避开华联正式开盘的概念,又起到了吸引客户前往销售现场,甚至达成销售意向的作用,很符合最初企划的指导策略,因而被一致通过。

3月7日下午,"请稍候"广告如期发布,这一期匠心独具并具备悬念的"堵截"广告立即引起了买房者的浓厚兴趣。连续两天华联新村销售处接到了300余个咨询电话,很多打不进热线的消费者干脆亲自去销售现场看房,加之原先传呼广告吸引到的客户,销售现场人头攒动。

同时,华联新村几个宣传品的发放点也开始行动。由于华联新村宣传品制作较为精美,在发放点竟成了热门货。据市场调查人员反馈的信息,一大批股民在几个证券交易所除了谈论股票,就是谈论华联新村的"绝版户型"。后来的事实也证明,华联新村最后成交的客户中,20%是股民。

十、口碑广告效果最好

由于在广告发布前便已严格要求售楼人员绝对不能提及价格,因此售楼人员咨询工作的压力可谓非常之大。但也正因为如此,所期望的情景出现了:3天后,烟台市民开始将华联的户型及销售现场发生的热闹场面当成了话题。

一个星期以后,大部分市民开始自发地议论:华联的房子的确好,只怕价格也不会低。

到了正式开盘的时候,大部分市民对华联新村价位的反应已变成对华联的理解:像华联这样的房子,应该贵一些!

火爆的销售前景让部分客户沉不住气了,他们强烈要求与销售经理商谈具体购房问题。

在不会影响整体策划完整性的情况下,销售经理给予部分确有购买意向和能力的客户进行了单独报价。离正式开盘还有3天,这部分客户认购的房产便达到房产总量的40%。

在"请稍候"广告发布之后,最后企划又推出了一期"场面空前火爆"的广告,将"华联新村尚未开盘,却已热销满堂"的信息对外公开,进一步加深消费者的印象。并以24×3 m竖栏的广告版面连续刊登华联新村正式开盘倒计时的广告标牌,旨在为正式开盘继续蓄势。同时,加强了传呼广告的发布频度和宣传品的发送范围。

为了深化华联户型的绝版概念,围绕着"1998年以前看民生,1999年以后看华联"为主题出笼了一批软文,在《烟台晚报》上发表。

通过整整10天的蓄势造势,市民对华联新村的兴趣越来越浓厚,烟台其他楼盘的销售现场门可罗雀,而华联新村的销售现场却是车水马龙。

竞争的态势令部分开发商坐立不安,但苦于没有创新的想法,最终不得不再次使用抄袭和跟风的办法。在华联正式开盘之前,宣传品及样本上有关华联户型的部分设计理念,很多被掐头去尾地登在了其他房地产的广告中;部分开发商不考虑自身楼盘的特点,不仅也改用户型做卖点,还迅速采取了降价手段;甚至华联"绝版户型"的概念被人改成"绝版商城"用于其网点的宣传;至于造谣生事的手段更是层出不穷……好在这些手法都过分流于浮表,缺乏策划精确的内涵而未能对华联造成影响。

十一、正式开盘

3月17日,华联新村正式开盘。开盘当天32×17.5 m的竖半版广告,以"全烟台的老房子,今日起都该退伍了!"为口号,彻底将华联新村与烟台市传统的老式住宅决裂分档,并深挖"绝版户型"的优势特点,强化华联新村"颠覆烟台住房传统观念"的领袖形象,使其真正成为21世纪烟台人追求高品质现代生活的首选。

随后,连续发布了以下一系列概念新颖、设计风格独特的广告:"如果房子也有感觉,全烟台的住宅,都会因她而自惭形秽……"——旨在进一步将华联新村"绝版户型"的概念推向高潮,并刻意将华联新村是"烟台市住宅热销典范,刷新最快销售纪录"的信息广为传播。

"住这样的房子,您要禁得住羡慕的目光!""宣战!向一切单调乏味的空间……""每个人的生活都应该是绝版!"——旨在继续深化华联新村"绝版户型"的概念,同时推出部分物业服务的内容。

为了提升华联集团的形象,借以消除客户对期房的疑虑,决定用事实说话,以"我们损失了800多万元,只为了让您多获得一丝阳光……"为标题推出了一期形象广告。内容主要是介绍在开盘后发生的一件真实的事情:有客户反映,按照建筑图纸上的分析,华联新村有一栋楼影响了其他楼房的采光。接到客户反映后,极为尊重客户意见的集团老总迅速组织技术人员连夜开会,在验证了客户的意见之后,当场拍板决定将这栋楼砍掉,直接的经济损失超过800万元。尽管这栋楼遮光问题不是很严重,但客户的意见就是命令,这种一切为客户利益着想、不惜巨额损失的开发商在烟台是很难找到的。

此期广告推出后,市场的反应再次掀起高潮,甚至客户对华联新村的价位都有了新的理解,认为这种客户利益至上的楼盘再贵一些都值了。客户买房子,最关键的不就是图个安心吗。同时,广告的效果也让我们感到:那种单纯依靠品牌推广、以知名度为目标的形象广告实在不如这种用事实说话的宣传方式。能打动消费者的企业形象,就该是那种说实话、干实事、实实在在为客户着想的企业形象。

独具创意的开盘广告给予烟台房地产市场前所未有的冲击,整个市场持续数个星期都在"沸腾"。电话接连不断,客户也是接踵而来,正式开盘1周内,华联新村销售量已达到楼盘的80%,远远超过了计划中的60%。2周后,只剩下20余套房了。

2周后,华联新村的销售工作已接近尾声,最后企划刊登了一期"华联新村即日起价格上涨12%"的广告,宣布了一期销售的结束,并再三感谢客户的厚爱,言明华联将继续以百倍的努力为业主提供烟台市绝无仅有的"绝版户型",请业主耐心等待……

十二、策划效果

华联新村的销售业绩确实让业内人士惊叹,让开发商喜出望外。统计结果表明,华联新村正式开盘不到2个星期,包括楼盘所属网点认购登记的预订额超过亿元,剩余住宅仅20余间,可以说是赚了个"满堂红"!

在华联新村的整个销售过程中,仅用了不到20万元的宣传费用,销售现场的成交率却高达30%,这也创下了烟台市房地产销售的最新纪录。

华联新村以开盘高于烟台房产主力价位60%,收盘高于烟台房产主力价位100%的高价位创造了热销奇迹,完成了"不可能完成的任务",并基本确立了烟台发展集团在烟台房地产界不可撼动的主导地位。同时,它的热销也引发了烟台市房地产界新一轮的销售高潮。据悉,自华联新村收盘之后,其他房地产的销售价格均普遍上调,新楼盘开始挑战每平方米4 000~4 500元的价格大关,这与房价本应全面下调的宏观环境格格不入,已成为烟台市绝无仅有的新景观。

由于华联新村"绝版户型"的空前火爆,也引得其他房地产商在户型设计和诉求定位上纷纷打出了"以人为本"的宣传旗号,从而使烟台市的住宅设计水平大踏步前进了两三年。

烟台发展的股票指数在华联新村开盘后持续攀升,仅1个月时间由12元/股增至20元/股。

十三、点评

几乎任何产品都有优缺点,避开缺点(或者弱化缺点)、强化优点是产品营销的基本规律,但如何强化优点却是国内企业的老大难问题。地毯式的广告轰炸可能是提高知名度强化优点的有效手段,但对于像销售楼盘这样的特殊产品来说,其作用就不会很大。买房子是典型的理性消费,客户不仅要求产品具有知名度,更需要产品具有很高的美誉度。美誉度的产生从理论上讲需要很长的时间,但一旦拥有,就会产生很强的品牌带动效应,这就是为什么有些房地产开发商任何项目都可以旺销的原因。烟台华联新村行销策划案是2000年国内比较少见的在短期内完成从知名度过渡到美誉度的成功策划案例,其精华在于策划者准确地把握了目标消费群的心理特点,并且成功地实施了根据这些特点制定的企划方案。华联新村项目在当时并不具有品牌效应,其主业百货零售业的萧条甚至对其楼盘销售具有负品牌效应,而且项目在价位、地段等方面并不占优,如何找出优点、强化优点成了销售中的难点,甚至成为"不可能完成的任务"。在这种情况下,策划者在进行了详细的调查后找到了销售的突破口,对项目中户型这个优点进行了强化包装,并进行了售前练兵。纵观方案从设计到执行的每个环节,感觉策划者对整个方案不仅有理性的设计,更有感性的融入,如对意向购房者心理的细微入扣的分析(让客户感觉到自己的房子太差了,但又不能产生自卑感,产生了自卑感会影响口碑传播)和媒体宣传文案撰稿的到位,都值得企业借鉴。

案例二 南京浙江商品城营销推广方案

一、营销推广目标

火爆销售,提升利润,建立品牌。

在良好的宏观市场行情下,基本上每一个房地产项目都可以在市场上得以消化。但是,产品的市场消化时间与销售利润则会由于营销策划的总体思路与方法而产生不同的结果。

对于本项目而言,产品在市场上的顺利销售并不仅仅指产品可以在市场上消化,而是要制造出一种火爆销售的结果并且实现销售利润的最大化。通过产品火爆销售的结果使得市场对于开发商和产品品牌产生更深刻的认知,从而真正建立稳固的浙商品牌形象。

二、营销推广思路

(一) 营销推广依据

任何一个营销策划,无论是整体思路还是具体的执行方案,都必须要有数个强有力的支撑点。并且这种支撑点应该是实实在在的,是"站在地上的,而不是空中的"。只有这样,才能保证营销推广方案的实际可操作性;只有这样,才能保证营销推广方案的有效性,也就是说是能够指导并促进销售的;只有这样,策划才能够给项目带来切实可行的附加值;只有这样,营销推广才能建立真正的可持续发展的企业品牌。

基于此,本营销推广方案的依据是市场、产品、消费者。

(1) 市场。市场的重要性在于两个方面:一是指导产品的设计;二是帮助寻找目标消费者。对市场的把握能够使开发商和营销商顺势而为,取得成功。

(2) 产品。好的市场还要有好的产品来支撑才能真正创造一种商业物业形态与经营模式,塑造商业地产品牌。只有对产品进行客观、冷静、理智的分析,才能做出有针对性的营销推广方案。

(3) 消费者。消费者是最重要的,只有通过消费者的购买行为,企业的利润才能够真正实现。而消费者又是最难把握的。首先必须找到本项目的消费者,而且消费者的需求又是不断变化的,有些需求甚至是潜意识的。营销推广的本质就是为项目找出目标消费者,发现、发掘他们的消费需求,然后针对他们的需求进行有效推广。

(二) 营销推广思路

营销的思路来源于消费者。针对消费者做出的产品是有市场基础与市场前景的产品,针对消费者做出的营销推广是有效的产品推广。所以,本次营销的基本策划思路是:

(1) 我们的产品是什么。

(2) 我们产品的消费者是谁。

(3) 我们怎样针对消费者进行有效的产品营销推广。

三、营销推广

(一) 营销推广主线

1. 推广主线确定依据

(1) 市场定位

① 定位目标

再创义乌商业神话。浙江人,向世界展示着"东方犹太人"的商业智慧。他们在中国的东南沿海,用一种务实有效的商业运营模式和经营方法,创造出一个又一个的商业神话。义乌,一个浙江商人创造奇迹的代表之地。这个城市的商业市场从无到有,从简单到复杂,从低端到高端,一步一步走到了时代商业的浪尖。浙江商品城,由务实严谨的浙江商人开发运营,它将秉承浙江商业市场一贯的运营模式和浙江商人严谨踏实的经营作风,再创一个义乌的商业神话。

② 定位原则

源于市场,高于市场,引导市场。好的产品,往往都遵循这样的市场原则:市场上有什么?市场上缺什么?我们的产品能为市场带来什么?任何一个产品的产生,都是立足于市场的。而过分依赖于市场,必定在较短的时间内被市场所淘汰。但过分领先于市场的产品又存在着太大的市场抗性。所以,有市场竞争力的产品是在立足市场的基础上具有适度的前瞻性,可以被市场所接受并最终引导市场消费的产品。

③ 市场定位内涵

市场定位是启动城市资本的时代商业航母。其具体内涵如下:

a. 启动城市资本。资本启动是资本再生的唯一源泉。资本隐性地存在于一个环境之下。当一个催化剂使它显现出来并能够使之启动或者说流通,它就会产生高于原有状态下几倍的效益。城市的资本更是潜藏在城市的每一个角落。当一个有利的前景出现在面前的时候,这些资本就会被启动起来,经过一定的流通渠道和手段产生出更大的效益。浙江商品城激活起原有城市中的散落资本,通过一种商业模式,让其产生出巨大的经济与社会效益。

b. 时代。数风流人物,还看今朝。一个时代的风流人物,必定是一个时代的骄傲与楷模。一个时代的产品,必定是一个时代的代表。浙江商品城把握了时代的脉搏,具备了高度的产业前瞻性,是时代的典范之作。

c. 商业。商业的高风险,决定了商业的高利润。商业,也称为贸易,它是随着社会的发展而产生的一种商品价值的交换。在这种交换中,商品的价值得到体现,更为重要的是,在这种流通领域中的交换,使得其本源——生产领域,创造出了更多的价值。有交换就会有风险,这种风险使得在流通领域的交换本身出现了产品价值的提升,或者说产品价格的提升,从而决定了这种交换必然产生出巨大的利润,这就是商业利润。浙江商品城商业物业的形态决定了它将产生巨大的经济价值——进行商品的交换,创造出显著的经济效益。浙江商品城商业物业的形态决定了它也将产生巨大的社会价值——创造一种当地的商业模式,创造一种当地居民新的购物休闲的生活方式,创造一种新的商业文明,创造出显著的社会效益。

d. 航母。空间无限,成就事业无限。奋斗需要一个空间,成功才指日可待。浙江商品城,一个拥有航母一般体量、崛起于南京江宁的商业项目,向世人展示了其雄厚的经济实力,表明了它必将承载着众人无限的期望,在商海中乘风破浪,傲立巅峰。

(2) 产品定位

① 定位依据——产品 SWOT 分析

a. 优势。项目拥有 20 万方的超大体量,具有一定的规模优势;项目高层次的市场定位填补了南京商业批发市场的市场空缺,并且与现代化商业市场要求越来越高的市场发展趋势相吻合;项目准确的产品定位为本项目商业市场的形成奠定了良好的市场基础;项目内部良好的绿化景观与完善的商业配套,为项目的最终消费者提供了良好的商业购物环境;方山风景区、周边住宅小区、江宁科学园、江宁大学城的良好景观,使项目具有较好的外围景观优势;项目所在区域没有真正同质化的产品与之形成竞争;开发商雄厚的资金实力保证了项目有效地开发运营,其商业品牌保证了项目的有效运作;项目目前的价格使得项目的入市存在一定的优势;开发商内部拥有巨大的资源优势,引起了大量的内部购买人群的高度关注。

b. 劣势。项目所在地段为江宁新开发区,目前地段、人气、市政规划、交通条件、商业配套都存在明显的不足;虽然存在较大数量的内部预约客户,但都保持着观望的态度;市场上与本项目真正的同质产品已经具有相当的知名度与认知度,与其竞争存在一定的市场风险性;招商工作是否可以顺利完成还不存在明显的资源保证;消费者的消费习惯和本项目的市场定位与产品定位存在一定的脱节;项目开工至今并未进行一定量的有效的广告宣传,从而项目并不具有一定的知名度。

c. 机会点。南京整体良好的房地产市场走势,保证了项目个体良好的升值前景;江宁撤县立区和进一步开发,使得江宁整体经济的发展存在着一个巨大的空间;政府对江宁科学园、大学城的未来规划,使得项目所在地区拥有巨大的升值潜力;江宁区科学园、大学城、周边大型生活小区为本项目提供了大量的人气保证;市政规划的不断完善,使得交通配套与外部商业配套不断完善;沪宁高速、宁杭高速等外部交通条件的改善,为项目的有效辐射提供了良好的外部交通条件。

d. 威胁点。已经存在的成熟商业市场使项目的成功运营具有较大的市场竞争性;周边在建与拟建商业项目不存在真正的同质产品,可能存在着较大的市场风险性;周边其他商业项目吸引了本项目的部分投资者;商业项目投资的风险性使得很多投资者望而却步。

② 产品核心价值

经过对产品进行客观的分析,我们可以看出产品的核心价值是:本项目的产品体量巨大,产品规划具有市场前瞻性,内部商业配套齐全;市场定位具有较为科学理性的市场依据;产品定位符合市场发展趋势与消费者要求;项目所在区域强有力的政府规划与政府政策的扶持,使项目具有无限的升值潜力;开发商的资源优势为产品的市场消化奠定了有利的基础;开发商的品牌效应为产品的市场消化提供了有利条件。

③ 产品定位

集购物、休闲、娱乐、餐饮、商住等功能于一体的大型浙江商品集散地,辐射周边城市的浙江商品交易平台。具体产品定位内涵为:

a. 集购物、休闲、娱乐、餐饮、商住等功能于一体。浙江商品城由浙江品牌商铺、特色商业街、浙商大厦商务写字楼和商务公寓四大板块组成。特色商业街包括餐饮街、文化街、服装街、电子街、酒吧街等,每个主题商业街都根据定位形成鲜明特色。

b. 大型浙江商品集散地。依照江宁未来规划及实际发展状况,江宁新城景象已初见规模,消费需求日益增长。浙江商品城将建设为立足南京、辐射长三角的商业汇聚之处和商品集散地。大量商品在这里销售和转口,商品门类齐全,信息灵通,服务质量好,商品经济活动频繁,市场活跃。在这里,各种商品应有尽有,形成颇具特色的商品专业街,代表最新潮流,且质优价廉。

c. 辐射周边城市。随着南京对外高速公路网络的逐步建成,南京1小时都市圈内的南京、扬州、镇江、马鞍山、滁州、芜湖、淮安、巢湖8城市中,南京的商贸流通业处于核心地位,主要表现为市场流通规模大、经营网络健全、市场吸引力增强等。南京商贸流通业与都市圈的相互依存性不断增强,客观上已形成一个利益共同体。南京都市圈融入长三角,为商贸业发展提供了强大后劲;各城市经济的互补性则为商贸业增添了活力,提供了更为广阔的空间。

d. 浙江商品交易平台。经济的增长带来各项交流活动的日益频繁,国内外人才、资金、项目等将随着发展的规模同步推进及渗入,甚至超常规超想象地演化出更多的投资机会。浙江商品城将成为一座充满活力、商机蓬勃的商品王国,人来货往,举目皆商业气息,一个商品流通、信息和展示中心,潜藏其间的价值将是几何级的裂变效应。

(3) 消费者定位

① 直接消费人群——投资者

a. 投资人群。投资回报是他们的唯一追求。这是一群极富有商业头脑的投资者,他们可能进行过很多种产业的投资,例如股票、期货、证券。但是金融市场存在着太大的不稳定性,这种不稳定性使得他们转移了投资方向。房地产市场,高收益与较稳定的投资回报的结合,引导他们将资金转入其中。商业项目比普通住宅项目风险大,但又存在更大的收益性,只要该商业物业具有良好的市场前景,就会受到商业物业投资者的青睐。在他们眼中,一个具有投资前景的商业物业,必定是一个可以成功运营的商业物业,这个商业市场必定引来众多的消费者在此进行消费。只有拥有最终消费者的商业项目,才能保证拥有良好稳定的租金收入,从而使他们得到预期的投资回报。

b. 投资人群来源。一是南京本地。项目所在地必定是首先引起市场关注的地区。南京房地产市场的火爆,早已经引起一大批的投资客拭目以待。二是浙江市场。被喻为"东方犹太人"的浙江人更是拥有长远的市场目光,他们早已将房地产作为资本运营和资本产出的一个重要方面,投入大量的资金进行房地产投资,力求在火热的房地产市场上得到资本的再次积累。南京持续走高的房地产市场自然是这群浙江投资客极度关注的焦点之一。

② 最终消费人群——消费者

a. 消费人群。消费目的的差异决定了消费人群的差别,本项目根据内部市场定位的不同产生两种不同的消费人群:一是纯粹进行消费的人群,这群人在这个商业市场进行的只是纯粹的消费行为,他们是任何一个消费市场的消费终端;二是满足自身经营利益的消费人群,这群人在此进行的消费是为了满足他人的终端消费,他们一般是零售业主或批发商。

b. 消费人群消费原因描述。消费目的决定消费动机。原因分为两类:一类是纯粹进行消费的人群,吸引这群消费者来此进行消费的可能性是较低的产品价格、较好的产品质量、较为便利的交通条件、较完善的售后服务、可以满足其他消费需求的良好的商业环境等等;另一类是满足自身经营利益的消费人群,吸引该类人群来此进行消费的原因较为直接,即较好的产品质量、较低的产品价格与产品运输费用。

c. 消费人群来源。最终消费目的决定最终消费市场。消费人群来源分为两类。一类是纯粹进行消费的人群,该类消费者主要来源于项目周边地区与江宁,主要是项目周边小区居民、科学园工作人员与大学城的学生人群,此外,也会有南京城区一部分的消费者前往消费;另一类是满足自身经营利益的消费人群,这类消费来源于南京和周边城市的小商品经营者,如苏北、安徽(皖北)、河南、山东等地。

2. 营销推广主线

(1) 财富眼

发现财富的眼睛:投资者敏锐的眼光,充满着发现财富的智慧,能够犀利地洞察现在、预见未来,能够穿透表象,直指本质。

涌现财富的泉眼:浙江商品城势必成为一处财富源源不断涌现的泉眼,喷珠吐玉,潜藏其间的价值不可限量。

实现财富的关键点:投资的是非成败仅一线间而已,需有灵敏的信息、独到的眼光和承担决策风险的能力。独具慧眼,把握时机,掌控实现财富的关键点,成功前景指日可见。

见证财富的实现:投资的智慧,最终体现在对所预见的未知未来的一种历史见证,一种现实认定。

(2) 黄金线

通向黄金(财富)的道路:城市财富必经之路,城市财富聚积之地,浙江商品城,通达财富大道,直达财富宝藏。

运转黄金(财富)的新干线:浙江商品城位于江宁科学园板块,区位优势显著,交通四通八达,形成水、陆、空立体交通网络。通达财路,营运财富,正是运转黄金(财富)的高速新干线。

完美的黄金分割线:投资是一种平衡的艺术,最完美的投资,就是要定在现在与未来之间的那条黄金分割线上,以实现投资价值的最大化。

3. 营销推广表现手法

(1) 品质

与项目整体定位相吻合,任何一个推广的表现都是一个产品形象、开发商形象、企业形象的展示,力求达到品质化。

(2) 理性

商业地产不同于普通住宅项目,投资者关注的是投资回报。理性的事实分析比感性的情感诉求更能够达到效果。

(3) 大气

项目具有 20 万方的巨大体量,开发商拥有强大的市场号召力与影响力,所有的一切都需要推广的表现必须具有磅礴的气势。

(4) 沉稳

与产品的文化内涵相呼应,产品推广手法必须具有相当的沉稳性。这种沉稳性不是浮于表面的,而是一种由内而外的气质展现。

4. 营销推广表现

(1) 整体形象塑造

财富眼、黄金线。

突出浙江商品城是敏锐商业触角大势所趋,是最具价值投资智慧的体现。

(2) 项目品牌战略

纵横天下、风云世界。

充分发掘和阐释浙商理念、浙商投资有限公司品牌、浙商企业核心人物,与优秀的营销团队、商业经营管理团队强强联手,鸿篇巨制。

(3) 前景规划价值

壮怀前景、铸就时代高度。

浓墨强调浙江商品城所在区域未来美好的发展前景和无限的升值潜力,以投资的眼光对南京江宁科学园、南京江宁大学城、浙江工业园的规划理性分析,突出项目的前瞻性优势。

(4) 区位、产品主题

商气蓬勃、商品王国。

通过对浙江商品城独树一帜的市场定位及周边可依托的成熟配套、水陆空立体交通网络、潜在的巨大消费潜力的描述,突出项目的定位特色和区位优势。

(5) 建筑规划特色

投资优质物业,放之四海皆准。

通过描述浙江商品城灵动流线外观、阳光生态走廊、中心文化广场、休闲娱乐组团等建筑规划特色,展现物业优良的品质、经典的商业文化和值得信赖的投资价值。

(6) 经营管理优势

统一管理,分散经营。

重点突出浙江商品城先进的经营理念与成熟的运营模式,成功地避免目前商业领域分散经营的固有风险;完善的组织结构,最大限度地保障投资者和经营者稳定的投资回报,保证商品城的高效运转。

四、营销推广执行

(一) 时间阶段划分

第一阶段:2004年3月～2004年4月27日　项目预热期

在该阶段,通过多种宣传手段,以建立开发商与项目的形象为起点,随后以推出产品主打卖点的方式进行项目的推广宣传,使得产品为消费者所广泛认知与认同,逐步积累项目的营销势能,使得产品的很大一部分在开盘前就在市场得到去化,在项目开盘时产生第一个营销爆点。

第二阶段:2004年4月28日～2004年6月　开盘强销期

经过开盘这一销售爆点,项目在市场上的知名度与销售情况都已经十分明朗。在该阶段,必须在开盘热销的基础上继续制造市场关注度,并再次掀起销售热潮并达到销售高峰,实现销售速度的目标与开发商的资金回笼。

第三阶段:2004年7月～2004年8月　持续平稳期

由于夏季的到来,整个房地产市场进入销售淡季,项目进入销售的平稳期。本阶段项目的营销目标首先在于保持市场热度,通过各种宣传方式,使项目拥有一定的市场关注度,尽可能多地完成销售;其次在于回顾前期的营销策略,针对销售情况进行方向调整或局部调整,为下一阶段能更好的销售做好准备。

第四阶段:2004年9月～2004年11月中旬　二次强销期

经过7、8月份房地产淡季,项目的销售再次进入"金九银十"强销期。在此期间,借助大环境各种活动与房地产大市场升温,使项目在此阶段达到销售速度与销售利润的"双赢"。

第五阶段:2004年11月中旬～2005年1月　持续销售期

利用项目施工进程的不断深入、招商工作的总体落实,将浙江商品城日趋明朗的实际收益展现在消费者眼前,促进项目的销售与利润的提升。

利用宏观市场整体价格提升的客观环境提升本项目的价格,并利用提价促进在此之前的销售。

第六阶段:2005年2月～2005年4月　项目清盘期

经过新年的市场平稳阶段,项目进入最后一轮销售期。经过前阶段的销售,项目所剩余房源由于存在价格过高或位置较差的原因而不能顺利的在市场上进行消化。

本阶段通过宣传项目的附加值与SP活动对所剩房源进行消化,以达到顺利清盘的销售效果。

(二)各阶段营销思路

第一阶段:2004年3月~2004年4月27日　项目预热期

1. 推广说明

该阶段的推广方式根据时间的不同而有所侧重。

前阶段(2004年3月)以户外、报纸软文为主。采取舆论先行的原则,配合较大范围的形象宣传,全面建立开发商与项目良好的市场形象。

后阶段(2004年4月)以SP活动和大量的媒体硬广告引起社会关注度与强烈的视觉冲击,短时间内快速吸引眼球。在进行活动炒作,促进本项目的社会关注度的同时,运用报纸硬广告,突出产品的几大核心卖点。

整个预热期配以电台、网络和非常规媒体的立体广告宣传攻势,全面推广产品形象与主打卖点,促进产品在开盘时的第一次火爆销售。

2. 具体推广实施

(1) 广告计划

① 广告总体安排

广告总体安排表

媒　体	投放时间	投放内容	具体投放选择	备　注
报　纸	2004.3~2004.4	开发商、项目形象宣传、主打卖点宣传	江、浙两省主流媒体	高峰论坛活动期间将在上海投放报纸广告
电　台	2004.3~2004.4	项目形象宣传	江苏交通广播网	
网　络	2004.4	根据实际情况进行新闻、广告的发布与更新	南京房地产网	
车　身	2004.3~2005.3	项目形象宣传	33路、南金线、102路	每条线路2辆车,整车喷绘
大　牌	2004.2~2005.2	项目形象宣传	机场收费站西北侧	
高炮围墙	2004.3~2006.3	项目形象宣传	工地现场	
灯　箱	2004.3~2005.2	项目形象宣传	项目周边地区	
房地产地图	2004年房展会	项目形象宣传		

② 广告具体安排

a. 报纸广告。由于项目前期并未进行一定量有效的广告宣传,开发商与项目形象并未得到建立。所以在进行报纸广告的宣传时,必须首先进行新闻舆论炒作,使得形象首先得到市场认可,之后针对产品的宣传才是有效的宣传。本阶段的产品宣传重点在产品的主打卖点上,使得产品能够被消费者初步认知,并结合推广活动进行报纸广告的宣传,最大限度地宣传产品,使得内部预订的客户对产品充满信心,使得该部分客户较大限度地转化为签约客户。

b. 电台广告。电台广告的宣传目的在于使项目被广泛认知,是从"不知道"到"知道"的过程,并不能够从广告效果或销售结果上直接得到体现。但对于项目的整体市场认知度的提升具有较大的作用。

电台广告安排

播放电台	播放时间	播出内容	备注
江苏交通广播网	2004.3.1～2004.5.31	项目形象广告	

c. 网络广告。本项目为一商业项目,消费人群不同于一般住宅项目的消费人群,他们更会利用网络来获取相关信息。并且网络可以对信息及时更新,对于项目的情况可以快速有效地进行发布,使消费者全面了解项目。

网络广告安排

选择网络	开通时间	版面大小	发布内容	备注
南京房地产网	2004.3.15～2004.5.31	通栏广告	形象广告	配合开盘,首先开通1个月。是否继续开通视广告效果而定

d. 户外广告。户外广告对于开发商与项目形象的建立起着十分重要的作用,在项目销售前期有效选择户外媒体进行宣传,是有效建立项目形象的第一步。

e. 车身广告。

车身广告安排

车辆选择	整体方向	途经车站	备注
33路	南京火车站—雨花台	略	
南金线	南京火车站—金宝市场	略	2辆车整车喷绘
102路	箍桶巷—江宁开发区	略	

f. 大牌、高炮、围墙。

其他广告安排

发布形式	发布位置	发布时间	发布内容	备注
户外灯箱	天元东路至本项目	2004.2.29～2005.2.29		20个
户外大牌(20m×8m)	机场收费站西北侧	2004.2.20～2005.2.20	项目形象广告	
高炮、围墙	工地现场	2004.3.30～2006.3.20	项目形象广告	

g. 非常规媒体。与其他楼盘资料不同,楼盘地图的保存时间较长,选择在该媒体上进行宣传,有利于提升项目的整体形象。参加《现代快报》房展会,并且刊登项目形象广告,最大限度地提升房展会效果与楼盘形象。

非常规媒体安排

发布形式	发布时间	发布内容	备注
楼盘地图	现代快报房展会	项目形象宣传	

(2) 销售推广活动计划

① 活动目的

在开盘前期举行活动,均为项目进行前期的造势,使得项目具有广泛的社会知名度与美誉度,为开盘的销售奠定良好的市场基础,为开发商建立长期良好的品牌形象。

② 活动名称

长三角商业地产高峰论坛活动。

2004年4月15日~4月18日《现代快报》房展会参展活动。

③ 活动方案(略)

第二阶段:2004年4月28日~2004年6月 开盘强销期

1. 推广说明

4月底已领取预售许可证,本阶段进入推广的高峰期。此时的营销重点是针对产品进一步进行项目的卖点阐述,产生第二个营销爆点,力求将产品的大部分在该段时期内实现市场消化。

本阶段以报纸广告宣传为主,软硬结合;SP活动进行项目炒作,提高项目的整体知名度;另外加上电视宣传,提高项目的品牌形象,为后期第二次销售高峰的到来进行铺垫。

媒体投放在密度安排上形成一定的规律,平面报纸媒体的发布基本维持在每周1期,使受众对本项目的关注形成一种惯性,同时将投放重点集中在强势媒体,形成固定媒体、固定周期的有节奏的高频度冲击。此阶段的推广重点逐渐在宣传核心卖点的基础上进行卖点的深入分析,使消费者全面细致地了解产品。

为了在开盘后再次制造项目的销售热点,提高社会关注度,在开盘之后组织一次SP活动,掀起开盘强销期的强销热潮。

电视广告对于开发商与项目形象的提升作用是十分明显的,并且其"声图并行"的宣传效果对于项目的销售也起到了较大的作用。在开盘强销期进行电视广告宣传,对于销售进度与形象提升都有良好的作用。

在本阶段同样需要网络、楼盘地图广告等非常规媒体进行配合,全方位、大密度地进行宣传推广。

2. 具体推广实施

(1) 广告计划

① 广告总体安排

媒 体	投放时间	投放内容	具体投放选择	备 注
报纸广告	2004.5~2004.6	产品卖点深入阐述	江、浙两省主流媒体	
电视广告	2004.5	产品形象、产品卖点	南京十八频道《南京房产报道》	同时在《南京广播电视报》上发布
网络广告	2004.5~2004.6	项目动态报道	南京房地产网	与浙商网络链接
楼盘地图广告	2004.5	项目形象宣传	在南京房产局举办的房展会上发布	

② 广告具体安排

a. 报纸广告。本阶段的报纸广告以硬广告为主,配以少量的软文。宣传的重点为产品卖点的深入解析,在逐步深入产品的基础上阐述产品的投资价值,使得消费者对于产品具有十分深入的认识,直接促进销售。报纸广告同时配合 SP 活动进行宣传,使得 SP 活动的宣传效果达到最大化。对于报纸媒体的选择,要根据开盘前期的广告效果,再次对于江、浙两省报纸进行安排分布,实现广告效果的投入产出最大化。

b. 电视广告。以电视为媒介进行房地产广告的宣传对于开发商与项目形象的建立具有十分显著的效果。并且,电视在视、听方面的效果对于产品的宣传具有较为明显的作用,在建立形象的同时更可以直接促进销售。南京十八频道房地产专业栏目《南京房地产报道》播放时段较好,并且与《南京广播电视报》进行联动,性价比高。在该栏目进行浙商项目的广告片宣传,对于本项目的形象与销售都具有较大的意义。

投放媒体	投放时间	投放频道	投放内容	广告时间	备注
房地产专业栏目《南京广播电视报》	2004.5	南京电视台十八频道	浙商专题广告宣传片	45秒	南京电视台十八频道与《南京广播电视报》为一联动套餐

c. 网络广告。网络广告具有一定的长期性,其最为突出的优点是:可以将项目的动态及时、客观地发布;并且,消费者可以将有关信息及时进行反馈,在一定程度上为营销策划提供市场信息。由于浙商本身已经成功地建立了一个较为良好的企业网站,所以,十分有必要充分利用该资源,对浙商开发商与浙商项目进行全面宣传。

d. 楼盘地图广告。本次房展会由南京房产局举办,时间为 4 月 30 日~5 月 6 日。时值黄金周,到场人数较多,楼盘地图阅读率较高,在该地图上发布项目形象广告有利于扩大项目的宣传力度。

(2) SP 活动

发布形式	发布时间	发布内容	备注
楼盘地图广告	5月份房展会发放	项目形象广告	

① 活动说明

由于预售许可证的领取,本项目进入全面销售阶段。前期预热期积累的大量预订客户在本阶段转化为签约客户,所以,通过该阶段的活动提高实际销售率,提升销售利润。

② 活动名称

开盘活动。

旺铺拍卖活动。

③ 活动方案(略)

第三阶段:2004 年 7 月~2004 年 8 月　持续平稳期

1. 推广说明

经过前期大范围的广告宣传,项目与开发商的形象得到广泛的推广,并且部分单位实现了销售。

本阶段常规媒体的广告宣传力度适当减小,旨在保持市场关注度;非常规媒体的宣传可以广泛进行,为下阶段销售热潮的到来进行前期铺垫。

本阶段招商工作进一步落实。为配合招商的顺利进行,本阶段广告宣传的媒体进行一定的选择,充分采用非常规媒体的形式进行宣传。并且举行 SP 活动进行配合,使得招商工作得以顺利完成。

2. 具体推广实施

(1) 广告计划

① 广告总体安排

媒　体	投放时间	投放内容	具体投放选择	备　注
报纸广告	2004.7～2004.8	产品卖点,深入阐述推广活动宣传	江、浙两省主流媒体	
网络广告	2004.7～2004.8	项目动态报道	南京房地产网	
非常规媒体	2004.7～2004.8	产品形象、产品卖点	商业信函直邮浙江商会内部刊物广告	

② 广告具体安排

a. 报纸广告。本阶段的报纸广告频率降低,由以往的每周 1 篇调整为约每 10 天 1 篇。广告的诉求点为进一步阐述项目的卖点,以卖点突出其投资价值,吸引消费者的目光。报纸广告同样需要配合 SP 活动进行宣传,使得 SP 活动的宣传效果达到最大化。

b. 网络广告。网络广告继续投放,及时发布有关信息,并进行相关活动的网络直播。

投放媒体	投放时间	投放内容	备　注
南京房地产网	2004.7～2004.8	浙商项目相关新闻、动态	与浙商公司网站建立链接

c. 非常规媒体。本阶段的广告投入不大,应该充分利用非常规媒体,再次扩大产品的市场知名度,为下一轮大力度的宣传奠定基础。主要可以利用商业信函直邮与商会会刊两种非常规媒体。

(2) SP 活动

① 活动说明

由于处于房地产项目的淡季,本阶段活动的目的更多的是为了促进项目的实际销售,故活动范围较大,活动形式较为平缓但较为有效。

② 活动名称

房企联动理财方略。

二、三级市场联动。

③ 活动方案思路(略)

第四阶段:2004 年 9 月～2004 年 11 月中旬　二次强销期

1. 推广说明

经过了淡季的再次预热与市场铺垫,本阶段再次进入推广的高峰期。

本阶段,媒体推广再次掀起高潮,进入第三轮卖点的深入阐述,再次凸现产品的投资价值。

招商工作的顺利完成,使得产品拥有一个更为有力的卖点作为宣传推广的支撑,其附加值也得以提高。

房地产市场经过了淡季的"蛰伏",在9、10月份整体会通过房展会以及各自的宣传活动提高各自楼盘的宣传力度,为整体市场价格的提升提供了有利的大环境。在该阶段,本项目在追求销售速度的同时更可以拥有一个较大的利润空间。

本阶段房展会是本项目宣传的有利时机,但为了更好的促进销售,本项目必须在原来的市场铺垫下进行实质性的活动营销策略,使得项目达到预期的销售率。

2. 具体推广实施

(1) 广告计划

① 广告总体安排

媒 体	投放时间	投放内容	具体投放选择
报纸广告	2004.9～2004.11月中旬	产品卖点深入阐述	江、浙两省主流媒体
电视广告	2004.10	产品卖点、产品形象	南京房地产报道
网络广告	2004.9～2004.11月中旬	项目动态报道	南京房地产网
非常规媒体	2004.9～2004.11月中旬	产品形象、产品卖点	夹报

② 广告具体安排

a. 报纸广告。本阶段报纸广告宣传大体有3个方向:项目招商情况、项目卖点阐述、项目相关活动的宣传配合。上述3个方面的结合,使得本项目投资者对于本项目具有更大的信心,能够直接促进其购买。

b. 电视广告。进入第二轮销售旺季,电视广告更明显的作用为直接促进销售。在促进销售的同时巩固开发商与项目形象,为后期开发建立良好的市场品牌。

投放媒体	投放时间	具体投放栏目	备 注
电视广告	2004.10	南京房地产报道	

c. 网络广告。网络广告继续投放,及时发布有关信息,并进行相关活动的网络直播。

投放媒体	投放时间	投放内容	备 注
南京房地产网	2004.9～2004.11月中旬	浙商项目相关新闻、动态	与浙商公司网站建立链接

d. 非常规媒体。本阶段活动较多,非常规媒体宣传与活动相结合,直接促成销售。具体可以用夹报。夹报的宣传效果与所夹报纸的发行量、发行范围、夹报本身的质地等因素相关。针对本项目的购买人群,选择适宜的报纸夹带,其成本比报纸广告略高,但由于其突出的夹报质地与宣传位置,不会被忽略在众多的广告之中,从而拥有较好的广告效果。并且,制作精美的铜版纸,十分有利于开发商与项目形象的提升。本项目在广告效果最为突出的报纸媒体上进行夹带,如《现代快报》、《温州晚报》等。

(2) SP 活动

① 活动说明

本阶段 SP 活动的目的在于直接促进销售。在活动期间,进行价格上促销,为随后的提价进行前期铺垫。

② 活动名称

a. 秋季房展会。

b. 异地市场联动。通过异地宣传推广,使得异地投资者与经营者充分了解浙江商品城并拥有来宁实地考察浙江商品城的便利条件,实现浙江商品城的异地消化。

第五阶段:2004 年 11 月中旬~2005 年 1 月　持续销售期

1. 推广说明

本阶段的推广以项目的实际情况与宏观市场为基准。随着浙江商品城施工的进展,"准现房"的概念即将体现,经营前景与投资回报也随之实现。该阶段的宣传以报纸广告为主,配合项目的工程进度、市场整体时间节点,对浙江商品城进行宣传推广。同时,配合时间与相关事件举行直接促进销售的 SP 活动以直接达成销售。

2. 具体推广实施

(1) 广告计划

① 广告总体安排

媒　体	投放时间	投放内容	具体投放选择	备　注
报纸广告	2004.11~2005.1	产品卖点深入阐述	江、浙两省主流媒体	
网络广告	2004.11~2005.1	项目动态报道	南京房地产网	与浙商网络进行链接

② 广告具体安排

a. 报纸广告。项目进入第二轮销售平稳期,与前期相比,适当减少报纸广告的投放量与投放密度。广告投放内容与项目自身情况紧密结合。在本阶段,随着项目工程进度的不断深入,实实在在的"商品城"建筑体已具雏形;并且随着招商工作的不断落实,力争做到带租约进行销售,使得投资者对于项目的信心不断增强。由项目现存的特有优势,突出浙江商品城投资回报的可行性,并将该可行性通过广告向消费者进行诉求。

b. 网络广告。网络广告继续投放,及时发布有关信息,并进行相关活动的网络直播。

(2) SP 活动

① 活动名称

年末购旺铺,新年添财富。

② 活动说明

岁末为众多投资者收回以往一年内投资的时机,往往很少进行外向投资。所以,此时的商铺购买力较为平淡。

在该阶段,项目的大体建设情况与销售情况已经十分明显,项目的价格也随着项目日趋明显的优势与市场宏观发展有了很大提升。在该阶段的 SP 活动,是在保证销售利润的前提下提高项目的销售速度,尽快实现项目的资金回笼。

新年将要来临,结合这样一个时间契机,推出商铺的促销活动,提高项目的销售率。

第六阶段：2005年2月～2005年4月　项目清盘期

1. 推广说明

本阶段的广告推广以报纸为主，宣传内容着重于项目的现实升值度、清盘通知等，促使消费者产生尽快购买的心理，达成项目尾盘的成交。SP活动以实际的价格优惠为基点，实行变相降价的促销方式，将剩余房源进行市场消化，顺利实现清盘。

2. 具体推广实施

（1）报纸广告计划

项目进入清盘期，所有的广告宣传均以报纸广告的形式进行，实现项目的最后促销。

在本阶段，项目与开盘初期相比已经有了较大的升值空间。用广告的形式将产品的升值明显地表达出来，让购买者与未购买者都感到价值的存在，在产生口碑效应的同时带来新的投资者，促进新的成交。

清盘广告与促销广告的目的都是为了使消费者产生强烈的购买心理，在之前的升值广告的基础上进行清盘广告与促销广告，以达到实现销售的目的。

（2）SP活动

① 活动名称

买商铺，送保险——浙江商品城为您的投资担保。

② 活动说明

商铺投资存在着巨大的风险性，当开发商为消费者进行投资担保之后，消费者便会存在一定的心理依靠，对产品产生巨大的信赖度，从而产生购买愿望。并且，该阶段所剩余的商铺普遍存在着位置不佳与价格偏高的因素。针对这样的实际情况，在前期价格提升的基础上进行价格上的变相让利，促成该部分商铺最后销售的顺利完成。

第七章 房地产形象策划

第一节 房地产形象策划技术要点

房地产形象策划是指对楼盘的形象、命名、视觉、理念、行为等各子系统的规范与整合的过程,具体可以通过项目识别系统(CIS)来实施。

良好的形象是吸引顾客、扩大市场份额的保证。塑造和美化楼盘形象不是为了自我欣赏,而是为"悦己者容",即为目标客户而"美容"。为目标客户"美容",也不是给他们看,使他们产生好感,而是吸引他们产生购买决策和行动。企业只有不断吸引客户,才能扩大市场份额。

形象策划的目的是制造项目整体形象的差异性,使消费者对项目有一种一致的认同感和价值观,并赢得消费者的信赖和肯定,达到房地产营销的目的。

一、房地产形象策划的内容

(1) 房地产文化定位。
(2) 房地产形象定位。
(3) 楼盘命名策划。
(4) 楼盘形象设计。
(5) 楼盘形象包装。

二、房地产文化定位

梳理我国房地产业的竞争史,不难发现房地产竞争焦点的演变历程,20世纪80年代是地段、质量和价格的竞争,90年代是环境、服务和品牌的竞争,21世纪的竞争焦点已经转移到房地产文化上来了。

今天房地产的竞争,地段、资金、信息技术、新型建材和规模经济性等都将不再是突出的优势,而产品价格、环境、销售渠道等操作层面上的竞争优势也由于企业相互间的模仿和借鉴,使得借此建立起来的优势也越来越短暂。房地产企业之间的竞争深入到文化竞争,开发商一旦能成功地将楼盘赋予独特的文化内涵,则该项目将会具有长期的不可替代的竞争优势。

文化因素在顾客购房决策中越来越受到重视,在综合因素的多项指标中,文化因素的权重正越来越突出。随着人类物质文明的不断发展,人们从基本生理生活需求逐渐延伸为对文化艺术精神享受的追求。现代人买房,不仅仅追求居住物质环境,更追求居住文化氛围,追求生活的品位和内涵;现代人买房,是购买一种生活方式,更是购买一种人居文化。

(一) 房地产文化与定位

文化,基本上是由人们对世界的认知和反映这些认知的人类活动和人造物品所组成。

文化,从广义来说,是指人类社会历史实践过程中所创造的物质财富和精神财富的总和;从狭义来说,是指社会的意识形态,以及与之相适应的制度和组织机构;也泛指一般的知识。文化是一种历史现象,每一个社会形态、历史时段都有与之相适应的文化,并随着社会的发展而发展,同时也遵循着人类文明进步规律而不断地发展变迁。文化具有二元性:普遍性和独特性。就整个中国文化而言,从其构成看具有独特性,文化也就表现为民族的、区域的、城市的、集团的、社区的、组织的等等多种不同形态,不同风格;从其整体上看具有普遍性,任何一个民族、社区或区域,都有一种主流文化或者核心文化,称之为主流文化,其他的文化类型则称之为亚文化。

主流文化作为价值观念、审美情趣、宗教信仰、消费习惯、生活方式、道德规范以及具有历史传承性的人类行为模式的综合体,影响着每一个生活在该文化环境中的人的思维模式和行为特征。

亚文化就是由于社会中某些群体的社会地位不同、谋生手段不同、志趣差异、利益不同,形成了区别于整体文化的价值观、思维方式、生活情趣等文化观念。亚文化具有多样性和复杂性,由不同的阶层、年龄、职业、地域和兴趣等构成。亚文化通过它的特色、同一性、排他性等要求来影响群体的认知和行为,这些要求越强烈,亚文化的潜在影响力就越大。

1. 房地产文化的特征

(1) 房地产文化是一种科学与艺术、经验与技术相结合的高度综合性的文化。房地产文化内涵丰富,不单单是建筑本身的外观形象和建筑风格,如北京的四合院布局、上海的海派风格、安徽的徽派建筑、广东的岭南风情、青岛的晴天碧海红瓦白墙等富于地域特色的建筑文化;还包括社区空间的人居生活、社会交往等活动中所蕴含的文化品位、生活方式等人居文化。房地产文化源远流长,既源自博大精深的东、西方传统文化,也来自生机勃勃的现代新兴文化;既源自统治社会基调的主流文化,更来自富于民族风情、地域特色和群体特征的亚文化。

(2) 房地产文化是整个房地产经营开发的灵魂。优秀的房地产文化不但能形成持久的竞争优势,而且可作为对付模仿的最有效、最坚固的壁垒。它有利于产生独特性,而且文化中所包含的只可意会不可言传的因素,使竞争者难以模仿和复制。房地产文化贯穿于整个房地产开发的全过程,影响项目定位的科学性和准确性,并对楼盘的市场销售起着直接推动作用,也为未来优秀的社区文化形成和建设奠定良好的基础。

(3) 房地产文化丰富多彩,开发过程中的每一个环节都体现着文化。从项目选址、理念创意、规划设计、建筑施工、市场营销、物业管理等每一过程中都在综合应用和体现着文化因素。房地产文化既体现在社区名称、主体概念方面,也体现在社区空间规划、建筑风格设计方面;既体现在楼盘的广告策划、推广宣传方面,也体现在开发商的开发理念、目标使命方面;既体现在社区建筑风格、园林山水的物质空间布局与构建,更体现在社区生活方式、居住理念等精神生活的引导与创造。无论是景观房产、运动社区、智能住宅,还是"郊居运动"、"新都市主义"、"新自然主义"等,都是文化赋予楼盘社区以精神和灵性。可以说房地产业的每一个理念都离不开文化。

(4) 房地产文化为开发商提供文化沉积和品牌提升。成功的开发商可以利用文化独特的亲和力,把具有相同文化修养与文化追求的人聚集在一起并取得价值观的认同,从而达成有效的沟通,建立起与顾客的亲密关系。优秀的开发商通过倡导和塑造优秀的房地产文化,能够真正为顾客提供独特的附加利益、居住体验和生活价值,超越顾客的期望值和满意度,从而提高顾客的忠诚度和美誉度,也为开发商长期发展提供文化积淀和品牌提升。

2. 房地产文化定位

所谓的房地产文化定位,就是从楼盘项目本身出发,将投资理念、时代特征同目标顾客群文化价值观念完美地相融合,赋予房地产项目以富有魅力的文化生命,针对顾客的心智模式进行设计、沟通,从而使其在目标顾客的心目中确立一个独特的、有价值的位置,这就是房地产文化定位。

好的定位本身不是竞争优势,但可以形成竞争优势。个性化的文化定位一旦在顾客心智中确立,它往往是独立的、持久的。这就要求企业开发初始就一定要对房地产文化进行特色定位。房地产文化定位一定要区别于其他竞争者的文化定位,展现出具有旺盛的生命力和鲜明的个性特色。

定位的关键是在目标顾客的心智的相应坐标中,确立一个区别于竞争者的、独特的、鲜明的地位。文化定位是企业和顾客通过多种沟通渠道进行互动沟通的结果,最终反映为目标顾客对楼盘项目建立起的一个独特的、有价值的联想。文化定位并不仅仅是你对项目本身做些什么,而且还是你在目标顾客的心目中做些什么。

房地产文化定位贯穿于整个房地产开发的全过程,房地产文化定位可以是多个优势的优化组合,也可以是单项的优势强化。对开发商而言,成功的文化定位,既能改变楼盘项目原本不利条件的影响,也可以对项目起到画龙点睛的作用,形成独具魅力的卖点,还能带来轰动效应的销售奇迹。

房地产文化定位受开发商的文化底蕴和对房地产文化理解的影响。只有高品位的开发商,才能塑造高品位的房地产文化。同时文化定位也受到开发企业的使命目标、企业形象、内部实力和经营战略等因素的综合影响。文化定位必须与企业自身的使命目标、品牌形象相匹配。

3. 房地产文化定位的一般过程

(1)顾客在价值观念、思维方式、宗教信仰等方面具有不同的特征,这些特征将影响不同的房地产消费需求,企业首先必须通过详尽深入的区域文化调查,利用不同的文化特征作为细分变量,进行细分。此阶段更强调对区域文化的挖掘和提炼。

(2)企业根据自身的使命目标、竞争优势确定目标顾客群体,再通过顾客本能需求分析,更加透彻地研究目标顾客群体的生活方式、审美情趣、消费观念、思维方式等要素,从中提炼出最核心或最具个性特色的文化特征。

(3)企业再结合自身的企业形象、文化底蕴和竞争者的文化定位及其核心竞争力进行企业内部文化定位,使内部文化定位与目标顾客的文化理念完美融合。再根据顾客心智模式分析,利用各种传播媒体及沟通渠道,达成企业的文化定位与顾客产生强烈共鸣,从而在顾客心智中确立独特的、持久的定位。

在实际操作中,如果企业的文化定位不能在顾客中产生强烈共鸣,还需要进行多次定位反馈和再定位。

顾客本能需求分析,就是在对顾客生活方式、居住休闲娱乐等行为特征深刻洞察的基础上,对顾客文化观念、消费心理等做出描述,以指导房地产文化定位。顾客心智模式分析就是对顾客的社会心理、思维模式和信息过滤模式等进行分析,以了解他们作为文化定位的受众在接受信息时的特点,便于选择正确的宣传媒体和沟通策略。

从互动整合理论角度来讲,在房地产文化定位时,必须处理好企业内部定位和外部目标顾客心智模式中的定位关系,开发商应加强广告宣传与媒体沟通,以防止顾客认知与预期的错位和心理逆反现象的发生,最终为文化定位提供社会心理认同、行为理解、预期共鸣和行动支持的保障。

王志纲工作室的文化底蕴法则:工作室强调区域文化背景分析,在尊重传统市场调查方法和结论的基础上,更注重社会学式的感悟调查。注意捕捉特定的历史文化浸淫下所形成的区域文化个性、社会经济结构和消费心理偏好,重在把握社会运行的脉搏,脉象既明,即可将区域文化底蕴纳入项目理念开发及市场推广策略之中,可获得厚积薄发、石破天惊的效果。

(二) 两种基本的文化定位模型

根据房地产文化定位流程和文化提出方法的不同,可以分为两种基本的定位模型:传承型文化定位模型和创新型文化定位模型。

1. 传承型文化定位模型

企业从传统主流文化、地方区域亚文化出发,通过广泛缜密的文化调查分析来提炼区域亚文化特色和精髓,发掘目标顾客群体的核心价值取向、文化个性特色,然后加以整理和提炼,形成个性化的房地产文化,再通过包装策划和有效持续的传播沟通,达成顾客的认同和共鸣,最终付诸于消费行动。

广州星河湾项目开发商通过对中国传统居家、园林、山水等文化的全面理解、深刻洞察和精心提炼,提出"营造一个心情盛开的地方"、"打造中国房地产的劳斯莱斯"的文化定位,充分彰显星河湾项目的品位和格调,使得该楼盘在华南板块众多楼盘竞争中脱颖而出,是传承型房地产文化定位的经典杰作。实践证明,传承型文化定位模式产生的效果明显、直接,信息沟通成本较低,顾客能较顺利地接受这种文化导向。

2. 创新型文化定位模型

企业通过洞察社会经济发展的趋势,结合科学技术的发展与创新,充分挖掘顾客的潜在人居文化消费需求,对区域文化精髓进行提炼和升华,创造性地塑造出与目标顾客文化相融合的全新的、有魅力的房地产特色文化。然后企业将它物化到房地产的各个方面、各个环节,同时企业把它作为诱发因素,通过媒体强力宣传来影响和引导顾客的文化价值取向,开辟出房地产市场领域。在创新型文化定位的过程中,经常会有多次的定位反馈与修正,使其核心文化更加完善,更加具有说服力和吸引力,更能被目标顾客接受,为企业带来更大的价值增值潜力。

广州奥林匹克花园,针对现代人对健康和运动的需求,在国内史无前例地将高尔夫运动文化引入房地产文化,增加了项目的文化内涵和品位,在传统的房地产文化的基础上嫁接了健康生活的理念,提出"运动就在家门口"的宣传主题,并完美地将其塑造成魅力四射的生活方式、居住理念,从而使该项目建立起无法替代的竞争优势,创造出一个超越竞争的利润空间,形成"奥龙"行天下的雄壮气势。实践证明,由于创新型文化定位所塑造的房地产文化更具个性特色,更能满足顾客人居消费需求,因而更具诱惑力,为开发商所带来的回报更为丰厚。基于此,万通房产董事局主席冯仑先生发出了"住宅区的文化创新"的号召。

3. 两种基本的文化定位模型比较

传承型文化定位模型和创新型文化定位模型各具特色,在定位流程、预期利润、经营风险等方面存在的差异见表 7-1 所示。

表 7-1 传统型文化定位模型和创新型文化定位模型比较

定位模型	创新型文化定位模型	传承型文化定位模型
预期利润	远高于平均利润	稍高于平均利润
沟通成本	较高	较低
定位优势	显著、持久	直接、快速
反馈与修正	次数较多,过程多为双向	次数较少,过程多为单向
经营风险	较大	较小
企业创新能力要求	较高	较低

房地产行业是个需要创新的行业,创新的过程,其实就是对文化挖掘、提炼和创新的过程。挖掘和提炼当地房地产文化的关键还是创新,需要"以人为本",从顾客角度出发,对房地产文化进行适当提高的升华和适度超前的创新。创新要致力于提升顾客价值,为顾客创造新的文化价值,这是现代房地产开发的灵魂。文化创新的过程要注意创新与传承的关系,其基本判别标准就是看是否有助于顾客文化价值的提升。在城市旧城区改造时,更多的是关注对当地文化的保护、提炼和传承,此时传承型文化定位模型更适宜;在城郊大盘开发时,更多的是关注对区域文化的引入、升华和创新,此时创新型文化定位模型更适宜。

(三) 房地产文化定位要注意的事项

1. 文化定位是一个双向的、互动的过程

定位分为企业内部定位和在顾客心智中的定位两个步骤,两者之间一定要达成一致。定位过程中,必须要与顾客进行反复的沟通、交流,避免出现错位现象和仅停留在企业内部定位阶段。

2. 文化定位一定要和目标消费群体的文化相融合,真正做到从群众中来,到群众中去

定位要从顾客认知出发,以便让顾客切切实实地感觉到文化特色以及自己的利益,而不仅仅是企业自己认定的文化特色和利益。文化定位需要一定的前瞻性,不仅要迎合顾客的文化需求,还要引导顾客的文化需求。但也不能脱离现实,定位过高或定位太超前,只顾盲目追求新异,舍本逐末,最终形成"曲高和寡"的局面;也不能脱离企业的实际能力,使企业无法满足定位的要求,文化定位流于空谈。

3. 文化定位缺乏个性,毫无特色,流于平庸,根本不可能产生竞争优势

个性是无形因素,顾客接受它和认同它,竞争者知道它的存在,却难以成功模仿,这样的特色文化才能产生竞争优势。成功的定位一定要具有权威性、排他性、盈利性,能产生别的企业不能学、不敢学和学不会的效果。创造特色需要与众不同的勇气,需要精确把握顾客的文化需求和区域文化的精髓,更需要利用智慧进行创造性的活动。

4. 文化定位最忌讳缺乏实际内涵,空喊口号,炒作概念

如一味滥用"5A 级全智能型"、"经典、豪华、绝版"、"现代化、多功能"等词语,泛泛空谈什么欧美的生活方式,什么欧陆风情、美国风格等等,好像这些就是品位,但实际上那不过是

浅显的认识而已,这种认知的偏差是社会的错位,是文化的误解。

5. 现代房地产市场,呼唤具有雄厚文化底蕴和良好文化修养的开发商

塑造高品位的房地产文化,需要高品位的房地产开发商。优秀的开发商必须重视文化积累,传承文明精华,具备超前意识,富于创新精神,才能打造"刻在石头上的史书"传世之作,使自己的楼盘散发永恒的魅力。

(四) 房地产文化定位方法

1. 从楼盘品质定位

楼盘品质决定文化价值。低品质楼盘,消费群体多为农民、个体工商户、城市低收入者等相对低文化群落,应定位为"蓝领文化",多倡导讲礼仪、讲卫生、讲公共道德等城市生活的基本要求,这种文化价值的低层次性决定了它不可能给楼盘带来高的附加值。中品质楼盘,其消费群体构成十分复杂,也注定了他们的文化需求丰富多彩,在文化价值定位上可各不相同。至于定位为灰领、白领或金领文化,甚或什么时尚文化,这完全取决于开发商的综合素质、经营技巧等方面的能力了。只要定位得当,可以说文化价值最能增加中品质楼盘的附加值,这种楼盘价格差距最大(常常出现"银子卖成金子价"的现象),可能就是由其文化价值定位是否得当造成的。高品质楼盘,因其消费群体是由具有一些特殊身份的高收入者构成,只要从"身份尊贵,家财万贯"上做文章,文化价值在这种楼盘上的高附加值就会表现得淋漓尽致。

2. 从消费实力上定位

收入高低决定消费能力,虽然可以"用明天的钱享受今天的生活",但也只能以消费者明天的支付能力为限,开发商也非常清楚这一点。所以,"出门就乘车"、"把家安在车站旁"等广告语,其文化价值定位就是"工薪一族",这种楼盘要畅销只能是低价格或高品质低总价。如果广告语是"把家安在车轮上"或"让你永不经受塞车之苦",其文化价值定位就是"有车有房一族"或"白领金领阶层"。

3. 从文化层次上定位

物以类聚,人以群分。人们总是希望与自己身份、文化、兴趣爱好等方面基本一致的同类住在一起,以便于接触,甚或沟通交流。当你见到"书香门第,学院人家"、"重庆大学门前的家园"等广告语时,这个楼盘一定是为文化人量身定做的。

4. 从年龄结构定位

"三十而立,四十而不惑",这是古人对人在不同年龄阶段具有不同生活经验所下的结论。同样,目前选用"时尚男女"、"E性组合"等广告语的楼盘,一定是为年轻而有一定文化、追求时髦生活的青年人准备的。

5. 模糊定位

有的楼盘既可能是高档,也可能是中档,其消费者不管是从收入、年龄、身份、文化层次等方面都难以确切界定,但人们追求天人合一、自然生态的心理始终是一致的。因此,当你见到"居家新概念"、"满意生活每一天"等广告语时,一定是指中高档楼盘。

三、房地产项目形象定位

(一) 房地产项目形象定位的内涵

房地产项目形象定位亦指项目的品牌形象定位,形象定位是要在广告宣传中反复出现

的,是开发商极力强调和渲染的,也是消费者接受广告宣传后心目中留下的项目形象。它首先承担着表现产品、告之信息和塑造形象的功能,最后达到促进销售的目的。它是开发商要在消费者心目中塑造的东西,具有更多人文的或形而上的意味。

做项目形象定位也就是把项目本身最独特、最闪光、最富有诗意的东西提炼出来予以人文化,带给人很多美好的向往,让人依恋的不仅仅是房子,更深层次的是对生活环境、生活方式、生活韵味的憧憬和想象。

(二) 做好形象定位的前提

1. 充分了解开发商的开发过程及目标

通过交流充分了解开发商的开发过程及目标,留意其中的闪光点;寻求经济与文化、商业与艺术的有机结合以衍生品牌,营销全程塑造并不断强化开发商及项目本身的品牌,为企业持续发展提供后劲。

2. 把握市场动态

对市场动态的精准把握,有助于看清项目在市场坐标上的位置,强调市场引导,而非一味地迎合市场。

3. 把握片区状况

在市场调研和谙熟本土实况以及充分解读区域消费特征的基础上,因适应项目所在地区域特点。

4. 对项目充分研究透彻

寻找项目的唯一性、差异性和市场高度,扬长避短,抢占制高点,树立唯一性,用足项目优势,规避项目劣势,并以此确立项目独特的行业地位。

(三) 形象定位内容

形象定位内容主要包括对产品与客户的诉求。在对产品与客户的卖点罗列以后,要提炼出符合产品与客户特征的诉求,易于楼盘特点传播,引起目标客户的共鸣。

1. 项目形象主题

项目形象主题是在项目总主题下的具体化和深化,它是房地产项目形象的抽象化体现。在项目推广过程中,楼盘形象主题体现在标语口号、广告诉求语以及各项推广活动中。

2. 建筑立面形象定位

房地产项目在前期的设计策划和产品策划中,根据市场调研和目标客户群的定位已经对建筑立面的总体形象进行了定位,但这还不够,在进入营销策划时,还应根据楼盘在此时市场态势的情况下进行完善和补充,有时还要做一定的修改,使楼盘形象更加丰满和鲜明。这一方面是因为前期定位随着时间的推移市场会发生变化,另一方面更是为了丰富和提升楼盘的突出形象。

3. 市场推广形象定位

在市场推广过程中,售楼部的布置、户外广告的安排、样板房的格调、现场工地的包装、各种营销活动的展开等等,都要在项目形象定位的基础上给予体现。

4. 视觉识别形象定位

视觉识别是凭借形态、色彩、文字来构建形象的一种可视符号。当文字、形态、色彩等各种信号不断地作用于顾客的视觉时,会引起顾客的注意和激发顾客的心理需求。对视觉识别形象定位,要依据楼盘的形象定位思路进行具体实施。

(四) 房地产项目形象定位的切入点

1. 以地段的特征定位

衡量房地产项目是"地段,地段还是地段",如果项目的地段具备以下特征:拥有或邻近山湖林海河等自然资源,位于或邻近城市中心、地标,某个著名建筑物、公建,公认的高尚片区和特定功能的片区、城市地标,通常运用组合定位,即以地段特征作为形象定位语之重要组成部分,把项目的地段特征在形象定位中突出和强化出来,这是最常用的定位切入点。

例如靠近梅林关的"假日·托乐嘉",其形象定位语为"梅林关口·美式街区生活",直接把梅林关口作为组合定位之一。

深圳的别墅项目"圣·丽斯"是二线拓展区第一个亮相的豪宅项目,由于担心大多数人不清楚它的位置,其在定位中极力宣传"香蜜湖上游",本来用意是定义地段,借香蜜湖公认的豪宅片区的优势,但由于距离较远,过于牵强,没有得到客户的认可。因此,定位中的地段借势还要注意顺理成章,不能强求。

2. 通过产品特征或顾客利益点定位

应用较多的定位战略还有直接以最鲜明的产品特征或顾客利益点来定位。这种方式简单明了,利于记忆,例如布吉"大世纪花园3期"直接宣传"半围合式双庭院"。

但这种方式也有不足,描述产品特征的语言通常缺乏诗意,只承担了传递信息的功能。要注意把握的是:这种产品特征是否真正具备公认的稀缺性和足够的震撼力、吸引力,否则不能承载树立项目形象的功能。

在某些房地产项目上,产品定位和形象定位是可以合为一体的,例如"鸿景翠峰",其定位语为"罗湖·梧桐山·纯粹大宅",以地段和产品(纯大户型)为形象定位。

3. 以规划或产品的首创和创新点定位

房地产市场经过十多年的发展,市场更加成熟,竞争更加激烈,特别是在产品的均好性方面各项目之间很难拉开很大差距,因此开发商多通过产品的创新来提高性价比,提升价值,因此可以通过一个引领性或首创性的形象定位来吸引市场的关注,提升项目形象。

4. 以项目的目标客户定位

这种定位方法是将产品与使用者或某一类使用者联系起来,希望通过名人或特定阶层与产品联系起来,并能通过他们的特征和形象来影响产品形象。

例如,原丰泽湖山庄被星河地产收购后改名为"星河丹堤",产品以 Townhouse 为主,其形象定位语为"银湖山·城市别墅·CEO 官邸",直接在定位中界定了其目标客户为 CEO 阶层。

5. 以文化象征定位

在当前的形象定位中,比较常见而且比较容易的做法是移植、套用、打造各种有代表性的异域风情,如欧式风格、北美风格、地中海风情,或高举中式风情的大旗,项目用文化象征来差别化他们的项目形象,试图以文化统领,树立一种成功的标识、一种全新的生活方式、一种独特的难以替代的情调和价值。

例如,深圳中式风情项目的开创先锋——龙华"锦绣江南",定位为"40 万 m^2 的江南风情社区",高举弘扬民族风情的旗帜,感动了无数消费者埋藏在心底的中国情结,销售取得巨大成功,从此江南风传遍大江南北。

6. 以一种生活方式定位

德国哲学家海德格尔说:"人,诗意地居住。"房地产项目形象定位不仅仅是华丽辞藻的堆砌,语句形式的诗化,更在于营造提升一种诗意的生活方式和人生境界,以拨动客户的心弦,捕捉人们心灵中某种深层的心理体验。它体现的不能仅仅是房子,它是对家的眷恋,是对物质更是对精神家园的皈依,它是人类追求的永恒主题之一。房地产项目形象要打动人心,打造推出诗意的生活方式,更能诠释人们情感、精神、个性的寄托和张扬。

中海阳光棕榈园的形象定位为"都市闲情+地中海生活情景",以"日子缓缓,生活散散"的主推广语形象地勾勒出其宣扬的浪漫闲散的生活方式,在 2001 年开盘时创造了客户八天七夜排队抢购的热潮,受到深圳白领阶层的热烈追捧,获得"中国名盘"的称号。

深圳最早的南山大盘 80 万 m^2 的"星海名城",由于规模大、配套功能齐全而定位为"一站式生活",也是同样的定位方式。

7. 以行业或片区的引领者定位

如果项目在规模、品质、开发时间等方面有第一、引领或综合优势领先的特质,可以引领者的定位出现,气势磅礴,先声夺人,一亮相就可以引起市场的强烈关注。

备受瞩目的香蜜湖"9 万 3"拍卖地块,以简单大气的文字"香蜜湖 1 号"定位亮相,其领先、稀缺、高品质的风情以王者的气质散发出来。

龙华 42 万 m^2 的金地梅陇镇,由于龙华的经济战略地位提升、区域前景不可限量的优势,以颇具气势的"代言城市未来"的姿态亮相,区域发展前景的巨大空间以及项目的高品质创新的形象,得到特区内外白领阶层的高度认可。

8. 优势组合定位

有时项目具有众多优势的时候也采用优势组合定位法,提取一般不超过 3 个的强势卖点组合出来,反复宣传,以使项目的优势深入人心。例如"布吉中心花园",其形象定位为"中心区·地铁口·双广场·先锋社区"。

但是优势组合定位法需要注意的是:一是除非项目的几个优势都非常明显,并且在重要性上是并列的、无法取舍,否则不建议采用这种方法,优势太多,反而不利于传播和记忆;二是注意几个优势之间的连贯性和统一性,如果语义相差太大,很不和谐,那么这种组合也是失败的。

(五)房地产项目形象定位要把握的原则

项目形象定位具体采用哪种方法要根据项目的特点决定,以上 8 种是较为常用的方法。房地产形象定位是一个项目的核心和浓缩,也是项目总体营销策略中的基点,同时形象又是建立在项目的品质基础之上,在很大程度上说,房地产形象定位是以产品为本体、以人文为灵魂来指导营销推广的进行。

房地产项目形象定位也是一种聚焦,通过高度的提炼和概括,将项目特点和优势聚焦成市场和客户关注的热点,引起客户的兴趣和好感,激发和创造需求,促发购买动机。客户关注的热点从本质上来说是顾客的利益所在。美国广告学家丹·舒尔兹说过:"没有人真正想要一只锥子,他们所真正想要的是锥子所锥的洞。"因而从某种意义上说,此问题所问的是:"我们的形象定位中是要体现这些锥子或是这些洞?"这里所说的"洞"即是顾客的利益所在。

项目的定位体现给予顾客利益的承诺,有时是直接表现,有时是间接隐含。例如深圳有个项目叫"桦润馨居",其形象定位语为"繁华宁静·一居两得"。繁华宁静是项目的地段特征总结,在组合定位中的第二句中又做了进一步延伸——一居两得,这个兼得性就是项目的性价比优势,就是客户利益点。

做项目的形象定位,一定要深入挖掘项目的特点和优势对于消费者来说其中深层的意义,找到投射在消费者心中的情感感应点,用感性的语言把感觉具体化、提纯,越纯越有震撼力。我们常说"客户决定形象、决定主题",因此,对于你要感动的对象,项目形象定位一定要注意把握述说的角度,不是讲"我是什么",而是讲"我在目标消费群心目中应该是什么",这一点很重要。

(六) 房地产形象定位要求与方法

1. 形象定位要求

房地产项目形象定位关注的不仅仅是房子,而是要以人文关怀的目光去发现"家的感觉",发现"心灵的港湾",发现迷人的风土人情和历史足音,发现全新的更有价值的生活方式。因此,形象定位还要符合以下要求:

(1) 形象定位要善于进行第二次创造。房地产项目形象定位并不是建筑实体简要的说明,它实际上是继建筑师后对楼盘的二度创造,就像歌唱家拿到歌谱去演唱一样。楼盘进行形象定位后能增加楼盘的附加值和无形资产,能发掘和引导一种市场需求、一种消费观念、一种时尚潮流、一种社会文化乃至提升人的生存境界。所有这些都要充满科学思维和艺术心灵。一个好的形象定位是一个项目的灵魂,它能够张扬建筑人本主义,构筑人居精神属性,缔造家园对人生的价值。

(2) 形象定位要赋予项目的审美愉悦。房地产项目形象定位也应是像诗一样富有审美愉悦。诗意性不仅仅是华丽辞藻、语句形式的诗化,而是艺术和人生的理想境界。项目形象的诗意性在于营造提升一种诗意的人生境界,以拨动顾客的心弦。人类在不断追求新生活的同时,始终存有一种原始而温馨的情愫——对家的眷念,它本质上是诗意的。房地产项目形象要打动客户,它体现的不能仅仅是房子,而是要营造一个家的氛围和情调。家虽为人的栖身之地,但更是人们情感、精神、个性的寄托和张扬。项目形象定位是简单描述一栋建筑物效用还是描述一种家的感觉,这是形象定位上乘和平庸的分野之一。

(3) 形象定位要在项目中体现人文关怀。房地产项目形象定位应该体现人文关怀,对居住商品来说更是如此。特别是当今社会,人们往往被"文明病"所缠绕,快节奏、超负荷、拥挤嘈杂的生存环境对人产生了太多的紧张、压力和疲惫。项目形象定位与改善人的生存境遇深层次的问题联系起来,倡导一种人文关怀,突出楼盘给予居住者的归宿感,其楼盘必定赢得顾客的爱戴。

(4) 形象定位要使项目传承历史内涵。为一个新楼盘进行形象定位,它不仅应告诉顾客楼盘当时的意义和将来的意义,也应该赋予楼盘过去的历史,告诉人文历史的永恒。如北京老城区的项目,项目定位可以从人们的怀旧情结引申楼盘区域的人文历史。富有历史人文色彩的形象定位可以有效地接近与消费者的距离,引起他们的共鸣。

(5) 形象定位要强调项目的品位价值感。所谓"品"即品质、品级、品味、品位。上等的品质、卓越的品级、优越的品位、隽永的品味,对人的需求都散发着无穷的艺术魅力。所以品位价值感在项目所定位的形象中是一个非常重要的因素。

(6) 形象定位要注意项目特点和优势的聚焦。放大镜在太阳下能将阳光聚焦成焦点,产生很高的温度。房地产项目形象定位也是一种聚焦,通过高度的提炼和概括,将楼盘的各种优点聚焦成顾客关注的热点,引起顾客的兴趣和好感,激发和创造需求,说服顾客改变和建立消费观念,促发购买动机。

项目的卖点是给予顾客利益的承诺,有些是直接表现,有些是间接隐含。如房型经济舒适的卖点是显性利益,企业实力信誉的卖点是隐性利益。此外,项目形象定位中体现的是给予顾客利益物质和精神的统一。

2. 形象定位方法

项目形象定位的方法一般采用头脑风暴法进行。头脑风暴法是一种通过会议的形式,让所有参与者在自由愉快、畅所欲言的气氛中自由地交换想法或点子,并以此激发与会者的创意及灵感以产生更多创意的方法。具体到项目形象定位来说,就是通过集体开会进行创意,集思广益,确定楼盘在产品市场与目标客户市场中的差异性价值地位。

四、楼盘命名策划

(一) 楼盘命名的重要性

1. 市场核心定位的反映

随着策划机构的介入,房地产开发日趋规范,在楼盘的市场定位完成以后,楼盘命名就是市场核心定位的反映。楼盘名称或文化底蕴深厚,或意味深长,或灌输新居住理念,或反映地域特征,或展示品牌形象,或诉说亲情温馨,总之与楼盘定位紧密相关。

2. 市场的第一驱动力

楼盘名称是面向市场的第一诉求。一个极具亲和力、给人以审美愉悦的楼盘名称可让客户产生第一印象,并会强化置业者的第一印象,虽然未必起决定性的作用,但富有内涵的案名至少可吸引目标客户对楼盘本身的关注,以至于引发到现场看房的欲望。成功的案名使全程策划与营销战略事半功倍。

3. 给置业者的心理暗示

案名的第一印象贯穿于房地产营销的始终,甚至在整个看房、选房、签约的过程中都发挥着潜移默化的作用,它的功能性、标识性、亲和力都会给顾客以强烈的心理暗示与鼓动。

4. 开发商给置业者的承诺

楼盘名称实际上是开发商为自己楼盘向置业者的公开承诺,开发商既要使楼盘属性、功能与楼盘名称相一致,又要保证名实相符——案名引发置业者美丽的憧憬与楼盘的现实存在相一致。

5. 楼盘市场品牌的昭示

好的楼盘名称有横空出世与非同反响之感,当它获得置业者的喜爱和认同时就可以起到促进销售的效果,甚至可以成为品牌,这对于大型住宅区分期开发楼盘的后期销售至关重要,意义重大。

(二) 楼盘命名的原则

给楼盘命名,虽然尽可由策划人员依据本案的地理位置、周边环境、楼盘特色、总体规划、风格品位、历史脉络、风土人情等自由创意发挥,但要起一个寓意贴切、涵盖深邃、美丽诱人的好名字却很难,需要专家反复构思酝酿。楼盘命名要注意以下几点:

1. 楼盘命名要敢于打破惯例,富有创意,不落俗套

尽量避免使用"花园"、"公寓"、"广场"、"中心"等共用名词或地名或街区名为楼盘名

（特殊情况除外），这些词既俗又容易雷同，而且不容易起出富有特色的名字来。

2. 楼盘命名要富有时代气息

除非楼盘定位情况特殊，一般尽量少用或不用大众不熟知的字，如"邸"、"第"、"台"等。这些后缀虽然深邃美丽古老而悠久，承载着厚重的历史与文化，但缺乏时代气息，给人的心理暗示是灰暗、封闭和缺少阳光的感觉，大型住宅区尤不适宜采用。

近来楼盘命名多以"村"、"庄"、"阁"、"轩"等为后缀。这些后缀文化品位较高，虽然同样古老，但没有腐朽气而有神秘飘逸感，如"村"给人以群体归属感，"庄"给人以回归自然颐养天年感。但"村"、"庄"适宜大型住宅区，而"阁"、"轩"适宜于组团命名或独立、小型楼盘。

3. 楼盘名称标识性强，个性突出，要具有较强的人情味和感染力

楼盘名称在字面上、寓意上要有温馨感和亲和力，暗喻物业风格。最好有一定的文化含量，蕴含中外历史文化积淀的楼盘名称最为上乘。还要体现楼盘的差异性及与众不同，同时还要与市场形象定位相吻合。如命名时强调楼盘的地理位址，可起"红旗家园"；强调人文，可起"汉唐龙脉"、"卧龙山庄"、"寒舍"；强调环境，可起"碧海云天"；强调品牌，可起"信恒花园"等。如楼盘定位命名，可起"寿星颐城"（功能定位）、"欧洲经典"（风格定位）、"钻石王朝"（高收入阶层定位）、"万家灯火"（普通收入阶层定位）等。如是高收入阶层的公寓或别墅，可以贵族帝王、各地名胜式命名；如是廉价的平民化住宅和经济适用住房，可以福禄寿吉传统式或温馨亲切式命名；如是收入中等以上阶层要求提升居住质量的高尚住宅，可以山水风光式命名；如是文化层次较高的职业者住宅，可以亭台楼阁古典式命名。以"阁"、"轩"命名的多为单幢多层、小高层建筑；以"大厦"、"中心"命名的多为商务或商住单幢或双体高层、超高层建筑；以"公寓"命名的多为商住单幢多层、高层建筑；以"苑"、"园"命名的多为普通住宅；以"庐"、"第"、"邸"命名的多为高级住宅等。

4. 楼盘命名要名实相符，如再有地域特色，则楼盘就更加有吸引力

地域特色有两个方面，一是本地文化，二是异域文化。本地文化有较强的认知性、亲和力和人情味，但往往落伍和缺乏新意，不能满足部分人对外界文化的自然追求心理。异域文化新颖、时尚、感染力强，但又易于画虎类犬，脱离地域特点，容易造成名实不符。以"望海豪阁"为例，名称很港台化，但此名最适合于沿海城市的富裕地区，如果内陆地区用此名就会让人感觉名实不符，还会让人笑话，且不说无海可望，经济收入也"豪"不起来。普通住宅不能命名为"××都市"，经济适用住房不能命名为"××豪轩"，如果这样命名，会让目标客户望而生畏，也会让高收入阶层认为是"挂羊头卖狗肉"，不伦不类。如是别墅，本是成功人士居住的地方，是社会经济地位的象征，楼盘命名就要高贵显赫，让居住者感到荣耀和骄傲，如命名为"××花园"、"××人家"，就不能满足成功者被周边尊重、被社会承认的心理需求。如铺块草坪起名"绿洲"，挖坑灌水起名"湖光"，开渠堆石起名"山水"等等，这种名实不符的楼盘不仅在置业者心目中造成极大的期望落差，还会使开发商在市场上丧失信誉度与号召力，直接影响营销效果。

5. 楼盘名称要好念、好听、好记、好写、好看，还要从义、音、形上进行综合审视

义，就是寓意深邃，令人遐想，没有歧义；音，就是平仄适当，读不拗口，有利传播（如"金园新苑"就读起来拗口，这类名字不能起）；形，就是楷、草皆宜，方正适宜，大小清晰，搭配美观。

(三) 楼盘品牌命名与市场推广

一个好的品牌,是企业最宝贵的无形资产,也是企业取之不尽用之不竭的财富源泉。楼盘命名主要有3个目的:一是标志身份,证明自己的楼盘品牌与其他的楼盘品牌不一样;二是追求传播效果,借以扩大企业的知名度;三是讲求市场效应,使楼盘尽早销售出去,最终达到营销成功回笼资金的目的。假如楼盘的品牌名称起得不好或与其他楼盘名称类同,就会给自己楼盘品牌传播设置障碍,给企业塑造形象增加困难或起到反面作用,对自己的营销和企业发展十分不利。所以,一个好的楼盘品牌名称非常重要。

要策划出一个好的楼盘品牌,必须考虑以下几个方面:

1. 行业性质

所谓行业性质,就是什么行业策划什么样的品牌,但要适应时代,适应消费者的需求心态。

2. 市场定位

所谓市场定位,就是楼房给谁盖的?卖给谁?你要使自己的房子在购房者心目中形成独一无二的形象,并且在购房时第一首选的就是自己的楼盘。因此,在给楼盘品牌命名市场定位时,必须针对目标市场直指最终客户,而且越准确越直接效果越好。如北京的"阳光100"的品牌命名,目标定位在阳光灿烂,给人以阳光充足、明亮的感觉。

3. 创新概念

楼盘的品牌命名创新是非常重要的。创新才能发展,再造新概念才有生命力。所以,在给楼盘品牌命名时要不断创新概念。如某市的一个江北楼盘,命名为"江北名星"。"名星"就是再造新词汇,是再创新概念,这样能引起人们的格外关注,会把目标客户吸引过来。

4. 太极思维与建筑风格

楼盘的品牌名称,不单纯是为一个楼盘起一个好名那么简单,而且还要求这个名称承载着太极思维、建筑的时代和风格、艺术魅力等。周易的太极思维及五行平衡是万事万物的基点,在给楼盘命名时必须加以运用,五行的金木水火土理论要符合开发商的五行喜忌。融入汉字的音律、意蕴、字形及VI视觉形象,综合酝酿创意出一个别具一格、易于识别、易于传播、利于营销的好的增值的房地产品牌。例如北京的"欧陆经典"、"罗马花园"就记载着欧陆及意大利的风格及艺术魅力。又如北京一楼盘取名"花市枣苑",它是以一棵800年的酸枣树王为底蕴凝聚东方神韵,设计出超级司南雕塑、神木、五行金木水火土的围棋盘广场,上古图腾柱以河图布局,"春夏秋冬"四季,以及禅、道、儒的词汇融入,创造出不同凡响的现代风格,是一种东方神韵的风格提炼。

5. 人文地理及文化的附加值

楼盘的品牌命名还要考虑其地理位置,如其所在位置优越,有文化古迹,那么就不要浪费资源,挖掘其所处地域的人文地理及文化内涵的附加值。如地处北京雍和宫可以叫雍和轩,地处圆明园可以叫圆明园花园等。但不一定都借人文地理的优势命名,要酌情而定。

6. 国际正名一统化

中国已加入WTO,楼盘的外销将逐渐增加。所以,在给楼盘命名时,一定要考虑中英文对译,让楼盘名称既有中文内涵又有英文意义,使楼盘或公寓、写字楼国际化。如北京丰联广场的命名:full—link,丰联音意相谐,这就符合了国际正名一统化。

7. 创立品牌

就产品价值而言，房产无疑是高档商品。因此，这种购买行为肯定会比其他购买行为更慎重和理性。除了对房产的价格、地理位置、周边环境、小区建设、房屋结构、交通状况等等诸多因素进行认真、细致的综合考察以外，还会对楼盘的开发商、物业管理做一番充分的了解和比较。这是对品牌的一种信任度，与品牌企业进行交易，消费者会感觉放心一些，风险相对小一些，也就是消费者认为上当受骗的可能性小一些。这就是企业的品牌。品牌是企业文化、综合实力、经营模式、市场形象等综合因素通过长期的市场行为在消费者心里形成的认同形象。既然品牌的作用如此重要，那么为什么多数开发商在进行楼盘的策划活动时往往在不知不觉中把它给忽略了呢？你可以随便找一个刚从房交会出来的人，问一问都有哪些开发商参展？肯定答不出来几个。拿着楼盘地图，随便指一个楼盘名问问开发商是谁，恐怕也有不少人答不出来。即便是业内人士，能报出其他开发商楼盘的人也不多。这就是开发商忽略了主动建立品牌形象的重要性和时机。除了长城等有限的几家开发企业在楼盘名称前加上本企业名称外，更多的开发商只是醉心于怎样给楼盘冠以一个动听、美丽的名字，而把企业的品牌建设早已抛到了九霄云外。楼盘的命名五花八门，而且每次命名都各自为政，缺乏系统性和连续性。不能将同一企业的几个不同产品联系在一起树立统一的品牌形象，不能使消费者产生统一的认知和必要的联想，更无法把企业的产品或楼盘与企业的品牌有机地联系在一起，这对企业的品牌建立和提升是非常不利的。更为重要的是企业产品的销售不能充分利用和最大限度地借助企业品牌的威力，在无形之中提高了营销成本。众所周知，品牌的第一要素就是知名度，其次才是美誉度和诚信度。没有知名度，企业的销售会怎样，大家可想而知。纵观所有商品，无一不标有生产企业名号，在产品上、说明书上、产品包装上都能找到生产企业的名号（假冒伪劣商品除外）。在汽车行业尤为突出，连普通人都知道奔驰、奥迪等品牌。就是说人们首先认同的是"奔驰"、"奥迪"的品牌，进而才是对某一款式的钟情。楼盘也是商品，为什么不能从楼盘名称上就可以直观地认识开发商呢？为什么企业品牌的影响力不能在产品名称上得到充分的体现，从而达到提升企业品牌的目的呢？是开发商的实力不足以产生如此影响力，还是房地产业特有的营销模式不可以达到这样的境地？答案是否定的。"长城"在楼市消费者中巨大的影响力和号召力是业界人士有目共睹的不争事实；"奥林匹克"花园营销模式的成功也是一个有力的证明。如果不是由于品牌含金量包含着巨大的无形资产，就不会有如此的成功。

随着交通工具的大量普及，房子的无差异化进程加快，也会加大品牌、服务等软件产品的竞争程度，企业品牌的建立和快速提升将显得越来越重要。如何将企业品牌的建立与产品或楼盘的推广活动有机地结合起来，加强企业品牌形象的建立和提升，真正得到相得益彰的效果，从而使房地产营销策划走上良性的发展轨道，是今后的研究课题，有待于业内人士在工作实践中探索和总结。

8. 楼盘命名是房地产竞争的开始

常言道，"人的名，树的影"。随便走进一个房交会，或者打开一张楼盘地图，购房者犹如踏进了一个迷宫，千奇百怪的楼盘名称让人眼花缭乱，一看便知楼盘的策划者当初也一定是绞尽脑汁、煞费苦心、翻烂了辞典才取出这些名称的。好在中华传统文化博大精深，文字也是世界上最多的国家，楼盘命名可以不断花样翻新，决不会有山穷水尽的时候。更何况自己实在起不出好名时，还可以请专业策划公司或起名公司。这种心情可以理解，这些举措也无可厚非,无外乎是想取个好名图个吉利。更深一层的含义就是想用一个美妙的名字确定楼盘的文化定位,或暗示和传达楼盘卖点,使楼盘尽快销售出去。随着市场竞争与房地产开发的规范化,楼盘名称已从最初的一般标识符号逐渐演变成整体营销战略的重要组成部分,是市场竞争的序幕。因此,楼盘名称受到房地产开发商的高度重视,不惜重金、不远万里求取一个好名。好名也确实给开发商带来了良好的经济效益。中华文化源远流长,博大精深,为起好名创造了条件,会使每个名字绚丽多彩,昭显着房地产市场的繁荣与旺盛。

9. 楼盘命名的神话

在深圳曾有过一个好的命名救活一个楼盘的神话。深圳大学附近有一个楼盘,盘量不大,地理位置也不是很好,总之,没有什么太多的特色,再加上命名定位也不准确,取了个什么"轩"之类的名字,结果楼盘销售业绩平平,于是求救于某著名的策划公司。策划者分析了楼盘的各种综合因素,找到了楼盘的"卖点"——深圳大学。根据消费者心理分析:居住在著名的学府旁边,终日耳濡目染学术气息,对孩子的成长十分有利,于是给楼盘取名为"学府××",同时在策划推广活动中刻意突出深圳大学,有意让楼盘与深圳大学联系在一起,把与学府共同生活、感受浓厚的学术氛围的观念传递给消费者,于是该楼盘成为热销楼盘,很快一销而空。

(四) 楼盘命名的分类

不同城市对楼盘命名的倾向不同,创意也不同,在创意性楼盘名称中,北京最新颖,上海最富意境,其他城市的一些楼盘命名也相当不俗,也有非常深厚的文化底蕴。

详细分析有如下特征:一是楼盘以街区、小区命名的后缀,已逐步被花园、苑、园等有特征意义的后缀所取代;二是随着开发商对楼盘命名重要性的认识提高,已逐步认可策划公司根据楼盘定位所起的各种富有创意的命名;三是楼盘命名已成为置业者认知开发商的信誉、形象、品牌等的标识。可以预测,富有创意、个性化的楼盘名称将逐步成为未来楼盘命名的主流;楼盘名称将在房地产策划案中占有重要位置,并成为营销策划的重要手段。纵观楼盘名称,大致可以划分为以下几种:

1. 贵族帝王式

这种楼盘的建筑风格多为欧陆式且配置豪华,强调居住者的社会地位,对大多数置业者来说有拒人于千里之外的感觉,而其面对的是高收入阶层的置业者。楼盘名称中含有帝、皇、王、御、龙、豪、雍、世家、国际等字眼。如帝景名苑、钻石王朝、聚龙阁、贵龙苑、御景园、紫金名门、悦海豪庭、上海豪园、国际金融家、豪隆世家、欧洲世家、尚峰国际等。

2. 楼台庭阁式

这种命名的楼盘建筑风格古朴、凝重,符合现代人历史回顾与叶落归根的情结,案名将历史的厚重与时代的朝气融合在一起,彰显出一股向上的生命力。

楼盘名称中含有阁、庭、园、台、轩、楼、居、坊、庄、邸、第、庐、院、堡、峰等字眼。如丽都名邸、绿水康庭、云间水庄、绿茵高第、怡翠山庄、丽人庄园、流花雅轩、东林外庐、江南庭院、联丰红楼、艺术传家堡、绿地名人坊、陶然居、叠翠台、群贤庄、绿雅阁、逸晴轩、帝廷峰、上河村等。

3. 山水风光式

这种命名强调楼盘的建筑景观,具有很高的格调与品位,对置业者返璞归真、向往宁静、回归自然的心理有强烈的暗示作用,营造诗情画意的居家环境,构筑可居可游的世外桃源。

楼盘建筑风格典雅、简练,有极富人性化的社区景观。这种楼盘面对不同层次的置业者,从中低收入到中高收入阶层。经济适用房、康居工程房多用这种方式命名。但随着居住理念的提高,一些高尚性社区也开始采用花草山水组合式命名,用以提升楼盘的市场形象。楼盘名称中含有天、山、水、月、星、湾、洲等字眼。如碧海云天、河滨围城、水榭花都、江南春晓、海景山庄、绿洲长岛、云顶别墅、水岸豪庭、金色港湾、蔚蓝海岸、丛林绿洲、阳明星河、东方星座、曲径流泉、紫竹蔽日、四季花城、东方花都、海棠晓月、紫竹花园、青云林海、菊园盛景、好世樱园、合欢如意、银杏四季、柳荫家园、枫叶绿洲、阳光百合、柳燕归家、华夏金桂苑、阳光棕榈园、九溪玫瑰园、景观360、碧波楼、湖光苑、翠景园、莲花山、夕照园、紫荆园、晨曦园、荷柳园、映月园、芳草园、百花园、紫荆园、春晓园、荔林苑、怡海楼、桂花村、榕枫苑、森林湾等。

4. 欧美名胜式

楼盘名称中含有欧美著名风景区、度假区或街道名。如新加坡花园、东方巴黎、东方夏威夷、加勒比海公寓、东方曼哈顿、莱茵花园、金色维也纳、阳光爱琴海、阳光西班牙、北美经典、剑桥景苑、香榭丽花园、凯旋门广场、新泽西庄园、大西洋新城、温莎别墅、普罗旺斯等。

5. 福禄寿祥式

这种楼盘建筑风格简约,承载着国人的传统向往,多福厚禄、吉祥如意、丰庆有余、健康长寿的风水文化与彰显富贵心理,与居住者潜意识中的发财、富贵思想相吻合,通常面对的是中低收入阶层的置业者。楼盘名称中含有福、富、禄、金、祥、发、瑞、泰等字。如富盈门、福安花园、定福园、金玉良苑、融鑫园、华锦园、金祥花园、鹏程家园、吉祥如意、颐景园、盛发花园、鸿瑞花园、淘金家园等。

6. 温馨亲切式

面对中等收入阶层的置业者,楼盘名称要有亲切感和亲和力,强调温馨的社区文化及人与人之间的和谐与互助。如七彩人家、鹏程家园、平安馨苑、怡馨家园、温馨花园、柳岸人家、家和万世、博爱家园、溢馨苑、雁归园等。

7. 时尚潮流式

楼盘名称紧跟时代潮流与时尚,以时代象征为主题或以外来语发音直接命名。如香格里拉、塞纳维拉、国际大都会、E阳国际、未来世界、世纪华庭、尚隆地球村、新时代花园、阳光地带、开元新城、万德福等。

8. 形象定位式

目前的楼盘名称多是由策划公司根据楼盘形象定位以及市场营销需要所策划选定的,都有明确的创意性,如市场定位、楼盘特色、置业者心理、案名新颖、寓意深刻、不落俗套等,许多案名还极富意境与文化水准,且不乏惊世骇俗之作。如东方新地、摩登COM、东方春晓、山水倾城、城市今典、清枫丽舍、圣馨大地、汉唐龙脉、都市本色、黎明新座、城市之光、江南水岸、盛唐风度、慧谷时空、格兰情天、半岛故乡、阳光100、星光之约、丽阳天下、风和日丽、发现之旅、锦秋知春、上海知音、大公海岸、虹口情缘、西安映象、舒至家园、古北首席、金风玉露、一幅画卷、康桥半岛、假日风景、长堤湾畔、东润枫景、东方华尔兹、南方上格林、金地翠堤湾、枫叶新都市、名江七星城、天泰馥香谷、城郊里、太阳城、浪琴屿、杰座等。

(五)楼盘命名的基本要求

楼盘名称反映出来的信息和人脑之间有一个最为重要的接触点,只要取得合适的名称,而且符合项目的市场定位,原则是可行的。然而,在当今品牌营销时代,房地产市场竞争十分激烈,各种营销造势手法花样频出,各种概念炒作层出不穷,开发商为项目取一个好的楼盘名,不仅可以促进楼盘的销售,更能有利于项目二期开发塑造项目的品牌。因此,取一个有文化内涵、有审美价值、符合项目市场定位的名称是非常重要的。

总之,好的楼盘命名在整个项目的市场营销过程中能起到画龙点睛的效果,成为神来之笔,为楼盘项目品牌以及房地产开发企业品牌增添光彩,对提高项目知名度、促进市场销售起着决定性的作用。所以说楼盘命名颇有学问。你可以用很多文字来描述楼盘所具备的所有卖点,也可以用一句极富创意的语言作为楼盘的广告口号,展示楼盘与众不同的特色。但是,用简单的几个字来为楼盘命名,且高度浓缩楼盘特性的项目的精华之所在,是一件很不容易的事情。不过,请不要泄气,楼盘命名同样有着一些微妙的个性特质和奥秘所在。

在楼盘项目开发的初始阶段,开发商就应对项目进行调研分析,本地块适合上什么项目,是开发商业物业还是商住物业,抑或是纯粹的住宅物业。在对项目所处地域周边楼盘进行调查后再对项目进行市场定位,其次就是取一个好的楼盘名称。在对项目进行命名之前,项目策划人员不妨对周边地区同类竞争性楼盘命名进行分析,取其精华,去其糟粕。可以在脑海中过滤一遍,为什么同片区、同地段、同等素质的楼盘,为什么有的一线飘红,有的却毫无起色呢?再仔细思考和权衡一下彼此的楼盘命名,究竟谁的楼盘命名比较符合项目特性。如果是自己的项目取了一个比较俗套的楼盘名称,结果又会怎样呢?

取一个既有文化内涵又有审美价值的楼盘说难也难,说容易也容易,关键是要求项目策划人员平时要博览群书,厚积薄发,在洞悉市场和置业者消费心理、审美需求的基础上找出一个符合项目市场定位且不落俗套、令人耳目一新的好名字。房地产项目命名也有一定的规律可循,一般来说,有如下法则:

1. 让人留下深刻印象

好的楼盘名字就像影视、体育明星的名字,让千万人铭记于心,好的楼盘名字又如美丽少女的脸庞,叫人过目难忘。在日常生活中,有一见钟情再见倾心的说法。同样,楼盘名称给广大置业者的第一印象,虽说不是起决定性的作用,但有文化内涵、有审美价值的好名字,的确能够在置业者心中产生一定的吸引力。而这种吸引力又时时贯穿于房地产项目营销的整个过程之中,至少可吸引目标客户群体注意自身开发的主要产品,进而导致购房决定的第二个行为——客户在众多楼盘信息中找出自身楼盘的详尽资料,进而到售楼中心现场咨询或者参观样板房。据长期从事房地产销售的一线员工及销售策划人员反映,一个给人以审美愉悦的名称的确会强化客户的第一印象,而且在整个看房、选房甚至最后签约过程中都会起到一种潜移默化的导向作用。

纵观当今市场上的一些知名楼盘,它们的楼盘名称确实有不俗之处,给人留下了深刻的印象,如万科青春家园、万科四季花城、万科城市花园、碧海云天、青春驿站、缤纷时代、奥林匹克花园、椰风海岸、山水缘、缇香名苑、仙桐御景、臻美园、心语稚园、风和日丽、书香门第、金色假日名苑、水榭花都、蓝湾半岛。

2. 楼盘命名的确切性

楼盘命名是房地产营销的重要环节,怎样为楼盘取一个好名,促进项目的销售呢?首先,楼盘命名一定要与该项目定位、目标客户群体定位以及楼盘属性相符合,否则会给项目的销售带来不必要的麻烦。如果开发商开发的楼盘是针对普通工薪阶层的,就不适于取"金域豪庭"这样的名称,这样的名称是告诉大家这是有钱人或大户人家的公寓或别墅。如果开发商开发的楼盘是针对成功人士或都市新贵一族的,就不应取"××新村"之类的楼盘名称,否则就无法有效区分客源。让工薪阶层去购买别墅,让成功人士和都市新贵去挑普遍的、平民化的住宅,肯定是达不到较为理想的市场效果的。

楼盘命名一定要符合项目属性,只有这样,才能在营销推广过程中针对目标客户群体进行有的放矢的广告诉求,让各个阶层的置业者各取所需,按照自己的意愿和经济实力进行合理的选择。也只有这样,开发商才不至于把有限的广告资源浪费掉,才能成功地拉拢和预定目标客户。

3. 名称字数要适中

好的楼盘命名不仅要富有文化内涵,更应言简意赅,让受众接触到楼盘名字后对未来生活产生美好的联想。因此,楼盘名称一定要精短、通俗易懂,容易传播和记忆。商标界内曾对产品中命名用文字商标长度做了一个统计分析,结果发现词语长度偏好集中在 5~8 个字母构成的词,一般 7 个字母构成的较好。也就是说,中文品牌以 2~4 字为好。楼盘的命名也不例外,一般 2~6 个字为妙。否则不易记忆,达不到较为理想的传播效果。

日本《经济新闻》对品牌传播的调查结果显示,品牌名称的字数对品牌认知有一定的影响力,品牌名称在 4~6 个字的平均认知度较高,而品牌名称在 6 个字以上的则平均认知度偏低。由此可以看出,品牌名称字数越少越容易记忆和传播。好的楼盘名称也是品牌名称,如闻名全国地产界的"碧桂园"就是著名的成功案例。

许多成功楼盘的专家普遍认为,楼盘命名一般以 6 个字内最合适。反之极容易让置业者记不清楚,也为楼盘的推广带来一定的阻力。楼盘名称太长,在售楼人员销售楼盘时,无疑会带来一些沟通上的不便。简短的楼盘命名已成为一种楼盘命名的流行趋势,为许多有智慧的房地产开发商所追捧。

纵观当今楼市上的知名楼盘,它们的命名一般为 2~6 个字。如:

2 个字的楼盘名称:趣园、骏园、王府。

3 个字的楼盘名称:山水园、云深处、锦上花、金海岸、百花园、观海台、恒盛居、润华苑、鸿浩阁、融景园、蟠龙居、裕宏园、碧桐湾、碧桂园、海天园、水云间、泓瀚苑、紫薇苑、雅然居、理想居、名商园、臻美园、雅颂居、漾福居。

4 个字的楼盘名称:青春驿站、青春家园、心怡花园、缤纷时代、碧海云天、漾日湾畔、西海明珠、椰风海岸、海印长城、长城盛世、风和日丽、缇香名苑、加州地带、骏皇名居、翠海花园、国泰豪园。

5 个字的楼盘名称:蓝宝石花园、香榭里花园、香蜜湖豪庭、碧海红树园、阳光棕榈园、山水情家园。

6 个字的楼盘名称:万科金色家园、帝港海湾豪园、裕康时尚名居、金色假日名苑、鹏盛年华公寓、新天国际名苑、南海玫瑰花园、城市印象家园、阳光带海滨城、深圳湾畔花园、东帝海景花园、东海丽景花园。

在品牌营销时代,许多精明的开发商在开发楼盘项目初始阶段即考虑到把企业品牌与楼盘品牌结合起来,以树立企业品牌形象。深圳万科地产是精于此道的高手,它在全国各大城市开发的楼盘名称往往与万科的企业名称有机地结合在一起,真正取得了相得益彰的市场效果。

4. 楼盘命名要努力突出项目优势

楼盘命名是随着时代的发展而不断变化的,在计划经济年代,房地产名称多半是以地名标示的,如位于深圳红岭路的红岭大厦,或以功能标示的,如为银行、证券等金融机构提供服务的证券大厦,又如招商银行位于深圳深南路的招商银行大厦、发展银行位于深南大道深圳书城一侧的深圳发展银行大厦、中国平安保险公司位于八卦二路的中国平安保险大厦等。这样的命名只是告诉人们一般的信息,本身并不含有多大的促销成分。随着我国房地产行业的迅猛发展,房地产开发理念日新月异。过去那种只要不是太离谱,领导同意,大家认可的楼盘命名手法已经明显落伍了。如今,房地产市场群雄逐鹿,竞争十分激烈,开发商为了项目能够销售成功,在概念炒作上动足了脑筋。然而,激烈的市场竞争促使置业者越来越成熟,投资也越来越理性。概念炒作可以在短期内迅速启动市场,但置业者最终看好的还是楼盘的综合素质。也就是说,项目要取得商业上的成功,必定具有其他同类竞争性楼盘所没有的且又为广大置业者所接受的产品优势,而这些产品优势的突出和强化,楼盘名称本身无疑是一个最好的载体。许多房地产开发商深谙此道,在仔细研究项目、分析市场的基础上,巧妙地把楼盘命名与项目的最大优势联系在一起,实践证明确实有较为理想的销售效果。

5. 楼盘名称应起到拾遗补缺的作用

楼盘命名除了要兼顾对项目的优势的渲染、传播外,最重要的是,楼盘命名作为房地产营销的重要环节和房地产广告的一个组成部分,更应起到拾遗补缺的作用。例如,我们可以通过命名来增添楼盘的文化内涵,给目标客户群体以一种未来生活的昭示,努力为购房者营造一种美丽的憧憬。众所周知,项目的优劣,有些地方可以通过后期的园林景观设计、后续的物业管理加以修正,而有些楼盘先天存在的缺点是无法改变的。楼盘名称作为项目的重要组成部分,却能起到弥补楼盘缺陷的作用,特别是产品的优势并不是十分明显的时候,一个尽善尽美的楼盘命名的确能起到画龙点睛、锦上添花的效果。

6. 楼盘命名要好记、好念、好听

好记、好念、好听是楼盘命名最基本的原则。无论怎么好的楼盘,都必须用最好的形式来表现,楼盘命名不仅要琅琅上口,让它传播得更广更远,而且要让人引以为豪,使人生价值通过自己购置的房产,通过购置房产的名称,充分地彰显自己的身份。

大多数房地产开发商都试图通过楼盘命名这个有效途径来吸引潜在的目标客户,试图通过尽善尽美的好名称来进一步刺激购房者的购买欲望。这就要求楼盘名称要好记、好念、好听,只有这样才能高效地发挥楼盘名称的识别功能和传播功能。反之,复杂繁琐、难读难记、没有较强的语感广告受众和主要的目标客户群体就很难记住它,更难以进入脑海之中,信息传递就会出现断层。开发商、广告代理商在对项目进行推广,为楼盘命名时,楼盘名称一定要精益求精,优中选优。确保楼盘名称发音容易,琅琅上口,读起来语感好,要尽量避免那些难发音或音韵不好的名称,使广告受众及目标客户群体很快识别和掌握。

目前,楼市上涌现出许多好记、好听、好念的好名字,如万科青春家园、香荔花园、香榭里花园、风华盛世、翠海花园、香荔绿洲、港丽豪园、碧海红树园、水榭花都、观海台、海岸明珠、荔林春晓、碧海云天、名商园等。

7. 好楼盘名称倡导全新生活方式

好的楼盘名称不仅富有深厚的文化底蕴,更具有一定的审美价值和对未来生活的引导作用。如深圳卓越地产开发的蔚蓝海岸,其倡导的是一种滨海生活方式,给人一种浓浓的海洋文化，广告一经推出，许多广告受众从蔚蓝海岸这个美轮美奂的楼盘命名中感受到滨海生活的惬意和浪漫。

五、楼盘形象设计

（一）楼盘形象设计及内容

楼盘形象设计是房地产形象策划的核心部分，能帮助房地产项目将楼盘理念、楼盘形象以及楼盘的整个优势传递给公众，让消费者对楼盘产生良好的印象。

对楼盘形象的设计，一般是通过CIS，即企业形象识别系统来完成。CIS是企业理念、企业行为和视觉标志三者的有机统一体。3个系统之间相互联系、层层递进，形成一个完整的形象识别系统。

MI(理念识别系统)是CIS的核心和原动力，是其他子系统建立的基础和依据。然而，MI又是一个较为抽象的系统，其内涵和实质必须通过企业行为和视觉标志体现出来。

BI(行为识别系统)是CIS的动态识别形式，它以MI作为核心和依据。然而社会公众对于企业的行为规范也不能轻而易举地全面掌握，还必须通过视觉识别系统的设计与运作来传达给社会公众。

VI(视觉识别系统)是CIS的静态识别系统，是企业理念精神和行为规范的具体反映，它是最直观、最具体、最富于传播力和感染力的子系统。

因此，CIS是3个子系统的有机统一体，只有通过对3个子系统的策划和设计，制定系统化的CI战略，才能有效地塑造企业的良好形象。

（二）理念识别系统

营销理念是房地产企业的灵魂。企业理念识别系统的形成通常是房地产企业所处的社会地位、经济实力的反映，也是房地产企业发展指向、运行轨迹的前瞻性的体现。企业理念识别系统是CIS策划的核心部分，其本身也由多元子系统组成。企业的理念识别系统不是凝固不变的，而是动态的，它随着诸多因素的变化而变化。房地产企业和项目的理念识别系统可分为基本要素和应用要素。

基本要素有经营理念、组织机构、企业精神、发展目标、道德风尚、经营策略等。

应用要素有信念、警语、口号、座右铭、标语、训示、守则、企业歌等。

从整个意义来说，企业的经营理念也可以说是一个项目和楼盘的总体思想和项目主题，如广州"南国奥园"的企业理念是"新生活的领跑者"，也是该楼盘的总主题；广东宏宇集团的企业理念是"舍得、用心、创新"，也是"星河湾"项目的总体思想。看看这些楼盘的形象塑造和形象主题以及都市对企业经营理念的具体诠释，这就不使人感到意外了。

但是，企业经营理念终究是针对企业来说的，它的含义要比具体的项目大得多、广泛得多，不能一概而论，要进行具体的分析和探究。对于一个项目公司来说，其开发的楼盘无论大小就一个，它的项目总主题就是本企业的经营理念，反之亦然。而对于一个集团企业来说，下属有多个项目和楼盘，这些众多的项目和楼盘由于具体情况不一样，也有不同的开发主题和中心思想。这些开发主题和中心思想是对企业经营理念的具体贯彻和执行。有时，项目的主题思想也是楼盘的形象主题，只不过是楼盘的主题思想用在形象塑造方面而已。

（三）行为识别系统

如果说理念识别系统是CIS的"想法"，那么行为识别系统就是CIS的"做法"。即是说

BI 是 CIS 的动态识别方式。房地产企业和项目的行为识别系统可分为对内应用和对外应用两部分：对内应用包括教育培训、礼仪、服饰、体态语言、福利待遇、工作场所、环保观念、研究发展等等；对外应用包括营销观念、服务和产品开发、公共关系、银企关系、公益活动、文化表现等等。

企业理念渗透到行为识别系统的过程是企业理念的行为化过程。企业理念行为的方法有 5 种：仪式化、环境化、楷模示范、培训教育和象征游戏。

理念与行为识别系统也是表里关系。理念支配企业行为，企业行为体现理念的内涵和意向。理念向行为识别系统渗透，是企业由抽象化向具体化实施的过程。

房地产项目也不例外，在楼盘推广过程中，各种推广行为都是项目理念和主题的具体体现，它可体现在营销策略、活动推广、现场布置、人员促销以及销售员服饰等。

（四）视觉识别系统

视觉识别是 CIS 的视觉传递形式，效果最直接。在房地产形象策划中，MI 作为理念精神，是抽象和难以具体显示的；BI 则侧重于房地产项目的行为化过程，缺乏视觉表达功能。只有 VI 充分、明确、一目了然地传达了项目理念、精神等内涵，是 CIS 中最为关键的一部分，它通过个体可见的视觉符号，经由组织化、系统化和统一性的识别设计，传达企业的经营理念和情报信息，塑造企业独特的形象、视觉表现的综合过程。根据统计，在人的生理性情报摄取的机能中，视觉情报约占 80％。VI 在企业识别系统中最具传播力和感染力，所接触的层面最广泛，可快捷而明确地达到认识和识别的目的。

简单地说，一个楼盘的 VI 系统实际上就是创造一个独特的有别于其他楼盘的视觉形象。

1. 房地产企业和项目的识别系统可分为基本要素和应用要素

基本要素有楼盘名称、品牌标志、品牌标准字体、标准色、象征图案、专用印刷字体、销售标语和品号等。

应用要素有事务用品、办公用品、设备、器具、招牌、旗帜、标识牌、楼盘外观、建筑物的外观和颜色、销售人员的衣着服饰、交通工具、广告、传播、展示橱窗和陈列规则等。

基本要素为 VI 系统提供了基本的规则及需求，要使应用要素中的所有内容均能形成统一的视觉形象，就必须遵守这些基本的规则和需求。

2. VI 系统设计概念的确定

确定设计概念是 VI 开发设计的前提。设计概念是楼盘的销售理念在各视觉设计要素上的具体化。作为一个楼盘，VI 的设计概念无非是从顾客的主要诉求点即顾客买房的目的是什么、他们为买房追求什么等入手来进行 VI 设计。广州"奥林匹克花园"之所以那么畅销，除了它的项目本身设计规则高人一筹外，关键就是将运动和健康这两个概念贯穿于楼盘中，从篮球场、网球场、游泳池这些硬件的投入到后期广告的策略，将生活、运动、健康三者的关系展现得淋漓尽致，将实物和概念进行了有机结合。

由于不同地区、不同生活水准、不同风俗习惯所致，楼盘也各有不同。因此，楼盘的 VI 设计概念的确定，应该因地制宜、富于变化。

3. 楼盘 VI 系统的设计规则

VI 设计应当遵循法律规则，如知识产权保护法、专利法和商标法等。这就决定了楼盘的 VI 系统必须自创新意，而不能照搬以往的成功案例。

VI 设计必须遵守某些风俗习惯,不能采用与传统文化和时尚相抵触的东西作为其视觉形象。

VI 设计必须遵循差异与创新相结合的规则,努力做到"人无我有,人有我新",在众多的标识中给人以新奇、独特的感觉。

VI 设计涵盖必须遵循美学规则。视觉符号是一种视觉艺术,人们进行识别的过程同时也是一种审美的过程。一个好的 VI 设计,只有具备美学基础,才能吸引顾客的注意力。

4. 房地产项目的 VI 系统

一个楼盘的营销,要进行 VI 策划,必须从以下基本要素入手:

(1) 楼盘名称。楼盘的名称不仅要考虑传统,还要具有崭新的时代特色,切忌雷同。厦门"家家景园"案名就是其中一个例子,此名一听朗朗上口,稍加想象,大脑中便呈现出一幅美妙的图画:每家每户生活在一个绿色海洋的景园之中,心旷神怡。

(2) 楼盘标志。标志即项目的 LOGO。在 VI 的多种要素中,应用最广泛、出现频率最高的当推标志,它是一种单纯的、具有明确特点和便于人们识别的视觉形象。一个好的房地产企业,必须有一个代表企业品质、信誉、物业管理、开发能力和盈利能力的标志。一个好的标志,会让顾客对该房地产企业的楼盘产生信任感,并认同开发商的产品。

(3) 标准字、标准色。标准字可与标志一起使用,可用印刷体,也可采用我国传统的书法艺术字体;标准色是项目专用的色彩,一般由 1~3 种颜色组合。对于标准字和标准色,一旦开发商的楼盘名称确定之后便不得随意更改,同时标准字和标准色可以作为楼盘的营销广告,如售楼海报、售楼书、平面图册、指示牌、售点广告以及与销售相关的工作车辆的识别和工作用纸、名片、信纸和人员(如售楼部、公关部等对外人员的制服)等识别的固定色彩记号。

(4) 标语和口号。一个好的楼盘,其销售标语、口号要能反映一种处处为业主着想的理念。如目前房地产市场上很多楼盘都打出了这样一个口号:"宽带上网,享受科技生活新情趣。"这一案名就让业主感受到了新经济时代的脉搏。明确响亮的标语口号还能感染销售员工,激发他们为实现销售目标而努力,对外又能表达开发商发展的目标和方向。

5. 应用要素开发

除了对视觉基础要素进行开发外,还要对应用要素进行开发。

标志应用:名片、销售人员胸牌、请柬/请柬封套、车体运用、小区物业管理等。

销售中心室内视觉应用规范:销售人员服务、保安人员服务、销售中心形象墙、销售中心展板、示范单位标识、台面标牌、销售进度表等。

销售中心室外视觉应用规范:售楼处指示牌、欢迎牌、销售现场导识、彩旗/挂旗、小区名称标牌、工地路牌广告等。

销售资料宣传品部分:手提袋、售楼书、海报等。

楼盘自身的视觉应用规范:楼盘自身的效果图、实体模型、样品屋等。

经过精心设计的楼盘形象,由于深入发掘楼盘内在品质内涵,以简洁的视觉形象直观地将小区规划、建筑设计、环境营造理念展示出来,体现了特定的生活、居住氛围,也就具备了某种生活气息、某种文化品位,自然也就成了楼盘与目标消费者之间最好的沟通桥梁。

因此,个性化形象设计是楼盘从"产品"向"品牌"转化升华的第一步,虽然它不能改变楼盘的本质,但能改变人们对楼盘的认识,使楼盘获得更好的销售业绩甚至更高的销售价格。

六、楼盘形象包装

钢筋水泥浇铸的城市里,到处充斥着千篇一律的楼盘。疲软的市场,激烈的竞争,使得楼盘的形象包装不应再是沉睡着的印刷精美的文字,而是兵不血刃的营销利器。楼盘作为特殊产品,实际上更需要包装,这也是房地产竞争日趋激烈与成熟化的高度发展阶段,更是一个竞争手段的重要体现。

(一) 楼盘形象包装的含义与作用

1. 楼盘形象包装的作用

所谓楼盘形象包装是指为促进销售、倡导新的生活理念,运用一定的技术手段、工具和策略对房地产内外形象、销售现场形象和概念性地产形象的设计和实施过程。

2. 楼盘形象包装的作用

(1) 促进销售。如果形象包装做得好,楼盘就等于在无声地自己吆喝自己,能够成为一个销售的"翅膀"。搞好楼盘形象包装有利于提升档次品位,表现楼盘内涵,传播楼盘品牌,获取买家的认可,直接刺激顾客购买欲望,促进销售。

(2) 有利于树立项目或企业的品牌。通过项目主题形象、行为规范和项目视觉形象的包装,可以为项目的品牌形象打下良好的基础。同时,包装得好的楼盘是企业的最佳展示,有利于树立开发企业的品牌,加强企业在顾客心目中的良好形象。

(3) 强化及深化广告宣传效果。楼盘形象包装是广告的有益补充,是房地产营销策划中不可缺少的一环。项目形象包装得好,可以使项目形象在市场竞争中脱颖而出,在买家头脑中留下深刻的印象,起到强化及深化广告宣传效果的作用。

(4) 提升楼盘品位。楼盘包装得好,使楼盘的品质发生了重大的变化,使楼盘处于一种高尚的状态,提高了楼盘的品位和档次,进而不断提升楼盘的价值。

(5) 增强楼盘的市场竞争力。包装得好的楼盘由于形象好,会增加顾客的注目率,增强顾客的信任度和认可度,进而增加顾客的选择率和自发对比率,因而能增强楼盘的市场竞争力。

(二) 楼盘形象包装的内容

从某种角度来说,形象包装是楼盘销售的利器,这是被许多楼盘所验证的,具有可操作性和实践性。其实,许多内地的房地产公司在不知不觉中做了许多工作,但是没有进行系统化和整体化,而整个楼盘的个性色彩不突出、不显著,使各个包装的子系统都是松散的、零乱的,这就需要对整个楼盘的包装进行整合,使其能够在一个包装主题下发挥各自的功能和作用。

1. 项目整体形象包装

项目整体形象包装是多方面的,如通过新闻媒介、售楼书、公关促销活动、户外广告、地盘工程形象、企业形象以及项目的形象设计等,体现项目的自然地理位置、经济地理位置的优越,规划设计一流,施工质量一流,管理服务一流,开发商实力雄厚的高素质、高品位、引领时代生活方式、超前意识的项目整体形象。

2. 开发商形象包装

通过介绍开发企业的概况、发展历史、企业实力、开发业绩、企业信誉以及企业管理制度、企业标识、员工形象、精神风貌和企业理念等,充分展示开发商的良好形象。

3. 楼盘外在形象包装

当今消费市场可以说是品牌的天下,以前住宅都是某单位家属院,都是几号楼,其代表都是阿拉伯数字,没有什么品牌意识和品牌的感觉。品牌营销是近年来的一个热点,但楼盘的品牌经营还不尽如人意。品牌经营作为楼盘形象包装的重要组成部分是关系到楼盘的升值部分,应引起社会各界的高度重视。楼盘外在形象包装主要包括如何体现楼盘的文化品位与如何使楼盘品牌化。

4. 楼盘内在形象包装

楼盘的内在形象,也就是实实在在、能够摸得着、看得见的地方,必须进行系统的功能开发与定位。楼盘内在形象包装主要包括街区功能的充分利用与延伸、楼盘的区域布局、楼盘的配套设施功能、房型结构的合理化和人性化、目标顾客的设立与满足。

5. 现场销售形象

楼盘都是通过销售卖出去的,其中现场销售占很大的成分。所以,对现场销售的形象要求应特别规范,以保持应有的形象。楼盘销售形象包括销售人员形象、现场售楼部形象、现场样板房形象、现场工地形象。

6. 楼盘广告形象

有关房地产的广告下一章将会进一步论述,这里讲的是整个楼盘的广告风格、广告语言以及构图的一致性问题,也就是要保持一个统一的形象。楼盘标志、标准字、象征图案、标准色等都要在广告中统一体现,它们的组合是有要求的,不能胡乱排列。

无论是平面广告还是电视广告,都要按照楼盘的定位和目标顾客的要求来进行设计,不可今天一个样,明天一个样,使楼盘的形象遭到破坏。这就要根据目标顾客是哪一类型的人来确定。要求:① 用什么样的语言风格,是朴素无华还是华丽词藻;② 用什么样的设计风格,这要看目标顾客的心理需求及文化背景;③ 用什么样的版面,多大,怎么排列才能体现风格;④ 投放在哪类媒体上。楼盘广告之所以不在三轮车及出租汽车上做,是因为这会降低楼盘的品牌形象。对楼盘广告一定要限定所固定的版面格式,以形成更好的统一的传播效果。

7. 公关形象

公共关系作为企业有效展示形象的一种手段和工具,已被越来越多的企业所使用,但是如何结合房地产楼盘营销又是一项新的课题。公关应该有两部分内容:一是正面向上的公关,也就是锦上添花;二是危机公关,也就是雪中送炭。楼盘适时举办一些公关活动对于传达形象是必不可少的。

8. 服务品牌形象

服务品牌形象主要是指物业管理,怎样在楼盘的正常使用中创造一个真正和谐、美丽、宁静的社区文化,这就要求物业管理人员的行为形象、效率形象、语言形象、服饰形象等要有一个标准的规范化,使楼盘能够保持一种旺盛的势头,不是卖完了就没事了。其实,对服务的要求无非是务实、细致、专业和负责任,这些要求决定了物业管理不要仅以外表而是要靠内在的服务质量取胜。

(三) 楼盘外在形象包装

1. 楼盘的文化品位

楼盘作为硬邦邦、冷冰冰的建筑物,如何拥有生命、拥有生机,就需要注入一定的文化含量,使其具有较高的文化品位。文化品位在楼盘中的表现是什么？如何体现出楼盘的文化品位？

实际上,楼盘中每一个组合因素都可以注入文化因素,如楼的形状、楼的布局、花草、房间布局等等。但是,楼盘中的文化绝对不是挂上几幅画,而是对众多文化中的选择要有突显的文化个性,选择什么作为文化品位的代表。作为文化含量,绝对不能硬性注入,而是要求有机结合,更不是搞文化的就懂得文化。因为目前很多研究企业文化的人大多不懂企业管理,而是研究文学与艺术的去搞企业文化,这是一个误区。楼盘的文化设计必须懂得房地产知识和技巧,否则搞出来的东西就成为"四不像"了。

2. 品牌是身份地位的象征

买东西都想要有牌子的。名牌能够体现身份和地位,这是一种心理消费的重要价值取向。楼盘也是这样,如一个人买的楼在某地方,不论是写字楼还是住宅楼,楼的品牌很重要,一说出在什么地方办公或居住,就能立即知道你是哪一个层次的人,尽管这种情况还不是特别明显,但是随着以后的发展,可能会越来越明显。对于品牌来讲,还是分种类层次的,不同层次和种类的品牌会吸引不同群体的人。

3. 如何使楼盘品牌化

品牌是什么？品牌实际上是指代表产品的能体现产品内涵的确定的文字和符号,其具体的表达形式既是有形的又是无形的。作为楼盘的品牌构成是什么呢？具体有哪些呢？

（1）楼盘名称

不同的分类方法有不同的楼盘名称。按组成名称的结构划分可以分为专用名称和共用名称,也就是"楼盘名称＝专用名称＋共用名称"。

专用名称如英协花园中的英协,共用名称如英协花园中的花园。首先讲一下专用名称,作为专用名称要达到以下要求：体现楼盘的特色,反映楼盘的个性；好听、好记、好念、好写、好认的"五好"原则；具有美感,给人以美好的想象；具有一定的含义,尤其是文化含量要大；简洁、明了。

但是,事实上许多楼盘名称达不到以上标准,开发商自己也回答不上代表什么,而是随便命名。对于命名,一定要重视,这不只是个名字问题,实际上是一笔重要的无形资产,是一种经营策略,是对楼盘价值的挖掘。楼盘专用名称是开发商投入大笔资金形成的一个良好的无形资产,需要注册商标,予以法律保护。

对于共用名称,现在较多使用的是"小区"、"花园"等。现在的问题是,如何将共用名称变成专用名称,也就是两者合一,这是一个较困难的问题。按照文字类型来分,楼盘名称可分为中文名称和英文名称两种,这就要求中文名称与英文名称的含义都一致起来,比如莱昂花园的"LION"是"雄狮"的意思,最好是利用英文名称的发音,用汉字表达出来,这就形成中文名称,并且中文名称的含义必须按照楼盘专用名称的标准和要求来做。

（2）楼盘标志

楼盘标志要能够充分反映楼盘的个性与理念,必须简洁、明快,不能太复杂,让人记不住。看楼盘标志就能够知道是哪一个公司开发的什么楼盘,达到这个标准就可以了。

（3）标准字

标准字就是对楼盘名称的字体艺术化处理,是为了更有效、更能突出展现楼盘的形象。楼盘标准字体要能够独立运用,又能够与标志等联合在一起使用,使合与分都能产生良好的效果。

(4) 楼盘象征图案

实际上,楼盘象征图案是对标志与标准字的一个有力补充,是起到装饰作用的,有时又能代表一定的含义,这种图案运用得较少,只是在一些广告等宣传中才使用到。

(5) 楼盘色彩

颜色作为地域文化及民俗是不可缺少的研究范围,不同的民族对色彩有不同的要求和好恶,所以楼盘在选定色彩方面要特别小心。广州有一座楼,各方面都很好,就是楼顶用的是绿色,任凭怎么努力还是卖不掉。经过调查,才发现原来问题出在屋顶的颜色上,令人想到戴"绿帽子",谁还住这种楼!大家可以看一下目前所开发的楼的颜色,白色占大多数,而其他的颜色都很少使用,就是使用也比较乱,使人没有整体的感觉,缺乏一种舒适感。

以上是楼盘视觉要素基本统一的内容,只有视觉形象达到统一化与个性化,才能使楼盘处于一个有效的识别体系中。

(6) 楼盘绿化

作为一个生活小区,楼盘内的布局是靠绿化来点缀的,但是绿化中植物品种的选择也是有讲究的。这就要请园林专家按照整个楼盘的定位来配合,真正使楼盘锦上添花。

在种植花草树木时,应选择的品种是:本地没有的;具有造型的;四季常青的;四季更换的,感知四季变化的;奇异珍贵。对于以上种类进行选择和组合是很有必要的。

(7) 楼盘造型

一个楼盘中建筑外观形状直接影响到整个楼盘的销售,这就是楼盘的造型。当人们对一座建筑物进行评价时,往往套用高档、气派、豪华等词语去表达,但这些并不是对这座建筑物的准确表达。实际上,建筑物的每一种线条、每一块色彩、每一组空间比例都是蕴含着各种含义和思想的一串符号。正是这些符号使人们能够感受到故宫太和殿的气势雄浑与君临天下、巴黎圣母院的幽清神隽、悉尼歌剧院的深情而奔放等等。一幢楼是一种氛围、一种身份、一种精神,这是人们都能感受到的。这就是建筑语言,这是无声的语言,是文化的积淀,人们只有用心灵来感受它。

① 楼盘的标志性建筑

广州的莱茵花园中8根模仿古罗马、古希腊传统造型的大柱子,就是莱茵花园标志性建筑。标志性建筑在特定的情况下将直接影响到整个楼盘的销售。如上海梅园房地产公司所开发的别墅一开始在销售上表现平平。有意思的是,该公司在上海××路上为自己建造的一幢办公楼却吸引了众多买家。一些外国大公司纷纷上门商洽,表示愿出高价将这幢楼买下来。公司经理莫名其妙,继而恍然大悟,干脆将这幢楼公开拍卖,狠狠地赚了一笔。这可真是个奇迹。怎么会这样的呢?原来是这幢楼的建筑风格使然。

该公司的这幢办公楼与著名的美国白宫有几分相似之处,于是人们便附会地称之为"小白宫"。"小白宫"采用地道的欧洲巴罗克建筑风格。其母本是希腊建筑,在设计上非常忠实于母本的结构比例。南立面是该建筑物的标志,拱顶由6根罗马柱支撑,柱子底部是普林特基座,上部为克林斯柱头和花式额枋,这几个细节一脉相承,奠定了该建筑华丽而庄严的巴罗克基调。拱顶的下腰间用一圈剑兰草图案相系,上腰间由层次丰富的宗教式线脚围绕,这与拱顶的大块面积形成粗犷和细腻的反差,顿生内涵之美。拱顶上方有3株曲架拱一球,如古将银盔上的一颗明珠,威武而有历史感。大球的轴心是旗杆,五星红旗在旗杆上飘扬。主楼底层与二层面积较大,三层面积缩小,使楼顶形成阶梯状,这个铺垫为建筑物的第五立面提供了丰富的层次。主楼底层的南立面是与门庭风格一致的罗马柱室内长廊,二层是露天阳台,由间隔排列的亚特兰大男性造型花瓶构成围栏。东墙和西墙是巴罗克山墙,构成门楼的力感。主楼的窗户是铝合金格子方窗和半圆扇面窗相连。窗套上方饰有龙门石狮子徽,霸气十足。"小白宫"的北立面中部有地块较大的平面空间,7 m高的青铜巨鹰在此伏壁而飞,此为画龙点睛之笔,成为建筑物鲜明的文化个性。"小白宫"的南面是一片花园,花园以草皮为主,东西各有一棵大雪松,楼前的石板路上镶嵌着4块花圃。庭园灯错落分布,分中、低、高3个空间层次。花园的一边是缀有花饰的秋白色围墙,沿马路的一边是宗教式铸铁雕花栅栏。门、房间和车库也是巴罗克风格,和主楼浑然一体。"小白宫"风格古朴,设施却十分现代,中央空调、灯控、声控应有尽有,与办公配套的辅楼内有餐厅、舞厅、健身房等。上海市民崇尚艺术品位,所以"小白宫"一建成即招来许多人品头论足、照相留念。该建筑物在上海这一城市森林中的地位也就不言而喻了,一些注重形象的企业当然希望能买下它来做自己的招牌。

为什么香港的中银大厦特别显著,就是以富于空间变化的外立面及顶部尖锐的突破,使人的意志得以伸展,体现了中国银行敬业进取永不满足的精神。

小区内建筑要有主楼作为一种独特的建筑语言,才能够代表和体现楼盘的特色,否则都是火柴盒式的建筑,给人以说不出的感觉。另外,在楼盘内建筑应互相协调,不能互不相容,形成分离的感觉。

② 楼盘的建筑旋律

作为楼盘内的建筑,要体现传达一种风格,实际上也是实现整个营销策略的手段和方法,尤其是在设计中,要告诉设计师,本项目的建筑功能是怎么组合的? 在建筑的空间运用上,要如何将项目的功能组合完全而清楚地表现出来? 在建筑语言的风格上,项目需要的是强调变化和不协调的现代建筑呢,还是强调对称和模块化的文艺复兴时期建筑? 需要在建筑设计上表现出项目的文化背景和行业背景吗? 项目设计需要的是动态和多维礼堂效果,还是罗马式的静态视觉效果? 在建筑群的各单元之间,通过建筑设计表达出怎样的生活情调或工作情调? 建筑物风格与周围街区环境之间,是选择协调处理还是选择强烈的反差?

建筑语言的不同会产生不同的结果,人们会感受到不同的体会:图腾式的建筑装饰块代表着相应的身份及信仰;花岗岩原石做的墙面给人以紧实厚重之感,代表着永不磨灭的信念;街区的直角平面布局给人以沉闷、压抑、毫无生气的感觉;顽固的对称布局是以自我为中心,对观赏者进行否定的一种潜意识起作用的结果;立柱的体积和高度所带给人的心理影响与人体自身的尺寸比例有关;动态与静态的视觉效果代表着建筑主人与他人沟通的意愿强烈或冷漠;坡面及尖顶构成空间的突破,给人以"还有更多的希望"的潜意识影响;穹隆顶让人有安全感和神圣感;各种空间比例关系与人的心态有关,把窗子做得像门一般大,开放自信而缺少含蓄;墙的退缩和柱廊造成的透视效果给人以无拘无束、自由自在的感觉。

③ 人格化的建筑

作为楼盘内的居民,都希望在这个天地中形成自己独特的社区文化,而各个开发商也都在努力通过各式各样的建筑来体现一种爱心。但是,每个人的需求是不一样的,对建筑的审美要求不尽相同,这就要求根据目标顾客的确定来解决这些问题。

(四) 楼盘内在形象包装

1. 街区功能的充分利用与延伸

当某个楼盘处于一条街时,这条街及附近的环境怎样,这需要用脚去调查,千万别以车代足进行,同时要进行各方面手段的调查,如问卷调查、街访、座谈会、面访等等,要把整条街的功能摸透。

如靠近公园、学校、体育场、商场、医院、停车场等地方应怎样充分合理地利用,一定要调查整个白天与夜晚的差别在哪里。如靠近公园当然是好地方,然而公园里有一个露天舞厅就不好了,夜里吵闹到半夜,早晨天还没亮就吵闹起来,很不适合有小孩的家庭和年轻人居住,但比较适合老年人居住,因为可以就近锻炼身体。

就街道来讲,每个街道的情况是不同的,如区域性质、交通和人流量、商业网点、公益场所、其他建筑物、居住人的文化及收入和职业等。如何利用街道功能可能较容易些,难的是怎样进行街区功能的再造和延伸,实际上这就是功能定位、市场定位及身份定位的综合作用。

由于历史发展的缘故,城市中的每条街道具备的不同状态决定了所开发的楼盘的项目,很多人硬要在不该开发高档写字楼的地方开发,结果就是租售不出去。

2. 楼盘区域布局

无论楼盘所占面积是大是小,结合位置怎样,建筑物以及公共设施、绿化等都应有一个科学合理的布局,并且能够增加艺术性和文化品位。如何更人性化,如何能更多地接受阳光,如何使车道、人行道更合理更安全,如何能够更有效防盗、有更卫生的措施等等,都需要一个整体科学的布局。当然,在考虑布局时,要处理好容积率与绿化率的关系,这就是成本大小的问题。

3. 楼盘的配套设施功能

楼盘品质的好坏,对配套设施的完备程度有很高的要求。对于配套设施,可分为公共设施和特有设施。公共设施是普通楼盘都有的,如煤气、暖气、卫星电视、电话、空调等等。特有设施就是一般楼盘所没有的,如游泳池、广场、网球场、图书室、商场、健身房、会所、幼儿园、小学等等。但是,一些小区内设一些单双杠、秋千等体育设施以吸引人们来锻炼身体,也还是可行的。在不影响交通的情况下,尽可能增加一些供人们使用的设施,是能够增加人们的购房兴趣的。

4. 房型结构的合理化和人性化

在对质量要求的同时,对房型结构也提出了新的要求:要符合当地居民的文化习俗及心理风格要求;要具有未来性和超前性;要更具人性化,增加使用面积,不能浪费面积;对每个房间都有特定功能和要求,对家用电器及家具有位置的设计。

比如,以下问题应如何解决:洗衣机放在哪里?电冰箱放在哪里?卫生间多大合适?卧室分哪几类?客厅和餐厅应怎样布置?需要不需要书房?孩子与保姆的房间应怎样?阳台什么功能?等等。这些都应该解决并且要设计好。现在的问题是:卫生间大了浪费,客厅大但门太多,中看不中用。对房型结构设计好,能够使每平方米发挥出应有的价值,这样的房子肯定会受到住户欢迎。

5. 目标顾客的设立与满足

目标顾客,谁都想一下子抓住。这就要根据楼盘的定位与功能,把目标顾客找出来,然后——争取,打动目标顾客,使顾客能够激发购买的欲望。首先将目标顾客了解清楚,如他们爱看什么报纸,喜欢什么样的表达方式,喜欢和谁交朋友,经常来往于什么地方,经常在什么场所娱乐、消费,等等。对此要能全面掌握,并以此来决定楼盘价格、物业管理、广告媒体、广告用语、售楼人员乃至气氛、销售人员的服装等等,做到丝丝入扣才能打动人心。好的创意无不来自于对社会、对历史、对文化和对人类行为习惯的深刻理解,那种只凭一两句绝妙的广告词就想把楼卖出去的想法是不行的。只有确立了目标市场中的目标顾客才能对整个楼盘的开发与销售起到很好的促进作用。

(五) 售楼人员形象

1. 售楼人员的素质

目前,很多销售部的销售人员以女性居多,而且长得一个比一个漂亮,但就是知识与技巧太差,回答不了顾客所提出的问题。作为销售人员应该具备的形象素质是:端正的相貌和身材,气质和仪表更重要;思维敏捷、口齿伶俐、心理承受能力强;专业知识和技巧要高;自信心强,热情开朗;服饰恰当,举止大方;不怕麻烦。但是许多房地产公司的销售人员对以上要求没有做过系统的培训,都是招来就用,仓促上阵。

2. 售楼人员的培训

售楼人员的培训包括3个方面的内容:忠诚度培训、专业知识培训、销售技巧培训。

忠诚度培训内容:公司背景介绍;公司在公众中的形象;公司的理念及精神;公司的目标,包括项目推广目标和公司发展目标,确立员工对公司的信心;讲解公司的规章制度,以确立个人的行为准则及制定销售人员的收入目标。

专业知识培训内容:房地产基本知识;楼盘的详细情况,包括规模、定位、设施、价格、买卖条件;楼盘周边环境及公共设施,交通条件;该区域的城市发展规划,以及宏观及微观经济因素对楼盘的影响;房地产有关法规;物业管理课程,包括物业管理服务内容、管理规则、公共契约等;有关客户的问题汇编。

销售技巧培训内容:应接洽谈技巧,如何以问题套答案,询问客户的需求、经济状况、期望等,掌握客户心理;电话技巧;推销技巧;语言技巧;身体语言技巧;客户心理分析;展销会会场气氛把握技巧,销售员依次序接待客户,与客户交谈的礼貌用语,下雨天应该怎么做;外出拜访客户的技巧。

初步培训结束后要进行参观或观摩实习,使学到的知识能够完全掌握。

3. 售楼人员的电话应答

在房地产营销过程中,顾客第一次与售楼人员联系往往是通过电话进行的。售楼人员的电话应答不仅反映了个人的素质和修养,更体现了开发商或中间商的形象和水准。售楼人员的电话应答可以说是先"声"夺人,应视作是建立良好的顾客公共关系的重要一环。

售楼人员电话应答在操作程序上应注意以下细节:做好应答准备;电话铃声一响就应该及时接电话;妥善挂断电话。

售楼人员电话应答在具体通话时应把握分寸:促使顾客到售楼现场来;避免电话应答消极被动或过于主动两种倾向;发挥电话语音想象和知觉的特点。

4. 售楼人员接待礼仪

售楼人员的接待礼仪是指房地产公司的销售人员与顾客直接洽谈交往时规范的礼节、仪态。售楼人员的接待礼仪在售楼工作中具有相当重要的作用,良好的接待礼仪在接洽过程中会赢得顾客的好感与信任;售楼人员的接待礼仪从一个方面代表了公司的形象,许多顾客可能不认识公司的总经理,但却从售楼人员的举止言语中感受、了解到企业的素质,从而作出是否买房的决定。

售楼人员接待礼仪的着装要求是统一穿公司配发的制服,并佩戴标志牌,男职员系领带,女职员化淡妆。

与顾客接洽的位置宜放置圆形桌,这样交谈时彼此比较放松自如。

顾客走进售楼处,售楼人员即以亲切的目光迎上去,面带微笑主动与顾客打招呼,让顾客坐下来,随后进行交谈。售楼人员的坐姿要端正。

售楼人员在接待过程中要始终保持微笑。大笑、狂笑有失文雅,苦笑、奸笑有失礼貌。唯有发自内心、自然的微笑才表现人际关系的友善、诚信、谦恭、和蔼、融洽。

售楼人员一般先向顾客赠送名片,赠送名片时应双手递上。如果顾客回赠名片,也应双手接过,仔细看过顾客名片后小心地放入名片本里。切忌草草地接过顾客名片后随手一放。

与顾客初次相识,应立即考虑如何称呼对方,特别是对女性顾客。开口称呼不当甚至失礼,会给顾客带来不愉快的影响。

与顾客交谈时目光要正视对方,神态要专注,表情要真挚,语言和气真诚,表达得体。对顾客提出的疑问和问题作耐心而有效的解释。在任何情况下,均不允许与顾客争吵、对骂。

引导顾客参观遇到需开门或转弯时,主动为顾客开门,使用"请"和手势引导。参观过程中,售楼人员一般应站在顾客的侧面或侧后面,主动介绍和说明楼盘情况。

洽谈结束,须将客人送至售楼处大门外,并使用"请您走好,再见"或"谢谢您光临,再见"等礼貌用语。

售楼人员的接待礼仪从本质上讲区别于一般日常人际交往,有其自身特定的目标。一名训练有素的售楼人员通过良好的接待礼仪最终是寻找买主,说服顾客,使买房成交,并不断地赢得顾客。

5. 售楼人员的楼盘介绍

售楼人员的楼盘介绍是让顾客了解楼盘。顾客只有全面了解楼盘才有可能购买。售楼人员的楼盘介绍应注意以下几个问题:

(1) 楼盘介绍的程序

售楼人员向顾客介绍楼盘应该考虑带领顾客在售楼处参观的路线和介绍的程序,一般为:售楼处门口礼貌接客—参观模型—浏览展板(灯箱)—参观样板房—洽谈桌入座—呈上售楼资料(售楼处如果不设样板房,参观样板房程序省略)。售楼人员带领顾客参观和讲解应该循序渐进,有条不紊,步步深入;调动顾客听觉、视觉等各种信息接收通道,引起顾客对楼盘强烈的兴趣。

(2) 售楼人员向顾客介绍楼盘的要求

语调亲切,语速适当,吐字清晰;主题明确、简捷,不拖泥带水;循循善诱,不前后矛盾;具体而不抽象;语言清新易懂,不要故弄玄虚;适当地举例说明,并随时判断顾客理解的程度。

(3) 楼盘介绍要注意顾客反应

售楼人员对顾客进行楼盘介绍时,不仅要语气委婉有礼,介绍详细周到,还要注意观察顾客的表情态度,注意顾客的反应,有针对性的进行介绍。如果顾客表现出对地段不是很满意,售楼人员就应着重说明交通的便利性及强调楼盘的其他优点;如果顾客较关心子女的入托入学问题,售楼人员就应帮助顾客分析楼盘周边学校情况。

(4) 楼盘介绍可使用"负正法"

售楼人员在介绍楼盘过程中一味说好,闭口不谈缺点,这样会给顾客不信任的感觉,毕竟再好的房子也会有这样那样的缺点。售楼人员在介绍时也要讲缺点,但注意用"负正法"来抵消顾客的不满。例如,某幢高层住宅楼价格比周围的竞争楼盘高,这是一个明显的事实,不可能回避,有经验的售楼人员就会在消费者提及这个缺点前先说:"我们这幢楼的价格的确比周围的几幢楼高,但由于我们的精心设计使得楼盘的得房率超过了78%,若考虑使用面积价格的话,我们这幢楼的价格还比他们低呢!"这种先缺点、后优点的介绍法就是所谓的"负正法"。

6. 售楼人员的说服技巧

商品房价格昂贵,顾客在全面了解楼盘之后决定购买还需反复思考,在这个过程中往往会产生异议,犹豫不决。售楼人员须反复做顾客工作,消除顾客的异议,并针对顾客个性心理特征进行说服。

(1) 顾客异议与说服技巧

顾客异议指顾客在购房过程中对楼盘的质量、功能、价格等产生的各种怀疑、否定或反对意见,售楼人员应该以积极正确的态度对待顾客提出的异议,应正确认识到顾客异议是购房过程中顾客的必然反应,既是购房的一种障碍,又是对楼盘感兴趣的一种表现,是成交的前奏或信号。因此,售楼人员对顾客异议不能消极回避、敷衍了事,应该认真分析顾客异议,说服顾客。

① 欢迎并尊重顾客提出异议。售楼人员应诚恳欢迎顾客提出的异议。即使顾客提出的意见不符合实际情况,甚至幼稚可笑,售楼人员也应耐心倾听,不要打断顾客的谈话,使顾客感到售楼人员真诚、谦虚从而产生好感,这对售楼的成交是相当重要的。反之,售楼人员不耐烦不愿意听顾客的意见,或急急忙忙和顾客争辩,或失口有侮辱顾客的言行,势必会得罪顾客,伤害顾客自尊心。售楼人员应该认真平静地倾听顾客提出的异议,为说服顾客创造良好的氛围。

② 从顾客的立场对待顾客提出的异议。售楼人员从顾客的立场出发,充分了解顾客对楼盘及其他方面提出的异议,尽力帮助顾客解决可能解决的问题,这是售楼人员说服顾客、促进异议转化的关键。从顾客的立场对待顾客提出的异议,还应分析顾客产生异议的原因,或是楼盘或营销方式上确实存在问题,或顾客道听途说受某种观念影响,或顾客一时心情不好,售楼人员要设身处地为顾客着想,合理解决有关问题,运用各种方式化解顾客异议。

③ 化解顾客异议的语言技巧。售楼人员说服顾客,化解顾客异议要善于运用语言技巧,如恰当的使用转折语言技巧。有经验的售楼人员常用"对……但是……"或"是的……不过……"的转折,首先是尊重顾客的意见,避免顾客产生抵触情绪,随后说出自己的观点,换一种角度说明问题。例如一位顾客看完一套房子后,其他各个方面都比较满意,唯独觉得厅不够方正而提出异议。售楼人员可以这样解释:"对,厅不够方正会影响家具的摆放,但是千篇一律长方形的厅其实缺乏个性,先生完全可以对有角度变化的厅作一番精心设计,给人一种品位不凡的感受。"推销人员这种语言转折技巧有助于克服顾客的疑虑。

(2) 顾客心理特征与说服技巧

买卖,攻心为上。售楼人员需要运用心理学等知识对顾客进行说服工作。台湾有关专家曾把楼盘买主的心理特征分成12种类型,并提出相应对策,现介绍如下,供售楼人员说服顾客时有选择的参考,灵活加以运用。

① 理智稳健型。特征:深思熟虑,冷静稳健,不容易被推销员的言辞所说服,对于疑点必详细究问。对策:加强产品品质、公司信誉及独特优点的说明,一切说明须讲求合理与证据,以获取顾客理性的支持。

② 喋喋不休型。特征:因为过分小心,竟至喋喋不休,举凡大小事(如小至一个开关、一块砖)皆在顾虑之内,有时甚至离题甚远。对策:推销应先取得其信任,加强他对产品的信心。离题甚远时,须随时留意适当机会将其导入正题。从下订金到签约须"快刀斩乱麻",免得夜长梦多。

③ 沉默寡言型。特征:出言谨慎,一问三不知,反应冷漠,外表静肃。对策:除了介绍产品,还需以亲切、诚恳的态度拉拢感情,想办法了解其工作、家庭、子女,以闲话家常来了解其心中的真正需要。

④ 感情冲动型。特征:天性激动,易受外界怂恿与刺激,很快就能作出决定。对策:开始即大力强调产品的特色与实惠,促其快速决定。当顾客不欲购买时,须应付得体,以免影响其他顾客。

⑤ 优柔寡断型。特征:犹豫不决,反复不断,怯于做决定(如本来觉得四楼好,一下又觉得五楼好,再不六楼也不错)。对策:推销员须态度坚决有自信,取得顾客信赖,并帮助顾客决定。

⑥ 盛气凌人型。特征:趾高气扬,以下马威来吓唬推销员,常拒推销员于千里之外。对策:稳住立场,态度不卑不亢,尊敬对方,恭维对方,找寻对方弱点。

⑦ 求神问卜型。特征:决定权操之于"神意"或风水师。对策:尽力以现代观点来配合其风水观,提醒其勿受一些风水说迷惑,强调人的价值。

⑧ 畏首畏尾型。特征:购买经验缺乏,不易作出决定。对策:提出信而有证的业绩、品质保证,行动与言词须能给予对方信赖感。

⑨ 神经过敏型。特征:容易往坏处想,任何事都会刺激他。对策:谨言慎行,多听少说,神态庄重,重点说服。

⑩ 借故拖延型。特征:个性迟疑,借词拖延,推三阻四。对策:追查顾客不能决定的真正原因,设法解决,免得受其拖累。

⑪ 斤斤计较型。特征:心思细密,"大小通吃",锱铢必较。对策:利用气氛相"逼",并强调产品之优惠,促其快速决定,避开其斤斤计较之想。

⑫ 金屋藏娇型。特征:出钱者通常不愿曝光,决定权常在未出钱的女子。对策:拉拢女方,帮其选择合适产品,但亦不能太疏忽男方。

7. 售楼人员的交易促成

售楼人员交易促成的技能犹如足球运动员临门射球功夫,成败得失在于一役。售楼人员在与顾客洽谈的最后阶段要把握有利时机,"起脚进球",促成楼盘成交。

(1) 善于捕捉成交信号

所谓成交信号,是售楼人员在与顾客洽谈中顾客流露出来的准备购房的信号。售楼人员在与顾客洽谈的最后阶段,及时发现和积极捕捉顾客的成交信号,抓住机会,因势利导,达成交易。顾客的成交信号一般可分为语言信号、表情信号和行为信号。

语言信号是顾客通过语言表现出来的成交信号。例如顾客在全面了解了楼盘各种情况和对楼盘的价格讨价还价之后,再反反复复询问大大小小的问题,唯恐自己疏忽大意或上当受骗,这有可能下决心决定购房。

表情信号是顾客通过面部表情表现出来的成交信号。例如顾客通过一番讨价还价以后,突然沉默不语,神情专注,这有可能是考虑购房的无声语言。

行为信号是顾客通过行为动作表现出来的成交信号。例如顾客频繁的看房,多达三五次甚至次数更多,应该视为顾客有意购房。

(2) 创造良好的成交环境

发现和捕捉到顾客成交信号后,售楼人员要创造良好的成交环境以利楼盘的成交。一般说来,人来人往、声音嘈杂的地方不是楼盘成交的理想地点,售楼人员可以请顾客在安静舒适的地点或售楼处签约室商谈最后成交事宜。

售楼人员创造良好的成交环境还包括营造良好的成交氛围。售楼人员在最后成交关口不能急于求成,对顾客不能催促过紧,否则会引起顾客的猜疑和反感,导致前功尽弃。售楼人员在最后成交关口要保持不急不躁、自信从容的心态。

(3) 适当运用成交策略

售楼人员适当运用成交策略指在不欺骗和不愚弄顾客的前提下适当运用一些策略性方法,促成顾客成交。例如楼盘中某种类型房子确实将要售完,可以向有意购买此种类型房子的顾客提示最后成交机会,这种策略称"最后机会法"。一般人们都有"机不可失,时不再来"的心理感受,好的房子一旦错过购买机会也会后悔莫及。最后机会法正是抓住顾客这一心理特点,促使顾客珍惜购房机会,增加顾客成交时机压力,促使顾客果断签约购房。

8. 售后联络

售楼人员和顾客从达成交易签订购房合同到顾客入住现房这段时间,一般短则几个月,长达1年以上,这段时间售楼人员需要和顾客保持经常的联系,增加双方之间的信任和感情。

售楼人员在售后至顾客入住这段时间和顾客的联络是售楼工作的延续。签订购房合同后,还涉及收取顾客楼款余款、办理有关手续等事项,这些都需要顾客的配合。交房时,由于种种原因,现房实际情况与原先广告宣传销售承诺等会有一定的出入,这时需要凭借售楼人员和顾客之间良好的关系来进行沟通乃至协商解决遗憾问题的办法。否则,顾客会提出赔款、退房或投诉,这样会给售楼工作带来很大的危害。

售楼人员的售后联络是现代营销方式的需要。传统营销与顾客是一次性的交易联系,是一种短期行为。现代营销方式关注与顾客保持长期的、双向的、维系不变的关系,期望通过老顾客介绍新顾客,产生销售滚雪球效应。

售楼人员的售后联络一般是电话联系,也可以通过信函、上门走访等方式,特别是顾客买房后再来售楼处或来电来信询问或要求解决有关事情,售楼人员一定要热情接待。

(六) 售楼部包装

售楼中心又称销售中心,是向客户介绍楼盘和展示楼盘形象的地方,同时也是客户作出购买决策并办理相关手续的地方,销售现场的准备是营销推广工作非常重要的一环。诚意客户在接到楼盘销售的信息后决定来现场参观,营销中心现场状况将直接影响其购买行为。现场工作包括楼盘建筑模型、看楼通道、样板房、形象墙、户外广告牌、灯箱、大型广告牌、导示牌、彩旗、示范环境、施工环境等都要精心安排。

1. 售楼部选址原则

一是位置显眼,有利于展示项目形象,最好迎着主干道,在进行营销活动时易于吸引过往人流。

二是交通便利,有利于置业者快捷到达。人、车都能方便到达,且有一定的停车位,最好也能方便到达样板房。场地扩容性比较强,停车方便,交通疏通容易。

三是位置相对固定,与施工时序高度结合。营销中心位置要相对固定,与施工场地容易隔离,现场安全性较好,不能因为施工时序的推进而经常变动。营销中心场地宽阔,环境与视线较好,便于开展大型主题营销活动。

项目的售楼部就设在会所是不错的选择,既保证展示项目形象,位置又相对固定,不会因为项目进度而随时拆掉。项目所处的城市面积较大和目标客户分布范围大时,要设置营销分点和接送点,实施专车接送看楼服务。

2. 售楼部设计布置原则

卖房子不像日常生活用品那么简单,开发商的成熟与理性有时就体现在对细节的操作上。有时候,一个小小的细节——售楼部门口摆放的垃圾、乱停的车辆、一句该有而没听到的问候语、举手投足间该有的谦让等诸如此类经常被我们所忽略的"小细节"常常就能决定一次购买行为的放弃。

反之,如果是那样的细节——插在透明玻璃花瓶中的鲜花,精美茶具里一杯醇香的清茶,或者一杯香浓的咖啡,柔和优美的背景音乐,舒适的座椅,室内植物散发出来的清新空气等等,不经意处无一不透露出开发商的用心和细致入微,由这样的开发商来建筑我们未来的生活、工作之处能不令人憧憬吗。

房子在我们眼里的概念是每平方米多少钱,可是在消费者眼里它是一个倾尽半生甚至一生心血来交换的一个美好梦想。尤其是对于期房销售,怎样多花些功夫,能让看楼者提前感受到未来的生活方式与工作气息,对于强化消费者对期房的信心起着重要作用。

对于售楼部环境的整体设计和细化,从有利于销售的角度出发,主要有以下原则:创新,个性化;环境布置细化;服务质量的高素质随时随处可见;丰富售楼部内部空间,延长客户停留时间。

3. 形象与构成

形象与构成包括室内和室外两大部分,两者均不可偏废。室外部分是一个整体的楼盘视觉引导系统,结合楼盘本身的包装,旨在营造出醒目、浓重的楼宇销售氛围。这里主要介绍一下室内部分。

售楼部功能设计的功能分区包括接待区、洽谈区、模型展示区、音像区(兼作休息区)等。售楼部室内形象的构成包括整个接待和展示大厅的设计风格、家具的摆设、售楼资料的准备、模型配备、展板、样板房设计及展示等,全面展示公司的经营形象和楼盘形象。

(1) 售楼资料的准备。一个楼盘进行销售前都必须备齐相应的资料,如售楼书、认购协议书、付款方式、价目表和办证程序等,全面介绍楼盘的情况和购楼者必须知道的相关注意事项,让购房者首先自己阅读了解,以免售楼人员事无大小地讲解。

(2) 模型。包括总规模型和分户模型。总规模型反映楼盘的全貌，使购房者对未来的生活小区有一个直观的感受。而分户模型则是把户型的平面和立体结构展现出来，使看楼者清楚地感受到未来家的结构。总规模型不仅是建筑物的浓缩，而且还要体现小区的景观、绿化、生活配套设施、休闲娱乐场地等，实际上是建成小区的微缩景观。制作精美的模型一下子就会打动看房人士，加上售楼人员导游似的介绍，未来的美好生活空间景象便一幕幕地展现在看房者的眼前，从而激发起购买欲望。

(3) 展板。展板是把开发商的背景、楼盘的综合情况（如相关技术指标、配套设施、装修标准、物业管理等内容）、购房需要履行的手续等一块块制作好后挂于墙上（也有用支架立于地面的），供看楼人士参观阅览，同时也起到烘托售楼现场气氛的效果。

(4) 电视录像。楼盘的电视广告对楼盘进行精心讲解，突出重点，简化售楼程序。

(5) 摆设随楼附送的设备样品，并设置装饰材料展示厅，让客人能仔细挑选其所喜好的，使客人感到他们的权利能够充分体现。

(七) 样板房包装

样板房是货真价实的户型的展现，样板房的出现是激烈的市场竞争的直接产物。20世纪90年代以前房子是紧俏商品，不愁卖不出去，没有样板房之说。当前，在我国的一些大城市，出于市场竞争激烈，设置样板房已成为开发商卖楼必不可少的道具。样板房设计得怎样对售楼效果影响甚大。

1. 样板房在营销中的重要性

样板房既然是激烈的市场竞争直接导致的产物，就有其不可替代的地位。在现代的房地产市场，制造一个能扬长避短的样板房已是各开发商在营销策划时不可缺少的一部分。许多开发商各显其能、各施本领，不惜花巨资、花大力把楼盘当"新娘"来装扮。从某种程度上说，开发商已从媒体广告大战转入样板房大战。

现在的准业主已逐步走向成熟，尤其是二次置业者。他们善于比较，对户型结构设计十分挑剔。在开发项目时，由于种种原因造成户型的不合理，需要开发商花些心思通过样板房的装修来遮挡这些缺陷。

很多消费者怕麻烦，在买楼的时候，往往以样板房作为自己未来的家的假想。他们进楼盘的第一件事往往是直奔样板房，而不是静静地看户型，更不愿听售楼人员的唠唠叨叨。

开发商用巨资做广告倾诉楼盘地段如何好、如何便利，已经不足以提高消费者的信心了。通过策划高手营造诱人的悬念，也已不再像从前那样具有感召力了。于是，实实在在的做一些样板出来，让准业主们从样板房中看出开发商的做事风格，体现开发商的人居观念，展示开发商的管理潜力，已成为一种趋势。许多开发商以样板房作为广告的主题，例如，广州中海名都样板房标榜新生代的生活，以"都市生态园"为宣传核心。样板房的主要作用如下：

(1) 修饰户型。样板房的作用不仅在于多一种实物展品，更在于通过设计师的匠心使原本单调甚至是有缺陷的空间变成一个充满生机、实在而又温馨的"家"。

(2) 提高顾客的购买欲。样板房设计得体，会得到顾客的喜爱进而使其产生购买欲。现在的买家对期房信心不足，能把样品房设在楼里，能加强买家的信心，增强其购买欲。

(3) 展现开发商的实力。在样板房的设计和建造中，体现开发商的开发概念和居住设计的观点，这些都在展示着开发商的实力，表达出各开发商之间不同而富有特色的经营理念。

２．样板房的分类

样板房作为一种销售道具，最终会随着销售的完结而有自己的归属，或是毁掉或是卖掉。按样板房最后的不同归属，可将其分为 3 类。

第一类：能完整卖掉的样板房。这种样板房应该说是最成功的，因为它们最终被某些业主看中，就说明它们不仅在大面上满足了展示功能，而且在细节上也是考虑周全的。反过来讲，开发商对样板房用心，提高了他们在业主心目中的经营形象。这种形象实际上很可能就是准业主们信心的保障。

第二类：半拆样板房。这种装修可能在布局上是合理的，在大面上也是成熟的，但为了营造视觉效果，灯具上布置得灿烂辉煌，家私尺寸却大大缩水。接手的业主要做适当的修改才能入住，或者入住后才发现问题，憋一肚子气，敲敲打打。这种装修开始能蒙住一部分顾客，但业主在自家实施装修时会很棘手，很可能传出不良的口碑，影响后期销售。当然。消费者越来越精明了，现在很多人看样板房是带着尺子去的，你蒙不了他。

第三类：全拆样板房。不考虑实际接受程度，滥用材料，全方位地作秀，也是很多开发商刻意追求的样板房形象。比如说大量利用地毯，营造好看的画面效果；到处使用镜面材料，扰乱正常视觉。这种装修严重缺乏家居氛围。舞台式的样板最终结果可想而知。就样板房而言，毁了也就毁了，不值多少钱，但这种不食人间烟火的包装，拒人于千里之外，实际受害的当然是销售方。

３．样板房的设计与制作

样板房的设计应是观念第一、装修第二。设计的观念应鲜明、风格崭新，样板房的建造充满个性。但有一点应注意的是样板房的设计概念应与开发商在开发项目时所用的设计理念相吻合。

（１）样板房的市场定位与风格定位

开发商在业主群分割定位上都有自己明确的目标，并通过各种宣传手段把大量顾客吸引到地盘，若是样板房展示的风格不对顾客的口味，则会失去一部分顾客，所以装修风格的定位也就较重要。

确定样板房的风格实际上很不容易，尤其是那些档次上很难明显划分的楼盘，其客户的品位也处于一种不定状态。开发商确定样板房风格定向时，一般有以下几种方式：

① 老板说了算。开发商作为老板，自策自划，然后交给普通装修公司实施了事。这种做法比较初级，问题也往往很多，照葫芦画瓢，用材料堆砌，把房子做得拥挤不堪，结果显然不会好到哪里去。

② 代理公司说了算。很多楼盘聘请专业代理商进行销售，全程策划的代理商通常参与样板房的设计，提出明确的风格走向，然后把这些想法交给不懂设计只做施工的工程公司去办理。由于代理公司本质上不具备专业装修经验，在传达意图上不能形象表达，使得施工单位交出来的作品往往大走其样，这也是一种尴尬。好在有人从销售角度指导和监督，运气好的时候，这种方式也是有好的效果的。

③ 设计公司说了算。开发商把意图转交给代理商，代理商再根据横向经验总结归纳成条成点，然后再委托有家居设计经验的设计公司，最终由设计公司全盘打理。这是一种最新的方式，是最昂贵的方式，也是最有效果的方式。这种做法已被大型的品牌地产公司普遍

采用。

(2) 通过观念塑造样板房

样板房绝不是个体意念的体现,它应该具有共性,也就是说,它在很大程度上要能概括相当群体的审美意识。所以,无论是什么形式的样板房,它必须代表一种观念、一种生活态度。用观念塑造样板房重点体现在以下几个方面:

① 加深对样板房作用的理解。通过专业室内装修设计对样板房的制作,可弥补户型的不足,改善房屋的视觉效果。另外,样板房的制作费用可以让买家了解房屋装修价格。对于准业主来说,由于样板房是成形装修、一步到位的演示房,是一个非常真实的实物展示,没有图纸上的那种朦胧轮廓,真实、可信,对属于自己将来的家居可以一目了然。

② 装修＝室内设计＋装饰。通常而言,样板房是由装修和陈设构成。装修实际上是"室内建筑",也就是说,应该用建筑的手法调整室内空间比例,让它变得更加饱满一些、有力一些、合理一些。

③ 引导生活品质的提升。在装修时,注重功能的开放设置也是样板房重要的内在因素。如何通过现代化设施的安排,导入一种更加人性化、更加超前的生活理念,从而反映开发商的经营眼光和水准也是很有必要的。比如,在一套 $200 m^2$ 的复式房里,设置中央热水、垃圾处理系统、指纹中央锁系统、吸顶空调、擦鞋器、衣柜、洗手间加洁身器等等。只有这种既先进又经济的功能设施才能实现真正意义上的高档,从而可能"捕获"一大群新贵客户。实际上,价值观念和审美取向变得越来越实际是不可阻挡的趋势。开发商如何在超前或同步状态下与目标消费层取得心理共鸣显得至关重要。

④ 用"文化"包装样板房。"文化"在商业上发挥的作用越来越大,这是因为技术的相近使得同类商品的质量差异不再大,而包装则会出于"文化"参与力度的不同而使商品产生重大的层次差别。样板房的包装——装修,也是这个道理。装修所涉及的文化因素极多,不同的组合便有不同的风格,不同的风格迎合着不同的客户群体。要想获得信念坚定的市场一定要有一个明确的文化概念,并通过样板房来渲染这种概念便是极其重要的途径。

(3) 设计样板房的关键问题

① 包装切合主题。万科俊园的样板房设计,以墙色、艺术画、雕像、浮雕、吊灯、壁灯、雕栏等营造艺术品位,突出楼宇的古典欧式风格,体现万科品牌俊园的豪雅气派。从外到内,大到厅堂,小到每一个建筑局部,都力图包装出高雅非凡的效果。

② 注重细节,充分利用每一个空间、角落。广泛使用指示牌、说明书,布置在走道、通道、门口两侧、转角处、栏杆、家具上,说明方向、用途、材料、面积以及注意事项等等。例如电梯间,电梯按钮旁嵌有可到达何处参观的字样;内壁上还挂有关于交楼时所安装的为何种品牌电梯的说明以及电梯效果图。示范单位布置周到,居家用品摆设相当丰富。例如衣架上挂有主人衣物,餐厅壁柜摆满酒具,构造已有人入住的家的感觉。

③ 样板房应给人一个真正的家的感觉。样板房不是简单的展示单位,样板房要营造一个真实的居家环境。各个房间部署、摆设,各局部的细节处理,都应给人一种马上就能舒舒服服住下来的感觉。万科的样板房就包装得十分细致周到,厨房里冰箱、厨具、水果、蔬菜、调味品、碗盆碟杯等一应俱全。这样,消费者一边考察参观,一边又不自觉地把自己融入居家的角色,很容易产生认同感。豪宅的样板房最重要的核心是主人间。一般来说,主人房是套房中最私密、最安静之处,因而其位置所在、房门朝向、床位摆放等都应慎重考虑。

④ 色调应强化促销氛围。目前香港的样板房装修多用比较素淡的色调,如乳白色、淡黄色等,用料也较为考究。而内地的样板房装修用色较为鲜艳,五彩缤纷,容易使顾客注意力分散。

⑤ 样板房的数量控制。户型较多的住宅楼盘不用每种户型都搞一个样板房,从成本上考虑,做几个主力户型的样板房就可以了。特别要注意的是,不要把不同户型的样板房例如大面积户型与小户型的样板房放在一起,显得楼盘档次定位不明。

⑥ 电梯与通道、楼梯的包装。电梯要直通样板房。通往样板房的通道应整洁明亮,注意布置一些灯光及小展板、镜画、文字标识等,把通道也变成广告看板。样板房所处的楼梯应注意清洁和照明。

(八) 工地现场包装

工地现场包装主要包括楼体、围墙、交通指示、绿化、现场办公室、工棚等方面的包装。工地现场环境策划技巧:楼体广告要少而精,围墙广告要主题新、个性强,交通指示广告要位准图简,环境绿化要分批分量,现场办公室要简易灵活,工棚要整洁环保。

1. 建筑物主体

建筑物主体在建造到一定的高度时,整体形象基本凸现,要进行楼体广告包装。制造中观效应,即使置业者在较远距离也能看到楼体广告语,体会到建筑的进度形象与营销活动气氛。这就要求楼体的横幅广告语简洁易记,即要求广告字数少、制作尺度大。一般依据营销活动需要,可分为固定广告语与临时广告语包装。固定广告语内容包括项目名、项目主题、销售电话。临时广告语内容包括物业阶段性卖点,如楼盘新近所获得的荣誉、阶段性活动主题、竣工封顶、入住、物业公司入驻等内容。

2. 工地围墙

用于分隔施工现场,保证客户看楼的安全和视线的整洁,一般可用普通的砖墙,也可用围板。选择人流量大或景观视野较好的位置实施工地围墙重点包装。四至(东、南、西、北)范围不大的项目,工地围墙可以采取广告喷绘或展板;项目四至范围较大的项目,采取砖墙面喷绘或广告铁架节点式摆设形式。

工地围墙广告语较为丰富,所有卖点都可以罗列,如建筑单位质量工期宣传、物业特点、企业文化等均可。最主要的内容必须具备形象差异性。工地围墙常规的广告内容,前期以展示物业总体形象为主,后期配合营销主题活动进行气氛点缀包装。

3. 主路网及指示路线

在项目周边主要交通路口或市政道路指示不明确的情况下,必须进行交通指示系统包装,装设项目位置指示图。施工现场内外环境必须按照文明与安全施工要求进行包装。

施工现场的进出口要装设项目总平面区域划分与交通指示图。现场施工办公室与工棚要进行物业导视系统包装。

4. 环境绿化

环境绿化包装要充分考虑养护、维护的难易程度,依据工期进度与营销活动需要进行包装,切记要逐步包装,不能一步到位。一般先进行水体造型、雕塑小品等设计施工,如喷泉、跌水、游泳池、假山石、花架等;然后进行绿植、花草类;接着在营销活动时再进行绿化丰富,如用时令花卉与装饰灯具进行点缀,以渲染气氛。环境绿化要结合项目具体情况,注意灵活处理。如旅游度假项目,有时绿植(乔木、灌木、草地)甚至要在建筑主体施工之前进行。

第二节 房地产形象策划案例分析

案例一 黄石路项目形象定位策划案例

一、项目概况（略）

二、市场定位

在今天竞争如此激烈的房地产市场上，应该确定一个正确的市场目标来导向整体销售部署。要清楚项目本身的优点和缺点，知己知彼，扬长避短，给本项目树立一个鲜明、清晰的形象，从而在众多楼盘中脱颖而出。

1. 形象定位：白云山下的生态小城

机场的搬迁及政府以机场为中心的"白云新城"规划确立后，本项目将处于"白云新城"范围之内。但是由于处在城乡结合部，周围有大量的农民房，且自然环境没有依山傍水，这样就很难形成独特的卖点。为了能够在整个客观环境中突围，树立独特的楼盘形象，同时加强和对面富力阳光家园的竞争力度，本项目必须制造卖点，形象上也就至关重要了。由白云山联系生态，又由鹤体现祥和美好的绿化环境，树立起"白云山下健康生态新社区"形象，楼盘形象将会脱颖而出。

2. 档次定位：中档

项目所处的位置不能与新广北路、黄石东路一线的楼盘相比，但是有富力阳光家园等知名楼盘共同造势，使楼盘又区别于机场路的几个楼盘，如百顺台、紫荆花园等，使整个地块有一个明显的上升势头。而现在楼盘定位是中档，在硬件及软件等方面完全配合的情况下可把楼盘的形象再次提高，亦可以面对瞬息万变的楼市迅速进行调控。

三、主题形象建议

1. 命名

(1) 千鹤园——白云山下的生态小城

(2) 野玫瑰花园——意大利的红粉城

(3) 福临门花园——殷实之家，幸福一生

2. 分析

第一个命名以"鹤"点题，用"白云山下的生态小城"为主题形象，美丽的白云，山里的仙鹤，给阳光小城带来无边的惬意，使买家真正处于大自然中。而黄石西路段是城乡结合部，周围的农民气息浓厚，如此命名，则拉开了一定的距离，有富贵之家的含义，又有强烈的亲切感。对面的富力阳光家园主打形象比较单一，但是发售时间比本项目早，占了"头啖汤"和品牌的优势。因此本项目在形象上必须深化，用鹤、阳光和白云山结合并与园林景点联系在一起，形成"百鸟闹黄石，千鹤独自怡"的"千鹤园"，将大大提高楼盘的形象和档次。

第二个名字是引入欧洲经典爱情故事——罗密欧与朱丽叶作为突破口，其中可解决两

个问题:一是借朱与罗的故事轰动入市,大肆炒作;二是寻找冲动源,即入市点。以爱情为主线的"感情寄托体"对家的转换,"给青年人一个履行承诺的方式——建家,给中老年人一个回忆的地方"。把感情同卖房子结合起来,"相约百年、守候一生",产生强烈的震撼力,引起心理的共鸣。缺点是地处城乡结合部,买家思想较传统,可能会产生一定的抵触,而且层次相对较低,很难形成双方的共同点。

第三个名字立足传统、实在,比较适合低档楼盘,但相对较呆板。

在以上所建议的3个名字中,较倾向于用第一个名字,下面的景点是围绕这个主题来规划的。

四、园林的主要景点及建议性规划思路

1. 主题广场

面向黄石路的主题广场作为楼盘开盘的前站应该有较大的景点。建议由8只身形各异的仙鹤围绕1个水瓶,水瓶是喷泉,每只鹤口吐水,形成"群鹤戏水"图,且为对外的中心休闲广场,方便周围居民,目的是提高楼盘的综合形象,留下良好的口碑。

2. 小区入口处

门口正中立一巨大的白色石碑,上面用银灰色刻上"千鹤园——白云山下的生态小城",并在巨石后面栽些灌木、爬藤植物,再在旁边设立岗亭。对大门的设计立足两点:一是突出个性,二是体现品位,且与鹤联系起来,如门口设计成一只鹤的形状。

3. 小区园林

小区园林用"千鹤园"命名;小区的观瀑台命名为"仙鹤台",并在上面建一个亭台,布些石桌、石椅等;在亭台上可设2只仙鹤欲飞状的雕塑。

4. "仙鹤舞球"

在瀑布源头设计几只闲鹤在低头啄食,泳池里则安排几只欲腾飞状的七彩的仙鹤,由其尖嘴巴托起一个圆水球,构成"仙鹤舞球"。

五、包装策略

为了使"千鹤园——白云山下的生态小城"从整体包装上配合概念宣传,建议在以下硬件上能配合整个包装路线:

1. 本项目的代表颜色

本项目的代表颜色建议用银灰色+草绿色。代表颜色主要体现在建筑物的外立面上,尤其是售楼部和示范单位的主要颜色以及销售人员的着装等。

2. LOGO的设计

圆环里(硬币状)是一只在沙滩上散步的仙鹤,旁边是呈180°的"白云山下的生态小城"八字。主要内容有鹤、沙滩、小山等。

3. 售楼部

建议售楼部设在黄石西路外面的中心广场旁,而且中心广场"群鹤戏水"的景点应该在刚开卖时就建好,并相应地建些其他小景点。原因是周围缺少休闲广场,此广场可供周围民众散步,同时也树立了良好素质的楼盘形象。售楼部外观颜色以代表颜色为主(即银灰色+浅绿色)。售楼部门前立两只鹤,左右可挂两幅吉利的语句,如"欢腾齐起舞,千鹤迎宾客"等

语。售楼部面积要大,体现舒适,主要以绿色为主,有秩序地摆10张左右桌椅,最好是古色古香(藤制),体现文化内涵。还可以在墙壁上挂以千鹤为主的画、字、图等,给人以楼盘浓厚的人文气息和较高素质的感觉,并布置两只石鹤在售楼部一旁做休憩之状,有一种安详舒适感。

4. 制作小区环境的动感模型

因为期楼不同于现楼,要让买家在"看不见,摸不着"的情况下买楼,唯有借助模型来引导买家,让买家清楚地了解本项目,所以模型在整个销售过程中将担当重要的角色。除了制作关于楼宇外观的模型外,建议可另外制作一个纯小区内环境的动感模型。因为在本项目的园林设计上费尽心思,务求把整个小区的规划布局变得更加完美,更将小区以突出的"千鹤"作主题。为了把这一切都告诉买家,亦为了把小区细致完善的规划更形象地展现在买家面前,更为了与市场上众多楼盘的模型相区别,制作一个动感模型是必要的。如水池的水在荡漾、树叶在迎风拂动等,让模型更逼真自然,充满动感,真正做到"留住所有人的视线"。

5. 展板

展板的内容能有效地将楼盘的卖点更好地展现于客人面前,而为了能提高楼盘的档次,建议以高档的有机玻璃材料制作。展板的底图以仙鹤等生态动物作背景,突出本项目为千鹤生态小城的特色。

6. 楼书

由于本项目将以一个全新的形象及定位出现,所以楼书与价目表等一系列的售楼资料希望能统一设计,以统一风格出现,以达到整体的包装形象,有利于提高楼盘档次。

7. 户外喷画

建议在售楼部邻黄石路的位置设计一幅大型的户外广告喷画,以吸引来往路人及车辆的注意,达到宣传及提高项目知名度的目的。喷画内容要以小区特色园林设计及千鹤汇聚于此处的画面为底画,建议制作尺寸为宽10 m,高6 m,喷画下则用5盏强烈射灯照射,以达到最佳的宣传效果。

六、项目形象宣传活动策略

1. 活动目的

本项目周边均是一些大型楼盘,如"富力阳光家园"、"白云高尔夫花园"等,开发商的知名度甚高。反观本开发商的知名度有限,从而或多或少地会令买家产生信心不足的感觉。另一方面,本项目的素质不容否定,形象包装设计方面亦独具一格,故建议在发售前应进行一定的公开活动,借此机会宣传开发商及楼盘,取信于公众,建立信誉度和知名度。

2. 借公开发售之机举办千鹤起舞嘉年华会

为了让本项目的全新形象为公众所熟悉,建议公开发售当日在现场空地举办一场大型音乐展示,名为"千鹤起舞嘉年华会",邀请电台名DJ做主持,节目表演过程中穿插关于本项目问题的有奖问答游戏,以活跃现场气氛,让"千鹤"形象深入民心,塑造社会形象。同时在各闹市区设置免费专车接送点接载客户到现场参观。

3. 举行千鹤摄影比赛

建议与动物园联络，共同举办摄影大赛。由摄影爱好者免费到动物园内拍摄鹤之美态，设一、二、三等奖，获奖者可获得购买本项目额外 9 折及"番禺野生动物世界"两日游等奖励，希望借此扩大本项目的知名度，亦彰显"千鹤园"的主题特色。

七、配合形象宣传活动的销售部署

在本项目推出市场之前通过软性宣传性新闻和适量的广告投放将楼盘之形象及嘉年华会传达给外界，引起市场关注与好奇，为项目日后的销售铺路。

本项目所处的黄石西路临近石井，而附近的村民和外来人员很多，所以选择在公开发售时在现场举办大型户外活动，主要是为了吸引这部分人流，在公开发售当日，聚集强劲的人气指数，引起轰动，让买家感到本项目热闹非常，诱发意欲购房者的购房冲动。另外，石井附近的村民一般都较富裕，亦是本项目重要的目标客源之一。与此同时，让部分销售人员流连在活动现场，寻找"实客"或指引客户进售楼部参观及选购。

通过这次嘉年华会，希望能为本项目打响头炮，增加知名度及影响力，借势促进成交。嘉年华会后，利用此次活动所产生的"余震"，在报纸上发表一定篇幅的文稿，重新向读者描述此次活动的火爆场面及震撼情况，借以提高楼盘的附加值及档次，从而提高老顾客的回头率及新客的人数。

另外，前面所提及的千鹤摄影比赛建议在公开发售前便在报纸广告上展开宣传，让摄影爱好者们有充足的时间筹备和拍摄，所有参赛作品于第二次展销会时在现场予以展览及宣布获奖结果，并作现场颁奖。此举不但可以利用大赛衬托出本项目以鹤为主题之特色，并借势再次聚集人气，带旺现场气氛，承接第一次展销会的热闹及影响力，令成交进一步上升。

由于现在距推售期还有一段日子，所以前文建议的销售部署先以前两次展销会为主，之后的销售策略会视楼盘的成交及市场反应作进一步的销售部署和活动安排。

八、方案解读：楼盘取名与形象包装

名正则言顺，随着房地产市场竞争的日益激烈，各种营销手法层出不穷，楼盘名称因其在营销传播中的特殊地位而备受关注。本方案正是围绕着项目命名而对项目形象定位、形象包装做出的建议书。

建议书把项目命名提升到项目主题形象塑造的高度来思考。为了增强竞争力和制造卖点，建议书把项目的主题形象定位为"白云山下的生态小城"，而楼盘名称"千鹤园"则是项目生态、健康、祥和的主题形象的浓缩和集中体现。

围绕着"千鹤园"这个名称，建议书从园林规划、包装策略、形象宣传和销售部署 4 个方面来展开。

1. 园林规划

主题广场、小区大门、小区园林均以鹤为主题，"群鹤戏水"、"仙鹤台"、"仙鹤舞球"等景点无一不与"千鹤园"名称相呼应。

2. 包装策略

为使项目整体包装配合概念宣传，建议书就项目代表颜色、LOGO 设计、售楼部、小区环

境动感模型、展板、楼书单张、户外喷画等方面如何细化做了分析安排,使"千鹤园"名称视觉化、形象化。

3. 形象宣传

举办"千鹤起舞嘉年华会"、"千鹤摄影比赛",传播"千鹤园"的主题特色。

4. 销售部署

嘉年华会及摄影比赛为首次和第二次展销会推波助澜,从而实现"项目命名—项目主题形象—项目销售"的飞跃。

案例二　惠州风华世家形象包装策划案例

一、地盘包装

1. 形象墙

大面积、个性化的形象墙展示是对消费者多层次渗透的一个部分,同时可以吸引眼球,扩大项目影响力。

2. 建筑主体

建筑主体选用大面积的条幅进行包装,是一种简单而成本低同时具有实效和时效的包装宣传方式。

3. 前广场、内环境

室外的广场状态直接表达了开发商的开发理念,环境的提前展示是一种信心和实力的表现,户外遮阳伞与桌椅则体现了人性的关怀,项目价格支撑都源于这些细节的完美。

4. 看楼路线

注意点:通风、采光良好,柔和色彩的运用,灯光展板渲染气氛,转折处处理,信道中的导示。

5. 导示系统

实效营销,昭示导示系统的有效运用是区域性实效营销的重点工具。

二、售楼处

1. 售楼处的位置选择

本项目售楼处应该放在演达一路靠近项目的一侧,置于商场首层靠南侧位置,销售通道和进料口应该完全隔离。

2. 装修风格要求

售楼中心是直接面向客户的场所,也是客户评判开发商及项目素质的重要考虑因素。本项目户型的分极化,导致推广的两个阶段客户定位和形象定位差异明显,前期"精致生活代言人"和后期"世家尊崇生活"的差异化要求项目售楼处在项目销售前后也应有所变化,因此售楼处的装修要注意以下几点:

(1) 售楼处的设计最好能够弹性化,以满足销售推广在第一阶段和第二阶段上的差异性。总规划面积 400 m² 左右,第一阶段只用 200 m²,其他作为后台仓库使用,商铺和大户型推广时,原来的后台部分变为前台,原来的前台适当整修以适应销售的调整。

(2) 接待区正对售楼处入口,方便业务员看到来往客户的位置,但应该保持一定的角度,避免直视,导致客户不自然。

(3) 在接待区要通过背景板营造视觉焦点。背景板可以展示楼盘的 LOGO、名称,也可以用图片展示一种氛围,接待区灯光要做特别处理,考虑天花的悬挂。

(4) 室内灯光要明亮,重点地方要有灯光配合作为强调,如展示板、灯箱和背景板等。

(5) 配合楼盘性质(产品定位和形象、客户定位)营造氛围,本项目应该在第一阶段体现"温馨、舒适和品质感",第二阶段在第一阶段的基础上增加豪华和尊贵的元素(不需要多大改变,只要改变部分符号元素就可以达到效果)。

(6) 主要卖点应该有明确的展示,如通过展板、模型和图片等。此外,必要的地方应该布置小装饰品和绿色鲜活元素。

3. 功能区间的分布

对办公仓储区、业务人员活动区、模型展示区、接待洽谈区、停车场、门前园林景观灯等进行合理布局。

4. 办公用品

销售大厅——电话 6 部,饮水机 1 台,音箱设备(提前接线),无线 MIC,大屏幕背投电视,空调接待台(双层),洽谈桌椅 8 套,沙发 1 套,接待台座椅 8 个,绿色植物若干。

经理室——桌椅 2 张,办公桌 1 张,文件柜 1 个,ISDN 上网电脑、打印机、传真机、复印机、POS 机、保险柜、点钞机各 1 台。

其他——更衣室衣柜和桌椅各 1 个,纸篓,烟灰缸,纸巾,复印纸以及销售物料。

三、样板房

1. 样板房选定原则及应用

重点推介户型及难点户型,方便客户参观,能够有一定的代表性。在本项目中 112 m^2 的三房两厅户型占总套数的近 40%,可以设 2 套样板房;四房 158 m^2 户型和 183 m^2 户型各设 1 个样板房;小两房设 1 个样板房;大三房也可以考虑设 1 个样板房。

2. 装修的总体构想

本项目各个户型所面对的客户群相对是比较明显的,在样板房的装修方面应该以适应各户型的主力客户为基本原则。

典雅大三房——中层管理人员和专业技术人员、部分生意人和商贩

温馨中三房——公务员及金融、学校、医务人员、部分中层管理人员和专业技术人员

舒适小四房——生意人和商贩、中层管理人员和专业技术人员

阔绰大四房——生意人和商贩、部分企业老板及高层管理人员

个性小两房——新兴白领,部分公务员及金融、学校、医务人员

据此,样板房的设立和装修均应从符合上述买家的身份特征和需求出发,提高物业品质,突出户型和结构优势,每个细节部分都充分考虑档次和实用并重,给客户居家生活的氛围,做到实实在在煽情。在几种不同风格的样板房中,我们针对几类客户具象描述,目的是根据他们的身份特征和喜好,使样板房能够引导客户产生这样的心理共鸣:这就是我心中所想的,但一直没有描述出来的生活。

3. 具体装修建议
(1) 典雅型

房号	户主	籍贯	年龄	职业	教育水平	家庭人口	日常生活习惯	喜欢的房屋风格
大三房带多功能房	××	广东	33	TCL国际电工品质部主管	大专	3	看电视,读《经理人》,带孩子到广场放风筝,在家做饭,夫妻二人去逛街,不管什么地方	装饰要雅致而有韵味,自己的房子是自己的一个最大的艺术品,需要天天欣赏而不厌倦,客厅要有档次,多用木材,稳重色调多,局部装饰有传统色彩元素

(2) 温馨型

房号	户主	籍贯	年龄	职业	教育水平	家庭人口	日常生活习惯	喜欢的房屋风格
三房	××	湖南	30	公务员	本科	2人(孩子即将诞生)	听歌、轻音乐、萨克斯,读《新周刊》等,多与太太散步或打羽毛球	素色麻质地毯制造温暖、温馨的卧室效果,整洁有序,空气中淡淡清香,天然木质双人床,布艺沙发,4个以上的乖乖抱枕

(3) 舒适型

房号	户主	籍贯	年龄	职业	教育水平	家庭人口	日常生活习惯	喜欢的房屋风格
小四房两厅	××	广东	35	装饰建材店老板	高中	3	在家看电视,和朋友聚会喝茶、聊天、打麻将,偶尔读《惠州日报》和《广州日报》,茶餐厅的常客	客厅要大、够档次,功夫茶茶具,色调庄重沉稳,金色应用多,讲究风水,客厅放置热带鱼

(4) 阔绰型

房号	户主	籍贯	年龄	职业	教育水平	家庭人口	日常生活习惯	喜欢的房屋风格
大四房两厅	××	河北	36	汽车销售公司总经理	大专	4	上网,读《汽车导报》和《MBA案例》,与朋友沟通,与家人团聚	大气、宽敞、明亮的居住空间,浅色调增加舒适感,有自己的书房,强调整个空间的开敞和儒雅,线条简洁明快,灯光明亮

(5) 个性型

房号	户主	籍贯	年龄	职业	教育水平	家庭人口	日常生活习惯	喜欢的房屋风格
小两房带花园	××	四川	26	IT人士	本科	2	上网聊天、打游戏,和几个老乡同学喝酒,陪女朋友逛街购物,喜欢DIY、足球和网球运动,看《南方都市报》、《女友》	对比色彩强烈,张扬个性,CD架必备,简洁组合式家居,音箱独特,卧室舒适,局部摆放雕塑作品,电脑在书房

4. 注意问题

(1) 样板房展示重点：两厅的风格、卫生间的细腻、过渡空间的顺畅、玄关的灵巧。

(2) 重视细节,如衣帽间内可分出领带、皮包、西服等隔断,给客人以细致的感觉。

(3) 样板房需局部体现出所处区域所代表的国家的家居风格,但不宜浓重,异域风情偏现代式,体现度假、享乐的休闲氛围。

(4) 样板房需明亮、开敞,避免出现暗室。

(5) 用灯光、材质色泽和构思的新颖体现装修的风格和品位。

(6) 户门不正对阳台门,注意梁柱的隐藏。

四、形象包装

形象包装的目的在于快速建立本项目在惠州的精致生活领跑者形象,通过楼书、海报、折页、展板、模型、文件袋、条幅、电视片来展示。

1. VI 系统

从细部渗透本项目与开发商的形象,如水杯、名片、环境导示、车辆等。

2. 楼书

在消费者对本项目有了基本的色彩与定位印象后,楼书属于他们深入了解本项目的必需品,要求突出项目的档次。以表现精品意识和精致生活前景,强调给客户的超值感和荣耀感为主要目的;表现上以大量精美图片为主,辅以简练、准确的文字说明;图片应该切合楼盘的形象,精致尊贵的同时应带有生活味;平面设计精美细致,文案构思在专业立场上突出生活理念。

3. 海报、DM、户型折页

作为项目楼书的补充,通过派发、夹送、直邮等方式扩大本项目的影响。海报比楼书成本更低,表现的内容可以更加灵活、丰富,可以采取4开对折,彩页双面;定期结合不同的主题营销活动制作不同主题的派发和直邮海报;根据不同的需要,一般一次印 3 000～5 000 份。

4. 展板

展板在售楼处内使用,提炼卖点,渲染气氛,根据售楼处具体情况安排 8～10 块。

5. 模型

项 目	内 容	比 例	要 求
项目本体模型	楼体、区位	1∶100	标注项目区位,楼体采用灯光效果分栋控制
分户模型	各个户型	1∶25	材质通透,风格现代大方,空间宽敞,作为样板房的一个补充
小区园林模型	小区园林绿化	1∶100	细腻丰富地表现环境的舒适、人性,体现价值感
商场部分模型	商铺分割	1∶60	标注各个铺位的区位,将柱体视觉弱化,强调通畅感

6. 手提袋

取代文件夹,放置楼书、海报、纸笔、销售文件,更加符合现代人的出行办公习惯。

7. 电视片

作为未来生活方式的一种提前演示,增加准业主的向往感,突出楼盘的物业管理和精致的生活形象。

8. 客户通讯

在销售过程中,以客户通讯录建立起新老客户、业主与楼盘开发商之间的联系,使项目具有一种动态的感情与理念传递效能,便于关系营销。

五、包装费用

各种包装费用均为经验数字,具体以实际发生情况为准。

现场包装		形象包装			
包装项目	费 用(万元)	项 目	单 价	数量(本)	金额(万元)
售楼中心(包括配置)	35	楼书	8元/本	8 000	6.4
样板房5套(包括配置)	30～50(可通过销售回收,在此不计算在内)	精致生活手册	8元/本	8 000	6.4
看楼通道(导示及配置)	2～5	海报、折页	0.6元/本	15 000	0.9
户外导示(1块户外广告1年)	区内报建,主要是使制作更换费用,约3万元	客户通讯	—	—	控制在1万元以内
形象墙包装	1.5～2.5	DM直邮	1元/份	15 000	1.5
前广场	按未来小区园林建造,增加包装费约1万元	手提袋	3元/个	5 000	1.5
售楼处内导示	0.5	展板(6～8块)	400元/块	10	0.4
灯杆旗	1.5	模型	5～8万元	—	8
		电视片	—	10分钟	5
合 计	约44				约32
总 计					约76

第八章 房地产广告策划

第一节 房地产广告策划技术要点

房地产广告,是指房地产开发企业、房地产权利人、房地产中介机构发布的房地产项目预售、预租、出售、出租、项目转让以及其他房地产项目介绍的广告。不包括居民私人及非经营性售房、租房、换房广告。房地产开发商要加强广告意识,不仅要使广告发布的内容和行为符合有关法律、法规的要求,而且要合理控制广告费用投入,使广告能起到有效的促销作用。这就要求开发商和代理商重视和加强房地产广告策划。但实际上,不少开发商在营销策划时只考虑具体的广告的实施计划,如广告的媒体、投入力度、频度等,而没有深入、系统地进行广告策划。因而有些房地产广告的效果不尽如人意,难以取得营销佳绩。随着房地产市场竞争日趋激烈以及代理公司和广告公司的深层次介入,广告策划已成为房地产市场营销的客观要求。

房地产广告策划是在广泛的调查研究基础上对房地产市场和个案进行分析,以决定广告活动的策略和广告实施计划,力求广告进程的合理化和广告效果的最大化。房地产广告策划不仅能够进一步明确开发商的目标市场和产品定位,而且能够细化开发商的营销策略,最大限度地发挥广告活动在市场营销中的作用。

一、房地产广告类型和策划原则

(一) 房地产广告的类型

根据广告的目的,房地产广告大致可分为4种类型:

(1) 促销广告。大多数的房地产广告属于此类型,广告的主要目的是传达所销售楼盘的有关信息,吸引客户前来购买。

(2) 形象广告。以树立开发商、楼盘的品牌形象并期望给人留下整体、长久印象为广告目的所在。

(3) 观念广告。以倡导全新生活方式和居住时尚为广告目的。例如"广州后花园"概念盘就是传播一种在繁忙紧张工作之余去郊外居所里享受轻松生活的新观念。

(4) 公关广告。通过以软性广告的形式出现,如在大众媒介上发布的入伙、联谊通知,各类贺词、答谢辞等。

(二) 房地产广告策划遵循的基本原则

开发商可根据营销战略的需要将几种广告类型结合起来考虑,组合运用。在进行广告策划时应遵循以下原则:

(1) 时代性。策划观念具有超前意识,符合社会变革和人们居住需求变化的需要。

(2) 创新性。策划富有创意,能够塑造楼盘的独特风格,体现"把握特色,创造特色,发挥特色"的策划技巧。

(3) 实用性。策划符合营销战略的总体要求,符合房地产市场和开发商的实际情况,具有成本低、见效快和可操作的特点。

(4) 阶段性。策划围绕房地产营销的全过程有计划、有步骤地展开,并保持广告的相对稳定性、连续性和一贯性。

(5) 全局性。广告、销售促进、人员推销和宣传推广是开发商促销组合的 4 种手段,广告策划需兼顾全局,考虑 4 种方法的综合效果。

二、房地产广告策划的内容

房地产广告策划内容丰富,步骤众多。策划者各有各的做法,繁简不一,没有统一模式。大体上可分为以下几个部分:广告策划流程、广告目标确定、广告主题与表现、广告媒体选择与应用、广告设计与创意、广告预算与安排、广告效果与反馈等。

三、房地产广告策划流程

好的广告对于房地产项目的成功运作起着非常重要的作用,在这里广告并不单指在媒体上发布的广告,其范围涵盖了看板、宣传海报、电视电台广告、报纸杂志广告、售楼处包装、工地包装、促销活动等。如何作出一个成功的房地产广告来大大推动项目的销售呢?这是开发商非常关心的一个问题。通常来说,一个项目的房地产广告运作与项目本身进程结合得越密切效果就越好,沟通和信任是开发商和广告公司(广告部)成功合作的关键。

房地产广告从其筹备到真正落实是一个非常复杂的过程,只有切实掌握好其中每一步的关键,才能最终得到理想的结果。其流程通常分为以下 4 个阶段:

(一) 准备阶段

1. 拿地,规划出产品

一般来说,从拿地到规划出产品都是开发商的事,广告公司在这个阶段是不介入的,但若是开发公司本身就有广告部,广告部的创意总监从一开始就介入项目的运作,包括拿下土地前后的前期市场调研、产品的规划与设计等,那么广告部在项目初期就紧密参与,因而对项目的了解是非常透彻的,非常利于项目以后一系列的推广。对于是自己组建广告部还是对外寻找广告公司这一点上,则是各有各的优缺点。若是开发商自己组建广告部,则对项目的了解会更加透彻,前期准备也就更加充分,同时在整个项目的运作中内部沟通会非常流畅;缺点是广告部受公司上层及其他部门制约较大,始终从开发公司的角度出发,视野狭窄,具有一定的局限性。对外选择广告公司,广告公司会更加专业,经验也更为丰富,此外广告公司从局外人的角度介入项目可以发现更加合适的产品主题;缺点是对项目有可能会理解不透彻,与开发商之间沟通和信任度不够,费用较高等。

2. 确定预算

(1) 广告预算内容

常见的房地产广告预算内容包括广告调查费用、广告制作费用、广告媒体费用和其他相关费用。

(2) 确定广告预算的方法。如果是对外寻找广告公司,开发商会在产品出来后根据项目的大小和性质来初步确定广告推广的预算。广告预算的制定还受到其他一些因素的影响,如市场竞争程度、广告投放频率的选择、销售速度的制定、企业品牌的知名程度等。广告预算测定常采用量入为出法、销售百分比法、竞争对等法、目标任务法等。通常大的房地产开发商会把销售百分比法和竞争对等法相结合来确定广告预算,一般广告预算大致控制在楼盘销售总额的1‰～3‰;而小的开发商则会根据销售状况阶段性地滚动执行,销售结果一旦不如意,广告预算便会停止。

3. 寻找广告公司

通常广告代理公司的选择会采取广告招标或经验选择两种方式。不同项目会根据其大小性质来选择不同方式寻找广告公司,有很多公司会和广告公司达成长期合作关系,这种模式也为开发商节省了很多甄选方面的时间,并且长期的合作关系也有利于广告公司和开发商就项目进行透彻的了解和合作。

(二) 实施阶段

1. 广告公司了解项目及购买对象信息

只有透彻的了解项目后才能制作出成功的广告作品。广告公司在接到项目后需要对产品进行彻底研究,内容包括项目周边情况、楼盘分析、近期楼市动向、项目地理位置分析、小区规划、设计特色、价格策略、竞争对手分析、消费者调查等。开发商会向广告公司提供大部分资料,但出于对项目的把握程度,大部分优秀的广告公司会就已给的资料进行更深入的调查,只有在吃透了整个产品及消费对象后,广告公司才会进行下一步的工作。

2. 广告公司出媒体计划

(1) 确定广告目标。房地产广告的成功与否,关键在于它能否在恰当的地点以恰当的方式传达给恰当的人。广告目标不能泛泛而谈,包括开发商在内经常会走入误区,把广告目标制定为提高知名度、促进销售、建立品牌等。事实上以上这些目标是一个房地产广告或多或少必然会达到的效果,要想对广告公司进行有效的指导,必须使广告公司明白一个确实可行的广告目标。

(2) 主题确定及创意表现。房地产广告策略的出发点是引起消费者的注意和兴趣,激发消费者的购买欲,并最终促使消费者购买该产品。因此,房地产广告一定要充分表现产品的优点,易于消费者理解、记忆和接受。首先是主题的确定,在深入了解产品后,广告公司就项目本身的卖点进行提炼,最后组织主题。一般来说,一个楼盘总有几个主要诉求点,几个次要诉求点,这些诉求点需要有其特别的地方,最好具有不可复制性,是其他竞争楼盘所不具备的。但是通常大部分项目很难做到这点,所能做到的是几个诉求点互相加起来才能呈现其楼盘的特殊性和不可复制性。其次是创意表现的确定。房地产广告创意表现应该根据项目特质及消费者性质来确定,在这里,开发商与广告公司之间沟通的程度是一个创意是否成功的关键。

3. 广告投放时间的确定

一般来说,小型项目的广告期间以1～2个月最多,中、大型的项目(营业额在2亿元以上)时间会长一些,有的甚至达到了一两年,而房地产广告时间的节奏通常可以分为集中型、连续型、间歇性、脉动型4种。

广告时间的安排即广告周期的拟订,通常分为3个期间:

(1) 引导期。初期的信息传播,重点是引起消费者的好奇与期待,吸引购买者的注意和行动。

(2) 公开期。楼盘被正式推向市场,一切媒体运作及印刷资料皆已准备就绪,一旦开盘,随着强销期的来临,大量的报纸广告,结合强有力的业务推广,如人员拜访、电话追踪等立体的促销攻击全面展开。

(3) 续销期。为公开期后的续销行为,将广告后期所余的房屋产品重新修正广告策略,改变已不适合或不当的广告方向,做最后的冲刺,以达到最圆满的成绩。

广告公司在拟订广告时间,即制定广告节奏安排的同时,要预先估算每段时间需要投入的费用。

4. 媒体选择

房地产广告媒体是用来传播房地产广告信息的工具,通常接触的媒体有报纸、杂志、广播、电视、户外广告、售点广告、传单海报、网络、空中飞行物等。选择不同的媒体以及如何正确组合不同媒体是极其重要的。一般广告公司会根据项目的大小、楼盘的档次、目标客户的定位、项目的区域、开发商的资金实力来选择媒体。大多数房地产的广告媒体会采用户外媒体、印刷媒体和报刊媒体3种形式。户外媒体因为位置固定,比较偏重于楼盘周围的区域性客源;印刷媒体可以定向派发,针对性和灵活性都比较强;报刊媒体和广播电视则覆盖面广,客源多。为了更好地发挥媒体的效率,使有限的广告经费收到最大的经济效益,应该对不同类型的媒体在综合比较的基础上加以合理的筛选、组合,以期取长补短,以优补拙。

(三) 传播阶段

在此阶段,前期各项准备工作已经非常具体、充沛,一旦项目开始运作就启动整个广告计划。在这个阶段需要注意的是,虽然前期工作已经准备得非常充分,但是市场是不断变化及不可预知的,因此在这个阶段,广告公司需要和销售总监密切配合,根据销售第一线及时反馈的情况来进行广告计划的修改。若销售情况基本符合当初的预制,则广告计划改动不大;若有一定的差距,可以就内容和推广节奏根据客户反馈的情况加以修改;若销售情况极差就需要及时更改广告计划,不要使失误更大。若广告效果不佳,有些开发商会采取更换广告公司的形式。其实如果问题不是出在广告公司业务水平的话,更换广告公司既劳神费力,同时也不见得会换到称心如意的公司。在这种情况下,有可能是产品本身有问题,另外就是当初广告公司和开发商就产品沟通得不够,因此可以根据市场反馈对产品进行相应的修改,同时就产品及目标客户进行更为详尽的研究,将项目重新包装上市,争取打个翻身仗。

(四) 评估阶段

营销学上通常说:广告主们都知道自己投放的广告里有一半是无效的,但是谁也不知哪一半是无效的。房地产广告也是如此,房地产广告和日用品广告效果反馈的最大不同点是房地产广告可以在广告投放后的当天就能直接在来电来访上得到体现。大部分的房地产项目已经能够通过客户的第一次来电的渠道建立广告效果跟踪制度,来电数量也成为广告投放效果的重要标准。在不同项目的反复实践中发现,来电数量的确能在一定程度上反映广告投放效果。但是过分强调来电数量就像完全忽视来电数量一样,会走向另一个误区。房地产广告的效果体现在3种层次:一是直接到访;二是电话询问;三是留下印象。因此电话数量就成了广告销售力的直接体现。但是检测不同项目,可以发现同样都是非常优秀的广告表现,同样都是无可挑剔的媒体选择,甚至同属于同一档次的项目,但是两者正常发布广告后来电数量却不同。可以看出,相对于广告表现来说,产品本身更重要。其中最重要的因素是地理位置、价格、销售时间段。通常来说,主要干道附近的项目来电量低,因为容易描述,容易到达,客户更多地会选择直接到达;高档项目(别墅,高档公寓)来电率低,因为目标客户群总量低;进入销售后期的老项目低,因为市场认知度高,电话询问不再成为最主要的了解手段。只有根据不同项目的特性做好来电来人给人留下的印象程度以及与最终成交量相结合的评估,才能正确测定一个广告的成果与否,使得广告公司能够更好地配合项目进行相应的调整与修改。

四、房地产广告目标确定

要保证广告有效,关键在于广告目标的确定。房地产广告目标是指房地产广告在一定的时间内,对特定的目标消费者所要完成的沟通任务和销售目标。广告目标的确定,必须以既定的营销决策为基础。如要求在半年内销售达到开发量的80%,这时,广告目标就应以如何达到80%的销售量为目标;如要求在1个月内让30%以上的市民知道将要推出的新楼盘的名称,此时,企业的广告目标就应以如何让30%的市民知道楼盘为目标。另外,所面对的目标消费者的情况对广告目标的确定也有重要影响。不同的消费者对企业及房地产的认知深度不一样,企业不可能让一个对自己所开发的楼盘一无所知的消费者来买房。因此,确定广告目标时,也要考虑消费者的认知深度和认知过程的阶段性,确定分阶段的广告目标。

(一) 广告目标的内容

房地产广告成功与否,要看它是否能把想要传达的信息与态度在适当的时候花费适当的成本传达给目标消费者。制定一个确实可行的广告目标应考虑以下六方面内容:① 所要卖的房子的特点是什么? ② 最重要特点是什么? ③ 目标消费者是谁? ④ 消费者为什么买或不买? ⑤ 要传达给消费者的信息是什么? 怎样才能使这些信息有效地传达给消费者? ⑥ 用什么样的准则来测定传达信息的效果?

(二) 广告目标的误区

房地产广告目标的误区常见的有以下几种:

1. 提高知名度

如果一间广告公司对开发商来说,此次广告的目标仅仅在于提高项目的知名度,就等于没有找到目标。因为只要有广告,就自然会产生知名度。知名度可以说是广告附带的结果,却无法对创作有指导意义。

2. 促进销售

这是最常见的广告目标,也是最空洞的广告目标。每个房地产广告的最终目标当然都是为了促进销售。即使是广州碧桂园早期的品牌广告,也是为了后期的销售服务的。要实现促进销售的目标,必须要明确具体依靠的手段,一定要具体,否则广告容易落空。

3. 建立品牌

这是广告公司最喜欢讲的广告目标,一个无比美丽却又很容易落空的希望。品牌内涵是什么? 靠什么来支持? 有足够的广告费吗? 这些问题不搞清楚,广告就犹如石子投入大海,只能溅起一点浪花,然后就消失得无影无踪。

认清上述广告的误区对房地产企业是很重要的,但每一个广告都有其特定的目的,这个目的可以很清晰的表达出来,比如可以这样表达:传达降价的促销信息;传达大榕树带给住户生活的好处;传达度假式生活的具体内涵;传达项目是国家示范小区;等等。唯有具体、清晰,看广告的人才会清楚广告想要说什么。如果信息对买家有吸引力,广告的效果就会水到渠成地实现。

广告目标又可以分阶段实现。如以大连海昌欣城首次公开发售为例,广告分为3个阶段,其传达给消费者的广告信息目标分别是:

铺垫期:以系列广告形式传达海昌欣城的主要特点——国际化社区,具体传达海昌欣城如何荟萃世界的精彩。

发售期:通过价格与形象之间的落差来推动销售。

发售后:建立、巩固海昌欣城大连明星楼盘的地位,主要以销售业绩、专家评价、媒介报道为依据。

这样的广告目标清晰、易懂,广告评判一目了然。

五、房地产广告主题与表现

房地产广告策略的出发点是引起消费者的注意和兴趣,激发消费者的购买欲望,并最终促使消费者购买房地产商品。因此,房地产广告的设计一定要易于理解,易于记忆,易于接受。要达到上述目的,必须在房地产广告设计上下功夫。从广告的内容上看,任何一个完整的房地产广告作品都包含题材、主题、标题、正文、插图5个部分。

(一)广告主题安排

一般来讲,一个楼盘总有几个主要诉求点、几个次要诉求点,除了说明书外,几乎任何一种媒体形式的每次内容表现都是以一个主要诉求点结合几个次要诉求点来加以展示的。实际操作中,归纳总结出几个主要诉求点往往轮流作为广告主题来强打,而且,当其中的一个主要诉求点被选为广告主题时,其他几个主要诉求点则与次要诉求点一样,有选择地作为广告主题的专一表现,可以最大限度地吸引目标客源。精心安排的广告主题轮流展示,则可以保持楼盘的常新常亮。

有时会发现,广告主题的选择好像并没有涉及产品的主要诉求人,而是和都市的四季变化、热门话题和生活习俗等密切相关。其实,这样的广告不是没有主题,而是主题相对隐蔽,创作者试图以亲和的姿态和近距离的角度来吸引客户,间接地引导大众对产品的兴趣。广告主题的轮流安排也不是无序的,它是和广告周期的安排和广告诉求点的内容紧密相连的。在产品引导期和公开期,广告是紧密相连的,广告主题多以产品的规划优势、楼盘的地段特征为主,通过形象的着力介绍,让一个新兴的事物尽快为客户所注目和了解。到了楼盘的强销期和持续期,除非产品有特别的优势,价格攻势往往成为广告的主要内容。在客户对产品了解的基础上,通过价格上的优惠折让和某些服务方面的承诺促使成交迅速放大。

(二)房地产广告的标题

21世纪房地产广告战烽火连天,如何让消费者在众多的广告中关注自己的楼盘广告,开发商和广告公司无不绞尽脑汁。

广告标题也称标语,它是广告文稿的精髓。广告标题的作用是概括和提示广告内容,帮助消费者一目了然广告的中心思想,既起到提示作品主题实质的作用,又起到引起消费者的兴趣及活泼和美化版面的作用。据美国广告专家调查,读者阅读标题的概率是文案的5倍。广告标题决定广告效果的80%。

一般来说,购房者可能每天都很忙,而且阅读广告的时间也很短,阅读广告时常心不在焉等。为了让顾客一眼就明白广告意图,最好能在标题中一语道破广告能为消费者带来什么好处。也有些标题间接宣传产品的特点和功能,用词讲究,具有艺术性,达到使人过目不忘的目的,给读者想象或回味的余地。

好的广告标题语能积累企业或楼盘的无形资产。如一听到"运动就在家门口"人们会想到广州奥林匹克花园,听到"五星级的家"就会想起广州碧桂园。

在房地产广告方案中,确定标题是广告写作的主要工作程序之一。在确定标题时,首先要做到掌握材料,仔细阅读稿件,分清主次,抓住中心,精心创意,对每一个字都要仔细推敲、反复权衡。

1. 坚持广告标题的准确性是撰写广告文稿的基本要求

标题一定要与文稿相符,深圳招商海月花园的一句"海风一路吹回家",不仅寓示深圳滨海大道的开通使从市区到该项目无比便捷,更让人体验到沿着深圳湾吹着海风回家的幸福和温馨。

2. 揭示广告主题是撰写标题的主要任务

也就是说,标题要体现主题思想。如广州丽江花园的"一方水土一方人,美善相随丽江人",体现了丽江花园高素质的住户和人性化的社区居住环境。

3. 撰写广告标题要开门见山,画龙点睛

尽管标题只有几个字,但是要利用点睛之笔给人以丰富的联想、深透的意境。这类广告的阅读率往往要高于无标题的广告。如深圳怡乐花园的"远看山有色,人来鸟不惊",以如诗如画的生活美景对购房者产生巨大的吸引力。

4. 语言要生动活泼,富于创意

用词要贴切,不要生搬硬套,更不要题不对文、故弄玄虚。深圳大世界商城"好地段+低价格=投资上选",言简意赅,突出了楼盘的地段优势和价格优势,是投资的首选。

5. 标题不宜过长,最好控制在12个字以内

专家认为超过12个字的标题,读者的记忆力会降低。标题过长只会分散读者的注意力,让人费思量。

6. 最具有推销力的标题是承诺给读者能带来什么利益

在标题中要尽可能回答你的潜在顾客所关心的问题。如深圳鹿鸣园"大房、大厅、大花园,鹿鸣园大大的不一样"的三"大"满足了购房者对房子间隔和环境的要求。

7. 能为人们提供最新信息的标题是最容易引起人们注意的标题

所谓新信息,是指广告标题中加上新闻性的消息,诸如新房型的推出、新技术及新材料的使用等。如银河世纪经典的"错层,创意来自美国山地别墅",着重宣传错层新房型的推出,极大地引起了业内外人士的注意。不久,错层概念就成为房地产市场中的新宠。

8. 标题要安排在醒目的位置上

标题的字体要区别于副标题和正文的字体,一般用大号字为宜。要把标题与图画视为一个整体,既要利用图画去配合标题,又要利用标题去配合图画,力求两者之间都起陪衬和烘托的作用,以增强整个广告的效果。

(三) 房地产广告卖点的多与少

房地产广告卖点是多些好还是少些好这一问题一直是业内人士争论的话题。有些人认

为多些好,理由是房地产商品属于高价值耐用性的不动产,使用期限长,涉及金额大,购买者在作出购房决定前定会慎之又慎,反复考虑清楚后才会形成购买决定,这就决定了房地产广告必须把项目的位置、价格、付款方式、物业特点、开发商售卖地点和时间等信息全部交代清楚。

而持相反观点者则认为广告不能将广告主的全部意愿不分主次、原原本本、无一遗漏的表现出来。广告内容庞杂,给人的感觉只能是杂乱无章、不得要领,这样往往会造成什么都说而实际上却等于什么也没说。由于广告对人的刺激多属于短时记忆,只有卖点数量少、内容短小才能使人们有可能在短时间内注意并记住,引发一系列的心理过程,最终导致购买行为。

另一种持折中态度者认为卖点过多令人生厌,记不住,过少又不能为消费者提供足够的产品信息而妨碍了消费者的购买决策速度和购买愿意,所以卖点的数据不宜过多也不宜过少,以适中为宜。

以上观点有对的一面也有不对的一面。广告卖点的多少并不能由产品或消费者单方面或两方面去决定,而应考虑众多因素,应具体问题具体分析,因时因地因事制宜。具体来说,确定广告卖点的数量应考虑以下因素:

1. 媒体因素

视听媒体,如电台、电视,一般广告费用昂贵,广告时间短,信息容量小,卖点就不宜过多。印刷媒体,如报纸、杂志、说明书等信息容量大,可反复阅读,卖点可多一些。特别是索取式(即由消费者主动索取的)说明书,由于一般主动去索取者都是想全面了解该楼盘,因此卖点应以周全细密、疏而不漏为佳。

2. 主卖点影响力的大小

主卖点是指在两个或两个以上的卖点中最为重要的卖点。主卖点的影响力是指主卖点对消费者的心理所产生的影响力。如果主卖点对消费者的影响力非常大,那么其他辅助性卖点(或称次卖点)则可相应地减少到最少的限度。主卖点影响力的大小主要取决于其需求度和可信度的大小,一个主卖点的需求度和可信度越大,主卖点的影响力就越大,反之则越小。主卖点的影响力越大,次卖点必须减少,否则就会因次卖点过多而影响了主卖点的传播效果,削弱了其影响力。同时,也极有可能会遇到这样一种情况:本来主卖点的影响力可以很大,但由于模糊不清、过于朦胧而影响了效果,这时就要将它加以"放大",使其清晰化。如顺德碧桂园在刚提出"给您一个五星级的家"的主卖点时,对学校设施的先进性、会所的高贵性等子卖点(是指为说明某一卖点的下一层卖点)粗略带过,效果并不十分理想,后来在改进广告时对这些子卖点进行了更为细致的描写,使"一个五星级的家"的丰满形象跃然眼前,令人怦然心动。

3. 报纸广告传播方式

房地产报纸广告的传播方式常有系列式和一版式两种方式。所谓系列式是指将所要传播的广告内容先集中起来,然后像切蛋糕一样把它切成多份,每次传播一份,进行有计划、连续性地传播;而一版式则无需切成多份,仅将所要传播的广告内容集中在一个版面,有计划地反复传播。一般来说,系列式广告由于可容纳更多的信息量,总的卖点数量可比一版式的多些,而一版式的则应尽量少些、精简些。

4. 地域性因素

在广东一带,大凡有能力购买商品房的多是有一定事业基础的从商人士、白领人士,他们工作繁忙,生活节奏快,处事较果断,不喜欢拖泥带水。他们一般无暇顾及一些内容繁杂的广告,故在广东做广告能简则简,否则可能看都没人看。但到了上海一带就不同了。上海人做事大多较精细,有人说上海人处事有点像德国人,凡事都要考虑得相当周密才行动。故在上海,广告要做得细密些,卖点不妨多些,哪怕繁琐一点也不要紧,房地产这类"大件"类商品更应如此。

(四) 房地产广告表现

当确定广告主题与阶段性推广主题之后,就需要借助美工、文案、插图、音乐、视频等形式生动地表现这一主题概念,使目标受众在接触广告后能产生期待的反应。

1. 广告表现技术流程

(1) 表现方向的设定。

(2) 表现主题的检讨。

(3) 表现方式的决定。

(4) 表现基调的决定。

(5) 表现物的选择。

根据诉求对象、诉求区域的特点,结合项目推广不同阶段,广告创意表现可采用理性诉求策略,即通过真实、准确、公正地传达开发商或楼盘的有关信息或其带给客户的利益,让受众理智地做出决定;也可采用感性诉求策略,即向受众传达某种情感或感受,从而唤起受众的情感,以达到最佳的广告效果。

2. 创意表现的"四点"技术原则

房地产广告源于生活而高于生活,要将真实的事情艺术地告诉大家,是基于科学调研、理性分析后的智慧的创作。判断房地产广告是否有效,一定要基于广告目标的界定与产品的相关性、可记忆性以及与受众的沟通来把握。简而言之,从一则房地产广告能否较清晰的具有记忆点(Memory)、利益点(Benefit)、支持点(Support)、沟通点(Communication),可以反映出该广告的创意表现。

(1) 挖掘记忆点

用李奥贝纳的话来说,"广告就是要挖掘产品内在戏剧性,让产品成为过目难忘的英雄。"一个好的房地产广告深刻洞察目标受众对家、对生活、对空间的独有理解和潜伏心底的情愫,找寻到最能代表、体现目标消费者对家与生活理解的相关创作元素,通过艺术的方式放大,形成对目标受众的强烈震撼。这个元素可能是一个场景、一个音符、一个生活片断、一个记忆,甚至是一份朦胧的向往。记忆点必须与产品有关联性,能突出产品的特性,例如1999年评为深圳十大明星楼盘的海月花园在3个月内创造出销售500套单位的业绩,出色的广告表现是推动其成功的主要原因之一,其广告口号"海风一路吹回家"成为深圳居民海边置业的极好的记忆点,一方面传达出滨海大道开通后蛇口与市区的交通便利,另一方面切合深圳人对海的依恋、对家在海边的向往,加之平面以一位有亲和力的金领丽人开着红色跑车在滨海大道上飞驰来表现,长发飘飘、优雅怡然,那份回家的惬意、那份成功的风度成为撩拨深圳人邻海而无法忘记的记忆点。

一般来说,构成广告记忆点的元素中,动态比静态更能形成记忆点,大面积图形易形成记忆点,富有戏剧性、幽默性的造型易形成记忆点,重复、对比易形成记忆点,越是创新的东西越易形成记忆点。按照伯恩巴特ROI广告创作理论,寻找广告的记忆点的过程也就是寻找广告创意的切入点的过程。房地产广告的记忆点要基于产品的特性(关联性,Relevance),其创作元素应是新鲜的(原创性,Originality),深入消费者心中(震撼性,Impact)。

(2) 找准利益点

找准利益点就是告诉买家你的房子能提供什么利益和便利。对于竞争激烈、市场发育程度高的深圳楼市而言,开发商卖的不仅是房子,还是一种生活方式,在广告中就要传递出物业所提供的或者说买家入住后所能体验的何种生活境况,这种生活境况对置业者来说有何种意义。

找准利益点在广告文案创作中具有特别重大的意义,如何找到一个利益诉求点并概括成一句精练的广告语去说服消费者采取行动,是房地产广告创作中的难题所在。目前房地产广告普遍显出一种浮躁心态,对项目欠缺深入理解,对置业者购买行为不做深入研究,表现为诸如"欧陆经典"、"至尊豪宅"的空洞口号和平面表现上的大红大紫的奢华。广州奥林匹克花园以健康住宅为项目定位,在广告推广中以"运动就在家门口"为主题创作一系列广告,清晰地告知受众,买的不仅是房子,而且也是健康的社区、健康的家庭、健康的生活。明确的利益诉求让置业者心动并产生行动。

广告中一定要有利益诉求点,广告应从具体的产品特征中找寻对消费者有重要意义的利益。可以说利益点是房地产广告的主题,房地产广告找到一个好的利益诉求便成功了一半。

(3) 把握支持点

把握支持点就是应用科学原理或事实来说明广告中的利益承诺点,泛指房地产广告中的说明部分。深圳招商海月花园 2000 年 7 月一次广告以"海月生活,成熟之美"为利益诉求是基于项目本身事实:小区环境美伦美奂、项目建设已成现楼、社区配套功能强大、业主会所开张营业、宽带上网成为现实等支持点的把握。

任何广告创意一定是基于产品本身的特征,同时能被受众理解,相信广告创意也必然基于事实。支持点一般作为辅助性文案出现,作为房地产广告,对项目描述性文字一定要简短、明确、易读易懂,同时要求客观、真实、科学。支持点一般是关于项目的基本事实,也可以是科学原理、权威机构的技术鉴定。

乔治·路易斯对广告有经典的定义:"广告是什么,广告是让一百万看起来像一千万。"房地产广告要做到这点,必须慎重权衡项目的支持点,若把握不当很可能 100 万看起来像几十万。海月花园销售后期有多个支持点,创作广告时很难权衡,因为这些支持点都是影响消费者购买的决定性因素。考虑到海月花园已有较大知名度加之所剩单位不多,全面综合后确定了成熟生活这一主题来统率全部支持点。实践证明这个选择是对的。

一般来说,广告中若有多个支持点,则要求主次分明,一定要可信,有说服力。如果把广告中的利益点比作树干,那么支持点就是广告中的枝叶部分,好的广告就应该做到枝叶并茂。

(4) 创设沟通点

创设沟通点就是要建立广告活动与消费者进行双向信息沟通的通道。房地产广告发布时要知道消费者反应怎样,有什么要求,这就需要设立一个沟通的通道,最普遍的是打上一个电话号码。其实在房地产广告中创设沟通点是大有讲究的。平面广告中以设立赠品、有奖问答的形式强化受众与开发商沟通的热情。在项目推广中可利用的办法更多:建立会员俱乐部之类的客户联谊组织、举办装修讲座等方式可以有效地增加主客双方沟通接触的频度和深度。沟通所带来的收益是多方位的,通过沟通能使企业更好地改进产品,调整营销策略,更深入地回应消费者置业所关注的问题。总的来说,广告首先要解决的是定位问题。事实证明,大量的无效广告多数是由于定位模糊所致。一条好广告首先要能吸引人,引起人们的关注,然后清楚地告诉消费者利益的承诺点和支持点,最好是能创设沟通点。

六、房地产广告媒体选择与应用

房地产广告媒体是用来传播房地产广告信息的工具。房地产广告如何以最低的成本,通过最好的途径,向目标受众传达有关的房地产信息,是房地产广告能否达到预期效果的关键之一,也是房地产广告媒体选择所要研究的内容。

(一) 各种主要广告媒体的特点

1. 报纸

报纸是广告常用的媒体。报纸广告媒体的优点是覆盖面广,读者稳定,遍及社会各阶层;时效性强,反应及时;印象深刻,便于长期保存;报纸发行有一定的区域或行业,针对性强;制作灵活,费用相对较低。

中国市场与媒体研究2000(简称CMMS2000)调查的20个城市居民总体中,通过报纸获取房地产信息的人占60.2%,并且49.9%的人经常阅读报纸及杂志中的广告。由此就不难理解,报纸应成为房地产信息发布的主要载体。

2. 杂志

杂志作为视觉媒体,其历史仅次于报纸。杂志广告媒体的优势是:目标针对性强,特别是专业性杂志,有的放矢做广告,广告效率高;持续时间长,广告寿命也长,精读率高,重复出现率高;广告印刷精致,图文并茂,对读者较有吸引力。杂志广告媒体的缺点是:杂志广告周期长,时效性差,缺乏灵活性;杂志的阅读范围比较局限;杂志读者对市场的实际反应可能会较慢。

3. 广播

广播是传播信息最快并且无所不在的听觉广告媒体。广播广告媒体的优点十分明显:传播最为迅速、及时,不受时空的限制;拥有很高的灵活度,随时可以修改;尽管听众广泛,但广播广告的针对性仍很强,可以选择特定的地区、特定的时段、特别的专题节目播放;制作简单,费用低廉;可以充分利用广播本身在消费者心中的威望。

作为一种传统媒体,广播并不像某些人认为的那样淡出媒介市场。目前,都市有车族正在迅速膨胀,而收听车载广播已成为驾车者在枯燥的旅途中最主要的消遣方式。如果一名有车者打算买房,那么毫无疑问广播将成为他获得房地产信息的渠道之一。

CMMS2000调查的国内20个城市5万名15~64岁的城市居民中,有一部分人拥有私家车,其中8.5%的人打算当年购房,5.8%的人预计在5年内购房。这些有车族对生活的态度是,认为自己喜欢花时间与家人待在一起的占67.7%,近半数的人向往发达国家的生活方式,另有三成的人主张享受现在,不要担心未来。拥有私家车,在某种意义上可以代表一个人事业的基本成功或是正在走向成功。因此,在已经建立起了一定的物质基础之后,他们更注重维护亲情。所以,商家是否可以考虑在广告中多用亲情来打动购房者的心呢。

4. 电视

电视以其视听双重功能的特性，成为发展速度最快、竞争最激烈的广告媒体。电视广告的优点是：覆盖面广，收视率高；诉求能力强；电视的表现手段灵活、多样，具有很强的吸引力；信息不受时空限制，及时、迅速；选择性强，可以在不同地区、不同时期、不同时间播放电视广告。CMMS2000 数据表明，在北京市 15～64 岁的居民中，大约有 14.6 万人打算在当年买房，其中 43.3％的人每天花 2～4 小时看电视，34.2％的人看电视时间在 2 小时以下，时段集中在 19:00～23:00 之间，他们所关注的电视节目分别是新闻、专题节目、综艺节目、连续剧等，关注度比例排名分别为第一、第二、第三、第四。可以看出，除了新闻和天气预报外，专题节目、连续剧、综艺节目等对房地产均有较好的广告价值。

5. 户外广告

房地产户外广告主要包括路牌、霓虹灯、招贴、灯箱、宣传条幅以及车厢广告等等。房地产的户外广告常位于城市的主要交通路口、人群汇集地等处。

户外广告的优点是：广告展示时间长，表现手段灵活，可以利用光电技术使户外广告更吸引人，费用比较低，较少受竞争对手干扰。在房屋预购总体中，34.1％的预购者经常注意户外广告，5.5％的预购者通过户外广告了解房地产信息，两个比例均高于总体平均水平，这说明户外广告对有购房倾向的人群具有较好的广告效果。那么，这一人群的特征便是商家投入广告之前应该考虑的因素（包括他们的购房心理、经济能力、社会地位等）。

6. 售点广告

房地产售点广告主要指房地产销售处或楼盘销售现场的广告，可分为室外售点广告和室内售点广告。室外售点广告包括广告牌、灯箱以及售楼处和楼盘上拉的横幅、条幅等。室内售点广告包括售楼处内的楼盘、小区模型、照片及一些房地产交易中心内介绍房源的电子显示屏等。

售点广告易引导和诱发消费者对售点的差别化认识，树立售点的形象，加深消费者的印象，有利于提高消费者进入销售点或与销售点联系。同时，人们也注意到房地产售点广告大多千篇一律，给人雷同的感觉。

7. 直邮广告

直邮广告指通过邮寄方式发放楼盘介绍书、房源说明书、宣传小册子等广告。其最明显的优点是：传播对象完全可以根据自己的意愿，从而使广告针对性大大提高；在广告内容上不受广告发布时间、媒体面积等的限制，可以对楼盘或房源进行详细的介绍，有利于提高企业和房地产的知名度；广告制作较简便，费用较低。

在直接邮寄广告的设计上，从信封到内部的印刷品均不能马马虎虎，应该做到准确、形象、美观、有鲜明的个性，减少目标消费者对此类广告的排斥心理。

8. 传单海报广告

传单海报广告主要指通过人员散发关于企业或房地产情况介绍的印刷品，散发地点常根据房地产目标消费者层次的不同，选择闹市街头、商店门口、办公楼聚集地以及住宅区等地。传单广告的优点是：费用低廉，比较灵活；通过人员散发，广告触及面较广，且广告带有一定的强迫性，对加强宣传印象有相当的效力。但传单广告一般不为人重视，常常是拿了就扔，因此传单广告散发要有一定的连续性和持久性。另外，传单广告的散发也会受到市政及环卫部门一定的限制。

9. 互联网传媒广告

互联网传媒广告指通过发送电子邮件以及在电脑网络上设立网站主页来发布房地产的相关信息。互联网传媒广告最大的优点是：时效性强，每时每刻、每分每秒都可以发送最新信息；互联网传媒广告不受地域限制，可到达地球的任一角落；广告成本低廉，广告表现手段灵活、多样，既有图像又有声音，针对性较强，如电子邮件可只发给想要传达的目标客户；具有信息量大、传送速度快等不可替代的优势。但就目前状况来看，其弱点也是不容忽视的，比如说，由于网络速度（下载图片时间长、图片不够清晰）及上网环境（在家上网要自掏腰包，在单位上网要提防领导的眼睛）的限制，使得房地产信息对特定人群的到达率实际上并不十分理想。

10. 空中飞行物广告

空中飞行物广告即通过空中飞艇、热气球飞行物、降落伞等的飞行吸引消费者的注意，从而达到宣传效果。这是一种新奇的广告方法。这种方法的特点是通过飞行物的飞行，带动不同地点的消费者的注意，流动性大、范围广，但要求所到的地点人流量很大，例如在广州天河体育中心一带才能引起轰动效应。目前这种广告方法尚未广泛运用到房地产广告中，可以尝试。

（二）房地产媒体选择的技巧

如果项目的规模较大，开发的时间较长，则需要在公交站点、主要交通位置等处设立大型固定的广告位。在市区高大建筑物、公交车等载体发布广告会长期被人认知。如深圳万科就同时在深圳的上述几种载体上发布广告，天天与市民见面，令项目家喻户晓。百仕达花园则在深圳深南大道上的两个高层建筑物顶上竖立巨大的广告牌，无论白天黑夜，令市民远远就能看见，且一立就达3年之久，持续效果较佳。规模较小的项目不需要选择固定广告。

楼盘的档次决定目标客户群的身份层次。大众化的楼盘消费者显然是工薪阶层，而高档次楼盘的消费者均为非富则贵一族。这样，在媒体选择上，前者只需选择大众媒体即可，而后者不仅要选择大众媒体，还有必要选择一些富贵一族可能会涉猎的专业性较强的媒体。

项目的价值往往体现目标客户的区域，因此，要根据项目所在区域有针对性地发布广告。例如深圳的宝安和龙岗两区大多数购楼者均为当地人，因此两地的楼盘在做广告时就常选择当地的有线电视台和具有针对性的直邮广告，而不选择《深圳特区报》和《商报》，既节省了费用，又立竿见影。

开发商的资金实力是开展主体广告攻势的先决条件。如果实力雄厚，项目的规模又够大，就应展开主体广告攻势，尽可能地把目标客户一网打尽；如果资金有限，当然就要选择阅读或收视（听）最广的媒体重点发布广告，尽量节省费用。

在媒体的选择上，以深圳为例，绝大多数开发商首选媒体都是《深圳特区报》或《深圳商报》，因为两报的发行量均较大。一般情况下，白领阶层以上的绝大多数深圳人（包括党政机关单位公务员）都读这两份报纸，因此两报的广告效果均不错。少数楼盘为全面树立形象和扩大影响，也辅以深圳电视台、有线电视台、广播电台做些广告，但都是次要的。

（三）房地产广告媒体选择组合策略

各色各样的户外媒体、印刷媒体和报纸杂志、广播电视等媒体在信息传播的功能方面各有所长也各有所短，它们在广告活动中起着各自的作用。为了更好地发挥媒体的效率，使有限的广告经费收到最大的经济效益,应该对不同类型的媒体在综合比较的基础上加以合理的筛选、组合,以期取长补短、以优补拙。

因为房地产的"不动产"特性,所以它的常用广告媒体一般为户外媒体、印刷媒体和报刊媒体三大块。其中户外媒体因为位置固定,比较偏重于楼盘周围的区域性客源;印刷媒体可以定向派发,针对性和灵活性都较强;报刊媒体和广播电视则覆盖面广,客源多。三者取长补短,是房地产广告的"三驾车"。

就"纵"的方面而言,一个完整的广告周期由筹备期、公开期、强销期和持续期4个部分组成。在广告的筹备期,广告媒体的安排以户外媒体和印刷媒体为主,售楼处的搭建、样板房的建设、展板的制作以及大量的海报、说明书的定稿印刷等,占据了工作的主要内容。报刊媒体的安排则除了记者招待会外几乎没有什么。进入广告的公开期和强销期,广告媒体的安排渐渐转向以报刊媒体为主。户外媒体和印刷媒体此时已经制作完工,因为相对的固定性,除非特殊情况或者配合一些促销活动,一般改变不大,工作量也小。而报刊媒体则开始在变化多端的竞争环境下节奏加快,出招频频,以灵活多变的特色发挥其独特的功效。到了广告的持续期,各类广告媒体的投放开始偃旗息鼓,销售上的广告宣传只是依靠前期一些剩余的户外媒体和印刷媒体来维持,广告计划也接近尾声。

广告媒体在"横"的方面的安排其实也贯穿于广告周期的4个阶段,且在产品强销期的时候要求特别高。某个8 000元/m^2的楼盘,它的媒体组合的理想三维广告空间是这样设计的:客户坐飞机回上海,在座机上看到东航杂志中的楼盘广告;下飞机后坐汽车回市区,在虹桥路上也看到同样内容的户外看板;晚上翻开《新民晚报》,该楼盘的广告赫然在目;第二天听早上广播新闻,同样的信息又飘然而至等等。视觉听觉的多重刺激,将在最大限度上挖掘和引导目标客源,以配合业务人员的推广行为,创造最佳的销售业绩。

七、房地产广告设计与创意

(一) 房地产广告内容构成

房地产广告要明确回答客户想了解的基本问题。具体内容包括:

1. 楼盘名称

一个好的楼盘广告应当在醒目位置标明楼盘名称及系统标识,让受众一听就知道并且能马上在脑海里留下印象,吸引其继续看下去,决不能为了画面上的其他诉求点或画面清爽、干净而把楼盘名称及系统标识摆放在不显眼的位置或把比例缩小。

2. 地理位置

一般除了利用图表表明其确切位置外,还要标注周边标志性建筑、重要配套设施,最好加上数据描述语言,如"距××仅300米",让受众有一种实实在在的感受。

3. 价格

售楼广告中的一般起价即最低折后价,都是选择一个楼盘中位置、结构、朝向最差的单位的价格。而诚实的标价应在起价与最高价的范围内,或是标准价的均价,最好是将正在推出的主力户型、某一楼层、某个朝向、具体户型的面积进行罗列,并标定单价和总价,这也正是促使消费者密切留意和决定购买的关键。

4. 项目的主要卖点

项目的主要卖点即最能吸引客户的地方,如地块特征、布局、建筑风格、户型、结构、面积、朝向、内外景观、通风采光、交楼标准、社会环境、配套设施、建筑材料、物业管理费用等等,要把这些内容以最突出的方式告知客户。

5. 商品房销售"五证"齐全

"五证"即国有土地使用权证、建设用地规划许可证、建筑工程规划许可证、建筑工程开工许可证、商品房预(销)售许可证。随着购房者的日益理性成熟,其关心的问题也越来越专业化,开发商各种证照是否齐备直接影响到他们的购楼信心。因为若"五证"不全,消费者可能无法拿到房产证,购买的商品房质量就无法得到保障。

6. 开发商、代理商、建筑设计、施工、物业管理单位名称及售楼电话

这是售楼广告中不可缺少的要素,一个实力强、品牌优质的开发商、代理商、建筑设计、施工、物业管理公司甚至会成为吸引购房者的一大因素。一个有长远眼光、有品牌意识的开发商会在借助宣传物业品牌的同时渲染楼盘的实力,给置业者强有力的信心支持和保障。

(二)房地产广告创作风格

房地产广告作品有一定的风度格调,广告风格取决于广告制作人的业务水平及一定文化氛围下的艺术表现手法。一般来说,我国房地产广告作品的创作风格大体可归纳为以下3种类型:

1. 规则式风格

这种创作风格有点近乎公式化,在格调上比较正规、刻板,很少带有感情、艺术色彩,有人把它称为"报道式教条式风格"。

规则式风格的广告文稿在介绍楼盘时,一般只从楼盘的地段、质量、价格、房型、服务和买家可从中得到的某种好处与实惠等方面如实介绍,就像新闻报道那样,又仿佛是一份有关产品或劳务项目的报告、通知单,语言文字上一般不作太多的修饰,有一说一、有二说二地如实告诉消费者。如:"××小区由××房地产公司开发,地处××中心地段,邻××商业街,设施齐全,配套完善,房型一室一厅至一厅多室多种款式,精心设计,实惠价位每平方米××元起,现场售楼处地址××,电话××",再加一张区域位置图和一张房形图。

这种风格的广告文稿多用于生产资料和技术服务广告,好处是内容具体,介绍比较全面,而且所提供的信息资料都要有一定的科学依据;缺点是文体平铺直叙地写出来,显得平淡枯燥。倘若在语言文字上略加修饰,又容易同客观实际情况不符,而且很难面面俱到,也难以突出产品、劳务的形象和功能特点。这种广告如果反复出现,容易引起与广告内容无关的消费者的反感。因此,广播电视中不宜做这类广告,无特定对象的全国性报纸杂志也不宜刊登这类广告。在不成熟的内地房地产市场中,这种方式可能还能行得通,但在沿海的房地产市场(如广州、上海等)已基本没有这样的广告了。

2. 理性感化风格

这种风格被广泛运用于广告文稿创作。其特点是大都从文学艺术形式的艺术表现力方面打动顾客的情感,通过理性的感情诉求去改变顾客的态度,要求创作者必须发挥语言文学天才,巧妙地述说,戏剧性地显示,绘声绘色地描写产品或劳务的优点与可能给人们带来的利益或好处,促使市场潜在需求变为立即购买行动。理性感化风格的广告文稿又可分为以下4种:

(1)诱导式。这种房地产广告的创作风格,其文稿表现为一种许诺性诉求,是直接从满足消费心理、需求心理和购买心理的积极因素方面通过广告语言文字表达的。为了使目标

消费者感到称心如意,专门以适合楼盘目标消费者购买习惯、购买心理及其他影响购买因素的题材和信息作为广告文稿的构思依据,希望读者见到广告后产生一种能实现心愿的心情,并产生到楼盘销售现场的冲动。

(2) 同情式。从字面意义看,其做法是给楼盘的目标消费者提出一种困惑或忧虑,而后再提供一种住在某某楼盘就可以消除忧虑的许诺诉求,文学手法上叫"欲扬先抑"。如广州碧桂园的电视广告,通过对广州市区的空气污染指数、噪音污染程度来说明市区生活环境的不理想,而后向希望改善居住环境的消费者推荐空气好、适合居住的广州碧桂园。

(3) 设身处地式。其特点是把广告诉求的语言文字直接以已购买者推荐的口气来表达,使广告的诉求意愿正好同消费者的心理相一致。用这样的口气说服潜在消费者从速购买,正好抒发了目标消费者和住户发自内心的共同心声。这种方式的表达可以通过对住户的居住情况进行采访,让住户自己说出对楼盘的满意情况来作为楼盘的广告。

(4) 启发式。启发式风格的房地产广告大都从不同角度摆事实讲道理,而不正面去讲产品如何如何好。这种启发式风格的广告充满对消费者和用户负责的情感,从深刻的道理、情理、事理中引起人们的关注,指导消费的思想十分明确。通过启发式诉求,向人们宣传新的消费观念,推广新的生产、生活方式,从而达到促进产品销售的目的。

3. 论证式风格

运用论证式风格创作房地产广告文稿,一般采用一点论、两点论和比较3种方法突出信息焦点。

一点论,是指广告只就房地产本身固有的优点来述说,引用的信息和资料都是有利于证明房地产如何如何好的事实依据。广告的立足点站在房地产企业一边,故又称为"一面之词"、"拣好听的说"。大多数房地产广告都是正面论证,如"交通方便、房型超前、价格便宜、管理一流"等。

两点论,是客观地向消费者介绍房地产商品,既讲楼盘的优点,也毫不掩饰缺点。这种广告提高了内容的可信度,也易使消费者对广告主——房地产企业产生好感和信任感,广告效果比仅仅正面论证来得好。正如每个人都有缺点,正视缺点也是一个优点,这样反而使得消费者对其印象深刻。

比较,是就房地产本身的质量、价格、地段、房型、服务等特点与竞争对手比较,通过比较来证明它的优势。用这种创作风格撰写广告文稿必须实事求是,不能言过其实或故意贬低别的企业,如"老城区最低价"、"全市最靓江景房"等广告用语最好不用,避免产生争议。

(三) 房地产平面广告设计构成要素

平面广告泛指以长和宽两个维度存在和显露的广告媒体。房地产平面广告种类繁多,设计手法多样,主要由以下几个方面构成:

1. 图形设计

房地产平面广告的图形设计指图片资料的选用、图片的摄影、图片的剪裁、图形的绘制等等。房地产平面广告中的图形主要可分为产品图形和象征图形两类。

产品图形指和楼盘直接相关的图形。房地产平面广告产品图形包括建筑效果图、平面图、房型图、区位图、标志。产品图形直接、逼真地表现楼盘。

房地产平面广告象征图形指根据广告创意和设计要求,选用或绘制的表现性图形,其中以摄影图片为多。如花卉树木图片象征小区绿化,室内家具图片象征舒适房型,健身房桑拿浴照片象征物业会所,罗马柱象征欧陆建筑风格等等。

房地产平面广告中报纸广告、杂志广告、楼书、展板等设计时一般既采用产品图形又运用象征图形。灯箱、看板、条幅彩旗、手提袋、车身广告等由于受众阅读方式具有偶然性、短时性,所以一般只采用产品图形中若干图形,基本上不选用象征图形。

产品图形中具有相当表现力的是建筑效果图,又称建筑画,由专业人员绘制。但作为房地产广告策划和设计者应该了解建筑效果图的艺术处理手法,及时和建筑效果图绘制者沟通,使其在房地产平面广告中形象生动地反映建筑风貌,为营销服务。

房地产平面广告的图形还包括装饰图案。图形在广告中具有强大的冲击力,有关研究认为图形与文字在一个广告中同时出现,其注意度图形为78%,文字为22%。因此,房地产平面广告设计必须重视图形设计。

2. 字体设计

房地产平面广告字体设计指对广告文案进行文字形象的艺术处理,加强对广告文案内容的传达,主要内容有字体类型与大小的选用、字体的排列等。房地产平面广告字体一般在电脑字库中选用。房地产平面广告标题字体选用十分讲究,字体一般宜大,应具有过目不忘的效果。如果电脑字库字体不能满足字体设计的要求,那么可以用手绘体来表现。

房地产平面广告选用字体类型少,恰到好处,能形成高雅、稳定的画面,但要注意字体类型少容易流于平庸。选用字体类型多,能呈现热闹、快乐的感觉,但要注意字体类型多容易造成杂乱。

房地产平面广告字体大小的选择可尝试大小差别化处理。大号字体醒目,小号字体精致,字体的大小差别可以使受众阅读负担减轻并增加阅读兴趣。由于大小字体的组合所构成的差异和视觉场均衡,可以使广告画面产生视觉韵律与视觉冲击力,广告文字出现了有弹性的点、线、面布局,为画面创造了舒畅、激动、紧凑、纤细等不同的情绪暗示效果。此外,字体的排列应考虑字与字之间适当的间距和行距。平面广告中,文字与图形相比较,虽然图形在引起注意力上占有较重要的位置,然而人们在看完广告后,一般文字的记忆在65%以上,而图形留下的记忆在35%以下。因此,房地产平面广告设计应讲究文字(字体)与图形的相得益彰,使广告宣传更加有效。

3. 色彩

图形、文字、色彩三大设计构成要素中,色彩传播被人感知、辨识、认定最为迅速。房地产平面广告色彩设计要注意以下几个问题:

(1) 整体色调的把握

整体色调指平面广告版面上所形成的综合的色彩形象,它是由广告版面多种不同形状、不同面积的颜色所形成的色彩倾向,但其中应该有带有主导作用的基本色彩。某种颜色意味着某一特定语言,具有一定的象征意义,可在房地产平面广告色彩设计中参考。

红色:最引人注目的色彩,具有强烈的感染力,象征热情、喜庆、幸福。

黄色:是阳光的色彩,象征光明、希望、愉快。

蓝色:是天空的色彩,象征和平、安静、纯洁。

绿色:是植物的色彩,象征着生机、希望、安全。

橙色:秋天收获的颜色,是所有色彩中最暖的色彩。橙色象征温暖、收获。

紫色：象征优美、高贵、尊严。淡紫色高雅清新，深紫色神秘庄严。紫色与红色配合显得华丽热烈，与蓝色配合显得华贵庄重，与绿色配合显得热情成熟。紫色运用得当构成新颖别致的效果。

(2) 色彩视认度的掌握

色彩视认度指某一颜色与另一种颜色搭配时颜色辨认程度。公路警告标牌用黄黑配色，这两种颜色配色视认度最高。房地产广告平面设计应满足不同类型平面广告对视认度的要求。

(3) 黑、白、灰的运用

房地产平面广告主角是报纸广告，报纸广告大多是非彩色版面，这些版面黑、白、灰色调运用恰当能起到很好的效果。物理学家李政道认为："定律的阐述越简单，应用越广泛，科学越深刻。"黑、白、灰三色是对世界五彩缤纷的抽象，黑色与白色能概括对比色，涵盖广泛。灰色能概括中间色，层次丰富。黑、白、灰三色最单纯也最长久。色彩设计调动黑、白、灰三色，在很大程度上掌握了非色彩报纸广告的韵味。

4. 编排设计

房地产平面广告编排设计把图形、文字、颜色有机地联系在一起，组成为极有创造力的设计要素。房地产平面广告编排设计要注意以下几个问题：

(1) 形式与内容相统一的原则

广告版面编排设计的过程，就是设计人员创造性地运用自己所掌握的版面视觉传达语言实现广告主题的过程。因此，形式必须服从内容的要求，从根本上说是服从营销内容的规定，力求达到完美的形式和准确的内容相统一。房地产平面广告编排设计中，应该区分各种楼盘的特性和档次来寻找相应的编排形式。如写字楼广告编排设计可简洁、明快，可用色块线条装饰，追求现代感。住宅广告编排设计可温馨、细腻，可用居家照片点缀，表现亲切感。同是住宅，中档、中高档、高档之分在广告编排设计上也应体现相当档次氛围，或朴素无华，或小康人家，或典雅华贵。

(2) 逻辑思维原则

广告版面编排设计，对于各传达要素之间诉求重点和主次关系的把握包括大小、虚实、轻重等关系的处理，其最终效果必须符合广告受众接受过程中的逻辑思维。房地产平面广告如果是说服性的，在编排设计中应强调广告受众推理的逻辑性；如果是情感性的，在编排设计中应讲究广告受众情感发展的逻辑性。

(3) 视觉单纯化原则

现代传播学研究认为，越是单纯化信息其诉求力就越集中、越有力。单纯化是一种有效吸引注意、强化信息强度的重要手段，房地产平面广告编排设计涉及的内容多，但不一定面面俱到。编排设计应吸收中国传统的美学原理，如"计白守黑"，编排的内容是"黑"，斤斤计较的却是虚空的"白"。空白的大小、比例、形式决定着版面的质量。

(4) 形式美原则

广告版面编排设计要符合审美规律，其中形式美是重要的美的法则。所谓形式美，主要体现在均衡和对称、比例和尺度、韵律和节奏诸方面。房地产平面广告编排设计更要强调形式美，因为房地产广告所要表现的商品——建筑与环境本身就是艺术品，极具审美意味。房地产平面广告编排设计通过对广告画面、图形、字体等精心安排，对涉及的线条、色彩、色块等艺术处理,从而使广告受众领略均衡、比例、节奏、韵律乃至结构、秩序、力量、和谐等审美愉悦。

(四) 其他类型房地产广告设计创作

1. 电视广告

房地产电视广告以声画结合的形式来表现楼盘,从而达到售楼的目的。广义的房地产电视广告包括在电视台播放和在销售现场电视机中播放两种。电视台播放的房地产广告在广告时段播放片长有 5 秒、15 秒、30 秒几种,它强调画面的冲击力和创意性。由于播放时间短促但价格比较昂贵,因此这类房地产电视广告运用很少。

电视台的房地产广告较多的是在电视台楼盘介绍专题节目中播放,片长有 60 秒、90 秒、120 秒几种,偏重于楼盘实地拍摄和情况介绍。在销售现场包括展销会现场播放的楼盘广告,内容有情况介绍型、音乐电视片型等。

2. 售点广告

狭义的售点广告指购买场所和零售店内设置的专柜展销和专橱展销。广义的售点广告指购物场所内外具有广告效应的所有设置的总称。售点广告以促成现场成交为目的;故又称终点广告,而其他广告相应称为起点广告、中继广告。房地产售点广告包括的项目种类繁多,其中楼盘模型是中心,通常设置在售楼处显要的位置。

楼盘模型策划设计要点:楼盘模型具有平面印刷类广告无法替代的立体展示作用,它是按照一定的建筑比例缩微的形体,以其直观性和整体性向人们展示一个多维空间的视觉形象。顾客可以通过模型直观地了解楼盘的外观、结构、座次、环境,达到身临其境的作用。由于每类楼盘有其自身的特点,模型也应该具有自己的特性,尽可能体现楼盘的品质和格调。如高层办公楼模型应强调体形和线条,低层别墅应体现精致和韵味。楼盘模型制作在遵守写实原则下根据销售的需要可适当做些艺术处理。在同模型公司具体策划制作楼盘模型时应掌握模型比例、外观质量、灯光设置等问题。模型比例是实际建筑体量和模型尺寸的比例。如某一住宅小区总建筑面积 20 万 m^2,一期建筑面积 5 万 m^2;小区总体模型可按实际建筑体量尺寸 1∶200 制作,一期楼盘模型可按实际建筑体量尺寸 1∶100 制作。模型的外观质量力求真实、准确、鲜明地表达出楼盘建筑特色。模型的环境布置可选用进口草坪、树木、汽车等模型配件,也可根据总体设计需要自行制作。模型应在室内空间中安装灯光,以柔和的光照烘托典雅的气氛和温馨的情调。建筑四周还可安装造型各异的广场灯、庭院灯、路灯。灯光控制可安装调光器以表现不同的光照效果。

房地产售点广告设计制作的宗旨是调动各种手段和方法来吸引聚集人气,让顾客在销售现场全面了解楼盘,制造热烈气氛,促成顾客购买。

(五) 房地产广告创意

1. 广告创意的内涵

在受多了拙劣广告影响的社会,在风起云涌的广告界,大家都在谈广告需要创意,大有要做广告先得做创意之说。然而在一定程度上,"创意"二字却过多地被概念化、炒作化。有人认为只要有好点子就是好创意,过分地依赖所谓点子大师、金点子,从而把创意刻意地加上了一层神秘的面纱。

广告创意的任务是与人产生沟通,感染他们,让他们的思想靠近你的产品远离你的竞争者。应该清楚,如果你的创意不能起到沟通的作用,让人感兴趣,甚至让人笑、让人哭,那么无论你投入多少钱、动用多少媒体都不会奏效,这就是为什么很多广告并不成功的原因。房地产广告强调的是产品的功能、个性的需求,故创意更加注重与消费者沟通,注重理性的分析和感性的思维。

创意还必须具备感召力。重要的是,创意应该产生差别,把人们领入另一个区域,没有差别,一切将毫无用处;创意应该简洁明了,但不仅仅是简单;广告要注意广告消费的环境。据调查,人们每天平均要接收到6 000条广告讯息,但能记住的只有那些独特的创见。广告不是做给广告人看的,在现实生活中,广告创意必须要能够具备俘获人们心灵的感召力,在他们心中留下深刻的印象,在房地产消费区域这点尤为重要。

在做房地产广告创意时,应该理顺房地产广告和其他广告共同的特性,那就是:广告做给谁看;是否对目标消费者有一定的感召力;是否能满足目标消费者之心理需求;主要诉求点是什么;能否有效建立品牌知名度,提升品牌力,项目的硬件设计与环境是怎样的。

以亚运新新家园为例,在善于概念提炼的北京房地产广告市场,亚运新新家园的广告创意可谓独树一帜。它用了一个别人从未用过、独具新意的门牌号码:NO.162。NO.162说明什么呢? 其实它只是亚运新新家园位于北京亚运村辛店路的门牌号码。但是运用门牌号码来引出案名,似乎先在受众心理上造成某种悬念与疑问,从而吸引受众继续关注下去,把主要诉求点放在一个独到新颖的角度上:用门牌号码来隐喻身份、诠释位置。门牌号码在一定程度上成了该案的标志,以此让人联想到与鲍家街42号乐队名有着异曲同工之妙。其次在表现手法上,该创意没有像其他房地产广告一样,如同说明书般从头到尾地赘述产品的功能与服务。而是用原生的,大幅漂亮的风景照片,以及十分出色的文案,引领着你发现亚运村有这样一片土地,有大片大片的枫林,一排排的大树如绿色的海洋,有池水澄澈透明,映着烟柳垂拂、水莲花开的池塘,有自由翱翔的飞鸟,有充满诗意的翠竹,力求打造一种天、地、人、树、湖、花草、飞鸟相融相通的原创生活。厌倦了在钢筋水泥、车流人海中生活的都市白领,崇尚绿色生活又不希望离都市太远,追求自然居住又苦于身处建筑森林中。该案创意很好地抓住了这一点,让繁忙都市和绿色自然在这里得到平衡,就产品中特点之一的地理位置的优越、周边环境的优美加以重点阐述、反复强调,以此来满足人们对理想居家之渴求。此情此景,你是否已被深深打动了呢? 该广告打出后立刻得到业内外一片喝彩声。

通常创意来自我们的心灵,什么公式、窍门、规则、蓝图一类的东西并不能优化我们的工作。所谓创意,唯一权威的解释就是法无定法。因为法只是在重复历史,而不是创造历史。我们应该寻找自己独一无二的声音,并有勇气、有信心去运用这些声音。创意就是去体味你的内心世界,好好地酝酿它,勇于将你独特的东西向公众展示;发掘和创造出楼盘中与众不同或没有的东西,对楼盘优化、扩大和突出,传达给受众,让它掀起轩然大波,引起反馈,得到受众的认可与赞许。

然而房地产广告有别于一般性的广告,更深层次地说,它是一种人文化的营销,可以改变人的生活方式,更能增进和融洽亲情关系。下面以碧水庄园为例:

山清水秀,依水而居,行到水穷处,坐观云起时,这是人们向往的居住环境;别墅更加如此,水是别墅的灵性所在,别墅因水而显尊贵稀缺,两者交相辉映、相辅相成。在碧水庄园的系列平面广告中,几乎全部运用了一张独特的大幅实景照片,而设的创意点也都是围绕着实际拍摄的大幅水景照片上:一汪5万 m^2 的碧水湖,碧水涟漪,湖边栋栋别墅与绿树青草点缀;别墅前大片的私家花园,一条蜿蜒的水岸线环绕;垂钓的人们悠闲地甩起串串欢声和笑语,几只凫水的鸭子自由自在地划过湖面,朵朵白云和点点太阳伞遥相呼应。广告画面简洁、清晰,醉人的景色令人如入其中。该广告创意先是抓住了碧水庄园特有的东西——湖水,在内陆缺水的北京,水便成了居住的灵性所在;同时发掘出一个特点——私家拥有 1 700～4 500 m² 超大花园;继而对该特点进行美化,介绍 50 000 m² 的碧水湖,私家水岸线,7 000 m² 的会所,4 000 m² 的专业球馆。动静相宜的居住环境及拥有私家花园和水岸线,使潜在顾客在一定程度上对碧水庄园动心万分了。同时,碧水庄园的平面广告是实景照片,不同于一般的效果图,看得见、摸得着的实实在在的产品更能打动人心。对于潜在的目标消费者来说,本广告无疑可以起到在风景秀丽的碧水庄园拥有一片偌大的碧水湖是幸福的、是享受的、是尊贵的等暗示。而其看似简约的画面却蕴含着创意者对住宅文化的深刻理解。因为人本身源于自然,是自然的一分子,别墅居住的真谛是:当大自然把最好的居住环境馈赠给人时,人也很好地回归到自然,以此达到人与自然和谐相融,人融于景,人亦是景。可谓匠心独运,很好地抓住了目标客户的心理。该广告发布后的销售额比发布前提高了几倍。

真正的创意产生,是创意人员对产品认真分析及与同类产品比较后找出不同点,加以主观想象与灵感激发,感性的想象+理性的分析,最后得出最佳方案。

没有创意的广告是没有生命力的,房地产广告创意的天职是如何用最佳方案推出一个项目或楼盘。所谓最佳方案,即如何做到广告投入与销售收入形成最佳产出比。倘若不能做到这一点,广告必将浪费广告主的大量广告火力。

近来,房地产广告创意越来越重视产品自身的优势宣传,以及人的享受空间与自然完全融合,这必将成为今后房地产广告创意的发展趋势,未来的发展方向必定还要回归到房子与居住本身,少几分浮躁与虚无。这就需要广告人不断努力、不断创造出更有创意和创新的房地产广告来,时刻以开发商和顾客为重,以最佳创意打动人。因为优秀的广告创意不仅让受众领略到品牌创意的魅力,更能高屋建瓴地指导消费与购买。所以可以肯定的是:优秀的广告人,必将成为房地产界的一股重要力量。

2. 房地产广告创意的要求

房地产广告创意关注的不能仅仅是房子,而是要以人文关怀的目光去发现"家的感觉",发现"心灵的港湾",发现迷人的风土人情和历史足音,发现全新的更有价值的生活方式。总之,从砖瓦后面寻找诗意。

(1) 房地产广告并不是建筑实体简单的推销,它的策划和推广过程实际上是继建筑师之后对楼盘的二度创造,它能增加楼盘的附加值和无形资产,它能发掘和引导一种市场需求,一种消费观念,一种时尚潮流,一种社会文化,乃至提升人的生存境界……所有这些都需要充满科学思维和艺术心灵的创意。创意,是房地产广告的灵魂,它能够折射纵横数万里建筑文化的光彩,能够涵盖上下数千年人类居住的精华。它能够张扬建筑人本主义,构筑人居精神属性,缔造家园对人生的价值……房地产广告创意的基本视角是:楼盘作为一种特殊的商品,触及了人类生存的广袤空间和深沉内核。在实际生活中,人们购房置业既是为了对物质生存条件进行改善,也是想借此印证自己一生的追求、业绩、理想;即使是企业购房或租房,也和企业形象、企业发展密切相关……基于这些认识,房地产广告创意拥有广阔的视野和深邃的内涵。

(2) 房地产广告创意应是富有诗意的。房地产广告的诗意性不仅仅是华丽词藻的堆砌和语句形式的诗化。诗意,是艺术与人生的理想境界。房地产广告的诗意性在于营造提升一种诗意的人生境界以拨动顾客的心弦,捕捉人们心灵中某种深层的心理体验。人类在不断追求新生活的同时,始终存有一种原始而温馨的情愫——对家的眷念,它本质上是诗意的,是对物质更是对精神家园的皈依,它是房地产广告诗意性的永恒主题之一。房地产广告要打动人心,它诉求的不能仅仅是房子,而是要营造一个家的氛围和情调。家虽为人的栖身之地,但更是人们情感、精神、个性的寄托和张扬。房地产广告是简单的推销一栋建筑物效用还是推广一种家的感受,这确实是房地产广告上乘和平庸的分野之一。

(3) 房地产广告创意应该倡导人文关怀。从人类的历史长河来看,人是漫漫旅途中的过客,人们劳作奔波,需要躯体的寓所,也需要精神的寓所,使短暂辛劳的一生得到安顿、得到快乐。房地产广告创意涉及的主要是一种居住的商品。居住,从本质上讲是人的基本生存方式。人的存在天生要求取得居所,人们对家园的依恋从根本上归结为一种生命原始的体验。胎儿在母亲的子宫里发育,人的第一个居所是母亲的子宫。人即使死亡,从传统观念上讲也需要"居住",他将从此进入阴宅,在坟墓中永恒地回归大地。例如,一处楼盘作出了"心灵的港湾"的广告创意。都市人往往被"文明病"所缠绕,快节奏、超负荷、拥挤嘈杂的生存境遇对人产生了太多的紧张、太多的压力、太多的疲惫。"心灵的港湾"广告创意与改善人的生存境遇深层次的问题联系起来,倡导一种人文关怀,突出楼盘给予居住者的归宿感。这种归宿感把现代人希冀寻找精神家园、渴望返回精神故乡联系起来,心灵在其间小憩,抖落蒙尘、远离喧嚣,得到安宁和温馨,犹如同风雨搏击的船舟返回宁静的港湾。

(4) 房地产广告创意的对象一般都是新楼,它不仅应该告诉顾客楼盘当时的意义和将来的意义,也应该赋予楼盘过去的历史,告诉人文历史的永恒。如林的高楼,繁忙的交通,匆匆的脚步,局促而紧张的现代都市生活方式,在笼统地代表着都市灯红酒绿和强烈乐曲的宣泄中,无意中产生对人本身存在意义的一种伤感情绪,不经意中也引发了对昔日生活那种怀旧。于是,从收集一只旧表,在房间中悬挂一张旧时的月份牌,到大街小巷寻觅石库门的踪迹⋯⋯怀旧,一种特定时间、空间上文化的情感痕迹正在都市中延伸。

(5) 房地产广告创意要注意卖点的聚焦。放大镜在太阳光下能将阳光聚成焦点,产生很高的温度。房地产广告的卖点也是一种聚焦,通过精心操作,将楼盘的各种优点聚焦成顾客关注的热点,引起顾客的兴趣和好感,激发和创造需求,说服顾客改变和建立消费观念,促发购买动机。顾客关注的热点从本质上来说是顾客的利益所在。房地产广告的卖点给予顾客利益的承诺,有些是直接表现,有些是间接隐含。如房型经济舒适的卖点是显性利益,企业实力信誉的卖点是隐性利益。此外,房地产广告卖点给予顾客利益的承诺是物质和精神的统一。房地产广告卖点聚焦的焦点可以是广告的主题,也可以是楼盘总体营销中线、面、体的基点。从房地产广告创意的角度来说,卖点的聚焦可以是创意的核心,创意的浓缩。创意可以由此展开、发展,可能达到点石成金的效果。

由于房地产广告创意是建筑在楼盘的品质基础之上,而楼盘大都属于预售性质,品质还可以不断完善提高,所以要求房地产广告人把广告创意和产品策划结合起来,甚至从楼盘开发前期就开始产品的研究,这是房地产广告创意的一个重要特性。从很大程度上说,房地产广告创意是以建筑为本体,以人文为灵魂,参与全程策划。

3. **房地产创意策略**

(1) 大众媒体树品牌,小众媒体促销量

大众媒体具有覆盖面广、受众数多和权威性强的三大特点,有助于项目和企业造声势、树形象和立品牌,诉求重点在"平面表现的形式"上,属"明线"通路。小众媒体则具有低成本、针对性强、见效快的优势,在大众媒体炮火的掩护下,帮助项目实实在在的迅速消化,故该诉求重点在于明明白白的"卖点",属"暗线"通路。在实际操作中,一般明暗交替、互动推进。

(2) 大众媒体打头炮,小众媒体补充和强化

楼盘推向市场之初,启用的广告形态应该是先导性、告知性的,应使用大众媒体。根据对台湾10个著名楼盘推向市场之初的统计,80％首先使用报纸,20％使用电视,没有一家使用小众媒体,只是在当地市场有一定知名度后再使用各种媒体强化品牌印象。因此,楼盘在未使用大众媒体之前切忌使用小众媒体,即使免费的也不可尝试。

(3) 新闻性软文启动市场,商业广告跟进断后

市场启动是一个"煮开水"的过程,新闻性广告具有权威性和可信度两大特点,它可以轻易突破人们对广告本能的心理防线,正好适合用来"温柔"地撕开市场,在不动声色中占领消费者心智高地。如热销的黄浦国际(花园)就是采用新闻启动法,先借助《发展导报·上海楼市周刊》等新闻性广告把上海西藏南路住宅板块炒热炒熟,然后立即商业广告跟进,锁定"黄浦国际是西藏南路住宅板块的风向标和领头羊",结果市场反应火爆,推出当天狂销138套,创造沪上十月楼市奇迹。总之,"广告未动,新闻先行"是操盘高手惯用的"必杀技"。

(4) 软性广告晚报类、硬性广告晨报类有效

软性广告以文字解说的形式出现,阅读起来较为繁杂和耗时,不太适合行色匆匆惜时如金的"晨报式"读法。由于上班时间紧迫,晨报类主要是以"浏览"为主,故要以大标题或色彩跳跃的大画面(硬性广告)来抢夺瞬间眼球。相反,晚报类恰好以"休闲阅读"方式为主,人们下班后一身轻松,一茶一报慢慢品味,此时即使再繁杂再耗时的软文都可以细细阅读。所以只有深谙其中之道,才能做到"排兵布阵"时了然于胸、以少搏多,把广告的最佳效果发挥到极致。

(5) 夹报软性广告比硬性广告效果好

夹报的好处在于一是费用相对较低,二是由于纸张的差异而比较突出抢眼球,但同时也给人一种非正规、低档和权威性不够的负面印象,因此不适宜做硬性品牌形象类的宣传。充分利用它的"抢眼球"和低成本的优势,投放一些软性说教类的广告较为适合。

(6) 形象广告前半周有效,促销广告后半周有效

一般来说,前半周的报纸广告费用相对较低,且房产广告量也相对较少,在此期间适宜投放积累型的形象类广告。而对于短平快急功近利型的促销类广告则最好放在后半周投放。根据人脑的记忆弧线图分析,3天之后记忆线陡然下跌,换言之记忆点在3天之内能保持在较理想区间,后半周投放促销类广告的记忆点正好吻合周末看房购房的售楼铁律。因此,促销广告在后半周投放效果最为理想。

(7) "组合拳"威力最大

根据科学测验,两种媒体作用人一次的效果,比一种媒体作用人两次的效果要高30％,例如看"黄浦国际"这4个字,报纸、电视各1次,可记1个月,报纸上看2次只能记20天。因此,广告运行应从不同时间、不同地理空间、不同传播渠道全方位进行,全面互补。据国外资料显示:100万元广告费割裂地使用比整合使用效果低20％,亦即整合广告只需80万元便可达到非整合广告100万元之功效。所以要会学会点面结合、长短兼顾地整合使用有限

的广告资源。

(8) 滞销的解决之根本点在于找到准确的"通路"

当房子卖不动时,千万别冲动地广告狂轰滥炸一番,盲目性出击既浪费钱财又难以打动目标消费者,实践证明最好的方法是"让房子找主人"。房子本无好坏之分,每套房子天生就有爱它的主人存在,关键在于他们是否有相遇的缘分,故此时广告的"通路"准确与否尤显重要。"通路"顺畅,一石三鸟;"通路"不畅,三石难中一鸟。所以先自问滞销的房源符合哪类消费者购买,他们在哪里?如何找到他们?通过什么渠道才能把相应的信息"送到群众最需要的地方去"?若拿捏准了对应的"渠道",相信对楼盘的"解套"将起到事半功倍之效。

(9) 节假日后 3 天的广告效果比节前 3 天更理想

广告最怕挤堆,尤其是有竞争楼盘的同台上演,效果大打折扣不说还有可能陷入被广告"狂洋"淹没的命运。节前的广告最容易"塞车",大家都挤成一堆上演"广告暴力",一时洛阳纸贵,价格飞涨,而节后却冷冷清清,广告价位暴跌也鲜有人问,人们都认为此阶段是节前广告的消化期,且消费高峰刚过故广告不宜出击。其实不然,人们对诸如房子之类大宗商品的消费意识不是随机性的,而是有一定的印象叠加过程,节后几天恰好是进攻的"真空"。一是众人皆睡我独醒,倍抢眼球;二是费用相对较低,可以大张旗鼓地宣传;三是由于节假日期间新闻信息的断档,节后急需补给,所以不仅报纸零售量猛增且阅读也将更加仔细,广告效果指数当然也随之飙升。

(10) 大盘品牌带动销量,小盘销量树品牌

大盘一是由于销售周期长,二是广告费用总量较大,所以具备"以品牌带动销量"的营销模式要件,依附品牌支撑走完全线销售。而小盘由于量小和宣传费用所限,适合走短、平、快的"销量"路线。当以快速的销量制造营销神话时,品牌也就自然随之而来。

八、房地产广告费用预算

房地产广告目标确定后,企业即可编制广告预算。一个完善的广告预算对于广告决策、广告管理、广告评价来说都是非常重要的。

(一) 广告预算的内容

制定广告预算,必须知道广告费用包括哪几项,只有清楚的了解了,才能制定较准确的广告预算。常见的房地产广告预算内容包括以下几项:

1. 广告调查费用

包括广告前期市场研究、广告效果调查、广告咨询费用、媒介调查费用等。

2. 广告制作费用

包括照相、制版、印刷、录音、摄影、录像、文案创作、美术设计、广告礼品等直接制作费用。

3. 广告媒体费用

指购买报纸和杂志版面,电视和电台播出频道和时段,租用户外看板等其他媒体的费用。

4. 其他相关费用

是与广告活动有关的公共活动、销售促进活动、直接营销等费用。

(二) 广告预算的影响因素

在确定房地产广告预算前,要考虑以下因素:

1. 竞争程度

这取决于房地产市场的竞争状况,竞争激烈、竞争者数量多时需要较多的广告费用投入。

2. 广告频率

国外学者研究发现,目标沟通对象在一个购买周期内需要接触 3 次广告信息才能产生该广告的记忆,接触次数达到 6 次一般被认为是最佳频率。当广告频率超过一定限度,一般认为 8 次以后,将会产生负影响。但有时也不一定受这些具体数字的约束,更有甚者企业通过这些广告频率的负面影响来提高楼盘的知名度。例如,广州碧桂园在推盘时就分别在香港有线电视翡翠台、本港台等和广东省的各大电视台每天晚上 18:00～23:00 的黄金时段插播 30 次的高频率广告,电视观众对此抱怨很大。最终,碧桂园却成了一个家喻户晓的名字。

3. 房地产的销售进度

对房地产企业要销售的某一特定楼盘来说,销售总量是固定的,卖一套就少一套。销售刚开始时,往往广告预算较高;当销售进度达到近一半时,许多企业往往投入最多的广告支出;当销售进度到尾声时,广告预算就很低了。

4. 房地产的替代性

对于使用功能来说,房地产具有替代性。对于替代性强的房地产,一般要求做大量的广告,突出其与其他楼盘的差异性。如住宅的广告费投入一般比写字楼多得多。

5. 企业的品牌

一个知名的品牌所需投入的广告费用可以远远少于一个普通企业。既然是知名品牌,就无须再为提高企业知名度而花费巨额广告费用,而只需告知消费者企业有楼卖的信息,消费者可能就会争先恐后地来购买了。

(三) 广告预算方法

测定广告预算通常会采取以下几种方式:

1. 量入为出法

即根据开发商本身资金的承受能力来确定广告预算,带有一定的片面性。

2. 销售百分比法

即开发商根据既定的销售额的百分比来决定广告费用的大小。

3. 竞争对等法

即根据竞争对手大致投入的广告费用来确定自己项目的预算。

4. 目标任务法

即开发商首先确定促销目标,根据所要完成的促销目标决定必须执行的工作任务,然后估算每项任务所需要的促销支出,这些促销支出的总和就是计划促销预算。

通常大的房地产开发商会把销售百分比法和竞争对等法相结合来确定广告预算,一般广告预算大致控制在楼盘销售总金额的 1%～3%之间;而小的开发商则会根据销售状况阶段性地滚动执行,销售结果一旦不如意,广告预算便会停止。在初步确定广告预算后,开发商也会在找到广告公司后与广告公司再次协商,根据广告公司方面对产品的定义和见解也会作出相应的调整。预算费用的编排最后会由广告公司与开发商一起协商制订。

(四) 广告预算费用的编排

就房地产销售而言,广告预算大致应该掌握在楼盘销售总金额的1%～3%之间。大公司因为有充足的资金保证,往往是根据计划来确定预算的。而大部分中小型公司,因为财力有限,广告预算基本上是量力而行,有时甚至是阶段性地滚动执行,销售结果一旦不尽如人意,广告预算便停止执行。

通常,一个完整的营销周期由筹备期、公开期、强销期和持续期4部分组成。在销售的筹备期,因为包括接待中心、样品屋在内的大量的户外媒体,印刷媒体设计制作的工作量是相当大的,再加上其他的准备工作,所以广告费支出较大,一般约占总预算的30%～50%。到了公开期,报刊媒体的费用开始上升,其他销售因为已全部制作完成,很少再产生费用。进入广告强销期,报纸杂志、广播电视的广告密度显著增加,广告费用又陡然上升;另一方面,为了推动销售上台阶,穿插其中的各项促销活动又免不了,因此大量的广告预算是必不可少的。这个时期的广告预算约占总量的40%强。接近持续期,广告预算慢慢趋近于零,销售也开始结束。

在所有的广告支出中,若从相对节约、比较常规的角度来分析,销售前期的接待中心、样品屋等的设计和建设费用是一大块;贯穿销售始终,持续性的报纸杂志的发布费用则是另外一大块。这两大块预算项目约占总的广告预算的70%～80%。

有广告预算的安排,便有广告效果的评判,对投入和产出的认真计算是企业应有的基本准则。在具体的产出还未实现以前,广告预算的编排是否科学、是否经济应该是依从市场调研而来的营销决策来决定,并且在执行过程中不断地进行回馈和调整。

九、房地产广告质量与效果评价

(一) 房地产广告质量评价标准

对一个广告作品有5项标准,只有符合标准的广告才能呈交给客户。

1. 视觉的注目性

报纸广告要贴在报纸上,与其他广告放在一起看,通过这种比较,才能知道届时的视觉效果。除了广播等极少的媒介,主流广告(报纸、电视、户外等)都是通过视觉来吸引人的,不抢眼、不夺目、不吸引人是不行的。如果广告放在报纸上是一幅被淹没的广告,那么必须重做。

每个广告人都知道这样一句话:广告标题决定广告效果的80%。而很多广告公司却错误地理解为标题越大越怪就越好。广告的注目性仍然是靠总体视觉构成的,正如看人是看整体一样。以"芳草园"的广告为例,第一期广告以叶子为主视觉,第二期广告用版画风格,第三期广告采用人物绘画方法,都是考虑到要与常规广告手法相区分,要令视觉的注目率更出色。

2. 内容清晰易懂

没有人会有很大的兴趣去详细看广告,大多数人是翻广告,觉得视觉吸引、信息适合才会仔细阅读。广告内容的清晰易懂非常重要,但在实践中常常以"太白了,没有广告感"等理由被否决。广告公司时常有一种倾向——喜欢用比喻,比如用许多苹果比喻成熟的社区,这种方法不是说一定不好,但会承担较大的风险。

有时候,会高估买家的理解力而过分刻意营造气氛。比如南景园早期广告"水木清华,庭园人家",意境优美,但内涵不清。大家对"水木清华"的理解也各不相同,与买家的购买心理很难发生直接共鸣,所以现场客人很少。而换成"百米林阴,万方庭园"之后,效果则发生了根本性变化。原因很简单:广告清晰易懂,与买家购买心态发生有机联系,让购房者产生兴趣。

3. 提供现实的购买理由

有些广告做得不错,看完之后对项目也有一定好感,但却无法将买家"推"到售楼部,甚至连打电话咨询的简单行为也无人问津,这种浪费是严重的。同一个市场,由于有很多项目在推出,信息的遗忘率很高,所以广告必须能够为售楼部带来现实的可观人流。最常用的方法是增加一些限时的措施,如仅限本次展销会的特价单位;一些促销方法,如送礼和让利。总之,要让市场感到项目正处于物超所值的阶段,现在购买正是时候,而不能过分玩情调。要打动买房者,总要有点真实的东西。

4. 整体的美感

美感不仅有助于提高视觉的吸引力,还有助于提升项目的第一印象,甚至影响市场对项目的评价。如同一名服装设计师设计时装,无论创意如何变化,宗旨是美。美也是广告设计的重要标准。说白一点,如果只是满足于把事情讲清楚,又何需广告公司呢?美就是一种裁剪,就是一种包装。有这样一种现象,内地许多有钱人宁愿多付钱也愿意请广东师傅来装修新房。其实这些师傅也来自内地,到了广东之后,水涨船高,眼界开阔了,水平自然提高。沿海广告公司的优势正在于此,凭借资讯和经验丰富的领先,令他们超越内地同行。

5. 一致的风格

在信息社会中,项目保持一致的风格而让受众留下印象是非常必要的,而风格的形成主要依靠广告。广告风格主要体现在色彩、版式、图片等方面。广告风格的稳定不是绝对的,通常只适合于一个阶段(如 2～3 个月)。以荔港南湾为例,前期诉求点为"教育文化社区",基本版式为一本摊开的书,左边放图片,右边放文字。这种相对固定的版式加强了公众对项目基本形象的认知。在达到目的之后,荔港南湾发动以"无理由退房"为主题的大型促销活动,持续约 2 个月,广告风格也随之进行调整。但在此 2 个月相对稳定,对销售产生了积极的效应。

(二) 房地产广告效果评价内容

针对不同的广告目标,房地产广告效果一般可以分为两类,即沟通效果(也称信息传播效果)和销售效果。信息传播效果是指由于广告的作用,消费者对房地产企业或房地产商品的认知程度的变化情况或消费者接触广告后的反应。销售效果是指通过广告对房地产销售量所产生的影响。对于不同的广告效果,可以采用不同的广告效果评价。

1. 信息传播效果的评估

信息传播效果的评估,就是评估广告是否将房地产广告信息有效地传递给目标受众。这种评估在事前和事后都应进行。事前,可以邀请顾客代理或广告专家对已经准备好的广告进行评估,了解他们是否喜欢这则广告,广告信息中是否存在一些问题。事后,企业可以再邀请一些目标顾客,向他们了解是否见过或听到过这一广告,是否还能回忆起该广告的内容,广告突出的地方及其信息是否易记易懂等。另外,还可用一些科学手段进行测试,如实验室、群组等。

2. 销售效果的评估

销售效果的评估,就是评估房地产广告使销售额增长多少。这种评估很困难,因为房地产销售额的增长不仅取决于广告,而且取决于许多其他因素,如经济发展,顾客可支配收入的增加,房地产产品本身质量的提高和功能改进,销售效率提高,价格合理调整,其他促销方式的效果提高等等。因此,单独衡量房地产广告对销售额的影响比较困难。

营销学上通常说:广告主们都知道自己投放的广告里有一半是无效的,但是最让人头疼的是,到底是哪一半,谁也不知道。房地产广告也是这样,人们通常按照既往经验和个人的直觉判断来投放广告,但是在数十万元的广告费之后,广告主到底获得了多少回报是一个难以量化的问题,也是一个需要持续探索研究的课题。房地产广告与其他日用品广告在效果反馈上一个最大的不同就是:日用品通常是在广告投放后的一段时间内甚至很长时间之后效果才逐渐在销售量上体现出来;而房地产通常是在广告投放后的当天就能直接在来电来访上得到体现。这种不同或许是因为当前的房地产还未像日用品一样进入品牌时代,广告的着眼点通常是以产品为中心,是急功近利的表达方式。

尽管这种方式在广告专家看来很初级,但是它吻合了国内很多区域的房地产市场发展阶段,在某种程度上也是合理的。大部分房地产项目都已经能通过客户第一次来电的渠道建立广告效果跟踪制度,来电数量也成为广告投放效果的重要标准。在不同项目的反复实践中发现来电数量的确能在一定程度上反映广告投放效果。但是,过分强调来电数量就像完全忽视来电数量一样,将走向另一个误区。

(三)房地产广告效果评价指标

广告计划制定出来以后,接下来策划者可能会担心的问题是:广告究竟能否达到预期目标?预期目标实现程度如何?怎样的广告才能更好地实现广告目标?投入不菲的广告,值不值……要回答这些问题,必须对广告效果进行技术测定。赫伯特·克鲁门的"三打理论"是广告效果监控的参考依据。

1. "三打理论"原理

克鲁门认为,消费者对广告的反应有3个阶段:第一次看到广告的反应是"这是什么";第二次产生好奇,并对广告消息产生熟悉感;第三次产生确认感,并起到强化与提醒的作用,甚至会促使其采取行动。3次以上,可能会产生浪费;低于3次,则难以跨越门槛效应。但这3次,必须是有效接触。

2. "三打理论"相关的要素指标

视听率、毛评点、到达率、接触次数、有效到达频率、千人成本、点击率、转化率等为"三打理论"的主要指标。

(1)视听率。视听率也叫做视点、收视率,是指在一定的时段内收看某一节目的人数(户数)占总观众人数(总户数)的百分比。如电视观众、收音机听众、报纸杂志发行量、户外媒体交通流量等均为评估之基础。收视率分为家庭收视率和个人收视率,一般而言,家庭收视率大于个人收视率。

(2)毛评点。毛评点为由一系列的特定个别广告媒体所传达的收视率总数。和收视率相同,毛评点为一百分数。毛评点提供说明送达的总视听众,而不关心重叠或重复暴露于个别广告媒体之下。毛评点=到达率×接触次数。

（3）到达率。在一定时间内至少看过或听过所播放的广告一次或一次以上的人或家庭数占总目标人口的百分比。到达率为不同的个人或家庭在特定期间中暴露于媒体广告排期表下的人数，一般以百分数表示。到达率的运作适用于一切类别的媒体。就广播、电视媒体而言，通常到达率用4周期间表示。就杂志、报纸而论，到达率通常以某一特定发行期经过全部读者阅读的寿命期间作为计算标准。

（4）接触次数。个人或家庭暴露于广告信息的评价次数。

（5）有效到达频率。因接收到的广告频次，而知道某一广告信息并了解其内容的人数占特定人口百分比。有效到达频率为在一特定暴露频次程度，由一广告媒体排期所达到之个人或家庭数目。有效到达频率也称为有效暴露频次。

（6）千人成本。将销售信息计划每传递给1 000个目标视听众所需要的成本，以"元"表示。千人成本＝累计成本×1 000/累计接触度或总成本/视听众暴露度或人数。

（7）点击率。是网络广告最基本的评价指标，也是反映网络广告最直接、最有说服力的量化指标。随着视频网络一体化，即电视、电脑、广播连为一体，点击率将成为广告效果的新宠指标。

（8）转化率。转化率指受网络广告影响形成的购买、注册或者信息需求，被用来反映那些观看而没有点击广告所产生的效果。随着时间的推移，由点击广告形成的转化率在降低，而观看网络广告形成的转化率却在上升。

（四）房地产广告效果评测方法

广告效果评测方法包括事前测试、事中测试、事后测试。

首先，当广告设计制作出来以后，它的主题概念、表现手法能不能吸引目标消费者的注意力，能不能正确传递项目产品，这必须在广告推出市场之前就进行测试。这种测试一般是在人为的环境下进行的，有一定的失真性，但仍然可以从中发现广告本身存在的问题，以便及时进行修改。

其次，在广告执行过程中也要对广告效果进行跟踪研究、动态监控。借助事中测试，可以直接了解目标消费者的反应，得到的结论会更加准确可靠。

最后，在整个广告活动结束之后，要对其整体效果进行事后全面评估。一方面衡量广告活动的成效及其对销售的促进程度，对广告效果进行绩效定论；另一方面也可明确广告流程管理策略的得失，积累经验，以指导广告的成功率。

1. 事前测试

在广告尚未制作完成之前，对广告可能获得的沟通效果进行评价。根据事前测试中出现的问题及时调整广告计划以适应广告目标，改进广告制作，提高广告的成功率。事前测试主要有以下方法：

（1）专家意见法。最不客观，需掌握好评分及配对比较的技巧。

（2）消费者评判法。抽样具有代表性，费用少，时间短，易操作。

（3）检验表。归纳规则作为标准，涵盖广，简单易行，费用低。

（4）直接信函法。

（5）心理测试法。

2. 事中测试

房地产市场变化迅速，出自于对竞争反应的需要，在广告执行过程中要随时对广告效果

进行测定与评估,以便有效地加以修正,目的在于使广告战略能按照预定的广告计划执行。事中测试的主要方法有:

(1) 销售地区试验。比较直接的方法,通常在不同城市测验不同广告的销售力。广告运动前一个月,记录所选楼盘销售情况,开展新广告运动,然后比较反应及测定实际广告的销售力。时间短则结果不客观。

(2) 直效广告法。提供优惠而让消费者立即反应。

3. 事后测试

事后测试的主要目的在于求证原定广告目标是否已经达成。此时,判断广告效果好不好的标准是看其是否达到了先前所制定的广告目标,也就是说,要以预先设定的广告目标作为衡量标准。例如,如果广告活动的目的是为了提高知名度,那么就必须以知名度的提高来测定广告是否成功;如果做广告是为了产生直接销售,那么就必须以销售量的变化来测定广告的结果。一般来讲,主要通过对传播效果与销售效果两个方面进行测试。

第二节　房地产广告策划案例分析

案例一　莱恩田园区广告策划案例

一、前言

莱恩田园区的出现,体现了莱恩公司长远的战略眼光和做百年企业的雄心壮志。莱恩田园区的出现,使莱恩公司在有意无意之中闯入了复合型房地产开发这一前端领域,或者说,莱恩公司在有意无意之间为房地产开发的未来成功准备了条件。莱恩田园区的出现,顺应了当代人、当代社会对绿色生态环境的向往与呼唤,其深厚的发展潜力不可限量。

莱恩田园区在开发模式上采用了创新策划在先,规划设计在后,让两者相互弥补、相映生辉的做法,也是一个超前性的景区与地产开发模式创新,它对莱恩公司的未来事业将产生深远的影响。

二、市场分析

1. 市场背景

莱恩田园区位于重庆九龙坡区西彭镇一侧,现占地约 200 亩,前期果园开发已小见成效,大规模的综合性开发即将进行。果园内的果树现以枇杷为主,同时准备发展一批相应的果树,形成一个有多种水果树的综合性果园。

在历史上,西彭镇具有栽种水果的悠久历史,万亩红橘的壮观至今仍为人津津乐道。如今,西彭镇政府又提出了建立万亩伏淡季水果的发展战略构想,为果园的可持续性发展提供了强有力的支撑。

现在,西彭镇已有常住人口约 5 万,随着渝西经济走廊的建设和新厂新单位的迁入,西彭镇的未来人口还会大量增加。西彭镇的现有休闲娱乐设施特别是新潮时尚的休闲娱乐设施已经不能满足居民的需要。

重庆主城区人口已超过 600 万,主城区居民的生活水平、消费能力都在不断提高,休闲娱乐的郊区化(由近郊逐步走向远郊)是一个不可阻挡的大趋势。

2. 产品分析

莱恩田园区位于重庆九龙坡区西彭镇一侧,现占地约 200 亩,莱恩田园区是重庆的一个具有独特地理位置和优越自然环境的大型生态绿化田园区。

(1) 优势

一棵令人震惊和赞叹的超级百果树立在莱恩田园区的大门口或中心。它那巨硕无比的下部(直径不低于 10 m)是钢筋水泥雕塑出来的,但外形与真树相比足以乱真。树中心是空的,以泥土填满,使树根能够直通地下(包括外露一部分);也可巧妙地设计一些弯曲的树洞,供孩子们捉迷藏。上部则有序地种植各种各样的果树,让其慢慢长大,仿佛是巨树的枝,是巨树的天生的组成部分。果树命名为"仙醉百果树",由著名书法家题字,由著名文人写一篇赋,立石碑刻于树旁。这是果园独创的特色景观之一,是它的形象标志之一。

在资金许可的前提下,公园的设计建筑应敢于适度超前(至少要有鲜明的独家特色),不要认为远郊的公园设计就一定比主城区的公园落后,这方面做好了也是一个独特的卖点,同时也能有效阻止竞争者的跟进。

(2) 劣势

对开发商来说,是挑战,从规划设计的难度,建筑容积的降低,园林景观的增设造成的成本增加,未来物业管理服务的升级,都要求开发商投入更多的人力、物力和财力。

三、广告战略

1. 广告目标

(1) 造市。制造销售热点。

(2) 造势。多种媒体一起上,掀起立体广告攻势。

(3) 大范围、全方位、高密度传播售楼信息,激发购买欲望。

(4) 扩大"莱恩田园区"的知名度、识别度和美誉度。

(5) 提升企业形象。

(6) 1 年之内销售量达到 80% 以上。

2. 广告对象

好玩好动的西彭及主城区的儿童、少年;对现代娱乐公园情有独钟的西彭及周边地区青年;喜欢到郊外的绿色果园环境中旅游观光、休闲度假、收入水平较高的主城区居民;喜欢在大自然的环境中赏花、品茶、垂钓、养鸟的西彭中老年人;喜爱周末公园休闲、通俗文化演出、节日游园活动的西彭及周边地区居民;具有怀旧情结、回归自然心愿、喜好一点农活类劳动体验的主城区居民;乐意居住在绿色园林中的、消费水准较高的西彭及主城区居民。

3. 广告地区

在重庆市区及周边地区。

4. 广告创意

(1) 主题一:每天活在水果的世界里

选用孙悟空在花果山水帘洞的情景。利用 FLASH 动画的方式展现孙悟空在那里的逍遥自在;然后跳到莱恩田园区的画面与此相比,犹如回到了当时的时代里;最后,莱恩田园区也让你每天活在水果的世界里。

(2) 主题二:回到家,就是度假的开始

一个怀孕7个月的孕妇对刚下班回家的老公说:"老公,我在家里好闷,我要去度假。"老公:"行,马上带你去。"上了车,不多久就到了。他们来到了一个仿佛世外桃源的果园里,而且这里有新颖独特的建筑楼房。孕妇看到此情此景,脱口而出:"老公,我要在这里住一辈子!"老公:"没问题。"孕妇:"真的可以吗?"老公:"当然,因为我早就在这为你买了一套你一定会满意的房子。"孕妇:"哇,你好棒呀!我每天都可以度假了!"老公:"回到家,就是度假的开始。"你想每天都能度假吗?就到莱恩田园区。

5. 广告实施阶段

(1) 第一期:试销阶段(3个月)

行为方式:新闻运作、广告

时间:2004年2月1日

新闻运作是利用新闻媒介做宣传,这种方式近年来被明智的开发商所采用。新闻的力量远远大于广告的影响,而且少花钱、多办事,容易形成口碑,引起广泛注意。

大造声势。对重庆本地目标市场采用密集轰炸式的广告宣传,各种媒体一起上,采用多种促销手段,造成立体广告攻势。以图一举炸开市场。

让受众和消费群了解物业的基本情况,同时塑造开发商的良好公众形象。

在首期宣传中,让40%的目标客户知道莱恩田园区,并在心中留下深刻印象。

以内部认购为先声,以优惠的价格和条件进行首轮销售,销售量达到10%。

吸引目标对象注意,诱导20%的目标顾客采取购买行动。

及时总结经验和教训,对第二期销售计划进行补充、调整和完善。

(2) 第二期:扩销阶段(3个月)

行为方式:新闻、广告、营销。

携第一期广告之余威,保持其热度不要降下来,继续采取正面立体推广,巩固已有成绩,吸引目标受众更多的注意,变潜在客户为准备购买群。

一期的承诺已经兑现,要倍加珍惜已有的市场口碑,在园林风的大主题下煽风点火,鼓励和引导更多的人来买莱恩田园区。

此时前来看房和参观售楼处的人相应增多,这时广告要投其所好,不失时机地扩大市场占有率。销售服务一定要跟上去。

继续吸引目标受众,注目率已达40%左右,并形成一定口碑。

合力促进销售,引导30%的目标顾客采取购买行为,并继续产生边际效应。

(3) 第三期:强销阶段(4个月)

行为方式:新闻、广告、营销。

充分利用新闻的巨大效应,变广告行为为新闻行为,让记者和报纸的新闻版为售楼服务,评论、专访报道、特写等新闻手法充分加以利用。

部分客户进行现身说法,谈莱恩别墅区的好处,增加可信度。

市场口碑已初步建立,老客户会引来新客户。让"莱恩田园区"传为美谈,成为公众的社会话题。

广告方面加大投入量,报纸和电视在强度、广度和深度上做足文章。
加强管理和服务,让售楼现场服务的软功变成硬功,抓住后效应不放。
调动新闻一切可以调动的手法和载体,进行深入宣传。
合力吸引目标客户,引导30％目标顾客购买。

(4) 第四期:巩固阶段(3个月)

行为方式:营销、广告。
消化剩余楼盘,基本完成销售计划。
对前3期广告运动进行检验,对不足之处加以弥补和改进。
细水长流,渗透式的广告行为。
加强物业管理,贯彻始终的良好服务,树立住户的主人公观念。
注意后效益和市场消费心理惯性。
完善各项法律手续和文书文件,规范、科学、严谨地保证客户各项权益。

四、广告媒体策略

1. 主体媒体——报纸

策略:根据整体推广计划,前3期拟采用报纸为主要信息载体之一。
第一期多用大中版面(半版或1/3版)密集发布;
第二期采用中小版面,逐渐拉大发布周期;
第三、四期采用小版面,长线渗透。
《东方日报》(重庆)
《苹果日报》(重庆)

2. 辅助媒体——电视

制作目的:塑造品牌形象。
市场目的:造市,促销。
播出媒体:重庆电视台(15秒广告片)。
　　　　　重庆文体频道(20秒广告片)。
　　　　　重庆生活频道(15秒广告片)。

五、广告预算分配

媒体预算比例

媒　　体	预算(元)	比　例(％)
TV	45 000	11.7
报　纸	500 000	55.7
印　刷	100 000	20.6
广告影片	55 000	12.0
总　　计	700 000	100

各销售期比例

销 售 期	销售额(元)	比 例(%)
新 上 市	50 000 000	15
第一期特卖	100 000 000	30
空当消化期	20 000 000	10
第二期特卖	300 510 000	45
总 计	470 510 000	100

六、广告效果预测

由于莱恩房地产公司的田园区选在繁忙都市人都向往的环境清幽、绿意盎然、山清水秀、远离都市尘嚣的优雅山区以及莱恩公司设计新颖独特,独具现代与古典相结合的房屋设计,加上莱恩公司全面的设计宣传定能满足都市人享受世外桃源般的生活而产生热销,给莱恩公司大额的利润收入提高公司知名度,让公司在激烈的房地产市场竞争中站稳了脚跟。

七、案例分析

从以上莱恩田园区房地产的广告策划书不难看出它的优劣势,可以肯定地说这个策划案在总体上是非常不错的。

随着科技的进步,社会的发展,经济的突飞猛进,越来越多的人更加崇尚于没有空气污染、没有噪音污染、没有废气废物,有着环境清幽、绿意盎然、山清水秀的世外桃源。所以,不管它的广告策划做得如何,它的楼盘确实是令人无法抗拒的。

总的来说,这篇策划案具体而概要地描述为促进销售在市场中立足所需要的种种步骤,较为全面地从市场分析、广告战略、广告媒体策略、广告预算分配、广告效果预测几个大块来部署策划案。但是其中还有许多不足有待完善。

(1) 这个策划案在重点强调其环境清幽、绿意盎然、山清水秀等优美的住宿环境外,过多地强调树木的种类,却忽视了楼盘设计与规划的具体介绍,在当今追求个性化与完美化的潮流中,商品的设计与独特成为卖点中不可忽视的环节。很显然,在物质化较高水平的现代,市民尤其注重它的款式新颖之类。

(2) 广告仅限重庆及周边地区,似乎过窄了点。

(3) 广告对象除了以上所强调的,还有企业高层人士或官员以及度假或休假人士也可作为消费对象,所以广告力度还需更上一层楼。

(4) 广告不够创意,如果平面排版内容直接换成美丽的田园图案,再加构思与介绍,相信当人们看到万绿丛中的那些美丽的楼房风景,一定会勾起购买欲望。

(5) 广告媒体除了报纸、电视外,还可以增加广播投入,许多人都喜欢在一天忙碌之后,打开收音机,当播音员用动人的声音介绍那个美丽的花园时,一定会让消费者产生美好的遐想。

(6) 广告运作没有具体体现,例如是要设计草图、电视广告故事版,还是广告文案讨论之类没有充分体现。没有说明广告活动的效果监控、控制与反馈等。为保证广告顺利有序地进行,这个程序是不可以忽略的,而且反馈有利于跟消费者的零距离接触。

(7) 在市场分析方面,没有具体说明营销环境分析与消费者分析,产品定位策略与广告诉求策略没有体现出来,产品价格没有说明。

总的来说,这个广告策划案做得很不错,分析了企业产品的优劣势,与竞争对手的产品进行了比较,看到了目前的机遇与挑战,而且清晰地、有条理地表述了广告实施计划有目的、有步骤地进行着。

案例二 棕华欣城广告策划案例

一、项目基本情况

1. 地理位置描述

项目位于温江城南文化路(中段)与柳城大道交汇处,光华大道温江区末段,柳城公园与柳城宾馆正对面。

2. 经济技术指标

占地面积 1 843 m^2,总建筑面积 11 633 m^2,商业面积 7 203 m^2,车位 80 个。

3. 建筑形态

建筑结构为全框架,整层未隔断,总楼层为 5 层,单层面积 2 000 m^2 左右,1~3 层为商铺,4~5 层为小户型公寓。

4. 配置

1 部观光电梯,1 部货梯,中央天井。

5. 项目营销任务

销售周期 9 个月,达到 90%的销售率。

6. 项目整体定位

以高品质的餐饮娱乐为主、酒店式投资型公寓为辅,结合项目地理资源优势,建成温江规模较大、品质较高、功能齐全的复合型集娱乐、住宿、餐饮、休闲消费等功能于一体的标志性建筑。

二、基础分析研究

(一) 市场分析

1. 宏观分析

天时、地利、人和是对温江房地产的认识。

温江是成都缔造的新人居中心,"住在温江"使成都市的商业娱乐消费能力逐步转移,在形成新的物流、信息流、客流中心后,将是成都市作为国际性都市的次中心区之一。温江房地产业正处于发展中期,土地储备较多,当地政府全面支持房地产的发展,并提供良好的投资环境,此乃"天时"。

本案有极其优越的经济地理区位。便利的公路衔接,将使本案成为卫星城商业地产中最耀眼的一颗明珠。本案处于进出温江的要道口,"地利"成为本案激活的先机。

目前温江常住人口 32.67 万人,未来还可增加常住人口 28 万人。成都市民前来旅游或参与花博会以及当地经济已经培植的一批高职人士、白领阶层对休闲娱乐都有一定的要求,而本地恰好缺乏素质较高的商业娱乐服务项目。需求和供应的不平衡造成了市场的空缺,这个供需的矛盾,就是温江商业地产发展的"人和"。

2. 中观分析

中观分析是对本项目楼盘的价值发掘,包括内部价值与外部价值两部分。

(1) 项目外部价值

区位优势——项目所在宏观区位温江有花博会及"住在温江"的人气支撑。

环境优势——项目附近是公园,周边是低档次商住楼,便于品质的树立。

交通优势——项目紧邻城市主干道,往返成都及邻近县市非常便捷。

(2) 项目内部价值

规划——项目规划为集娱乐、休闲、饮食、健身、购物等为一体的多功能商业楼盘。

配套——项目自身配套齐全,可以满足人们的娱乐需求。

(3) 小结

经对项目内外部价值研究,发掘本楼盘具备的两大特性(项目主题概念)——典范性与唯一性。

(二) 广告推广分析

从广告推广角度的项目 SWOT 分析如下:

1. 优势

小而纯的商业楼盘,拒绝功能的混杂。经济地理区位优势明显,地处交通要道。附近公园等娱乐项目可以为招商借势。

2. 劣势

郊县大型购物中心的消费习惯不明显,招商有难度。距离城区较远,商务服务功能不够明显。顶楼小户型销售有一定难度,项目功能定位有冲突。

3. 机遇

市场蛋糕逐渐做大,市场机遇多。投资住宅在政策上已有所限制,投资流向商业、商务楼盘。当地周末休闲消费能力的逐渐扩大对民间投资拉动较大。

4. 挑战

市场定位同质化现象严重。温江房地产市场竞争日趋激烈,当地客户的投资能力已被释放了一段时间。主要竞争楼盘有繁华时代、金江大厦、美丽华、南浦郡、盛世繁华等。

(三) 主力客户分析

1. 地域来源

温江本地投资者。

2. 投资类型

休闲、娱乐(自用)经营投资者。

3. 终端消费

以温江本地客户中金字塔尖的高端客户为主,包括温江镇行政、企事业单位员工(含教师、医生等)、较为富裕的农民、本地私营企业主及个体工商户。

(四）辅助客户分析

1. 地域来源

成都投资者。

2. 投资类型

休闲娱乐或酒店管理等企业。

3. 终端消费

部分在成都办公的温江居住客户，周末到温江休闲的成都人以及部分举行婚礼等庆典的客户。

三、广告推广主题

(一）概述

功能推广主题围绕项目功能定位是商业楼盘，明确的将信息传递给投资者：我们卖的不是住宅、不是商务写字楼，而是集娱乐、休闲、餐饮、健身、购物等为一体的多功能商业楼盘。

形象推广主题围绕项目的投资增值空间，本案将是具有财富增值空间的投资项目——不论是自用还是转租。

市场推广主题围绕项目差异化的市场定位，将项目与其他竞争楼盘相比较"小而纯"的优势传递给投资者。

(二）广告语方案

1. 我们在向谁做推广

解密投资者在都市新娱乐中心的核心需求。

他们需要：商业、娱乐、餐饮等一应俱全的主流产品，不仅适合自用经营，而且投资前景也不错；绝佳的口岸，从而有人气支撑的快速回报，最终形成相对低廉的投资成本；从激烈的商业大盘同业竞争中脱颖而出，独立占据不可复制的好口岸。

2. 我们推广的是什么

棕华欣城将是典范性与唯一性。即本项目是温江商业楼盘的典范，是该地段投资少回报高的唯一选择。这一项目主题概念的支撑论点有：最终的投资代价比大盘低；拥有人气的海洋，而不必同时"淹没"在商业的海洋，适应市场需求的项目功能定位，回报可靠，形成商气快速、有效，对转变商业风格有利（船小好掉头）；不可复制的地段区位，支撑相应商业的流动人口数量；与区域整体娱乐定位既相联系又相区别；同样地段区域的唯一综合商业楼盘等等。

(三）项目推广语方案

1. 项目主推广语

财富不打烊。

2. 推广语释义

商业楼盘始终需要针对3个端口的人群：一是投资者，他们购买后，或出租，或自营。二是经营者，他们购买后，实现楼盘的项目功能定位。上述两者明显是存在交集的两个基本人群概念，他们都对财富感兴趣。三是最终端的消费者，他们选择到"不打烊"的项目尽情娱乐。

棕华欣城运用尊重经济规律的商业形态，运用田忌赛马的商业策略，修筑与都市消费有机结合、对商业充分理解并最终形成活力的具有"财富"意义的标志性商业楼盘。"不打烊"，运用双关的手法,将商业娱乐24小时不间断和不随黑夜降临而停止服务的特性(项目功能定位)与投资者希望的源源不断的投资回报的心理需求(项目形象定位)统一起来。

3. 项目推广语备选方案

(1) 掘金时代　聚富新城

(2) 金温江　金商业　金口岸

(3) 邻居公园的25小时经济

(4) 新资本商业特区

4. 广告语系列草案

(1) 针对投资者系列

我有我私产

向有产阶级进军

财富就像真理,总是掌握在少数人手里

掘金时代　聚富新城

(2) 针对经营者系列

就用你的商号铭刻

以小搏大,才是金钱本色

金温江　金商业　金口岸

(3) 针对最终消费者系列

新城市休闲主义

白天不懂夜的美　全天候娱乐你

温江的、成都的、你的我的后花园

5. 系列推广主题草案

(1) 财富系列(投放于前期)

目的:传递项目形象定位

诉求内容:财富,是吸引投资者的第一要素,这里能聚集财富,是本楼盘购买者最关心的问题,也是将此楼盘的商业投资价值最直接表达出来及与其他楼盘功能定位相区别的一点。

(2) 不打烊系列(投放于后期)

目的:项目的功能定位和项目最终消费者的吸引。

诉求内容:将最终消费者所能带来的人气,转化为能被投资者接受的商气的预期,以便继续扩大招商战果。

(四) 广告风格拟定

1. 诉求方式

以理性的对财富追求的诉求,结合感性的煽动语言,将项目传递营销战线的最前端。

2. 平面风格

贴身紧逼竞争项目,着力塑造项目独特气质,建议:

(1) 构图的简洁和整体的平稳。

(2) 色彩要体现对财富的聚集但是又不能太落俗套而落入拜金主义,因此应当运用清新的色彩表现风格。

(3) 元素运用尽量要突出项目的主要特点,并且保持一定的连贯性。

(4) 建议使用招贴式平面设计格式,即用占主导地位的项目效果模拟图占据整个广告版面 60%～70%的空间,最佳效果为 82%。

(5) 保证项目基本信息(开发商、项目地址或区位及销售联系电话)等出现在每一个有效广告平面。

3. 广告文案风格

配合前述"务实"风格,拟定以下方针:

(1) 主标题风格的确定

吸引注意式:财富生产不打烊?如何创造最大的财富生产力?

标题口号式:财富一夜兑现,一夜财富,全天享受

标题利益式:无论时间怎么变,财富增长不离城　一同感受消费热力

标题命令式:来!与人气亲密接触

(2) 副标题风格的确定

具体地阐释项目所能带来的利益点,或者直接将项目推广语借鉴使用。

(3) 正文风格

充分运用修辞的技巧,介绍项目的优势和利益切入点;解决向投资者推销的距离感。特别在软文的规划上,一定要发挥我们的优势并适当的挑战大盘的语言风格和内容。

四、各阶段广告推广策略

(一) 工作阶段划分

根据工作安排,将销售分为 5 个阶段。为配合好销售,对公司工作进行了周密安排,围绕销售的 5 个阶段展开,以便节约时间和提高工作效率。

阶段划分	主　题	重要工作	时间节点
第一阶段	开盘筹备期	广告策划方案、广告推广计划的制定、宣传资料的制作、售楼现场的包装等	2005 年 7 月～2005 年 8 月
第二阶段	强销期一	媒介推广实施、广告的投放、公关活动的组织等	2005 年 9 月～2005 年 11 月
第三阶段	调整期	广告推广计划的调整实施	2005 年 12 月～2006 年 2 月
第四阶段	强销期二	媒介推广实施	2006 年 3 月～2006 年 5 月
第五阶段	尾盘销售	媒介推广实施	2006 年 6 月以后

(二) 开盘筹备期

本阶段工作围绕广告策划方案的制定和广告创意设计展开,工作任务重,时间短,要求制定更为有效合理的工作计划。

1. 诉求重点

传递项目形象定位——新资本小而纯的商业特区。

2. 宣传主题

财富,是吸引投资者的第一要素,这里能聚集财富,是本项目吸引投资者目光的切入点。

3. 媒介选择

户外广告、车身广告、电视广告、网络广告、印刷品。

（1）户外广告策略

围墙包装、道路两旁道旗的挂立、灯箱广告等，内容以项目广告语"财富聚欣城，龙凤聚欣城"为主。

（2）车身广告策略

在成都与温江穿梭的309路公交车车身上做广告，可以在较短的时间内吸引眼球，扩大项目的知名度。

（3）电视广告策略

可以选择在温江本地的电视台打广告，可以有效的把项目信息集中、准确地传达给目标消费群。成都有线电视台也可选择，省级电视台的覆盖率和收视率高，但费用较高，需协商决定。

（4）网络广告策略

在"房产114"建立链接；也可以考虑及时将项目工程进度、销售状况、各种公关活动的开展等信息传送到网络上，通过留言板与客户建立互动，及时了解客户需求等。

（5）印刷品策略

制作精美的印刷品及辅助系统，树立楼盘形象。

（三）强销期一

本阶段是开盘销售的关键时期，本阶段的推广力度和高度对本项目销售将产生重大影响，同时还应配合好销售端口的一系列活动节点进行。以"聚财富"为出发点，塑造产品独特形象、商业人文气质与回报联想，吸引市场关注，提高项目的知名度。主要工作是设计宣传品和报纸广告，辅之以相应的公关活动，达到招商和销售的目的。

1. 诉求重点

项目区位、口岸优势的集中展示，以传递项目正式开盘的具体信息为主，包括位置、规划设计等，突出楼盘小而精的品质。

2. 宣传主题

软文炒作，深化楼盘品质，全方位炒作"聚财富"、"小而纯"的形象定位。

3. 媒介选择

报纸广告、户外广告、电视广告。

（1）报纸广告策略

增加宣传受众面，充分考虑对投资者的影响力，以软文炒作为主，突出项目"聚财富"的商业价值，从人气、商气、财气各方面来体现项目升值潜力的支撑点。

（2）户外广告策略

在温江通往成都的道路（光华大道）上制作户外广告（单立柱广告），在温江车流量和人流量较大的地段发布广告，在站台广告适当投放，为花博会公关活动做铺垫。

（3）电视广告策略

继续在温江电视台或成都市有线电视台做广告，内容还是对"聚财富"概念的炒作，但转向投资者的口述传播。

4. 公关活动策略

(1) 在秋季房交会期间设计展示厅,把项目的功能和形象传递给投资者。

(2) 在花博会变换车身广告或站台广告。

调整期及之后的推广策略随销售实际情况而定。

(四) 调整期

根据前一阶段的销售及时对项目销售和广告推广中存在的问题进行调整,同时用系列报版广告和公关活动保温市场,为进入强销期做好准备。

(五) 强销期二

进入强销期主力客户群集中购买阶段,因此这个阶段广告宣传的力度和受众面都应加强。集中有效媒体进行全方位宣传,刺激目标群的欲望。主要工作是系列报纸广告和公关活动的计划、设计、方案、投放以及实施。

(六) 尾盘销售

该阶段将根据尾盘的销售情况,另行制定相应的工作计划。

五、媒介策略

(一) 媒介目标

(1) 配合广告目的制造市场的关注度,尤其是在上市初期到开盘前制造一定的市场轰动效应,为爆发性的销售积聚能量。

(2) 准确地与主力客户沟通,清晰传达"财富不打烊"这一理念和销售信息。

(3) 迅速提升项目的知名度和影响力。

(4) 提升开发商的知名度和美誉度。

(二) 媒介策略建议

1. 少做报版广告

在二级市场,报版广告的到达率非常低,这与当地人的生活习惯有关。根据我们对主力客户的定位,建议少做报纸广告(指硬广告)。

2. 大量投入临街平面广告

利用本案区位较好的优势,加强在工程现场的平面广告和销售现场的包装设计。

3. 适当投入电视广告

主力客户及辅助客户群都有收看电视的习惯,配合预算以及具体推广需要,建议购买一定时段温江台的广告。

4. 适当加强印刷品的设计及派发力度

建议印制精美的招商手册,手册一定要具备功能性(一册在手,解决投资的所有基本问题);建立点对点的 DM 单派发制度,不在街边随意派发。

5. 投放当地车身广告及站台广告

注意选择投放车身广告的线路,站台广告配合车身广告,到达温江区的成熟商圈的角落,吸引有购买竞争楼盘意向的有识之士转投。

(三) 媒介组合策略建议

1. 户外媒体使用策略建议

利用车体、路牌、户外等媒体的传播广度及重复性,展示本案独特的物业特性。

(1) 在光华大道上设置站台广告,引起目标消费者的关注。
(2) 在往来成都和温江的部分公交车(如309路)上做车身广告,不断重复提醒关注。
(3) 在项目地点设立大型户外广告,充分利用地段优势。

2. 报纸使用频次策略建议

主要以商报、华西报进行软广告推广。
(1) 在预售期和公开发售前的1~2个月内应保持较高的投放频次。
(2) 公开发售期后,应维持每周固定的投放量以强化记忆。

3. 电视媒体使用策略建议

成都目前的家庭主要以市级电视(80万户)及有线电视用户为主,两个有线网的覆盖面广,垄断性强,因此,如果考虑发布,建议只在这两个网投放。电视广告以建立品牌形象为主。市级有线台的新闻时段和热门电视剧播放时段在成都有其他频道无法比拟的高收视率,在电视投放中可作为最重要的投放频道。

4. 网络广告的使用建议

由于我们的目标消费群是私营企业家、白领、公务员等中高层次的决策阶层,他们非常注重最新信息量的吸取,网络是他们每天生活中密不可分的一部分。因此,应当在他们经常接触或相关的网络上进行宣传以吸引关注。

5. 组合策略小结

公交:投放于309线路及竞争项目附近的公交站台
电视台:成都有线公共频道
报纸:《成都商报》
网络:www.fc114.com

六、广告推广费用及预算分配(估)

1. 预算费用总额

占销售总产值约4.3亿元的1.5%。

2. 广告投放项目分配

媒介75%,策划、设计10%,制作10%,机动5%。

3. 广告投放阶段分配

形象导入期20%,强销期45%,续销期(调整及强销二期)25%,消化期(尾盘销售)10%。

第九章　房地产风水策划

第一节　房地产风水策划技术要点

我国自20世纪90年代以来出现了全国性房地产开发的空前热潮,城市乡村面貌日新月异,现代建筑层出不穷。现代建筑实现了人类历史上梦想而从未实现过的解决人类居住问题,大跨度大空间高层令世人瞩目。然而,在现代建筑巨大发展的同时,也给自然环境、人类赖以生存的地球、人类文明和传统等带来了无法估量的破坏。国门的开放,西方现代建筑在中国遍地开花,只追求具体的、单一建筑的宏伟壮丽,或是追求单一形式美,或是追求功能实用,或是追求经济效益,则不顾地域、自然、历史条件的融合,造就了今天中国从南到北、从东到西的城市趋向性。随着时间的推移,这些钢筋水泥的丛林日益成为遗害千古的"城市垃圾",引起一些有远见的建筑师、开发商的深刻反思,中国房地产方向何在?

中国传统人居学的核心内容是"天地人合一"。中国人居学探求建筑的择地、方位、布局与天道自然、人类命运的协调关系,即"天地人合一"的原则,排斥人类行为对自然环境的破坏,注重人类对自然环境的感应,并指导人们如何按这些感应来解决建筑的选址乃至建造。

一、风水及房地产风水概述

(一) 风水

风水理论是什么呢?实际上就是地理学、地质学、星象学、气象学、景观学、建筑学、生态学以及人体生命信息学等多种学科综合一体的一门自然科学。其宗旨是审慎周密地考察、了解自然环境,顺应自然,有节制地利用和改造自然,创造良好的居住与生存环境,赢得最佳的天时地利与人和,达到天人合一的至善境界。

正是基于这一追求,人们在风水理论及其实践的长期发展过程中积累了丰富的实践经验,也通过理论思维,吸收融会了古今中外各门科学、哲学、美学、伦理学以及宗教、民俗等方面的众多智慧,最终形成了内涵丰富、综合性和系统性很强的独特理论体系——现代风水学。概括起来有十大原则。

1. 整体系统原则

整体系统论,作为一门完整的科学,是在20世纪产生的;作为一种朴素的方法,中国的先哲很早就开始运用了。风水理论思想把环境作为一个整体系统,这个系统以人为中心,包括天地万物。环境中的每一个子系统都是相互联系、相互制约、相互依存、相互对立、相互转化的要素。风水学的功能就是要宏观地把握协调各系统之间的关系,优化结构,寻求最佳组合。整体原则是风水学的总原则,其他原则都从属于整体原则,以整体原则处理人与环境的关系是现代风水学的基本点。

2. 因地制宜原则

因地制宜,即根据环境的客观性,采取适宜于自然的生活方式。中国地域辽阔,气候差异很大,土质也不一样,建筑形式亦不同。西北干旱少雨,人们就采取穴居式窑洞居住。窑洞位置多朝南,施工简易,不占土地,节省材料,防火防寒,冬暖夏凉,人可长寿。西南潮湿多雨,虫兽很多,人们就采取干阑式竹楼居住。楼下空着或养畜,楼上住人。竹楼空气流通,凉爽防潮,大多修建在依山傍水之处。此外,草原的牧民以蒙古包为住宅,便于随时迁徙;贵州山区和大理人民用山石砌房。这些建筑形式都是根据当时当地的具体条件而创立的。中国现存许多建筑都是因地制宜的楷模。湖北武当山是道教名胜,明成祖朱棣当初派30万人上山修庙,命令不许劈山改建,只许随地势高下砌造墙垣和宝殿。

中国是个务实的国家,因地制宜是务实思想的体现。根据实际情况,采取切实有效的方法,使人与建筑适宜于自然,回归自然,返璞归真,天人合一,这正是风水学的真谛所在。

3. 依山傍水原则

依山傍水是风水学最基本的原则之一。山体是大地的骨架,水域是万物生机之源泉,没有水人就不能生存。考古发现的原始部落几乎都在河边台地,这与当时的狩猎和捕捞、采摘经济相适应。

依山的形势有两类,一类是"土包屋",即三面群山环绕,凹中有旷,南面敞开,房屋隐于树丛中。湖南岳阳县渭乡张谷英村就处于这样的地形。五百里幕阜山余脉绵延至此,在东北西三方突起3座山峰,如三大花瓣拥成一朵莲花。明代宣德年间,张谷英来这里定居,五百年来发展成六百多户、三千多人的赫赫大族,全村八百多间房子串通一气,男女老幼尊卑有序,过着安宁祥和的生活。依山的另一种形式是"屋包山",即成片的房屋覆盖着山坡,从山脚一直到山腰。长江中上游沿岸的码头小镇都是这样,背靠山坡,拾级而上,气宇轩昂。有近百年历史的武汉大学建筑在青翠的珞珈山麓,设计师充分考虑到特定的风水,依山建房,学生宿舍挨着山坡,像环曲的城墙,有了个城门形的出入口。而平台上以中孔城门洞为轴线,图书馆居中,教学楼分立于两侧。主从有序,严谨对称。学校得天然之势,有城堡之壮,显示了高等学府的宏大气派。

六朝古都南京,濒临长江,四周是山,有虎踞龙盘之势。其四边有秦淮河,还有长江,沿江多山矶,从西南往东北有石头山、马鞍山、幕府山,东有钟山,西有富贵山,南有白鹭洲。

4. 观形察势原则

清代的《阳宅十书》指出:"人之居处宜以大山河为主,其来脉气最大,关系人祸最为切要。"风水学重视山形地势,把小环境放入大环境考察。

中国的地理形势,每隔8°左右就有一条大的纬向构造,如天山-阴山纬向构造、昆仑山-秦岭纬向构造。风水学把绵延的山脉称为龙脉。龙脉源于西北的昆仑山,向东南延伸出3条龙脉:北龙从阴山、贺兰山入山西,起太原,渡海而止;中龙由岷山入关中,至泰山入海;南龙由云贵、湖南至福建、浙江入海。每条大龙脉都有干龙、支龙、真龙、假龙、飞龙、潜龙、闪龙,勘察风水首先要搞清楚来龙去脉,顺应龙脉的走向。

龙脉的形与势有别,千尺为势,百尺为形,势是远景,形是近观。势是形之崇,形是势之积。有势然后有形,有形然后知势,势位于外,形在于内。势如城郭墙垣,形似楼台门第。势是起伏的群峰,形是单座的山头。认势惟难,观形则易。势为来龙,若马之驰,若水之波,欲其大而强,异而专,行而顺。形要厚实、积聚、藏气。

在龙脉集结处有朝案之山为佳。朝山案山是类似于朝拱伏案之形的山,就像臣僚簇拥君主。朝案之山可以挡风并且很有曲趣之情。如《朱子语类》论北京的大环境云:"冀都山脉从云发来,前则黄河环绕,泰山耸左为龙,华山耸右为虎,高为前案,淮南诸山为第二案,江南五岭为第三案,故古今建都之地莫过于冀,所谓无风以散之,有水以界之。"这是以北京城市为中心,以全国山脉为朝案,来说明北京地理环境之优势。

从大环境观察小环境,便可知道小环境受到的外界制约和影响,诸如水源、气候、物产、地质等。任何一块宅地表现出来的吉凶都是由大环境所决定的,犹如中医切脉,从脉象之细弦虚、紧滑浮沉迟速就可知道身体的一般状况,因为这是由心血管的机能状态所决定的。只有形势完美,宅地才完美。每建一座城市,每盖一栋楼房,每建一个工厂,都应当先考察山川大环境。

5. 地质检验原则

风水思想对地质很讲究,甚至是挑剔,认为地质决定人的体质,现代科学证明这不是危言耸听。地质对人体至少有以下4个方面的影响:

(1) 土壤中含有微量元素锌、铂、硒、氟等,在光合作用下放射到空气中直接影响人的健康,特别是由特定地质生长出来的植物,对人体的体形、体质、生育都有影响。

(2) 潮湿或臭烂的地质会导致关节炎、风湿性心脏病、皮肤病等。潮湿或臭烂地是细菌的天然培养基地,是产生各种疾病的根源,因此不宜建宅。

(3) 地球磁场的影响。地球是一个被磁场包围的星球,人感觉不到它的存在,但它时刻对人发生着作用。强烈的磁场可以治病也可以伤人,甚至引起头晕、嗜睡或神经衰弱。风水师常说巨石和尖角对门窗不吉,实际上是担心巨石放射出的强磁对门窗里住户的干扰。

(4) 有害波影响。如果在住宅地面3 m以下有地下河流,或者有双层交叉的河流,或者有坑洞,或者有复杂的地质结构,都可能放射出长振波或污染辐射线或粒子流,导致人头痛、眩晕、内分泌失调等。

以上4种情况,旧时风水师知其然不知其所以然,不能用科学道理加以解释,在实践中自觉不自觉地给予回避或使之神秘化。有的风水师在相地时亲临现场,用手研磨,用嘴尝泥土,甚至挖土井察看土质、水质,俯身贴耳聆听地下水的流向及声音,这些看似装模作样,其实不无道理。

6. 水质分析原则

怎样辨别水质呢?《管子·地贞》认为:土质决定水质,从水的颜色判断水的质量,水白而甘,水黄而嗅,水黑而苦。不同地域的水分中含有不同的微量元素及化学物质,有些可以致病,有些可以治病。浙江省泰顺承天象鼻山下有一眼山泉,泉水终年不断,热气腾腾,当地人生了病就到泉水中浸泡,比吃药还灵。后经检验发现泉水中含有大量的放射性元素氡。云南省腾冲县有一个"扯雀泉",泉水清澈见底,但无生物,鸭子和飞禽一到泉边就会死掉。经科学家考察,发现泉水中含有大量的氰化酸、氯化氢,这是杀害生物的剧毒物质。

中国的绝大多数泉水具有开发价值,山东济南称为泉城。福建省发现矿泉水点1 590处,居全国各省之最,其中可供医疗、饮用的矿泉水865处。广西凤凰山有眼乳泉,泉水如乳汁,用之泡茶,茶水一星期不变味。泉水通过地下矿石过滤,往往含有钠、钙、镁、硫等矿物质,口服、冲洗、沐浴都有益于健康。

风水学理论主张考察水的来龙去脉,辨析水质,掌握水的流量,优化水环境,这条原则值得深入研究和推广。

7. 坐北朝南原则

我国处于地球北半球,欧亚大陆东部,大部分陆地位于北回归线以北,一年四季的阳光都由南方射入。朝南的房屋便于采取阳光。阳光对人的好处很多:一是可以取暖,冬季时,朝南房间比朝北房间温度高1~2℃;二是参与人体维生素D的合成,小儿常晒太阳可预防佝偻病;三是阳光中的紫外线具有杀菌作用,尤其对经呼吸道传播的疾病有较强的灭菌作用;四是可以增强人体免疫功能。坐北朝南,不仅是为了采光,而且还为了避风。中国的地势决定了其气候为季风型气候。冬天有西伯利亚的寒流,夏天有太平洋的凉风,一年四季风向变幻不定。

风水学表示方位的方法有:以五行的木为东,火为南,金为西,水为北,土为中;以八卦的离为南,坎为北,震为东,兑为西;以干支的甲乙为东,丙丁为南,庚辛为西,壬癸为北;以地支的子为北,午为南;以东方为苍龙,西方为白虎,南方为朱雀,北方为玄武,或称作"左青龙,右白虎,前朱雀,后玄武"。

概言之,坐北朝南原则是对自然现象的正确认识,顺应天道,得山川之灵气,受日月之光华,颐养身体,陶冶情操,地灵方出人杰。

8. 适中居中原则

适中,就是恰到好处,不偏不倚,不大不小,不高不低,尽可能优化,接近至善至美。

风水理论主张山脉、水流、朝向都要与穴地协调,房屋的大与小也要协调,房大人少不吉,房小人多不吉,房小门大不吉,房大门小不吉。

适中的另一层意思是居中,中国历代的都城为什么不选择在广州、上海、昆明、哈尔滨呢,因为地点太偏。洛阳之所以成为九朝古都,原因在于它位居天下之中。级差地租价就是根据居中的程度而定,银行和商场只有在闹市中心才能获得最大的效益。

适中的原则还要求突出中心,布局整齐,附加设施紧紧围绕轴心。在典型的风水景观中都有一条中轴线,中轴线与地球的经线平行,向南北延伸。中轴线的北端最好是横行的山脉,形成丁字形组合,南端最好有宽敞的明堂(平原),中轴线的东西边有建筑物簇拥,还有弯曲的河流。明清时期的帝陵、清代的园林就是按照这个原则修建的。

9. 顺乘生气原则

风水理论认为,气是万物的本源。太极即气,一气积而生两仪,一生三而五行具,土得之于气,水得之于气,人得之于气,气感而应,万物莫不得于气。

由于季节的变化,太阳出没的变化,使生气与方位发生变化。不同的月份,生气和死气的方向不同。生气为吉,死气为凶。人应取其旺相,消纳控制。《黄帝宅经》认为,正月的生气在子癸方,二月在丑艮方,三月在寅甲方,四月在卯乙方,五月在辰巽方,六月在乙丙方,七月在午丁方,八月在未坤方,九月在申庚方,十月在酉辛方,十一月在戌乾方,十二月在亥壬方。风水罗盘体现了生气方位观念,风水理气派很讲究这一套。

风水理论提倡在有生气的地方修建城镇房屋,这叫做顺乘生气。只有得到生气的滋润,植物才会欣欣向荣,人类才会健康长寿。风水理论认为,房屋的大门为气口,如果有路有水曲而至,即为得气,这样便于交流,既可以得到信息,又可以反馈信息。如果把大门设在闭塞的一方,谓之不得气。得气有利于空气流通,对人的身体有好处。宅内光明透亮为吉,阴暗灰秃为凶。只有顺乘生气,才能称得上贵格。

10. 改造风水原则

人们认识世界的目的在于改造世界为自己服务。改造风水的实例很多,四川都江堰就是改造风水的成功范例。岷江泛滥,淹没良田和民宅,一旦驯服了岷江,都江堰就造福于人类了。北京城中处处是改造风水的名胜。故宫的护城河是人工挖成的屏障,河土堆砌成景,威镇玄武。北海是金代时蓄水成湖,积土为岛,以白塔为中心,寺庙以山势排列。圆明园堆山导水修建一百多处景点,堪称"万园之园"。

中国的乡村建设很注重改造风水。如果我们下工夫、花气力翻捡一遍历史上留下来的坟志书和村谱、族谱,每部书的首卷都叙述了地理风水,细加归纳,一定会发现许多改造风水的记载。就目前来讲,如深圳、珠海、广州、汕头、上海、北京等许多开放城市都进行了很多移山填海、建桥铺路、拆旧建新的风水改造工作,而且取得了很好的效果。

风水学者的任务,就是给有关人士提供一些有益的建议,使城市和乡村的风水格局更合理,更有益于人民的健康长寿和经济的发展。

（二）房地产风水

在中国传统建筑中,千方百计寻求营造一处好气场,这就是风水。提起风水,在中国可以说家喻户晓,人人皆知,大家都会自然而然地想起山脉、房子、坟墓,就会想起都城、皇宫等。但风水究竟是什么,说起来却是五花八门,众说纷纭。有人说,风水就是看坟地。有人说,风水就是选宅基地。只要一听说哪里出了什么事,肯定有人会说:一定是风水不好。可以说,在中国民间风水其实是深入民心的。

风水其实是建立在天人合一的宇宙观的基础上,古人为了利用大自然的"气"场而总结出来的一套能趋吉避凶使人类生活吉祥安乐的方法。风水贯穿于中国传统建筑活动的各个过程,从选址规划、建筑单体、园林小品、室内外装修设计到施工营造,几乎无所不在。从现代房地产品牌策划角度,以现代居住区建筑布局进行风水规划,应首先树立以下风水观点：

1. 太极泛存观

风水学认为,一个城市,一个村镇,一个庭院,一幢建筑,一户住宅,一个房间……都是一个太极,只是层次不同而已。住宅建筑布局,既看其自身的太极,也看建筑组群的太极,建筑群布局,应以地形方整、太极完整为宜,不宜缺残某部分建筑的位置。建筑地段布局应十分注意太极图的场气效应,慎重选择空地,建筑群组团内的小游园绿地应选在中心地段,并应有建筑小品布置。在住宅设计中,一幢住宅不宜缺角。住宅楼层内部各户不宜交错分户,以免造成各户平面缺残某角。

2. 场气万有观

风水学的五大要素龙、穴、砂、水、向,其本质是气。寻龙,捉穴,察砂,觅水,定向,是在于查寻适于人体的吉气,避开不利于人体的煞气,趋吉避煞,在于对气的趋和避。物物之间存在场,气来自于场。现代科学已初步证明,人体有场气,植物有场气,建筑物有场气,万物之间皆有场气。恰如万有引力一样,场气也是万有的。一幢建筑可以无足轻重,但如组成建筑群,场气可能剧变。

3. 场气导引观

风水之气,是宇宙场气、地球场气、地域场气、建筑组群场气、植物场气和人体场气的统一场气中的气。宇宙、地球、地域的场气,为大场气。大场气,虚处来,实处止。阳宅多选在类似盆地、半盆地(山环、山湾)中,这种地域,土肥水上,宜于民生,利于接纳大场气。场气的性状是螺旋式运动的,任何局部某一层次的螺旋式运动的场气都是宇宙大环境的一部分。

小环境植物、建筑、人体是小场气。小环境场气,风水学称为地气。地气高处来,低处去。然而这种场所在一定条件下在局部环境中又是可以经过人的智能认识加以适当导引的。

二、房地产风水策划的必要性

房地产开发的楼盘选址、楼宇座向、房屋户型、小区整体布局等方面,都无时无刻不在影响着开发商和入住人群的生活和工作。

不少房地产开发商耗费了大量的人力、财力和物力,规划开发建造了一个个环境优美、景色宜人的楼盘环境,但是并不受关注,于是又投入大量的广告费用,进行宣传促销,但效果甚微。购买者省吃俭用,举债借息终于买下了一个可以容身的私家空间,可除了搬进新居之时推杯换盏、宾朋恭贺、满堂异彩之外,不顺之事接踵而至。曾经有这么一位买房者,花了70多万元买了一栋别墅,环境幽雅,连装修总共花下巨资逾百万,可区区两年,家里口舌是非之事暂且不说,甚至发生了两死一病的严重惨状。也许有人会说这就是"命",也许有人会说这些是由于其他原因。但运用风水学原理,专家在第一次接触房主时马上一言即准确推断出他入住此宅后两年来各方面发生的事情,甚至于对其重大凶事判断准确到了月份。风水对人造成影响的例子比比皆是,而且风水的依据现在已得到了方方面面的科学证实。同样道理,两个同时进行项目开发的房地产开发商,其中一个在开发之后楼盘销售很快,当然也就赚了个盆满钵满,此时又可抽调资金去投资下一个项目。而另外一个呢?楼盘销不出去,资金紧缺,宣传又需加大投入,讨债者天天登门。这些,能单纯解释为仅仅是营销策略上的失误吗?

是"风水",还是"风水"。大多数人略有所知但并不真正了解的一门科学在产生着巨大的影响。在很多时候大自然的威力是人力所不能及的,所谓"人定胜天"其实不过是人类一贯发展的思路理想而已,在很多方面也只是人类的一厢情愿罢了。

房地产风水策划是从根源上把住了建筑风水布局的关口,从而为众多百姓营造出了一个事业顺遂、财源广进、家庭和美、身体康健的吉祥场所,同时也给开发商带来了有形与无形的回报。据有关权威机构调查,目前在购房者中有40%左右的用户不同程度地考虑建筑风水因素,把建筑风水作为购房必备条件的至少占20%。经初步统计,进行建筑风水策划的房地产小区销售速度要提前6个月至1年,销售的价位比同地段商品房可上浮10%左右。

随着房地产项目的持续开发,国家对房地产行业调控的推进,中央和地方政府出台的一系列调控政策,对开发商的资金链造成很大压力;另外,城市土地价格不断攀升,房地产面临的风险越来越大。如何成功地规避风险,保持企业的持续健康发展已成为开发商关注的首要问题。在这种情况下,在房地产开发中引入风水全程策划将不失为一种一针见血、立竿见影的好方法。房地产开发中引入风水全程策划有以下作用:

1. 提高房地产的附加值

很多人购房都要请风水先生看一看风水,开发商事先请人设计好风水,可以为房地产加分,至少不会因风水不好而被一票否决。这点在我国南方和一些高档项目开发上显得尤其重要。广东早已出现请某一风水大师勘察风水作为房地产促销卖点的例子。在我国,购买房子绝大多数人要倾其所有,大家要货比三家,反复权衡,一旦听说风水不好,就是原先不太信风水或原先很喜欢这套房子的人也有可能放弃购买。

2. 提高居住者的实用性和舒适性

让居住者居住得开心舒适,有利于开发商树立口碑,打造品牌,真正起到花小钱办大事的作用。

3. 加快房地产销售

通过对售楼处风水布局,可以加快房地产销售,减少风险,或在保持原有销售速度的基础上提高售价,获取更多利润。随着国家对房地产行业的调控,房地产行业的风险在加大,寻找一个好的售楼处风水布局将是一个很好的规避风险的出路。

三、房地产风水策划的原则

1. 最重要的是要确立太极观的问题

房地产园区特别是大型园区相当于一个小社会,一个小城镇园区可能"五脏"俱全,除了楼座之外,还有假山、水景、树木、塔楼、回廊、雕塑以及运动场、购物中心、娱乐中心甚至还包括学校、幼儿园等等。从建筑风水学的角度来说,既要满足一家一户风水格局,同时建筑之间又不能产生副作用,是一件不容易的事情。因此,进行房地产园区的建筑风水策划,必须牢固确立全局和局部相统一、景观和建筑相协调的策划思想。园区是一个大太极,整个园区的风景格局必须吉祥,相当于一个城镇一样,没有整体的发达难有个体的富裕。一栋建筑是一个中太极点,一栋整体不理想的建筑难有上佳的一门一户。每一个单元、每一户为一个小太极,小太极最后落到每一个具体的人家,因此,小太极更要吉祥、和谐,所以从古皇太极风水学的角度来说要采取园区建筑、单元分别起星盘建筑布局的方式。

2. 要注意园区内环境布局与外环境统一

内部格局的确立,是在不可更改的外部环境的制约下展开的,因此园区的确立必须紧密结合园区的外部特征。确保园区的开发对企业经营者有利,对园区的销售价位和速度产生直接促进作用,同时造福未来业主。

3. 风水策划是房地产开发综合策划的一部分

随着中国房地产业的发展、成熟,百姓和开发商对风水的需求也日益深入,因此,在房地产开发中完全忽略风水因素的现象越来越少。但另一方面,过分夸大风水,在规划、设计时百分之百地依赖传统风水,而忽略了现代建筑学的基本要求,忽略了自然地理状况、规划部门的要求、建筑设计的习惯、视觉的美观等,把风水与自然环境、人文心态及当代科技搞得格格不入的做法都是不可取的。

4. 房地产风水策划是全程策划

房地产建筑风水策划是全程策划,不是某一个环节或某两个环节的策划。只注重选址而忽略了后续策划,是建筑风水学在房地产开发中的初级应用。

5. 尊重国家建筑规划规范,与建筑规划、设计部门紧密配合

房地产风水策划要严格在相关规范下展开。同时,要与规划设计部门紧密配合,过不了规划设计关的风水策划不是好策划。

6. 传统和现代有机结合

建筑风水策划要现代,不能与时俱进、与时代接轨,腐朽、迷信的现象是建筑风水策划所排斥的。在当代进行风水策划、调整的过程中,抱残守缺、食古不化的现象屡见不鲜,"石敢

当"、八卦镜甚至在一些庄严的场所也时有所见,难道解决路冲的风水问题就非得千年流传下来的"石敢当"吗?

7. 把地域、水文等差异融会其中

比如,为北方的房地产园区进行风水策划,在水系的使用上就要考虑到冬季的问题;为枯水地区进行风水策划,在水系的使用上要有不同的考虑,水系的面积不可太大。

四、房地产风水策划的依据

进行房地产风水策划不能千篇一律,应该紧密结合开发商的自然状况、地块特点、楼盘档次、园区品位等,具体以如下素材为依据。

1. 开发商的自然状况

开发商的生命结构场是进行房地产建筑风水策划的重要一环,开发商的楼盘运作经验是建筑风水策划级别的依据之一。

2. 地块素材

地块确定后,开发商需配合提供以下素材:

(1) 地块平面图。

(2) 地块东西南北周边建筑的情况,包括周边的道路情况(道路方位、级别),周边建筑的高矮情况,周边建筑的用途,政府机关、医院、殡仪馆、监狱、寺庙、电视台、电台、烟囱、变电所、变压器等等要尤其注意。

(3) 地块东西南北周边的特殊环境。有否高压线路从地块及近旁通过,有否铁路从地块近旁通过。地块周边有否河流、公园、大块绿地、树林、桥梁、砖场、垃圾场、公墓等。这些特殊的东西,对于待建园区的风水都会产生明显的影响,如果有,需要好好规划,吉则趋之,凶则避之。

(4) 周边近几年的规划蓝图。

3. 开发设想

开发设想包括园区档次定位、总建筑面积以及楼座摆布的初步思路、园区中是否带有商业等。

五、房地产建筑风水策划的程序

房地产风水策划是一个过程,一般应遵循以下程序:

(1) 现场考察收取资料

风水策划的第一项工作是实地考察,收集第一手资料。现场考察要重点掌握以下内容:

① 地块的形状。地块是正方形、长方形、梯形、三角形还是不规则形?

② 地块的地势。地块是平地、坡地还是山地。哪面高,哪面低?

③ 地块过去的用途。地块是否"干净"?是普通用途,还是风水上的特殊用途?

④ 地块周边的道路。地块东南西北周边道路的等级状况,道路是平直还是弯曲不平?

⑤ 地块周边的建筑。地块周边建筑的情况需掌握。有否风水上的特殊建筑?

⑥ 地块四周道路对面的状况。有否大门、变压器、烟囱、锐利的建筑墙角等。

⑦ 地块周边的特殊环境。如有否河流、山脉、沟壑、林地、铁路、墓葬、砖场等等?

除了现场感观考察之外,还需向开发商和有关部门收集的资料包括:开发商的出生时间等个人资料;地块的标准平面图;地块区域的水文情况;近几年地块周边的规划情况;政府部门对该地规划设计的特殊要求;开发商对地块的建设设想,包括建筑的类型、高度、品位以及有否商业建筑等;所开发地区的建筑风水策划形势及上佳楼盘。

(2)研究、论证、策划,提交策划报告。需要强调的是,这项工作应该在建筑规划设计着手之前,而不是规划设计方案拿出来之后。"建筑风水策划报告书"应该作为整个楼盘建筑规划设计的依据之一。

(3)参与规划设计单位的招标论证。

(4)与规划设计单位对接,策划交底。

(5)参与楼盘的奠基仪式。

(6)施工现场指导。

(7)参与营销策划文案的撰写。

(8)售楼处与样板间的建筑风水摆布。

(9)参与楼盘的开盘仪式。

六、房地产风水策划的内容

房地产风水策划主要包括6个方面的内容:一是建筑风水选址策划;二是建筑风水园区规划策划;三是具体楼座建筑风水策划;四是户型设计建筑风水策划;五是园区名称的建筑风水策划;六是营销建筑风水策划。

(一)建筑风水选址的策划

选址是建筑风水策划的第一步,选址要从以下5个方面进行考虑:

1. 地块的形状选择

地块的形状有多种多样,千差万别,一般来说,不外乎是长方形、正方形、梯形、三角形、不规则形状等等,正方形和长方形一般来说比较理想,梯形如果位置恰当也是不错的,三角形、拐角形尽量避免。

2. 地势的高低选择

如果一边高一边低,地势不平的话,风水学上叫前低后高富贵英豪。是前是后,是由规划来决定的,定它为前就是前,定它为后就是后,在这里充分体现了风水策划的重要性。一般来说,低的一边开主门,坐向要以高为主。

3. 周边的环境

周边有一些特殊的环境,如山脉、河流、湖泊、公路、铁路、高压线、垃圾场、医院、殡仪馆、烟囱。公路、垃圾场附近最好不要选,铁路、烟囱要慎重选择。如果经过规划后,园区大门不得不面向这些事物的话,这样的地块最好不要选。至于河流、湖泊、绿地、公园、树林等等,应该是风水方面的吉祥物,如果与它们邻近的话可以大胆选择。如在沈阳占据这些地理位置的楼盘卖价都比较高。

4. 地气的好坏

地气是有区别的,有吉有凶,地气是风水所讲的核心,不管是峦头还是地气,都是围绕一个气的吉凶展开的。气分为两种,一种是地气,另一种是因为建筑的结构所造成的气。

5. 地块过去的用途

过去这个地块是一座学校、幼儿园、市场、普通住宅、普通工厂、田地、荒地、苗圃等等都可大胆选用,如果是医院、太平间、寺庙、砖场、墓地等等要慎选。如果过去这个地块出现过火灾也要慎选。

(二) 建筑小区风水规划策划

这是房地产风水策划的核心内容,包括园区主门及副门的确立、园区大门的设计、园区地势的策划、园区楼座的布局策划、园区景观策划、园区建筑色彩的风水策划等。

1. 小区主门及副门的确立

一个房地产园区不管多大,一般情况下要有一个主门,而且要有一至几个副门,从消防角度也有这个要求。从建筑风水学的角度来说,在适当的位置开副门,也会起到一种增加园区吉祥的作用。园区主门的确立要考虑以下几个方面:一是周边的道路情况;二是地块的形状;三是地块地势的情况;四是预选主门对面的建筑情况。

主门所面对的道路宽窄要适中。不是越宽越好,一般为二三级马路比较好。道路在风水学上当水来论,水为财,水不是越大越好,如果马路太宽,相当于河水水流太急,作为一个小小的园区是收不住的,所以应该说不太理想,这方面大家可以去观察,很多超一级马路周围的一些建筑商业的状况不理想的很多。那么是不是越窄越好呢,当然也不是。如果太窄的话会给业主带来很多不便,从建筑风水学的角度来看,也会造成气流不畅、堵塞。大门不可设在死胡同里,如果一个园区设在死胡同里在风水上是不理想的。

从地块的形状来看,如果正方形、长方形就无所谓了,如果是梯形的话最好选梯形的短边开主门,因为选短边就属于前窄后宽,风水上有一句话叫前窄后宽富贵如山。

由地势的状况来选择。前面已经提到了,在地势低的地方,地势不平的园区要选择地势低的地方开主门。

如果主门必须面对公墓、垃圾场、公厕等等不吉之物的话是很不理想的,所以在设计主门的时候要尽量回避这种现象,如果必须面对的话一定要回避,选择其他方向开主门。

2. 园区大门的设计

大门的设计包括门的大小、门的形状、门前的煞气的处理。门的大小要适中,这和我们人的比例平衡的道理差不多。门的角度在一般情况下应该和围墙、围栏相一致,但是从玄空风水的角度来说大门可以适当调整一下角度,但是不能调整得太大,调整太大有失美观。

3. 地势的建筑风水策划

地势策划的一般原则是园区的地势最好和周围的地势相一致,不高不低,和周围的道路相一致。比如说地块地理位置的地势特别低是非常不理想的,因为阴气太重,如果把园区的局部造成一些高矮错落的现象还是可以选择的。

4. 园区楼座布局的风水策划

从玄空风水学的角度来说,在园区山星的生旺方建高层,在园区的衰死方布置多层。忌楼座间的尖角冲射,这样有可能影响商品房销售。再有就是忌楼座太闭塞。

5. 园区景观的风水策划

园区景观的风水策划包括假山、水景、塔楼、雕塑、长廊、碑林、运动场等等。如果一个园区搞一两个假山非常理想,一进园区会有一种生机感。但并不是每个位置都可以搞假山,而是适合在山星生旺方。这里需要注意假山等不能离建筑太近,不能逼压宫。假山之石要力求平滑。还有一个方面是水景,现在很多楼盘都有水景,水要在玄空星盘上向星的生旺方,造水景要注意水一定要洁净,污浊的水不是吉水。如果园区的水流动的话就会更好,因为水动起来比静水还要好。但是流动的水要注意形状,不要形成反弓。不要喷射的水,以静止的水为好。

(三) 具体楼座的建筑风水策划

此方面包括楼座地势的建筑风水策划、楼座形状的建筑风水策划、楼座颜色的建筑风水策划、楼座外立面材质的建筑风水策划、楼座朝向的建筑风水策划、楼座内部结构的建筑风水策划等。

(四) 户型设计建筑风水策划

户型设计建筑风水策划有如下要点：户型要具备建筑风水的广泛适应性；单元房重要的部分应回避外部的煞气；单元房的几何中心不可设计于本户的外边；户型内部结构设计不要出现风水问题。

(五) 园区名称的建筑风水策划

1. 目前房地产园区命名的几种方式

(1) 意象命名法。这种命名方式主要从名称的意义和象征的角度入手，适当结合其他方面。在当今房地产园区命名中多半采取这种方法。应该说，这也是中国的传统命名法。如：沈阳的"天龙家园"，有"飞龙在天"之象，主园区业主事业有成；上海的"凯旋花苑"，胜利而归，花的世界；香港的"君临天下"，为君子所住的地方；等等。

(2) 五格数理命名法。这种方法是近十几年来在中华大地风行的一种起名方法，此方法主要是以名称的笔画数为依据，而不同的笔画数有不同的诱导作用。用所起之名的总笔画数和简称笔画数对照相应笔画数的寓意，就可知该名的好坏吉凶了。当然，这种方法只是起名的一种参考方法而已，不可过于拘泥。

(3) 五行命名法。五行命名法就是结合开发商的个性特征、五行喜忌，在名称上直接体现五行状况。如北京的"水木天成"、重庆的"水木清华"，五行"水"、"木"特点清晰；沈阳的"鑫丰花园"，五行"金"气浓重。

2. 名称策划的要素

一个好的名称应该具备多种要素。结合名称的艺术性、吉祥性、诱导性、宣传性，现总结归纳名称策划的八大要素，简述如下：

(1) 名称要有韵味。作为房地产园区的名称首先要有韵味。有韵味的名称才会使人心动，才会印象深刻。如沈阳的"百合园"、"格林梦夏"、"诗波特生活园"等等。

(2) 名称要讲究阴阳、清浊、刚柔、燥湿、气势。房地产园区的名称和人的名字是一样的，要讲究阴阳、清浊、刚柔、燥湿、气势等。如中海地产开发的"阳光棕榈园"，刚柔适中；沈阳的"欢乐人家"清浊适度。

(3) 名称的大小要与园区的大小相配套。当代房地产园区的名称可谓名目繁多，常见的有花园、家园、绿园、庄园、人家、园、城、村等等。一个不足5万平方米的园区叫城、村等显然是不相称的，一个普通的市区园区叫"庄园"也是不合适的。反之亦然。

(4) 名称要体现园区的主调，体现园区的品位。每个园区一般都有主调，园区的名称当然要围绕这个主调展开。比如，沈阳的"黎明西部风情"，西方特色浓郁；沈阳的"金色高尔夫外商生活区"，特色不言而喻；鞍山的"欧华庄园"，欧式庄园味道十足；北京的"炫特区"，青年特色淋漓尽致……这些名称与园区的主调都很协调，完全可以达到"听其名而知其园"的效果。

(5) 名称的五行属性最好与开发商的五行喜好相一致。名称的五行属性与开发商的五行喜好相一致,对开发企业的后续发展、打造企业品牌、扩大企业的经济总量都会起到积极的促进作用。如沈阳的"新家源"等。

(6) 名称可与园区所在区域的市政、经济、习俗、人文、文化等相协调。有些园区的名称可从园区所在区域的市政、经济、习俗、人文、文化等角度重点着眼,再结合其他因素定夺。如沈阳的"河畔花园"、"中街北苑"、"山地艺墅"等等,脉络清晰。

(7) 名称要有时代感。在个人名称和企业名称中都有一个时代感的问题。名称要有时代特色,时代感要暗含其中,现在的园区绝不会再出现像"三好花园"、"跃进家园"等味道的名字。如北京的"UNH 国际村"、沈阳的"阳光 2000"等都具有极强的时代气息。

(8) 名称不可言过其实、离题太远。言过其实、离题太远是房地产园区命名之大忌。有的园区离河足有 3 km 远,却叫什么"水岸人家";有的园区根本谈不上什么智能,却叫"××智能公寓"。这样的名称对房地产园区的销售以及企业的后续发展只能起到相反的作用。

(六) 营销建筑风水策划

1. 售楼处的建筑风水策划

售楼处是销售阶段房地产开发机构或专业营销机构的核心,是房地产开发企业的窗口,是房地产企业内涵的外在昭示,更是房地产开发的产品——所售园区品位的直观体现。正因为如此,开发商越来越不惜巨资在售楼处上大做文章。

售楼处的建筑风水状况是售楼处十分重要的一个方面,会直接影响楼盘的销售状况。从某种角度来说,风水的重要性不次于园区。因此,策划出售楼处旺财旺运的风水形势是营销策划的重要工作。

2. 样板间的建筑风水策划

样板间是展示户型内部结构魅力,激起客户签单购买欲望的重要场所,因此,样板间的布局策划一定要符合建筑风水的要求。

七、各类物业的风水策划要点

(一) 室内设计的风水守则

1. 客厅守则

一般来说,客厅的最佳位置是在进门的对角线方位,这是视觉上的最佳方位,有利于访客的视觉感受。客厅采光条件必须良好,灯光也应该明亮,此谓"明厅暗房"之意。

2. 卧室守则

卧室讲究安定性与隐秘性。卧室床头不应该朝西。以现代科学解释,地球由东向西自转,头若朝西,血液经常向头顶直冲,影响睡眠安稳。

床尽量不要贴地,因为易藏湿气不通风,容易造成腰酸背痛。床也不可过高,若坐起时脚不着地,则没有安全感。床头柜以圆形为佳,以避免柜角横冲头部。另外,床不宜近强光,否则易使心境不宁。

3. 餐厅守则

餐厅自身的方向最好设在东南方,如此一来,在充足的日照之下会使人食欲大增。若在餐厅内摆置冰箱的话,冰箱的方向以朝北为佳,不宜朝南。餐桌不可有非直角,例如三角形。餐椅的高度要适中,太高太矮都影响健康。

4. 门窗守则

门是一间居宅进出之场所，房屋与门应有协调之感。大门口空间应该宽广开阔，光线要明亮充足。窗户的设计应该以能让屋内空气对流为重点，如此一来，屋内的空气才会流通，居住其内的人才能健康平安。

5. 照明守则

为了保护健康和生活、工作需要，人们白天通过窗户进行采光，晚上则靠电灯照明。用电灯照明，表明采光照明强度的单位为勒克斯（lx）。一盏25 W的电灯，距桌面0.5 m时，桌面上的照明强度为50 lx，符合卫生要求的照度为50~100 lx。由于人们活动内容不同，对照度的要求也不一样：一般楼梯过道只需要10 lx，卧房和卧室也只需要25 lx，但看书时就需要100 lx。

此外，房间照明安排，在灯具选择上很有讲究。如果层高为2.7 m的房间，适宜安装吸顶灯或者吊灯，再配上橄榄罩、菱形罩，能使光度适中，光线柔和，视野开阔。如果房间墙壁颜色为淡黄色，由于黄色墙面对冷光源反射射线短，不刺眼，适宜采用日光灯。灯具的多少和造型的选择应根据房间的大小而定。房间面积在20 m² 大小时，采用灯具不宜超过4~5盏；10 m² 左右时，可选择体形狭长的三叉花点竹节吊灯和同类型壁灯为宜。

6. 色彩守则

生理学家已有研究，房间的色彩能直接影响到人体的正常生理功能，如房间的颜色能影响人们的视力。据研究，在各种颜色中以青色或绿色对眼睛最为有益。房间的颜色对食欲也有很大关系，黄色和橙黄色可以刺激胃口，能增进人的食欲。房间的颜色还会影响人的睡眠。一般说来，紫色有利于人们镇静、安定，能使人尽快进入梦乡。

有的人将卧室漆成五光十色，色彩非常鲜艳，这种色调能引起人们的兴奋，对于卧室来说不适宜。厨房、卫生间可用灰色，使环境的光线更加调和；书房采用浅绿色，会给人以宁静舒适的感觉；客厅、餐厅采用浅黄色或粉红色，可增添柔和、欢乐的气氛。

7. 绿植守则

在室内、阳台上多栽植些鲜花绿草对人的健康很有好处，但要避开对人体有害的花卉。比如月季花，它散发出的香味会使人胸闷不适、呼吸困难；百合花散发出来的香味如闻之过久，会使人的中枢神经因过度兴奋而引起失眠。对人体有害的花卉还有夜来香、紫荆花、郁金香、夹竹桃等。

8. 家具守则

卧室家具的陈设应沿墙摆放，并要有利于采光和通风。使用不散发有害物质的天然家具对健康有益，如原木系列，不上漆，仅以天然蜡抛光，既保留了天然纹理又不污染环境；高科技木家具、高纤板家具、纸家具系列，不含损害人体的有毒成分；未经漂染的牛、羊、猪等皮张制作的家具以及藤类、竹类等天然材料制作的家具，能帮助我们回归自然，有益健康。

（二）商铺的风水格局

商店的风水讲究很复杂，特别是化煞、改良、颜色等触及命理的专业角度，非专业大师不能定夺。所以求财的商人，在通过网站了解一般知识以后，最好能到专业公司登门造访，进行操作才能避祸得福，财源滚滚。

1. 商铺的门

商店的门是商店的咽喉，是顾客与商品出入与流通的通道。商店的门每日迎送顾客的多少决定着商店的兴衰。因而,为了使商店能提高对顾客的接待量,门不宜做得太小。商店的门做得过小,按风水的说法就是缩小了屋宅的气口,不利于纳气,使气的流入减少减慢,从而减少屋内的生气,增加死气。对于经商活动来说,作为出入通道的门如果做得过小,就会使顾客出入不便,如果顾客还要提携商品的话,就会出现磕磕碰碰,很有可能会损坏已卖出的商品。狭小的店门还会造成人流拥挤,拥挤的人流就有可能使一些顾客见状止步,也会因人流的拥挤发生顾客间的纠纷,以及扒窃事件的发生,最终影响商店的正常营业秩序。这就带来风水常说的灾祸。

2. 促销台

有些商店为了促销商品,往往在扶梯的出口处摆设柜台,目的当然是要使顾客一踏上楼面就能看见所推销的商品,以增加出售商品的可能性。但这种做法往往使得一些顾客会故意绕开这个柜台而走向旁边的柜台。您不妨将挡在楼梯口的柜台向旁边移开 2 尺,再看看效果,相信您会感觉到宅相学的妙用。

3. 声煞

现在许多商店为了营造商店的内部气氛,在商店里播放震耳欲聋的音乐,其实这样做是很不好的,音乐本身确实可以营造一种气氛,但要看是营造了什么样的气氛。轻柔雅致的乐声可以使顾客流连忘返,增加顾客在商店里的逗留时间,从而增加顾客消费的可能性;而震耳的音乐在风水中称之为声煞,属于凶煞的一种,使得人们自然而然地产生出烦躁的情绪,对商店的促销只能起到负面的影响。

4. 自动扶梯

现在大多数大型商场里都设有自动扶梯,请注意,不要将自动扶梯对着商店的大门。如果已经形成这样的格局,就要用货架尽量遮挡,使得顾客不要一进门就看见扶梯,这也是风水中喜回旋、忌直冲的原则。不然的话,商店里的顾客是参观访问的多,慷慨解囊的少。

5. 店面的颜色

商店装潢的颜色有很大的讲究,许多商店非常注重店面内部的颜色,有些商家通过心理测试认为,红色等比较明快的颜色会令人处于一种相对兴奋的状态,激起人们的购买欲望。从风水的角度而言,店面内部的颜色,要和店主的生辰、店面的朝向以及所售商品的五行属性相结合而考虑,将商品的属性纳入木、火、土、金、水五大类,然后根据店主的命卦和商店的宅卦具体确定商店内部的装潢色调,方法极为繁杂,必须请专业的宅相家定夺。

6. 化煞三原则

在我国的大多数城镇,繁华的地段往往都是集中在丁字形和丫字形的路口处,如果选择在此开店,就会同住宅一样,受到来自大路的煞气冲击;如若不在此开店,又避开了有利于发财的生气。故而,在这样的情况下,风水有以下制煞的方法:一是要求在开设于丁字形和丫字形路口的店铺前加建一个布制或篾制的围屏(或围障),或者将店铺门的入口改由侧进,以挡住和避开迎大路而来的煞气。二是在店铺前栽种树木和花草,以增加店前的生气和消除尘埃。三是尽管经过以上方法对店铺前生气与煞气的调整,但是处在此路段经营商务还是风尘很大,因此,还要注意多在门前洒水消尘,以使店前空气清新;还要勤于店前卫生的清扫和店面门窗的擦洗,以清除沉积的尘土。以上是化解路冲煞的基本原则,具体操作方法要视具体情况而定。

7. 改良四法则

有些商店店面狭窄,或者受遮挡,不利于商店发展经营。改良的方法有四:一是努力拆除店前的遮挡物,使店面显露出来;二是如果店面狭窄无法改变,就把店牌加大高悬,使较远的地方抬眼就能看到,但调整要十分小心,不然很可能变成擎头煞(又称朱雀昂头,是风水中大不吉的宅相);三是通过电视、电台、报纸、广告牌等新闻媒介广泛地进行介绍宣传,尽量做到使顾客知道商店的地址、经营的商品以及商品服务的特点;四是积极参加各种社会福利的赞助活动,以扩大商店的知名度。

(三) 办公风水布局

企业的成败兴衰一般决定于三方面的原因,即天时、地利、人和。"天时"就是政治环境、经济环境,也就是平时所说的投资环境,大环境;"人和"就是战略规划、经营管理以及企业文化等因素;不同的企业对"地利"可以有不同的解释,但无论哪种解释其根本都离不开企业的具体环境,这就是企业选址中的风水环境,小环境。

企业的最终目的是求财,而要想发财就要有发财的能量场。如果环境的能量场与企业领导者的命理相合,那么就会引发出良性的共振效应,就会发财;否则,如果环境的能量场与之相悖,那么就不会引发出良性的共振效应,就不会发财。

风水的作用是为了使企业财运长久,或是改变目前的衰境。风水,是人与其居住环境关系的学问。从客观环境上来说,风水由外气、内气两部分组成。风水调整要体现以人为本的原则,达到人与自然的和谐相处与环境为我所用的目的。按照风水以人为本的原则,风水调整后的格局绝不是千篇一律的模式,而是因人而异的。那么办公室的风水布局应该按照什么样的标准进行呢?"先知"环境专家总结了以下 8 个原则可供参考:

1. 避免冲煞

办公室所在的写字楼正前方如有一条大路直接通过,或有电线杆、变压器、大烟囱、建筑的尖角迎门或迎窗就叫犯"冲煞"。如果该写字楼与"冲煞"相距很远,则妨碍不大,不过,为平安起见,还需在窗内上薄纱幔罩或用风水化煞镜化解。

2. 选择好邻居

风水理论认为,环境场对人体场具有直接的影响力。办公室所在的写字楼要尽量避免在寺庙、监狱等附近,那里阴气太重,气场不易平衡,很难对人产生吉祥的磁场。

3. 以我为中心

风水里有一句话叫"山环水抱有情",可以把高大的建筑看作是山,把道路与立交桥看作是水,山与水要护卫在我的身边周围,形成前朱雀、后玄武、左青龙、右白虎的上佳风水格局。换句话说,就是前面的楼宇要远一些低一些,后面的建筑要近一些高一些,左边有河水或车流较缓的道路,右边的建筑不要超过自己所在的楼的高度,如果自己所处的楼盘前有公园、草坪或平静的湖面,那么这里应该算是上风上水了。

4. 藏风聚气

老板的办公室最好是套间,外间设一位文员。外间要小,占整个办公室面积的1/3,而内间应占2/3。外间设置等候位,以便聚人气。内外间中间墙的门不要设在中央,而应设在整体办公室入门处的近侧,防止老板室内财气直泄,形成"曲则有情"的风水格局。外间文员室的墙上,有企业操作图板、流程图等,给客人一个直观的对企业的了解,便于接下来与老板的交流。文员室内花盆、景致应多一些,保持室内空气的新鲜,使客人有愉悦感。内外间中间的墙体不宜用透明的玻璃,而要有封闭效果,产生一种神秘的含蓄的氛围。

5. 采光要好

老板办公室如果两侧都有玻璃窗,光线太强太通透也不好,这样会造成室内人精神衰弱与疲劳。应将窗外景色不佳的一面窗用百叶窗帘拉上。如果办公室是一面有窗的,那么,窗朝东、朝南、朝西都可以,唯独不宜朝北。因北为坎宫,主劳卦,阴气重,阳气难以升发,事业的压力就大。如果已经是朝北的窗子,那么,写字台不可距窗太近,室内的布置、墙壁或沙发、书架等宜用暖色调的,或红颜色多一些,以补阳之不足。

6. 布局格调要体现老板的气质与品格

办公室的风水布局与家居不同。办公室应体现主人的权威性、企业的文化,以利于决策的贯彻执行与占据商业谈判的有利之势。沙发、挂画、装饰品要选有气势的,让客人仰视而不可俯视。这一切的布置应统一在老板本人命理所需的八卦方位与色彩格调上。

7. 老板桌的位子与朝向

老板桌不宜正对着入室之门,也不可背对着门,这叫犯"六冲"。"六冲"有加剧矛盾、诸事不成之影响。采光强的室内老板桌应离窗远一些,采光弱的应离得近一些。老板桌的大小应根据室内空间的大小与老板本人身量的大小而定,要比例和谐。

8. 突出主人地位,防止反客为主

室内的一切装饰、设施,包括一个花盆、一个挂件都要体现为我所用的原则。沙发的摆放应围成一个U字形,形口朝着老板桌,形成一个向心力与凝聚力。

第二节 房地产风水策划案例分析

一、商铺选址风水要旨

商铺选址,主要是配合投资人命运格局,有效地促进投资者高效、顺利的发展,此之谓风水宝地,即能保证商家精力旺盛、招迎顾客、利于买卖,能带来生意兴隆的好环境。在日本、新加坡和我国港台地区等华人聚居地,富豪商家的店铺位置都是非常之好的,大多是按风水师的意见设置的,所以财运生意都很好。因此,店铺位置的选择对经商者来说是十分重要的。

1. 气场强旺

在市镇上,人流穿往密集的地方就是繁华的地段。按照风水的说法,有人就有生气,人愈多生气就愈旺,乘生气就能带来生意的兴隆。从经济学的角度来说,市镇上的繁华地段就是商品交易最活跃最频繁的地方,人们聚集而来,很大程度上就是为了选购商品。

将店铺选择在市镇繁华的地段开业,就可以很好地提升自己的形象,让更多的人了解、认知自己,为宣传推广自己打下很好的基础,有利于塑造良好的形象和知名度,就可以将自己的商品主动推向顾客。商品能招引顾客,就能起到促销的作用,必将生意做得更红火。

相反,如若将店铺开设在偏僻的街段,就等于回避顾客。商店开张经营,而知道的人少,顾客就少有光顾,就会使商店经营冷冷清清,甚至门可罗雀。按照风水的说法,人气代表生气,没有人光顾商店,商店就缺少生气。生气少,就是阴气生。商店的生意不景气和萧条,就是阴气过盛。一个商店的阴气过盛,不仅使生意亏本,严重的还会损伤店主的元气,致使经营破产。故看到很多新开的商店为什么开业不久就关门停业,一般皆应此理。

2. 开门迎客

风水在选择宅址时,讲求屋前开阔,接纳八方生气,这与经商讲究广纳四方来客契合。按照这一原则,选择店铺的地址时,也应考虑店铺正前方的开阔,要求不能有任何遮挡物,比如围墙、电线杆、广告牌和过大遮眼的树木等等。

讲求商店门前的开阔,可以使商店面向四方,不仅使商店的视野开阔,也使处在较远的顾客和行人都可看到铺面,这样有利于将商店经营的商品信息传播四方,传给顾客,传给行人。风水把这种信息的传递叫作气的流动。有了气的流动,就会生机勃勃。从经商的角度来说,顾客和行人接收到了店铺的商品信息就可能前来选购。

在商品经营活动中,可以说,没有商品信息的传递就没有顾客,没有顾客就没有生意。如今商品广告的盛行,就是看中了在商品经营活动中商品信息传递的重要性。

利用商店作为商品交易的场所,是一种有固定经营位置的经营活动,这种经营缺乏像货郎担那样走街串巷主动送货上门的灵活性。因此,商店的经营要想有顾客上门,门面的显露和引人注目是最基本的。商店门前有顾客就有了生气,顾客愈多,生气愈旺,其结果就是生意愈好。

选择在一个店面狭窄的地方开店,或者是店前有种种遮掩物,就不利于商品的经营活动。店面的狭窄,或者是店面被种种物体遮挡住了,就不能把商店商品信息远递,这样势必就将商店的商品经营活动局限在小地域和小范围之内进行。有限的经营空间,不可能指望有大的经济收益。如果要凭借灵活的经营手段来改变这种状况,就需要经过一个相当长的时间,这就是经商行话所说的"熬码头"。熬码头,对于本小利微或者是要急于见经济效益的经商者来说是承受不起的。即使熬出了头,使商品的名声逐渐外传了,也还时常会丢掉一些新顾客。这些新顾客往往会因商店店面的狭窄而找不到地址。

对于店面狭窄,或者受遮挡的店铺,改选的对策有4点:一是努力拆除店前的遮挡物,使店面显露出来;二是若店面狭窄而无法改变,就把店牌加大高悬,使较远的地方抬眼就能看到;三是通过电视、电台、网络、报纸、广告牌等新闻媒介广泛地进行介绍宣传,尽量做到使顾客知道商店的地址、经营的商品以及商品服务的特点;四是积极参加各种社会公益活动和慈善活动,以扩大商店的知名度和亲和力。

3. 坐北朝南

风水在选择阳宅的基址时力求坐北朝南,其目的是为了避免夏季的暴晒和冬季的寒风。经商地址的选择也同样需要考虑避日晒和寒风,那么,最好的也还是坐北朝南,即取南向。

作为经商性质使用的店铺,在进行经营活动时需要把门全部打开。如果店门是朝东西向开,那么,在夏季,阳光就会从早晨到傍晚,通过店门照射到店内。夏季的阳光是火辣辣的,风水将此视为煞气。这一股煞气对商店的经营活动是不利的。煞气进入店内首先受到干扰的是店员。店员在烈日暴晒之下口干舌燥,头冒金星,全身大汗,很难保持良好的工作情绪。店员工作情绪低落,或自找遮阳物,或自管纳凉,或电扇冷气猛吹,处在这种境况下的店员必定心火烦躁,不利于企业形象的塑造,因而也就势必对经商者视为"上帝"的顾客简单应付,甚至粗暴对待。如此这般,当然也就谈不上做买卖了。

受到煞气干扰的,第二就是商品。商品在烈日的暴晒和高温之下十分容易变质变色,严重的会影响到商品的质量。如果商品存放不久即能卖掉那么影响还不大,倘若商品是久销不动那么就非报废不可。结果是生意没做成，反要赔本。

4. 外观造型

从商品营销的角度来说，注重商店的外观造型达到树立商业形象的目的，就必须使这个外观造型具有鲜明的独特性，即要注重造就商店外观的特色，通过运用商店外观造型的独特性宣传自己，招引顾客。作为经商活动的店铺多密集于繁华热闹的街市，拥有众多商店繁华街市，是一个商品经营活动竞争十分激烈的区域。要想在这个竞争区域里取得商品营销活动的成功，首先就要从商店的外观造型上着手，要使商店的外观造型在商家角逐之地独树一帜，从而先声夺人。

可一个外观造型平庸的商店，或者是一个商店的外观造型与其邻近商店保持一个格调，要取得超出他人的营业效益是不可能的。因为这个商店没有能在商店林立的街市上将自己突出地显露在顾客面前，所以也就很难在商品买卖激烈竞争的舞台上赢得有利于优先发展的地位。所以，将商店外观造型设计得有特色，不仅仅是吸引顾客的一个做法，更重要的还是商品营销的一个谋略。

注重商店外观造型的特点，就如同注意商品包装的特色一样。一件商品在市场上能否畅销，除了讲求商品的质量可靠和性能优质外，还要讲求对商品进行具有特色的包装。因为，顾客在柜台上选购商品时，首先看到的就是商品外表的一层装饰，即包装。商品的营销者要通过这一层装饰来抓住顾客，引起顾客购买欲，关键就在于展示在商品外的这一层装饰是否具有新颖、美观、别致等多方面的特色。道理一样，商店能否吸引顾客，除了讲求经营商品的质量和优良的服务态度外，商店外观造型的特色也是重要的。据不完全调查，一个经营效益好的商店，大多是一个外观造型具有特色的商店；一个善于经营的商店，在其商品营销的对策中，总有一条是关于商店的外观造型设计的原则，因为，他们把商店的外观造型看成是一个展示商店的包装，相信具有特色的包装能够占领商品的经营市场。

一个商店外观造型的特色，最好是能围绕商店所经营的主要商品，或者是针对商品的营销特色展开设计和构想，主要原则是要使顾客从商店的外观就能体会或者猜测到商店经营的范围，使之在商品的营销活动中起到宣传商店和招揽顾客的作用。

在追求商店外观造型的特色时，不意味着将外观造型搞成奇形怪状。奇形怪状的商店外观造型会弄巧成拙，招致路人的非议。

良好的建筑造型，就在于挖掘人们对造型结构的审美意识。这种审美意识，对中国人来说，就是讲究结构的左右对称、前后高低均等。因此，在设计商店外观的独特造型时，要注意造型结构的谐调性。也就是说，要考虑商店外观的独特造型是否符合人们对建筑结构的审美观念。具体来说，大致要看处于左右两侧的部分是否对称，前后的高低是否相宜，建筑物四周留出的空间是否均等，该成圆形的圆了没有，该成方形的方了没有，该成角形的成了角没有，等等。总的原则，就是在人们观看商店的外观造型时感到舒服顺眼，取得良好的视觉效应，即是要取得人们对商店外观独特造型的认可。

人们认识一个事物往往是从认识其外观开始的。商店能从外观造型的感觉上首先赢得了顾客，就等于把生意做成了一半。

商店房屋的外观造型，从某种意义上说，代表了一个商店的形象。好的商店外观造型能使商店在顾客中树立起良好形象，使顾客来到商店购买物品时感到可靠可信，从而也就增加了在顾客心中的声望。反之，如果一个商店的外观结构设计得不谐调，人们看了感到十分别扭,不仅招人评头论足,而且使人产生反感,甚至厌恶,从而也就损坏了商店在顾客心目中的形象,使顾客失去对商店的信任感,当然,顾客也就很少上门了。

对于不谐调建筑外观造型的店铺,风水称之为"凶宅",认为会带来天灾人祸。商店因建筑外观造型的不谐调而失掉顾客,就是商店遭受到的最大祸患。注意商店外观造型的谐调,也是注意商店经营买卖活动的一个不可忽视的内容。

5. 外观造型与区域景致谐调

在设计商店外观的造型时,除了考虑建筑本身结构比例的谐调性之外,还要注意使商店的外观造型与所处区域的自然景致相谐调。

风水学认为,宇宙大地的万物都蕴藏着气,优美的山川景致表明生气盎然;相反,残垣断壁就是死气淤集。在山川美景的区域,气的流动顺畅;而在残垣断壁的区域,气的流动受阻。

按风水学的说法,在考虑商店的外观造型与所处区域自然景致的关系时,要有意识地将商店的外观造型与优美的自然景致谐调地融为一体;有意识地使外观造型与区域景致相谐调,就意味着顺应了宇宙之气的流通,就是将商店融入了大自然的生气之中。商店处在优美的自然景致之中就拥有了丰富的大自然的生气,就能顾客盈门、生意兴旺。相反,商店处在残垣断壁的恶劣环境之中就会导致生意经营的惨淡。

从商品的营销角度来说,商店有一个优美的景致作衬托的背景,可使商店在对外宣传时带给人们一个美好的形象。特别是从事旅游酒店生意的,如坐落于优美景色之酒店,会迎来源源不断的观光游客。

有了优美自然景致的良好环境,还要考虑商店的建筑要与之相谐调。如果不注意这种谐调性,就等于失掉所拥有的优美自然景致的生气区域。

商店建筑与自然景致的不谐调,是指商店的建筑与自然景致很不相称,或者是十分别扭地出现在优美的自然景致之中。商店的建筑与自然景致的不谐调,破坏了原有的大自然之美,就等于在一幅优美的图画上出现了一个不应有的污点。按照风水的说法,就是商店的建筑与区域自然之气不顺,扰乱了宇宙间的自然之气,使宇宙间的生气流通受阻。宇宙生气受阻带来的就是煞气的产生,原有的生气就变成了煞气。商店建筑带来煞气的同时也就受到了煞气的包围,在煞气包围之中的商店生意就会清淡。

从客观的实际来说,商店建筑不谐调地出现在优美的自然景致之中,主要的损害是破坏了商店对外宣传的形象,从而影响到生意和买卖。从这样的观点去看,当然就更不能将商店置于残垣断壁场景之中。

观察一个商店的外观造型是否与所处区域的自然景致相谐调,最简便的一个方法,就是在早晚的时候,用视觉从不同的角度来观察商店的外观是否美好。特别是在有朝霞和晚霞的时候,看一看映衬在霞光之中的商店外观造型是否美丽动人,是否有诗的韵味,是否与自然景致融成了一幅优美的画卷,如能达到这样的效果,就是商店的外观造型与区域的景致达到了最佳谐调状态。

优美的商店外观与优美的景致相融合,是商家所看重的天时地利。精明的生意人能借用天地之利,以达到财源茂盛的目的。建筑,从某种意义上说,就是色彩的建筑。除去色彩的建筑,就等同于一堆灰土。

人们对颜色所表现出来的习俗已经不是一种简单的颜色欣赏,而是一种寓含着某种人类情感的寄托物,反映了一个民族的信仰观念。于是,在设计商店外观的颜色时,就要注意将之与人们对颜色的传统认识观念相谐调,要使人们接受依附于商店建筑外观的颜色。当然,随着现代文化的发展,人们对颜色的需求也会有所变化。那么,作为商店的经营者,就要主动地去满足人们对颜色的新需求,以颜色的清新、活力、美感来吸引顾客,以达到促销商品的目的。

要求商店外观造型的谐调,当然也包括着色的谐调、各种颜色搭配的谐调等等。商店外观造型颜色的不谐调,主要是指建筑物涂了某种为人们所忌讳的颜色,或者是在着色、或者是选择搭配的颜色上给人以在色感的认识上不相适应的感觉。商店外观造型颜色的不谐调会影响商店的外在形象。

按风水理论,颜色不正、色彩不谐调都带有煞气。商店外观造型颜色不谐调,就使商店带上了煞气,有了煞气,就会给商店带来凶灾。且不谈风水论,商店外观造型颜色的不谐调,就好似一个人穿了一件不伦不类遭人厌弃的衣服,是应该避免的。借助颜色美化商店,借助颜色烘托商店,是现代商家运筹商店的崭新意识。

6. 门避不祥之物

从心理卫生和环境卫生方面而论,商店门的朝向还应避免正面对着一些被风水称为不吉祥的建筑物。风水所说的不吉祥的建筑,主要是指如烟囱、厕所、牛栏、马厩、殡仪馆、医院等一些容易使人感到心理不适的建筑。这些建筑,或是黑烟滚滚,或是臭气熏天,或是哭嚎,或是病吟。由不吉祥的建筑带来的这些气流,风水视之为凶气。

如果让商店的门朝着不吉祥的建筑而开,那些臭气、哭嚎、病吟的凶气就会席卷而来。经营些日杂小百货尚可,如若经营饮食,开办旅店,必然是食客少至,旅客稀少,因为谁也不愿花钱去闻那些恶臭气,去听那些哭泣哀鸣。而且,对于经营者来说,常处在这样的环境之中,也会造成精神不正,心气不畅。

当然,在商店选址时就应避免在有不吉祥建筑的区域开业。如因其他缘故要设店于有不祥之物的区域,开门时就一定要避开这些不祥之物,选择朝有上乘之气的方向开门,而且在大门之后最好再安放一架屏风,以对煞气再做些阻隔。

风水强调阳宅开门避开不祥物,从另一个意义上,就是强调人的工作和生活需要有一个空气清新、视感良好的环境。在良好的环境中,人们的工作精神愉快,智力的发挥也最好,自然做事的成功率也就最高。

7. 店铺宜宽敞

商店的门是商店的咽喉,是顾客与商品出入与流通的通道。商店的门每日迎送顾客的多少决定着商店的兴衰。因而,为了使商店能提高对顾客的接待量,门不宜做得太小。

商店的门做得过小,按风水的说法就是缩小了屋宅的气口,不利于纳气,使气的流入减少减慢,从而减少屋内的生气,增加死气,自然不利财气。

把商店的门加宽,甚至可以把商店的门全部拆除。商店的门加大,也就是扩大了风水所谓的"气口",大气口就能接纳大财源。对于经商者来说,就能接纳更多的顾客,就可以避免商品货物的碰撞和顾客间的争讼,避免其他不应有的事件发生,从而保证商店有良好的营业秩序,使经营蒸蒸日上。

广开了店门,还可以将商品更好地展示于顾客面前,方便顾客选购。广开了店门,就等于拆除了店内商品与店外顾客间的隔墙,使陈设在店内的商品直接展向街市,使街道上的行人举目就可以看到,就使陈列于店内的商品成了一个实物广告,既宣传了商品,又做了生意。

广开了店门,柜台就成了宣传的橱窗,而且这个"柜台橱窗"更灵活,既可看,又可进行交易买卖,解决了商店橱窗只作设置在店门左右两侧的商品宣传。橱窗全部拆除,代之以柜台,将商店全面地向顾客敞开,从商店投资的效益来说,是在不用扩建商店的基础上扩大了商店的经营空间和营业面积。

要求店门宽敞的意义,就在于使顾客更大范围、更方便地接触商品。按照这个原则的设计,更进一步就是组建让顾客能自己提取商品的自选商场。在自选商场里,众多的商品就摆在顾客的眼前,顾客接触商品就更自由,而且顾客不需经过营业员之手就可以拿到商品。

实践证明,能让顾客更广泛地接触商品,能让顾客按自己的意愿自由地取舍商品,就可以提高商店的营业额。这也是商店的"门宜宽敞"所要达到的效应。

商店的朝向是商家十分慎重的事情,往往将之看成是经商成败的关键。因而,在强烈的求吉避凶心情的驱使下,就常有人去请风水师来占卜定夺。风水师常用一个表作为指南:商行、公司、商店适宜的正门朝向;律师事务所、医疗中心北或东;船业公司、账务公司、保险公司西北或东南;银行、建筑公司、进出口公司北或东;批发店、酒馆北或东南。更重要的是与投资人命局喜用方向相匹配。这个表是按五行相克相生的原理编制的。实际上,商店的兴衰取决于顾客,顾客是商店的财源所在。顾客盈门,商店就会兴旺发达;反之,商店就要倒闭。所以,商店门的朝向应取决于顾客,应该是顾客在哪里,商店的门就开向哪里,做到门迎顾客。

商店的门向还跟商店的选址有很大的关系,如果商店的选址为坐南朝北,或是坐西朝东,而且顾客的聚集点也就在房屋所坐朝的方向,那么商店的门就只有朝北、朝东无疑了。如果是这样,又犯了门不宜朝北、不宜朝东的忌讳,在夏季商店就要受到烈日的直晒,在冬季商店就要受到北风的侵袭。在这种情况下,不妨运用阴阳五行相生相克的定律处理。

如果是经营旅馆业的,在夏季,除了在旅馆门前搭遮阳篷外,还可以在旅馆的前厅摆置一个大金鱼缸,摆上若干盆景。金鱼缸属水,盆景属木,都可以起到室内热气减弱的作用。而且,人在暑天看到一缸清凉之水,其中又有生气勃勃的金鱼,就会获得清新之感。

如果有楼层的商店,而且二楼是用作办公间使用,商店的门朝向顾客,来自商店门口的噪音就有可能干扰到二楼的办公间。为了避免这种干扰,所设计的楼梯口不可正面对着商店大门。按照风水学的说法,将上楼的梯口正对着大门,聚集在大门口的煞气(噪音)就会直接顺着楼梯道进入二楼。理想的做法是,将楼梯开置在侧面,梯口避开正门,由侧墙引阶而上。有可能的话,最好还是在大门与梯口之间放置一架屏风,作为噪音的间隔层。

在街市上,常可看到一些利用原有沿街房改建而成的商店。这种商店的房屋原先大多是作为住宅使用的,大门的上方往往没有伸出来遮阳遮雨的预制板或平台。这样商店的门虽然开向了顾客,但不利于顾客的出入。这样的商店,应在大门额的上方搭出一个阳篷。有了这样一个阳篷,在夏季可避免店铺受烈日的暴晒,也可使顾客在商店门前有一个站歇的地方;在雨季,可避免店铺被雨侵湿,也可为顾客在商店门前准备一块避雨之地。否则,商店门前无遮无挡,在烈日之下,热气逼人,顾客不耐酷暑,自然却步;在阴雨之下,湿气袭人,顾客站立没有位置,当然不来。

二、卧室风水讲究

1. 卧房不要太大

人类有 1/3 的时间是在床上度过的。而卧房是人们辛辛苦苦劳动了一天,回到家休息和补充能量的地方。这个地方的好坏,会直接影响到人们第二天的体能和精神状态。如果这个地方不好的话,那么人们就无法在这里补充到应有的能量去面对第二天的拼搏,这将会影响到人们的工作效率,当然也就直接影响到事业和财运。因此这是至关重要的。

古代的风水理论有这样一句话:"屋大人少,是凶屋。"这是为什么呢?买大屋,这是多少人梦寐以求的事情。围绕着这个问题,产生出多少悲欢离合的事情。但为什么房子太大反而不好呢?

其实细想一想,道理很简单。举个例子:在一个 10 m^2 的房间里安上一台 1P 的空调机,开动它,半个小时后房间就凉快下来了,空调也可以停止制冷一段时间,因为空间小,能量很快就饱和了。也就是说,空间越小,需要的能量就越少。可是当你把这台 1P 的空调放在一个 100 m^2 的大房间里,它就显得无能为力了。因为房子越大需要的能量越多,所以尽管这台空调不停歇地制冷,房间温度依然达不到预期目标,因此需要大匹数的空调才能满足大房间的需要。

回过头来看,人也是一个能量体,会发光发热。如果用人来代替这台 1P 空调机的话,越大的房子,当然就会消耗人体越多的能量。因此房屋的大小必须和入住人数成正比。也就是说房子越大,入住的人应该越多,也就是我们常说的人气要旺。

风水中常说,房子会吸引人气。这句话一点不假。人体散发出来的能量,就是所说的人气。当一个人用了那么多的能量去填充一个大房子的空间时,它对于身体的损害是可想而知的。身体能量消耗多了,体质自然就变弱了,工作起来无精打采,差错也就在所难免,判断力下降,倒霉事也就接踵而来。

那么一个房子多大面积才算好呢?在实践过程中发现卧房在 15 m^2 左右,最多不要超过 20 m^2。张惠民在他的《中国风水应用学》中提到,住在超过 20 m^2 以上的卧房里会生不出孩子。其实这也就是人体能量消耗太多,身体素质下降,影响了生育。土地不肥沃,当然也就种不出庄稼来了。

另外,可以到北京的故宫去看一看皇帝的寝宫是怎样的。当走进故宫的养心斋和雍正皇帝的书房及书房后面的卧室时,会吃惊地发现,皇帝住的地方并不比平民百姓大多少,也不过十多平方米而已。那张所谓的龙床也不比百姓的大,而且在睡觉的时候,床前还要放下两道帘子,那么空间就变得更加狭小,大概不到 10 m^2。

故宫是世界上最大的皇宫,它的占地面积达 72 万 m^2,房子总共有 9 000 间(现存宫殿建筑 980 座共 8 707 间)。但是为什么皇帝住的地方要这样的狭小呢?其实皇帝的身体并不比平常人好,为了保存体能,达到健康长寿的目的,他也只能住在狭小的空间里。

一些风水大师到苏州的十大园林、广东的四大名园考察,发现这些非富则贵的人住的卧室都是很狭小的,也就在十多平方米左右。

2. 卧房不要带阳台及低飘窗

卧室带阳台及低飘窗是时下十分流行的建筑形式,觉得这样的建筑结构能让光线充足,通风透气,为住户带来健康,而购买者也趋之若鹜。谁知这样的设计适得其反,对人体造成了很坏的影响。

人类的身体,是一个充满着各种能量的躯体。比如:当一个人在漆黑的夜晚行走,光凭肉眼很难发现他。但是如果用远红外线望远镜,就能轻而易举地发现他的行踪。这就说明一个人无时无刻不在向外发射各种能量和光(可见光和不可见光)。

一个人在休息的时候,由于身体很多机能都停止工作,精神放松,皮肤上的毛孔也会张开,所以人体的能量在这个时候最容易散失,同时抵抗外部干扰的能力也会大大下降。所以我们必须要营造一个有利于生理结构的休息环境,以保证在睡眠过程中不但能保存能量,而且还可以补充能量。

回过头来,认真打量一下常住的卧室——如果是带阳台的,必然是落地玻璃门;如果是低飘窗的,窗户的面积占了该墙壁的2/3。如此一来,卧室基本上是敞开的。大家都知道玻璃是不能阻挡光线的,当然也就不可能阻挡人体发出来的光能。所以卧房窗口太大,对人体能量的保存没有任何好处。

以前,还没有空调,为了贪图凉快,人们经常在露天的阳台和天台睡觉。第二天起床,会感觉到很疲惫。这时,父母就会讲这是因为"打雾水"之故。其实这完全是因为能量耗散过多而造成的。因此,房间带阳台和低飘窗,无异于"打雾水",同样会造成我们能量的散失。所以也就造成睡眠不足、疲惫、赖床等现象。上了年纪的人,会很容易失眠。因此,有失眠的朋友,应该马上看一看自己的卧室是否有这种情况。当然,床头背后是窗口、厕所或者"冷巷",也会出现失眠现象。

另一方面,同样因为窗口太大,射进来阳光就会很多,刺眼的阳光和热能会让人产生不适的感觉,它会让我们不冷静、冲动、易发脾气等等。而这种行为带来的后果是可怕的。比如开车时不冷静,就可能造成车祸;遇到不顺心的时候,脾气不好,就可能会打架,出现血光之灾;买东西的时候不冷静,往往会买到一些不如意或不适用的东西,造成破财。当然,错买了几件小东西,破点小财无伤大雅。但是如果是因为一时冲动,做了一个错误的投资,那后果就可想而知了。

一个低窗台的飘窗已经有如此大的杀伤力,那么带阳台的不用说就更糟糕了。在一般的房子设计里,房门和阳台门往往都是对着成一线的,而且在现代建筑设计中,阳台门一般都是设计成几扇落地玻璃拉门。这样一来比大窗口更不容易聚集能量。有一些风水常识的人都会知道,房门的斜对角被称作峦头上的财位。其实这个道理很简单,因为这个地方无论是房门或者是窗口,都不会正对着它,所以这个地方的气流非常稳定。风水上讲究4个字:藏风聚气。就是要寻找一个气流比较稳定的地方、一个能量容易积聚的地方。

3. 卧房不能太浅窄

现代化的大城市人口极为密集,由于城市发展需要,不少外地人和农村人口都进入了大城市,使得大城市里的住宅日趋紧张。一般人要买一间屋,可能要花上半生或者一辈子的积蓄。为了能让更多的人买到房子,开发商不得不把房子的空间越建越小。这方面香港尤为突出。在前面强调卧房不能太大,而这里又强调卧房不能太小,这是为何?这关系到风水上所谓气厚气薄的问题。

古代家居建筑多以深长为主,即所谓二进三进。这是具有科学道理的。何谓气厚,何谓气薄呢?不妨先举一个化学上的例子:拿来两个装水的器皿,一个是柱形高杯,另一个是阔口的碟。假定它们的容量相等,把两个器皿都注满水放一段时间。我们会发现阔口碟里的水已所剩无几,但是柱形高杯里的水仍然还有很多。这个实验证明:蒸发面和蒸发速度成正比。也就是说,蒸发面越大,水量的蒸发就越快。反之亦然。

同样,一个房子的形状和深浅也会直接影响到房子内气量的厚薄,以及气散气聚的问题。一个深长的房子,就好比那一柱形高杯,由于窗口不大(相当于柱形高杯的蒸发面),因此它的气流会比较稳定。反之,卧房过于浅窄,窗口又比较大,甚至是落地玻璃窗,这样的睡房必然气薄,蒸发面过大,能量容易散失,正所谓气散不聚也。

气散不聚的房子,就会造成人们情绪的冲动,因此说话办事不小心,容易得罪人。正所谓祸从口出,是非口舌自然也就多了。另外,投资购物因为感情冲动而造成错误,钱财散失就成了必然的结果。所以风水师常说房子必须藏风聚气,道理就在于此。

4. 又一个卧房"杀手"——卧房带洗手间

为了贪一时之便,也不知从何时开始,卧房里有了洗手间(香港称这种形式为"主人套房")。也许是为了节省空间,或许是为了方便,许多设计还把洗手间的门还正对着卧床。这的确迎合了市场的需求,一时间这类设计成了时尚,而很多消费者也趋之若鹜。但是,据相关的调查实践证明,住进了这类套间的人,问题最突出的表现就是腰痛,或者泌尿系统出现问题——尿酸过高(尿毒症)等疾病,以及容易患有风湿病……轻者也会全身乏力,赖床不起。

现在的洗手间具有两种功能:厕所与浴室。洗手间,五行属水。正好与我们的腰肾,同气相求。尽管现代化的抽水马桶和一流的洗手间布置已经让这个"方便"的地方变得十分舒适豪华,但是仍然改变不了它的本质——排污和水汽。

众所周知,厕所和浴室都是洗涤和排放肮脏物质的地方。在风水上认为它是一个阴气比较重的地方,同时也是产生腐败空气的地方。无论在何方位,如果处置不当,会诱发脑部、精神、内脏、脊髓等方面的疾病。另外,浴室是一个湿气很重的地方,在冬天洗澡的时候,你就可以发觉雾气腾腾。这种潮湿的气体一旦进入了卧室,会让床铺变得潮湿,久而久之便会让人感觉身体疲乏,腰酸背疼。严重的会产生泌尿系统的疾病。如果你有腰疼病,又发现不了原因的话,不妨留意一下你卧室中的洗手间。

如果发现你的家居有以上毛病,怎样才能化解呢?通常使用的方法有两种:一是在洗手间的下水道上悬挂"开口的葫芦",在厕所里放上3盆泥栽观叶植物;二是如果有条件的话,在床和洗手间门口之间加上屏风或者衣柜作为遮挡,这种方法效果更为明显。

5. 卧室床的摆放

人一生有1/3的时间是在床上度过的,因此怎样摆床也是非常重要的。现在除了房子太小,无法把床摆在中间以外,大部分家庭都喜欢按照西方人的摆床方式,把床摆在房子的中间,只有床头靠墙,三面都可以上床。这种摆床的方式除了方便上下床之外,基本上没有任何好处。原因是:当两个成年人睡在一张1.5 m宽的床上会显得很紧张,不能放松。假如把一个婴儿放上去,难免会翻落床。而成年人不会翻落床,是因为有控制。但是要控制,必然要有一部分神经得不到休息,整晚都要"看护"着你,这就使你的睡眠大打折扣,得不到彻底而放松的休息了。

中国有着几千年的文明史,在这几千年连续不断的历史中,中国人总结出了一套非常科学的生活方式。比如,中国古老的大床就是一种非常科学的产品。这种床统称架子床,可分为"四柱床"、"六柱床"。其他变体形式较多,如月洞门罩架子床等。它三面有40 cm高的围栏,床口两边还有 40 cm 宽的围栏,只留 1.2 m 左右门洞上落床。这种架子床有几个好处:第一,有了四周的围栏,睡在上面放松多了,绝对不会有翻落床的忧虑。第二,床前左右两侧的围栏也是设计得很妙。它让睡近床口的人手脚都有了依靠,腰部不会有落空的感觉,因此也就没有翻落床的忧虑了,可以睡得十分放松。第三,架子床把睡眠的空间缩小了,如果再加上围帐,便如一间小屋,绝对藏风聚气。

说到摆床的方式,风水师非常反对把床摆在中间。第一,三面无依无靠,缺乏安全感。第二,把卧房的空间分隔得很零碎,用起来很不方便。如果房间不大还很容易碰伤手脚。风水经常讲,在峦头风水上,房门的斜对角是财位。这是针对旧房子的设计而言的。理由是那个角落是一个藏风聚气的地方,门窗都冲不到。人如果睡在那里,能够身体健康。有了健康的身体,头脑灵活、精力充沛,当然就有精神去赚钱了。所以财位归根结底的含义,其实就是保证人体的健康。

建议的几种摆床方式:一是最好能把床摆在三面有墙靠的位置上,也就是尽可能把床放在一个藏风聚气的地方。二是把床放在房间不受门窗冲射的角落,两面靠墙。如果不行,请在朝门窗的位置上加上屏风和挡板,或者衣柜也可以,目的是遮挡门窗的冲射,使床位能够藏风聚气。三是注意床头不要朝向走廊、电梯间、楼梯间、厕所的下水管和抽水马桶,因为这些都是代表阳动的地方。不要以为有一堵墙隔着就什么事也没有了,其实走廊、下水管、电梯间、楼梯、抽水马桶,这些都是气流非常不稳定的地方,所以虽然隔着一堵墙,还是会影响到我们的脑电波,使得我们不能安静地进入睡眠,总是使我们的脑电波处于一种兴奋的状态,容易造成失眠。如果你的床头是朝着这些地方,请马上更换位置。四是床头千万不要放在窗口下面,因为窗口是气流和光线最强的地方,动响很大,对睡眠影响很大,人的能量容易散失,因此对身体的健康也非常不利。如果不能更换床头,最好能用厚窗帘加遮光布给予遮挡。但这是退而求其次的方法,最好的方法还是更换床头。

三、买房犯忌风水的非典型案例

(一)"阳光窗"让我有时失眠

当事人:梅子,女,29 岁,白领

我喜欢居室有大窗户,特别是那种落地的"阳光窗"。所以去年我买房时特别挑了一套卧室、客厅都带"阳光窗"的房子。我喜欢"阳光窗"外的世界。双休日的白天,一个人把单人沙发搬到靠窗的地方,把窗帘拉到最边上,让阳光肆无忌惮地在房间里弥漫。我坐在沙发上,安静地看着窗外的房子和静静的湖面。或者干脆趴在窗台上看花园里紫色和白色的花。黄昏以后,夕阳的景色渐渐褪色了,这时,小区的霓虹灯光已闪耀在每一个角落。晚上,月光洒进房间,坐在窗户旁,浪漫的感觉开始在身旁蔓延。但自从住进这个充满灵气的房间后,不知什么原因,从不失眠的我,晚上有时失眠,吃了安眠药后才睡得安稳些。

风水解密:风水讲究阴阳和谐,卧室是"阳光窗",阴阳就会失调,人气也易散。因卧室是人主要的休养生息之所,又因为一个人身体抵抗力最差的时候是在人睡眠的时候,"阳光窗"容易致使人气外泄,身体羸弱,使心神不宁,造成睡眠不足、疲惫、赖床等现象。因为窗口太大,白天射进来阳光很多,这种刺眼的阳光和热能还会使人产生一种不适的感觉,让人不冷静、冲动、易发脾气等。一般来说,窗户与墙面比为 1/2～1/4 为好。

(二) 住大卧室的烦恼

当事人：李先生，男，41岁，商人

我是做装饰建材批发生意的，经常有一些生意场上的朋友到家里来，所以当初我买房时，特意买了一栋三层楼的独体别墅。为了显示气派，我把三楼的两个房间改装成了一个卧室，并且装修极其豪华。现在，我的睡房足有80多平方米，东南方一排大窗，西南方是一个大阳台，睡床正对着一台大屏幕背投。可是，自从我住进去之后，晚上有时睡不好，白天感觉有些疲惫。这真是奇怪了，在原来的小房间里我睡得十分安稳，白天精神十足，换了大房间反而让自己没精神了。

风水解密：古代的风水理论有这样一句话："屋大人少，是凶屋。"这是为什么呢？房屋的大小必须和入住人数成正比，也就是房子越大，入住的人应该越多，也就是我们常说的人气要旺。房子太大，人却很少，这样的房子会让人失眠、多梦、懒床、精神疲倦，身体素质会不断下降。合适的卧室面积在 15 m^2 左右，最多不要超过 20 m^2。如果实在是大卧室，晚上睡觉时需用屏风或帘子将床隔起来。

(三) 都是浴室惹的祸

当事人：周先生，男，28岁，经理

以前看朋友们买房卧室里带浴室，我就特羡慕，晚上休息，想方便时不用开卧室门，朋友来了不和自己共用一个卫生间，多好，所以我也梦寐以求这样一套房子。今年买房子时，我特意挑了一套卧室较大的户型，装修时，将房间里装修了一个带卫生间的浴室。但是，今年冬天，我就发现自己的身体没原来那么棒了，有时不是头部不舒服，就是腰部有些酸痛。医生对我说，可能是浴室湿气太大，影响了我的身体健康。

风水解密：厕所和浴室都是洗涤和排放肮脏物质的地方。在风水上认为它是一个阴气比较重，同时也是产生腐败空气的地方。无论在何方位，如果处置不当，会诱发脑部、精神、内脏、脊髓等方面的疾病。浴室也是一个湿气很重的地方，冬天洗澡时，你可以发觉雾气腾腾。这种潮湿的气体一旦进入卧室，会让床铺变得潮湿，久而久之便会让人感觉身体疲乏、腰酸背疼，严重的会导致泌尿系统疾病。如果发现家居有以上毛病，通常有两种方法化解：一是在洗手间的下水道上悬挂"开口的葫芦"，在厕所里放3盆泥栽观叶植物；二是在床和洗手间门口之间，加上屏风或者衣柜作为遮挡。

第十章 物业管理策划

第一节 物业管理策划技术要点

一、物业管理策划概述

1. 物业管理策划的内涵

物业管理策划是以满足客户需求为导向,把握从房地产投资论证、规划设计、工程施工到营销销售、物业入伙管理、日常管理的房地产开发全过程各个环节的客户需求,根据对项目环境与客户需求的调查分析,通过对物业服务目标、策略、技术、运作的规划设计,实现物业管理服务的目标。

一般意义上的房地产策划围绕的目标是房地产营销,关注的是物业的定位、结构户型、包装推广、销售策略等环节,偏重于对房屋使用功能、形象以及文化内涵的界定;而物业管理策划则是关注客户对物业管理服务需求的满足,关注的是物业细节完善、物业管理便利与成本降低、物业服务营销促进、服务定位、个性化服务设计、服务品质执行,偏重于服务内涵、品质、价值、文化、品位的界定。

物业管理策划决不仅仅是强调物业前期介入,而是明确物业管理服务应该介入房地产规划、设计、施工、营销策划、销售及售后服务的全过程,而且,介入的行为不是相互割离,而是相互关联,是以一个明确的目标所导向出的完整的系统,是物业服务的系统化、体系化。因此,物业管理策划的优劣不仅影响物业的营销,还将对后期业主生活服务、房地产开发商品牌信誉产生深远影响。

好的物业管理策划,应该突出物业管理服务的全程性、主题性、系统性,应该以细致的项目背景调查为基础,以准确的市场定位为龙头,以形成系统化、完整性物业管理服务方案为目标,以人性化、个性化服务模式设计与实施为主线,以满足房地产开发各阶段物业管理服务需求为准则,以服务的创新性、可行性、周密性为基石,以方案执行力建设为保障。

2. 物业管理策划的必要性

随着中国房地产的发展,买方市场的形成,物业人性化细节的完善以及物业软质量——物业管理服务越来越受到客户的重视。毕竟,买房置业是一时,住房生活是一世。物业管理已经成为大多数置业者考虑的重要因素。但是,由于部分开发商开发理念落后,以为物业管理只是售后服务,因而只在物业即将发售时才匆匆拉郎配式地选择物业管理企业,从事入伙管理服务与日常物业管理服务。其结果往往在诸多方面造成很多问题无法解决,如社区出入口过多,园林水景配置贵族化或无法适应地理气候环境,物业外立面统一与业主对安全空调位排风设施具体需求的矛盾,物业设施设备质材选型配置不合理,物业标识系统、环卫系统布局与配置不完善,公共照明背景音乐等系统的能控设计缺陷,配套车场、学校、会所的方位与出入不便管理等等。这些都是在房地产开发前期缺乏对物业管理的统一规划所致,这些现象与问题所造成的开发资源浪费与各类矛盾积累,对房地产企业以及物业管理企业的管理运营造成极大的负面影响。

实际上,在中国房地产界,越来越多的开发商重视物业管理的前期介入。早在规划设计阶段,物业管理专家会就物业规划的合理性(更多的是人性化管理,是对业主消费心理与规律的把握,不只是规划设计规范的合法性)提出专业建议;在物业建设阶段,对于物业建设质量、设备选型、物业构件选用、安全设施设置等方面加以控制;在物业营销阶段,就物业服务定位、服务配置、服务品质、费用测算、现场服务等方面给销售以促进;在入伙及日常管理期间,物业服务的规划与执行则直接影响业主的日常生活品质。

然而,由于限于物业管理服务理念高度不够,物业管理前期介入只是强调了物业管理介入房地产开发的阶段必须提前,但是没有明确前后物业服务的连贯性,似乎各个阶段的物业服务只是零碎地点子式的支招,而并非一个完整的系统,缺乏一致的目标与运作控制。这种零散的、非系统化的前期物业介入服务在一定程度上淡化了前期介入的价值,其重要性也很难得到认识,甚至很容易被抹杀。

在实际的物业管理市场运行中,很多开发商以为房地产的投资论证、规划设计、施工建设与物业管理服务无关,结果物业建成后给业主造成很多不便因素甚至损失,尤其是不利于后期的物业管理服务,造成管理服务成本居高不下,也造成很多无法协调的矛盾,遏制物业整体的投资价值。也有很多开发商比较重视物业管理的前期介入,但是由于物业管理企业缺乏全程物业管理服务策划的服务理念与服务能力,致使物业管理服务定位不清,服务运作缺乏系统性、连续性与整体性。很多公司在物业管理服务设计中根本把握不住项目的核心服务需求,也把握不住物业开发各个环节的服务控制要点与服务规划的系统性,服务概念内涵模糊不清或缺乏针对性,现场服务控制严重依赖资金与硬件投入,服务设计的可行性差,最终造成物业管理服务不成体系,缺乏文化内涵的延续性,服务质量缺口过大,服务承诺无法兑现,严重影响开发商的品牌信誉。因此,物业管理服务策划对于房地产开发具有十分重要的意义。

3. 物业管理策划的基本流程与关键环节

物业管理策划需要把握的基本的流程与关键环节是:

(1)要重视对房地产项目的周详细密的调查,了解城市规划、区域环境状况、项目规划定位、目标客户消费行为、物业营销策略、竞争项目服务配置等具体情况。

(2)要根据项目SWOT分析,分析项目的优劣和各个阶段目标客户的服务需求,匹配针对性的服务竞争策略与服务管理模式。

(3)要发挥物业管理服务营销在整体物业营销中的重要作用,以服务营销促进物业营销。

(4)要设计科学实用的组织运作管理方式,规划服务执行质量目标与执行运作体系,确保服务运作目标的实现。

做好物业管理策划很不容易。策划人不仅需要具备丰富的物业管理专业知识与丰富的实际管理经验,还需要掌握服务营销管理、服务运作管理、服务作业设计、组织设计与人力资源管理、房地产策划、消费者心理学等专业有关知识,还需要了解建筑规划设计、物业设施设备选型与安装、工程施工管理、物业销售策划、物业三级市场运营等方面的技术。全程物业管理服务是一种高智力含量的尖端服务产品,该服务模式的策划与运营需要物业管理企业团队式、程式化、规范性管理。物业管理服务模式对物业管理企业有着更高的要求,需要物业管理企业对传统的服务理念、技术要素、人力资源、组织架构等方面进行全方位的革命。

4. 物业管理策划具有较高的市场价值与社会价值

就市场价值而言,随着我国房地产行业的发展,我国房地产市场向二线、三线城市的推进,越来越多的房地产企业需要物业管理企业提供全程物业管理服务。物业管理服务产品的开发与推广,也有利于对物业管理行业的前期性的重新认知,有利于物业管理产品的新的定位。就社会价值而言,物业管理策划的推进实施,可以最大限度地节约房地产开发成本,避免房地产开发与后期服务的矛盾,促进和谐社区文化与文明建设。

可以乐观地说,随着我国物业管理市场的不断发展,随着国外服务业涌入我国市场所造成的服务竞争的加剧,随着越来越多的高素质人才介入物业管理服务行业,我国物业管理行业必然创造出更多新的服务理念、新的服务管理模式和新的服务产品,进一步焕发中国物业管理行业的生机。

5. 物业管理策划的内容

物业管理策划的内容主要包括3个方面:

(1) 物业管理总体策划。具体包括物业管理企业理念策划、品牌策划、形象策划3个方面。

(2) 物业管理的招标与投标策划。

(3) 物业管理服务方案策划。

二、物业管理总体策划

(一) 物业管理企业理念策划

1. 物业管理企业理念的功能

确立和统一企业理念,对于企业的整体运行和良性运转具有战略性功能与作用。现代企业的经营需要企业理念的指引,而所谓企业理念,是指企业在长期经营管理实践中逐步建立起来的思想和价值体系。它是企业经营管理的最高准则,是企业文化建设的核心,是企业品牌战略的灵魂。具体来说具有以下功能:

(1) 导向功能。企业理念,就是企业所倡导的价值目标和行为方式,它引导员工的追求。因此,一种强有力的企业理念可以长期引导员工们为之奋斗,这就是企业理念的导向力。企业理念的导向功能主要表现在两个方面:一方面是直接引导员工的人格、心理和行为;另一方面是通过员工的整体价值认同来引导员工的观念与行为。良好的企业理念,可以使员工在潜移默化的过程中形成共同的价值理念,并通过企业理念的认同,共同朝着一个确定的目标去奋斗。

(2) 激励功能。企业理念既是企业的经营宗旨、经营方针和价值追求,也是企业员工行为的最高目标和原则。因此,企业理念与员工价值追求上的认同,就构成员工心理上的极大满足和精神激励,它具有物质激励无法真正达到的持久性和深刻性。

(3) 凝聚功能。企业理念的确定和员工普遍认同,在一个企业必然形成一股强有力的向心力和凝聚力。它是企业内部的一种粘合剂,能以导向的方式融合员工的目标、理想、信念、情操和作风,并造就和激发员工的群体意识。企业即员工的行为目标和价值追求,是员工行为的原动力,因而企业理念一旦被员工认同、接受,员工自然就对企业产生强烈的归属感,企业理念就具有强大的向心力和凝聚力。

(4) 辐射功能。企业理念一旦确定并为广大员工所认同,就会辐射到企业整体运行的全过程,从而使企业行为系统和形象表征系统得以优化,提升企业的整体素质。不仅如此,它还会产生巨大的经济效益和社会效益,向更加广泛的社会领域辐射,形成一笔巨大的社会财富。诸如松下精神、IBM精神、三菱精神和健力宝精神等,都不仅属于本企业、本民族,而且也属于全人类。而正是这种企业理念和精神的强大辐射力,才使这些优秀企业走向全世界,取得举世瞩目的成就和业绩。

(5) 稳定功能。强有力的企业理念和精神,由于其强大的导向力和惯性力,可以保证一个企业决不会因内外环境的某些变化而使企业衰退,从而使一个企业具有持续而稳定的发展能力。就是说,企业理念的稳定力,是通过全体员工对企业经营宗旨、经营方针和价值观的内化而形成的,并通过自我控制和自我约束来实现。因此,保持企业理念的连续性和稳定性,强化企业理念的认同感和统治力,是增强企业稳定力和技术发展的关键。

2. 物业管理企业服务理念的树立

作为服务行业的物业管理企业,如果要使自己真正成为一个优秀的品牌企业,立足现实,着眼未来,成为业主、开发商、相关专业公司以及行政主管部门等各方面都认可和都满意的企业,就必须要有指导物业管理服务的思想价值体系和最高行为准则,即企业的服务理念。这应该是物业管理企业理念体系中的核心理念。

物业管理公司可以从自己多年的实践中总结策划出企业的服务理念,但是真正运用好服务理念还大有学问,需要矢志不渝地探索和实践。最关键的是要学会当业主的好保姆、好管家、好朋友,学会做到100%业主第一,学会不断超越业主日益增长的需求。

(1) 当一个好保姆

要当一个好保姆,物业管理从业人员首先要从思想观念上有大的转变,特别是要在对服务定位、服务姿态、服务意识和服务行为的理解上有大的转变。

① 摆正位子(从"房老虎"到"好保姆")。物业管理企业究竟应该如何定位,这与企业的理念有很大的关系。不同的企业理念将导致不同的企业定位。过去,绝大多数物业是国家所有,即公有的,政府把这些财产交给房地局管理,房地局再派房管所去管理,房管所代表着国家的利益,行使房屋管理的职责和权利,因而不具备服务意识,人们把这些部门称之为"房老虎"。而现在,随着物业的所有权转向私人和企事业单位,转向各个业主。物业的管理由新建的专业物业管理公司和逐步从房管所转制的物业管理公司来负责。物业管理行业成为一种服务性的行业,物业管理人必须以一个服务者的身份全心全意地为物业所有者和物业使用人提供管理服务。在这种情况下,业主是物业的主人,物业管理公司是业主聘请的管理人。虽然业主和物业管理公司是委托与被委托的关系,双方在法律关系上是平等的两个独立主体,但物业管理公司提供好的服务则应以低姿态出现,把自己定位为业主的仆人,先当好保姆。在理念上和行动上必须有一个脱胎换骨的变化,即从"房老虎"转变成一个令主人满意的"好保姆"。

② 端正姿态(从"朝南坐"到"朝北坐")。物业管理企业特别是从房管所转制而来的企业,由于长期"朝南坐"的工作作风,养成了许多傲慢的陋习。业主上门或打电话来报修,不是没有空,就是不准时,修理中又态度粗野、质量低劣,这样业主当然不会满意。当收到物业管理公司发的"缴费通知书"更会火上心头,产生拒付管理费或租金的念头。如果物业管理

企业的员工都以保姆的姿态受理业主的报修,主动热情地提供服务,及时帮助业主排忧解难,使业主认可你的服务、满意你的工作,那么届时你递上"付款请求书",业主就会心甘情愿地缴付管理费用。除了以上维修和收费之外,物业管理企业在为业主提供的各项管理服务和相互交往过程中都应该以低姿态的面貌出现,礼让三分,以尊重他人来换取他人对你的尊重。

③ 改革机构(从"管理为主"到"服务为主")。作为"保姆",物业管理公司还需要改善机构,以适应服务为先、寓管理于服务之中的需要。在现代物业管理的形势下,物业管理公司对物业项目的管理可设置一个管理处来作为公司的派出机构。管理处可专门设一个业主服务部,专门负责业主接待服务工作。业主接待服务之余,业主服务部还负责管理处文书、档案、财务、行政、人事等内部管理的职能工作。这样,一方面管理处部门设置将大量缩减,所有的管理服务人员都站在为业主服务的第一线;另一方面从业主的角度看,管理处管理机构简化了,服务岗位却增加了,服务工作的效率大大提高,这样的变化完全是理念的转变所带来的。

④ 规范服务(从"随心所欲"到"规范服务")。没有服务理念,员工工作起来往往是随心所欲的,但如果把自己当作是业主的保姆就会大不一样,保姆有好有坏,有高级保姆,也有低级保姆。想当高级保姆就必须努力成为一个"好保姆",就必须从规范服务入手,与业主保持心与心的交流。物业管理公司可以制订员工服务守则,明确每一个员工的行为规范、语言规范、接待规范来约束和规范员工的行为。有条件的物业管理公司都应建立质量保证体系、环境保护体系和职业安全卫生体系,这些措施都是确保规范服务的基本手段。有了这些手段,员工接听业主电话时就会按标准语言、规定词句和礼貌用语来说话;员工到业主家维修保养,临行前先考虑好业主可能的潜在需求,同时带好工具箱、1双鞋套和2块布毯,离开时不给业主留下丝毫麻烦;员工安全巡视就会认真做好每一项记录,确保每一项工作都能留下痕迹,日后有据可查;员工在进行保洁时就会佩戴一只小腰包,内装刷子、刮刀、抹布等小工具,人到哪里,保洁工作就做细做好到哪里;到了雨天,小区门口就会出现公司为小区业主提供的方便伞,小小一把伞,为您遮风挡雨,让您有家的温馨感觉。

(2) 做一个好管家

管家的职责主要是为业主当家理财、料理家务,所以物业管理公司应站在业主的立场上管好、用好业主的财产,通常要把握以下几个重点:

① 用好管理费。管理费是物业管理服务中最主要的经常性支出,物业管理公司在其收支上应把握预算和使用控制两个环节。预算应合理、细致,使用控制应尽可能用最少的支出得到计划的效果。

② 控制好公共能耗。公共能耗是物业运行的日常支出,是业主承担的又一笔大的开支,特别是较高档的非居住物业,如办公楼、商务楼、酒店公寓的公共能耗费开支几乎与管理费开支相同。所以物业管理公司必须在能源节约上花大力气,可以在冷暖空调的合理供应、电梯营运的合理安排、照明灯具的合理选择上不断挖潜,使业主的每一分钱都用得合理。

③ 管好和计划使用维修基金。目前,除了普通住宅的维修基金由公积金管理中心、建设银行代为管理外,其他物业的维修基金一般由业委会、开发商委托物业管理公司代为账务管理和使用管理。这笔资金,物业管理公司必须账目清楚,独立账户,专款专用,收支手续齐全,定期向业主或委托方报告。

④ 把好物业验收关。物业接管验收是物业管理公司代表未来业主对开发商已完成竣工验收的建设项目进行接管验收的过程。物业管理公司应着重在物业的使用功能上进行验收。这一过程包括建设项目工程技术资料的接收,是业主利益体现的一个重要环节,对物业管理企业而言也是一次发现隐患、避免管理风险的机会。因此,物业管理公司应积极组织管理人员与技术人员,按国家标准和行业标准,认真仔细地检查每一个工程项目,发现问题及时向开发商指出,请开发商找施工单位在项目交付使用前整改完毕,不留隐患,不留后遗症。把好验收关,对业主、开发商、物业管理公司都有好处。

⑤ 保存好档案资料。每一个物业项目都有大量的工程开发、设计、施工、安装、验收方面的档案资料和业主租售、入伙、装修、维修、权籍、变更等方面的档案资料,这是物业及物业管理的基础资料,是业主的无形资产。物业管理公司从物业接管验收起就应为业主收集、整理、建立、健全物业的工程技术档案和业主档案,使物业保持其完整的资产。这可以说是件功在开始、利在长远的事情。

⑥ 保养好房屋、设备、设施。物业管理公司接管物业之后,其物业的保值、增值,大量的工作是通过房屋、设备、设施的日常保养和计划保养来实现的。物业好比一辆自行车,日常保养和定期保养做得好,它可以用十年、二十年,甚至更长时间;反之,光骑不养,日晒雨淋,用不了半年、一年就成了一堆废铜烂铁。自行车报废了,花几百元可以再买一辆新的,可物业一年新,二年旧,三年破,业主就没有那么方便再买了。所以,一个好的物业管理公司必然在物业的保养上充分体现好管家的本色。

(3) 做业主的好朋友

物业管理公司要树立做业主好朋友的观念应该说经过一定的努力还是能够做到的,但真正要做到成为业主的好朋友却是件不容易的事情。这必须是你已经被业主公认为本物业区域的好保姆、好管家,业主已经接受和离不开你,把你当成这个大家庭的成员之一。在此基础上,物业管理公司才有可能成为业主的好朋友。此间,物业管理公司还要注意做好以下几项工作:

① 与业主保持沟通。沟通是朋友之间保持友谊的基本方法。没有沟通、没有情感上的相互交流就不可能成为朋友,因此,物业管理公司从接受委托、实施管理服务开始就应通过各种方式保持与业主之间的沟通。具体做法可以采取设立公告栏、指示牌、专用信箱、服务信息、服务期刊、影视图像、网络信息等方式进行相互沟通,还可以通过服务接触、会议接触、会谈接触、走访接触等方式进行沟通。在沟通中与业主增加了解,增强信任,继而增进友谊。

② 为业主提供社区服务。社区服务是物业管理发展到一定阶段的产物,是物业管理服务的延伸和发展。业主随着住房的改善,生活质量有了大幅度的提高。同时,随着消费观念的改变,花钱买服务、花钱买舒适的需求越来越大。物业管理公司如能顺应业主的这种需求,在物业区域内开展多种形式的便民服务、代办服务和特约服务,其中可以提供一些无偿服务,如为业主遮风挡雨的雨伞、为业主伤残备用的轮椅、为业主修车临时用的工具箱等等。社区服务无论是有偿的还是无偿的,只要物业管理公司真心实意为业主着想,每一项服务都体现出对业主无微不至的关怀,相信日久见真情,业主也会将心比心、以情换情。

③ 为业主组织社区文化活动。业主家居环境改善了,生活质量提高了,当然还会对社区环境、社区文化生活有新的要求。在居住区内,最能帮业主开展这方面活动的就是居委会

或者物业管理公司了。物业管理公司如果主动与居委会协商,在小区因地制宜、因势利导地组织开展这方面的活动,使小区业主有置身于大家庭的感觉,使业主与业主之间、业主与物业管理公司之间有了更多的文化和情感之间的交流,大家都生活在一个友好的环境里,无形中对业主、对物业管理公司、对社会都会带来难以估量的好处。同理,在办公区内,物业管理公司配合业委会或开发商因地制宜、因势利导地组织业主开展这方面的活动,使整个物业区域的各个企业、各个部门有了一个更大的集体和一个更大的家庭,这些家庭成员在紧张工作之余能放松一下,相互交流沟通,对各企业、各部门相互间的文化交流、情感交流以及经济合作、业务往来都会带来莫大的好处。如果做到这样,物业管理公司与业主成为好朋友可以说是水到渠成的事情。

(4) 做到100%业主第一

所谓100%业主第一,就是当物业管理公司与业主需求出现矛盾时,物业管理公司应该首先考虑业主的利益。例如,按照政府主管部门对物业管理服务达标的规定,居住小区物业管理企业的业主接待时间为周一到周六的正常工作时间,以往的企业通常为 8:30～16:30 或 9:00～17:00。也就是说,业主外出上班,物业公司开始接待服务;业主下班回家,物业接待人员已经下班回家。星期天业主大多在家,有时间处理与物业相关的事务,但物业管理公司接待人员也在家休息。如果从100%业主第一的角度考虑,这样的工作制度显然是不妥的。为此,物业管理公司可以把接待服务时间按业主实际需求作相应调整。如每天都有人上班,每天接待服务时间为 9:00～21:00,这样无论是上班的业主还是休息的业主都能享受到物业管理公司的接待服务。当然,物业管理公司的工作时间要长了许多,付出的劳动和成本也会相应增加,这些当业主认可了你的服务之后,是会客观对待的。

除了物业管理公司的运作与业主需求出现矛盾时物业管理公司应首先考虑业主的利益外,当物业管理公司的员工与业主利益出现矛盾时也应该是100%业主第一。有这样一个案例可以供大家参考:有一个涉外别墅小区,管理费为每月每平方米 1.5 美元,管理处为业主提供的服务项目中,有一项小孩临时寄托服务,替一些临时外出的太太们免费带小孩。每当遇到这种情况,管理处就由业主接待员负责这项工作。一天,管理处业主接待员顾小姐当班,事先她请好假下午要参加她外公的追悼会,不巧的是正当下午要离开时,有一位瑞士籍太太来到业主服务部说要外出约会,要求临时寄托她的 2 个孩子。在这种情况下,如果顾小姐向这位太太说明缘由,希望这位太太将约会推迟两小时,让她参加完外公的追悼会回来再去约会,相信这点通情达理的请求会得到谅解的。但顾小姐并没有这样做,而是先想到业主的需要,留下来带孩子,让这位太太如期赴约,自己却深隐哀痛之情,强作笑脸照顾两个孩子。

(5) 不断超越业主日益增长的需求

物业管理的服务对象是人,物业管理的服务宗旨是"以人为本",而人的需求、人的欲望又是无止境的,特别是随着我国物业建设的高速发展,业主的工作环境、居住环境越来越好,相应地他们对物业管理服务的需求也在日益增长。面对这种形势,物业管理企业如果还是因循守旧,还是按照传统的观念和思维模式经营运作,则必然会被市场淘汰。一个有前瞻性的物业管理企业,不但要按照与委托方(业主)的约定做好自己分内(保姆、管家)的事情,还要时刻观察和分析业主对物业管理服务的潜在需求和欲望,及时做好服务延伸的策划,一旦时机成熟,便可适时推出,成为服务的主动方。要做到这一点,应特别注意以下4点:

① 要认真做好服务需求分析。当物业管理企业接受物业管理委托时，除了进行正常的管理方案策划，同时还要认真做好服务需求分析。具体操作可以参照市场营销分析的方法。先做物业概况、人员构成、文化层次、服务需求等需求调查，然后进行需求的分析，从中寻找服务机会，最后进行方案策划、可行性分析等。这项工作虽然费力也费时，但对物业管理企业掌握第一手资料、搞好管理服务却是一劳多逸的，可在一个相当长的时期内成为物业管理服务不断上台阶的有利条件。

② 变被动为主动。物业管理企业要不断超越业主日益增长的需求，则必须彻底根治传统物业管理形成的不良习惯。不能被动地提供服务，不能做算盘珠子，拨一下动一下，而是要树立现代的服务理念，按现代管理服务的观念和思维模式不断创新地开展工作，主动策划服务，主动提供服务，主动完善服务，牢牢掌握服务的主动权，想在业主需求的前面，做在业主需求的前面。这样，企业形象、企业品牌必然会得到业主和相关方面的认知。

③ 管理来不得半点松懈，服务来不得半点疏忽。从事物业管理的人员都会切身体会到物业管理是一项很细致的工作。设备人员每天要保证所有物业设备、设施的安全运行；保安人员每分每秒要注视物业区域人流物流的变化，防范各种意外的发生；保洁人员要不停地清扫，同时不得影响业主的正常工作与生活；管理人员既要保障管理服务的正常运作，又要热情地为业主提供接待服务，认真为业主做好权籍管理、档案管理、资金管理等等。其中每一项管理活动稍有半点松懈，就必然会发生诸如影响设备设施的安全运行等意外事故，给业主工作、生活和企业品牌、企业形象带来损害，其中每一项服务活动稍有半点疏忽，也必然会带来一大串棘手的问题，诸如业主对服务的不满、拒交费用，业主与业主之间、业主与开发商之间、业主与物业管理公司之间的矛盾、纠纷甚至冲突等等。为此，物业管理公司要将"管理来不得半点松懈，服务来不得半点疏忽"作为从业员工的座右铭，时刻提醒每一位员工认真细致地做好每一项管理服务工作。

④ 用科学的头脑为业主服务，用科学的服务让业主满意。物业管理服务看似平凡、简单，但在实际运作中却并非如此。首先，现代物业已经拥有许多现代的科学技术，如建筑技术、电梯技术、空调技术、强电技术、弱电技术、计算机技术、网络技术、信息技术等等，自然科学的基础知识无所不有，需要物业管理人员拥有各门专业科学技术和专业科学知识，能够用科学的头脑运行、维修、保养现代物业的房屋、设备和设施。其次，现代物业管理不仅要提供公共性的专业服务，还要提供非公共性的社区服务，物业管理从业人员要接触各种各样的人，处理各种各样的事，没有社会科学的基础知识，不懂社会学、管理学、心理学、公关学等常识是无法为业主提供科学的服务，获得较为理想的服务效果的，何况在处理日常事务中，还有许许多多的技巧运用，才能使业主感到满意。为此，物业管理公司也可以将"用科学的头脑为业主服务，用科学的服务让业主满意"作为又一条座右铭，时刻提醒员工掌握科学知识，用科学的方法使服务更加有效。

(二) 物业管理企业品牌策划

品牌是市场中最具决定性的要素，优秀的品牌是企业赢得市场的利刃。在日益激烈的竞争中，物业管理企业如何结合自身的特点打造优秀品牌，在波涛汹涌的市场浪潮中乘风破浪，驶向理想和成功的彼岸，已成了摆在每个物业管理人员面前的一项亟待思考和努力解决的重大课题。

1. 物业管理企业打造优秀品牌的必要性和重要性

21世纪是知识经济时代,也是全球经济一体化的时代,市场运营的主体已经从"企业"让位于"品牌"。品牌,已成为企业发展壮大的力量所系,生命所在。对此,物业管理人必须紧跟形势,与时俱进,把打造优秀品牌作为事关企业生死存亡的一项重大战略任务,不断增强使命感和责任感,充分认识到打造优秀品牌的必要性和重要性。

(1) 优秀的品牌是企业赢得市场的根本保证。由于物业管理企业起步晚,底子薄,基础差,就目前来说,大多数物业管理企业赢利甚微,甚至还有部分处于亏空状态,因而很多物业管理企业都忽略了品牌建设。然而,纵观全国先进的物业管理企业,越是规模大、管辖物业多的企业,获利就越大。因此,物业管理企业只有创立响亮而优秀的品牌,运用品牌优势扩大经营服务范围,形成规模效应,才能充分利用人力、物力资源,降低成本,使企业获得可观效益,为自身生存打下坚实基础。

(2) 优秀的品牌是企业获得信赖的现实需要。物业管理企业与业主之间是一种友好合作、互利互惠、相互信任的关系。优秀的物管服务不但吸引着众多的忠实客户,同时它还能体现出一种强大的信任和效益,是一种无形的资产和力量。

(3) 优秀的品牌是企业集聚人才的重要平台。众所周知,一个优秀的企业有一套完善的现代企业管理机制,建有公平的激励机制,这种无形的魅力吸引着各类人才。品牌企业把员工培训作为企业发展战略高度来对待,品牌企业能造就一支年轻化、知识化、专业化、政治过硬、思想活跃、具有丰富实践经验和开拓创新精神的物业管理新军。

2. 品牌的要素

(1) 端正与健康的经营理念

物业企业树立起端正与健康的经营理念:为人类营造一个安全、舒适、文明、便捷、温馨的生活和办公环境。

物业企业的价值观:坚持公司与业主(客户)利益同步发展,公司与员工共存共荣。

物业企业的文化观:真诚对人,严谨对事,不断创新,开拓进取,贡献社会,服务人类。

物业企业的责任观:对业主(客户)、对员工、对社会心存责任,信守道德。

物业企业的人才观:尊重人才,关心人才,培养人才,以人为本,有事业心、有能力、有责任感、有敬业精神的员工将是物业企业最宝贵的财富。

物业企业的行为观:坚持实事求是的行为准则,"说你所做,做你所说,写你所做"。

物业企业的服务观:为业主(客户)提供尽心尽责的"全程跟踪,亲情服务"。

(2) 树立长远的目标追求

长远的目标追求是企业发展壮大的原动力,提升服务品质,创造美好环境,温馨万家业主,是优秀物业追求的目标。让客户满意、让业主满意是企业发展的终极目标。

业主(客户)满意是一种以市场为核心的物业管理行业基本策略。其本质就是以业主(客户)为核心,要求企业在整个物业管理与经营活动过程中的每个环节、每项工作都以业主(客户)满意度为衡量标尺。以"业主(客户)满意"为一切工作的出发点,站在业主(客户)的立场来考虑、分析业主(客户)的现实需求以及潜在需求能力,给业主(客户)以终极关怀。

企业如果失去客户必将失去市场,企业失去市场就没有生存的基础,为此,企业要树立急业主(客户)之所急,想业主(客户)之所想,建立一切以业主(客户)为中心的服务满意体系,培养对业主(客户)的忠诚度,造就一批忠诚的业主(客户),它体现物业企业品牌战略。

(3) 企业文化的特征

企业文化是物业企业凝聚力的源泉,真诚对人、严谨对事、创新精神、开拓进取、贡献人类、贡献社会、贡献广大业主(客户)是物业企业文化的精髓。

3. 品牌的内涵

品牌是产品个性化的表现,是产品特性的浓缩。物业管理提供给业主(客户)的产品就是服务,服务质量铸造了企业的品牌。

(1) 品牌的基础:优质的管理服务

因为质量是品牌的生命,追求"完善、务实高效、全程跟踪、亲情服务"的质量方针和"安全、舒适、文明、便捷、温馨"的生活和办公环境目标,确保物业管理质量体系能够得以长期、稳定的运行,从而保证服务质量的不断提升。

(2) 品牌的核心:优秀的管理人才

人才是品牌的核心动力。优秀的技术、管理人才是企业最宝贵的财富,只有高素质的技术与管理人才才能推动公司的发展,所创品牌才会有后劲,企业的品牌才能得以营造和积聚。为此,培养和引进高素质的物业管理技术人才和管理人才,充分发挥他们的聪明才智,就成为物业管理企业培育和营造品牌的关键。

物业管理是集房屋管理、设备管理、绿化管理、安全消防管理、环境卫生管理及公共服务、专项服务、特约服务于一身的管理,它要求从事物业管理工作的人才,不仅要有较高的文化素质、思想素质和敬业精神,而且要有精业务、通技术、善管理、懂经营的管理人才和技术人才。企业只有拥有良好的人才优势和充分的人力资源,才能在激烈的市场竞争中立于不败之地,才能有效地支持品牌的塑造。

(3) 品牌的保证:健全的管理制度

在严格遵照政府有关物业管理的法令、法规的基础上,不断完善自我,使每一项物业管理服务更加条理化、制度化、程序化、标准化和规范化,并按国际标准建立起一整套独立、完整、科学、系统的物业管理质量体系和运作模式,对服务过程进行有效控制、评价和改进,使各项质量活动者处于受控状态,管理服务结果达到预期目标。企业要建立一套完整、有效、科学的岗位责任制体系,规范的服务标准,严密的考核办法,以确保优质的服务质量与高效的管理运作。

(4) 品牌的本质:全方位的创新

创新是品牌持续的根本和关键,内容包括管理创新、技术创新、服务创新等。

4. 物业管理企业品牌战略的制定与实施

(1) 要明确构成物业管理企业品牌的要素

构成物业管理企业品牌的因素主要有声誉、形象以及形成和影响公司声誉、形象的一系列因素,包括物业管理企业的特殊名称、注册资金、管理业绩、装备水平、社会评价、业主管理委员会的反映、政府意见等;负责人的管理经历、社会地位与影响力;管理层的素质;专业技术人员的职称或技术等级等等;此外,还包括物业管理服务的项目、收费标准、服务态度、服务深度等方面。

(2) 对物业管理市场和消费者有完整的了解

从质量、经营、创新、宣传等方面入手催生品牌,全方位的提升企业整体形象,形成完整的品牌战略。其首要条件是确保品牌与品质、品级、品位、品德的统一,物业管理品牌必须是一定品质的物业管理服务的代表。品质一般指产品(服务)质量,名牌的物业管理服务若要无愧于高品质,首先就应不断保持物业管理服务的领先性,即需满足4个条件:服务质量领先、管理技术领先、物业高附加值领先、创新思路领先。

品位,不单指外观美观、雅致,更强调品牌中洋溢着一种独特的文化气息。品位除了客户的审美意识外,主要来自于品牌经营者的文化意识、企业员工的文化氛围。物业管理是一种服务性行业,也需要拥有自己的文化。建立企业品牌的特有的文化,首先要有一套企业文化理念体系。如:我们的企业精神是什么?我们的服务宗旨是什么?……只有真正树立了和社会道德相符合的理论,并通过企业领导一言一行的影响和身体力行,使员工实际运用和贯彻到管理服务之中,才能形成优秀的物业管理企业的企业文化。

(3) 要加强企业早期的自身完善

目前,物业管理企业存在诸多不完善的地方,如法制观念不强、管理不规范;以管理者自居,服务意识不到位;管理手段、方法落后等等。物业管理企业要想在短短的几年时间里在国内物业管理市场打响品牌,就应该清楚地认识到,早期自身的完善和提高比早期市场的扩展更重要。不少先进物业管理企业的成功经验告诉我们,只有具备牢固的基础,企业才会有强大的发展后劲。要使物业管理企业自身完善的目标尽快实现,企业至少要在几个方面有所突破:一是企业资质等级的提升;二是全力推进 ISO 9000 贯标;三是所管小区争创"市优"、"国优";四是注重人才的培养;五是加强企业核心能力的培育,具体地讲就是对技术能力、管理能力、创新能力和企业文化的培育等。

(4) 要对企业进行全面的战略创新

事实上,创新的问题存在于企业的方方面面,各个层面都有一个创新的问题,具体来说就是战略创新、服务创新、理念创新。创新,尤其战略创新是提升企业竞争力的一个重要手段,也是企业在超竞争环境下的必然选择。制定并实施明确的战略措施是一个企业首先要考虑的问题,因此,企业向什么方向发展、如何发展等一系列问题,都要求我们在战略上要有所创新,即要求我们制定的战略既要方向正确又要出奇制胜。随着物业管理行业的日趋成熟完善,许多物业管理企业都在下大力气抓管理,这样一来,各物业管理企业在具体实务管理上的差距就会越来越小。这就意味着,谁的管理和服务最有特色最接近人们的需求,谁就能脱颖而出,备受人们的欢迎。因此,一方面要求物业管理企业必须要以人为本、要有领先的服务理念和高超的服务技能,另一方面也要求企业的每一位员工都应注重创新。

5. 物业管理企业不同发展阶段的服务品牌策略

物业管理行业发展至今,对于树立物业管理服务品牌重要性的认识已深入人心,物业管理企业具体应该怎样去打造自己的服务品牌呢?在这方面,各物业管理企业的品牌宣传内容、选择方案、实施措施都不尽相同。伴随着企业的成长,物业管理服务品牌存在着阶段性的特点,在不同的发展阶段,企业应采取不同的服务品牌策略。根据物业管理企业发展的特点,可以将其发展过程划分为早期、初期、中期和成熟期4个阶段,在各个阶段均有与其相适应的服务品牌内容和措施。服务品牌的构建、宣传和推广要依据物业管理企业各个发展阶段的特点和企业自身因素进行策划和实施。

(1) 早期物业管理企业服务品牌策略

这一阶段是物业管理企业刚刚成立时期,管理服务项目少,人力资源不充足,资金投入大于产出,管理服务操作模式正在建设中,还没有形成本企业物业管理服务的个性,这些特点决定了早期服务品牌的适宜性策略。

在早期服务品牌建立过程中,应确定适合本企业发展的市场方向,编制适合企业发展并能够有效实施推广的经营目标、管理方针和企业文化等,并以此为基础建立企业组织机构、规章制度和工作流程。在此过程中,充分考虑企业本身的个性化、人性化因素,并在所辖物业项目部进行初步探索和实施,比如薪金福利体系是否合理、培训管理是否有效、工作流程是否具有可操作性、工具设备是否适合员工使用、工作环境是否健康安全等等,为日后的企业团队建设、规范发展和诚信体系建立打下坚实的基础。

(2) 初期物业管理企业服务品牌策略

在这一阶段,企业所管理的物业项目和面积已具雏形,具有一定数量的专业人才,已经有利润产生,市场开发与企业发展定位的适应性处于调整期,管理服务操作模式相对成形,基本形成了本企业物业管理服务的个性,但是企业文化在管理服务中的作用尚为浅显,这些特点决定了初期服务品牌的适宜性策略。

在初期服务品牌建设过程中,对企业品牌应有项目性资金投入,进一步完善团队的组织和建设,企业组织机构应涵盖各专业部门,特别应包括质量管理控制部门。在企业日常经营管理中,企业文化开始得到初步落实,制定、培训和实施标准化、规范化、程序化的管理操作程序,在此基础上,进行企业内部的人性化管理和对客户的个性化服务。例如,物业管理人员在企业的管理手册指导下,按照客户的实际需求和项目的实际情况设计项目的具体管理措施和服务内容,既执行企业的规范流程,又满足客户的实际需求。同时,物业管理人员在工作中时刻维护和宣传企业的形象,让客户感受到服务的温馨、便利和专业性。

同时,应当开始研究企业发展规律、拓展计划和企业形象策划方案。在企业形象策划方案试运行期间,选择1~2项能够展现本企业服务特点的内容,在熟悉并能掌控的层面(如客户群体、企业内部、同行业和相关行业),采用简单的形式、高效的方法加以宣传和推广。

(3) 中期物业管理企业服务品牌策略

这一阶段,企业所管理的物业项目和面积已成规模,有满足企业发展需求的专业人才,企业利润稳定增长,市场开发与企业发展定位相适应,管理服务操作模式能够满足客户的服务需求,具有本企业物业管理服务的个性,企业文化促使管理服务质量逐步提高,这些特点决定了中期服务品牌的适宜性策略。

在中期服务品牌建设过程中,对企业品牌建设应有计划性资金投入,建立风险管理机制以培养企业的市场承受能力。建立企业诚信管理体系,而诚信管理体系不仅要有宏观理论的指导,还应有具体的管理服务措施予以支持。在企业日常经营管理的各个环节,企业文化应得到全面深入的落实;全面实施、调整和推广标准化、规范化、程序化管理操作程序;企业内部的人性化管理和对客户的个性化服务进行适应性调整;企业服务质量由个别项目优秀发展到大部分项目都达优,使服务质量逐步完成由量变到质变的过程。

同时,应当确定企业形象策划方案并予以全面实施。主要工作包括建立企业形象内涵和确定面向社会群体的宣传推广措施。企业应紧密结合需要宣传的具体内容,采用综合性措施进行宣传推广,例如编制企业宣传册、组织客户联谊活动、参与物业优秀项目评比、利用各种媒体和参加相关社会活动等等。在企业宣传推广过程中,应培养和挖掘企业内部力量,使每一位员工都有可能成为企业的形象代言人,使企业的宣传、推广由点发展至面。

(4) 成熟期物业管理企业服务品牌策略

这一阶段,企业所管理物业项目和面积已具有较大规模,有物业管理服务各专业所需的专业人才,企业利润合理而稳定,对物业管理行业发展有推动性作用,管理服务操作模式实现了标准化、规范化、程序化,具有本企业的标志性物业管理服务特点,企业文化在企业经营管理过程中发挥着重要作用,这些特点决定了成熟期服务品牌的适宜性策略。

在成熟期服务品牌建设过程中,对企业品牌建设应有持续稳定的计划性资金投入。建立和完善危机管理体系,以培养企业的决策力和市场应变能力。企业管理服务内涵应有丰富的积累和沉淀,比如企业文化渗透到企业经营管理的日常工作中;建设一支脚踏实地具有很强务实精神的团队;标准化、规范化、程序化的管理操作程序既有共性又有个性;企业的服务质量具有统一性、恒定性和创新性等特点。

企业形象策划实施体系能够引导、推进物业管理企业的发展,比如企业通过参加研讨会、培训班、各种社会活动以及撰写发表专业论文等方式,既总结、传播企业的成功经验,亦获得社会的相关信息,以补充、完善企业的管理服务体系,使企业知名度、竞争力、信誉度和规模稳步提高。企业还应做好服务品牌的管理,随着企业发展和市场变化,应当对企业品牌建设内容和策略及时进行调整,以避免企业的宣传推广仅浮在广告层面。

综上所述,物业管理企业由于受市场环境和社会环境等因素影响,只有紧密结合企业发展各阶段的特点进行品牌系统建设,即在物业管理企业发展早期、初期、中期和成熟期制定和实施与之相适应的管理制度、管理措施、服务内容以及宣传内容、宣传手段和推广计划等,才能使企业持续、稳定、健康地发展。物业管理企业服务品牌建设是一项科学的系统工程,在企业发展不同阶段所建设的品牌内容、措施和策略各不相同,即具有相对的阶段性和适宜性。

6. 物业管理企业品牌策划应注意的几个误区

在实施品牌战略的过程中,物业管理企业要注重市场的宣传推广和制定危机管理策略,并应时刻注意几个误区:

(1) 观念误区。许多物业管理企业存在"名声就是名牌"的"暴发"心态,通过宣传、包装企业,追逐名声,结果会适得其反,甚至成为人们茶余饭后的笑料。

(2) 定位误区。定位不准,物业管理企业没有自己的个性,没有自己的优势与特长,那只能是"有名容易成名难"。

(3) 运作误区。有相当一部分物业管理企业在实施品牌战略时就是把CI设计当作塑造品牌的全部,其实CI只是企业品牌工程的一部分。而有些企业甚至利用假新闻、假消息进行炒作,捏造虚假形象,这种只求一时轰动的做法等于饮鸩止渴。

(4) 策略误区。有些物业管理企业在推行品牌战略时喜欢走"捷径"、"人云亦云"、模仿大公司的品牌战略,但市场环境是变化的,一味盲目跟风,没有新思路、新战略,只会永远落后于竞争对手。

(三) 物业管理企业形象策划

1. 物业管理企业形象设计导入意义

一个良好的企业识别系统有两个方面的作用:对内能使企业员工达到统一的意识,产生归属感和自豪感,进而激发员工的潜能,提高企业的经营效益,加强企业自身的竞争意识和竞争能力;对外能有效地将企业的各种经营信息传达给社会公众,促使其认识、识别。成功的企业识别系统能令社会公众产生认同感,转而承认和支持企业的存在,改善企业自下而上的外部环境。

物业管理企业形象设计将企业的精神、形象进行整合、统一、系统化,并用一定的形式加以识别,是向公众传递现代化的重要标志,不仅有助于从管理现代化的角度创造和设计物业管理公司的经营特色,更有助于完善和塑造住宅小区和大厦的形象和文化品位。CI 设计的引进是物业管理区域性开放式管理所需要的,物业管理的优劣不仅维系着城市的形象,同样也维系着物业管理公司的形象和业主的生活。在引入 CI 设计后,整个小区拥有统一识别系统,管理理念渗透到每个员工及业主,更能为大家所认同。从文化传播的角度而言,CI 设计为企业的精神、理念制定了一条统一的渠道,从而使企业信息的传递更为迅速、高效、顺畅。

此外,对于一个企业来说,企业形象是企业营销中的重要组成部分。良好的企业形象不仅可以得到公众的信任,而且能激励员工士气,形成良好的工作气氛。良好的企业形象不仅有利于企业招募人才,留住人才,而且有利于企业树立精益求精、奋发向上、追求效率的企业精神。同时,良好的企业形象不仅能增强投资者的好感和信心,容易筹集资金,还能扩大企业知名度,扩大广告宣传效果与说服力,巩固企业基础,提高企业服务水平,扩大企业的市场占有率。

2. 企业形象设计的内涵

企业形象设计,英语全称为 Corporate Identity System,译为企业识别系统,缩写为"CIS",简称"CI"。CIS 是特定企业进行良好组织形象策划、设计、传播和管理的一种战略、方案和手段。其主要特点是:企业在特定的理念和独特的行为活动的基础上,通过对企业一切可视事物的统筹设计、控制和传播,使企业的识别系统统一化、标准化、个性化和专有化,从而形成或强化企业在公众心目中的良好形象。通常认为,企业识别系统由理念识别、行为识别和视觉识别等子系统组成。

(1) 理念识别(Mind Identity,MI)

理念识别是指得到社会普遍认同、体现企业自身个性特征、促使并保持企业正常运作以及长足发展而构建的反映整个企业明确的经营意识的价值体系,是对企业灵魂进行塑造。企业灵魂主要指的是企业精神范畴的存在形式,如企业理念、企业文化、价值观念、经营思想等。理念识别是 CIS 的核心和起点,Mind 表示"心"、"精神"等含义,是与 Body(肉体)相对立的一个概念。因此,理念识别本身就包含着对企业精神、企业理念、价值观念的塑造,加强企业凝聚力,不断提高企业文化的品位与档次。

(2) 行为识别(Behavior Identity,BI)

企业理念需要通过企业的行为传播出去,才能使企业的形象得以树立。因此,将企业理念转化为企业行为的方式称为企业行为识别。BI 是将 MI 的本质具体化在企业的行为方式上,通过企业的各项制度、行为规范、管理方式、教育训练、公益文化、营销活动等体现出来,从而获得企业员工和社会公众的识别和认同。对内提高了企业员工的凝聚力,对外加强了与广大顾客的沟通和联系,缩短了企业管理者与员工之间、企业和顾客之间的距离。所以说,BI 是提高企业行为品位与档次的创新活动。

企业行为识别,是 CIS 的动态识别系统,包括对外回馈、参与活动,对内组织、管理和教育。它可称为 CIS 的"做法",是企业实现经营理念和创造企业文化的准则。企业的行为识别系统基本上由两大部分构成:一是企业内部识别系统,包括企业内部环境的营造、员工教育及员工行为规范化;二是企业外部识别系统,包括市场调查、产品规则、服务水平、广告活动、公共关系、促销活动、文化性活动等。

(3) 视觉识别(Visual Identity,VI)

视觉识别是将企业标识符号化、视觉化的传播过程。CIS 的主要功能是把反映企业内在理念的标识转换成企业员工和广大顾客能够接受的符号系统。如企业的标志、名称、广告语、商标、图案等等。因此,人们将其称之为视觉识别,它是 CIS 的具体化、视觉化、符号化的过程,以此塑造企业的形象,体现企业的个性,形成企业的独特风格,并通过各种方式的传播活动,最终在广大公众的心目中树立形象。

综上可知,物业管理企业形象是公众对物业管理企业所管的物业及其所进行的物业管理服务的总体印象与基本评价。物业管理企业形象的设计,是对企业定位、成长战略和市场发展空间的全局性和长期性的谋划。它的核心实质是帮助企业实施差别化发展战略,以在市场竞争中牢固树立"仅此一家,别无分店"的鲜明形象。

3. 物业管理企业识别系统的主要内容

CI 设计,历来有两个流派,一是以"后起之秀"日本为代表,把 CI 分为 MI、BI 与 VI 三部分;二是 CI 的先驱英美派,把视觉识别作为 CI 设计的要诀。根据物业管理行业本身的特殊性和实践经验,一般认为物业管理企业的形象设计主要是 VI 的设计。

(1) MI——公司理念

具体含义是指企业在长期的经营实践活动中形成的与其他企业不同的存在价值、经营方式,以及生产经营的战略、宗旨、精神等。物业管理是一个服务性的行业,必须体现以人为本的宗旨。企业应紧紧围绕这个宗旨,设计自己的 MI,并以此展开一切服务活动。如某公司的 MI:企业精神为敬业、创新、团结、奉献;质量方针为规范管理、诚信服务、争优创新、持续发展;服务宗旨为住户是朋友,服务是根本;工作作风为热情、周到、耐心、细心;企业目标为品牌是我们永远的追求。

(2) BI——行为规范

行为规范系统的内容包括:内部管理制度、行政、人事、后勤管理制度、各岗位职责、公共管理制度、礼貌服务准则、社区文化活动制度、营销促销活动、各技术工种操作规范等。

(3) VI——视觉识别

视觉识别在 CI 设计中最为直观、具体,与社会公众的联系最为密切、贴近,因而影响面最广。它是在确立企业经营理念与战略目标的基础上,运用视觉传达设计的方法,根据与一切经营有关的媒体要求,设计出系统的识别符号,以刻画企业的个性,突出企业的精神,从而使社会公众和企业员工对企业产生一致的认同感和价值观。

VI 基本设计系统,主要构成要素是标志、标准字、标准色、象征图案、企业造型等视觉符号。VI 的根本目的就是通过这些要素的设计,形成一个最直接的视觉形象,结合这些基本设计在应用系统中的广泛应用,统一而充分地表达企业理念和内在特质,以求得广大公众的认同。在物业管理及物业管理公共关系建设中导入 VI 系统,透过统一的物业管理 VI 视觉识别系统,以其强大的感染力、冲击力,潜移默化地达到强化认同物业管理理念、规范教化员工行为、辐射传播物业管理形象、降低物业管理宣传成本、增强物业管理文化氛围和美化物业管理人文环境等效果。

(4) 视觉识别系统的构成

① 企业标志。包括：标志；中英文名称及标准字；标准色及辅助色；标志及标准字的组合形式；企业吉祥物。

② 办公系统。包括：员工工作牌；员工名片；信纸、信封；文件标志（公司文件）；文件管理统一标识、标签。

③ 视觉扩展系统。包括：员工服饰，如管理人员服饰、保安员制服、车管员制服、清洁工制服、维修工制服等；标识牌部分，如办公系统、设备房标识、公告牌类标识、运动娱乐设施、交通设施、安全设施等；色彩的运用和管理，如道路设施、管道设施、房屋设施、设备房管理等。

4. 物业管理企业形象设计的操作

(1) 程序

① 调查现状。企业导入CIS是为了树立企业形象，加强企业的竞争力，这就需要对企业现状，特别是企业形象的现状进行全面深入的调查和了解，发现问题，找出症结所在。只有这样，才能有针对性地采取应对措施。

② 明确市场定位。市场定位，是指企业从自身条件和目标市场的竞争情况出发，确定本企业的产品和服务与竞争对手相比应处在什么位置。市场定位明确，就为企业的产品形象和企业自身形象的树立奠定了基础。反过来，企业产品形象和企业自身形象的树立又有助于实现市场定位所期望的目标。

③ 途径选择。企业的知名度和美誉度是社会公众衡量企业形象优劣的两项重要指标，由低知名度和低美誉度企业上升为高知名度和高美誉度企业，这是每个企业都在追求的目标。作为导入CIS计划的企业，可以通过对企业形象现状的调查分析，找出企业形象在美誉度和知名度两个指标上的位置，然后选择合适的途径达到理想的位置（即高知名度和高美誉度的位置）。

④ 实施运作。第一步，成立有企业决策者参加的CIS委员会和隶属于CIS委员会的CIS计划执行委员会，制作CIS手册，动员企业全体员工参与，这是组织落实阶段。第二步，确立企业理念，这一步是导入CIS计划的核心。第三步，建立视觉识别系统，这一步的工作应由设计专家完成。第四步，识别的展开，包括对内和对外两个部分，这一步是将企业理念具体化，即通过活动识别，表达企业理念，实现企业目标。第五步，总结评价，企业导入CIS，实施运作了一个阶段以后，必须进行客观的评价，以便从中发现问题，改进不足，为进一步实施CIS奠定良好的基础。

(2) 物业管理企业形象设计的重要法则

① "吹毛求疵"法则。吹毛求疵用于对待他人，便是苛求；但用来要求自己，则大有裨益。敢于正视、审视自我，才能自我警醒，使自己立于不败之地。

② "适当高度"法则。适当高度法则又称适当难度法则，即在设计物业管理企业形象时所定的目标形象必须难度适当。目标定得过低，不费力气，伸手可及，会使目标失去激励作用；目标定得过高，费尽力气仍不可及，也会使目标失去推动意义。

③ "张扬个性"法则。在现代社会，勇于张扬个性，刻意突出不同，强化渲染特色，常常是激烈的市场竞争的重要手段。物业管理企业形象设计也同样如此。

④ "重点突破"法则。要把全面部署与重点突破结合起来，选准突破口，利用有利时机，

集中力量解决一个或几个比较关键性的问题。

(3) 物业管理企业形象设计时应突出的几个形象

① 突出环境形象。对物业管理企业来说,这包括两个方面:一是优美舒适的内部环境。它会使人奋发向上,勇于进取,使企业职工产生一种对企业的热爱及为企业效尽全力的信念。二是所管小区内整洁、统一、安全、优雅的外部环境。小区内的业主不仅对此期望甚高,而且对外部公众来说,优美的环境会给社区公众留下良好印象。

② 突出人的形象。企业经营的好坏与经营管理者个体形象关系极大。平庸的管理者可以使兴盛的企业走向衰落,优秀的管理者可使濒临倒闭的企业起死回生。良好的管理者形象可以增加企业的凝聚力,提高职工的积极性。所谓企业管理者的形象,是指企业中管理集团特别是高层领导的能力、素质、魄力、气度和经营业绩给职工及企业同行、社会公众留下的印象。企业人员形象设计还应包括员工形象。所谓员工形象表现为企业员工的技术素质、文化水平、职业道德和仪表装束等。员工是企业的劳动主体,员工形象直接决定商品形象,决定企业形象。

③ 突出服务形象。当今市场竞争激烈,在吸引顾客、超越同行的竞争中,服务竞争已越来越被摆在突出的地位上。服务的质量,办事的效率,员工的素质风貌,都代表着整个物业管理企业的形象。业主是服务的直接享受者,他们会对自己所得到的服务作一个综合评价。因此物业管理企业应想业主之所想,急业主之所急,用行动来证明自己的人性化服务,力争用高质高效的服务来换取业主良好的口碑,以此提高自己的企业形象,扩大对自己形象的宣传。

④ 突出企业识别。换句话说,就是企划人员用市场竞争的一切设计,采取独立性和统一视觉形象,通过广告及其他媒体加以扩散,有意识地造成个性化的视觉效果,以便更好地唤起公众的注意,使企业知名度不断提高。所谓统一性就是要确定统一的标志、标准字、标准色,并将它贯穿于建筑物的设计、服装、包装等方面。识别还要讲究独立性,企业形象的塑造必须区别于其他行业,只有使大众能从感觉上去感受本企业以及本企业与其他企业的不同,通过企业之间有明显差异的区别,才能形成对本企业特性的强烈印象。

(4) 物业管理企业形象设计应注意的问题

① 切实找出自身形象存在的问题与差距。要在公众心目中树立起一个良好的物业管理企业形象,首先必须了解自身现在的真实形象,尤其是明白差距在哪里。如:敢于正视自我,审视自我,拿起"放大镜"仔细地挑毛病;开诚布公地虚心向各类公众征询意见;运用访问客户、问卷调查等科学手段来寻找自身差距。

② 强调自身形象的特色。在现代公共关系的品牌形象设计与营销设计中,有一个很重要、很流行的手法,叫做 USP 战略,亦即品牌个性战略。它是指品牌形象及品牌营销的设计都应该努力挖掘该品牌形象富于特色的个性特征并加以突出强化,从而使该品牌形象具有令人难忘的强大生命力。USP 战略不仅适用于品牌形象与企业形象的设计,而且对于物业管理企业形象的设计以及其他任何公共关系的设计也同样适用。成功的物业管理企业形象设计十分需要这种突出个性、强调与众不同的独特的 USP 战略思路。

③ 选准"战役决胜"的突破口。在设计物业管理企业形象时,务必根据实际情况,针对薄弱环节,选准一个突破口,稳、准、狠地打一场速战速决的必胜之仗,借以鼓舞士气、振奋精神。

三、物业管理的招标与投标策划

物业管理招标是指开发商或业主管理委员会,为即将竣工使用或正在使用的物业寻找物业管理企业而制定出符合其管理服务要求和标准的招标文件,向社会公开招聘,并采取科学的方法进行分析和判断,最终确定物业管理公司的全过程。物业管理投标是指投标人在接到招标通知后,根据招标通知的要求编制投标文件,并将其递交给招标人的行为。

(一)物业管理招标和投标的原则

1. 物业管理招标的原则

物业管理招标应当遵循公平、公正、合理的原则。

(1) 公平原则

所谓公平原则是指在招标中向所有物业管理企业提出的投标条件都必须是一致的,也就是说让所有参加投标者都能在相同基础上进行投标。例如,根据住宅小区(大厦楼宇)要求,需要资质等级在三级以上的物业管理企业来参加投标竞争,那么就不可以随便拒绝任何一家具有三级资质证书的物业管理企业来投标,同时也不能允许任何一个低于三级资质等级的物业管理企业前来投标竞争。要做到公平,在招标过程中就要注意以下几点:

① 应采用统一的招标方式。

② 在招标文件中所规定的内容对所有的投标者要求都要一致,即做到"一视同仁"。"一视同仁"具体来说包括两层含义:一是实行公开招标的招标文件必须要在同一时间、同一地点公开发售,并且在发售之前的招标通告中要予以说明。二是招标文件中的所有条件和要求都应该是一致的。例如,对投标单位要进行资格审查,那么就意味着所有前来投标的单位都要接受资格审查;对投标单位需交投标保证书,那么就意味着所有前来投标的单位都要交投标保证书。

③ 招标者对招标文件中的有关问题的解释说明应在同一时间,针对所有投标者公开进行。例如,应在同一时间组织所有投标者对招标物业进行实地考察。另外,招标单位可在投标者购买招标文件后安排一次投标者会议,又叫标前会议,目的就是公开澄清投标者提出的各类问题。

(2) 公正原则

所谓公正原则是指在所有投标者起点公平的基础上,还要在整个评标过程中,对所使用的准则应具有一贯性和普遍性。

一贯性是指招标者在实施评标过程中所采用的评标准则应与招标单位预先在招标文件中所注明的评判准则相一致。也就是说在招标前后,其评定的准则和标准必须是一致的、公开的。例如,××招标单位在招标文件中已注明对投标者资格要进行审查的准则行为,根据已知的得分标准,取最低得分以上的投标者进行正式投标。根据该准则进行评审后,在设定最低分以上的投标人共有 12 位,这时该招标单位考虑到合格的投标者数量过多,会增加工作量。为了减轻招标工作量,招标人私下将评定准则修改为取最高分的前 6 位投标人参加正式投标,这样就导致其余 6 位本来可以取得投标资格的单位被淘汰,这就说明在这次招标过程中违反了一贯性的原则。

普遍性是指用于评标的准则应该是具有普遍性的,即能够客观地衡量所有的投标书。这就要求评标委员会所采用的评定准则应具有很强的综合性和客观性。

(3) 合理原则

所谓合理原则是指招标单位确定的标底和要求必须是合理的,既不能接受低于正常的管理服务成本的标价,也不能脱离市场实际情况,提出不切实际的管理服务要求。

为了贯彻合理原则,避免上述不合理现象的发生,招标人应该在招标文件中按照国际惯例,申明"业主不约束自己接受最低标价"这一条,其含义是开标后开发商或业主有权选择任何价格的投标书。有了这样的申明,对开发商或业主而言,便可选择管理费标价合理且资信条件较为可靠的物业管理企业。

总之,只有贯彻公平、公正、合理的原则,才能搞好物业管理的招标工作,也才能真正地遵循公平竞争、优胜劣汰的市场经济规律,这也是物业管理招标的根本宗旨。

2. 物业管理投标的原则

物业管理投标应贯彻真实性原则和合理竞争原则。

(1) 真实性原则

所谓真实性原则是指投标人在其投标书中所阐述的所有内容均是真实反映了投标人的投标意愿、经营能力和技术水平,投标人应对其标书的内容做到"言出必行"。

(2) 合理竞争原则

所谓合理竞争是指投标人凭借自身的经营实力、管理水平和服务质量,通过良性竞争优胜劣汰而取胜。

(二) 物业管理招投标的组织机构

根据招标投标国际惯例,任何一项招标都要有一个专门的招标机构,并由该机构全权负责整个招标活动。物业管理招标也不例外。通常招标机构的主要职责是:编制招标章程和招标文件;组织投标、开标、评标和定标;组织与中标者签订合同。

招标机构的设立有两种途径:一是招标人自行组织成立招标机构;二是招标人委托招标代理机构招标。根据我国《招标投标法》第二章第十二条的规定:"招标人有权自行选择招标代理机构,委托其办理招标事宜。任何单位和个人不得以任何方式为招标人指定招标代理机构。招标人具有编制招标文件和组织评标能力的,可以自行办理招标事宜。任何单位和个人不得强制其委托招标代理机构办理招标事宜。"对于自行设立招标机构的,通常是在招标人所在单位下属设立一个招标委员会或招标工作组,全权负责招标事宜。这种招标机构一般随招标项目的产生而产生,也随招标活动的结束而解散,因而属于非常设性机构。而对于后者,即招标代理机构,是依法设立,从事招标代理业务并提供相关服务的社会中介组织,属常设性的经营实体。以下就上述两种成立物业管理招标机构的途径分别予以详述。

1. 物业管理招标的组织机构

(1) 自行设立招标机构

根据物业管理项目招标主体的不同,分为开发商自行招标和小业主自行招标。

① 开发商自行招标。开发商自行招标是指开发商通过在其所在单位的董事会下设专门招标委员会或小组进行招标。具体做法是:开发商董事会挑选代表组成招标委员会,这些代表通常包括分管项目工程建设部门的董事、相关职能部门的代表以及小业主的代表等。招标委员会是招标工作的最高权力机构,下设秘书处和专业技术部。其中专业技术部的职能是聘请有关专家和本单位的技术人员参与招标文件的编制工作,并组织评标委员会或小组进行标书的评审工作,最后向招标委员会提交评价报告和中标推荐人名单(仅供参考)。

招标委员会可以采纳专业技术部所提供的方案,也可以完全拒绝而自行作出裁标决定。招标委员会在裁标时通常采用投票的方式决定,一般有2/3的赞成票即可授标,并由招标委员会派代表与中标人签订合同。非常设性招标委员会的特点之一便是其开放式的组织机构,即招标委员会的主要工作人员都是非正式编制,大多数是通过向外聘请或通过内部调用,具有很强的灵活性和流动性。通常物业管理招标委员会向外聘请的专家主要有工程技术、房地产、市场营销、法律以及财务等方面的专门人员。

② 小业主自行招标。所谓小业主是指相对于大业主(即开发商)而言的住户及租户。由于通常情况下小业主数量都很大,且没有严格的组织,因此,往往是由业主委员会代表小业主组织招标。业主委员会是由业主(代表)大会选举产生的,代表全体业主行使权力的常设机构,是物业实行自治管理的充分体现。业主委员会委员由热心公益事业、责任心强、有一定的组织能力和必要的工作时间的人士担任。

(2) 委托招标代理机构招标

招标代理机构是专门从事招标代理业务的社会中介组织。与非常设性招标机构最大的区别在于,招标代理机构是依照《公司法》设立,并完全按照《公司法》规定进行运营的经营性法人组织。正如我国《招标投标法》所规定的,招标代理机构应当有从事招标代理业务的营业场所、组织机构和相应资金。因此,招标代理机构的组织机构与其他经营性法人组织无异。例如,招标代理机构同样要求所有权与经营权相分离,通常采用经理制,设总经理、副总经理;经理层下设市场部、技术部、财务部、行政管理部等常见的职能部门,分设部门经理等招标代理机构与其他非常设招标机构的区别之一便是招标代理机构中技术部门的主要工作人员都采用合同制定编,而不是像非常设的招标机构那样采用临时外聘制度。招标代理机构与编制招标文件和评标所需的各种技术、经济专家建立长期的合同关系,从而形成专业能力强大的专家库。专家库的规模和质量往往成为评定招标代理机构等级的重要依据。

然而,需要指出的是,尽管招标代理机构全权代理委托人的招标工作,但是招标代理机构并非是招标活动的最高权力机构。招标代理机构在评标后,向委托招标人提交评标报告和中标候选人名单,由招标人(开发商董事会或业主委员会)自行进行最终裁标,招标代理机构无权强制要求委托招标人接受中标推荐。完成代理招标工作后,招标代理机构向委托招标人收取一定的服务费或佣金。

2. 物业管理投标的组织机构

物业管理企业一般采用经理负责制,经理对整个企业负责,在经理层以下通常设有办公室、开发部、财务部、业务管理部、工程部、经营服务部,各部门再根据企业所管理的物业分设各小区或大厦管理处。

基于物业管理投标过程中,大量的信息需要在短时间内进行快速的交流和积聚,因此物业管理项目投标工作,通常由投标的物业管理企业内部组织专门部门来全权负责整个投标活动。在物业管理企业中,与物业管理投标活动密切相关的有开发部、财务部、工程部3个部门,其具体职能分别如下:

(1) 开发部是在经理领导下专职于物业管理业务开发的部门。其主要职责是确定目标,选择物业,进行投标,参加市场竞争。无疑,开发部是物业管理投标工作的核心。

(2) 财务部是经理领导下的经济管理部门,负责财务、计划、经济核算和各类收费工作。该部门的主管一般都为总会计师,具有较强的项目财务评价能力。

(3) 工程部是经理领导下的技术管理部门,主要负责工程预算,负责房屋、设备及公共设施的管理、维修和保养以及工程技术方面的咨询和研究工作。

在物业管理投标过程中,开发部始终担任着主要角色。首先,开发部根据本公司的市场定位,选择与之相称的物业管理招标项目进行投标。其次,由于编写投标书过程中最重要的两个难点是管理方案的设计和标价的计算,因此,在这些关键环节上,开发部通常都会在专门部门的专家协助下进行。在管理方案的设计上,开发部会向工程部咨询设计方案技术上的可行性;而在标价的计算方面,开发部也会征求财务部总会计师关于设计方案在财务上的可行性的意见。通常在投标书完成时,应得到总会计师和总工程师的签字认可。最后,开发部完成投标书后,经过总经理签字授权,即可代表物业管理企业向招标单位进行投标。

大型物业管理企业的开发部一般都实行项目经理负责制,以项目小组为单位,分管具体项目的投标工作,以及中标后的合同签订工作;中小型的物业管理企业则大多由经理亲自对各项目的投标工作负责。

(三) 物业管理的招标

1. 物业管理招标的范围

根据我国现有的法律规定和精神,判断某项目是否应该实行招标有 3 个原则:

(1) 根据"是否与社会公众利益密切相关"的原则。如大型的基础设施(机场、火车站、地铁等)和一些公用物业(如图书馆等),其物业管理都应实行招标。

(2) 根据"是否关系到国家利益"的原则。除了大型的基础设施和公用物业外,其他使用国有资金投资或国家融资建造的公用物业,其物业管理也应实行招标。

(3) 根据"是否涉及国家安全或军事机密"的原则。由国家投资兴建的用作军事和行政用途的物业不适合采用公平招标形式,如国家政府部门和机要部门的办公大楼等。事实上这类物业都由国家指定专门的单位对其进行物业维护和管理。

2. 物业管理招标的方式

现行国际市场上通用的物业管理招标方式可分为公开招标、邀请招标和议标(协商招标)3 种。

(1) 公开招标

公开招标是指招标人(业主或开发商)通过报纸、电视及其他新闻渠道公开发布招标通知,邀请所有愿意参加投标的物业管理企业参加投标的招标方式。公开招标的最大特点是招标人以招标公开的方式邀请不特定的法人或者其他人组织投标。公开招标是国际上最常见的招标方式。

公开招标的优点是能最大限度地体现招标的公平、公正、合理的原则。但是,公开招标这种方式也有招标时间长和招标成本高等不足之处。

(2) 邀请招标

邀请招标是指不公开刊登招标广告,而是直接邀请几个单位投标的招标方式。它的特点是以投标邀请书的方式邀请特定的法人或者其他组织投标。

邀请招标的优点是能节省招标时间和降低招标成本。但是,也有一定的不足,就是容易产生投标人之间的不合理的竞争,容易造成招标人和投标人之间的舞弊现象,也会产生歧视一些投标人的现象等。

(3) 议标

议标又叫谈判招标,是开发商或业主不必公开发布招标公告,而是选择其认为有能力承担或能获取该项业务的物业管理企业,邀请其投标,然后通过平等协商,最终达成协议。议标实质上是更小范围的邀请招标。议标的最大特点在于招标人与投标人之间可以相互协商,投标人通过不断地修改标价来与招标人取得一致。

议标的优点是既节省了时间和招标成本,又可以获取有竞争力的标价。但它也有不足之处,那就是容易产生不合理的竞争。

3. 物业管理招标的程序

按时间的先后顺序将整个招标程序划分为招标的准备阶段、招标的实施阶段和招标的结束阶段3个阶段。

(1) 招标的准备阶段

招标的准备阶段是指从开发商或业主决定进行物业管理的招标到正式对外招标(即发布招标公告)之前的这一阶段所做的一系列准备工作。根据国际惯例,这一阶段的主要工作有3个方面:成立招标机构、编制招标文件、确定标底。

(2) 招标的实施阶段

招标的实施阶段是指整个招标过程的实质性阶段。招标的实施阶段主要包括以下几个具体步骤:

① 发布招标公告或投标邀请书。包括:发布招标公告的渠道;发布招标公告的时间安排(按照国际惯例,从招标公告发布之日算起,应让投标人至少有45天(通常有60~90天)时间来准备投标和递交标书);招标公告的内容(招标公告应简短、明了、完整。通常情况下,招标公告应包括以下内容:招标单位的名称,招标项目的名称,项目地点,项目资金来源,招标目的,项目要求概述,购买招标文件的时间、地点和价格,接受标书的最后日期和地点,开标日期、时间和地点,规定资格评审的标准及提供资格评审文件的日期、份数和使用语言,规定投标保证金的数额,招标单位的地址、联系电话等)。

② 组织资格审查。资格审查分3步进行:招标单位发出资格评审通告或资格评审邀请书;招标单位出售资格评审文件;组织评审。资格预审申请书的开启不必公开进行,开启后由招标机构组织专家进行评审。

③ 召开标前会议。召开标前会议的目的是为了澄清投标人提出的各类问题。标前会议通常是在招标人所在地召开,在这个会议上招标人可以宣布开标日期。

④ 开标、评标和定标。在指定的时间和地点当众开标,公开宣读各物业管理企业的标的,然后交由专家组评审。

(3) 招标的结束阶段

这一阶段的特点是招标人与投标人由一对多的选拔和被选拔关系转移到一对一的合同关系。这一阶段的具体内容包括合同的签订与履行以及资料的整理与归档。

4. 物业管理的招标文件

物业管理招标文件是指物业管理招标人向投标人提供的指导投标工作的规范性文件,是投标单位编制标书进行投标,招标单位评标、定标、签订物业管理委托合同的共同基础。

我国对招标文件的格式尚未统一,但在一般情况下应包括以下几部分内容:

(1) 招标书

主要内容包括：

① 物业概况介绍，主要介绍物业的性质、面积、区位，物业的使用时间及寿命；建筑物的建筑结构和建筑材料的选用；设备设施的种类与安装情况；周边环境和配套设施的建设情况等。

② 物业的规划设计图纸。

③ 物业管理的范围，如建筑区域、服务内容的范围界定。

④ 物业管理模式，如全权委托、部分委托等。

⑤ 维修基金的收缴与使用管理。

⑥ 经营管理的质量标准。

⑦ 考核标准与奖惩办法。

⑧ 标前会议及现场勘察、答疑时间。

⑨ 评标、定标的标准，如标价合理、管理技术水平高、经验丰富、资信良好等，并应尽可能明确、具体。

(2) 招标单位对管理服务的具体要求和初步设想

主要包括本物业区域的管理服务档次级别、管理服务人员数量的控制、管理特色等。

(3) 投标须知

主要内容有：

① 投标企业的条件或资格。

② 填写投标书的有关规定。

③ 投标单位对招标文件中有关内容提出建设的方式。

④ 递送投标书的要求，如投标书所使用的语言、份数、投标截止日期、传送方式与地址、密封要求及必要的证明文件等。

⑤ 投标、开标、评标、定标的时间和地点。

⑥ 招标单位的权利，如补充、修改招标文件，特殊情况下可能推迟投标或开标日期等。

⑦ 招标单位"不约束自己选择最低标价"的申明。

⑧ 投标单位出具投标保证书和履约保证书的要求，投标保证书应与投标书一起提交，其投标保证金金额可为投标年度管理费总额的 5%，中标者可将其转换为履约保证金，未中标者应予以退还。

⑨ 投标文件保密的要求，投标文件具有保密性质，投标单位不得泄密，以免串通、转标、抬高投标价格。

⑩ 关于合同格式和条件的说明，便于投标单位明确自己中标后将要承担的责任、义务和可以享受的权利。

⑪ 招标单位对于未中标单位义务的说明，如是否退还未中标单位的投标书等。

⑫ 招标单位的名称和联系人、联系方式等。

⑬ 其他需要说明或约定的事项，如对物业管理委托的期限，招标单位可以提供的其他条件等。

(四) 物业管理投标

1. 投标实施的步骤

投标实施步骤分为：购买招标文件；考察物业现场；制定管理服务方法及测算工作量；拟定资金计划；标价试算；调整标价；编制标书；封送标书、保函。

(1) 购买阅读招标文件

在阅读招标文件时主要是看文件中有没有不清晰的内容,同时要注意文件中的各项规定,如开标时间、定标时间、投标保证书等,尤其是图纸、设计说明书和管理服务要求、规范等。

(2) 考察物业现场

在考察现场的过程中,招标单位对投标单位所提出的问题必须给予口头回答,但是,这种回答并不具有法律效力。

在考察物业现场时,投标单位主要就以下 4 个方面问题进行细致了解:

① 物业管理企业是否在前期介入。

② 若物业已经竣工,则物业管理企业应按以下标准视察项目:工程项目施工是否符合合同规定与设计图纸要求;技术应检验达到国家规定的质量标准,能满足使用要求;竣工工程达到窗明、地净、水通、电亮及采暖通风设备运转正常;设备调试、试运转达到设计要求;确保外在质量无重大问题;周围公用设施分布情况。

③ 主要业主情况,包括业主的收入层次、主要服务要求与所需的特殊服务等。

④ 当地的气候、地质、地理条件,因为这些条件与接管后的服务密切相关。

我国南北、东西跨度较大,所以在以上方面有较大的差异,从而就决定物业管理企业具体服务内容上也会有很大的差异,物业管理企业只有掌握这些差异,才能在管理服务过程中有的放矢,事半功倍。

(3) 制定管理服务方法及测算工作量

通常物业管理企业可以根据招标文件中的情况介绍和管理服务的范围、要求,详细列出完成所有管理服务任务的方法及工作量。投标的物业管理企业应根据所接管物业使用性质的不同而制定,因为不同性质的物业管理服务的范围、标准、要求重点等都是不同的。

(4) 制定资金计划

资金计划必须在确定了管理服务内容及工作量的基础上制定。制定资金计划主要有两个目的:一是复核投标可行性研究结果;二是做好投标阶段向开发商或业主作承包答辩的准备。通常物业管理企业经营中主要的现金流入和流出项目为标书规定的付款项、保证金等,接管期间的费用支出,接管期间的收入,其他资金来源等。

(5) 标价试算

以上工作完成后,投标单位就可进行标价试算。在试算前,投标者应确保做到以下几点:明确领会了招标条件中的各项服务要求和经济条件;计算或复核过的服务工作量;掌握了物业现场基础信息;掌握标价计算所需的各种单价、费率和费用;拥有分析所需的适合当地条件的经验数据。

(6) 编制标书

投标人在做出投标报价决策之后就应按照招标文件的要求正确编制标书,即投标人须知中规定的投标人必须提交的全部文件。

(7) 封送标书

投标文件全部编制好后,投标人就可派专人或通过邮寄将标书送给招标单位。

2. 物业管理投标书的编写

(1) 物业管理投标书的主要内容

所谓物业管理投标书,即投标人须知中规定的,投标者必须提交的全部文件。它的构成主要包括以下几部分:

① 标书的封面。一般要填写招标单位名称,物业管理项目或本投标书的名称(标题)、投标单位的名称、负责人的姓名,以及标书投送的日期等内容。

② 标书的序言。一般包括:a. 投标企业的简介,如企业及企业精神、主要负责人的工作经验和经历、公司现有的物业管理规模、管理维修的专业技术水平和设备水平的高低等;b. 对投标物业的认识;c. 拟采取的管理策略概述,如中标后的管理经营宗旨、方针和内容,拟采取的管理措施和方法,拟提供的服务项目和改进工作设想等。

③ 标书的目录。

④ 标书的正文。一般包括以下内容:a. 采取的物业管理的方式和方法,如物业管理企业内部的机构设置情况与运行机制,物业管理企业管理工作的流程与控制方式等;b. 物业管理企业所提供的管理服务的内容及功能,如详细介绍各个阶段具体的管理服务项目,准备提供服务的形式、费用和期限等;c. 管理人员的配备与培训,如拟配备人员的专业、数量、职称,人员培训的目标、计划、制度、方式等;d. 物质装备计划,如管理用品、器具与工具计划,职工住宿与管理用房计划等;e. 财务管理方案,如物业区内各功能区域的管理费用标准、管理费用的测算依据、物业管理经费的收支预算表等;f. 管理规章制度,如人事制度、设备物资管理制度、职工岗位责任制等内部管理制度,业主公约、住户手册等外部管理制度,以及接管验收制度、维修保养制度、车辆交通管理制度等物业管理的一些具体制度;g. 各项管理指标的要求,如物业管理企业将要达到招标文件中某些指标的标准、水平,如何实现这些指标的设想等;h. 其他管理服务项目,应详细列出投标企业能够提供的有偿服务和无偿服务的项目;i. 社区文化活动的开展,如组织社区文化活动的计划与主要内容等;j. 物业整治方案,如新建物业的垃圾清理、道路清扫、环境绿化等,原有物业的拆除违章建管、维修路面等;k. 提高管理服务水平的设想,如中标后,如何在原物业管理企业和现有物业管理水平的基础上进一步提高管理和服务水平的设想和措施;l. 前期介入的内容及费用测算,如能否提供物业开发、设计、建设等阶段的配套管理服务,具体项目及费用等;m. 愿意接受有关的惩罚内容,如未能实现管理服务的预定指标时,愿意接受的处罚或挽回损失的条件等。

⑤ 标书的附件。一般包括:参加本项目物业管理的主要负责人以及工程技术人员的简历;财务管理费用预算方案的测算过程与依据;物业管理企业的营业执照和资质等级证书(复印件);企业获奖证明(复印件);其他有益于中标的文件、材料、说明等。

(2) 编写物业管理投标书的注意事项

① 编写物业管理投标书的基本要素是:计量单位、货币、标准规范、表述方式、理论技巧、资料真实性。

② 物业管理投标书在编写中应注意:要确保填写无遗漏、无空缺;不得任意修改填写的内容;填写方式要规范;不得改变标书格式;计算数字必须准确无误;报价合理;包装整洁美观;报价方式规范;严守秘密,公平竞争。

(五) 开标、评标与定标

1. 开标

所谓开标是指招标单位在预先规定的时间里,将各投标单位的投标文件正式启封揭晓。开标可分为公开开标和秘密开标两种。

公开开标是指允许所有投标人或其代表出席开标会议,由招标人当着到场的所有投标人或其代表的面将装有标书的封套当众揭开,并宣读投标报价的一种开标方式。它的程序是:

(1) 宣布评标委员会成员名单。

(2) 招标单位法人代表讲话,介绍此次招标情况。

(3) 招标委员会负责人宣布唱标内容、评标纪律、内容、事项和评标原则。

(4) 宣布因投标书迟到或没有收到而被取消资格的投标单位的名单,并将此情况记录在案,必要时公证人员签字。

(5) 公证人员当场验证投标标函,主持抽签决定唱标顺序。

(6) 唱标。唱标的内容主要有投标报价、承包期限、服务内容要点、管理组织安排等。时间应控制在20~30分钟之间。

(7) 宣读公证词,表明此次开标经公证有效。

(8) 开标会议结束。

秘密开标是指招标单位在无投标单位现场参与的情况下所进行的开标。除此之外,其程序与公开开标基本一致。

2. 评标

所谓评标是指在评标委员会的组织下,由招标委员会选择标价较低、资信条件较好的投标公司进入合同签订谈判过程。

评标的原则是质量优良、收费合理、行为规范、信誉良好。评标的程序如下:

(1) 标书的初步评议。内容主要包括:投标单位投标资格的审查;对投标书内容完整性的检查;计算偏差的审查。

(2) 标书的详细评审。包括服务内容的评审和标价评审。

(3) 询标。询标方式既可以是由评标委员会回答问题清单,要求投标方在规定期限内予以书面答复,也可以采取举行澄清问题会的办法,由投标方派代表出席会议当面澄清问题。

(4) 编写评标报告。报告的主要内容:一是简要介绍招标情况;二是列出参加竞标的公司总数及各自名称,以及因各种原因其标书被列为废标的投标公司名称;三是主体部分。

3. 定标

定标是指在评标委员会对所有标书进行筛选评定后,将由招标单位或业主管理委员会通过再次评审最终选择确定中标人。通常定标后双方要进行下列几项工作:

(1) 双方进入合同谈判阶段,签订正式承包协议。

(2) 中标公司提交履约保函,收回投标保函。

(3) 中标公司积极准备提供投标书中承诺的服务,成立物业管理专案小组,派人员进驻物业现场。

对于未中标公司,也应通知他们,告知此次未中标。

(六) 物业管理投标策略与技巧

1. 物业管理投标原则

(1) 集中实力,重点突破。

(2) 客观分析,趋利避险。

(3) 精益求精,合理估算。

(4) 适当加价,承诺报价。

（5）加强调查，了解市场。

2．物业管理投标策略类型

物业管理投标策略类型有攻势策略、守势策略、低成本策略和差异策略。

3．标价估算技巧

（1）标价的确定程序

① 估价准备工作。包括：查阅文件，编制疑问清单；确定分包清单；拟定实施计划；确定设计变更方案。

② 服务费用估算。主要包括：获取信息，澄清疑问；编制管理组织说明书；询价；现场考察；核算人工与设备费用；物业管理成本的计算。

③ 报价的编制与提交。包括：召开标价审定会议，对估价进行分析调查；考虑增加总部管理费补偿；评估物业管理风险，并作为加价因素计入招标报价；编制投标文件，提交给招标委员会。

（2）标价的调整与确定

标价调整的主要原因有：

① 计价时所采用的基础数据中有一部分是实用性的，有一部分是经验性的，因此计算结果应该进行校验，以求精确可靠。

② 可能有些报价书晚到，但由于这些报价书对整个管理非常重要，因此必须把它们纳入成本估算中去。

③ 有可能高级管理人员根本不同意原先采用的估价基础，在标价审定会议上，会向估价人员和计划人员就设备和劳动力的需求、设备和服务人员的效率、管理费需求等问题进行详细提问，并要求估价人员就此做出修正。

④ 为配合某些费用的增加或取消，也可能会需要进行一些价格调整。

⑤ 此估算结果只是公司的运作成本，没有考虑利润、风险等因素，因而必须按一定的百分比予以加价。

⑥ 可能会出现估价人员顾虑自己负责的计价结果在中标承包后产生亏损而高估价格的情况，此时也应根据情况调整。

标价调整的内容包括服务项目单价调整和加价调整。

四、物业管理服务方案策划

项目服务方案是物业管理公司对某物业项目的管理服务工作所做的总体上的管理服务策划。

（一）物业管理服务方案的主要内容

1．确定管理档次

根据物业类型和功能规划物业消费水平，确定物业管理的档次。管理薄弱和超档管理都是一种浪费。一幢设施先进的高档楼宇，如果没有完善的管理，则楼宇功能不能充分发挥作用，而且维修跟不上，会使设备过早老化失去使用功能。一幢档次低的楼宇，管理档次很高也没有实际意义。因为购买低档房屋的人多为中低收入者，物业管理的档次高，费用也高，中低收入者无法承受。

2. 确定服务标准

不同类型、功能和档次的物业，需要提供的物业管理服务项目及服务质量有较大差别。普通居民住宅小区可能只需要一些最基本的管理和服务内容，如自行车存放、代订报刊、代送牛奶等。其他服务如清洁、绿化及维修等工作要求也相对低些，收费也较低廉。而高层大厦则需要提供高水平的专业化服务，如设立服务台、行李搬运服务、订车和租车服务、外墙定期清洁服务、24小时保安巡逻、设置来访对讲机、假日装饰、洗衣等各项服务，收费也相对较高。

3. 财务收支预算

(1) 依据政府有关规定和物业管理服务标准进行费用测算，确定各项目的收费标准及支出预算。每年收入总额包括管理费收入、多种经营收入和其他收入等。支出总额即每年物业管理所需的经费总额，包括管理人员和服务人员工资与福利费、办公费、修缮费、各项服务支出、税费、保险及预留费用等。

(2) 进行费用分摊。根据各业主所占物业的份额，计算出按比例分摊费用的多少，明确每一个业主及使用人应交的费用，将收费标准相同的进行分类。

(3) 建立完善的、能有效控制管理费用收支的财务制度。

(二) 物业管理服务方案的编制步骤与评审内容

1. 编制步骤

项目管理服务方案的编制可分为5个步骤：项目调查、方案构思、方案定位、方案编写、方案讨论、形成初稿。

2. 评审内容

(1) 是否符合企业理念、企业目标和企业的管理模式。

(2) 是否符合现行物业管理的法律法规。

(3) 是否能保障服务合同的管理目标、管理标准的实现。

(4) 各项管理费用的设立、预算是否合理。

(5) 方案有无创新。

(6) 方案是否可操作。

第二节 物业管理策划案例分析

案例一 某项目物业管理策划案例

一、本项目物业管理的定位

(一) 本项目业态对物业管理的要求

1. 本项目业态对物业管理的基本要求

本项目的物业主要为商业性和经营性的，除此之外还有相当部分的物业用于居住使用，故此要求物业管理具备以下功能：

(1) 维护和维修。即对物业维护和维修，对日常使用环境和生活、工作秩序的维护。

(2) 组织和协调。对日常相关物管及社区活动进行组织和协调，对业主之间及业主与开发商、物业公司之间的交流进行组织和协调。

(3) 经营和管理。对物业的使用、出租、出售进行经营,对客户档案和物业档案进行管理;展开相应的物业服务经营活动。

(4) 服务。向业主和使用者提供必要的各类生活服务、增值服务及商务服务。

2. 本项目业态对物业管理的特殊要求

除了对物业管理基本常规的要求外,本项目还对物业管理提出了一些特殊的要求,主要是用来配合物业的销售和经营的要求,主要有:

(1) 在销售期中为销售工作提供相关的配合性服务。

(2) 在项目销售期中配合开展物业招商、招租工作。

(3) 在项目销售期中配合提供物业管理文件和法律文书。

(4) 在项目销售期中配合销售向客户解释物业管理相关问题。

(5) 在销售期中向客户展示项目物管水平,配合提升项目品质。

(二) 本项目物业管理的定位

1. 本项目物业管理的档次

本项目物业管理的主要客户群为商铺的经营者以及酒店公寓的业者和使用者,由经营业态和未来可能的使用者可以看出,其对物业管理在服务水平、服务质量各方面均要求较高,故此本项目物业管理不能以一种常规的水平来要求,而是要求有一定的品牌性,至少有星级酒店的服务水平。

2. 本项目物业管理形式

根据本项目物业管理档次和业态对物业管理的要求,本项目物业管理的主要形式实质是酒店及商业经营管理,即以经营管理为核心,以经营带动服务,以服务促进经营。

3. 本项目物业管理的定位

按照以上要求本项目物业管理定位应该是复合式高档物业管理。

二、本项目物业管理的总思路

本项目物业管理的总体思路是:全程介入,系统运作,有机衔接。借用品牌提升档次,以服务促进经营,以经营带动服务。整个物业服务体系的核心在于:以品牌奠定基础,促进销售,带动服务,高水平服务和高效益经营互动,最终强化品牌,获得利润。

三、本项目物业管理体系的建立

(一) 本项目物业管理的模式构想

按照物业管理的总思路,结合本项目实际销售和物业管理运作的要求,提出本项目物业管理的基本模式为:引入品牌,委托管理,专业化运作,全程式服务。以品牌促进销售、招商,以招商推动经营,以经营支撑服务,以服务增进经营。

(二) 本项目物业管理组织构架

本项目物业管理虽然管理物业的规模不大,但所涉及的环节较多,各环节之间的联系复杂,除了物业服务管理外,还有较强的经营管理工作,因此本项目物业管理的组织构架较为特殊。

1. 基本组织机构建立的模式

本项目根据以上实际运作要求和运作模式要求适合于采用直线矩形模式。

2. 项目物业服务各部门工作职责及人员结构

(1) 品牌物业顾问。由品牌物业管理及酒店经营管理公司委派资深顾问担任。主要职责为定期分析客户群所提供的服务及经营状况报告,不定期地抽查各部门的工作,并根据最终结果向总经理提交工作评价书及建议书。品牌物业顾问也直接接受总经理及客户部经理的咨询。该部门一般需1~2名资深顾问。

(2) 工程部。主要是执行本项目物业及设施的维护、保养和维修任务,直接接受物管部经理领导。该部门设主管1人,水电、土建、机电3个专业的工人每个工种1~2人。

(3) 绿化保洁部。主要负责本项目公用、共用部位绿化,环境卫生的清洁和保洁,直接接受物管部门经理领导。该部门一般需保洁人员4~5人,绿化人员1人。

(4) 保安部。主要对本项目日常经营秩序及生活秩序的维护,负责项目业主及使用者的生命及财产安全,并对周围影响楼区生活的噪声及设施及时清除,直接接受物管部经理领导。该部门设保安队长1人,保安人员3人。

(5) 酒店部。主要负责对本项目酒店公寓部分的客户档案管理,负责该部分物业的出租经营及日常钟点式经营。酒店部设置主管1名,工作人员5~6人,主要在前台工作。

(6) 商业部。主要负责对本项目在交房后对商铺进行招商和出租,以及对商铺、物业及商铺客户档案的建立与管理,直接接受经营部主管领导。商业部设置档案管理人员1名,商铺招商及出租人员2名。

(7) 多经部。主要负责本项目在交房后对一些有偿服务项目的实施,如家政、装修等直接接受经营部主管领导。多经部设置人员2名。

(8) 财务部。主要负责本项目物业管理运行日常财务工作,同时负责经营部的财务手续办理。直接接受总经理领导。该部门设置会计1名,出纳1名。

(三) 本项目物业管理运作条件

(1) 在销售现场提供物业管理场所。
(2) 明确本项目定位以制定前期物业管理服务协议。
(3) 一定数量的启动资金。
(4) 明确后期物业管理制作方案。

四、物业管理介入时机和介入方式

(一) 本项目物业管理介入时机

物业管理前期介入,可以把物业管理公司自身积累的一些物业设计、管理以专业经验融入到项目的设计中去,这样可以弥补物业开发中的各种缺陷,进一步满足业主的需求,使难点提前得到妥善解决。还可以全面了解物业,并为以后的管理做好准备。为了提高项目质量,打造良好的楼盘品牌,建议物业管理在项目开发前期及销售期就介入,让消费者真切感受到开发商对物业管理的重视。

(二) 本项目物业管理介入方式

物业管理在项目开发前期介入,介入方式大致分为3种:一是在现场销售中,销售人员对客户的接待服务;二是保安服务;三是提供专门关于物业的咨询台。

五、常规服务和特约服务

(一) 常规服务

客户交纳物业管理费后,所享受的服务包括:清洁卫生、安全保卫、房屋维修、房屋管理、电梯升降、报刊发放和文件传递。

(二) 特约性服务

为了提升本项目物业管理品质,物业公司多经部开展一些有偿服务,如餐饮服务、商务办公、家政、装修、医疗服务。

六、本项目物业经营管理内容

(一) 本项目酒店公寓的经营服务

本项目酒店公寓的经营服务包括:

(1) 车库出租:75个,按60%出租,每辆车每月收取停车费用200元。

(2) 产权式酒店按三星级酒店标准间100元/天的价格执行,每年出租率按总数的40%计算,与客户按6:4分红,客户为60%,出租率超过40%的部分由物管享有全部收入。

(二) 本项目商铺的经营服务

商铺的经营服务主要内容是对商铺进行出租代理,一层租金为67元/m²,二层租金为34元/m²,物业管理公司按租金总额的1%收取代理佣金。

七、本项目物业管理运行成本收益估算

(一) 物业管理运行成本

项目名称	金额(元)	备注
物业公司人员年工资总支出	344 800	人员共30名,其中高级管理人员1名,一般管理人员2名,职员27名
物业公司人员年奖金总支出	103 440	年工资总支出的30%
物业管理及福利总支出	45 000	总人数乘以1 500元
服务运行成本	96 480	总户数402户,以20元/户·月支出
合计	589 720	

(二) 收益计算

项目名称	金额(元)	备注
物业管理费	287 568	总户数402户,按1.2元/(m²·月)收取
车位出租费	126 000	总车位75个,按60%出租,按200元/(月·车)标准收费
一层商铺出租费	19 388	一层商铺面积60%出租,按67元/m²收取租金
二层商铺出租费	8 522	二层商铺面积60%出租,按34元/m²收取租金
酒店	595 680	酒店按每年出租率40%,每天标间费为100元计算
合计	1 037 158	

(三) 利润计算

利润=收入-物业管理运行成本=1 037 158-589 720=447 438(元)

案例二 万科城市花园物业管理策划案例

一、社区项目概况

万科城市花园一期规划总建筑面积 393 480 m²（原方案数据），其中居住产品 372 610 m² 以 4~6 层花园洋房、多层住宅为主。公共服务配套 21 000 m²，其中含较大规模的公共商业服务中心（8 000 m²）和会所（5 000 m²）各 1 处，18 班制学校、9 班幼儿园各 1 所；保留并丰富中部的小丘形成一期的公共绿地（脊）和儿童公园。

本项目一期规划用地拟分 2~3 期开发建设。

(一) 周边环境及市政配套

武汉万科城市花园位于武汉市城区的东南侧，紧邻城市中环线——武汉科技新城汤逊湖产业区东部产业组团的北端，南面与武大科技园区相邻。东南隔（规划中的）滨湖大道为汤逊湖内湖，距光谷商贸中心 5 km、华中科技大学 4 km，是连接城市中心、东湖风景区，众多高等学府与光谷科技园区、汤逊湖自然生态区的重要节点之一，集得天独厚的区域位置、浓郁的人文环境、便利的交通和优美的田园风光于一体，是十分理想的人居环境。

一期用地呈较为规则的五边形，城市主干道江夏大道、中环线（辅路）分别与用地的西、北侧直接相邻，东面为产业区道路——天翔路。用地东北接当代物业房地产开发公司用地（现为坡地、农田），西南为郑桥变电站，提供项目施工用电以及生活用电，于江夏大道预留接口。地块给水、雨水、污水均可由江夏大道接驳，正在建设的江夏大道铺设有 200 m 的燃气管道，可为地块提供燃气供应。

(二) 项目主要经济指标（设计部提供）

1. 基本情况

物业名称	万科城市花园社区	物业类型	商住小区	行政区域	江夏区
规划总用地面积	（亩）		42.031 8		
含待征道路	（亩）		6.211 8		
居住区用地面积	（亩）		35.82		
总建筑面积	m²		393 480		
住宅建筑面积	m²		372 610		
公建建筑面积	m²		21 000		
总户数	户		3 026		
总人口	人		10 591		
户均建筑面积	m²		123		
含待征道路容积率			0.94		
不含待征道路容积率			1.1		
建筑密度			25.08%		
停车位			900 个		
停车位/户数			30%		

续表

物业名称	万科城市花园社区	物业类型	商住小区	行政区域	江夏区
住宅建筑面积毛密度	万 m²/ha		1.04		
住宅建筑面积净密度	万 m²/ha		1.68		
人口毛密度	人/ha		296		
人口净密度	人/ha		479		
绿地率(与占地面积的比率)			36%		
小区道路面积			15.8%		
水体面积			2%		
小广场数量			4~5个		

2. 户型指标

户型指标	数值
规划总用地面积(ha)	42.031 8
居住区总用地面积(ha)	35.82
计容积率总建筑面积(m²)	393 480
容积率	0.94
覆盖率(与占地面积比率)	21%
总户数(户)	3 026
总人数(人)	10 591
户均面积(m²)	123

建筑面积						
		总面积(m²)			372 610	
建筑面积	住宅	其中	独立别墅(m²)	—	—	0	0
			联排别墅(m²)	32 户	250 m²/户	8 000	2.2%
			情景花园(m²)	992 户	145 m²/户	143 840	39%
			多层住宅(m²)	1 980 户	110 m²/户	217 800	58%
			小高层住宅(m²)	初步预计400户左右	135 m²/户	2 970	0.8%
	公共服务		总面积(m²)			210 00	
		1	商业服务(m²)			10 000	
		2	会所			5 000	
		3	管理(m²)			500(最少800)	
		4	小学(1所18班制)			3 600	
		5	幼儿园(1所9班制)			2 500	

注：未计半地下车库及人防(平战结合人防地下室)26 700 m²。

3. 配套指标

(1) 生活给水

给水水源为市政保证水压 0.15 MPa,给水系统采用变频供水,给水量见表。

类　别	用水定额 L/(人·d)	每日用水时间(h)	变化系数 (k)	用水单位人数	日用水量 (m^3/d)	最大小时用量 (m^3/h)
住　宅	250	24	2.5	10 591	2 643	276
小　学	50	10	2.5	444	36	9
幼儿园	50	10	2.5	819	18	4
商业服务	50	10	2.5	1 350	67	17
绿化及其他用水	按总用水量的10%计				277	31
总　　计					3 041	337

注：由自城市自来水管网接入给水的管径为 DN300($Q=400\ m^3/h$)1根。

(2) 消防给水

室外消防用水：商业区采用室内消防栓式供室外消防用水。

室外消防用水由城市自来水管在室外设室外消火栓供给；室内消防用水由消防水池(72 m^3)供给。

(3) 生活排水

小区污水为生活污水,污废水合流经室外化粪池处理后排入小区污水管网,再直接排入城市污水管网。生活排水量和生活给水量相同。最高日生活排水量为 $Q_d=2\ 765\ m^3$,最大时生活排水量为 $Q_h=305\ m^3$。化粪池选用无动力排放式化粪池。

(4) 雨水

小区的雨水和污废水分流,小区雨水管网汇总后排至城市雨水管网。

天台、阳台雨水分开独立排放,后接小区雨水排放管网。市政雨水排放与小区雨水分别独立排放。

4. 电气规划指标

(1) 供电

为了保证供电可靠,采用两路 10 kV 高压供电电缆分成两个独立环网配电系统,重要设备分别给出不同的双电源闭环设计,开环运行,小区内皆采用户外箱式组合变电站配电。

(2) 通信及智能化

住宅每户按语音通信2门市话、数据通信1个点；每户考虑2～3个有线电视插座；住宅设置完善的通信、网络、有线电视、可视(非可视)对讲、监控安防、报警求助、物业管理等智能化系统,形成整体网络并由小区智能化控制中心统一管理。

由于小区规模较大,整个总体规划考虑设置一个电话、宽带、有线电视、智能化管制中心在会所内。

(3) 室外管沟布置

室外管线一律入地。电力系统高、低压主干网络采用 1 m 宽电缆沟敷设,通信及智能化主干网采用 12 孔 D90 的双壁波纹管埋地敷设,两者均有较大的发展余量。

室外管沟皆采用集中排水措施,将雨(渗)水引入统一的排水网络,保证管沟内无积水、维护方便。电缆沟上可铺砖或覆土,保持与道路规划风格一致,又不影响本系统的功能；埋地排管统一设置检修人孔,以满足日常维护及美观的需要。

室外主干网络至各楼栋的支线一律采用直埋敷设,电力及通信、智能化网络均分组采用独立式交接箱,以便分段维护和物业管理。交接箱可结合园林小品设置,也可结合建筑外墙或围栏的建造样式,以便与建筑风格协调统一。

二、顾客群特点及需求分析

(一) 项目目标客户群体具有共性特征

1. 年龄方面

客户以31~40岁的中青年为主,这部分人普遍学历高,追求生活档次。25~30岁的青年人也占到一定比例,这部分人经济实力有限,但对本项目倡导的生活方式非常向往。

2. 教育程度

80%的客户受过高等教育,其中有部分受过本科以上的教育,有出国经历。相对于其他客户来说,本项目的客户有更高的教育程度。

3. 客户来源

网罗了武昌区的高校、设计院、各类研究所、金融和医疗机构,其中又以高校的客户最多,其他客户则绝大多数分布在武昌区的高新企业,如邮科院等。

4. 客户分布

来自洪山区的客户占有最大比例,他们主要是高校老师、政府官员和从事信息技术等高科技含量工作的人。武昌区客户所占比例也较大,关山的客户多半生活或工作在光谷附近。来自汉口、汉阳和东西湖的客户多是认准万科品牌;外地客户所占比例非常小,但其中约有1/3来自江浙。

5. 兴趣爱好

约有六成的人在休息时会选择外出散步,其次是看书或看电视。这可能与他们所受的教育或所处的环境有关系,自然运动的时间会比较少。

(二) 客户特点

(1) 中青年人。

(2) 受过高等教育。

(3) 身处在受人羡慕的行业中。

(4) 有较高的收入。

(5) 得到较高的社会肯定评价。

(6) 追求生活品质。

三、物业管理服务模式

从项目定位和客户需求角度上分析有四大特点:其一,新都市主义建筑风格,具备绿色走廊、都市核心、有层次的开放空间、地域性、社区邻里关系特点;其二,得天独厚的自然条件,有丰富的水域和植被;其三,身处在优厚且较大压力的职场中,有着对自然、健康、自由生活环境的渴望;其四,便利的商业、高品位生活方式。针对物业特性和顾客群特点,万科物业将万科城市花园定位为"free"的物业管理模式。

(一)"free"服务模式定位与释义

"free"体现自由、独立、随意、自然、优美、空闲、开放、任性的为人之本性释放,人的情绪、体力、智力、精力被束缚一定程度后得到深度舒展而产生的愉悦感受是无限美妙和令人遐想的,"free"强调自然与人文环境、现代与历史风格、建筑与服务气氛的和谐,突出尊重人为环境营造宗旨,回顾历史折射人文情怀,追求自然建立服务特色。

实现"free"模式必须具备2个条件:一是"一切皆善,善待一切"的价值观,"free"更多的通过顾客自我情操演绎千变的精彩生活;二是以具有开放的建筑风格、舒适的交流空间、风格迥异的商业为大背景。

以尊重人文化倡导为前提,以法制、契约、诚信为"free"的底线,相互尊重和理解,共同品味生活。"free"模式主要由三大元素构成:

1. 开放的

(1) 自由出入的大社区,充裕的公共设施和场所,独立且安全的组团。

(2) 物业安全管理重点是组团,将居家报警、单元门禁、院落围墙红外线与对社区组团可视对讲门禁、安全员定点巡逻、24小时控制中心值班机制联动起来。

(3) 组团外实行"无人化管理",通过智能化设备对主要场所的监控以及巡视员的交叉巡逻确保公共场所的治安,同时给予顾客充分的自由空间。

(4) 社区不再是私家领地,而是具有和政府共同治理的特点,引进综合治理办公室、派出所、居委会等机构。只要遵守法律和社区规范的人员,将充分享受无阻力的服务,尽情享受丰富的生活方式。

(5) 社区将无"禁止践踏草地"的标识牌,开辟可直接接触的绿地,拉近人与自然的距离,供客户享受青草芬芳和阳光沐浴。

2. 生活的

(1) 引领庭院文化,丰富组团内社区活动,为每组团设置亲善大使,直接为业主排忧解难,建立快速沟通渠道,让业主在大社区中享受更贴切的服务。

(2) 营造绿树葱茏的生活环境,丰富社区公共场所的娱乐设施。

(3) 对商业业态更具有生活味布局,生活必配备项目、休闲娱乐项目、咖啡酒吧项目、异国情调的跳蚤市场、亲和力的廉价百货项目。

(4) 多元的信息沟通渠道,遍布社区的音乐广播、人流密集处的电子屏系统、可随时求助的救援电话、传统的宣传公告栏。

(5) 缤纷色彩的社区文化,以健康、科学、探险为主题适于各类人群,尤其是包括儿童寓教于乐的科教活动。

3. 便利的

(1) 社区提供便利的商业配套,引进大型购物商家交通车。

(2) 通畅的交通设计,路边停车方式,缩短步行距离。

(3) 物业服务都以业主便利为中心设置快捷的办事流程,在人潮高峰段亲善大使专守庭院服务。

(4) 提供家居生活的清洁、育苗、维修、代购物等便民服务。

(5) 提供房屋租售、转让服务。

(二)"free"服务实现计划及要求

1. 客户服务

(1) 客户服务中心设置

分前台事务办理和亲善大使两大职能。

客户服务中心设置在会所位置,使用面积约 50 m²,包括办公、接待、现场资料储存空间、装修家政办理台、洽谈室。

(2) 亲善大使制

① 7:00～9:00、17:30～19:00 在大厅处直接承办业主委托事宜。

② 熟悉组团内每户业主,走访并收集业主意见,收集的信息汇集于服务中心。

③ 组织庭院社区文化活动。

④ 着 CI 职员服(西服式样、蓝色面料、白色衬衣)。

⑤ 分 3 个区域,3 个专职亲善大使,设 5 个固定办公点(原则徒步 5 分钟内可到达,与外围安全巡逻相结合,在人流高峰期设门卫)。

⑥ 亲善大使要求在 30 岁以下,高中以上文化程度,气质佳,乐于助人,善沟通(结合外围巡逻安全员)。

(3) 社区文化策划

① 以健康、科学、探险为主题,重点突出庭院文化。

② 针对儿童、购房决策人、老人提供特色文化活动。

③ 以协助业主自行组织为发展方向。

④ 组织各类艺术沙龙。

(4) 有偿服务项目设置

① 根据业主特点,设定便民服务项目,只收取成本的 5% 作为利润。

② 方便投资客户群交易,开展租售业务,以赚取利润为目标。

(5) 商业配套方案

① 物业公司经营咖啡厅、酒吧业务,开设洗衣房,管理会所。

② 引进菜市场、两家以上百货店、快餐、医疗室、美容美发店、书吧、麦当劳、汽车美容等。

③ 开发路边商业,周末设置跳蚤市场。

(6) 细微点滴服务

① 成立贴心协会,提供业主忽略的点滴服务。

② 开辟服务画廊,寻找服务足迹,提高业主精神文明水平。

2. 环境管理

(1) 现代与历史氛围营造

① 设置历史回顾长廊。

② 项目开发前后照片对比景点设定。

③ 在集中商业区安排穿溜冰鞋的保洁员,演绎自由、舒适、现代气息,服装为紧身牛仔蓝色衣(轮滑保洁服务)

(2) 自然生态营建方案

① 开辟亲近绿地,供人休憩。

② 修建人造鸟巢。

③ 建造有机肥基地,供人参观和社区有机肥取用;建设小苗圃培育基地、果树等(共 $10 \times 6 \, m^2$)。

(3) 社区保洁绿化管理方案(88 人)

① 环境保洁 60 人,家政 10 人,绿化 18 人。

② 垃圾清运市政化,庭院每两个单元设 1 个脚踏式双桶垃圾箱(240L/桶),庭院外果皮箱每隔 40 m 一个。

③ 保洁员服装有楼内和楼外之别,楼内保洁员服装体现精致,楼外保洁员服装体现专业特点。

④ 垃圾中转站设置(60 m^2)。

⑤ 1 台机动垃圾清扫车、1 台机动洒水车、1 台机动垃圾车。

⑥ 每两栋楼设有保洁取水点(对裸露管口作防冻处理)。

⑦ 地下自动喷灌系统选择 PPR 管材。

⑧ 每隔 50 m 绿地设一个电源插座(防水、防触电)。

⑨ 尽量考虑雨水利用系统。

3. 安全管理

(1) 治安管理

本项目的安全管理方案主要以人防与技防相结合、巡逻岗与固定岗相结合、红外报警与小区摄像机联动相结合。

① 人防。采用内紧外松的管理模式循序渐进。a. 整个小区分为多个小的片区进行区域化管理。将若干个小组团化为一个区域设定一个安全巡逻岗(楼内巡逻岗 5 个),主要是对本区域安全事务的处理。b. 在小区的主要地段及繁华区域设置徒步的安全巡逻岗,以提供安全服务为主要目的(设岗位 1 个)。c. 对于组团外围及小区的次干道设置有单车巡逻岗(单车巡逻岗 5 个),主要是保证小区次干道及周边的安全事务处理。着牛仔服特色的服装,体现自由与开放的小区管理特色。d. 对小区的主干道和整个小区的安全防范监控,以及对小区各岗位的快速支援和整个小区的安全事务处理(摩托车巡逻岗 1 个)。根据小区的特色着美式作战服,主要是在小区内起到威慑作用。e. 体现城市花园安全管理的风格,在主要出入口设置安全形象岗位 1 个(核心路与江夏大道交接处)。着美式作战服。f. 在小区的前期对于小区的装修实行集中统一管理,安全管理方面设置专门的装修巡逻岗(3 个岗位)。着安全楼内巡逻岗服装。

② 技防。小区智能化与小区控制中心联动的模式。a. 在小区繁华地段和较为偏僻地段设置及时援助电话,并与小区的摄像探头和监控中心相互联动。能够对顾客提供便利的服务,从治安管理角度在很大程度上保证了及时的信息流通。b. 小区红外报警系统与摄像、照明综合联动,保障小区应急或异常现象的发生能够清晰明了的进行监控、记录。c. 组团电动门安装延时自动关闭装置,极大的避免了安全隐患的发生,同时为顾客提供安全方便的服务。d. 红外发射器对装留有间距防跨越,红外线与围墙实体距离 35 cm。e. 24 小时的监控中心值班制度严格对小区的整体状况进行监控,同时能够及时调配资源协调现场的事务处理(设置 1.5 个岗位)。设安全员楼内巡逻岗。f. 设电子巡更系统,确保巡逻获得质量保证。

(2) 交通管理

① 车场出入口岗(4个岗位)服装要求：国家统一服装，体现小区物业管理的规范化、专业化。

② 首期封闭为一个车流出入口(道路宽度可调头)。

③ 在小区的主要路段及交叉口设缓冲坡，引进市政红绿灯装置；控制车辆在小区内的速度。

④ 对小区内的车辆及时引导停放并有检查制度(小区停放车辆实行非固定式管理模式)。

(3) 消防管理

① 采用谁主管谁负责，对整个小区实行区域化集中管理模式。

② 建立责任到人及小区的消防档案，定期对小区的消防设施进行检查整改。

③ 对裸露管口做防冻处理。

(4) 内部管理

① 采用半军事化的管理模式。

② 安全班值班制度为三班四倒、24小时的值班制度。

③ 小区安全管理队伍分3班，每班设班长1人、副班长1人。

4. 维修管理

(1) 人员

共6人，着CI标准服装(上衣束腰)配多功能腰带。

① 设备设施等公用部位将采用分区管理、责任到人的方式，将城市花园以核心路为界划分为两个分区，实行分区管理，同时在各个分区实行责任负责制，每人都有自己的专职区域，同时要求通力合作、相互监督以保证设备设施的完好如新。体现"各有所专，面面俱到"的用人思想和服务理念。

② 家政维修服务主要体现专业化、快速化，推行岗位专家、服务明星来提高服务品质。

③ 公共照明采用双电源供电，分区控制。

④ 公共部位的路灯要求采用跳跃式双回路控制，在夜深人稀时关闭一半，以利于今后节约公共费用支出。

⑤ 小区的绿化用水要求采用双路供水，和小区的水景相通，充分进行水的重复利用，以节约成本。

⑥ 控制中心闭路录像采用数字录像机，并能保存1个月。

⑦ 内线电话系统(办公室、设备房、岗厅)、警铃连通宿舍。

(2) 水电气计量

① 要求前期就能实现抄表到户，节约服务成本，减少物业今后的水、电、气损耗支出成本。

② 箱式变电站的放置地点要考虑今后检修方便以及对业主的影响。

③ 合理设计景观照明，尽量减少小区照明的数量。

(3) 服务特色

① 组合式工具箱，体现万科物业的专业化。

② 家政维修体现快速化，接到报修信息后能在约定时间到达现场，提出专业的解决方法，并能快速进行维修处理。

③ 城市花园的大区域管理要体现快速灵活,将采用自行车代步模式。

④ 公共部位的维护要体现维护的及时性,所有公共部位的维护全部要求在最短时间内完成。

⑤ 每位技术员都有自己的专门责任区域,所有区域责任化。

(4) 物业管理用房

资料室、办公室、会议培训室、更衣室、仓库、宿舍、食堂、维修操作间等共 800 m^2。

(5) 标识

包括生活、交通、提示标识系统。配合项目制定与项目定位的永久性标识,公共宣传及物业服务标识由物业提供,交通标识按照国家规范制作。

(三) 社区人员配置方案

1. 管理处工作人员岗位任职要求(略)
2. 管理处组织架构图(略)

四、财务分析方案

经测算及结合市场情况,确定住宅管理费:情景花园为 1.2 元/m^2,多层住宅为 1.1 元/m^2,小高层为 1.6 元/m^2,联排别墅为 1.8 元/m^2,商铺为 2.8 元/m^2,车位租赁费为 150 元/月。

以上测算背景为全部入住后的成熟物业管理阶段,主要指标如下:

项 目	标 准	备 注
单方主营业务收入	1.54 元/m^2	
单方主营业务成本	1.45 元/m^2	测算中已考虑年终奖金
单方主营业务税金	0.09 元/m^2	
单方主营业务利润	0.00(持平)	
人均管理面积	1 735.92 m^2/人	
计划管理费收缴率	95%	
主营业务利润	1 100 元/年	

参 考 文 献

[1] 黄福新. 房地产策划师职业培训教程[M]. 北京：机械工业出版社,2006
[2] 黄福新. 房地产策划[M]. 北京：中国建筑工业出版社,2004
[3] 贾士军. 房地产项目策划[M]. 北京：高等教育出版社,2004
[4] 贾士军. 房地产项目全程策划：理论、实操与案例[M]. 广州：广东经济出版社,2004
[5] 周帆. 当代房地产策划方案解读[M]. 广州：广东经济出版社,2003
[6] 周帆. 房地产前程策划实操标准大全[M]. 广州：广东旅游出版社,2003
[7] 罗永泰. 房地产营销策划与推广技术[M]. 天津：天津社会科学院出版社,2002
[8] 郑华. 房地产市场分析方法[M]. 北京：电子工业出版社,2003
[9] 刘正山. 房地产投资分析[M]. 大连：东北财经大学出版社,2000
[10] 刘秋雁. 房地产投资分析[M]. 大连：东北财经大学出版社,2003
[11] 谭善勇. 现代物业管理实务[M]. 北京：首都经济贸易大学出版社,2000
[12] 张红. 房地产经济学讲义[M]. 北京：清华大学出版社,2004
[13] 武智慧. 物业管理概论[M]. 重庆：重庆大学出版社,2004
[14] 成功商务网　http://www.cg35.cn
[15] 中国国际建筑文化联合会　http://www.cicca.org.cn
[16] 中国国际品牌策划中心　http://luyingyao689200.cnc2.63dns.net.cn
[17] 和讯博客　http://hexun.com
[18] 释道易风水网　http://www.sdyfs.com
[19] 全球品牌网　http://www.globrand.com
[20] 天涯博客　http://www2.tianyablog.com
[21] 易缘风水网　http://www.6813.com
[22] 易迈管理学习网　http://www.mba163.com/glwk
[23] 电子商务资料库　http://www.uuubuy.com
[24] 云灏地产　http://www.yhestate.com.cn
[25] 房地产纵横网　http://www.fdczh.com